UTB 8228

Eine Arbeitsgemeinschaft der Verlage

Beltz Verlag Weinheim und Basel
Böhlau Verlag Köln · Weimar · Wien
Wilhelm Fink Verlag München
A. Francke Verlag Tübingen und Basel
Paul Haupt Verlag Bern · Stuttgart · Wien
Verlag Leske + Budrich Opladen
Lucius & Lucius Verlagsgesellschaft Stuttgart
Mohr Siebeck Tübingen
C. F. Müller Heidelberg
Ernst Reinhardt Verlag München und Basel
Ferdinand Schöningh Verlag Paderborn · München · Wien · Zürich
Eugen Ulmer Verlag Stuttgart
UVK Verlagsgesellschaft Konstanz
Vandenhoeck & Ruprecht Göttingen
WUV Facultas · Wien

Hans-Werner Prahl

Soziologie der Freizeit

Ferdinand Schöningh
Paderborn · München · Wien · Zürich

Der Autor:

Hans-Werner Prahl, geb. 1944, Studium der Soziologie, Volkswirtschaftslehre und Geschichte in Kiel, Münster, Bielefeld. Diplom (Münster), Promotion (Kiel) und Habilitation (Osnabrück) im Fach Soziologie. Lehrtätigkeit an Hochschulen in Kiel, Bielefeld, Osnabrück und Klagenfurt. Gegenwärtig Professor für Soziologie an der Universität Kiel. Zahlreiche Publikationen und Forschungen u.a. zu Prüfungen, Prüfungsangst, Hochschulgeschichte, Freizeitsoziologie, Massentourismus, Arbeitslosigkeit, Nationalsozialismus, Geschichte der Soziologie, Zeit-Soziologie, Sozialstruktur, Methoden, Maritime Soziologie, Bildungssoziologie, Soziologie des Alterns, Ernährungssoziologie etc.

Die Deutsche Bibliothek – CIP-Einheitsaufnahme

Ein Titeldatensatz für diese Publikation ist bei der Deutschen Bibliothek erhältlich.

Gedruckt auf umweltfreundlichem, chlorfrei gebleichtem
und alterungsbeständigem Papier ⊚ ISO 9706

© 2002 Ferdinand Schöningh, Paderborn
(Verlag Ferdinand Schöningh GmbH, Jühenplatz 1, D-33098 Paderborn)
ISBN 3-506-99504-9

Printed in Germany.
Herstellung: Ferdinand Schöningh, Paderborn
Einbandgestaltung: Atelier Reichert, Stuttgart

UTB-Bestellnummer: ISBN 3-8252-8228-7

Inhalt

1. Einleitung

Freizeit ist das zentrale Thema der Gegenwart. Mussten sich fast alle Generationen vor unserer Zeit mit harter körperlicher Arbeit ihr Leben lang plagen, so nimmt Erwerbsarbeit gegenwärtig und zukünftig nur noch einen vergleichsweise kleinen Teil unseres Lebens ein, arbeitsfreie Zeit überwiegt dann. Arbeit steht nicht länger im Mittelpunkt unseres Denkens und Handelns, Freizeit erlangt für die meisten Menschen einen hohen Stellenwert. Für Freizeit steht auch immer mehr Geld zur Verfügung und so werden Freizeit, Sport und Tourismus zu dominierenden Branchen mit stetig zunehmenden Umsätzen und Arbeitsplätzen. Ein vormaliger Bundeskanzler sprach sogar vom »kollektiven Freizeitpark Deutschland«, handelte sich damit aber massiven Widerspruch aus der Forschung und von Betroffenen ein. Denn die Mehrzahl der Befragten gibt bei Untersuchungen an, immer noch zu wenig Freizeit zu haben, und in der Forschung wird inzwischen bezweifelt, ob der Umfang der Freizeit überhaupt noch wächst oder ob nicht inzwischen viele Menschen unter Zeitnot leiden. Und selbst der Hinweis auf den Spaßfaktor, der in der heutigen Gesellschaft immer wichtiger zu werden scheint, kann angesichts von hoher Arbeitslosigkeit und wachsender Armut nur als Ablenkungsmanöver verstanden werden.

Moderne Gesellschaften werden gerne als Freizeitgesellschaften charakterisiert, weil die bisherigen Merkmale von Gesellschaften, wie z. B. Arbeit oder Armut, scheinbar oder tatsächlich langsam entschwinden. Dumazedier (1988) spricht sogar von einer »Kulturrevolution«. Freizeit ist von der knapp abgerungenen Zeit für persönliche Tätigkeiten, wie sie für die meisten unserer Vorfahren alltäglich war, zu einem Supersymbol der Moderne geworden. Sie ist am Ende des 20. und zu Beginn des neuen Jahrhunderts ein Schlüsselbegriff moderner Gesellschaften. Dominierte für alle Generationen der bisherigen Menschheitsgeschichte die Arbeit, so wird seit einigen Jahrzehnten für einen wachsenden Teil der Menschen in den industriellen Gesellschaften die Zeit jenseits der Erwerbsarbeit zum Zentrum ihres Lebensgefühls. Freizeit wurde traditionell als Gegenteil von Arbeit begriffen. Diese Sicht war historisch angemessen und kann auch für die Gegenwart immer noch als eine zentrale Bestimmung angesehen werden. Solche arbeitspolare Definition wird aber immer deutlicher überlagert durch gesellschaftliche Entwicklungen, die nur noch indirekt auf Arbeit bezogen sind. Unbezweifelbar ist für den größten Teil der Weltbevölkerung Arbeit immer noch bittere Lebensnotwendigkeit. Aber ebenso klar nimmt in den industriellen bzw. postindustriellen Gesellschaften, wie sie in weiten Teilen Europas, Amerikas, Asiens und Australiens bzw. Neuseelands anzutreffen sind, Arbeit quantitativ und in der körperlichen Intensität ab. Dies gilt uneingeschränkt für die Erwerbsarbeit, die heute schon von weniger als der Hälfte der Bevölkerung geleistet werden darf und in der ersten Hälfte des 21. Jahrhunderts auf ein Fünftel der Bevölkerung schrumpfen soll. Partiell wirkt sich diese Tendenz auch

in der Hausarbeit aus, die bedingt durch Technisierung der Haushalte und industrialisierte Nahrungsproduktion weniger Zeit in Anspruch nimmt und damit mehr
Freiräume für zusätzliche Aktivitäten im Hause schafft. Andere Tendenzen wie z.
B. die Reduzierung der Familien durch rückläufige Geburtenzahlen oder räumliche
Trennung der Generationen, Tendenzen zur Individualisierung bzw. Versingelung,
Fortfall von Reparaturen und Wiederverwendung wegen umfangreicher und billiger
Technik- und Konsumgüterangebote (z. B. bei Kleidung und Haushaltsgeräten) u.
dgl. m. reduzieren den Umfang notwendiger Hausarbeiten noch weiter. Zugleich erfolgt aber durch gleichzeitige Verflüssigung und Verdichtung von Zeit ein grundlegender Wandel der soziokulturellen Zeitarrangements und den daraus erwachsenden neuen Koordinationszwängen ein gegenläufiger Prozess, der Zeitmangel oder
gar Zeitnot hervorruft. Ein Mehr an Zeit, wie noch in den Jahren zwischen etwa
1965 und 1990 angenommen und als Beleg für eine heraufkommende Freizeitgesellschaft gedeutet wurde, wird in den letzten Jahren immer mehr im Lichte einer
»Nonstop-Gesellschaft« mit hohem Tempo und großer Verdichtung bei gleichzeitiger Explosion der Optionen und Informationen kritisch gesehen, zumal auch die
Verkürzung der Arbeitszeiten zum Stillstand gekommen ist.

Freizeit wird immer stärker zu einem Bestandteil der Lebensführung. In dem
Maße, in dem der Gegensatz zur Erwerbsarbeit schwindet, erlangt Freizeit eine eigene Qualität, die im Rahmen der materiellen Möglichkeiten und der jeweiligen
Stellung im Lebenszyklus ausgelebt wird. Diese »Selbstverständlichkeit« wird immer dann besonders deutlich, wenn sie eingeengt wird. So haben besonders die
Bürger der damaligen Deutschen Demokratischen Republik (DDR) das Fehlen von
Reisemöglichkeiten und das eingeschränkte Erleben von alltäglichen Freizeitvergnügungen als besonders bedrückend charakterisiert. Aber auch Arbeitslose, die
vermeintlich viel freie Zeit haben, können Freizeit nur partiell verwirklichen, weil
entweder die materiellen Mittel fehlen, um so manches Freizeitvergnügen realisieren zu können, oder weil die gewohnte Abfolge von Arbeit und Freizeit nun gewissermaßen ein Vakuum hinterlassen hat. Und für viele Menschen sind Erwerbs-
und Hausarbeit derart verdichtet, dass sie Freizeit nur noch als Zeit relativer Entdichtung erleben können.

Bisherige Grenzen geraten ins Wanken. Über Jahrhunderte stand die Erwerbsarbeit so dominant im Vordergrund, dass die von Arbeit freie Zeit wiederum nur im
Hinblick auf Arbeit gedacht wurde, nämlich als notwendige Erholung. In dem
Maße aber, in dem ein wie auch immer definiertes »Normalarbeitsverhältnis« selten wird und dadurch die Grenzen zwischen Arbeit und Nichtarbeit erodieren, wird
es schwierig, Freizeit nur auf Arbeit zu beziehen. Die Zeit selber wird flüssig, und
damit lassen sich klare Trennlinien nur noch mit großen Schwierigkeiten festlegen.
Auch die Grenzen zwischen Erwerbsarbeit und Hausarbeit sind kaum noch eindeutig zu markieren. Durch Telearbeit oder klassische Formen der Heimarbeit wird
ein Teil der Erwerbsarbeit in den Haushalt verlagert, umgekehrt können private
Dinge (z. B. Telefonate, Schreibarbeiten, Reparaturen) in der bezahlten Erwerbsarbeit erledigt werden. Aber auch die Haushaltsproduktion und Konsumarbeit, deren zeitlicher Aufwand durch Technologisierung und Standardisierung zwar verkürzt worden ist, wird der Erwerbsarbeit ähnlicher. Auch hier verschwimmen
Grenzen. Freilich verteilt sich der zeitliche Aufwand für Hausarbeiten immer noch
recht unterschiedlich zwischen Männern und Frauen, die nach traditionellen Rol

lenmustern weiterhin den größeren Teil der Arbeit im Haushalt leisten. Die neue Haushaltsökonomie hat seit mehreren Jahrzehnten ihren Blick auf die Geschlechterfrage gerichtet und dadurch das Thema Zeit neu beleuchtet (»doing gender« und »doing time«). Solche Ungleichheiten werden seit kurzer Zeit auch unter Generationenaspekten behandelt. So wird etwa die Frage gestellt, ob ältere Menschen jene Zeitmengen, die sie in Kinder investiert haben, später in Form von Zuwendung und Pflege zurück erhalten. Auch die Arbeitsteilung im Haushalt lässt sich zeitlich nach Generationenaspekten untersuchen. Schließlich verschieben sich auch die Grenzen zwischen Privatheit und Öffentlichkeit. Intimstes wird in Talkshows ausgeplaudert und nach dem Absturz einer Concorde-Maschine veröffentlichte eine Boulevardzeitung die Adressen der Opfer, was prompt zu einer Reihe von Einbrüchen führte. Mode und Design sind darauf ausgelegt, dass sich immer mehr Menschen in der Öffentlichkeit präsentieren und stilisieren können, denn ohne Publikum macht solcher Aufwand wenig Sinn. Der menschliche Körper wird immer mehr zum Träger von Bedeutungen, mit denen es gegenüber einer stark pluralisierten Öffentlichkeit Eindruck zu gewinnen gilt. Aufmerksamkeit ist ein notorisch knappes Gut, um das sich die Eindruckskonkurrenz bemüht. Zwar gilt dies auch in der Erwerbssphäre, doch sehr viel mehr spielt sich dieses Wechselspiel von Sein und Design in der Freizeit ab.

In einer vermeintlich grenzenlosen Gesellschaft sind eben auch in der Zeitdimension Grenzen neu festzulegen oder eben zu öffnen. Der radikale Konstruktivismus, der sich seit einigen Jahrzehnten in fast allen Wissenschaften ausbreitet, unterstellt, dass es sich bei der Festlegung von Grenzen um gesellschaftliche Aushandlungs- und Definitionsprozesse handele. Welche Zeitmengen ein Mensch als Arbeit oder Nichtarbeit bezeichnet, hängt zwar mit individuellen Vorstellungen zusammen, ist aber auch Ausdruck gesellschaftlicher Verhältnisse. Ein Soziologe mag sich eine Sportübertragung als freizeitsoziologische Fallstudie und mithin als Arbeit ansehen, eine Verkäuferin sieht dieselbe Sendung als Entspannung und mithin als Freizeit an. Ganz so beliebig ist die Festlegung von Zeitmengen allerdings nicht, weil die soziale Positionen der Handelnden ebenso wie die gesellschaftliche Bewertung der Handlungen von den sozioökonomischen Bedingungen und kulturellen Bedeutungen abhängen. Eine Industriearbeiterin, die vier Kinder und einen behinderten Mann zu versorgen hat, muss zwangsläufig Zeit ganz anders einteilen und bewerten als ein Single ohne Anhang, aber mit gutem Einkommen. In Zeiten postmodernen Denkens, das einer in Relation zur übrigen Gesellschaft kleinen Gruppe von akademisch Gebildeten besonders gut gefällt, wirkt die These von der »Entgrenzung der Zeit« zwar plausibel, doch hat die Freizeitsoziologie zu prüfen, für wen denn diese Entwicklung überhaupt gilt. Womöglich entstehen neue soziale Probleme durch veränderte gesellschaftliche Erwartungen. In der hohen Zeit der Industrialisierung, als fast alle Beschäftigten neben den langen Arbeitszeiten nur über geringe Mengen an arbeitsfreier Zeit verfügten, war die müßiggehende Klasse der Adligen oder Bohemiens so weit entfernt, dass diese kaum als gesellschaftliche Bezugsgruppe herhalten konnte. In einer sich immer weiter pluralisierenden und individualisierenden Gesellschaft kann sich die eben erwähnte Industriearbeiterin mit dem Single vergleichen und mit Gefühlen von schlechtem Gewissen oder Neid ihre Lage bewerten. Zeitnot und Zeitwohlstand polarisieren die Gesellschaft anders als Arbeit und Besitz.

Das, was über lange historische Epochen als Freizeit verstanden wurde, verändert sich im Zuge der gesellschaftlichen Enttraditionalisierung. Ältere Menschen können sich immerhin noch daran erinnern, in ihrer Jugend »Kartoffelferien«, in denen sie im Herbst aufs Land fuhren, um bei der Kartoffelernte zu helfen und abends am Feuer frische Kartoffeln zu garen, gehabt zu haben oder mit den Eltern in die »Sommerfrische« gereist zu sein. In der Woche war der »Feierabend« meist knapp bemessen, wenn die ganze Familie nach getaner Arbeit zusammen saß. Der Samstag war mit dem Putzen, Kochen und Baden ausgefüllt und diente der Vorbereitung auf den Sonntag, der allgemein eine hohe Bedeutung hatte. Solche traditionellen Festlegungen und Wertigkeiten sind in der heutigen Freizeit weitgehend geschwunden. Freizeit wird immer stärker zu einem persönlichen Arrangement, in dem zahllose Optionen kombiniert werden können. Doch bleiben auch Traditionsreste (z. B. in der Bedeutung der jeweiligen Wochentage bzw. des Wochenendes) und vor allem zahlreiche alte und neue Formen von Ungleichheiten in der Freizeit.

1.1   Freizeit und Arbeit?

Die Freizeitsoziologie muss am Beginn des 21. Jahrhunderts ihre Sichtweisen völlig neu überdenken. Richtete sich noch vor zwei Jahrzehnten der Blick auf das Verhältnis von (Erwerbs-) Arbeit und Freizeit (vgl. Prahl 1977, Tokarski/Schmitz-Scherzer 1985), so kann sich heute die Bestimmung der Freizeit nicht mehr nur an der Arbeitswelt ausrichten. Quantitativ und qualitativ verändern sich Arbeiten und Wirtschaften in vielen Bereichen grundlegend und die demographischen Entwicklungen sowie sozialstrukturelle Wandlungen haben dazu geführt, dass Menschen heute weniger als die Hälfte ihrer Lebenszeit mit Erwerbsarbeit zubringen (müssen) und dass nur noch zwei Fünftel der Bevölkerung einen bezahlten Job ausüben, während die anderen drei Fünftel nicht erwerbstätig sind. Einige Prognosen aus den USA (vgl. Rifkin 1995) gehen sogar davon aus, dass in etwa zwei bis drei Jahrzehnten nur noch ein Fünftel aller Menschen weltweit einer Erwerbsarbeit nachgehen können, weil durch Computerisierung und Informatisierung/Digitalisierung die Produktivität so enorm erhöht wird, dass nur noch ein Bruchteil der bisherigen Beschäftigten benötigt wird. Als Musterbeispiel wird hier gern das Bayer-Werk in Bitterfeld angeführt, in dem das Schmerzmittel Aspirin für ganz Europa von einer Belegschaft von gerade einmal 20 Mitarbeitern produziert wird. Menschenleere Fabriken, computerisierte Lagerhaltung und Transportsysteme machen die menschliche Arbeitskraft fast entbehrlich: »Die neue Arbeitsformel für die Zukunft lautet dann: 0,5 x 2 x 3, d.h. die Hälfte der Mitarbeiter produziert doppelt so viel mit einer dreifach so hohen Arbeitsproduktivität wie früher« (Opaschowski 1998: 13). In dem Maße, in dem sich der »Turbokapitalismus« weltweit ausbreitet, schwindet die Erwerbsarbeit in allen Bereichen, nicht nur in der Industrie sondern auch in den sozialen Feldern. Krankenhäuser, Altenheime, Hochschulen oder Verbände werden wieder und wieder nach Einsparpotenzialen durchforstet und unter dem Stichwort »Qualitätssicherung« rationalisiert, ohne damit die Qualität in irgendeiner Weise sichern zu können. Mit Formeln wie »Lean Management« und

»der schlanke Staat« wird auch noch die staatliche Verwaltung so lange ausge-
quetscht, bis auch dort die Untergrenzen der Leistungsfähigkeit erreicht worden
sind. Die Arbeit wird insgesamt auf immer weniger Schultern verteilt, einen Full-
timejob zu haben, wird immer mehr zum Privileg, und die ihn besetzen, müssen
immer höhere psychische, nervliche und zeitliche Anstrengungen bewältigen und
zudem noch mit ihren Sozialabgaben die wachsende Zahl der Nicht- oder Unter-
beschäftigten und die immer größer werdende Zahl der Menschen in der nachberuflichen Phase finanzieren. Auf kurze Sicht bringen die neuen Kommunikationstechnologien vielleicht noch neue Arbeitsplätze, auf lange Sicht werden diese
Technologien aber allenthalben Arbeitsplätze kosten. Und mit dem Durchbruch des
digitalen Kapitalismus, der bislang erst in Umrissen erkennbar ist, werden sich
neue Formen der sozialen Ungleichheit einstellen, die womöglich zu einem Kul-
tur- oder Klassenkampf um »Zeit« eskalieren können. Beschleunigung heißt die
neue ökonomische Zauberformel.

Mit diesen Wandlungen ändert sich aber auch das Verhältnis zu Arbeit und Beruf grundlegend. Immer weniger Menschen werden einen Beruf ihr ganzes Leben
ausüben können, immer mehr werden sich zwischen Ausbildungsende und Ren-
tenbeginn von Job zu Job hangeln und längere Phasen der Nichtbeschäftigung ertragen müssen. Dementsprechend wird das Verhältnis zum Beruf sich ändern müssen. Nicht mehr Berufsehre und Arbeitsethos werden die Beschäftigten leiten,
sondern materielle Aspekte (»Kohle machen«, »die schnelle Mark«) werden angesichts der völlig unsicheren Perspektive in den Vordergrund treten. Prekäre und un-
geschützte Arbeitsverhältnisse, die heute bereits ein Drittel aller Beschäftigungen
ausmachen, werden ähnlich wie in den USA auch bald in Europa überwiegen,
nachdem sich unter dem Schlagwort der »Deregulierung« die Tendenz durchgesetzt hat, die seit eineinhalb Jahrhunderten von der Arbeiterbewegung erkämpften
Regelungen auszuhebeln. Die »schöne neue Arbeitswelt« beschert nach Beck
(1999) auch den europäischen Vollbeschäftigungsgesellschaften einen radikalen
Wandel:

> »Die ungewollte Folge der neoliberalen Utopie des freien Marktes ist die Brasilianisi-
> sierung des Westens. Der bemerkenswerteste Tatbestand der gegenwärtig absehbaren
> Entwicklung der Arbeit in der Weltgesellschaft ist nämlich nicht nur die hohe Arbeits-
> losigkeit in den Staaten Europas oder das sogenannte Jobwunder in den USA oder der
> Übergang von der Arbeits- zur Wissensgesellschaft, also das inhaltliche Gesicht
> zukünftiger Informationsarbeit. Das Herausragende ist die neue Ähnlichkeit von Ent-
> wicklungsprofilen der Erwerbsarbeit in der sogenannten ersten und der sogenannten
> dritten Welt. Es ist der Einbruch des Prekären, Diskontinuierlichen, Flockigen, Infor-
> mellen in die westlichen Bastionen der Vollbeschäftigungsgesellschaft. Damit breitet
> sich im Zentrum des Westens der sozialstrukturelle Flickenteppich aus, will sagen: die
> Vielfalt, Unübersichtlichkeit und Unsicherheit von Arbeits-, Biographie- und Lebens-
> formen des Südens« (Beck 1999: 7f.).

Aber noch ganz andere Gegensätze dürften aufbrechen. Mit dem aufkommenden
digitalen Kapitalismus werden ganz neue Formen des Arbeitens hinzukommen.
Viele hochqualifizierte und mobile Arbeitskräfte werden elektronisch vernetzt an
verschiedenen Orten der Welt tätig sein, mal am Schreibtisch im Büro, mal per
Telearbeit zu Hause, mal im Flugzeug, mal im digital verbundenen Hotelzimmer
oder auch immer wieder in fremden Orten. Sie zählen zu den Beschleunigern und

werden in den nächsten beiden Jahrzehnten wahrscheinlich zehn bis zwanzig Prozent aller Beschäftigten ausmachen. Dann werden viele mittlere Manager von heute längst arbeitslos sein, weil ihre Tätigkeiten von Computern und Kommunikationstechnologien übernommen worden sind. Auch die strukturelle Arbeitslosigkeit wird vermutlich nicht überwunden sein. Neue Gruppen von Arbeitslosen, die heute noch mit Aktenkoffer und Handy fröhlich zur Arbeit streben, werden dann ebenfalls in die Arbeitslosigkeit abgerutscht sein. Nicht mehr Kapital und Arbeit bilden dann den zentralen Klassengegensatz. Die Fraktionen der Beschleuniger und der Entschleuniger werden sich in neuen Klassen- oder Kulturkämpfen gegenüberstehen. Schnelligkeit ist in der Gegenwart und Zukunft vielleicht das zentrale Moment des digitalen Kapitalismus, Zeit wird zu einem neuartigen Verteilungselement. Die im 19. und 20. Jahrhundert institutionalisierten Arbeitszeitregime geraten immer mehr ins Wanken. Erwerbsarbeit wird elastischer, fluider und poröser, viele Beschäftigte verlieren den von Gewerkschaften und Parteien erkämpften Schutz ihrer Beschäftigungsverhältnisse und werden so gewissermaßen selbst zum Unternehmer, der Arbeitskraft und -zeit anbietet und damit auf diffusen Arbeitsmärkten mit anderen Anbietern konkurriert. So bildet sich nach Sennett (1998) der »flexible Mensch« heraus, der zunehmend Probleme mit seiner individuellen Identität und der sozialen Einbindung bekommt. Auf der anderen Seite bieten die veränderten Zeitregime auch Möglichkeiten für neue Arrangements zwischen Arbeit und Nichtarbeit, zwischen Beruf und Familie, zwischen den Geschlechtern.

Die Veränderungen im Verhältnis von Arbeit und Nichtarbeit sind nur ein Teil des sozialen, wirtschaftlichen, technischen, kulturellen, religiösen oder demographischen Wandels, der sich auf die Freizeit auswirkt. Gesellschaftliche Großaggregate wie Stände, Klassen oder Schichten haben ihre Prägekraft verloren, zugleich nimmt der Druck zur Individualisierung zu; mit dem angeblichen oder tatsächlichen Wertewandel erfolgt eine Abkehr von den Pflichtwerten und eine Hinwendung zu Akzeptanz- und Aushandlungswerten; Familien büßen Stabilität ein, neue Lebensformen und Lebensstile werden praktiziert; mit der demographischen Revolution ändert sich quantitativ wie qualitativ das Verhältnis zwischen den Generationen, der wachsende Anteil alter Menschen verändert das gesellschaftliche Gefüge nachhaltig; gewandelte Siedlungs- und Wohnformen haben starke Auswirkungen auf das räumliche Mobilitätsverhalten; mit den neuen Informations- und Kommunikationstechnologien erlangen Wissen und Austausch von Informationen eine völlig neue Qualität; über Massenmedien wird die Welt sehr viel anders zugänglich als über Erzählungen; mit der Globalisierung werden die Verhältnisse immer komplexer und undurchschaubarer; zugleich steigt allenthalben das Tempo, und Zeit wird zu einer knappen Größe, die bewirtschaftet werden muss. Zeitknappheit und Zeitüberfluss, Verdichtung und Entspannung, Informationsexplosion und Verflachung bilden ein verwirrendes Geflecht, in dem moderne Menschen herum lavieren müssen, wobei Traditionen in Auflösung begriffen sind und dem rat- und rastlosen Individuum nur noch wenig Stützen anbieten. Die Menschen bewegen sich in der »Erlebnisgesellschaft« (Schulze 1992) und müssen zugleich mit den Problemen der »Risikogesellschaft« (Beck 1986) leben. Freizeit kann nicht mehr länger terminologisch wie analytisch als Gegenpol zur (Erwerbs-) Arbeit begriffen werden.

Weil sich die Lebenszeit im 20. Jahrhundert rasch verlängert hat und weil dadurch die beiden Phasen jenseits der Erwerbsarbeit, nämlich die Bildungszeit und die nachberufliche Zeit, immer größer werden, verschiebt sich das Verhältnis zwischen den jeweiligen Zeitblöcken nachhaltig:

Früher (um 1900)	Gestern (um 1980)	Heute (um 2000)	Morgen (um 2010)
Lebenszeit: ca. 440.000 Std.	ca. 610.000 Std.	ca. 670.000 Std.	ca. 690.000 Std.
davon: Obligationszeit[1] 180.000 Std.	255.000 Std.	270.000 Std.	290.000 Std.
Arbeitszeit/Erwerbszeit 150.000 Std.	75.000 Std.	60.000 Std.	40.000 Std.
Freizeit/frei verfügbare Zeit 110.000 Std.	280.000 Std.	340.000 Std.	360.000 Std.

Quelle: Popp 2000: 2 (in Anlehnung an Opaschowski).

Eine solche Modellrechnung kann selbstverständlich nur grobe Entwicklungen beschreiben, die teilweise auch einen übertrieben positiven Eindruck erwecken. Der Rückgang der Erwerbszeit orientiert sich an den formalen Festlegungen von Tarifverträgen, hat aber die verlängerten Zeiten für Arbeitswege und -vorbereitung nur unzureichend im Blick. Die im Sinne der Berufsvorbereitung notwendigerweise zu investierenden Bildungszeiten kommen in diesen Zahlen nur ungenau zum Ausdruck, und ein Teil der frei verfügbaren Zeit muss genutzt werden, um sich z. B. durch Medienkonsum Wissen zu verschaffen, das am Arbeitsplatz eingesetzt werden kann. Und die schwer quantifizierbare Hausarbeit kommt in solchen Darstellungen kaum vor. Dennoch sind die Daten imposant und verweisen auf die innerhalb des 20. Jahrhunderts erfolgten Veränderungen im Zeitgefüge der Menschen. Um 1900 verbrachte ein Mensch im Durchschnitt ein Viertel seiner Lebenszeit mit Erwerbsarbeit, um 2000 war dies weniger als ein Zehntel.

Im statistischen Durchschnitt stehen einem Bundesbürger an Werktagen etwa 5 Stunden, am Sonntag sogar 8 Stunden Freizeit zur Verfügung. Knapp ein Fünftel an Werktagen und ein Drittel an Sonntagen sind also Freizeit, knapp ein Drittel der Zeit wird an allen Tagen mit Schlafen zugebracht, welches nicht zur Freizeit gezählt wird. Über die Lebensspanne hinweg betrachtet wird durch die Verlängerung der Ausbildungszeiten und damit auch der Jugendphase sowie durch die starke Zunahme der Lebenszeit in der nachberuflichen Phase jene Zeit immer größer, die nicht durch Arbeit oder zentrale Rollenzwänge (wie etwa Kindererziehung, Fami-

---

[1] Obligationszeiten sind Zeiten mit verpflichtendem Charakter wie z. B. Kindererziehung, Pflege alter und kranker Angehöriger, staatsbürgerliche Notwendigkeiten und Zeiten für Grundbedürfnisse wie Schlafen, Essen, Hygiene oder Sexualität/Erotik.

lienaufgaben, Pflege kranker oder alter Angehöriger, staatsbürgerliche Pflichten) ausgefüllt sind. Die Verwendung von Zeit war in früheren Generationen und Gesellschaften relativ starr fixiert, in der Gegenwart und der Zukunft wird sie flexibilisiert und gewissermaßen verflüssigt. Alle Menschen müssen wohl oder übel neue Strategien und Formen der Zeitverwendung entwickeln. Gesellschaften müssen ihre Zeitregime neu reflektieren und organisieren. So ist der Eindruck entstanden, Freizeit würde zum zentralen Lebensbereich. Zugleich zeigen aber viele Untersuchungen, dass eine große Mehrheit der Bevölkerung immer noch über zu wenig Freizeit klagt. Durch Beschleunigung, Verdichtung und Rationalisierung entsteht »Zeitnot« (Müller-Wichmann 1984), woraus sich neue Formen gesellschaftlicher Privilegierungen und Benachteiligungen ableiten.

So hat insbesondere die seit etwa zwei Jahrzehnten vorhandene Geschlechterforschung immer wieder herausgearbeitet, wie Zeit zwischen Frauen und Männern ungleich verteilt ist und wie die beiden Geschlechter unterschiedlich Zeit empfinden und mit ihr umgehen. Hausarbeit und Betreuung von Kindern und Alten sind nach wie vor Domänen der Frauen, die ganz komplizierte Balancen ihrer Zeitmengen herstellen müssen, um allen Ansprüchen gerecht werden zu können. Hausfrauen sehen in ihrer Zeitverwendung in der Hausarbeit neben der Last oft auch ein Symbol ihrer Wertigkeit und bringen damit ein Tauschäquivalent zu der männlichen Erwerbsarbeit ein. Das traditionelle Arrangement zwischen den Geschlechtern hat sich trotz steigender weiblicher Erwerbstätigkeit nur sehr langsam geändert – und zwar in der alten BRD wie in der ehemaligen DDR und in vielen anderen Gesellschaften. Zeitkämpfe zwischen Geschlechtern gehören nach wie vor zu den dominanten gesellschaftlichen Mustern. Selbst wenn der inzwischen inflationäre Gebrauch des Begriffes »Arbeit« – von Hausarbeit, Erziehungsarbeit, Beziehungsarbeit, Trauerarbeit ist die Rede – vermieden wird, bestehen sowohl in der Arbeits- wie in der Zeitdimension viele Gegensätze fort und bilden sich neue aus. Daher wird es immer schwieriger, den Freizeitbegriff für beide Geschlechter, alle Altersgruppen oder Gesellschaftsschichten einheitlich zu verwenden. Gerade die Soziologie der Freizeit wird hier angemessene Differenzierungen einfordern müssen. Sofern nicht ausdrücklich gekennzeichnet umfasst die in diesem Buch üblicherweise aus Gründen der besseren Lesbarkeit verwendete männliche Schreibweise Frauen und Männer.

Nach einschlägigen Schätzungen (Deutsche Gesellschaft für Freizeit 1998) wird in der Freizeit ein Umsatz von mehr als 450 Milliarden Mark gemacht. Der Freizeitsektor erreicht fast das Volumen des gesamten Bundeshaushalts. Werden allerdings auch noch sämtliche indirekten Kosten und Erträge in die Berechnung mit einbezogen, so dürfte sich der Betrag mehr als verdoppeln: Kosten des freizeitbezogenen Autoverkehrs, Polizeiaufgebote bei Sportereignissen, kommunale Ausgaben für Turnhallen und Schwimmbäder sind ebenso in die Rechnung einzubeziehen wie die meisten Nutzungsentgelte für das Abspielen von Musik oder Steuereinnahmen aus Fußballspielen und Mega-Events usf. Wie auch immer die Rechnung ausfällt: Freizeit ist zu einem riesigen Bereich der Wirtschaft mit großen Zuwächsen und Beschäftigungsmöglichkeiten geworden. So arbeiten etwa fünf Millionen Menschen direkt in der Freizeitbranche. Werden die indirekten Beschäftigungsfelder hinzu addiert – z. B. ist ein schwer festzustellender Teil der Automobilproduktion, der Bauindustrie, des Verkehrswesens oder der Kommunikationsbranche ebenfalls dem Freizeitsektor zuzurechnen – , arbeiten insgesamt sieben bis acht Millionen (davon rund 3 Millionen in der Tourismusbranche) oder ein Fünftel sämtlicher Beschäftigten für die Freizeit anderer. Ökonomisch betrachtet zählt Freizeit zu den dynamischsten und größten Bereichen des Wirtschaftssystems überhaupt. Der Beitrag zum Bruttosozialprodukt wird auf etwa 15 Prozent geschätzt.

Das Wort Freizeit hat inzwischen Eingang in viele Sprachen gefunden, drückt allerdings jeweils kulturspezifische Deutungsmuster aus. Das englischsprachige »leisure« ähnelt dem französischen »loisir«, während das deutsche Wort auf eine doppelte Komponente verweist, nämlich auf Zeit und auf Freiheit bzw. Freisein – beides hat im Deutschen einen Hang zum Pathetischen. Dabei meinte die ursprüngliche »frey zeyt« in der mittelalterlichen Sprache etwas völlig anderes. Dieser Begriff galt als Rechtsterminus, mit dem zu Markt- und Messezeiten den Händlern Schutz gewährt werden sollte, indem etwaigen Räubern und Mördern die doppelte Strafe angedroht wurde. Über die Wirksamkeit der Strafandrohung ist wenig bekannt. Allerdings lassen sich einige Parallelen zur heutigen Freizeit ziehen, wenn diese als geschützter, konfliktarmer und weitgehend störungsfreier Zeitraum gedacht wird. Im heutigen Verständnis taucht der Begriff »Freizeit« als definiertes Stichwort erstmals in der zweiten Hälfte des 19. Jahrhunderts in Deutschland auf, der positiv besetzte Begriff der Muße und der verpönte Begriff des Müßiggang sind allerdings sehr viel älter.

1.2   Zeit und Gesellschaft

Zeit ist eine ambivalente Größe und schwer zu definieren, wie bereits Augustinus (354-430 n.Chr.) erkannte: »Wenn man mich nicht fragt, was Zeit ist, weiß ich es, wenn man mich fragt, weiß ich es nicht«. Meistens ist sie knapp, gelegentlich aber auch so gedehnt, dass sie kaum zu vergehen scheint. Zeit wird je nach Situation unterschiedlich erfahren: Wenn wir auf einen geliebten Menschen warten müssen, wird die Zeit immer länger, im Liebesakt scheint sie stillzustehen. Für jedes Individuum wie für jede Gesellschaft existieren Zeitnot und Zeitüberfluss, Zeitknappheit und Zeitverschwendung nebeneinander. Zeiterfahrung hängt u. a. vom Lebensalter ab: Säuglinge und Kleinkinder müssen erst lernen, was Zeit ist, Erwachsene leiden in dem Geflecht von Arbeit, Familie und zentralen Rollenanforderungen unter Zeitnot, ältere Menschen haben zwar objektiv »viel« Zeit, sind aber in ihren kleinen schwarzen Büchern, ihren Timern, schnell »ausgebucht«. Zeit ist für Menschen im Erwerbsleben etwas anderes als für Arbeitslose, Arbeitszeit ist etwas anderes als Freizeit, Schlafzeit etwas anderes als Wachzeit, die Zeit des Feierns unterscheidet sich erheblich von der Zeit des Trauerns. Zeit nimmt also immer unterschiedliche Qualitäten an. In unserer Alltagssprache finden wir viele unterschiedliche Verwendungen der Zeit:

> »Die Zeit ist noch nicht reif; die Zeit naht auf leisen Sohlen; die Zeit wirft ihre Schatten voraus; die Zeit geht darüber hinweg; die Zeit heilt Wunden; die Zeit bringt die Wahrheit ans Licht; die Zeit rast; die Zeit ist abgelaufen; die Zeit hat sich erfüllt und –

die Zeit prägt den Menschen. Aber der Mensch prägt auch die Zeit, und er geht mit ihr um: er hat Zeit; er nimmt sich Zeit; er lässt sich Zeit; er nützt die Zeit; er genießt die Zeit; er verliert die Zeit; er vertrödelt die Zeit. Manchmal schöpft er aus ihrer Fülle; gelegentlich schlägt er sie tot; oft leidet er unter ihrem Druck. Vielleicht ist auch gar nicht richtig, das, was alle so verschieden bedenken, empfinden und berechnen, das, dem sie sich unterworfen fühlen, und das, was sie in Fülle haben und obendrein beherrschen möchten, nun immer mit dem gleichen Wort ›Zeit‹ zu benennen. Wissen wir denn, ob wir wirklich vom selben reden?« (Weis 1998: 9).

Wenn wir uns nicht auf die Selbstverständlichkeit unserer Uhren und Kalender zurückziehen können, wird Zeit uns eher als Konflikt bewusst. Wer erinnert sich nicht an die Szene in W. Staudtes Film »Der Untertan« nach dem Roman von Heinrich Mann, in der sich der Fabrikant Hessler und der Vorarbeiter Napoleon Fischer mit Uhren in der Hand kampfbereit gegenüberstehen und um das genaue Ende der Arbeitsschicht streiten. Im 14./15. Jahrhundert haben aufgebrachte Stadtbürger die Turmuhren zerstört, weil sie sich über Gebühr kontrolliert fühlten und noch 1830 haben die Aufständischen in der französischen Juli-Revolution auf die öffentlichen Uhren geschossen, um – wie Walter Benjamin meinte – die Zeit anzuhalten und die Revolution zu verlängern. Und im globalen Dorf der weltweiten Mediengesellschaften kommt es darauf an, einen Krieg zur besten Sendezeit im Fernsehen der USA (»prime time«) zu beginnen oder sportliche Wettkämpfe so zu terminieren, dass möglichst hohe Einschaltquoten erzielt werden, auch wenn dies den Biorhythmen der Sportler und Zuschauer widerspricht. Zeit ist ein kostbares Gut geworden. Telefonverbindungen werden nach Sekunden abgerechnet, Stechuhren in Betrieben und Behörden teilen die Stunden in hundert Einheiten auf, die mit Computern eingesparte Zeit kann den Betrieben Millionenbeträge einbringen und im Sport können Tausendstelsekunden über Medaillen und lukrative Werbeaufträge entscheiden.

Wenn wir die Zeit nicht als physikalisches oder biologisches Phänomen beschreiben, sondern als gesellschaftliches Element erfassen wollen, ist es offenbar nur konflikthaft möglich:

> »Zeit besitzt die Eigenschaft, nur als Konflikt erfahrbar zu sein; sie ähnelt damit strukturellen Sachverhalten bzw. Subsystemen wie Gesundheit oder Recht. Dort, wo sie nicht im Widerspruch steht zum eigenen Bedürfnis, wo die Übertretung zeitlicher Normierungen nicht sozialen, ökonomischen oder psychischen Sanktionen unterliegt, wo das schnellere Bewegen von einem Ort zum anderen oder die rasche Übermittlung keinen Sinn macht, wird auch Zeit als solche nicht erfahrbar. Zeit benötigt die Erfahrung einer Differenz zweier oder mehrerer Bewegungsgeschwindigkeiten zwischen zwei oder mehreren Systemen oder Körpern. Dies können Himmelskörper, gesellschaftliche Subsysteme oder die Handlungsstrukturen zweier Personen sein. Durch eine Bewegungsdifferenz erst wird die materielle Voraussetzung für die Erfahrung von Zeit geschaffen, nicht aber zwangsläufig schon soziale Zeit« (Rinderspacher 1985: 14).

Zeit konstituiert sich durch Bewegungsdifferenzen und wird als Konflikt erfahren. Sprachlich drückt sich die Differenz in »Vergangenheit/Gegenwart/Zukunft«, »jetzt/dann« oder »vorher/nachher«, materiell in der fortlaufenden Nichtidentität der Uhrzeiger-Stellungen, sozial in der kontinuierlich erforderlichen Synchronisierung von Handlungen und den zu diesem Zweck gesetzten Normen (Terminierungen, Befristungen, Pflichten) aus.

Je nach Sichtweise ist Zeit physikalisch, biologisch, psychologisch oder sozial zu bestimmen. Die in der Literatur vorfindlichen Bemühungen, Zeit auf den Begriff zu bringen, schwanken zwischen dem Monismus einer naturwissenschaftlich vorgegebenen Zeit und dem Pluralismus, allen Lebensbereichen eine eigene Zeit zuzuweisen. Wird Zeit nur auf menschliche Lebensbereiche bezogen, kann in Anlehnung an Luckmann zwischen drei Zeitebenen differenziert werden: Zum einen gibt es die körpergebundene innere Zeit, die strukturiert nach Impression, Retention und Protention (also den aus der Phänomenologie Husserls entlehnten Begriffen) als Dauer erlebt wird; sie wird passiv konstituiert und bleibt unbewusst. Zum zweiten die intersubjektive Zeit: (a) sie wird einmal erlebt als Synchronisation von direkten sozialen Interaktionen, wobei diese nicht permanent und kontinuierlich, sondern fallweise auftreten; (b) als Abstraktionen und Generalisierungen von der direkten Interaktionszeit entstehen objektivierte Zeitkategorien, die als Mechanismen der Regulierung wirksam werden. Zum dritten die biographische Zeit, die erlebt wird in Form von Sinnvorgaben für die Konstruktion und Rekonstruktion eines Lebensverlaufs; noch weiter gespannt kann man auch von historischer Zeit sprechen, die den biographischen Kontext überschreitet. Insbesondere auf der zweiten und dritten Ebene konstituiert sich soziale Zeit, die über das je individuelle Erleben hinausweist und als sozial konstruiert bzw. interpretiert gedacht werden muss.

Gesellschaften entwickeln Zeitkonzepte bzw. Zeitnormen im historischen Ablauf zwar jeweils unterschiedlich, doch scheint sich in den meisten gegenwärtig noch existierenden Gesellschaften der Zeitpfeil in einer bestimmten Richtung durchzusetzen – nämlich von der organischen oder zyklischen zur linearen bzw. abstrakten Zeit. In der Literatur findet sich eine Vielzahl von Klassifikationen solcher Zeitkonzepte. Werden vor allem religiöse Deutungsmuster in den Vordergrund gestellt, so ergeben sich andere Zuordnungen, als wenn die wirtschaftliche Produktionsweise untersucht wird (vgl. die umfangreichen Arbeiten von Wendorff 1980 ff.). In Anlehnung an Rammstedt (1975) können mindestens vier verschiedene soziale Zeitkonzepte unterschieden werden, die aber nicht als historische Abfolge zu verstehen sind, weil sich Teile von ihnen auch noch in späteren Konzepten wiederfinden. In vielen frühen Stammesgesellschaften Afrikas und Asiens, die auch als »Gesellschaften ohne Zeit« bezeichnet wurden, herrschte eine okkasionale bzw. organische Zeitkonzeption vor. Zeit wurde nur als »jetzt« oder »nicht jetzt« begriffen, sie konnte sich spontan oder je nach Gelegenheit (Okkasion) an die Rhythmik der Natur anpassen, was bei Jägern und Sammlern als Orientierung ausreichte. Mit der Einrichtung regelmäßiger Markttage und dem raumübergreifenden Handel entwickelte sich die zyklische Zeit, die sich an Jahreszeiten, Hell-Dunkel-Phasen oder andere Naturrhythmen anlehnte, zumeist religiös überformt wurde und auch schon Kalender oder Sonnen- bzw. Sanduhren kannte. In den frühen Hochkulturen wie auch im europäischen Mittelalter kamen Vorstellungen linearer Zeit auf, die sich Zeit als Ablauf auf einer Linie oder einem Pfeil vorstellten, auf dem entsprechende Maße (z. B. Sekunden, Minuten, Stunden, Tage, Wochen, Monate, Jahre etc.) den Ablauf markieren. Die linearen Zeitkonzepte sind in zwei unterschiedlichen Formen vorhanden: Im linear-geschlossenen Modell wird unterstellt, dass bestimmte Zäsuren erreicht werden können, nach denen neue Abschnitte beginnen (z. B. Beginn und Ende des jeweiligen menschlichen Lebens oder Erreichen eines religiösen Zieles); im linear-offenen Modell wird Zeit als kontinuierliches Fließen und Rechengröße, also als abstrakte Zeit, verstanden (also als Möglichkeit, Zeit in Geld umzurechnen, Arbeit kontinuierlich zu organisieren). Gewiss sind immer noch Reste okkasionaler und zyklischer Zeit in heutigen Zeitregimen vorhanden, doch haben sich seit dem ausgehenden Mittelalter und vor allem im Kapitalismus lineare Zeitvorstellungen durchgesetzt. Zeit ist zu einer ökonomischen Kategorie geworden, die bewirtschaftet wird.

Ein kurzer Durchgang durch die Sozial- und Wirtschaftsgeschichte kann jene Faktoren markieren, welche die Durchsetzung der linearen und abstrakten Zeit gefördert haben. Bereits in frühen Hochkulturen waren Elemente der linearen Zeit bekannt, so etwa Sonnen- und Wasseruhren bzw. Kalender, um in den hydraulischen Wasserbaukulturen die Bewässerung zu organisieren, aber auch schon, um soziale Konflikte (etwa durch Redezeitbegrenzungen in den Gerichten des antiken Athens) zu regulieren. Im europäischen Mittelalter überwogen zunächst noch zyklische Zeitmuster, wobei insbesondere die christliche Kirche Zyklen (stetige Wiederkehr der Jahreszeiten, feste Gebetszeiten, Glauben an die Wiedergeburt) festsetzte. Im späten Mittelalter löste – nach einer Formel des französischen Sozialhistorikers LeGoff – »die Zeit der Händler« die »Zeit Gottes« ab. »Vor achthundert Jahren«, schreibt der Theologe Holl (1979), »begannen die Menschen in einigen europäischen Städten einen einzigartigen und bislang unerhörten Wunsch zu verspüren. Sie wollten wissen, wie spät es ist«. Die Zeit wurde mit dem Aufkommen der Turmuhren von den Naturzyklen abgelöst und metrisiert, chronometrische Zeitkonzepte setzten sich durch. Uhren wurden zumindest in den Städten des Spätmittelalters zu Instrumenten der sozialen Kontrolle, aber auch der Koordination sozialer Handlungen und der Bewirtschaftung der Zeit.

Die Uhr, nicht die Dampfmaschine war nach einer inzwischen schon klassisch zu nennenden Feststellung des amerikanischen Sozialhistorikers Mumford (1934) »die Schlüsselmaschine für das moderne Industriezeitalter«. Mit der allgemeinen Ausbreitung der Uhren konnten soziale Handlungen koordiniert und getaktet werden. Die Uhr galt im 17. Jahrhundert als Kunstwerk höchster Präzision und Vorbild für viele Bereiche: Hobbes beschrieb den Staat nach dem Vorbild der Uhr, und die Uhrenmetapher durchzog in jener Zeit nahezu alle Wissenschaften. Die wesentlichen Kräfte, die zwischen dem 14. und 18. Jahrhundert den Fortschritt der Uhrentechnik vorantrieben, waren Militär und Seefahrt. Um die Längengrade bestimmen zu können, hatte sich die Schifffahrt viele Jahrhunderte lang recht ungenauer Messmethoden bedienen müssen und dadurch zufällig die Neue Welt entdeckt. Im 16. und 17. Jahrhundert veranstalteten die renommiertesten Akademien Europas hoch dotierte Wettbewerbe, um bessere Schiffsuhren zu erfinden. Und das Militär hatte, seitdem die Reichweite der Waffen den überschaubaren Horizont überschritt, zur besseren Berechnung der Ballistik ein lebhaftes Interesse an präziser Zeitmessung, um den Flug der Kanonenkugel besser kalkulieren zu können. Aber auch im zivilen Bereich fanden Uhren bald Verwendung: Adel und Bürgertum trieben die Miniaturisierung von der wuchtigen Turmuhr zur transportablen Sattel- oder Taschenuhr voran. Uhren wurden Statussymbole gesellschaftlicher Rangordnung – zumindest bis ins 19. Jahrhundert, als durch Massenproduktion in den USA »one-dollar-watches« auch für die unteren Schichten erschwinglich wur-

den. Zugleich wurde damit aber auch ein neuer Schritt der Disziplinierung eingeleitet. Wenn Uhren selbst für die gering verdienenden Arbeiter erschwinglich waren, konnte von diesen Pünktlichkeit und Schnelligkeit verlangt werden. Die Zeit-
disziplinierung hatte ihren Ausgang von den mittelalterlichen Klöstern genommen,
in denen vor allem feste Gebets- und Mahlzeiten einzuhalten waren, und sich im
Militär (Marschieren, Schießen) fortgesetzt, später auch in Fabriken und Schulen
ausgebreitet. Alle genannten Institutionen wurden von Männern beherrscht und
ideologisch dominiert, weshalb die Durchsetzung linearer Zeitkonzepte auch als
Behauptung und Verbreitung patriarchalischer Herrschaft verstanden werden kann.
Die Zeitdisziplin wurde ideologisch vor allem durch die puritanische Ethik des
Calvinismus und die damit einhergehende Verpönung des Müßigganges (»Müßiggang ist aller Laster Anfang«), später auch durch den aufkommenden Leistungsbe-
griff (»Zeit ist Geld«) begründet.

Dem italienischen Uhrenbaumeister des 15. Jahrhunderts Alberti wird das vermutlich erst später zur Charakterisierung der Zeitrevolution zwischen dem 14. und
18. Jahrhundert erfundene Bonmot in den Mund gelegt: »Vor der Revolution hatten die Menschen Zeit aber keine Uhren, nach der Revolution hatten die Menschen
Uhren aber keine Zeit«. Ähnlich wichtig wie die Ausbreitung der Uhr war für die
industrielle Entwicklung die Reform und Standardisierung der Kalenderzeit, wie
der amerikanische Soziologe Zerubavel (1981) herausgestellt hat. Der Zyklus der
7-Tage-Woche sowie die Aufhebung zahlreicher Feiertage (in manchen deutschen
Einzelstaaten waren noch im 18. Jahrhundert etwa 200 Tage des Jahres als Sonn-
und Feiertage arbeitsfrei) machte die Arbeit in der von Maschinen dominierten Industrie erst richtig möglich, weshalb im 19. Jahrhundert Ökonomen immer wieder
vorrechneten, dass ein Grenzgewinn nur in der allerletzten Arbeitsstunde erreicht
würde und wegen der internationalen Konkurrenz ein Stillstand der Maschinen
nicht zu verantworten wäre – weshalb die täglichen Arbeitszeiten in der Industrie
auf 14 bis 16 Stunden an sieben Tagen der Woche das ganze Jahr über ausgeweitet
wurden. Verfeinerung der Zeitmessung, Aufhebung unproduktiver Feiertage und
Durchsetzung der Zeitdisziplin haben wirtschafts- und sozialhistorisch zur Ausbreitung der abstrakten Zeit entscheidend beigetragen. Und spätestens seit dem 18.
Jahrhundert wird der Benjamin Franklin zugeschriebenen Formel »Zeit ist Geld«
nicht mehr widersprochen, auch die Kirchen fügen sich der Zeitökonomie. Arbeit
wird dem Tempo der Maschinen unterworfen und damit aus dem natürlichen Rhythmus herausgelöst, was der deutsche Ökonom Bücher bereits vor mehr als einhundert Jahren als »Entrhythmisierung der Arbeit« (früher hatten sich die Arbeiter
durch Gesang u. ä. in ihren Rhythmus gebracht) beklagte.

Für die Entwicklung des modernen Zeitbewusstseins war womöglich die Phase
zwischen 1880 und 1918 besonders einschneidend, wie der amerikanische Kultur-
historiker Kern (1983) vermerkte. In diese Periode fallen besonders viele technische Erfindungen und räumliche Veränderungen, die das Zeitgefühl tangierten: Bis
dahin kaum überwindbare Räume wurden durch Telegraph, Telefon und Radio aufgehoben, weshalb 1880 die Zeitzonen eingeführt wurden, um die Transaktionen an
den Börsen koordinieren zu können; Rohrpostnetze verbanden in Großstädten viele Geschäfte und Behörden miteinander, um Pakete und Briefe rasch zu transpor-
tieren, in London wurde gar elfmal am Tag die Post in allen Häusern zugestellt;
durch die Elektrifizierung der Städte wurde die Unterscheidung zwischen Tag und

Nacht weitgehend aufgehoben, die »Kolonisierung der Nacht« (Melbin 1987) konnte beginnen; der Kinematograph schaffte es, Bilder nicht nur beweglich zu machen, sondern die eingefangenen Bewegungen nach Belieben zu verlangsamen oder zu beschleunigen oder gar rückwärts abzuspulen. Zeit und Raum wurden völlig neu erfahren. Alles schien sich experimentell in neuen Formen zu fügen. Wohl nicht von ungefähr fällt in diese Periode die Einführung von Zeitzonen und die Entdeckung der Relativitätstheorie. Und die »Titanic« prallte beim Kampf um das blaue Band des Geschwindigkeitsrekordes (einem abstrakten Zeitmaß, das nicht im direkten Wettkampf miteinander gemessen wurde) gegen einen Eisberg und versank. Bei so viel Tempo ließ James Joyce gewissermaßen als Gegenbewegung im »Ulysses« sämtliche Geschehnisse auf jene legendären sechzehn Stunden des 16. Juni 1904 in den Straßen und Pubs von Dublin zusammenschnurren. Die Wiederentdeckung der Langsamkeit setze ein.

Doch seit dieser Zeit hat sich die Entwicklung immer mehr beschleunigt. Computer haben den Bereich der Nanosekunde (Milliardenstelsekunde) längst erreicht und vergrößern ihre Taktfrequenz immer schneller. Jedes Telefonat kommt mit wenigen Zehntelsekunden Verzögerungen in allen Teilen der Welt an. Befürchteten noch vor eineinhalb Jahrhunderten englische Wissenschaftler und Fahrgäste zu sterben, wenn der Zug schneller als vierzig Km/h fuhr, so stoßen Lokführer heute Freudenschreie aus, wenn sie die zehnfache Geschwindigkeit erreichen. Beschleunigung und Verdichtung sind zu zentralen Merkmalen vieler heutiger Gesellschaften geworden, in denen allerdings auch immer mehr eine Entschleunigung angestrebt wird. Von der »Zerstörung und Wiederaneignung der Zeit« (Zoll 1988) ist ebenso die Rede wie vom »Sterben der Zeit« (Kamper u. a. 1987) oder vom »Heraufkommen der Chronokratie« (Rifkin 1995). Zeit ist damit als eine zentrale Kategorie der Moderne bzw. Postmoderne in den Mittelpunkt sozialwissenschaftlicher Diskurse gerückt. Die gesellschaftlichen Zeitregime, die kulturell sehr unterschiedlich ausgeprägt waren, unterliegen heute Globalisierungstendenzen, die das einzelne Individuum zutiefst prägen und in dem Spannungsgeflecht zwischen Zeitüberfluss und Zeitnot, Beschleunigung und Entschleunigung zur individuellen wie gesellschaftlichen Krise des ZeitBewusstseins führen. Menschen leben heute vermutlich in wesentlich mehr verschiedenen Zeitsystemen als viele ihrer Vorgängergenerationen. So haben Medien und Verkehr rigide Zeitmuster etabliert (es gilt als unhöflich, während der Tagesschau anzurufen, das Verpassen des Ferienfliegers kann teuer werden), umgekehrt sind Arbeiten und Einkaufen zeitlich flexibler geworden, Kindergärten und Schulen diktieren dagegen mit ihren Zeitplänen den oft konfliktreichen Vormittag in vielen Familien mit Kindern.

Freizeit ist Bestandteil gesellschaftlicher Zeitregime. Jede menschliche Gesellschaft hat Modi entwickelt, um über die Organisation von Zeit – genauer: Vorstellungen, was Zeit ist, Methoden zur Messung und Darstellung von Zeit, Regeln zur Einhaltung bzw. Strafen bei Nichteinhaltung von Zeiten, temporale Muster des Verhaltens, Befristungen, auf Zeit beruhende Herrschaftsmechanismen – ihre Mitglieder zu vergesellschaften. Die jeweiligen Zeitregime variieren deutlich mit der Komplexität einer Gesellschaft, mit den Formen der Naturaneignung (Arbeit), mit den Ideologien und der jeweiligen Herrschaftsform. So hat beispielsweise das altchinesische Kaiserreich bereits vor viertausend Jahren ein hochelaboriertes Kalendersystem entwickelt, in dem das für die Kalender zuständige Ministerium zu den fünf zentralen Regierungsbehörden gehörte, weil vor allem die Bewässerung der Felder durch ein kompliziertes System von Kanälen zeitlich genau eingehalten werden musste und weil zum anderen die Herrschaft sich durch eine Vielzahl von Fest- und Feiertagen repräsentierte. Umgekehrt kommen manche Stammesgesellschaften in Afrika und Asien bis heute noch weitgehend ohne Kalender und Uhren aus, weil die Beobachtung der Gestirne für die Erfüllung der anstehenden Aufgaben hinreichend Aufschluss geben.

Jede Gesellschaft entwickelt eine Zeitkultur, in der sich kollektive Anschauungen von Natur und Gesellschaft, Religion, Wissenschaft und sozioökonomische Erfordernisse mit technischen Möglichkeiten zu kulturellen Mustern verdichten. Daraus resultieren Zeitwerte und Zeitnormen. In den Zeitwerten finden sich die in einer bestimmten Epoche vorherrschenden Leitwerte (z. B. Tempo oder Langsamkeit), in den Zeitnormen sind die daraus resultierenden Regelungen (z. B. Fristen, Pünktlichkeit, Höchstgeschwindigkeiten, verordnete Nachtruhe) enthalten. Sie sind in Gesetzen, Tarifverträgen, Pausenordnungen oder Öffnungszeiten institutionell verfestigt, die sich ebenso wie die durch Gewohnheit oder Tradition entstandenen Regelungen (z. B. Wochenende) in Form von Zeitinstitutionen darstellen. Die Gesamtheit der formellen und informellen Regelungen und die diese begründenden Wertvorstellungen lässt sich analog zum Begriff der Sozialstruktur als Zeitstruktur fassen. Die jeweiligen Zeitstrukturen können lokal bzw. regional, national oder international gelten: z. B. hatten um die Mitte des 19. Jahrhunderts die meisten Städte eigene Uhrzeiten, was sich für die Koordination der Eisenbahnfahrpläne als hinderlich erwies und deshalb abgeschafft wurde; in der chinesischen Kulturrevolution wurden 1968 die Zeitzonen abgeschafft und für ganz China eine einheitliche Zeit festgelegt, weshalb der 4.000 Km westlich von Peking lebende Arbeiter bereits in dunkler Nacht zur Arbeit gehen und noch am hellen Tag einschlafen muss, weil die an der Hauptstadt ausgerichtete Uhrzeit keine Rücksicht auf die Natur nimmt.

Das jeweilige Zeitregime legt Grenzen zwischen verschiedenen Bereichen der Zeitverwendung und Zeitbewertung fest. Die Arbeitszeit war in früheren Gesellschaften nicht immer strikt von anderen Zeiten geschieden, Arbeiten, Wohnen und Familienleben überlappten sich vielfältig. Im Zuge verschiedener Modernisierungsschübe sind die Grenzen zwischen Arbeitszeit, Organisationszeit und Freizeit aber deutlicher markiert und gegeneinander abgegrenzt worden. Organisationszeiten werden z. B. durch die Öffnungszeiten von Behörden, Geschäften, Kindergärten oder Schulen bestimmt. Zu diesen Zeiten kommen Obligationszeiten hinzu, in denen sich die Menschen z. B. gegenüber dem Staat (Steuererklärung) oder zentralen Rollenanforderungen (z. B. als Eltern) verhalten müssen. Weil Zeit eine soziale Konstruktion ist, haben sich die Grenzen zwischen den jeweiligen Zeiten im Laufe der historischen Entwicklung immer wieder verschoben. Freizeit ist dabei immer mehr Restzeit geworden, weil sich die Imperative von Ökonomie, Staat und anderen Institutionen vergrößert haben. Ob Freizeit zu einer eigenen Institution geworden ist, soll im weiteren Verlauf noch geklärt werden. In jedem Falle hat heutige Freizeit mit früheren Formen, bei denen strittig ist, diese als Freizeit zu bezeichnen, wenig gemein. Das gewandelte Verhältnis von öffentlich und privat lässt Freizeit heute immer mehr als private Handlung erscheinen. Mit dem Schwinden kollektiver Zuordnungen wird Freizeit immer mehr individualisiert. Der frühere Gegensatz zwischen Alltag und Fest wird immer mehr eingeebnet und durch »Events« wird das Fest quasi ganzjährig auf Dauer gestellt. In dem Maße, in dem die harte und lange Arbeit schwindet, verliert die körperliche und gesellschaftliche Reproduktionsfunktion an Bedeutung und Freizeit wird zu einer Sphäre mit scheinbar eigener Entwicklungsdynamik. Dies verlangt dem Individuum neue Qualitäten der Lebensführung ab, wobei einstweilen getrost offen bleiben mag, ob moderne Gesellschaften schon »Freizeitgesellschaften« sind, oder sich neue »Zeitnot« ausbreitet.

Jede historische und gegenwärtige Gesellschaft entwickelt ein kulturelles Lebenstempo, das sich aus verschiedenen internen und externen Faktoren gestaltet. Idealtypisch hat Kasten (2001) eine Gegenüberstellung von Faktoren zusammengestellt, die das ZeitBewusstsein bestimmen:

Industrieländer	Entwicklungsländer/Stammeskulturen
Dominanz der linearen Zeit (Überwiegen der WPT= white people time)	Dominanz der zyklischen Zeitbewertung (Überwiegen der CPT= coloured people time)
Leben nach der Uhrzeit	Leben nach der Ereigniszeit
Schnelles Lebenstempo in Städten	Langsames Lebenstempo in Dörfern
Hohe Bevölkerungsdichte	Geringe Bevölkerungsdichte
Akzentuierung der linken Gehirnhemisphäre	Akzentuierung der rechten Gehirnhemisphäre
Dominanz individualistischer Wertorientierungen	Dominanz kollektivistischer Wertorientierungen
Kapitalistische Ökonomie	Sozialere Wirtschaftsformen
Gemäßigte (und subtropische) Klimazonen	Heiße Klimazonen
Entwickelte Binnenstruktur	Wenig entwickelte Binnenstruktur
Langeweile, Hektik, Stress	Muße, Gelassenheit, Zeitlosigkeit
Pünktlichkeit	Kultur des Wartens und Abwartens
Zeit ist Geld	Zeit kostet nichts
Zeitverschwendung	Zeit im Überfluss
Monochronie	Polychronie

Quelle: Kasten 2001: 126

Je nach Gesellschaftsverfassung haben sich weltweit unterschiedliche Zeitregime entwickelt, woraus sich Korrelationen zwischen dem materiellen Wohlstand und dem Reichtum an freier Zeit ergeben, die allerdings nicht unilinear verlaufen. Die USA und Japan sind materiell eher reiche Länder, verfügen aber über vergleichsweise wenig freie Zeit. Nordeuropa und teilweise auch Südeuropa sind materiell ebenfalls wohlhabend und verfügen zudem über relativ viel freie Zeit. Umgekehrt sind Südamerika und weite Teile Asiens und Osteuropas materiell eher arm, haben zudem aber auch durchschnittlich wenig freie Zeit. Die nachfolgende Tabelle vergleicht Arbeits- und Freizeit von Industriearbeitern.

Gebiet	wöchentliche Arbeitszeit (Std.)	Jahresurlaub in Tagen	Feiertage	Jahresarbeitszeit in Stunden
Nordeuropa	39	27	8	1755
Osteuropa	40	18	8	1870
Südeuropa	41	22	12	1880
USA	40	12	11	1904
Japan	42	10	13	2017
Afrika	42,5	15	9	2020
Lateinamerika	44	15	9	2060
Asien	44,6	14	12	2140

Quelle: Richards 1998: 148

In diesen Zahlen drücken sich u. a. die jeweiligen gesellschaftlichen Strukturen und Verhältnisse im Arbeitsbereich aus. In den USA haben z. B. die Gewerkschaften eine relativ schwache Stellung und der Staat greift nach seinem liberalen Verständnis nur wenig in die Sozialpolitik ein. Daher haben die US-amerikanischen Arbeitnehmer nur niedrige Urlaubsansprüche, vielfach sind diese auch erst nach einem Jahr Betriebszugehörigkeit zu erlangen. So hat sich in den USA eine schwache Urlaubskultur entwickelt. Nach einer von Richards zitierten Untersuchung nahmen 1995 ein Zehntel aller Arbeiter keinen Urlaub und ein weiteres Drittel nur eine Woche Urlaub. In Japan steht Arbeit noch immer im Mittelpunkt der Lebensphilosophie, zum Betrieb besteht eine enge, oft über familiäre Kontakte vermittelte Beziehung. Vielfach wird aus Angst vor Arbeitsplatzverlust oder betrieblichen Nachteilen der Urlaub gar nicht genommen, denn fast ein Drittel der Beschäftigten verzichtet ganz auf Urlaub. Im Gegensatz zu den liberalen Wohlfahrtsgesellschaften USA und Japan verfügen die korporatistischen Wirtschaftsmodelle Mitteleuropas über relativ starke Gewerkschaften und haben daher ein auch historisch ausgeprägtes Gefüge von Urlaubsansprüchen und eine entsprechende Urlaubskultur. In den sozialdemokratisch beeinflussten Wohlfahrtsregimen in Skandinavien und den Niederlanden gelten die arbeitsfreien Zeiten (37 Tage Urlaub, 1620 Stunden Jahresarbeitszeit) als Indikatoren für Wohlstand und gesellschaftliche Gerechtigkeit, Urlaub gilt als soziales Grundrecht. So besehen sind Urlaubsanspruch und arbeitsfreie Zeit zentrale Dimensionen, in denen Unterschiede zwischen verschiedenen Gesellschaftsverfassungen markiert werden können. Zeit ist also eine fundamentale Kategorie der Gesellschaftsanalyse. Und weil sich der Kampf um die Zeit in Zukunft vermutlich noch verstärken wird, ist die Freizeitforschung eben auch Zukunftsforschung.

1.3 Soziologie der Freizeit

Soziologie ist als institutionalisiertes Fach zwar erst knapp einhundert Jahre alt, steht aber in der Tradition jahrhundertealter gesellschaftstheoretischer Diskurse, die spätestens im 17. Jahrhundert Gesellschaften im engeren Sinne wissenschaft-

lich zum Thema erhoben. Als Wissenschaft von der Gesellschaft hatte sie ursprünglich umfassendere Perspektiven: Ökonomie, Staat, Gesellschaft und Individuen wurden in dialektischen Beziehungen gedacht, die sich historisch wandelten,
aber miteinander eine Einheit bildeten (eine solche Sichtweise versuchen die kritische Theorie der Gesellschaft der »Frankfurter Schule« und einige neuere Gesellschaftstheorien wiederzugewinnen). Mit der Spezialisierung der Wissenschaften
zwischen dem 18. und 20. Jahrhundert ging solche Einheitlichkeit verloren, spezielle Aspekte wurden nun Gegenstand der jeweiligen Disziplin. Die Ökonomen
konzentrierten sich auf das ökonomische Handeln und verbannten Staat, Politik,
Gesellschaft oder Psyche in die ceteris-paribus-Klausel (alles übrige bleibt gleich).
Die Psychologen konzentrierten sich auf die menschliche Psyche als eigenständi-
ges System und ließen Gesellschaft, Politik oder Ökonomie nur als intervenieren-
de Variablen zu. Die Staatswissenschaftler konzentrierten sich als Staatsrechtler
auf das juristische Funktionieren oder als Politologen auf das institutionelle Handeln und reduzierten Ökonomie und Gesellschaft auf Interessen(gruppen). Die Soziologie als Fachdisziplin ist diesen Entwicklungen weitgehend gefolgt und hat
sich auf »das Gesellschaftliche« konzentriert. Im Vergleich mit anderen Disziplinen ist aber der Grad der Kodifizierung der Wissensbestände (also der Abgrenzung
gegenüber anderen Disziplinen, der Entwicklung einer eigenen Fachsystematik,
der Festlegung eines Methoden-Kanons etc.) wie auch der Codierung der Denk-
und Sprachmuster (also die Vereinheitlichung der Begriffe, die Heuristik des Erkennens, die Formulierung von Wahrheits- bzw. Geltungskriterien etc.) deutlich
schwächer. Für Außenstehende mag dies als Fehler erscheinen, was sich oft bei der
Durchsetzung des Faches gezeigt hat, für ihre wissenschaftliche Fruchtbarkeit aber
haben der relativ niedrige Kodifizierungs- und Codierungsgrad eher Vorteile gehabt.

Daraus leiten sich einige Prinzipien ab: (a) Soziologie ist Interpretation von Am-
bivalenzen. In der gesellschaftlichen Realität sind Entwicklungen nur selten eindeutig, vielmehr bewegen sie sich in verschiedene Richtungen oder sind als sich
überlagernde und teilweise auch widersprechende Tendenzen zu erkennen. Auf der
einen Seite beschert die sozioökonomische Entwicklung vielen Menschen mehr
Lebenszeit ohne Erwerbsarbeit, auf der anderen Seite erhöhen aber die veränderten
Zeitregime auch die subjektiv immer stärker empfundene Zeitnot. (b) Soziologie
untersucht die Konstruktion gesellschaftlicher Phänomene, Definitionen und Diskurse. Zeitregime und Begriffe sind immer auch gesellschaftliche Konstruktions-
prozesse, die freilich nicht beliebig verändert werden können, sondern eng mit den
übrigen zentralen Dimensionen der Gesellschaftsstruktur zusammenhängen, woraus der »Eigensinn« gesellschaftlicher Tatsachen resultiert. (c) Soziologie analysiert die Ursachen, Formen und Legitimationen gesellschaftlicher Ungleichheit.
Zeithaben bietet sich neben Rasse oder Geschlecht als Merkmal für gesellschaftliche Ungleichartigkeit und Ungleichbewertung an, ist aber im Gegensatz zu Rasse und Geschlecht veränderbar (Geschlecht und Rasse sind zwar biologische
Merkmale und auch gesellschaftliche Konstruktionen, können aber nur mit höch-
stem Aufwand – etwa Geschlechtsumwandlung oder bei Rasse: Adoption, Heirat,
»ethnische Säuberung« – verändert werden). Der gesellschaftliche Zeitwohlstand
verteilt sich nach anderen Merkmalen als der materielle Wohlstand, kann aber bei
den ohnehin Benachteiligten zu weiteren Akkumulationen von Handicaps führen

und vice versa den Privilegierten weitere Privilegien sichern. (d) Soziologie richtet ihren Fokus auf Strukturen und Institutionen, die entstanden sind, um Erfahrungen auf Dauer zu stellen, Ungleichheiten zu organisieren, Herrschaft zu legitimieren und dem Zusammenhalt zwischen den einzelnen Gesellschaftselementen Stabilität zu verleihen. Ein zentraler Strukturbereich aller Gesellschaften ist die Arbeit, die in jüngerer Zeit vor allem als Erwerbsarbeit (in früherer Zeit auch als Sklaven-, Gefangenen- oder Feudalarbeit) organisiert wurde und für die Vergesellschaftung der Individuen fundamental ist. In modernen Gesellschaften ist aber gerade eine Entkoppelung vieler Menschen von der Erwerbsarbeit durch »Entberuflichung« (Verrentung, Arbeitslosigkeit) typisch, so dass ein wachsender Bevölkerungsanteil historisch erstmalig noch fast ein Viertel seines Lebens nach dem Ende der Berufsarbeit verbringt, ein expandierender Teil gar keine Chance erhält, dauerhaft einer Erwerbstätigkeit nachzugehen und ein wachsender Teil vor der Berufsaufnahme im Bildungswesen seine Zeit verbringt. (e) Soziologie hat es mit Prozessen der Veränderung, mit sozialem Wandel und damit auch mit der Geschichte der Gesellschaft(en) zu tun. Freizeit vollzog sich historisch oft in Familienstrukturen, die nur teilweise heutigen Familienformen ähneln, ohne dabei aber dem Typus einer idyllischen Mehrgenerationen-Großfamilie, die es nach neueren familienhistorischen Forschungen in Mitteleuropa nur selten gegeben hat, zu entsprechen. Daneben dienten Zünfte und Gilden, Studentenverbindungen und Dorfgemeinschaften als Orte der Freizeitverbringung. Heute sind diese zentralen gesellschaftlichen Orte weitgehend verschwunden und unter dem Druck der Individualisierungstendenzen durch viele neue Freizeitstätten ersetzt worden. (f) Soziologie befasst sich mit Kulturen, Mythen, religiösen oder wissenschaftlichen Deutungsmustern, welche quasi als »Software« die »Hardware« der Strukturen, Wandlungstendenzen und Mechanismen der Ungleichheiten bedienen. Jede Gesellschaft setzt sich kulturell mit den fundamentalen Problemen von Leben und Sterben auseinander, entwirft Altersbilder und Todesvorstellungen, bemüht Mythen um Sinngebung, befragt die Deutungsangebote von Religionen und Wissenschaften etc. Auch was denn Zeit grundsätzlich ausmacht, wird oft durch Mythen erklärt oder in Zyklen bebildert. Dabei sind große Unterschiede zwischen verschiedenen Kulturen auszumachen, die in den letzten Jahrzehnten besonders von der Ethnologie untersucht worden sind.

Das Thema Freizeit ist erst recht spät in den Fokus der Wissenschaften gelangt, weil dieser Bereich als individuell beliebig und somit extrem vielfältig galt, was kaum Generalisierungen zuzulassen schien. Auch quantitativ war Freizeit für die meisten Menschen bis etwa 1950 nur eine Randerscheinung, denn bis dahin überwogen die zum Teil recht harten Arbeitsbedingungen und die Sorge um Familie und Kinder. Die zentralen Rollenzwänge ließen Freizeit als Beiwerk des strapaziösen Alltags, als kostbare Stunden oder als Zeit der physischen und psychischen Erholung bzw. Reproduktion der Arbeitskraft erscheinen. Freizeit war im Vergleich zur Arbeitssphäre kein dominantes gesellschaftliches Konflikt- und Problemfeld, auch wenn seit dem späten 19. Jahrhundert der Kampf um die Verringerung der Arbeitszeit auch immer wieder unter dem Aspekt der persönlichen, gesellschaftlichen und pädagogischen Entwicklung in der arbeitsfreien Zeit geführt wurde. Weil aber Freizeit als Problem der »sinnvollen« Verbringung der nicht durch Arbeit und Familie ausgefüllten Zeitanteile betrachtet wurde, überwogen Fragen, wie Menschen vom Müßiggang ab- und zu positivem Handeln angehalten werden könnten oder wie Rentner mit der neugewonnenen Fülle an nicht strukturierter Zeit umgehen könnten. Freizeit war in diesem Sinne kein gesellschaftliches Problem und auch keine eigene Struktur, sondern eine Frage der Erziehung und Sinngebung. Daher fehlte in den etablierten Wissenschaften zumeist ein Problembewusstsein für das Thema Freizeit. Oder der Zugang zur Freizeitthematik erfolgte unter anderen Begriffen und Perspektiven. So hatte die Geschichtswissenschaft bereits wesentlich länger die Veränderung des Gedankens und der Trägergruppen der Muße im Blick, die Philosophie beschäftigte sich mit den sich wandelnden Funktionen des Spiels, die Theologie hob den veränderten Stellenwert von Sonn- und Feiertagen hervor, Psychoanalytiker rätselten vereinzelt über das »Sonntags-Syndrom«, Psychologen und Mediziner stellten Untersuchungen über die Notwendigkeit von Erholungszeiten an, Ökonomen versuchten die volkswirtschaftlich erforderlichen Arbeits- und Ruhezeiten zu begründen usf. Doch hatten alle diese Disziplinen höchst disparate Aspekte im Blick und nahmen voneinander kaum Kenntnis. Freizeit war kein gemeinsames Thema der Wissenschaften.

In den letzten drei bis vier Jahrzehnten hat sich aber eine Freizeitwissenschaft etabliert, die aus einer Anzahl von wissenschaftlichen Disziplinen gespeist wird: Freizeitsoziologie, -psychologie, -pädagogik, -ökonomie, -ökologie, -sportwissenschaft, -kulturwissenschaft u. dgl. m. leisten neben anderen Disziplinen erhebliche Forschungsbeiträge, ohne allerdings immer hinreichend auf Systematisierung und Vernetzung zu achten. Oft werden in den einzelnen Fächern mit fast identischen Fragestellungen Forschungen initiiert, ohne die Resultate benachbarter Fächer zur Kenntnis zu nehmen. Gerade die empirische Auftragsforschung erlebt seit etwa 1970 einen ungeahnten Aufschwung, weil Freizeit und Tourismus als zentrale Marktsegmente mit großen Zuwachsraten erkannt worden sind. Die oft umfangreichen und teuren Studien sind überwiegend auf die ökonomischen Interessen der Auftraggeber zugeschnitten und lassen sich daher meist nur unzureichend generalisieren. Die kommerzielle Freizeitforschung stellt in den meisten Fällen ihre Resultate nur den Auftraggebern – z. B. Verlagen, Werbeagenturen, Sportvereinen, Verbänden, Parteien, Wirtschaftsunternehmen, sehr viel seltener staatlichen Stellen – zur Verfügung, solche Forschung ist dann gar nicht oder nur gegen hohe Gebühren zugänglich. Mit solchen Ergebnissen werden dann Marktstrategien, Werbekampagnen oder Baupläne ausgetüftelt, um die jeweiligen Zielgruppen möglichst genau ansprechen zu können. Bevor z. B. ein neues Vergnügungszentrum, Feriengebiet oder Sportareal geplant und gebaut wird, sollen mit empirischen Forschungsmethoden die Freizeit-, Reise-, Sport- oder Einkaufsgewohnheiten der kaufkraftstarken Zielgruppen erkundet werden. Moderne Massenmedien sind sehr daran interessiert, die Hör- oder Sehgewohnheiten des potenziellen Publikums zu kennen. Reiseveranstalter möchten möglichst genau wissen, wie lange welche Gesellschaftsmitglieder in Zukunft welche Orte besuchen und welche Leistungen nachfragen werden. Und Gemeinden in strukturschwachen Regionen wollen herausfinden, mit welchen Attraktionen Touristen in ihre Orte zu locken sind. Gerade im Bereich von Freizeit und Tourismus zeigt sich dabei die Tendenz, dass bei lahmender Konjunktur für diese Formen der Forschung mehr Geld in der Hoffnung auf eine sich belebende baldige Nachfrage ausgegeben wird und dass bei guter Konjunktur ebenfalls viel Geld für Forschung ausgegeben wird, damit die Nach-

frage nicht sinkt. So haben sich in den letzten Jahrzehnten kommerzielle Freizeit-
und Tourismus-Forschungsinstitute etabliert, die den Informationsbedarf, der mit
den raschen und oft tiefgreifenden ökonomischen, sozialen, technischen und
räumlichen Strukturveränderungen entstanden ist, decken sollen.

In der Soziologie ist die Erforschung von Freizeitproblemen relativ jungen Datums. Erst seit rund vier Jahrzehnten häufen sich freizeitsoziologische Untersuchungen, einführende Werke und Lehrbücher sind überwiegend sogar erst ab ca.
1970 entstanden. Dies legt die These nahe, das Freizeit-Problem sei gesellschaftlich erst in den letzten Jahrzehnten entstanden und dann – mit einer gewissen zeitlichen Verzögerung – zum Gegenstand der soziologischen Forschung und Theorie-
bildung geworden. Doch so einfach verläuft die Wissenschaftsentwicklung
meistens nicht, denn eine eigenständige Wissenschaftsdisziplin muss sich gegenüber anderen Disziplinen durch eigene Fragestellungen und Methoden abheben bzw.
legitimieren und zudem in der Gesellschaft Verankerung finden.

Damit entsprechende Strategien der Legitimation und Institutionalisierung Erfolg haben, sollten folgende Bedingungen erfüllt sein: es muss ein Problemfeld
vorhanden sein, das nicht von anderen, bereits etablierten Disziplinen abgedeckt
wird – im Falle der Freizeit-Soziologie müssen also typische Probleme vorhanden
sein, die nicht von der Freizeitmedizin, -ökonomie oder -psychologie behandelt
werden (z. B. schichttypisches Freizeitverhalten); ferner müssen Trägergruppen
vorhanden sein, die zur Expansion der neuen Disziplin beitragen – also Forscher,
Hochschullehrer, Verlage, Kongresse, Bildungsinstitutionen oder Massenmedien;
die neue Disziplin muss mit der vorherrschenden gesellschaftlichen Ideologie
übereinstimmen – im Falle der Freizeitsoziologie kann diese auf die Ideologien der
»nachindustriellen Freizeitgesellschaft« oder der »Konsumgesellschaft« oder der
»Nivellierung im Freizeitbereich« zurückgreifen; gesellschaftliche, wirtschaftliche
und politische Verwertungsinteressen sollten der Institutionalisierung der neuen
Disziplin entgegenkommen – weil Freizeit vor allem auch Konsumzeit ist, besteht
z. B. ein wirtschaftliches Interesse, die Freizeit auch wissenschaftlich »in den
Griff« zu bekommen; weil Freizeit überwiegend als individueller und unpolitischer
Freiraum definiert wird, mag ein politisches Interesse daran bestehen, den unpoli-
tischen Charakter der Freizeit zu erhalten usw. Diese Bedingungen müssen mindestens erfüllt werden, damit sich eine Spezialdisziplin wie die Soziologie der Freizeit entfalten und durchsetzen kann.

In den vergangenen vier Jahrzehnten hat sich an den Hochschulen das Thema
Freizeit stark verbreitet, wobei auch verwandte Thematiken wie Sport, Medien,
Gesundheit oder Tourismus ins Blickfeld gerieten. Zahlreiche Bücher, Lexika,
Fachtagungen und Fachgesellschaften zeugen von der Produktivität der einschlägigen Disziplinen. In der Deutschen Gesellschaft für Soziologie wird allerdings
erst seit wenigen Jahren das Thema Freizeit in die institutionelle Struktur in Form
von Ad-hoc-Gruppen bzw. Arbeitsgruppen aufgenommen. Zumeist werden entsprechende Fragestellungen in benachbarten Spezial- oder Bindestrichsoziologien
behandelt: z. B. in der Familien-, Arbeits-, Sport- Medizin- oder Mediensoziologie. Systematische Überblickswerke zur Freizeitsoziologie sind rar, an speziellen
Untersuchungen hat es dagegen keinen Mangel. Diese Situation ist wenig verwun-
derlich, weil es immer schwieriger wird, die Vielzahl der Aspekte in geeigneter
Weise zu systematisieren. Besonders die raschen Veränderungen in so vielen Fel-

dern wie Arbeit, Familie, Gesundheit, Mobilität oder Medien machen es schwer, auch nur einige Haupttendenzen zu erfassen und in Zusammenhang zu bringen. Noch viel komplexer wird ein solches Vorhaben dadurch, dass unter dem Stichwort einer aufkommenden »Freizeitgesellschaft« Freizeit zum Charakteristikum ganzer Gesellschaften werden soll. Den Spannungsbogen zwischen dem Totalphänomen »Freizeitgesellschaft« und dem je unterschiedlichen individuellen Freizeitverhalten herzustellen, erfordert die Zusammenführung höchst disparater Wissensbestände bzw. methodischer Sichtweisen.

Auf der einen Seite wird die Freizeitsoziologie zu den Speziellen Soziologien gezählt und hat damit einen ähnlichen Status wie die Musik-, Kunst-, Familienoder Jugendsoziologie, auf der anderen Seite reicht das Thema Freizeit in zentrale Fragen der Allgemeinen Soziologie so tief hinein, dass die Freizeit zu einem Schlüsselbegriff moderner Gesellschaftsanalysen werden kann. So ist zu fragen, in welchem Umfange Freizeit zur gesellschaftlichen Differenzierung beiträgt und am Prozess der Vergesellschaftung teilhat. Wenn sich in der Freizeit gesellschaftliche Unterschiede und damit verschiedene Lebensstile ausdrücken, so trägt das zur gesellschaftlichen Differenzierung bei. Weil die Wertschätzung der Freizeit subjektiv steigt, orientieren sich immer mehr Menschen statt an Arbeit an Freizeit. Über Freizeit wird daher immer stärker vergesellschaftet, zumal Erwerbsarbeit schwindet und für viele Menschen gar nicht mehr erreichbar ist. Generell rückt das Thema Zeit immer stärker ins Zentrum von Gesellschaftsanalysen. Die jeweiligen gesellschaftlichen, wirtschaftlichen, kulturellen und technologischen Zeitregime dienen einerseits immer deutlicher dem Zusammenhalt von ganzen Gesellschaften, steuern andererseits das Verhalten der jeweiligen Individuen (oft sogar minuziös). Zeit übt einerseits Zwang aus, wenn z. B. berufliche Tätigkeiten immer mehr verdichtet werden oder wenn Ämter den Bürgern Fristen setzen. Über Zeit wird ganz subtil Herrschaft ausgeübt. Zeit ist andererseits ein Zeichen von Wohlstand oder Mangel, wenn z. B. nicht mehr die ganze Zeit für Arbeit und Lebensnotwendigkeiten verbraucht wird, sondern zumindest in Teilen nach eigenem Belieben verbraucht werden kann. Zeit ist ein Indikator zur Analyse von Sozialstrukturen. Welche Formen der Zeitverwendung dabei überwiegen, ob mehr für Arbeit oder mehr für Freizeit, geben den Ausschlag dafür, ob eine Gesellschaft als »Arbeitsgesellschaft« oder als »Freizeitgesellschaft« charakterisiert wird. So besehen ist das Thema Freizeit also ein Schlüsselbegriff der Allgemeinen Soziologie.

Als Spezielle Soziologie kann die Freizeitsoziologie Anleihen bei verwandten Disziplinen wie Kultur-, Kunst-, Literatur-, Medien- oder Musiksoziologie machen, sie muss aber auch Begriffe und Resultate aus der Alterns-, Behinderten-, Ernährungs- Familien-, Jugend-, Kindheits-, Körper-, Medizin- oder Sportsoziologie aufnehmen, sich mit Befunden der Arbeits-, Betriebs-, Industrie-, Religions-, Umwelt-, Verkehrs-, Wissens- oder Wohnungssoziologie auseinandersetzen. Als Bindestrich-Soziologie schließt die Freizeitsoziologie üblicherweise die Tourismussoziologie mit ein, in manchen Systematiken wird jene aber gesondert behandelt. Innerhalb der Freizeitsoziologie lässt sich die allgemein in der Soziologie übliche Einteilung in Makro-, Meso- und Mikroebene ebenso antreffen wie die Unterscheidung von Theorie und Empirie. Auf der Makroebene wird Gesellschaft als Ganzes behandelt (also etwa als »Freizeitgesellschaft«), auf der Mesoebene können die Instanzen der Vermittlung zwischen Individuum und Gesellschaft ana-

lysiert werden (z. B. die Bedeutung der Familie für die Freizeit), auf der Mikroebene werden schließlich das Freizeitverhalten und die Motive bzw. Empfindungen der einzelnen Person oder einer kleineren Gruppe untersucht (z. B. das Interesse am Sport). Zwischen den Ebenen der Analyse lässt sich nicht immer
trennscharf unterscheiden. Die in der Soziologie wie in anderen Wissenschaften
gängige Unterscheidung zwischen Theorie und Empirie erweist sich immer mehr
als künstliche und damit oft fatale Trennung. In vielen Studien hat die Faszination
an den Methoden der empirischen Sozialforschung zu kuriosen Ergebnissen geführt, weil die Fragen nicht aus der Theorie abgeleitet wurden (vgl. Kapitel 9). Andererseits läuft bloße Theorie Gefahr, sich in abstrakten Denkgebäuden zu verirren
oder in reiner Kulturkritik stecken zu bleiben. Die Dialektik von Theorie und Methoden ist in Teilen der Soziologie aus dem Blickfeld geraten.

Eine Soziologie der Freizeit, die nicht von Soziologen in der Freizeit betrieben
wird, unterliegt der Tendenz zur Schönfärberei. Weil Freizeit oft mit ausschließlich
positiven Konnotationen behaftet ist (»die schönsten Wochen des Jahres«), besteht
die Gefahr, Freizeit mit einer rosaroten Brille zu betrachten. Freizeit heute hat allemal mit Frieden und Wohlstand zu tun. Freizeit im Kriege oder in Zeiten bitterer
Armut ist in den Darstellungen der Freizeitsoziologie kaum anzutreffen. Auch wird
weitgehend hingenommen, dass die Rationalisierung und Verdichtung der Arbeit
und eine daraus resultierende hohe Arbeitslosigkeit quasi wie naturgesetzmäßige
Sachzwänge erscheinen. Über die Alternative, Erwerbsarbeit nicht länger zu tech-
nologisieren und zu verdichten, um so mehr Menschen zu humaneren Bedingungen zu beschäftigen, wird angesichts der Dominanz von Freizeit kaum noch diskutiert. Auch gesellschaftliche Problembeschreibungen geraten so vielfach aus
dem Blickfeld. Seit dem Ende des 19. Jahrhunderts bis in die sechziger Jahre des
20. Jahrhunderts wurde das Problem der Freizeit vor allem darin gesehen, dass viele Menschen damit nicht umgehen könnten und dadurch viele soziale Probleme
(wie z. B. Alkoholismus, Kriminalität, Gewalt oder Vandalismus, in milderer
Form: Langeweile und Verdruss) entstünden. In solchen Debatten überwog zumeist
eine soziale Schieflage: Die höheren Gesellschaftsschichten und Akademiker
könnten Muße genießen, die unteren Gesellschaftsschichten damit aber nicht umgehen und würden ihre Freizeit nur mit unnützem Handeln totschlagen. Solche
Diskursformen sind in der Gegenwart weitgehend verschwunden. Heute gehen die
Problembeschreibungen eher in die Tiefe: Entstehen in der Freizeitdimension neue
soziale Ungleichheiten? Haben Menschen mit Behinderungen oder in Armut eine
andere Freizeit als Menschen im Wohlstand? Führt die Zunahme von zeitlichen
Optionen zu neuen Formen von Zeitnot? Kann Freizeit zur Emanzipation von
Fremdzwängen und zur Selbstfindung beitragen, oder dient die schöne neue Freizeitwelt eher der Ablenkung von gesellschaftlichen Konfliktfeldern? Wiederholt
sich auf dem Felde der Freizeit der Geschlechterkampf? Wird das jeweilige Zeitregime zum Instrument neuer subtiler Herrschaftsmethoden?

Die Definition von Problemen hängt davon ab, welche Erkenntnisinteressen und
welches Bild der Gesellschaft damit verbunden werden. Und genau daraus resultieren dann auch die Legitimationen der jeweiligen Wissenschaften. In den sechziger und siebziger Jahren des 20. Jahrhunderts boomte die Freizeitforschung vor allem deshalb, weil man glaubte, Erkenntnisse über das Freizeitverhalten von
Menschen in pädagogische Maßnahmen umsetzen zu können. Mit der Annahme,

viele Menschen müssten zu einer »sinnvollen« Freizeitverbringung animiert werden, versuchte sich eine wie auch immer geartete Freizeitpädagogik zu etablieren und gleichzeitig auch so etwas wie Freizeitpolitik auf den Weg zu bringen. Bald trat Ernüchterung ein, weil die meisten Menschen nicht auch noch in ihrer als privat verstandenen Freizeit pädagogisch angeleitet werden wollten. Ungebrochen hat sich aber in all den Jahrzehnten eine empirische Freizeitforschung erhalten, die ihren Auftraggebern Auskunft darüber geben sollte, wie die Freizeit der jeweiligen Zielgruppen mit immer neuen Angeboten (i. d. R. kommerziell oder politisch) zu bedienen sei. Dieser Strang der Freizeitforschung wird in diesem Buch allerdings nur selten vorkommen, da die Ausrichtung oft nicht erkennbar ist, was wissenschaftlicher Forschung allerdings abverlangt werden sollte.

1.4   Zu diesem Buch:

Dieses Buch kann nur einen Einblick in die Fülle der vielen Aspekte von Freizeit geben[2]. Dabei sollte deutlich werden, dass Freizeit nicht länger als Gegensatz zu Erwerbsarbeit begriffen werden kann, sondern zentral auf das Thema Zeit verweist. Zeitliche Optionen oder Zeitwohlstand werden immer deutlicher zu Kriterien der Lebenszufriedenheit. In ihnen bilden sich veränderte gesellschaftliche Ungleichheiten ab. Freizeit ist nur noch begrenzt Zeit für die Reproduktion der Arbeitskraft, viel stärker ist sie inzwischen integraler Bestandteil von Lebensstilen und wichtiges Element der Lebensführung. Damit wird Freizeit zu einem Supersymbol moderner Gesellschaften. Um diese Perspektivenverschiebung angemessen zu berücksichtigen, wird in diesem Buch immer wieder auf allgemeine gesellschaftliche Wandlungstendenzen eingegangen. Freizeitsoziologie wird hier vor allem aus der Makroperspektive beschrieben. Die je individuellen Motive für das Handeln und Empfinden in der Freizeit werden in der Freizeitpsychologie erforscht und die Umsetzbarkeit solcher Befunde wird in der Freizeitpädagogik diskutiert. Wie sich dann das Freizeitverhalten auf den Raum auswirkt, ist Gegenstand der Freizeitgeographie (auch der Tourismusgeographie), welche Probleme in der Wirtschaft auftreten, ist Sache der Freizeitökonomie usf. In den letzten Jahrzehnten haben benachbarte Disziplinen oft Fragen und Methoden der Soziologie aufgenommen. Daher können bisweilen Anleihen bei anderen Fächern gemacht werden.

Dieses Buch versteht sich nicht so sehr als Datenhandbuch, weil die Daten zum Thema Freizeit, Sport, Medien oder Tourismus inzwischen so vielfältig und heterogen sind, dass eine Synopse nicht möglich ist. Relativ aktuelle Datenüberblicke finden sich in: Bundesministerium für Familie, Senioren, Frauen und Jugend 1994,

---

[2] Im Literaturverzeichnis finden sich zahlreiche Werke, die zu den hier dargestellten Aspekten vertiefende Informationen liefern. Um den Umfang eines solchen Literaturverzeichnisses nicht zu sprengen, wurden Bücher, die überwiegend andere Inhalte behandeln und nur ein Schlagwort liefern, das im Text erwähnt wird, nicht aufgeführt. I. d. R. sind diese Titel aber in den allgemeineren Überblickswerken leicht zu erschließen. – Aus Gründen der besseren Lesbarkeit wird im Text überwiegend die männliche Schreibweise verwendet, die selbstverständlich Frauen und Männer einschließt, sofern dies nicht gesondert vermerkt wird.

1996, Garhammer 1999, Holz 2000. Die Darstellung konzentriert sich auch nicht ausschließlich auf Theorien über Freizeit, weil diese aus sehr heterogenen Theorietraditionen stammen und daher auf recht unterschiedlichen Abstraktionsniveaus argumentieren. Gute Übersichten liefert Vester (1988, 1999). Dennoch wird im gesamten Buch immer wieder auf Theorien Bezug genommen, weil die Darstellung der Fülle von Erscheinungen ansonsten im Meer der Beliebigkeiten versinken würde. Ein besonderes Augenmerk richten die Ausführungen darauf, welche Ideologien über Freizeit mit welchen Absichten auch von den Wissenschaften verbreitet werden. Ein ideologiekritischer Ansatz ist in den einschlägigen Freizeitwissenschaften bisher wenig verbreitet.

Dieses Buch möchte das Thema Freizeit in allgemeinere gesellschaftliche Entwicklungen eingebettet wissen, weil Freizeit längst nicht mehr ein isoliertes Handlungsfeld darstellt, sondern zu einem Schlüsselbegriff moderner Gesellschaften geworden ist. In den Spannungsfeldern von Beschleunigung oder Entschleunigung, Globalisierung oder Regionalisierung, Individualisierung oder Restrukturierung von Klassengesellschaften usf. nimmt (Frei-)Zeit eine zentrale Stellung ein. Die herkömmlichen Grenzen zwischen Arbeit und Freizeit, Öffentlichkeit und Privatheit, Realität und Virtualität usf. zerfließen. Neue Erfahrungen mit Zeit und Raum werden möglich. Allerdings entsteht dadurch keine postmoderne Beliebigkeit, denn die ökonomischen, gesellschaftlichen, politischen und kulturellen Zeitregime greifen tief in die Freizeit hinein. Subjektiv mag Freizeit zwar als verhaltensbeliebige Zeit erscheinen, objektiv ist Freizeit aber in Strukturen eingebettet. Auf dieses Spannungsverhältnis versucht dieses Buch einzugehen. Weil viele Konturen heute aber noch unscharf sind, verstehen sich die Ausführungen eher als Ansammlung von Bausteinen zu einer Soziologie der Freizeit, weil eine stringente Darstellung der Thematik gegenwärtig kaum möglich erscheint. Aus einer solchen Anlage des Buches ergibt sich, dass individuelle Motive und Erlebnisqualitäten, die vor allem in der Psychologie und Pädagogik erforscht werden, nicht im Vordergrund stehen. Auch Anleitungen für freizeitpädagogische Maßnahmen und für eine »sinnvolle Freizeitgestaltung« können nur indirekt gegeben werden. Aber natürlich kann dieses Buch auch in der Freizeit gelesen werden.

2. Gesellschaften im Umbruch

Die Gegenwart scheint durch besonders tiefgreifende radikale und rapide Veränderungen in den Bereichen Gesellschaft, Wirtschaft, Politik, Wissenschaft, Technik, Ideologie und Umwelt geprägt zu sein. In immer rascherer Abfolge werden Gesellschaftsdiagnosen vorgelegt, die von großen Wandlungen künden: Aus der Moderne wird eine wie auch immer charakterisierte Postmoderne, aus der Systemkonkurrenz zwischen Kapitalismus und Sozialismus wird Globalisierung, aus der Konsum- und Leistungsgesellschaft wird die Erlebnis- und Informationsgesellschaft, aus der Arbeitsgesellschaft soll die Freizeitgesellschaft werden usf. Etwas düsterer sind die Typisierungen der Risiko-, Katastrophen- oder Versicherungsgesellschaft, etwas heiterer die Prognosen der herannahenden Spaß-, Cyber- oder Aushandlungsgesellschaft. Traditionelle Strukturen verlieren ihre Wirkung, oft ist vom Ende die Rede: vom Ende der Familie, vom Ende des Staates, vom Ende der Arbeitsgesellschaft, vom Ende der Solidarität. Tempo, Virtualisierung und Digitalisierung heißen die neuen Kräfte. Allenthalben werden Tendenzen zur Multioptionengesellschaft (Gross 1994) ausgemacht. Im Vergleich zu früheren Gesellschaften stehen jedem Individuum weitaus mehr Optionen zur Lebensführung, zum Eingehen von persönlichen Bindungen, zur Wahl von Bildung und Beruf zur Verfügung. Die traditionellen gesellschaftlichen Großaggregate wie Stand, Klasse oder Schicht verlieren ihre Prägekraft, die Tendenzen zur Individualisierung nehmen zu, die Menschen müssen sich immer mehr in Eigenregie jenseits von Klasse und Stand positionieren, wie ein inzwischen geflügeltes Wort von Ulrich Beck lautet. Und über diesen vermeintlichen oder tatsächlichen Strukturveränderungen wird ein grundlegender Wertewandel – oft sogar Werteverlust oder Wertevakuum – angesiedelt, der eine Abkehr von den früher vorherrschenden Pflicht- und Arbeitswerten und eine Hinwendung zu Akzeptanz-, Aushandlungs- und Selbstbestimmungswerten beschreibt.

2.1 Postmoderne, Globalisierung oder Regionalisierung

Die Vorstellung von der heraufdämmernden Postmoderne unterstellt das Ende der Geschichte und den Bedeutungsverlust von Zeit und Raum. Mit der globalen informationellen Vernetzung haben Zeit und Raum in der Tat gegenüber früheren Epochen an Bedeutung verloren. Reitende Boten mussten viele Tage lang räumliche Distanzen überwinden, um eine Botschaft von einem Sender zu einem Empfänger zu bringen. Telefonate oder E-mails benötigen heute nur den Bruchteil einer Sekunde, um rund um den Globus zu gelangen. Zeit und Raum sind scheinbar geschrumpft, weshalb oft von einer Entzeitlichung und Enträumlichung gesprochen wird. Gleichzeitig aber erlangen Zeit und Raum in modernen Gesellschaften eminente Bedeutung. In vielen Branchen macht die »Just-in-Time«-Produktion extrem genaue Synchronisationsleistungen und höchste zeitliche Präzision erforderlich. Minimale zeitliche Abweichungen können Millionenschäden anrichten. Selbst die Anstoßzeiten von internationalen Fußballspielen müssen exakt eingehalten werden, um die Fernsehübertragung in den verschiedenen Ländern gewährleisten zu können. Und Militäraktionen der USA wurden in jüngerer Zeit zur »prime time« der wichtigsten TV-Stationen gestartet. Der Raum wird angesichts von Globalisierung und fast grenzenloser Mobilität zwar scheinbar überwunden, zugleich erlangt er aber in Krisensituationen neue Bedeutung. Der Ort, an dem ich lebe, wird hinsichtlich der Lebensqualität, Selbstverwirklichungs- und Kontaktmöglichkeiten immer bedeutsamer. Raum und Zeit stehen heute in einem höchst ambivalenten Spannungsverhältnis von Enträumlichung vs. Verräumlichung bzw. Entzeitlichung vs. Verzeitlichung und erlangen auf diese Weise neue Qualitäten.

Die Moderne zeichnet sich nicht durch das Verschwinden der nichtmodernen Welt, sondern durch deren künstliche Konservierung und Rekonstruktion in der modernen Gesellschaft aus. Die Vergangenheit wird nicht vernichtet und vergessen. Vielmehr bietet die Vormoderne den Fundus für neue soziokulturelle Arrangements, in denen historisches Material symbolhaft präsentiert wird. Als Zeichen des Sieges der Moderne über andere vormoderne Formen bleibt Vergangenes in nahezu beliebigen Versatzstücken verfügbar. So kann der Tourismus jedes historische Element symbolisch überhöhen. Die Kennzeichen der Moderne u. a. die vorangeschrittene Urbanisierung, die ausgeweitete Lese- und Schreibfähigkeit weiter Bevölkerungsschichten, die Gesundheitsvorsorge, räumliche und wirtschaftliche Mobilität, rationalisierte Arbeitsverhältnisse und das Aufkommen des Nationalstaates als wichtige gesellschaftliche und politische Einheit. Postmoderne ist ein Versuch, sich von der Geschichte zu lösen und deren Elemente ins Belieben zu setzen. Entwicklungen und Stile lassen sich postmodern bar jeder Kontinuität neu komponieren. Historische Gesetzmäßigkeiten werden geleugnet, die Konstruktion von Realität und Historie wird zu einer fortwährenden Aufgabe der Deutungsmächte einer jeden Gesellschaft. Die postmoderne Intelligenz koppelt sich radikal von der Geschichte ab und deutet die Gegenwart und Zukunft neu.

Globalisierung, neuerdings auch als Mondialisierung oder als Entwicklung zur Weltgesellschaft bezeichnet, ist kein ausschließliches Phänomen des ausgehenden 20. Jahrhunderts. Auch in den Jahrhunderten davor ist immer wieder vor einer Ausweitung der sozialen Beziehungen auf andere Regionen der Welt gewarnt worden. Als Totalphänomen hat die Angst vor der Globalisierung einen ähnlichen Stellenwert wie seit dem 19. Jahrhundert die Angst vor dem sich ausbreitenden Kommunismus (»Ein Gespenst geht um in Europa...«, vermerkte das Kommunistisches Manifest 1848). Allerdings sind die strukturellen Auswirkungen der Globalisierung viel umfassender und fundamentaler als die sich verbreitenden sozialistischen bzw. kommunistischen Ideen. Nach Giddens (1995) wird Globalisierung durch drei tiefgreifende Prozesse verursacht: Durch dauernde Manipulation von Raum und Zeit, vor allem durch sich rapide verändernden Verkehrs- und Kommunikationstechnologien, werden räumliche und zeitliche Beschränkungen aufgehoben, und so werden Raum und Zeit weltweit zugänglich. In Ökonomie, Technik und Wissenschaft werden Institutionen und soziale Systeme aus ihren traditionellen und interaktiven Zusammenhängen herausgelöst, wodurch ein Prozess der Enttraditionalisierung verschärft wird. Durch den Niedergang traditioneller Deutungsmuster werden Denkverbote aufgehoben, kognitive Bereiche vernetzt, Wissensbestände und heterogene Informationen miteinander nahezu beliebig kombiniert, wodurch gesteigerte Reflexivität möglich wird und die Entwicklung jeweils in neuer und kritischer Perspektive gedacht werden kann. So entsteht die zweite Moderne, in der die möglichen Folgen der Globalisierung überdimensional und damit gefahrbringend aufscheinen. Alte Herrschaftssysteme, wie die Nationalstaaten, geraten ins Wanken, supranationale Systeme kommen auf und sind durch moderne Informations- und Kommunikationstechnologien enorm einflussreich, ohne hinreichend kontrolliert werden zu können. International miteinander vernetzte Eliten entwickeln als globale Spieler an globalen Spieltischen gemeinsame strukturelle Interessen und können sich so über die Interessen der Bevölkerungsmehrheit hinwegsetzen, wodurch sich eine politisch kaum legitimierte Suprastruktur entwickelt. Die Finanzmärkte sind durch frei flottierenden Spekulationsmilliarden gekennzeichnet, die in Windeseile um den Erdball herumjagen und gewachsene Strukturen zerstören, zugleich aber auch gigantische neue Investitionen ermöglichen, bis diese dann mangels Rentabilität wieder aufgegeben werden und den Kommunen bzw. dem Staat oder vertrauensseligen Anlegern riesige Folgelasten bescheren – was sich oft im Freizeit- und Tourismusbereich niederschlägt, wenn »Erlebniswelten« oder Freizeitparks nicht rasch den erhofften Gewinn bringen.

Zur gleichen Zeit werden aber auch regionale und lokale Besonderheiten revitalisiert und wegen der neuen Unübersichtlichkeiten mit emotionalen Werten behaftet. Dörfer und Stadtteile werden durch den Rückgriff auf ihre Geschichte (z. B. in Form von Dorf- oder Stadtchroniken, Festen, Stadtteilschreibern u. dgl. m.), Wettbewerbe (»unser Dorf soll schöner werden«), lokale Medien (z. B. Stadtteilfernsehen, Videoprojekte) oder Wiederentdeckung von aus dem jeweiligen Ort stammenden Prominenten aufgewertet. Regionale Küche, Kleidung, Folklore oder auch typische Sportarten werden wieder entdeckt oder für Freizeit und Tourismus zugänglich gemacht. Die Spannung zwischen globalen und lokalen Faktoren wird in dem Begriff »glocalization« (Robertson 1992) ausgedrückt, der auf das gleichzeitige Geschehen von Globalisierung und Lokalisierung verweist. Einerseits wird in weit entfernten Orten der Welt darüber entschieden, was in deutschen Regionen passiert. In Barcelona, Tokio oder Detroit wird festgelegt, welche Werke in Bitterfeld oder Flensburg mit welchen Belegschaften welche Produkte erzeugen sollen oder wo der weltweite Telefonkontakt über »call centers« am effizientesten abgewickelt werden kann. Aber andererseits sind auch lokale und regionale Standortfaktoren dafür entscheidend, ob Produktionszusammenhänge optimal ablaufen können. Im »Wettbewerb der Regionen« kommt es zu einem komplizierten Zusammenspiel von lokalen Gegebenheiten, regionalen oder internationalen Fördermitteln, politischen Initiativen, vorhandenen Infrastrukturen und qualifizierten Arbeitskräftepotenzialen, einer Vielzahl von raumwirtschaftlichen Mechanismen und Synergieeffekten. Das Vorhandensein von Rohstoffen, Arbeitskräften oder Absatzmärkten tritt demgegenüber in den Hintergrund. Auf diese Weise ergeben sich andere Arbeitsmarktchancen, Verdienstmöglichkeiten, Mobilitätserfordernisse und Freizeitbedingungen als in früheren Epochen. Globalisierung und der Bedeutungsgewinn der Region stehen in enger Wechselwirkung, wobei die Region oft erst die Voraussetzung für globale Entfaltungsmöglichkeiten ist.

Dies gilt nicht nur für die ökonomische Dimension, auch in Kultur und Gesellschaft lassen sich ähnliche Zusammenhänge nachweisen. So kommt es trotz aller Globalisierung der Kulturen als Gegenbewegung auch immer zur Wiederentdeckung der Region, zur Rückbesinnung auf Lokales. Die weltweit ausgestrahlte Musik braucht immer auch Nachschub aus den Regionen, um sich nicht fortlaufend als künstlich verstehen zu müssen. Trotz globaler Synthetisierung der Musik hat auch die regional gebundene Volksmusik Konjunktur. Gleiches gilt für die Ernährung. Als Gegengewicht zur McDonaldisierung behält die regionale Küche ihren Stellenwert, ja, angesichts der weltweit operierenden industriellen Nahrungsproduktion erlangen die Regionalküchen sogar den Stellenwert von »Natürlichkeit« und »Authentizität«. Und Touristen entdecken nach der zehnten Fernreise womöglich ihre nähere Heimat als lohnendes Reiseziel. Sehr zur Freude der dortigen Anbieter, die sich seit Jahren mit immer neuen »Events« und historisierenden Veranstaltungen um die Kaufkraft der Reisenden bemühen. Ferne und Nähe, Globalität und Regionalität sind in oszillierenden Bewegungen verschränkt und können auf diese Weise ihre Anziehungskraft für Freizeit und Tourismus in beständiger Spannung erhalten.

Mit der Verschärfung ökonomischer und sozialer Krisen hat sich eine paradoxe Situation entwickelt: Die Verteilungskämpfe werden ritualisiert und mit marginalen Zugeständnissen der jeweiligen Konfliktpartei entschärft. Lange Streiks und Arbeitskämpfe, wie sie in der Geschichte markant ausgeprägt waren, finden kaum noch statt. Ökonomische und soziale Konflikte sind institutionalisiert worden, indem Arbeitgeber und Arbeitnehmer Spielregeln entwickelt haben, die virulente Auseinandersetzungen auf ein Minimum reduzieren. Mit der Globalisierung haben sich die Gewichte deutlich zugunsten des Kapitals verlagert, das weltweit operiert und ständig mit der Drohung, in andere und vordergründig kostengünstigere Regionen der Welt abwandern zu können, die Furcht vor Arbeitslosigkeit schürt. So wird die Lage der Arbeiterschaft nicht mehr als kollektives Verteilungsproblem sondern als individuelles Schicksal begriffen. Durch die Individualisierung von Arbeitsmarktrisiken wird der Faktor Arbeit weitgehend atomisiert, so verlieren die Organisationen der Arbeiterschaft ihre Schlagkraft, zumal die Gewerkschaften bisher eher auf Besitzstandswahrung aus waren und moderne Formen der Konfliktbewältigung scheuen. Die Opfer der Modernisierung – so vor allem Langzeitarbeitslose, Verarmte, Ausländer und Angehörige der »alten Berufe« – sind nicht als Klientel der Gewerkschaften erkannt worden. Die Gewinner der Modernisierung – so vor allem die Angehörigen der »neuen Berufe«, die Hochqualifizierten und Mobilitätsbewussten – sehen wenig Gründe, sich zu organisieren und an kollektiven Arbeitskämpfen teilzunehmen. Bei beiden Gruppen ist eine stark individualisierte Zurechnung der Arbeitsmarktchancen auszumachen. Mit dem daraus resultierenden Rückzug auf das je individuelle Glück nimmt die Orientierung an Konsum und Freizeit zu. Ein wie auch immer definierter persönlicher Lebensstandard wird zur Messlatte gesellschaftlicher Zufriedenheit. Damit geht ein oft beklagter Trend zur Entsolidarisierung einher.

Zu den Modernisierungsgewinnern zählen vor allem die Informations-, Kommunikations- und Unterhaltungsindustrien, Wirtschafts- und Finanzdienste, designorientierte Produktionsbereiche, privatwirtschaftliche Bildungseinrichtungen, Freizeit- und Tourismusunternehmen, Sportindustrie, Sicherheitsdienste, Versandhändler und Logistikbetriebe etc. Auch hoch und speziell qualifizierte Arbeitskräfte, kreative und flexible Berufsfelder zählen zu den Gewinnern des Strukturwandels. Zu den Verlierern gehören neben Landwirtschaft, Einzelhandel und Handwerk vor allem die Grundstoffindustrie, die »alten Industrien« (wie z. B. Stahlerzeugung, Eisenverarbeitung), Betriebe mit einer großen Fertigungstiefe und vertikaler Organisationsgliederung etc. Auch die Arbeitskräfte mit niedriger Qualifikation oder gesundheitlichen Beeinträchtigungen oder geringer Flexibilität zählen zu den Verlierern der raschen und zum Teil brutalen Strukturveränderungen. Auch die Ungleichheit zwischen Zentrum und Peripherie ist durch die »neuen Industrien« – Kommunikations- oder Verpackungsindustrien, die durch moderne Nachrichten- und Verkehrstechnologien auch in dünn besiedelten Regionen ihren Platz finden können – nicht vermindert, sondern in der Praxis noch vergrößert worden. Strukturschwache Regionen, die in den letzten Jahrzehnten durch Militäranlagen, Staatsbetriebe oder subventionierte Unternehmen Arbeitsplätze boten, geraten immer stärker ins Hintertreffen. Umgekehrt können andere Regionen, die an den zentralen Verkehrsachsen oder in relativer Nähe zu den Ballungszentren liegen, von der Entwicklung profitieren. Diese Wandlungen werden in kritischen Analysen immer wieder als Trend zur Zwei-Drittel- vs. Ein-Drittel-Gesellschaft oder zur 20:80-Prozent-Gesellschaft dargestellt. Der radikale Strukturwandel führt in dieser Sicht dazu, dass entweder zwei Drittel der Bevölkerung noch an den Segnungen des Sozialstaates teilhaben, ein Drittel aber durch dessen Maschen hindurchfällt, oder aber dass 20 Prozent aller Beschäftigten einen Gewinn an Einkommen, Einfluss und Arbeitsplatzsicherheit zu verbuchen haben, die übrigen 80 Prozent hingegen zu den Verlierern zählen.

Global zeichnen sich mindestens vier große Trends ab, von denen die Beschleunigung am bedeutsamsten ist. In der Wirtschaft gilt zwar immer noch, dass die Großen die Kleinen fressen, aber wichtiger noch: die Schnellen fressen die Langsamen. Wer Innovationen und Waren besonders schnell durchsetzen kann, siegt im ökonomischen Kampf, wer rasch an Informationen gelangt, kann strategische Vorteile ausspielen. Die neuen Produkte kannibalisieren die älteren, die Zeiten der Marktpräsenz werden immer kürzer. Mit »time-based-management« werden Abläufe beschleunigt und neue global operierende Eliten geschaffen, die unabhängig von Raum und Zeit weltweit ihre Entscheidungen treffen. So entstehen schnelle Branchen, die andere Branchen aufkaufen bzw. sich in diese einkaufen. Strukturell wird sich so die Beschleunigung noch verstärken, während zugleich die Gruppen jener Sektoren und Personen zunehmen werden, die dem Tempo nicht mehr folgen können. Zwischen beiden Gruppen werden jene, die es sich leisten können, eine Entschleunigung zu propagieren, ohne diese real durchsetzen zu können, fortbestehen. Um Ideologien wie Beschleunigung vs. Entschleunigung wird sich zukünftig ein Kampf um Lebenseinstellungen ranken. Ein zweiter Trend besteht in der Entmaterialisierung, weil nicht mehr materielle Produkte, sondern immer mehr Informationen Macht verleihen und wirtschaftlich eingesetzt werden (»digitaler Kapitalismus«). Ein dritter Trend besteht in der Dezentralisierung auf allen Ebenen von Politik, Staat, Ökonomie und Gesellschaft, weil Großsysteme zu langsam sind. Neue Formen der Selbständigkeit, z. B. im Dienstleistungsbereich oder der Informationsbeschaffung, sind bereits heute erkennbar, weil große Betriebe in diesen Bereichen zu langsam sind. Der vierte Trend kann als Globalisierung aller ökonomischen und kulturellen Sphären beschrieben werden.

Unter dem Schlagwort der »Deregulierung« hat sich der Staat in den letzten beiden Jahrzehnten immer stärker aus der wirtschaftlichen Verteilung und der sozialpolitischen Umverteilung zurückgezogen. Die seit dem 18. Jahrhunderten dominierenden Nationalstaaten haben im Zuge der Internationalisierung etliche Kompetenzen an supranationale Institutionen (z. B. EU) abgegeben, mangels Finanzmasse Aufgaben unter dem Stichwort »Subsidiarität« an Kreise, Kommunen oder Verbände delegiert. Herkömmliche staatliche Aufgaben werden an privatwirtschaftlich organisierte Akteure abgetreten, sozialpolitische Funktionen oft in fragwürdiger Weise in die private Fürsorge übergeben. Zugleich greift der Staat über Sparpakete und steuerliche Abschöpfungsprozesse auch weiterhin markant in Wirtschaftsprozesse ein, ohne die Folgen der international vagabundierenden Kapitalströme auch nur annähernd ausgleichen zu können. Sozialstaatliche Errungenschaften werden mit dem fragwürdigen Argument der internationalen Wettbewerbsfähigkeit eingeschränkt oder sogar ganz dem »freien Spiel der Kräfte« überantwortet. Der Ausgleich der Kaufkraftdisparitäten durch staatliche Transferleistungen wird immer schwächer, der Schutz von in langen historischen Kämpfen erworbenen Rechten immer schwieriger.

Insgesamt ist von einer Verschärfung fast aller Wettbewerbsbedingungen auszugehen. Die einst bestehende Koppelung von Produktivitätssteigerung und Gewinnen bei den Betrieben auf der einen und der Kaufkraftsteigerung bei den Arbeitnehmern auf der anderen Seite ist fast aufgehoben. Die Gewinne der Unternehmen werden nun dazu eingesetzt, den Wettbewerb zu finanzieren, bei dem immer mehr »Größeneffekte« realisiert werden sollen. Die Zahl der Firmenübernahmen hat sich in den letzten Jahren explosionsartig erhöht, in manchen Branchen hat sich das von Marx und Engels bereits im 19. Jahrhundert formulierte Gesetz der Unternehmenskonzentration in vollem Umfange bewahrheitet. Oft beherrschen die fünf oder zehn größten Konzerne weltweit 75 bis 100 Prozent des jeweiligen Marktes. Zumindest kurzfristig führen diese Prozesse zur brutalen Kapitalvernichtung, wenn gut funktionierende Betriebe von »Global Players« aufgekauft und anschließend stillgelegt werden, um Konkurrenz auszuschalten. Dabei verschulden sich Großunternehmen oft weit über ein betriebswirtschaftlich vertretbares Maß hinaus, nur um ihre Marktanteile zu vergrößern. Gewinne werden erst sehr viel später oder gar nicht realisiert, was mit einer weiteren Kapitalvernichtung einhergeht. Die Versteigerung der UMTS-Lizenzen im Telekommunikationsbereich ist ein Beispiel, wobei die Unternehmen in ihrem Bestreben, ein möglichst großes Stück des Marktes besetzen zu können, mit riesigen Summen pokerten. In Konzernzentralen knallen Sektkorken, wenn es gelungen ist, den Marktanteil gegenüber der Konkurrenz um winzige Stellen hinter dem Komma zu erhöhen. Ökonomische Rationalität gerät gegenüber dem archaischen Spieltrieb ins Hintertreffen. Mangelnde Kostenwahrheit breitet sich immer weiter aus. Die Kosten der Globalisierung des Kapitals werden nirgendwo bilanziert, allenfalls bei Börseneinbrüchen grob geschätzt. Ein besonders gutes Beispiel hierfür ist das Verkehrswesen, bei dem immer noch durch Verschleierung der tatsächlichen Kosten das Automobil gegenüber den anderen Verkehrsmitteln als kostengünstig gilt.

Deutlich zeichnet sich auch ein ökonomischer Wandel unter einem doppelten Aspekt ab: Zum einen tritt die Erzeugung von Gütern und Dienstleistungen (also die »Realwirtschaft«) hinter finanzwirtschaftlichen Verwertungszusammenhängen zurück, zum anderen rückt die Herstellung virtueller Güter und Leistungen mehr in den Vordergrund. Weltweit vagabundierende Kapitalströme haben nur noch wenig mit der »Realwirtschaft« zu tun, sondern dienen der Realisierung von Börsen- und Spekulationsgewinnen. Andererseits ist eine neue weltweite Wachstumsbranche entstanden, nämlich die ökonomische Verwertung einer Realisierung von Phantasie. Mit gewaltigen Umsätzen und Gewinnen expandiert die »Infotainment-Kultur«, die sich industrieller Produktionsmethoden bedient. Virtualität wird immer mehr zur dominierenden Größe in der Wirtschaft.

2.2 Von der Arbeitsgesellschaft zur Freizeitgesellschaft?

Freizeit ist zwar immer auch individuell disponible Zeit, doch werden Umfang, Wertigkeit und soziale Funktionen recht deutlich gesellschaftlich beeinflusst. Die Einflüsse der Gesellschaft auf die Freizeit und die Funktionen der Freizeit für die jeweilige Gesellschaft sind dialektische Prozesse, die für das Wesen der gesellschaftlichen Verhältnisse fundamental sind. In dem Maße, in dem sich die Arbeitswelt wandelt, erhält auch die Freizeit einen veränderten Stellenwert, und wenn Freizeit immer mehr zum Kennzeichen moderner Gesellschaften wird, verändert sich eben auch die Arbeit in ihrer gesellschaftlichen Wertigkeit. Der Gegensatz Arbeitsgesellschaft vs. Freizeitgesellschaft ist künstlich, weil sich Arbeit und Freizeit in einer dynamischen Figuration befinden, die nicht durch ein entweder/oder bestimmt werden kann. Wenn das Volumen der Arbeit schwindet, folgt daraus nicht automatisch ein Anstieg der Freizeit, denn die übrigen soziodemographischen Faktoren verändern sich ebenfalls und können zusätzliche Zeitmengen beanspruchen. Beispielsweise wird in der Gegenwart lebenslanges Lernen bedeutsamer. Wenn die Erwerbsarbeit kürzer wird, kann Bildung einen wachsenden Teil der freigewordenen Zeit für sich in Anspruch nehmen. Oder: Die unmittelbare Erwerbszeit schrumpft, wegen veränderter Wohn- und Lebensverhältnisse werden aber die Wege zwischen Wohn- und Arbeitsplatz länger. Untersuchungen über die bei VW eingeführte 4-Tage-Arbeitswoche zeigen, dass die betroffenen Arbeitskräfte zwar den zusätzlichen freien Tag in der Woche genießen, diesen jedoch als Ausgleich für die starke Verdichtung im Arbeitsprozess ansehen und nicht zwangsläufig eine Zunahme der Freizeit erfahren.

Der gesellschaftliche Strukturwandel beeinflusst das Verhältnis zwischen Arbeit und Freizeit ebenso wie Umfang, Qualität und Inhalt von Freizeit. Gesellschaftlicher Wandel hat in der gesamten Menschheitsgeschichte stattgefunden und ist von den betroffenen Menschen als grundlegend und rapide beklagt worden. Bereits in frühen Hochkulturen und in der Antike wurde über Veränderungen geklagt, die den Menschen überforderten und die Sehnsucht nach früheren, vermeintlich besseren oder zumindest stabileren Verhältnissen aufkeimen ließen. Wandel ist konstitutiv für menschliche Gesellschaften. Aber im 19. und 20. Jahrhundert haben Komplexität, Tiefe und Geschwindigkeit des Wandels zugenommen, was gegen Ende des

20. Jahrhunderts mit weitreichenden Etiketten belegt wurde: Postindustrialismus, Postmoderne, Werteverlust, Informationsgesellschaft, Individualisierung, Entfamiliarisierung, Entstrukturierung moderner Klassengesellschaften, demographische Revolution oder Erlebnisgesellschaft zählen zu den herausragenden Stichworten, um gesellschaftlichen Wandel im letzten Drittel des 20. Jahrhunderts zu bezeichnen. Vieles davon ist gewiss Ideologie, doch verbergen sich dahinter in der Tat gravierende Strukturveränderungen, deren Reichweite vielfach noch gar nicht abzuschätzen ist.

Die Struktur der Erwerbsarbeit hat sich in den vergangenen hundert Jahren deutlich verändert. Um 1900 waren von 100 Erwerbstätigen 38 in Land- und Forstwirtschaft beschäftigt, heute sind es gerade einmal drei. Damals waren 37 in Bergbau, Industrie und Bau tätig, heute 34, in Handel und Verkehr waren es 11, heute sind es 19, im Dienstleistungsbereich waren um 1900 14 Erwerbstätige beschäftigt, heute sind es 45. Von 100 Erwerbstätigen waren um 1900 25 als Selbständige klassifiziert, heute noch 10, weitere 10 galten damals als mithelfende Familienangehörige, heute bestenfalls noch einer. Damals waren 8 von 100 Angestellte oder Beamte, heute 55. Die große Mehrheit galt um 1900 als Arbeiter, nämlich 57, heute sind es noch 34. Von den 38,2 Millionen Erwerbstätige, die heute in Deutschland kontinuierlich beschäftigt sind (was einer Erwerbsquote von 43 Prozent entspricht), arbeiten rund sechs Millionen (ca. 18 Prozent) teilzeitbeschäftigt, vier von fünf Teilzeitbeschäftigten sind Frauen. 40 Prozent aller westdeutschen bzw. 22 Prozent aller ostdeutschen erwerbstätigen Frauen arbeiten in Teilzeitbeschäftigungen, wobei ein solcher Job vielfach nicht freiwillig gewählt wurde. Im Westen waren familiäre oder persönliche Verpflichtungen der Hauptgrund für die verkürzte Arbeitszeit, im Osten war für mehr als die Hälfte dieser Frauen ausschlaggebend, dass sie keinen Vollzeitarbeitsplatz finden konnten. Auch bei den sogenannten geringfügigen Beschäftigungsverhältnissen waren die Frauen mit fast 75 Prozent überproportional vertreten. In den letzten Jahrzehnten hat sich die Relation zwischen Normalarbeitsplätzen und prekären Beschäftigungsverhältnissen deutlich verändert. Um 1970 betrug das Verhältnis zwischen Arbeitsplätzen mit festgelegten Arbeitszeiten, Tarifen und Kündigungsschutz auf der einen Seite und Beschäftigungen in Teil- bzw. Kurzzeit, sowie befristet und geringfügig Beschäftigten auf der anderen Seite etwa 5:1, heute hat sich die Relation auf 2:1 verschoben. Ein Drittel aller Beschäftigten lebt also in prekären Arbeitsverhältnissen.

Von je 100 Beschäftigten arbeiten zwei in Ein-Mann-Betrieben, weitere 15 in Kleinbetrieben mit zwei bis neun Beschäftigten, 24 in Betrieben mit 10 bis 49 Beschäftigten, 11 in Betrieben mit 50 bis 99 Beschäftigten, 24 in mittleren Betrieben zwischen 100 und 499 Beschäftigten, weitere 9 in Betrieben mit 500 bis 999 Beschäftigten und 15 in Großbetrieben mit 1.000 und mehr Beschäftigten. Die Felder der Tätigkeiten verändern sich nach einhelligen Prognosen in den nächsten Jahrzehnten. Von je 1000 Erwerbstätigen waren 1995 187 mit dem Herstellen von Gütern beschäftigt (2010: 170), Büroarbeiten (1995: 161, 2010: 164), Betreuen, Beraten, Lehren (128:130), Allgemeine Dienstleistungen (131:118), Handel treiben (101:109), Organisieren, Managen (78:103), Maschinen einstellen und warten (83:78), Reparieren (77:70), Forschen, Entwickeln (55:59). Das Spektrum der Beschäftigungen verschiebt sich also in einer Richtung, wie die Thesen von der aufkommenden Wissensgesellschaft behaupten. Auch ist eine neue »Verhäuslichung«

der Arbeit zu konstatieren. Von den 3.4 Millionen Selbständigen arbeitet mehr als die Hälfte hauptsächlich oder manchmal zu Hause. Acht Prozent aller Beamten und Beamtinnen arbeiten zumindest in der Hälfte aller Arbeitstage, weitere 19 Prozent zumindest manchmal zu Hause (z. B. Lehrer, die Hausarbeiten korrigieren). Besonders auffällig sind Beamtinnen, die zu 13 Prozent hauptsächlich und zu weiteren 30 Prozent manchmal ihrer beruflichen Tätigkeit zu Hause nachgehen. Auch Telearbeit nimmt zu: 500.000 Arbeitsplätze für mobile Telearbeit (Außendienstarbeiter) und weitere 350.000 Arbeitsplätze für alternierende Telearbeit (Wechsel zwischen betrieblichem und häuslichem Arbeitsplatz, sowie 22.000 ausschließlich zu Hause eingerichtete Telearbeitsplätze waren 1997 in Deutschland vorhanden. Die Altersstruktur der Erwerbstätigen verschiebt sich in den letzten Jahrzehnten ebenfalls. Bis Mitte der 70er Jahre waren die meisten Erwerbstätigen bis zum Erreichen der Altersgrenze im Job. Dann wurden im Zuge der betrieblichen Rationalisierungsmaßnahmen immer mehr Menschen nach dem Erreichen des 50. Lebensjahres durch verschiedene arbeitsmarkt- und sozialpolitische Maßnahmen in den vorzeitigen Ruhestand oder in die Arbeitslosigkeit verabschiedet. Diese Tendenz hat sich bis heute zwar fortgesetzt – 1991 waren 53 Prozent der 50- bis 64-jährigen erwerbstätig, 1999 waren es noch 48 Prozent, was vor allem auf die Entwicklung in den neuen Bundesländern zurückzuführen war –, doch bahnt sich aus zwei Gründen eine andere Entwicklung an. Zum einen haben viele Firmen erkannt, dass ein Altersmix vielfach den wirtschaftlichen Erfolg steigert, weil ältere Beschäftigte über mehr Erfahrung, Entscheidungssicherheit und Ruhe verfügen, um hektische Situationen zu vermeiden. Zum anderen werden wegen des Geburtenrückgangs jüngere Arbeitskräfte knapp (1991 waren 42 Prozent aller Beschäftigten jünger als 35 Jahre, 1999 nur noch 37 Prozent). So hat sich in den 90er Jahren das Durchschnittsalter aller Beschäftigten in Deutschland von 38,3 auf 39,5 Jahre erhöht (Quellen: diverse Ausgaben der vom Presse- und Informationsamt der Bundesregierung herausgegebenen »Sozialpolitischen Umschau« 1996-2000).

Mit der gestiegenen Arbeitslosigkeit, vor allem aber mit der Zunahme der Menschen in der nachberuflichen Phase sowie mit ausgeweiteten Bildungszeiten vor Aufnahme einer Erwerbstätigkeit sinkt die Bedeutung des Einkommens für den Lebensunterhalt. 1991 war noch für 44,5 Prozent aller Bundesbürger das Einkommen aus Erwerbstätigkeit die entscheidende Einnahmequelle, so waren es 1999 nur noch 40,9 Prozent (Osten: 41,7 Prozent, Westen: 40,7 Prozent). Insbesondere für Männer hat sich der Stellenwert des Erwerbseinkommens von 55,5 Prozent 1991 auf 49,7 Prozent 1999 reduziert; Frauen: 1991: 34,3 Prozent, 1999: 32,4 Prozent. Wichtiger geworden sind Einkommen aus Renten bzw. Pensionen (1991: 18,7 Prozent, 1999: 21,6 Prozent), Arbeitslosengeld bzw. -hilfe (1991: 2,2 Prozent, 1999: 3,7 Prozent) und Unterstützungsleistungen durch Angehörige (1991: 31,4 Prozent, 1999: 29,9 Prozent). Ungeklärt dabei ist der Beitrag, den z. B. Aktien- oder Lottogewinne, Schenkungen oder Erbschaften in der Zusammensetzung des Einkommens ausmachen. Insgesamt drückt sich in solchen Zahlen der schwindende Beitrag der Erwerbsarbeit zum alltäglichen Leben aus (Statistisches Bundesamt, Pressemitteilung, 07.04.2000).

Die durchschnittliche Jahresarbeitszeit in Form der tarifvertraglich vereinbarten Sollarbeitszeit beträgt in Deutschland knapp 1.600 Stunden und ist damit eine der kürzesten in Europa. In Portugal und Griechenland wird formell etwa 250 Stunden länger gearbeitet, in Japan und den USA sogar fast 350 Stunden mehr. Solche Zahlen werden gern als Beleg dafür gewertet, dass der »Standort Deutschland« wegen kurzer Arbeits- und Betriebszeiten für viele internationale Unternehmen nicht attraktiv sei. Solche Daten sind nicht besonders aussagekräftig, wenn nicht auch die tatsächlichen Arbeitszeiten und die Produktivität berücksichtigt werden. Nach Schätzungen fallen in Deutschland pro Jahr etwa 1,8 Milliarden Überstunden an, das sind pro Arbeitnehmer fast 60 Stunden. Weil auch der Anteil von Berufspendlern wächst, steigt der Umfang der Wegezeiten, was in Zukunft noch zunehmen dürfte, weil immer mehr Flexibilität gefordert wird und oft ein akzeptabler Arbeitsplatz nur in weiter Entfernung vom Wohnort zu erlangen ist. Arbeitsstunde ist nicht gleich Arbeitsstunde. Im internationalen Vergleich liegt Deutschland in der Arbeitsproduktivität (Leistung pro Stunde) in der Spitzengruppe. Dies ist im Vergleich mit anderen Ländern zu berücksichtigen. Die zeitliche Lagerung der Arbeit ist in die Bewertung einzubeziehen. Fast die Hälfte der Beschäftigten arbeitet wenigstens gelegentlich außerhalb der »normalen« Arbeitszeiten. Spitzenreiter sind Selbständige, bei denen 83 von 100 Personen zumindest manchmal abends bzw. nachts oder am Wochenende arbeiten. Erwerbstätige in wechselnden Schichten sind Arbeiter (54 Prozent) und Angestellte (34 Prozent). Von je 100 Erwerbstätigen in Deutschland arbeiten, wenn andere frei haben:

	samstags	sonntags/ feiertags	abends	nachts	Wechsel- schicht
immer	10	4	6	2	6
in regelmäßigen Abständen	13	7	11	5	4
nur gelegentlich	18	11	14	6	1

Quelle: Presse- und Informationsamt der Bundesregierung: Sozialpolitische Umschau, 13.10.1997

Andere Studien kommen zu etwas höheren Werten (vgl. Garhammer 1999: 314ff.). Nach einer Studie des Deutschen Instituts für Wirtschaftsforschung waren im Jahre 2000 8,5 Millionen Beschäftigte regelmäßig oder gelegentlich sonntags tätig. Im europäischen Vergleich sind im letzten Jahrzehnt die »unsocial hours« deutlich angestiegen. Vor allem hat die Erwerbsarbeit an Samstagen und Sonntagen zugenommen, und auch abends und nachts wird länger gearbeitet. Diese Entwicklung wird durch die Ausweitung des Dienstleistungsbereiches stark forciert. Traditionell waren z. B. im Medizinbereich Wochenend- und Nachtarbeit gängig, mit der Ausweitung der Ansprüche an Lebensqualität kommen z. B. Medien, Sicherheitsorgane, Handel oder viele andere Dienstleistungen hinzu. Zugleich nimmt auch die »Schattenwirtschaft« bzw. »Schwarzarbeit« zu. Im Jahre 2000 wurden schätzungsweise Umsätze von 640 Milliarden DM am Fiskus und der Sozialversicherung vorbei erwirtschaftet, das sind etwa 15,5 Prozent des Bruttoinlandsproduktes. In Griechenland beträgt der Anteil 28,7 Prozent, in den USA und in der Schweiz dagegen nur 8,7 bzw. 8,6 Prozent (Hamburger Abendblatt 05.07.2001).

Die Arbeitsverhältnisse haben sich in den letzten einhundert Jahren gravierend verändert. So sind die physischen Belastungen vermindert worden, psychische Belastungen hingegen angestiegen. Die weitgehend repetitiven Arbeiten etwa am Fließband sind durch dispositive Tätigkeiten etwa am Schreibtisch verdrängt worden. Arbeit setzt mehr Qualifikation und Information voraus, ungelernte Arbeiten konnten weitgehend durch Maschinen ersetzt werden. Die Ausweitung des tertiären Sektors (Tertiarisierung) geht mit einer Tendenz zur Akademisierung einher, wodurch in jüngerer Zeit sogar ein Mangel an Fachkräften entstanden ist. So hat die Zahl der Angestellten und Beamten gegenüber Arbeitern kontinuierlich zugenommen, während der Anteil der Selbständigen und mithelfenden Angehörigen stark, der Anteil der Arbeiter leicht rückläufig ist. Im primären Sektor (Land- und Forstwirtschaft, Fischerei) waren 1950 in der damaligen BRD noch 26,4 Prozent aller Erwerbstätigen beschäftigt, die 10,7 Prozent der Bruttowertschöpfung erwirtschafteten, im vereinten Deutschland sind das heute gerade mal 2,7 Prozent aller Beschäftigten, die 1,2 Prozent zur Bruttowertschöpfung beitragen. Im sekundären Sektor (Industrie, Handwerk, verarbeitendes Gewerbe) waren 1950 42,9 Prozent der Erwerbstätigen beschäftigt, die 49,7 Prozent zur Wertschöpfung beitrugen, heute sind das 30,8 Prozent aller Erwerbstätigen, die 30,3 Prozent zur Bruttowertschöpfung beitragen. Im tertiären Sektor (Handel, Dienstleistungen, Verkehr, Staat) waren 1950 32,5 Prozent beschäftigt, die 39,5 Prozent zur Wertschöpfung beitrugen, während es heute schon 66,4 Prozent aller Beschäftigten mit einem Beitrag von 68,5 Prozent an der gesamtwirtschaftlichen Wertschöpfung sind. Insgesamt haben 2001 rund 38,7 Millionen Menschen ihren Arbeitsort in Deutschland, etwa 4 Millionen Menschen sind arbeitslos gemeldet. Zugleich wird das Arbeitsmarktrisiko weitgehend individualisiert, nur noch Lebenszeitbeamte können mit einer sicheren Berufslaufbahn rechnen. Insgesamt wird in der Erwerbsarbeit der Typus des allseits und allzeit flexiblen Menschen erwartet, der zeitlich weitgehend beliebig einsetzbar ist. Umgekehrt hat diese Dynamik einen hohen Anteil von Arbeitslosen (oft mit langen Phasen der Arbeitslosigkeit) erzeugt, der vielfach nicht in den Arbeitsmarkt zurück vermittelt werden kann, aber auf die im Beschäftigungssystem Verbliebenen starken psychischen Druck ausübt. Flexibilisierung, Mobbing, Verdichtung, Temposteigerung und Konkurrenzdruck erzeugen oft Arbeitsunzufriedenheit, Stress, Krankheiten und vorzeitiges Ausscheiden aus dem Erwerbsleben. Die Gewinne werden dabei privatwirtschaftlich vereinnahmt, die indirekten und teilweise auch die direkten Kosten werden externalisiert und müssen von Versicherungen oder dem Staat aufgefangen werden, was in der Gegenwart zu immer größeren Finanzierungsproblemen und sozialpolitischen Konflikten führt. Dies wird bislang durch eine historisch einmalige Erfolgsgeschichte verdeckt.

Trotz ihrer wechselvollen Geschichte hat die deutsche Wirtschaft zwischen 1900 und 2000 enorm zugelegt. Das reale Bruttoinlandsprodukt stieg seit 1900 um knapp 600 Prozent und liegt zur Zeit mit etwa 21.000 Dollar pro Kopf auf Platz 15 der Weltrangliste. Ein deutscher Industriearbeiter erhält heute einen Stundenlohn, der rund 70mal so hoch ist wie bei seinem Vorgänger um 1900, während die Lebenshaltungskosten sich in der gleichen Zeit nur verzehnfacht haben. Die Pro-Kopf-Wirtschaftsleistung in den alten Bundesländern hat sich allein seit 1950 vervierfacht, in den neuen Bundesländern betrug sie allerdings 1990 nur ein Drittel des westdeutschen Niveaus und ist seither immer noch niedriger als in Westdeutschland. Ein Arbeitnehmer verdiente 1950 in der damaligen Bundesrepublik Deutschland durchschnittlich 243 DM im Monat, von denen 11 DM Steuern und

19 DM Arbeitnehmerbeiträge zur Sozialversicherung abzuführen waren, sodass
213 DM in der Lohntüte verblieben. Im Jahre 2000 verdiente ein Arbeitnehmer im
vereinten Deutschland durchschnittlich 4270 DM im Monat, also 18mal mehr als
sein Kollege von 1950, der allerdings nur 12,3 Prozent seiner Bruttobezüge abgeben musste, während der heutige Arbeitnehmer 36,5 Prozent (Lohnsteuer 849 DM,
Sozialbeiträge: 711 DM) seiner Bruttoeinkünfte abführen muss und netto »nur«
2710 DM auf sein Gehaltskonto überwiesen bekommt. Sein Nettoeinkommen ist
auf das 13fache gegenüber 1950 gestiegen, dessen Kaufkraft ist nach Ausschaltung
der Preissteigerungen 3,2 mal so hoch wie 1950. Die Preise für die Lebenshaltung
sind in den fünfzig Jahren um das Vierfache gestiegen. Im Zeichen des »Wirt-
schaftswunders« ist der Wohlstand also nur relativ wenig gestiegen. Im Vergleich
zu 1900 können sich heutige Menschen aber viel mehr leisten. Ein Industriearbeiter erhielt um 1900 für seinen Stundenlohn 2,6 Liter Milch, heute erhält er 20,8 Liter. Um 1900 musste er sich für seinen Stundenlohn mit 1,4 Liter Bier begnügen,
heute könnte er sich dafür 11,7 Liter leisten, oder er konnte sich um 1900 dafür 0,2
Kilogramm Schweinekotelett leisten, heute dagegen 2,1 Kilo. Verschlangen Essen
und Trinken um 1900 mehr als die Hälfte des Einkommens, so sind es heute weniger als ein Fünftel. Dagegen müssen die heutigen Bundesbürger mehr Geld für das
Wohnen ausgeben, nämlich knapp ein Viertel alle Konsumausgaben, während eine
Familie um 1900 mit einem Sechstel auskam. Für Verkehr und Kommunikation
gab um 1900 ein Durchschnittsbürger 4,1 Prozent aller Konsumausgaben aus, heute sind es schon 17,5 Prozent, für Freizeit und Bildung stieg der Anteil von 1,4 auf
9,9 Prozent. Weil der durchschnittliche Industriearbeiter heute rund 20 Stunden
weniger arbeiten muss als sein Vorgänger um 1900, kann er diese Ausgaben aber
auch besser genießen (Statistisches Bundesamt, Pressemitteilung, 25.05.2000).

2.3   Gesellschaftliche Ungleichheiten

Die Organisationsformen gesellschaftlicher Ungleichheiten, die in der Vergangenheit durch Kasten, Stände, Klassen oder Schichten bestimmt waren, unterliegen einer Tendenz zur Entstrukturierung moderner Klassengesellschaften, obwohl immer
noch Reste von Ständen, Klassen oder Schichten fortbestehen. Die mittelalterliche
Ständegesellschaft, die durch feste Zugangs- und Abgangsregeln, das Prinzip der
Ehre und symbolische Abgrenzungen (z. B. Kleiderordnungen, Insignien) in mindestens zwei großen Ständen – Adel und Klerus – sowie durch Zünfte, Gilden und
ähnliche Genossenschaften organisiert war, ist im 19. Jahrhundert mit der Industrialisierung durch eine Klassengesellschaft ersetzt worden. Die Klassen waren an
den Besitz bzw. Ausschluss von Produktionsmitteln gebunden und existierten in
den beiden Grundklassen von Kapital und Arbeit bzw. Bourgeoisie und Proletari-
at, neben denen weitere Zwischenklassen bestanden. Im 20. Jahrhundert haben
sich durch Internationalisierung des Kapitals und allgemeine Wohlfahrtssteigerung
die Grenzen zwischen den Klassen verwischt, obwohl noch Grundzüge einer Klassengesellschaft erkennbar sind. Weil aber die Klassentheorie auf fundamentalen
Konflikten aufruhte, wurde von Soziologen versucht, diese durch Modelle sozialer Schichtung abzulösen, die differenzierter und für empirische Forschungen prak-

tikabler erschienen. In dem Maße, in dem die Schichtungsforschung durch die Marktforschung instrumentalisiert wurde, kamen im letzten Drittel des 20. Jahrhunderts andere Konzepte auf, so etwa die Suche nach sozialen Milieus oder die Konstruktion von Lebenslagen und Lebensstilen. In den sozialen Milieus verbinden sich materielle Faktoren wie Erwerbsarbeit, Beruf oder Einkommen mit kulturellen Faktoren wie Tradition, Politik oder Religion zu Mustern wie z. B. »traditionelles Arbeitermilieu« oder »hedonistisches Akademikermilieu«. Der Lebenslagenansatz geht davon aus, dass sich die soziale Position aus einer Kombination von Beruf, Bildung, Einkommen, Vermögen, Wohnen, Transferleistungen oder sonstigen Faktoren begründet, wobei sich diese Kombinationen im Lebensverlauf durchaus ändern können und nicht als strukturelle Vorgaben gelten müssen. Aus den Lebenslagen können recht verschiedene Lebensstile resultieren, die nicht durch die Zugehörigkeit zu Klassen oder Schichten vorprogrammiert sind.

Gegen solche individualisierenden Konzepte beharrt eine neuformulierte Klassentheorie darauf, dass auch gegenwärtige Gesellschaften in ihren sozialen Feldern durch vielfältige Geflechte von Macht- und Wirtschaftsbeziehungen Klassen konstituieren. So unterscheidet Bourdieu (1983) drei verschiedene Kapitalsorten: ökonomisches, soziales und kulturelles Kapital. Daraus entstehen unterschiedliche Ressourcenkonstellationen, mit denen die Individuen ihre jeweiligen Positionen im sozialen Raum finden:

> »Tatsächlich ist der soziale Raum mehrdimensional, ein offener Komplex relativ autonomer, das heißt aber auch: in mehr oder minder großem Umfang in ihrer Funktionsweise wie ihrem Entwicklungsverlauf dem ökonomischen Produktionsfeld untergeordneter Felder. Innerhalb der einzelnen Teilräume sind die Inhaber der herrschenden und der beherrschten Positionen pausenlos in vielfältige Kämpfe verstrickt« (Bourdieu 1985: 32).

Je nachdem, wieviel Einheiten der jeweiligen Kapitalsorte eingesetzt werden können, wobei auch Kapitalsorten gegeneinander getauscht werden können, bilden sich unterschiedliche Machtfaktoren. Wer über hinreichend viel ökonomisches Kapital verfügt, kann sich auch kulturelles Kapital kaufen, indem er für viel Geld Karten für Bayreuth erwirbt. Wer kulturelles Kapital, z. B. in Form von bildender Kunst, anbieten kann, kann dieses eventuell gegen soziales Kapital tauschen, indem er Einladungen in Veranstaltungen der gesellschaftlichen Oberschicht annimmt. Ein Bindeglied zwischen Kapital und sozialem Raum ist der Habitus, der klassenspezifisch variiert. Im Habitus verdichten sich »strukturierende Strukturen«, die das Handeln prägen, indem sie je nach Klasse Dispositionen festlegen. Der Zugang zu kulturellen Symbolen wird über Codes festgelegt, die je nach Klassenzugehörigkeit decodiert werden. Der Gebrauch symbolischer Formen, mit denen Positionen im sozialen Raum festgelegt und die jeweilige Weltsicht formuliert werden, ist je nach sozialer Position verschieden. Wer z. B. die Kunst des Barocks etwas genauer kennt, erlangt damit einen Schlüssel, um auch die Musik des Barocks verstehen (decodieren) zu können. So entsteht der Habitus eines »Wissenden«, mit dem eine Grenzziehung zu den »Unwissenden« möglich wird. Mit diesem kulturellen Kapital können andere Kapitalsorten erreicht werden. Auf diese Weise entsteht und verstärkt sich soziale Ungleichheit, die sich nach Bourdieu in Klassen ausdrücken, welche aber nicht mehr im marxistischen Sinne ökonomisch determiniert sind. Mit dem Gebrauch symbolischer Formen lassen sich die »feinen Unterschiede« markieren, was sich in der alltäglichen Lebensführung wie in der Freizeit ausdrückt. Positionen im sozialen Raum implizieren spezifische Einstellungen zur Zeit. Wer gelernt hat, die verschiedenen Kapitalsorten zu akkumulieren, nutzt die Zeit, um weitere Akkumulationsprozesse zu initiieren bzw. zu beschleunigen. Wer trotz großer Anstrengung immer nur kleine Kapitalmengen erzielt, sieht wenig Notwendigkeit, Zeit im Sinne von Beschleunigung zu nutzen, sondern tendiert dahin, Zeit zu verbringen (»totzuschlagen«). Der abendliche Fernsehkonsum dient diesen Gesellschaftsgruppen eher dazu, Zeit mit einem beliebigen Inhalt zu füllen, während jene Gruppen, die Kapital akkumulieren wollen, beim Fernsehen zusätzliches kulturelles oder soziales Kapital erlangen wollen. Mit dem im Kulturkanal Erfahrenen lässt sich bei der nächsten Vernissage Anerkennung erzielen. Das am Vorabend gesehene Fußballspiel bringt dem Industriearbeiter nur wenig Pluspunkte, weil es fast alle Kollegen auch gesehen haben. Zeit behält in der modernisierten Klassentheorie also unterschiedliche Möglichkeiten zur Akkumulation von Kapitalien.

Dagegen betonen Individualisierungstheoretiker wie U. Beck, dass »jenseits von Klasse und Stand« strukturelle Faktoren – wie hohe räumliche und soziale Mobilität, Bildungsexpansion, lebenslange Flexibilität und Entstandardisierung von Lebensläufen – einen starken Druck zur Individualisierung erzeugen. Individualisierung meint dabei nicht ein ideologisches Konzept von Individualität z. B. im Sinne humanistischer Philosophie. Individualisierung beruht vor allem darauf, dass die herkömmlichen gesellschaftlichen Großaggregate wie Klassen oder Schichten ihre prägende Kraft eingebüßt haben. Die herkömmliche Programmierung von Biographien, die sich z. B. daraus ergaben, dass Bauern- oder Handwerkerkinder den Betrieb erbten und fortführen mussten oder dass Ärzte- und Anwaltssöhne den Beruf ihrer Väter ergreifen mussten, verliert immer deutlicher an Kraft. Berufe können oft nicht mehr ein Leben lang ausgeübt werden, Brüche sind in den Berufsbiographien vorgezeichnet.

Für die Gesellschaftsstruktur hat die veränderte Beziehung zwischen Arbeit und Freizeit ganz entscheidende Auswirkungen. Seit den fundamentalen Analysen von Marx und Engels hat sich die Gesellschaftstheorie überwiegend an einem vertikalen Modell ausgerichtet. Klassen und auch Schichten stehen in diesem Modell nicht gleichwertig auf einer Stufe nebeneinander, sondern sind hierarchisch angeordnet. Die Hierarchie ergibt sich durch den Zugang zu bzw. Ausschluss von Produktionsmitteln, durch ungleiche Macht- und Herrschaftsverhältnisse, durch ungleich wirkende Zugangschancen zu Symbolwelten bzw. Ideologien – also letztlich durch unterschiedliche Chancen zur Erlangung von ökonomischem, sozialem und kulturellem Kapital. Solche Hierarchien wurden und werden durch vielfältige Mechanismen des »Überbaus« – also durch Bildung, Kultur, Recht, Religion, Wissenschaft, Medien etc. – abgesichert. Im Zeichen der Industrialisierung des 19. und frühen 20. Jahrhunderts waren die gesellschaftlichen Unterschiede objektiv (»Klassen an sich«) wie auch subjektiv (»Klassen für sich«) nachhaltig zu erkennen und zu verspüren. Die Gegensätze drückten sich deutlich in den jeweiligen Lebensverhältnissen und Haltungen aus, ein »unten« und »oben« war auch im Bewusstsein verankert. Mit der allgemeinen Wohlstandsentwicklung in der zweiten Hälfte des 20. Jahrhunderts sind diese Gegensätze insofern verschleiert und teilweise wohl auch objektiv überwunden worden, als die Einkommens-, Vermögens-, Bildungs-, Arbeits- und Lebensverhältnisse kollektiv verbessert wurden und die sozialen Gegensätze weniger schroff zu sein scheinen. Zudem haben institutionelle Mechanismen – wie z. B. Sozialversicherung, BAFÖG, Mitbestimmung, staatliche Transferleistungen, Streikschlichtung etc. – die Verteilungskonflikte abgemildert und ritualisiert. Diese als »Entstrukturierung moderner Klassengesellschaften« (Berger) beschriebene Entwicklung ist aber nur die eine Seite der Entwicklung. Gleichzeitig haben sich neue Formen sozialer Ungleichheit herausgebildet, die in Anlehnung an die heute sehr einflussreichen Soziologen Bourdieu und Giddens als »Restrukturierung von Klassengesellschaften« bezeichnet werden. Die »sozialen Felder« strukturieren sich nicht mehr ausschließlich nach den kruden ökonomischen Verhältnissen, sondern bestimmen sich aus einem hochkomplexen Geflecht von Macht, Einfluss, Interpretationen, Haltungen und Exklusionen/Inklusionen.

Gegen solche vertikalen Gesellschaftsmodelle ist im Verlaufe der Entwicklung der Soziologie immer wieder argumentiert worden – ja, ein wesentlicher Teil der »bürgerlichen« Soziologie hatte es sich geradezu zur Aufgabe gemacht, die Marxsche Klassentheorie zu widerlegen – , doch erwies sich der Verweis auf die fortbestehenden klassenbildenden Strukturen meist doch als probates Argument gegen solche Thesen von der »nivellierten Mittelschichtgesellschaft« (Schelsky). In den letzten Jahrzehnten des 20. Jahrhunderts hat sich eine Tendenz zur Entvertikalisierung von Gesellschaftsmodellen verbreitet, welche ihre Grundlagen nicht mehr in den ökonomischen Verhältnissen suchen, sondern von subjektzentrierten Strukturen aus argumentieren. Unter dem Stichwort der »expressiven Ungleichheiten« wird darauf hingewiesen, dass mit der allgemeinen Wohlstandsmehrung nicht mehr die harten Einkommens-, Beschäftigungs- und Machtfaktoren die jeweiligen sozialen Positionen ausmachen, sondern die Möglichkeiten, sich auf den verschiedenen sozialen Märkten der Eindruckskonkurrenz, der Heiratschancen, der Moden und Stile zu behaupten.

Durch den erheblichen Wandel der materiellen Verhältnisse, die für die große Mehrheit der Bevölkerung nicht mehr länger harte Arbeit und Sorge um die eigene Existenz bedeuten, haben die Subjekte in ihrer persönlichen Lebensführung Freiräume erlangt, die zur Ausprägung eigener individueller Lebensstile und -entwürfe führen (können). Die Individuen müssen sich nicht mehr zwangsläufig als ein jeweiliger Baustein der materiellen Verhältnisse empfinden sondern können immer deutlicher ihre Subjektivität zur Entfaltung bringen. Subjektive Empfindungen, Wünsche und Lebenskonzepte geraten immer deutlicher ins Zentrum der Wahrnehmung, weil die durch objektive Bedingungen gesetzten Grenzen nicht mehr in der in früheren Zeiten spürbaren Härte das Leben einschränken. Grenzen werden vielmehr als flexibel empfunden und können in einem gewissen Maße auch uminterpretiert werden. So mussten noch vor einem halben Jahrhundert die meisten Haushalte drei Viertel des gesamten verfügbaren Geldes für Wohnen und Ernährung ausgeben, allenfalls ein Viertel verblieb für Kleidung, Unterhaltung, Hygiene, Gesundheit oder sonstige Ausgaben. Heute gehen für die meisten Haushaltstypen nur noch 40 bis 50 Prozent für Ernährung und Wohnung drauf, gut die Hälfte des verfügbaren Geldes kann für Kleidung, Hygiene, Fitness, Unterhaltung, Freizeit und Reisen ausgegeben werden. Räumliche Grenzen sind durch Globalisierung und massenhafte Ausstattung mit Verkehrsmitteln kaum noch zu spüren.

Aus allen Teilen der Welt sind Informationen in den Medien zugänglich, direkte Zensur oder ähnliche Einschränkungen sind nicht zu erkennen. Im Vergleich zu früheren Generationen ist den Menschen der Gegenwart dadurch eine nie gekannte Fülle an Informationen, Bildern, Lebensformen und Optionen zugänglich, wodurch sich in der subjektiven Wahrnehmung eine Entgrenzung abspielt.

In der »Multioptionengesellschaft« hat das Individuum eine Vielzahl materieller und ideeller Möglichkeiten zur Verfügung, die zwar nicht beliebig ausgedehnt werden können, aber im Vergleich zu früheren Zeiten wesentlich mehr Freiheitsgrade eröffnen. Dies wird beispielhaft in der Kleidung, den Wohnverhältnissen oder den Ernährungspräferenzen deutlich. Konnte vor einem Jahrhundert der Durchschnittsmann die Zahl seiner Hemden an einer Hand abzählen, mit denen er im übrigen sein ganzes Leben auskommen musste, so benötigt er heute oft schon zwei Hände, um die in einem Jahr neu angeschafften Hemden abzuzählen. Musste eine Durchschnittsfamilie um 1900 mit dem von den Eltern ererbten Mobiliar, das anlässlich der Hochzeit um einige Stücke ergänzt wurde, das ganze Leben fristen, so wird heute spätestens nach zehn Jahren das Mobiliar erneuert. Galten noch in der ersten Hälfte des 20. Jahrhunderts in den meisten Haushalten traditionelle Kosttypen und Speisenfolgen, so sind heute in den meisten Familien die Ernährungsgewohnheiten und die Orte und Zeiten des Verzehrs so weit pluralisiert worden, dass Gemeinsamkeiten kaum noch festzustellen sind. Zumindest in der Konsumsphäre lässt sich eine große Vielfalt von Lebensstilen zum Ausdruck bringen. Dies gilt der Tendenz nach auch bei den Weltanschauungen, Parteipräferenzen oder Religionszugehörigkeiten. Spätestens seit dem Niedergang der Systemkonkurrenz zwischen Kapitalismus und Sozialismus sind Festlegungen auf Modelle der gerechten Gesellschaft oder der leistungsfähigen Wirtschaft fließend geworden. Bei den Wahlen steigt die Zahl der Wechselwähler seit Jahrzehnten an und die Zugehörigkeit zu einer Glaubensgemeinschaft hat längst ihren Zwangscharakter verloren. Neue Orientierungen und Beliebigkeiten greifen um sich.

Die herkömmliche »Einbettung« in sozioökonomische Strukturen und traditionelle Denkweisen ist fließend geworden, rigide Zuordnungen zu Klassen, Schichten und politischen Lagern sind kaum noch möglich. Daraus resultiert die seit einigen Jahren in der Sozialstrukturanalyse und in einigen Gesellschaftstheorien diskutierte These von der »Entvertikalisierung« moderner Gesellschaften. Nahmen zumindest seit dem 19. Jahrhundert die meisten Gesellschaftstheorien eine vertikale Gliederung der Gesellschaft in Form von Großaggregaten (z. B. Ständen, Klassen, Schichten) an, die sich hierarchisch ordnen ließen, wobei sich aus der jeweils zentralen Dimension (z. B. Macht, Ehre, Produktionsmittelbesitz) eine Über- oder Unterordnung ergab, so wird in der neueren Diskussion von eher gleichrangigen, also horizontalen Zuordnungen zu den jeweiligen Gesellschaftsgruppen ausgegangen. Lebenslagen und Lebensstile, Milieus und Kulturen sind nicht länger ein Leben lang festgelegt, sondern können in gewissen Spielräumen zu wechselnden Ligaturen neu kombiniert bzw. variiert werden. Lebenslange Zuordnungen zu Klassen oder Schichten werden zumindest subjektiv immer undeutlicher, wachsende Freiheitsgrade werden dagegen den Individuen immer stärker bewusst. So setzt sich im Denken gegenwärtiger Subjekte ein Muster »begrenzter Freiheiten« fest. In der Arbeitswelt, die ohnehin nur noch einer abnehmenden Zahl von Menschen zugänglich ist, lassen sich wegen des wachsenden Konkurrenzdrucks, hohen

Tempos und Verschleißes solche »begrenzten Freiheiten« nur in engen Spielräumen ausleben. In der Freizeit und Konsumsphäre erlangen sie dagegen eine eminent hohe Wertigkeit. So besehen wird Freizeit immer mehr zu einem Schlüssel moderner Gesellschaftsstrukturen.

Ein wesentliches Element sozialen Wandels besteht in der Bildungsexpansion und der damit einhergehenden Akademisierung. In Deutschland hatte sich im 19. Jahrhundert ein dreigliederiges Schulsystem etabliert (Volks-, Mittel-, Oberschulen), das die bestehenden Klassen und Schichten stabil halten sollte. Die Universitäten blieben einer schmalen angehenden Elite vorbehalten. Die Grundzüge dieses Bildungswesens haben sich bis in die sechziger Jahres des 20. Jahrhunderts konserviert. Erst danach kam es zur Bildungsreform, die eine gesellschaftliche Öffnung der Schulen und Hochschulen erreichen wollte. Neben dieser Vorstellung sozialer Demokratisierung von Bildung waren vor allem ökonomische Interessen für die Veränderungen im Bildungswesen ausschlaggebend. Im Vergleich zu vielen anderen vergleichbaren Ländern investierte die BRD viel zu wenig in das Bildungswesen und damit in Humankapital. Im letzten Drittel des 20. Jahrhunderts kam es zu einer Bildungsexpansion, in der breitere Teile der Gesellschaft Zugang zum höheren Bildungswesen erlangten. Hatten Anfang der sechziger Jahre nur fünf Prozent eines Altersjahrganges das Abitur erworben, so sind es heute knapp ein Drittel (in den USA oder Skandinavien liegen die Werte bedeutend höher). Die Zahl der Studierenden hat sich in dieser Zeit verachtfacht, wodurch auch die Zahl der Akademiker rapide angestiegen ist, was sich in der Bezeichnung »Akademisierung der Gesellschaft« ausdrückt. Entstammten um 1960 nur etwa fünf Prozent aller Studierenden der Arbeiter- und Bauernschaft, hat sich deren Anteil inzwischen verdreifacht, wobei sich aber seit Anfang der achtziger Jahre nach den BAFÖG-Kürzungen eine leicht rückläufige Tendenz ergab. Die Vergrößerung der Chancengleichheit im Bildungswesen ist Frauen und teilweise den bildungsfernen Gesellschaftsschichten zugute gekommen. Doch hat sich auch ein »cooling-out-effect« eingestellt: Die bislang in der Bildung unterprivilegierten Gesellschaftsschichten erlangen zwar Zugang zu höherer Bildung, doch wegen der Inflationierung der Bildungsabschlüsse und durch die steigende Akademikerarbeitslosigkeit können nicht immer die erhofften Positionen erreicht werden, für die auch häufiger zeit- und geldaufwändige Zusatzqualifikationen bzw. Zweitstudien vorausgesetzt werden. Die Bildungsreformen haben die erhoffte gesellschaftliche Demokratisierung nur teilweise erreicht, doch haben sie erheblich zum gesellschaftlichen Strukturwandel durch Akademisierung bzw. Tertiarisierung beigetragen. Noch schwerer dürfte die Ausweitung der Bildung zur Veränderung der gesellschaftlichen Wertestruktur beigetragen haben.

2.4   Von der jungen zur alten Gesellschaft

Demographisch verändert sich die Bevölkerungsstruktur nachhaltig. Waren frühere Gesellschaften »junge Gesellschaften«, so sind heutige und zukünftige Gesellschaften »graue Gesellschaften«. Vor etwa 2.000 Jahren lag die durchschnittliche Lebenserwartung bei etwa 20 Lebensjahren, bis 1850 hatte sich dieser Wert auf etwa 40 Lebensjahre verdoppelt, um sich in den nachfolgenden eineinhalb Jahrhun-

derten bis heute abermals auf fast 80 Lebensjahre zu verdoppeln. Medizinischer
Fortschritt, aber vor allem geänderte Lebensbedingungen – wie verbesserte Hygiene, ausgeglichene Ernährung, kontinuierliche Wärme, vergrößerte Wohnflächen,
unterbrochene Infektionsketten, Versorgung mit fließendem Wasser und Entsorgung von Abfällen und Exkrementen etc. – und die Reduzierung der Kindersterblichkeit haben wesentlich zur Erhöhung der Lebenserwartung beigetragen. Um
1900 waren etwa 5 Prozent aller Menschen älter als 60 Jahre, um 1950 waren es 9
Prozent und heute sind es mehr als 20 Prozent – bis 2030 soll dieser Anteil auf 37
Prozent ansteigen. In der gleichen Zeit hat sich der Anteil der Kinder und Jugendlichen bis zum 14. Lebensjahr von etwa 30 Prozent auf 13 Prozent verringert. Die
Jugendquote ist deutlich hinter der Altenquote zurückgefallen – Kindheit und Jugend werden strukturell knapp, was sich z. B. zu Weihnachten zeigt, wenn immer
mehr Großeltern immer weniger Enkelkinder beschenken können.

Die »graue Gesellschaft« (in Japan wird von der »silbernen Gesellschaft« gesprochen, was nicht nur auf die Haarfarbe sondern auch auf das angehäufte Vermögen alter Menschen hindeutet) wirft nicht nur eine Fülle von sozialpolitischen
Schwierigkeiten auf, sie hat auch potente Käufer für Konsum und Freizeit, denn
mehr als 50 Jahre Friedenzeiten haben dazu geführt, dass alte Menschen erstmals
in der Menschheitsgeschichte ein solides Vermögen anhäufen konnten. Allein zwischen 1990 und 2000 wurden bei 1,7 Millionen Erbschaftsfällen rund 2,6 Billio-
nen DM (davon gut eine Billion in Geldvermögen, knapp eine Billion in Grundbesitz und eine halbe Billion in anderen Vermögensformen) vererbt. Fast jeder fünfte
dieser Erbschaftsfälle lag über 500.000 DM. Für 2002 wird sogar ein Durchschnitt
von 470.000 DM pro Erbschaftsfall prognostiziert. Die Altersarmut, die noch zu
Beginn der siebziger Jahre ein drängendes Problem darstellte, ist zur Zeit rückläufig, dürfte aber in den kommenden Jahrzehnten wieder ansteigen. Ökonomisch gesehen erlangen Freizeit und Tourismus vor allem für ältere und alte Menschen –
deren gesundheitlicher Zustand sich ebenfalls deutlich gebessert hat – einen höheren Stellenwert, weil sie sich deutlich mehr leisten können als ihre Vorgängergenerationen und weil sie sich noch ganz überwiegend mindestens bis zum 80. Lebensjahr fit und mobil fühlen (Prahl/Schroeter 1996).

Die »demographische Revolution« hat also die Freizeit in vielfacher Hinsicht
verändert. Weil Kindheit und Jugend strukturell knapp werden, wird diesem Alterssegment besondere Beachtung geschenkt, was sich im Konsum, aber auch in
den medialen und sportiven Freizeitangeboten ausdrückt. Am anderen Ende der
Altersskala ist der Anteil der älteren und alten Menschen geradezu explodiert. Da
sich deren finanzielle und gesundheitliche Lage einschneidend verbessert hat, ist
dieses Alterssegment inzwischen zu einer bevorzugten Zielgruppe der Freizeitwirtschaft geworden. Zahlreiche wissenschaftliche Disziplinen mit dem Wortbe-
ginn Geronto- haben diese Gruppe wissenschaftlich verortet und damit noch besser
zugänglich gemacht für wirtschaftliche, gesellschaftliche oder politische Interessen. Auch in der Geragogik, die sich mit pädagogischen Möglichkeiten im höheren
Lebensalter befasst, haben Freizeit und Tourismus etwa unter dem Stichwort »Animation im Alter« prominente Bedeutung erlangt. Allerdings werden Begriffe wie
»Seniorenfreizeit«, »Seniorenreisen« oder »Seniorensport« wegen der z. T. negativen Konnotationen und altersmäßigen Abschottung von den Älteren abgelehnt. Die
Mischung in den Altersstufen bei Reisen und Sport problematisiert das Verhältnis

zwischen den Generationen neu. Die Segmentierung in Altersgruppen wird aufgehoben, vor allem wird die Leistungsfähigkeit der Älteren deutlich, herkömmliche Stereotype müssen aufgegeben werden.

Mussten vor der Einführung der Rente (1889) fast alle Menschen bis an ihr Lebensende arbeiten und hatten daher im höheren Alter kaum Freizeit, so weitet sich die Phase nach dem Erwerbsleben in den letzten Jahrzehnten kontinuierlich aus. Durch vorzeitige Verrentung und Frühinvalidität ist das faktische Entberuflichungsalter auf etwa 60 Lebensjahre gesunken, nur jeder vierte Arbeitnehmer erlebt seinen 65. Geburtstag im Beruf. Im Durchschnitt stehen den meisten Menschen dann noch fast 20 Jahre in der nachberuflichen Phase – also ein Viertel der gesamten Lebensspanne – zur Verfügung. Zur gleichen Zeit dehnt sich auch die vor dem Eintritt ins Erwerbsleben liegende Erziehungs- und Bildungsphase für die Mehrheit der Menschen immer mehr aus (ein deutscher Student macht im statistischen Durchschnitt mit 28,6 Lebensjahren sein Examen). So entsteht die menschheitsgeschichtlich völlig neue Situation, dass eine wachsende Zahl von Menschen weniger als die Hälfte ihres Lebens mit (Erwerbs-)Arbeit zubringt. Für alle unsere Vorgänger-Generationen war in der Mehrheit das Leben »Mühe und Arbeit«, was in der Bibel als »köstlich« apostrophiert wird.

Mit den demographischen Veränderungen wandelt sich auch die Politik. Wenn 2030 etwa 37 Prozent der Bevölkerung über 60 Jahre alt sein werden, steigt deren Anteil an der Wählerschaft bei Fortbestehen des jetzigen Wahlrechtsalters auf annähernd 50 Prozent. Dieser größte zusammenhänge Bevölkerungsblock ist bereits heute eine strategische Größe in der Politik und wird in Zukunft noch an Gewicht zunehmen. Wenn unterstellt werden muss, dass Menschen in der nachberuflichen Phase primär an Sicherheit der Renten und an innerer Sicherheit (wachsende Verbrechensfurcht mit zunehmendem Alter) interessiert sind, muß Politik bevorzugt diese beiden Themen bedienen, während Interessen der Jüngeren an Produktion und Innovation hintangestellt werden. Die »Vetomacht der Alten« erschwert politische Reformen und bindet ökonomisches Potenzial in dieser Altersgruppe.

Mit Einführung der Rente und Durchsetzung der Schulpflicht erfolgte im Zusammenspiel mit anderen Faktoren eine Standardisierung der Lebensläufe – auch Institutionalisierung der Biographie genannt. So werden mit dem Einschulungsalter, dem Ende der Schulpflicht, dem Beginn der Straf- oder Geschäftsmündigkeit, dem Wahlrecht oder eben dem Eintritt ins Renten- bzw. Pensionsalter signifikante Daten gesetzt, die den Lebenslauf strukturieren. Mit der Verrechtlichung werden auch bestimmte qualitative Ansprüche an den jeweiligen Lebensabschnitt gestellt. So wird z. B. die Schulpflicht ggf. mit staatlichen Zwangsmitteln durchgesetzt oder nach Eintritt ins Rentenalter wird Erwerbsarbeit weitgehend verhindert. Solche Tendenzen zur Standardisierung von Lebensläufen werden in der Gegenwart teilweise überlagert durch Tendenzen zur Entstandardisierung. Die Bildungsphase kann höchst unterschiedlich verlaufen, indem z. B. der Schulbesuch unterbrochen wird oder zusätzliche Bildungsabschlüsse angestrebt werden. Die Berufsverläufe werden immer mehr durch Krisen und Umbrüche gekennzeichnet, kontinuierliche Berufsbiographien werden eher selten. Insbesondere bei jüngeren Menschen werden daher »Patchwork-Biographien«, also aus verschiedenen Versatzstücken zusammengesetzte Lebensabschnitte, immer häufiger. Wegen rapider Umbrüche im Arbeitsleben, in dem Normalarbeitsbiographien abnehmen und Gelegenheitsjobs,

Teilzeitbeschäftigungen, Arbeitslosigkeitsphasen, Umschulungen, aber auch freiwillige Ausstiege zunehmen, dürfte dies aber auch in Zukunft für Ältere gehäuft
auftreten. Wegen der insgesamt knapper werdenden Erwerbsarbeit ist es sogar
wahrscheinlich, dass immer mehr Menschen nach der Bildungsphase gar keine
dauerhafte Arbeitsbiographie erreichen werden. Die Entstandardisierung von Lebensläufen wird vermutlich die in den letzten 150 Jahren erreichte Standardisierung von Biographien teilweise rückgängig machen.

Für die Lebensarbeits- und -freizeit haben diese Entwicklungen massive Konsequenzen. Die Lebensarbeitszeit wird immer stärker auf die mittlere Lebensphase
von ca. 25 bis 60 Jahren komprimiert und in den Anforderungen stark verdichtet,
während zugleich die Lebensfreizeit verlängert wird. Der Gewinn an Lebensfreizeit resultiert aus der deutlich längeren nachberuflichen Phase, während die vorberufliche Lebensphase nur eingeschränkt als Freizeit bezeichnet werden kann, weil
die im Bildungswesen verbrachten Zeiten stark reglementiert und mit Bildungsar-
beit gefüllt sind. So kann insbesondere die Schulzeit – wie die Berichte über einen
zunehmenden Stress und gestiegenem Konsum von Medikamenten bzw. Aufputschmitteln belegen – als stark belastend empfunden werden. Der allenthalben
gestiegene Konsumdruck fördert neben der Schule die Kinder- und Jugendarbeit,
die sich oft im illegalen bzw. halblegalen Bereich abspielt. Im Studium setzen sich
derartige Tendenzen fort, wenn fast zwei Drittel aller Studierenden wegen gestiegener Kosten und Konsumansprüche nebenher jobben (müssen). Wegen unsiche-
rer Berufsperspektiven erhöht sich auch in den Hochschulen der Leistungsdruck.
Die vorberufliche Phase kann daher kaum als Freizeit beschrieben werden, allerdings haben Schüler und Studierende gehobene Ansprüche an ihre tatsächliche
Freizeit, wobei sie sich immer stärker den Erwerbstätigen angleichen.

Die Entstandardisierung von Lebensläufen hat auch Auswirkungen auf die Ta-
ges-, Monats- oder Jahresfreizeit, wie sich leicht am Vergleich zwischen einem Le-
benszeitbeamten mit gutem Einkommen und gesicherten Urlaubsansprüchen und
einem ungelernten Arbeiter, der sich von kurzzeitigen Beschäftigungen, längeren
Arbeitslosigkeitsphasen und Umschulungen u. dgl. m. bis zur Verrentung durch-
hangeln muss, zeigen lässt. Der eine kann seine Freizeit relativ gut strukturieren
und hat auch finanziell genügend Spielraum, um Freizeitaktivitäten nach eigenen
Vorstellungen auszuüben. Der andere hat zwar womöglich mehr freie Zeit zur Verfügung, die er aber mangels finanzieller Mittel und frustrierender Erfahrung mit
wenig befriedigender Arbeit und längerer Arbeitslosigkeit nur unzulänglich füllen
kann. Zwischen beiden Extremen steht möglicherweise der »Zeitpionier«, der nach
einer qualifizierten Berufsausbildung und zeitweiliger -ausübung seine Arbeitszeit
reduziert, um bei geringerem, aber immer hinreichendem Einkommen seine Freizeit nach eigenen Präferenzen füllt. Veränderte biographische Muster haben so direkte Auswirkungen auf Länge, Inhalt und Qualität von Freizeit.

2.5 Familie: ein Auslaufmodell?

Diese Entwicklung geht mit einem Funktions- und Strukturwandel von Familien
einher. Die Familie ist – wenn sie es denn historisch jemals gewesen ist – nicht

mehr die bestimmende Normalform des menschlichen Zusammenlebens. Andere Formen – z. B. nichteheliche Lebensgemeinschaften, Wohngemeinschaften, Teilzeit- oder Commuterfamilien etc. – werden gesellschaftlich akzeptiert und verbreiten sich auch quantitativ immer mehr. Dies ist möglich geworden, weil Familie nur noch begrenzt eine Produktions- und Haushaltsgemeinschaft ist, wie sie es historisch u. a. in der Bauern- oder Handwerkerfamilie war. Familie ist nicht mehr der ausschließliche Ort der gesellschaftlichen Reproduktion und Erziehung von Kindern. Andere Institutionen wie Kindergarten und Schule haben teilweise diese Funktion übernommen und nichteheliche Geburten sind nicht länger sozial verpönt. Das Modell der in den vergangenen 250 Jahren entwickelten bürgerlichen Familie, in der sich das Ideal der romantischen Liebe mit ökonomischen Notwendigkeiten und der Demonstration von geordneten Verhältnissen verbinden ließ, hat teilweise seine Vorbildfunktion eingebüßt und ist durch andere Formen ergänzt worden. Das Bild einer einheitlichen Familienform, die in der Vergangenheit dominiert haben soll, ist durch die jüngere Familienforschung ohnehin zerstört worden war. Auch im 19. Jahrhundert bot die Familie in Europa ein recht buntes Bild: Neben bürgerlichen Familien existierten proletarische Familien, Bauernfamilien, Handwerkerfamilien usf. Weil längst nicht alle Menschen aus wirtschaftlichen Gründen eine Ehe führen konnten, lebten in vielen Familien Ledige mit, zudem gehörten Dienstpersonal oder auch Flüchtlinge zur erweiterten Familie, oft hielten sich auch noch Schlafgänger in den Räumen der Familie auf. Die meisten Familien waren allerdings Zwei-Generationen-Familien, weil wegen der niedrigen Lebenserwartung nur selten auch noch Großeltern am Leben waren (nur ca. 6 Prozent aller Familien waren Drei-Generationen-Großfamilien).

Familien in der Gegenwart sind ähnlich vielfältig wie Familien im 19. Jahrhundert, jedoch kleiner und anders zusammengesetzt. Die im Haushalt mitlebenden Verwandten sind heute nur noch eine kleine Minderheit und das Schlafgängertum ist inzwischen unbekannt, auch das Hauspersonal ist allenfalls noch in größeren und betuchten Haushalten anzutreffen. Nur noch 10–15 Prozent aller alten Menschen leben mit Kindern oder Enkelkindern zusammen, die große Mehrheit von ihnen führt einen eigenen Haushalt. Die etwas mehr als 82 Millionen Bundesbürger leben in rund 38 Millionen Haushalten, von denen gut 22 Millionen als Familienhaushalte (etwa 55 Prozent mit Kindern, 45 Prozent ohne Kinder) gezählt werden. Die durchschnittliche Kinderzahl liegt derzeit bei 1,3 Kindern pro Familie (zur Nettoreproduktion der Bevölkerung sind 2,1 Kinder erforderlich), um 1900 waren es 4,1, um 1960 immerhin noch 2,1. Ein Fünftel aller Kinder wrd nichtehelich geboren, die Zahl der Alleinerziehenden liegt bei 2,9 Millionen (davon 0,5 Millionen Männer), das sind etwa 12 Prozent aller Familienhaushalte. Mehr als 13,5 Millionen Haushalte sind Einpersonenhaushalte, von denen der größte Teil von alten Menschen bewohnt wird. Dieser Haushaltstyp stellt mit mehr als einem Drittel aller Haushalte seit 1976 den häufigsten Haushaltstyp dar und ist allein zwischen 1991 und 2000 um 15 Prozent angewachsen. 12,6 Millionen Menschen leben in Zwei-, 5,6 Millionen in Drei-, 4,4 Millionen in Vierpersonenhaushalten und 1,7 Millionen Menschen leben in Haushalten mit fünf und mehr Personen. Weitere 2,1 Millionen Menschen bilden nichteheliche Lebensgemeinschaften, deren Anteil in den letzten Jahren (vor allem in den neuen Bundesländern, wo 12 Prozent aller Paare ohne Trauschein zusammen leben, in den alten Bundesländern knapp 10

Prozent) deutlich angestiegen ist. In knapp einem Drittel aller nichtehelichen Lebensgemeinschaften wachsen Kinder auf, in knapp der Hälfte solcher Verbindungen sind beide Partner jünger als 35 Jahre (was nur bei einem Achtel aller fast 20 Millionen Ehepaare, von denen knapp die Hälfte keine Kinder hat, der Fall ist). Insgesamt sind etwa 15,3 Millionen Menschen in Deutschland unter 18 Jahren, von denen etwa 12,4 Millionen bei Ehepaaren und weitere 2,9 Millionen bei Alleinerziehenden aufwachsen. Knapp ein Drittel von ihnen sind Einzelkinder. Der Anteil der Familien bzw. Alleinerziehenden mit ein oder zwei Kindern ist seit Jahrzehnten rückläufig, während der Anteil mit drei und mehr Kindern stabil bleibt, was aber u. a. mit der Verschiebung zwischen der in- und ausländischen Wohnbevölkerung erklärt wird, denn von den mehr als 82 Millionen in Deutschland lebenden Menschen sind 7,3 Millionen Ausländer, die statistisch eine höhere Geburtenrate und eine größere Kinderzahl pro Familie aufweisen. Besonders drastisch war der Geburtenrückgang zwischen 1991 und 2000, als die Zahl der Kinder unter sechs Jahren von 5,2 auf 4,5 Millionen, um 13,5 Prozent, sank (Statistisches Bundesamt, Pressemitteilung, 19.04.2000). Der »säkulare Geburtenrückgang«, der in den neuen Bundesländern noch dramatischer ausfällt als in den alten Bundesländern, hat nur teilweise mit dem Pillenknick seit den 60er Jahren zu tun. Vor allem werden die gestiegene Bildung, die allmähliche Befreiung der Frauen aus starren Rollenzwängen, die noch immer unterentwickelte Kinderfreundlichkeit in der Gesellschaft, der Konsum-, Leistungs- und Freizeitdruck und die zahlreichen Umbrüche im Lebensverlauf für den Rückgang der Geburtenraten verantwortlich gemacht.

Ehe und Familie sind keine gesellschaftlichen oder wirtschaftlichen Zwangsgemeinschaften mehr, sie sind immer mehr Aushandlungsgemeinschaften, wobei der reduzierte Verbindlichkeitscharakter nicht zwangsläufig mit einem Bedeutungsverlust verbunden sein muss. Vielmehr kann das Aushandeln und ständige Prüfen der Tragfähigkeit viel zur Stabilität beitragen. Das Argument, dass mehr als ein Drittel aller Ehen geschieden wird, kann wegen der hohen Wiederverheiratungsquote nicht zwangsläufig als Beleg für den Bedeutungsverlust von Ehe und Familie gelten. Auch der Hinweis, dass 1900 nur 0,5 Prozent aller Ehen geschieden wurden, kann nicht überzeugen, weil zu damaliger Zeit eine Scheidung rechtlich ausgesprochen schwierig und ökonomisch nur selten aufzufangen war. Angesichts der bekannten »Szenen einer Ehe« ist nicht so sehr erklärungsbedürftig, warum gut ein Drittel aller Ehen geschieden wird sondern warum zwei Drittel weiter existieren und warum Geschiedene abermals heiraten. Fast alle Familienforscher teilen die Auffassung, dass moderne Alternativen zur Familie überzeichnet werden und die herkömmliche Familie trotz aller Pluralisierungstendenzen kein Auslaufmodell ist. Dennoch zeichnen sich einige Tendenzen zur »Postmodernen Familie« ab: wachsende Komplexität und Pluralisierung der Familienformen, »Deinstitutionalisierung« der Familie bzw. Anpassung an individuelle Lebensverlaufsplanungen, Reduzierung der Familienphase auf kürzere Lebensabschnitte, Emanzipation der Frau von traditionellen Rollenzwängen, selbstverantwortete Elternschaft, Patchwork-Biographien oder Aushandlungs-Beziehungen sind Kennzeichen der neuen Ehe- und Familienformen. Seit 1960 sind die Eheschließungen um mehr als ein Viertel zurück gegangen, die Zahl der Scheidungen hat sich im selben Zeitraum verdoppelt, während zur gleichen Zeit die Geburtenziffer um ein Drittel rückläufig war und die Zahl der Einelternfamilien um ein Drittel gestiegen ist (zur Zeit leben mindestens zehn Prozent aller minderjährigen Kinder bei nur einem alleinerziehenden Elternteil). In Großstädten sind – vor allem wegen der Zunahme alter Menschen[3], aber auch wegen gestiegener Scheidungsraten und selbstgewählter Single-Existenzen – bereits 40 Prozent aller Haushalte Einpersonenhaushalte. Ironisch hat Beck (1986) die genannte Entwicklung als Rechenbeispiel formuliert:

> »Ehe lässt sich von Sexualität trennen und die noch einmal von Elternschaft, die Elternschaft lässt sich durch Scheidung multiplizieren und das Ganze durch das Zusammen- oder Getrenntleben dividieren und mit mehreren Wohnsitzmöglichkeiten und der immer vorhandenen Revidierbarkeit potenzieren« (Beck 1986: 190).

Die Lebensformen lassen sich nicht mehr an Normalfamilien, die es wohl ganz lupenrein nur in der bürgerlichen Ideologie gegeben hat, denn empirisch überwogen auch in der Geschichte Mischformen, messen. Insgesamt ist die Vielfalt der Lebensformen größer geworden, zumal einige Formen des Zusammenlebens wie z. B. nichteheliche Lebensgemeinschaften oder Alleinerziehende nicht mehr gesellschaftlich verpönt sind, sondern sogar als Alternativen zur herkömmlichen Familie akzeptiert werden. Auch ein gemeinsamer Lebensmittelpunkt ist nicht mehr erforderlich, wie die wachsende Zahl von Spagat-Ehen, in denen die beiden Partner (berufsbedingt) an verschiedenen Orten leben (»Living Apart Together«), verdeutlicht. Auch die Zahl der Stieffamilien oder Teilfamilien wächst. Vor allem ist in den letzten Jahrzehnten der Anteil der Einpersonen-Haushalte stark angestiegen. Oft wird dies als Trend zur Single-Gesellschaft interpretiert. Jedoch zeigt die Statistik, dass mehr als drei Viertel solcher Einpersonen-Haushalte von alten Menschen bewohnt werden, die verwitwet oder anderweitig (z. B. durch dauerhafte Psychiatrisierung eines Partners) getrennt worden sind. Alleinleben als selbstgewählte Lebensform wird zwar in zunehmendem Umfange praktiziert, doch sind dies immer noch weniger als ein Viertel aller Einpersonenhaushalte, die in den meisten mittel- und nordeuropäischen Ländern etwa ein Drittel, in Südeuropa allerdings nur ein Achtel aller Haushalte ausmachen. Auch wenn der genaue Anteil von Singles an der Gesamtbevölkerung nicht zu beziffern ist, darf der Anteil als steigend bezeichnet werden. Scheidungen, gestiegene berufliche Mobilitätserfordernisse, wachsende Ansprüche an Lebensqualität und Selbstverwirklichung, umgekehrt aber auch zahlreiche biographische Umbrüche und Krisen, Abwärtsspiralen, Drogen- und andere Devianzkarrieren verstärken die Tendenz zur Singularisierung. Ein Single-Dasein unterscheidet sich in der Freizeit von typischen Freizeitmustern in Familien, ist aber nicht zwingend grundverschieden. Schon beim organisierten Reisen können Probleme auftauchen, wenn Alleinreisende ihr Doppelzimmer mit fremden Mitreisenden teilen müssen. Und im Alltag fehlen oft Ansprechpartner, um Probleme zu besprechen oder gemeinsame Aktivitäten anzugehen. Umgekehrt werden die in Familien oft verspürbaren Zwänge und psychischen Belastungen vermieden.

---

[3] Weil inzwischen auch Altersjahrgänge in den Ruhestand treten, die nicht mehr direkt von den Folgen zweier Weltkriege betroffen sind, dürfte in naher Zukunft aber der Anteil alter Menschen, die gemeinsam mit ihrem Partner bzw. ihrer Partnerin alt werden, ansteigen. Dann wird der Anteil von Zweipersonenhaushalten an Bedeutung gewinnen.

Diese Entwicklungen wurden durch Veränderungen seit den 60er Jahren gefördert, die oft als Wertewandel beschrieben und mit der Studentenbewegung in Beziehung gesetzt wurden. Hier mag zunächst die Frage außen vor bleiben, ob Werte sich in kurzer Zeit ändern können, denn Werte entstehen aus grundlegenden
Konflikten (z. B. darüber, ob Tod oder Leben wichtiger sind, oder ob Monogamie
oder Polygamie der menschlichen Natur angemessener ist usf.) und haben sich
über lange Zeit tradiert. Eine Thematik, die zwar zeitgleich mit der Studentenbewegung aufbrach, aber auch in Ländern mit einer schwach entwickelten Studentenbewegung (z. B. in Skandinavien) heftig diskutiert wurde, war die Sexualität.
Unter dem starken Einfluss der christlichen Kirche herrschte bis weit in die 50er
Jahre eine rigide Sexualmoral vor, die Sexualität ausschließlich auf die Fortpflan-
zung innerhalb der Ehe beschränken wollte. Vor- und außereheliche Sexualität war
verpönt, Lust sollte auf den Zeugungsakt begrenzt werden. Diese rigide Moral för-
derte Verklemmungen und Neurosen, worin der Psychoanalytiker Wilhelm Reich
eine der Ursachen für das Aufkommen des Faschismus sah. Die westdeutsche
Nachkriegsgesellschaft hatte sich weitgehend unter diesem Muster spießiger,
kleinbürgerlicher Moralvorstellungen restauriert (ganz ähnlich in vielen anderen
Ländern). Andere Formen der Sexualität blieben verpönt und wurden z. T. unter
Strafe gestellt. Wo der Staat Zugriff hatte, wurde z. B. durch Zensur von Filmen,
Büchern oder Musik, aber auch durch entsprechende Inhalte von Schulunterricht
auf die Konservierung solcher Moralvorstellungen hingewirkt.

Die Studentenbewegung der sechziger Jahre hat solche Moral zwar bekämpft
und eine freiere Sexualität vorgelebt, doch liegen die zentralen Ursachen für geänderte Einstellungen gegenüber Sexualität woanders. Mit der Einführung der Pille
ist eine überwiegend selbstgesteuerte Sexualität ohne Schwangerschaftsfurcht
möglich geworden, woraus sich auch Änderungen im Verhältnis zwischen den Geschlechtern ergeben, denn Sexualität muss nun nicht mehr zwangsläufig zu (unge-
wollter) Schwangerschaft führen, sondern kann lustvoll und nach eigenen Vorstellungen erlebt werden. Dadurch wird es leichter, neue Beziehungen einzugehen
oder Sexualpraktiken auszuprobieren. Lebenslange Bindungen sind nicht mehr unbedingt erforderlich, wenn der Zeitpunkt der Zeugung selbst gewählt und zwischen
den Partnern ausgehandelt werden kann. Auf diese Weise brachen herkömmliche
Rollenzuweisungen auf, die vormals vor allem den jungen Frauen eine baldige
Heirat und Mutterschaft aufnötigten. Mit der selbstgesteuerten Sexualität und damit auch selbst entschiedenen Bindung bzw. Zeugung wurde es Frauen immer
mehr ermöglicht, eigene Bildungs- und Berufswünsche zu erfüllen. Zumindest ansatzweise liegen hier die Gründe für eine weitere Emanzipation der Frauen von
den Zwängen einer männderdominierten Welt.

Die andere Ursache für ein verändertes Verhältnis gegenüber Sexualität lag in
den aufkommenden kommerziellen Interessen an Sexualität. Was vermeintlich von
der Studentenbewegung erkämpft und von Oswalt Kolle propagiert wurde, fiel
rasch der Vermarktung anheim. Sexualität wurde zum Thema der seinerzeit rasch
expandierenden Massenmedien und damit zur medialen Ware. Als 1964 Ingmar
Bergmann in seinem Film »Das Schweigen« für 55 Sekunden eine nur schwach erkennbare Kopulationsszene auf Kinositzen zeigte, war die öffentliche Empörung
groß, keine fünf Jahre später zeigten die zahllosen »Schulmädchen-Reports« und
ähnliche Filme unter dem Deckmantel der Aufklärung sexuelle Handlungen in al-

len Details. Alle anderen Medien profitierten von dieser »Revolution«. Seither hat sich über Werbung und Medien eine öffentliche Sexualisierung aller Sphären breit gemacht, die insbesondere kommerziellen Interessen dient. Hierbei ist nicht nur an Pornographie und erotischen Versandhandel zu denken, mit dargestellter Sexualität wollen fast alle Medien Einschaltquoten und Verkaufszahlen steigern. Werbung benutzt seit langem auch sexuelle bzw. erotische Komponenten. Und in die Alltagssprache sind etliche Wörter eingedrungen, die im Zeichen rigider Sexualmoral tabuiert waren. Mit der Verwissenschaftlichung und Pädagogisierung der Sexualität ist diese zwar öffentlich diskursfähig geworden, zugleich werden damit aber auch Leistungsnormen in die sexuelle Praxis hineingetragen, und unter dem Deckmantel der Aufklärung können auf diese Weise Zweifel an dem jeweils persönlich praktizierten Sexualverhalten geschürt werden. Festzuhalten ist, dass auf der einen Seite Sexualität aus dem Tabubereich herausgehoben worden ist, dass auf der anderen Seite aber mit der Fülle der öffentlichen Diskurse möglicherweise auch der jeweilige persönliche Stellenwert von Sexualität nicht mehr durch Sozialisation und Tradition bestimmt wird. Neue Zweifel und Identitätskrisen können die Folge sein. Selbstbestimmte Sexualität erhöht die Anforderungen an Partnerschaft, was u. a. zu der ansteigenden Tendenz von Alleinlebenden geführt hat, weil hochgesteckte Erwartungen und daran gemessen oft enttäuschte Erfahrungen zur Verunsicherung und zum Rückzug führen können.

Wenn Ehe nicht mehr die Standardform des Zusammenlebens ist, was früher oft mit den ökonomischen Zwängen und der Erziehung von Kindern begründet wurde, dann steigen auch die Anforderungen an Partnerschaft. Die jeweiligen Vorstellungen von Leben, Liebe, Zukunft u. dgl. m. müssen vermehrt diskursiv miteinander verzahnt werden. Dieser Aushandlungsprozess macht Ehe und Familie zu einem »Balanceakt«, der immer wieder scheitern kann, weil vor allem die wechselseitigen Erwartungen durch die öffentliche Problematisierung der Formen des Zusammenlebens gestiegen sind. Durch die Enttraditionalisierung von Ehe und Familie wächst der Druck, neue Formen auszuprobieren und einzuüben. Zumindest aus soziologischer Sicht besteht daher kein Grund, von einer wachsenden Bindungsunfähigkeit bzw. -willigkeit zu sprechen. Der ständig neu zu leistende Balanceakt ist psychisch kostenintensiver als die traditionelle Form des Zusammenlebens. So haben sich eben auch die strukturell stützenden Elemente der herkömmlichen Familie gewandelt. Nur noch in der Minderheit aller Ehen und Familien wirkt ein gemeinsamer Betrieb stabilisierend. Gemeinsames Eigentum drückt sich eher in Haus- und Wohnungsbesitz aus und jener ist relativ schmerzfrei zu veräußern, wenn die Beziehung nicht mehr stimmt. Auch gemeinsame Arbeit beschränkt sich immer mehr auf die Privatsphäre (z. B. in Haus und Garten) und kann bei fehlender Gemeinsamkeit leicht abgebrochen werden. Die Zahl der gemeinsamen Kinder ist seit Jahrzehnten stark rückläufig und bietet immer weniger ein gemeinsames Band, zumal im Interesse der Kinder die rechtlichen Bedingungen der Trennung in den vergangenen Jahren gelockert worden sind. So bleibt neben alltäglichen und oft mühseligen Verflechtungen und Verpflichtungen vor allem die Freizeit als gemeinsame Sphäre von Ehe und Familie. Der eminent angestiegene gesellschaftliche Stellenwert von Freizeit und die Vielfalt von Optionen führen in der Praxis zwar auch zu mehr Chancen für Gemeinsames, doch steigt auch der Druck, in der Freizeit »möglichst viel zu schaffen«. So ist erklärlich, warum gerade am Sonntagabend am häufigsten Familienkonflikte aufbrechen und Trennungen sich anbahnen. Gerade das (gemeinsame) Wochenende wird mit Erwartungen überfrachtet. Endlich soll der Dachboden aufgeräumt, die Post erledigt, das Auto gesäubert und die alte Mutter besucht werden. Neben allen Erwartungen an Gemeinsames wurde auch in solchen profanen Angelegenheit nur die Hälfte geschafft und zu allem Überdruss hat der Lieblingsverein sein Samstagspiel auch noch verloren. Angesichts der am Montagmorgen beginnenden Arbeitswoche fällt die Bilanz negativ aus, die Krise beginnt.

Der Balanceakt Familie gelingt also wegen schwächer werdenden strukturellen Stützen (wie gemeinsamer Betrieb, gemeinsame Arbeit, geringe Kinderzahl) und gestiegenen Erwartungen an die (gemeinsame) Freizeit nicht immer sehr erfolgreich. Andere gesellschaftliche Entwicklungen manchen das Gelingen von Ehe und Familie gleichfalls schwer: So steigen die Konsumvorstellungen kontinuierlich an, was durch noch mehr Erwerbsarbeit erreicht werden soll, aber geringere Freizeit und Gemeinsamkeit zur Folge hat; doch bietet die Gesellschaft nur noch begrenzt Möglichkeiten für eine optimale Kindheit an, weshalb die Kinderzahl weiter rückläufig ist. Die Vorstellungen von Eigenheim, Auto, Reisen und sonstigem Konsum sind mit der allgemeinen Wohlstandsmehrung sprunghaft angestiegen und vermeintlich lässt sich das alles auch realisieren, wenn beide Partner durch zusätzliche Arbeit und Unterstützung durch Familienangehörige ihr persönliches Glück durchsetzen. Doch lange körperliche, psychische und finanzielle Belastungen steigern auch die Konflikte, die dann rasch zur Katastrophe werden können, wenn z. B. einer der Partner arbeitslos oder krank wird. Die hohen Ansprüche an die eigene Konsumfähigkeit lässt oft den Kinderwunsch in den Hintergrund treten. Durch etliche Faktoren (wachsende Verkehrsdichte, Zementierung des öffentlichen Raumes, fehlende Kindergärten, Umweltbelastungen etc.) haben sich die Bedingungen für das Aufwachsen von Kindern nachhaltig verschlechtert. Trotz aller politischen Maßnahmen ist die Kinderzahl in Europa und Nordamerika im vergangenen halben Jahrhundert kontinuierlich zurückgegangen – wobei übrigens die ersten signifikanten Rückgänge bereits am Ende des 19. Jahrhunderts auszumachen waren, weil nach der Einführung der Rentenversicherung Kinder nicht länger als Altersversorgungen herhalten mussten. Seither hat sich die Bevölkerungsstruktur sehr deutlich gewandelt

2.6 Mobile Gesellschaften

Gegenwartsgesellschaften sind mobile Gesellschaften – und zwar räumlich und sozial. Die wachsende räumliche Mobilität drückt sich bildlich in den ständig zunehmenden Verkehrsströmen aus, die in vielen Regionen zum Verkehrsinfarkt geführt haben. Der Grad der Motorisierung hat im letzten Jahrhundert explosionsartig zugenommen. Die ersten Personenkraftwagen, die nach 1880 eingeführt wurden, blieben in den ersten Jahrzehnten exklusiv auf wenige Betuchte beschränkt, erst die Nationalsozialisten versprachen mit dem »Volkswagen« und der »Reichsautobahn« eine massenhafte Verbreitung des Automobils, was aber erst nach 1950 in der Bundesrepublik Deutschland der Fall wurde. Auch in den meisten westeuropäischen und nordamerikanischen Ländern setzte die Verbreitung des privateigenen Personenkraftwagens in der zweiten Hälfte des 20. Jahrhunderts ein – dann allerdings mit rasanter Geschwindigkeit. In der DDR blieb das private Auto bis 1990 ein Privileg mit langen Wartezeiten – um dann in den neuen Bundesländern zu dem absoluten Statussymbol der Wende zu werden. In Deutschland sind gegenwärtig mehr als 43 Millionen PKW zugelassen (1960 waren es erst 4,5 Millionen – in vier Jahrzehnten hat sich der Bestand also verzehnfacht). Damit verfügen 74 Prozent (alte Bundesländer 75 Prozent, neue Bundesländer 70 Prozent) aller Privathaushalte über mindestens einen PKW. Außerdem stehen mehr als 67 Millionen Fahrräder in den Haushalten zur Verfügung. Noch stärker ist die Anzahl der auf deutschen Straßen fahrenden Lastwagen und Busse angestiegen. Der Schwerlastverkehr hat im Zuge der Europäisierung und Globalisierung außerordentlich hohe Zuwachsraten. Dies gilt ebenso für die übrigen Verkehrsmittel wie Busse, Eisenbahnen und Flugzeuge. Im Güterfernverkehr werden fast zwei Drittel aller Güter mit dem LKW, ein weiteres Fünftel mit der Bahn, ein Sechstel auf Schiffen transportiert. In der Zeit zwischen 1960 und 1995 hat sich das überörtliche Straßennetz um rund 50.000 Km erweitert, während das Schienennetz zur gleichen Zeit um 30.000 Km abgebaut wurde. Allerdings hat sich der Personenverkehr mit der Bahn von 21 auf 51 Millionen Passagiere mehr als verdoppelt. Dennoch nutzen nur 12 Prozent der Bevölkerung regelmäßig die Bahn, 52 Prozent fahren dagegen als Fahrer bzw. Beifahrer mit dem PKW, 12 Prozent gehen überwiegend zu Fuß, weitere 11 Prozent nutzen ein Fahrrad und nur ein Prozent ein Motorrad (vgl. Pankoke 1998: 688). Im Personenverkehr entfallen 88 Prozent aller Fahrten auf private Haushalte. Insgesamt wurden von diesen 1997 über 48 Milliarden Fahrten mit motorisierten Verkehrsmitteln auf insgesamt mehr als 800 Milliarden Personenkilometern zurückgelegt, wobei allerdings eine klare Zuordnung zum Freizeitbereich schwierig ist (Zängler 2000: 9f.).

Die mobile Gesellschaft ist zugleich Ausdruck des veränderten Wirtschaftens und der zunehmenden Freizeitorientierung. Die Industrialisierung beruht darauf, dass Rohstoffe nicht mehr am Ort ihrer Gewinnung verarbeitet werden müssen, sondern in anderen Regionen, in denen z. B. Arbeitskräfte verfügbar oder Absatzmärkte vorhanden sind. In modernen Ökonomien wird insbesondere die Lagerhaltung als Kostenfaktor reduziert, indem immer mehr Rohstoffe und Waren auf die Verkehrswege verlagert werden. Unter dem Stichwort »just in time« werden Produktion und Absatz so synchronisiert, dass kostspielige Lagerhaltung weitgehend entbehrlich wird; zwischen fast allen europäischen Häfen sollen die Verkehrswege so optimiert werden, dass die Waren innerhalb von 24 Stunden auf dem Landwege zum nächsten Hafen gelangen können. Mit der Europäisierung soll das Verkehrsnetz so ausgebaut werden, dass Zeit als Kostenfaktor minimiert wird, was in der Praxis aber zu dem Paradox führt, immer längere Staus einplanen zu müssen, weil immer mehr Transporte auf die Straße verlagert werden und verschiedene Lkw-Typen ganz unterschiedlich schnell sind. Staus rauben die vermeintlichen Zeitgewinne und erhöhen durch vermehrte Abgas- und Lärmbelästigung die öffentlichen Kosten, durch Mehrverbrauch aber auch die privaten Kosten.

Nichtsdestotrotz verändert der Europaverkehr Siedlungsstrukturen und gesellschaftliche Verhältnisse nachhaltig. Mit dem Bau des Kanaltunnels unter dem Ärmelkanal haben sich die Wege zwischen London, Paris und Brüssel deutlich verkürzt. So ist in diesem Dreieck – als Beispiel ist hier die nordfranzösische Industriestadt Lille, von der aus das Euro-Terminal abgeht, zu nennen – mit einem Radius von 700 Km ein neuer Ballungsraum mit 70 Millionen Menschen entstanden. Diese »Megapolis« läuft den herkömmlichen »Metropolen« den Rang ab und wird nicht bloß zum Sitz großer Wirtschaftsunternehmen sondern eben auch wegen der großen Bevölkerungszahl zur Spielstätte für Freizeit, Sport, Kultur und Kommerz. Die in den herkömmlichen Metropolen konzentrierten Schaltstellen der Macht werden zwar nicht aufgehoben, bekommen aber in neuen megapolitanen Konzentrationen Konkurrenz. Auch die traditionellen Industriezentren verlieren ihre Bedeutung in dem Maße, in dem mit schnellen Verkehrsmitteln der Raum überbrückt werden kann und mit modernen Informationstechniken die Ortsgebundenheit weitgehend entfallen ist. Neue Siedlungsstrukturen und Wirtschaftsstandorte entstehen und verändern auf diese Weise nicht bloß die Landschaft sondern auch das Verhältnis von Zentrum und Peripherie. Dezentrale Standorte jenseits der teuren Metropolen gewinnen an Bedeutung, was aber zu noch weiteren Wegen zwischen Wohnung und Arbeitsplatz führen kann.

In dem Wechselspiel von Streuung und Verdichtung wird auf der einen Seite eine neue Qualität der Urbanität gesucht, wie sie beispielhaft in dem neuen Berlin erscheint, auf der anderen Seite werden durch Suburbanisierung des Wohnens in billigeren Streulagen und der Verlagerung des Massenkonsums auf die »grüne Wiese« in autogerechten Einkaufszentren und »Malls« große Flächen jenseits der Stadtgrenzen besiedelt. Die herkömmlichen Koordinaten von Land und Stadt verschwimmen, neue Ballungsmuster entstehen – wie sich z. B. auf den Achsen zwischen größeren Städten (etwa im Großraum Stuttgart oder zwischen Hamburg und Lübeck) zeigt. Ehedem ländliche Siedlungs- und Lebensformen werden quasi-urbanisiert, indem der Arbeitsplatz in der Stadt beibehalten, das Wohnen aber mit stadtähnlichen Verhaltensweisen auf dem Lande fortgesetzt wird. Neue Verkehrstrassen, die wegen der gestiegenen individuellen Mobilität erforderlich werden, zerteilen die bisher überwiegend agrarisch genutzten Räume, neu ausgewiesene Gewerbeflächen sollen Arbeitsplätze schaffen, ziehen aber vermehrt den Verkehr an. Stadt und Land ändern sich. Die traditionelle Stadtkultur, die sich noch politisch im Sinne der antiken »polis« verstand, wird immer mehr durch Imperative aus Arbeit, Kommerz und Freizeit überlagert. Mit den Veränderungen in der Arbeitswelt sind Unternehmen oft nicht mehr standortgebunden, sondern können in kostengünstigere Regionen verlagert werden, weil moderne Elektronik auch auf dem Lande zum Einsatz kommen kann. Städte sind nicht mehr bevorzugte Produktionsstätten, sie werden immer mehr zu Dienstleistungs-, Verkaufs- und Unterhaltungszentren. Ländliche Räume werden zu Standorten der »leichten Industrie« (z. B. Verpackung, Lagerung, Konstruktion, Veredelung) und vieler Dienstleistungsbetriebe. So werden auf dem Lande neue Arbeitsplätze geschaffen, weil mit dem Niedergang und großbetrieblicher Konzentration in der Landwirtschaft zahlreiche Arbeitsplätze verloren gingen. Stärker noch ändert sich der ländliche Raum durch die Zuzüge vornehmlich aus dem städtischen Raum, was sich in großen Neubausiedlungen ausdrückt.

Individuelle Mobilität löst sich von sozialen Räumen ab. Das Überwinden des Raumes wird zum Konsumgut, Tempo zum Leistungsbeweis. Zeitgewinn vernichtet Raum, wie bereits Heinrich Heine vor mehr als 150 Jahren beim Aufkommen der Eisenbahn feststellte. Der Raum wird zur bloßen Distanz, die mit möglichst hohem Tempo überwunden werden muss. Die Strecke wird zu einem Konsumgut, das schnell verbraucht wird. Und wie bei anderen Konsumgütern auch wird der Verbrauch von Distanz zum Demonstrationskonsum, zur demonstrativen Verschwendung, die Eindruck erwecken soll. Moderne Gesellschaften werden auch als »punktuelle Gesellschaften« betrachtet, in denen es nur noch darum geht, mit welchem Tempo die Distanz zwischen zwei Punkten zurückgelegt werden kann. Zwar wurde bereits in den 50er Jahren das amerikanische Reiseverhalten nach dem Motto »Europe in five days, pope included« karikiert, doch ist auch nach dem Aus für den Hochgeschwindigkeitszug Transrapid die Vorstellung, in kürzester Zeit fast jede Distanz überwinden zu können, immer noch in den Köpfen nahezu aller Politiker und Wirtschaftler verankert. Und selbst im Alltag von Kindern wird inzwischen von »Verinselung« gesprochen, weil Kinder zwischen ihrer Wohnung und den Orten ihrer Aktivitäten wie Kindergarten, Schule oder Sportplatz mit dem Auto ihrer Eltern hin- und hergefahren werden. So wird Leben gewissermaßen nur noch auf Inseln erlebt und der Raum dazwischen mit dem Pkw überbrückt. Beobachtungen zeigen, dass in den Tempo-30-Zonen mancher Wohngebiete vor allem Mütter mit Kindern im Auto zu den häufigsten Temposündern zählen. Nach einer 2001 vom Familienministerium für die BRD vorgelegten Studie müssen fast zehn Millionen Menschen aus beruflichen Gründen pendeln, reisen oder umziehen. Von den berufstätigen Paaren zwischen 25 und 55 Jahren mussten allein 16 Prozent aus beruflichen Gründen umziehen oder arbeiten und leben an getrennten Orten. Mehr als zwei Drittel der untersuchten »Berufsnomaden« klagten über besondere Belastungen. Das seelische Wohlbefinden leide, soziale Kontakte gingen verloren, man entfremde sich von Partner und Kindern, Zeitmangel und häufiges Fahren beeinträchtige die Lebensqualität. Drei Viertel der Pendler sahen ihre familiäre Situation belastet, besonders Frauen kommen durch das Pendeln erst spät oder gar nicht zur Gründung einer Familie. Zwei Drittel aller Erwerbstätigen fährt mit dem PKW zur Arbeit, wobei in 82 Prozent aller Fälle der Weg länger als 10 Km ist. In Großstädten nutzt etwa die Hälfte der Erwerbstätigen das Auto, um zum Arbeitsplatz zu gelangen, in kleineren Orten sind das sogar drei von vier Erwerbstätigen. Nur 5 Prozent sind Mitfahrer in PKWs, 12 Prozent nutzen öffentliche Verkehrsmittel und weitere 18 Prozent benutzen ein Fahrrad oder gehen zu Fuß zur Arbeit (Statistisches Bundesamt, Pressemitteilung 19.04.2001).

Mit dem Zeitgewinn wird der sozialräumliche Rückhalt geschmälert, das Wohngebiet ist annähernd austauschbar geworden. Traditionelle Bindungen verlieren ihre Qualität im ökonomischen Kampf gegen die Zeit. Zeitgewinn verschlingt kulturelle und soziale Ressourcen, weil die räumliche Bindung beeinträchtigt wird. Herkömmliche städtische oder ländliche Lebensformen verschleißen, eine neue Beliebigkeit setzt ein, das Auto wird zum Mittelpunkt der Lebensführung und damit zum identitätsstiftenden Objekt. Konnten früher Bahnhöfe Abfahrt und Ankunft signalisieren und so die beginnende oder endende Überwindung des Raumes symbolisch erhöhen und mit Erlebnisqualität besetzen, dient das Auto der solipsistischen Raumvernichtung. Die automobile Tempogesellschaft zeitigt hohe ökologische Kosten, die nicht genau zu beziffern sind. Zwar lassen sich direkte Auswirkungen vielleicht noch angeben, doch die Aufschaukelung mit anderen Schädigungen (z. B. aus der Industrie) ist nicht mehr trennscharf zu bestimmen.

Und oft ergeben sich Schäden erst langfristig, denn wer ahnt schon, dass der leichte Abrieb der Reifen mit dem nächsten Regen über Gräben und Flüsse ins Meer gelangt und sich dort zu Bitumen verklumpt. Zeitgewinn auf Kosten der Ökologie ist historisch kein neues Phänomen, denn auch zur Zeit der Einführung der Eisenbahn wurden bereits ähnliche Schäden befürchtet bzw. festgestellt. Doch durch massenhafte Motorisierung potenziert sich die Schädigung der Umwelt.

Gesellschaftlich wirkt die zunehmende Motorisierung und Mobilisierung ambivalent. Auf der einen Seite wird Raum zerstört und Lebensqualität im ursprünglich urbanen oder zuvor noch ländlichen Raum gravierend verändert. Der sozialräumliche Rückhalt schwindet, die Identifikation mit dem (»Heimat«-)Ort wird immer problematischer. Auf der anderen Seite wird ein lockeres Netz von Beziehungen und Optionen über weite Räume möglich, wodurch eine neue Lebensqualität entstehen kann. Man mag seine Nachbarn nicht lieben, aber gute Freunde in größerer Entfernung sind leicht erreichbar und können Ausgleich für den Nachbarschaftskonflikt bieten. Geselligkeit muss nicht mehr im Wohnumfeld gesucht werden, sie kann in der Ferne gelebt werden – was aber gerade bei Jugendlichen ohne Pkw zu Problemen führen kann, wenn der Öffentliche Personen-Nahverkehr auf den spätabendlichen Discobesuch nicht ausgelegt ist bzw. riskante Trunkenheitsfahrten einkalkuliert werden.

Mobile Gesellschaften werden immer stärker zu Risikogesellschaften, weil die »riskanten Freiheiten« (Beck/Beck-Gernsheim 1994) mehr Paradoxien zeitigen. Mit dem automobilen Sieg über den Raum werden naturale, kulturelle und soziale Umwelten beschädigt oder vernichtet. Durch Ballung und Streuung werden herkömmliche Qualitäten von Stadt wie von Land beeinträchtigt. Ein gut funktionierender Öffentlicher Personen-Nahverkehr überfordert i. d. R. Kommunen und Staat finanziell wie organisatorisch. Weil sich die Bahn in Deutschland am rentablen Fernverkehr ausgerichtet hat, sind zahlreiche Strecken in der Fläche entfallen (30.000 Km), erst seit wenigen Jahren ist hier ein Umdenken erkennbar. Im Güterverkehr hat die Straße immer noch Vorrang. Aber inzwischen ist längst erkennbar, dass moderne Gesellschaften in eine »Beschleunigungsfalle« geraten sind. Tempo lässt sich nicht beliebig steigern, wenn Tempo zugleich allen Menschen zustehen soll. In den USA haben sich inzwischen einige Betriebe darauf spezialisiert, Betuchte mit dem Hubschrauber aus dem Autostau auszufliegen und vom eigenen Personal den PKW an sein Ziel zu chauffieren, damit Manager oder Politiker ihre Termine dann doch noch pünktlich erreichen können. Und mit Navigationssystemen, elektronischen Verkehrsleitsystemen, Verkehrsnachrichten und Handys soll der drohende Verkehrsinfarkt umgangen werden. So lässt sich durch noch mehr Technik der Schaden abmildern, das eigentliche Problem, das in der Disparität zwischen privater Motorisierung und unterentwickeltem Öffentlichem Personen-Nahverkehr bzw. einem auf Schiene oder Wasser verlagerten Güterverkehr besteht, wird damit nicht behoben. Die im Berufsverkehr verbrauchte (zusätzliche) Zeit geht der Freizeit verloren, umgekehrt erzeugt der Freizeitverkehr weiteren Zeitverbrauch, wenn z. B. zu Ferienbeginn bzw. -ende endlose Staus die Ferienfreude trüben.

Zahlreiche staatliche Interventionen wie Geschwindigkeitsbegrenzungen, Fahrverbote, Verkehrsbereinigungen etc. haben bislang nicht erreichen können, dass die ökologischen und sozialen Lasten des immer schnelleren Verkehrs eingedämmt werden konnten. Die weltweit steigende Motorisierung verweist eher ins Gegenteil, nämlich auf eine globale ökologische Katastrophe. Als ein Allheilmittel wird in diesem Zusammenhang die Kommunikationstechnologie benannt, die in Echtzeit weltweit alle Terminals der Informationsgesellschaft miteinander verbindet und so den raumübergreifenden Verkehr teilweise überflüssig machen soll. Computer, die weitaus schneller schalten als menschliche Körper sich bewegen können, machen womöglich weite Reisen überflüssig. Der Tourist kann vielleicht im Cyberspace seine touristischen Ziele besser simuliert bekommen, als wenn er in langen Warteschlagen vor dem Museum auf Einlass warten und dann in überfüllten Hallen kaum die Gemälde bestaunen kann. Und wer an das »e-commerce« glaubt, kann seine Kleidung vom Sessel aus per Handy ordern, ohne in die Stadt zum Einkaufen zu müssen. Solche Vorteile der neuen elektronischen Welt sind kaum zu bestreiten. Doch die eigentliche sinnliche Qualität des Einkaufens oder Reisens, das Fremde, das Aussuchen, Wühlen und Anpassen gehen so verloren. Vielleicht kann dies durch Gewöhnung eines Tages kompensiert werden. Doch die bestellten Waren müssen angeliefert werden. Schon heute entsteht hier ein ganz neuer Dienstleistungszweig, der analog zum Pizzaservice die Straßen füllen wird, um bestellte Kleidung anzuliefern und die dann doch nicht passenden Teile wieder abzuholen oder gegen passende umzutauschen. Und wenn der solchermaßen genervte Konsument jetzt nicht mehr in die Einkaufsparadiese fahren muss, wird er seine Frustration durch ziellose Fahrten mit seinem Pkw abreagieren und die eingesparte Zeit in von Menschen bevölkerten Unterhaltungszentren verbringen. Die telematische Vernetzung wird vermutlich auch dazu führen, dass der Raum noch anders besiedelt wird, nämlich im Sinne einer weiteren Streuung in der Fläche, um die Lagerhaltung in billigeren Regionen anzusiedeln oder auf Straßen oder Schienen zu verlegen, und um im Wohnbereich die zukünftigen Luxusgüter, nämlich Ruhe, saubere Luft und unverdichtete Zeit besser nutzen zu können. Beide Entwicklungen werden voraussichtlich noch mehr Raum verbrauchen und so wiederum den Verkehr doch ankurbeln.

Zugleich verändern zentrale Orte der mobilen Gesellschaft ihre Zweckbestimmung. Bahnhöfe begrüßen nach wie vor Ankommende und verabschieden Abreisende, doch werden sie immer mehr zu Erlebniswelten. Sie sind Mega-Symbole der Non-Stop-Gesellschaft geworden. Tag und Nacht offerieren sie Speisen, Getränke, Informationen und Unterhaltungen, oft werden ganze Bahnhöfe mit Kaufhäusern und Großkinos überbaut, in einigen Städten werden sogar Sportarenen auf dem Bahnhofsgelände untergebracht. Die Attraktivität der Bahnhöfe hängt weniger von ihrer primären Funktionsbestimmung sondern von ihrem Erlebniswert ab, der Reiseverkehr wird fast nebensächlich. Bahnhöfe und Flughäfen bieten auch Platz für Konferenzen und Ausstellungen, oft sind auch Hotels angeschlossen. Bahnhofstoiletten sind Kontakthöfe für käufliche Sexualität und Drogenhandel, in Bahnhöfen spielen sich zahlreiche illegale Handlungen ab. Tankstellen, die ursprünglich nur Benzin und Schmieröl verkaufen sollten, sind inzwischen zu Supermärkten und Konsumorten mutiert. Allenthalben überwiegen die sekundären Nutzungsformen solcher Schaltstellen des Verkehrs. Das Sekundäre frisst das Primäre.

Freizeit wird durch diese Entwicklungen ihre Qualität ändern. Indem mit der Elektronik – was im übrigen ja schon im 19. Jahrhundert mit Telegraphie und Telefon begann – viele Wege entbehrlich werden, wird die Freizeit »residenzieller«, d. h. sie spielt sich immer mehr am Wohnsitz ab, von dem aus Bestellungen aufgegeben, Termine vereinbart oder simulierte Erlebnisse empfangen werden können. Zugleich werden aber in dem Wechselspiel von Ballung und Streuung immer noch weite Wege erforderlich, die in der »Lust am Stau« ein vorläufiges Ende finden können. Die automobile Tempo-Gesellschaft verbraucht als »punktuelle Gesellschaft«, in der sich Menschen nur noch zwischen verschiedenen Punkten und nicht mehr erkundend im Raum befinden viel Zeit, die aber teilweise auch wiederum als Freizeit – etwa durch Radiohören im Auto, Buchlesen im Zug oder Fernsehen im Flugzeug – erfahren werden kann – und notorischen Joggern oder Radfahrern ist der Walkman eine zusätzliche Quelle der Zerstreuung. Wenig untersucht ist bislang der Freizeitwert des Auto- bzw. Zugfahrens oder Fliegens. Zumindest das ziellose Autofahren scheint für viele Menschen eine beliebte Freizeitaktivität zu sein. Umgekehrt ist noch weitgehend unerforscht, in welchem Umfange Spazierengehen, Joggen, Radfahren oder Schwimmen als bewusste Freizeitaktivität gegen die lange im Verkehr zugebrachten Belastungen gesetzt werden. Joggen und Gymnastik als Mittel gegen die am Lenkrad zugezogenen Verspannungen werden zwar von Verkehrsexperten propagiert, freizeitsoziologisch fehlt es aber noch an überzeugenden Beweisen.

Raum und Zeit ändern sich nach den Prognosen des amerikanischen Zukunftsforschers A. Tofler (1980) in der Postmoderne nachhaltig. Er unterscheidet drei Wellen der Entwicklung. Die erste Welle bezeichnet er als »Agrargesellschaft«, die zweite Welle nennt er »Industriegesellschaft«, die dritte Welle »Informationsgesellschaft«. In der zweiten Welle war der Raum charakterisiert durch: räumliche Koordinaten, funktionale Raumtypen, zweckgebundene Räume, Ausweitung des Raumes für Industrie, räumliche Enge in den Städten, flächenverschlingende Kulturen, Grenzziehungen, Standort- und Raumpolitik, ein System von horizontalen und vertikalen Linien, rechtwinklige Bauten und große räumliche Mobilität. Für die Zeit typisch ist: Aufteilung der Welt in Zeitzonen, zeitliche Standardisierung und Verdichtung, Maschine als Taktgeber, Synchronisierung von Arbeit, Produktion, Handel und Medien, Durchsetzung der Pünktlichkeit, Disziplinierung über Zeit, Vorher und Nachher bilden Fixpunkte, Zeit wird bewirtschaftet und als Investitionsgut eingesetzt. Der Raum wird der Zeit untergeordnet, Geschwindigkeit wird zur zentralen Kalkulationsgröße. Für die dritte Welle prognostiziert Tofler die Auflösung der Trennung von Wohnung und Arbeitsplatz. Wie inzwischen teilweise bereits eingetreten, müssen sich die Individuen der Informationsgesellschaft sowohl stark ortsgebunden aber ebenso durch ein globales Raumverständnis orientieren, weil sie zu Hause produzieren, dies aber in weltweiten Verbünden mit fast schon virtuellen Firmen koordinieren müssen. Konventionelle Landkarten werden durch virtuelle Projektionsmethoden abgelöst. In der Informationsgesellschaft gibt es dann keine einzelne richtige Landkarte, sondern nur unterschiedliche Bilder vom Raum. Zugleich benötigen die Transportmittel und Informationssysteme immer bessere Landkarten und Bestimmungssysteme, damit die ferngesteuerte Rakete ihr Ziel erreicht und das Flugzeug nicht mit Hochhäusern kollidiert. Im Informationszeitalter wird Zeit nicht mehr absolut gesetzt, sondern bleibt relativ, alternative und plurale Zeiten werden nebeneinander bestehen, das Vorher und Nachher sind dann keine absoluten Fixpunkte mehr. In der Postmoderne werden unterschiedliche Zeitrhythmen miteinander verkoppelt, die Gleichzeitigkeit des Unglcichzcitigcn wird sich allcnthalbcn durchsctzcn, cin polyzyklisches Zeitbewusstsein wird den linearen Zeitbegriff ablösen. Städte in unterschiedlichen Zeitzonen werden durch virtuelle Zeit-Raum-Koppelungen miteinander verbunden. Räumliche und zeitliche Grenzen werden überwunden. Durch Virtualisierung verschwinden räumliche Grenzen, der Raum implodiert, zugleich werden unterschiedliche Zeiten an einem Ort zusammengezogen (z. B. in virtuellen Museen oder bei Konferenzschaltungen). Im Ideal muss der Mensch auch in seiner Freizeit das Wohnzimmer nicht mehr verlassen, sondern kann Raum und Zeit global (aber eben nur virtuell) erfahren. Freilich bleibt die Erlebnisqualität eine andere, als wenn der Tourist seine Urlaubsdias selbst in der algerischen Wüste aufgenommen hat.

2.7 Digitalisierung, Informatisierung, Medienkonsum

Die fortschreitende Digitalisierung und die steigende Abstraktheit der Arbeitswelt verstärken den psychischen Stress, der mit wachsenden Anforderungen an Konzentration und prozessuales Denken einhergeht. Gleichzeitig wird der Körper notorisch unterfordert. Die »Verkopfung« der Menschen führt vermutlich dazu, dass die Menschen in der Freizeit immer mehr »aus dem Bauch heraus« reagieren (wollen). Die Informatisierung nahezu aller Lebensbereiche – sinnbildlich in dem gläsernen Menschen, der mit dem Barstrichcodeleser erfasst wird – setzt sich einerseits in der Freizeit fort, wenn z. B. ein guter Teil davon im Internet herumgesurft wird (aber auch der Briefmarkensammler, der Ordnung in seine Sammlung bekommen will, verhält sich ähnlich), andererseits kann aber auch die Gegenreaktion eintreten, wenn jenseits von allen Uhren und Ordnungsmitteln Entspannung gesucht wird, bis dann das piepsende Handy wieder von der Realität kündet. Im fernen naturnahen Urlaubsort fehlt bereits am zweiten Tag der Fernseher, nur gut, dass über den mitgebrachten Weltempfänger die Bundesligaergebnisse doch noch zu erfahren sind. So kann der Sport heute als ein Beispiel für fortgeschrittene Informatisierung stehen, denn zumindest im Leistungssport werden sämtliche Ereignisse in Datenbanken aufbereitet und über Medien abgerufen, selbst die tausendstel Sekunde hat noch Aussagekraft und auch beim eher geruhsamen Golf zählen Handicap und Schlägergröße zu den wesentlichen Informationen. Freizeit wird auf diese Weise immer stärker informatisiert und digitalisiert – was sich nicht nur im Sport, sondern auch in den Massenmedien mit modernster Digitaltechnik oder in der am heimischen Computer per Routenplaner entworfenen Urlaubsreise illustrieren lässt. Infotainment heißt eine der Zauberformeln der modernen Freizeitwelt.

Eine starke Tendenz, die Qualität und Quantität von Freizeit beeinflusst, ist die Informatisierung und Medialisierung der Welt. Informationen können anders als Rohstoffe oder knappe Lebensmittel beliebig vermehrt werden. Strukturell ist Information nie knapp, wenn von ihrer Relevanz abgesehen wird. Alle Daten lassen sich grenzenlos vermehren bzw. akkumulieren, sofern nicht deren Bedeutung zum Maßstab genommen wird. Der Kanon antiker Dichtkunst ist womöglich nicht zu vermehren, deren Interpretation aber allemal. Die Zahnputzgewohnheiten europäischer Herrscher mögen von Historikern immer wieder neu erforscht werden und vermehren somit das historische Wissen, auch wenn dieses nur für wenige Menschen relevant sein mag. Jede mögliche Äußerung von Menschen – ob als geschliffener Diskurs oder als Blödeldeutsch dargestellt – muss als Information angesehen werden. Moderne Methoden der Datenverarbeitung und -übermittlung haben die Möglichkeiten zur Informationsvermehrung explosionsartig vergrößert. War in früheren Zeiten die Datenübermittlung lokal begrenzt, so ist sie heute global. War die Information früher an die Person des Übermittlers gebunden, so ist sie heute technisch universal verwendbar. Waren Informationen früher an Kontexten orientiert, so sind sie heute dekomponiert ins Belieben gestellt. Gerade ihre Zusammenhangslosigkeit wird von Verfechtern der Postmoderne als Kennzeichen gegenwärtiger und zukünftiger Gesellschaften angesehen. Ihre besondere Akzentuierung erfährt die Tendenz zur Informatisierung durch die neuen Massenmedien, die Informationen global in Echtzeit in alle Teile der Welt übermitteln können und das zur Aufnahme erforderliche menschliche Repertoire immer mehr vereinfachen. Setzte die Lektüre von Büchern und Zeitschriften noch die Lesefähigkeit voraus, so sind die elektronischen audiovisuellen Medien auf mehrere Sinne bezogen und dadurch kompletter, zugleich aber wesentlich einfacher in der Wahrnehmung. Unterhaltung und Erlebnis dringen in jede Form der Darstellung ein: die Darstellung von Informationen wird zum Infotainment, die Bildungssendung zum Edutainment.

Mit der Entwicklung moderner Medien geht ein Trend zur Virtualisierung einher. Zwar stellte sich seit Beginn der Menschheitsgeschichte die Frage, was Realität und was Fiktion sei. Ob Mythen reine Erfindungen oder Abbildungen realer Verhältnisse seien, ob Märchen nur auf Phantasien oder auch auf wirklichen Begebenheiten beruhten, ob Träume auch ein Stück Realität widerspiegelten, wurde ständig erörtert. In dem Maße aber, in dem sich Techniken zwischen Mensch und Realität schieben – sei es in der sinnlichen Erfassung (z. B. durch Sehhilfen, Messinstrumente oder Übertragungsmedien) oder in der Generierung von Geschichten oder Deutungen (z. B. durch Literatur, Musik, Film) –, verschärft sich der Gegensatz zwischen Realität und Virtualität. Nach Auffassung des französischen Philosophen J. Baudrillard schreitet die Virtualisierung immer weiter voran und verändert unser Denken und Wahrnehmen in eine Richtung, die Perfektion anstrebt und nicht mehr umkehrbar ist:

»Die Überschreitung jenes nicht feststellbaren Punkts ist nicht mehr rückgängig zu machen (...) Plötzlich ist eine neue Situation da. Was Musik vor dem Stereo war, können wir nie mehr hören (es sei denn durch eine spezielle Mono-Simulation), was Geschichte vor Nachrichten und Medien war, können wir uns nicht mehr vorstellen. Das ursprüngliche Wesen (der Musik, des Sozialen ...), der ursprüngliche Begriff (des Unbewussten, der Geschichte (...) sind verschwunden, denn sie sind nicht mehr von ihrem Perfektionsmodell zu trennen, das gleichzeitig ihr Simulationsmodell ist und das Modell ihrer forcierten Überhöhung zu einer unstatthaften Wahrheit. Hier liegt der Punkt der Trägheit und zugleich der Nichtumkehrbarkeit. Nie mehr werden wir wissen, was Soziales oder Musik waren, bevor sie sich zur überflüssigen Perfektion von heute steigerten. Nie mehr werden wir wissen, was Geschichte war, bevor sie sich zur technischen Perfektion der Information steigerte oder sich in der Vielzahl der Codes verflüchtigte« (Baudrillard 1990: 18).

Die Gegenwart lebt nach einem Perfektionsmodell, das sich aus der beständigen Simulation speist. Realität ist kaum noch prüfbar, weil alles eben auch simuliert sein kann. Politik führt immer und immer wieder Simulationen vor: ob sich der Ministerpräsident in Genf nur in die Wanne legte, um sich von Reportern ablichten zu lassen und sich anschließend abzusetzen oder ober er tatsächlich starb, mag ewig ungeklärt bleiben. Ob der Krieg gegen den Irak stattgefunden hat oder ob die im Fernsehen ausgestrahlten Bilder in der Wüste von Nevada simuliert wurden, gerät zur Frage der militärischen Geheimhaltung. Und Pelewin (1999) schildert romanhaft, wie im russischen Fernsehen Politiker simuliert werden, bis auffällt, dass ein Politiker statt der werbevertraglich vereinbarten »Camel« beim Interview »Gauloise« raucht und damit der große amerikanische Tabakkonzern, der die russische Politik mitfinanziert, verprellt wird. Simulation ist aber nicht nur ein Projekt der großen Politik, sondern findet ständig auch im Alltag und damit eben auch in der Freizeit statt. Sport ist ein typisches Beispiel für Simulation, weil er sich einem Perfektionsmodell annähern soll. Medien- und Computerwelten beruhen grundlegend auf Simulation und stellen virtuelle Welten vor.

Der französische Dromologe P. Virilio (1989) unterscheidet drei Bildzeitalter. Das erste Bildzeitalter nennt er das Zeitalter der formalen Logik des Bildes. Es kann als Realität (réalité) gekennzeichnet werden und ist geprägt durch Malerei, Radierung und Architektur. Das zweite Zeitalter nennt er das Zeitalter der dialektischen Logik des Bildes, es ist vor allem durch die Photographie und den Film geprägt und kann als Zeitalter der Aktualität (actualité) bezeichnet werden. Das dritte Zeitalter ist das Zeitalter der paradoxen Logik des Bildes, das durch Holographie, Videographie und Infografie bestimmt ist und auch als Zeitalter der Virtualität (virtualité) bezeichnet werden kann. Das letztgenannte Zeitalter ist insbesondere durch eine qualitative Änderung in der Wissensexistenz gekennzeichnet. Wissen existierte historisch in drei Formen: Sätzen, Ziffern und Bildern. Mit der Virtualität wird das Bild qualitativ aufgewertet. Der Computer ist die technische Grundlage für das Zeitalter der paradoxen Logik des Bildes. Denn mit dem Computer können Bilder endlos manipuliert werden, Bilder unterschiedlicher Herkunft können unbegrenzt miteinander vermischt werden, jeder Bildpunkt ist der Manipulation zugänglich. Daher wird auch vom Übergang der »Gutenberg Galaxis« zur »Turing Galaxis« (Turing war ein bahnbrechender Mathematiker bei der Erfindung von Automaten) gesprochen. Damit ist eine radikale Klärung der Frage nach der Wahrheit verbunden. In den USA untersucht die »imagining science«, wie das Verhältnis von Wissen und Macht bei der Bildproduktion zu bestimmen ist, wie die Kompression, Verwaltung, Vernichtung oder das Vergessen von Bildern auf der Seite des Subjekts vonstatten geht. Das Zeitalter der paradoxen Logik des Bildes bedeutet eben auch, dass die Simulation zur dritten Säule der Wissensmethodik neben der Theorie und dem Experiment wird.

Der ursprüngliche Gegensatz zwischen Geist und Körper löst sich nach Virilio und Baudrillard in der Postmoderne auf, weil der menschheitsgeschichtliche Prozess der Prothetisierung eine neue Radikalität erreicht. Menschen haben sich frühzeitig mit Faustkeil und Klinge Prothesen geschaffen, die sie später mit Werkzeugen, Autos und Maschinen vervollständigten. Mit der Umgestaltung der vorgefundenen Natur in Prothesen werden immer mehr Fähigkeiten wie Denken, Phantasie oder Handwerk und selbst die zwischenmenschliche Kommunikation den Maschinen anvertraut. Medien erweitern und schränken zugleich die bislang unmittelbar wahrgenommene Wirklichkeit ein, letztlich stellen sich Fernsehbilder vor die Welt und lassen eine Prüfung der Realität nicht mehr zu. Computer und Fernsehen sind die zur Zeit höchsten Formen der Prothetisierung. Im Cyberspace wird der Weg zu einer vollständig kontrollierten Welt abgekürzt.

Nach Virilio ist die Postmoderne durch eine sich verselbständigende Beschleunigung hin zur absoluten Geschwindigkeit charakterisiert. Macht wird identisch mit der Macht über Echtzeit. Damit stellt sich die Frage, wer Macht über Fernsehen und Internet hat. Die Geschwindigkeit legt nach Virilio den Sinn der Geraden fest. Mit der Geschwindigkeit der Fahrzeuge taucht Linearität als Prinzip immer stärker auf, wenngleich moderne Raketensysteme inzwischen auch mit Krümmungen vertraut sind. Mit dem Tempo verliert der Raum seine Bedeutung als Gegenstand der Erfahrung. Mit der hohen Geschwindigkeit wird uns unser Körper immer unerträglicher. Die Bewegungen in der Echtzeit machen unseren Körper zur bleiernen Last. Dies mag dazu beitragen, dass in der Freizeit immer neue Erfahrungen mit dem Körper gesucht werden (z. B. in manchen Extremsportarten oder in Meditationen). Zum anderen entwickeln sich qualitativ neue Formen eines körperlichen Distanzaufbaus, einer Ablehnung von Körperlichkeit, was in Süchten oder aber auch Essstörungen zum Ausdruck gelangt.

Weniger simuliert aber doch wirksam ist oft das »Flow«-Erlebnis (Czikszentmihalyi 1986), mit dem insbesondere Personen in Spitzenpositionen oder ausgefallenen Tätigkeitsfeldern mühelos Höchstleistungen erbringen können. Extrembergsteiger, Balletttänzer, Herzchirurgen, Sportler, Computerfreaks oder Motorradfans erbrachten in motivationspsychologischen Untersuchungen höchste Leistungen, wenn sie von ihrer Tätigkeit voll absorbiert und von der Umgebung weitgehend abgelöst waren. Gewissermaßen selbst- und zeitvergessen konnten sie mit großer Kennerschaft und ähnlich einer Ekstase ohne scheinbare Anstrengung, aber höchst konzentriert ihre Handlungen ausführen. Ein solches Flow-Erleben ist inzwischen immer mehr in die Freizeitsphäre eingedrungen, wie die rasche Verbreitung von Extremsportarten aber auch die Verbreitung von Meditationen, temporeichen Bewegungen oder die zeitvergessene Benutzung von Computern zeigen.

Eine andere Tendenz moderner Gesellschaften kann in der »Ästhetisierung« erblickt werden. Selbst das Grau der städtischen Betonwüsten soll durch Farben, Verzierungen oder Design verschönert werden. Die kommerzielle Werbung verspricht seit langem eine »Ästhetisierung der Alltagswelt« (Klöpfer/Landbeck 1991). Auch die »Kunst am Bau« im öffentlichen Raum will seit Jahrzehnten mehr Schönheit in die Städte bringen. Und im privaten Haushalt haben längst Dekor und Design in Küche, Bad oder Wohnzimmer Einzug gehalten. Vom Essbesteck und Teppich, von den Badeutensilien bis zur Deckenleuchte wird seit einigen Jahrzehnten der gesamte Haushalt ästhetisiert – ob persönlicher Geschmack oder Diktatur des Marktes kann dahingestellt bleiben. Mussten frühere Generationen im Haushalt das von den Eltern oder Großeltern Ererbte nutzen und (vielleicht als Hochzeitsgeschenke) vorsichtig ergänzen, oft gingen in Notzeiten auch viele Erbstücke verloren, so sind seit einigen Jahrzehnten zum ersten Male in der Menschheitsgeschichte die meisten Haushalte in der Lage, ihre Einrichtung nach eigenem Geschmack zusammenzustellen. Neben der deutlich gestiegenen Massenkaufkraft hat der starke Preisverfall in diesem Bereich dazu geführt, dass immer mehr Men-

schen ihren Haushalt nach persönlichem Geschmack und eigenen ästhetischen Vorstellungen einrichten können.

Die große Mehrzahl der Privathaushalte verfügt inzwischen über eine beachtliche Ausstattung mit Medien. Nach der Einkommens- und Verbrauchsstichprobe
von 1998 steht in jedem dritten Haushalt (35 Prozent) mehr als ein Fernsehgerät
(30 Prozent haben zwei, weitere 10 Prozent drei und mehr Fernseher). Auf je 100
Haushalte entfielen in den alten Bundesländern 139 Fernseher, in den neuen Bundesländern sogar 144. In den neuen Bundesländern waren 64 Prozent, in den alten
Bundesländern 51 Prozent der Privathaushalte verkabelt. Eine Satellitenempfangs-
anlage hatten im Westen 29 Prozent, im Osten 30 Prozent der Haushalte. 96 Prozent aller Haushalte haben Fernsehgeräte. 99 Prozent haben mindestens ein Ra-
diogerät. Zwei Drittel (66 Prozent) aller Haushalte verfügen über mindestens einen
Videorecorder, wobei sich die alten und die neuen Bundesländer weitgehend angeglichen haben. Fast jeder zweite Haushalt nutzt auch die modernen Informati-
onstechnologien des Computers: 1998 hatten 39 Prozent, 2000 bereits 47 Prozent
aller Haushalte mindestens einen Personalcomputer, der Anteil der Notebooks bzw.
Laptops stieg im gleichen Zeitraum von rund vier auf sechs Prozent, etwa jeder
dritte Haushalt nutzt inzwischen auch das Internet (deutlich mehr in Dänemark,
den Niederlanden oder Großbritannien) . Die Ausstattung mit Computern korreliert
deutlich mit dem Einkommen. Rund drei Viertel der Einkommensgruppen über
5.000 DM verfügen über einen PC, wobei es zwischen den alten und den neuen
Bundesländern keinen Unterschied mehr gibt. Nach den umfangreichen Infrastrukturmaßnahmen der Post in den neuen Bundesländern hat sich dort die Ausstattung mit Telefonen schlagartig verändert. 1989 verfügten nur 17 Prozent der
Privathaushalte in der damaligen DDR über ein Telefon, in den neuen Bundesländern sind es heute 98 Prozent. Etwa ein Drittel aller Haushalte (30 Prozent) verfügt in Ost und West zudem über ein Handy. Einen Anrufbeantworter hatten im
Jahre 2000 43 Prozent der westdeutschen und 38 Prozent der ostdeutschen Haushalte, ein Faxgerät hatten 16 Prozent der westdeutschen und 9 Prozent der ostdeutschen Haushalte (Statistisches Bundesamt, Pressemitteilung, 25.09.2000).

2.8   Wohnung und Alltag

In Verbindung mit den Wandlungen der Familienstrukturen, den Individualisierungstendenzen und den veränderten Siedlungs- und Wohnverhältnissen haben sich
die Haushalte grundlegend gewandelt. Die einst dichte Belegung der Räume ist
durch Intimisierung und Funktionalisierung abgelöst worden. Dadurch steht jedem
einzelnen Mitglied der Familie eigener Raum zur Verfügung: in den alten Bundesländern waren es 1993 1,9 Räume mit 36,8 Quadratmetern je Einwohner, in den
neuen Bundesländern 1,6 Räume mit 27,4 Quadratmetern; die Wohnfläche je Wohnung betrug 86,1 Quadratmeter in den alten und 64,3 Quadratmeter in den neuen
Bundesländern; 95 Prozent der Wohnungen in den alten und 82 Prozent in den
neuen Bundesländern waren mit Bad/Dusche ausgestattet, 98 bzw. 84 Prozent verfügten über eine Innentoilette, 75 bzw. 47 Prozent waren mit einer modernen Hei-
zung ausgestattet; ein Fünftel aller Wohnungen hatte ein bis zwei Räume, mehr als

ein Drittel verfügte über drei Räume, ein weiteres Fünftel hatte vier Räume und rund ein Fünftel konnte über fünf und mehr Räume verfügen; in den alten Bundesländern verfügten 45 Prozent über Wohneigentum (38 Prozent über ein Haus), in den neuen Bundesländern waren es 34 Prozent (31 Prozent Hausbesitzer), allerdings war das Wohneigentum teilweise vermietet, so dass in den alten Bundesländern 60 Prozent der Bevölkerung in Mietwohnungen lebt, in den neuen Bundesländern sogar 73 Prozent (Häußermann/Siebel 1998:735). Nach der Einkommens- und Verbrauchsstichprobe von 1998 verfügten Haushalte mit Wohneigentum (das sind etwa 15 Millionen von knapp 38 Millionen Privathaushalten) in den alten Bundesländern über eine Wohnfläche von rund 120 Quadratmetern, in den neuen Bundesländern waren es 106. Bei Haushalten in Mietwohnungen betrug die Wohnfläche im früheren Bundesgebiet 71, in den neuen Bundesländern 61 Quadratmeter. Im internationalen Vergleich ist Deutschland ein »Mieterland«, in Belgien leben etwa 70 Prozent der Menschen in eigenen vier Wänden.

Das Wohnen hat sich historisch stark gewandelt. Ursprünglich überwog die Sozialform des »Ganzen Hauses«, in dem umfangreiche Familien nebst Angehörigen zusammen mit Gesinde, Dienstpersonal, gelegentlich auch Schlafgängern unter einem Dache lebten, wobei Wohnen und Arbeiten zumeist noch nicht getrennt waren. Diese Form hat sich mit der Industrialisierung im 19. Jahrhundert weitgehend aufgelöst. Die Wohnungsfrage des 19. Jahrhunderts bestand darin, für möglichst viele Menschen Unterkunft zu finden. Mietskasernen wurden rasch hochgezogen und prägen zum Teil noch heute das Bild alter Industriestadtteile. In der ersten Hälfte des 20. Jahrhunderts hat sich diese Tendenz mit der forcierten Urbanisierung fortgesetzt. Seit Mitte des 20. Jahrhunderts haben Prozesse der Suburbanisierung begonnen, indem immer mehr Menschen auf das »flache Land« gezogen sind, und heute setzt sich diese Entwicklung im Wechselspiel zwischen Streuung und Ballung fort. Mit der Vermehrung des Wohnraums konnten die Räume für spezielle Verrichtungen genutzt werden: Kinder-, Wohn-, Ess-, Gäste- oder Schlafzimmer, Bäder, Küchen, Vorratsräume, Keller etc. Besonders deutlich wird dieser Wandel am Schlafzimmer: Noch zu Beginn des 20. Jahrhunderts war für viele Menschen ein eigenes Bett keine Selbstverständlichkeit, oft mussten mehrere Kinder, zum Teil auch Erwachsene ein Bett miteinander teilen. Eltern und Kinder teilten sich ein gemeinsames Schlafzimmer, das tagsüber als Spielzimmer diente, weshalb z. B. das Schrankbett erfunden wurde. Heute sind die Schlafzimmer Orte des Wohlbefindens, in denen die Ausstattung immer erlesener, kompletter und spezialisierter wird, wie sich z. B. an der Vielfalt von Matratzen, motorgestützten Bettfunktionen, Wasserbetten, Futons, Unterhaltungselektronik, Nachttischen, speziellen Schänken, Beleuchtungsdimmern usf. ablesen lässt.

Das Schlafzimmer ist nur ein Beispiel für die wachsende Bedeutung und Ästhetisierung des Wohnens. Küchen, Bäder, Wohnzimmer, Vorratsräume oder Gästezimmer sind ähnliche Beispiele. So unterlag die Küche zahlreichen Wandlungen. Zunächst war sie als Koch- und Wärmestätte Mittelpunkt der Familie, dann wurde sie mit der kleinen Einbauküche in den Jahren nach 1920 in ihr Gegenteil verkehrt. Später wurde sie als Wohnküche mit Essecke revitalisiert. Heute ist die Küche eine hochtechnisierte Arbeitsstätte, in der Nahrung zubereitet bzw. aufbewahrt wird. Kühlschrank und Mikrowelle haben die Aufgaben der Küche revolutioniert. Nahrung verdirbt kaum noch, durch Dehydrierung und Tieffrostung ist sie in ihrem Volumen geschrumpft und kann jederzeit wieder verfügbar gemacht werden. Die Mikrowelle erhitzt Nahrung in kurzer Zeit. So hat sich in der Küche nicht nur ein neues Verständnis ausgebreitet, sie ist auch zu einem neuen Treffpunkt geworden. Mit den veränderten Lebensformen nimmt jedes einzelne Familienmitglied seine Nahrung dann zu sich, wenn es gerade in seinen Zeitplan passt. Das gemeinsame Mahl bleibt besonderen Anlässen vorbehalten. Mit der Singularisierung des Essens wird der Kühlschrank gewissermaßen zum »Meetingpoint« und »Infocenter« postmoderner Kleinfamilien und Wohngemeinschaften (vgl. Prahl/Setzwein 1999). Zu besonderen Anlässen wird aber auch noch ausgiebig gekocht und das Mahl zelebriert. Mit der Rationalisierung der Küche geht oft auch deren Ästhetisierung einher, wie die Fülle der von Designern entworfenen Bestecke, Gläser, Teller, Kannen etc. oder die Verkaufserfolge der Kücheneinrichtungshäuser zeigen. Die technische Ausstattung der Haushalte hat sich in den letzten Jahren stark verbessert. 1999 hatten 45 Prozent aller Haushalte eine Geschirrspülmaschine (westdeutsche Haushalte: 49 Prozent, ostdeutsche Haushalte: 28 Prozent), 53 Prozent aller Haushalte (West: 54 Prozent, Ost: 44 Prozent) hatten ein Mikrowellengerät, rund 30 Prozent (West: 33 Prozent, Ost: 15 Prozent) hatten auch einen Wäschetrockner (Statistischs Bundesamt, Pressemitteilung, 20.12.1999).

Neben Schlafzimmer und Küche unterliegt auch das Bad den genannten Tendenzen. War in vielen Haushalten noch Mitte des 20. Jahrhunderts die Außentoilette (»über den Hof« oder auf halber Treppe) normal, so gehören Bad und Toilette als spezialisierte Räume heute zum durchschnittlichen Wohnkomfort, oft auch noch eine separate Gästetoilette. Badewanne oder Dusche gehören zur Regel. In den letzten drei Jahrzehnten ist die Technologisierung und Ästhetisierung des Bades zu einem florierenden Wirtschaftszweig geworden. Von der programmierbaren Warmwasserbereitung über farblich passendes Dekor und Unterhaltungselektronik bis zur Telefonnebenanlage haben sich Bad und Toilette zu komplett ausgestatteten Orten der Verrichtung von Vitalfunktionen hochstilisiert. Nach der Verhäuslichung der Vitalfunktionen, die sich in den letzten Jahrhunderten vollzogen hat, kommt nun auch deren Technologisierung und Ästhetisierung in Fahrt. Verbunden ist diese Entwicklung mit einer Intimisierung und Erhöhung der Peinlichkeitsschwellen, die Norbert Elias für den gesamten Prozess der Zivilisation ausgemacht hat (Elias 1993, zuerst 1939). Ausscheidungen und Nacktheit waren in früheren Gesellschaften nur mäßig peinlich, wurden aber seit dem späten Mittelalter immer mehr mit Scham verbunden. Allerdings konnten sich die meisten Menschen keine speziellen Räumlichkeiten für Bad und Toilette leisten und Latrinen hinterm Haus oder Gräben für die Entleerung der Nachttöpfe waren vielfach noch zu Beginn des 20. Jahrhunderts anzutreffen. Nur mühsam konnten solche Funktionsräume durchgesetzt werden, oft musste die Hygienepolizei nachhelfen. Seife und Parfüm zählten zu den Luxusgütern, erst mit deren industrieller Herstellung wurden sie zu Massenprodukten. Erst jetzt konnte den Menschen das Bewusstsein vermittelt werden, zu stinken sei peinlich. Daraus konnte ein riesiger Markt für Duftmittel entstehen, weshalb dem israelischen Computerspezialisten J. Weizenbaum das Bonmot zugeschrieben wird, das 20. Jahrhundert habe nur zwei große Erfindungen hervorgebracht: den Computer und das Deodorant.

Neben Bad und Toilette sind noch weitere spezielle Räume in den Wohnungen und Häusern entstanden, die allesamt auf Freizeit verweisen: Hobbyraum, Partykeller, Sauna, Geräteschuppen und Gartenpavillon, in wohlhabenden Haushalten auch noch Fernsehraum und Computerterminal. Mit dem Wandel der beruflichen Struktur und den sich wandelnden Formen der Hausarbeit kommen in jüngerer Zeit noch Hauswirtschaftsräume und persönliche Arbeitszimmer hinzu, seltener auch Räume für private Sammlungen (von Urlaubsbildern bis Kunstgegenständen). Wegen der geänderten Vorratshaltung entfallen Speisekammer und Keller (jetzt als Weinkeller genutzt) weitgehend, durch die modernen Heiztechniken sind Kohlenkeller und Holzschuppen entbehrlich geworden. Die Funktionszuweisung in modernen Häusern bzw. Wohnungen wandelt sich also deutlich, wobei die wachsende Freizeit dazu ihren Beitrag leistet. Noch vor einem halben Jahrhundert diente Freizeit vor allem der Entspannung und der Wiederherstellung der Arbeitsfähigkeit, für andere Tätigkeiten blieb wenig Zeit übrig. Das Bett war also fast ausschließlich zum Schlafen und gelegentlichen Beischlafen da. Heute steht die physische Reproduktion nicht länger im Zentrum der Freizeit und so kann das Bett auch zum Ort des Medienkonsums oder des Frühstücks werden. Das Bad dient nicht ausschließlich dazu, Schmutz und Schweiß vom abgearbeiteten Körper zu entfernen, sondern wird zum Ort für Verschönerung des Aussehens, Verbesserung der Düfte, Erhaltung von Gesundheit und Fitness oder einfach nur zum stundenlangen Telefonieren in der Badewanne. Bad und Bett – und vieles andere im Haushalt ebenfalls – sind nicht länger zentral auf Arbeit bezogen, sondern verweisen auf eine funktionale Eigendynamik in der Freizeitwelt.

Dennoch darf nicht unterschlagen werden, dass der Haushalt auch weiterhin der Ort von Arbeit und Produktion bleibt. Trotz aller Technologisierung und Rationalisierung bleibt Hausarbeit in erheblichem Umfange erhalten, die immer noch sehr unterschiedlich zwischen den Geschlechtern verteilt ist. Der Waschtag, der in früherer Zeit eingelegt werden musste, um die Wäsche der ganzen Familie zu reinigen, ist durch Waschmaschinen und Bügelautomaten entbehrlich geworden und auch der Staubsauger muss nicht mehr wie zu Beginn des 20. Jahrhunderts von zwei Personen getragen bzw. geführt werden. Dennoch bleibt genügend Hausarbeit übrig, weil nicht nur die Ansprüche höher und die Wohnungen größer werden, sondern auch weil Hauspersonal kaum noch bezahlt oder gefunden werden kann. Zwar müssen Kleidung und Werkzeuge kaum noch repariert werden, weil Ersatz billiger ist, doch wachsen auf der anderen Seite die Informationskosten: die Konsumenten informieren sich immer häufiger über die Angebote der verschiedenen Discounter, um mit »Schnäppchen« zu sparen. Diese selbstgewählten Informationskosten steigen weiter an, wenn z. B. die Gebrauchsanleitungen für die billig erworbenen Geräte studiert werden müssen und der Zusammenbau dann doch nicht klappt und das nächstgelegene Servicebüro sich für unzuständig erklärt. Bei umweltbewusster Lebensweise kommt zusätzliche Zeit hinzu, um entsprechende Waren ausfindig zu machen oder Gemüse selbst anzubauen.

Als eine Gegenreaktion auf die wachsende Rationalisierung und Technologisierung im Wohnbereich verbreitet sich die »Suche nach den alten Werten«. Was Großeltern und Urgroßeltern achtlos fortwarfen, wird heute zur Antiquität, die teuer gehandelt wird. Antiquitäten stellen einen stark expandierenden Markt dar, immer neue Regionen der Welt werden nach alten Kostbarkeiten durchgefilzt. Dabei ist es egal, ob die Gegenstände noch ihre Funktion erfüllen – Hauptsache alt. Auf der etwas preiswerteren Ebene erfüllen Flohmärkte und Sperrmüllsammlungen diese Funktion. Inzwischen haben auch Kaufhäuser diese Marktnische entdeckt und bieten Antikes feil, bisweilen wurden auch Wurmstiche mit der Schrotflinte eingebracht, um Altes vorzutäuschen. Einige Spezialversender verkaufen die »guten alten Dinge«, die noch für hohe Qualität gegenüber der heutigen Massenware bürgen sollen. In Gesellschaften, die durch immer höheres Tempo und ständige Innovationen als »fortschrittlich« gelten wollen, hat die Besinnung auf »alte Werte« durchaus Konjunktur. Alt wird mit bewährt oder solide gleichgesetzt und dadurch zum Anker in einer Welt voller Verschleiß und Wandel. Der »Charme des Morbiden« wird der Glitzer- und Plastikwelt gegenüber gestellt. Die »wahre Ästhetik« soll der »Warenästhetik« Einhalt gebieten. Doch entsteht daraus keine neue Lebensform oder Einstellung. Die Warenwelt wird um eine Facette bereichert, mit der zumindest die wohlhabenderen Schichten ihre private Umwelt verschönern können.

Die Wohnumwelt wird nicht nur durch Rückgriff auf die »guten alten Dinge« verschönert, sondern unterliegt auch Globalisierungstendenzen. Exotische Pflanzen, die vor einhundert Jahren bestenfalls bei Adeligen oder reichen Bürgern anzutreffen waren, schmücken inzwischen massenhaft die Wohnungen und Gärten fast aller sozialen Schichten. Gartenmöbel aus Tropenholz sind zwar bei ökologiebewussten Mitbürgern verpönt, werden aber von Gartencentern und Supermärkten in großer Zahl verkauft. Die Mitbringsel von fernen Urlaubsreisen schmücken viele Wohnzimmer und immer mehr Vögel oder Reptilien aus ganz anderen Teilen der Welt habe eine Bleibe in deutschen Haushalten gefunden. Und wer es besonders ausgefallen liebt, der stellt sich eine Plastik aus Asien oder Südamerika in den Vorgarten. Küchengeräte und Gerichte aus allen Teilen der Welt haben Einzug in die deutsche Küche gehalten, Musikkonserven aus fremden Kulturen stehen in deutschen CD-Regalen und Seiden- oder Leinenkleidung aus Asien gehört fast wie selbstverständlich in den Kleiderschrank, aber selbst vermeintlich europäische Edelmarken gelangen über den Umweg der Produktpiraterie von Asien oder Südamerika aus wieder in deutschen Garderoben.

2.9 Kleidung, Stile und Ästhetik

Überhaupt: Kleidung wird immer mehr zu einem Mittel der persönlichen Stilisierung, ja, zur Lebensqualität schlechthin. mussten noch vor einem Jahrhundert die meisten Menschen mit einem Satz Kleidung fast ihr ganzes Leben bestreiten und konnte noch vor einem halben Jahrhundert der Konfirmationsanzug für sämtliche Jungen der Familie herhalten, so ist mit der allgemeinen Wohlstandssteigerung und der gleichzeitigen Kostendegression in der internationalisierten und standardisierten Bekleidungsindustrie Kleidung zu einer beliebigen Ware mit relativ hoher Umschlagsgeschwindigkeit geworden. Die ursprünglichen Funktionen einer jeden Kleidung, nämlich Scham, Schutz und Schmuck, sind mehr und mehr durch Lebensstile ersetzt worden. Kleidung und andere Bestandteile der Mode werden zum zentralen Element moderner Lebensführung, indem sie persönlichen Geschmack, aber auch die Zugehörigkeit zu Richtungen und Gesinnungen signalisieren sollen. Traditionelle Kleidungsnormen (im Mittelalter gab es sogar förmliche Kleiderordnungen) haben weitgehend ihre Prägekraft verloren, sind aber durch rasch wechselnde, weitgehend subtil wirkende Moden ersetzt worden. So wirken z. B. in weiten Teilen der Verwaltung und des Geschäftslebens durchaus noch quasi-formelle Anforderungen an die Kleidung fort (z. B. Sakko, Krawatte, Kostüm, Blazer etc.), in einigen Bereichen gleicht dies fast einer Uniformierung. Aber auch in weniger formalisierten Feldern sind Gleichförmigkeiten nicht zu bestreiten (Lehrer in Cordhosen oder Jeans, Bauern und Jäger in Loden). Aber vor allem bei Kindern und Jugendlichen zeitigt der Konsumzwang oft Gleichförmigkeiten (z. B. Jeans bestimmter Marken, Schultaschen mit dem Emblem des Lieblingsfußballclubs, Caps und Boots). Die vermeintliche Informalisierung der Kleidung wird so in der Praxis oft zur pluralen Uniformität. Von dieser Gleichförmigkeit soll sich die ausdrücklich so genannte Freizeitkleidung abheben, folgt aber meistens doch wiederum Trends. Weil in der Freizeit mehr Persönlichkeit gezeigt werden soll, erweist sich gerade die Freizeitkleidung als Boombranche. Denn der jeweils individuelle Stil bringt in der Freizeit eine andere Rendite als im Arbeitsleben. Am Arbeitsplatz zeugt ein dort informell erwarteter Stil für Konformität, die mit Konfliktfreiheit und oft sogar Beförderung honoriert wird. Im Freizeitbereich fällt die Rendite indes situationsspezifisch ab: im eigenen Garten anders als in der Discothek. Also muss Kleidung für jede Situation angeschafft und mithin das Repertoire vergrößert werden, ohne vorab den erhofften Erfolg kalkulieren zu können. An seinem Arbeitsplatz kann der Bankangestellte mit korrektem Sakko seinen Erfolg kalkulieren, in der Freizeit ist es ungleich schwerer, auf den richtigen Stil zu setzen.

Kleidung, Frisuren, Accessoires und andere Bestandteile von Moden, die noch vor einem Jahrhundert eindeutige Zuordnungen erlaubten, unterliegen in der Gegenwart einer hohen Dynamik und sind mithin in ihrer Wirkung schwerer abzuschätzen. Was beispielsweise als Symbol der Zugehörigkeit zu politischen Gruppierungen galt, wird rasch vermarktet. »Wir machen aus Punk Prunk« textete z. B. Mitte der 80er Jahre ein großer Kaufhauskonzern, nachdem die »Punks« als politische Gruppierung salonfähig geworden waren. Und auch der Palästinenser-Schal, mit dem Jassir Arafat stets auftrat, konnte für einige Mark im Kaufhaus erstanden werden. Abweichung wird auch in der Mode marktfähig. Handgestrickte Pullover, einst ein Zeichen der jugendlichen Öko-Bewegung, waren schon bald in den Läden zu finden und selbst für Uniformen besteht ein großer Markt. Trotz solcher Kommerzialisierung verspricht Kleidung Zugehörigkeit zu gesellschaftlichen Gruppen. Die »zweite Haut« ermöglicht Zuordnungen, die die individuelle Unsicherheit und Individualisiertheit kompensieren (können). Mit Jeans und Islandpullover zählt man zu den »Unkonventionellen«, mit Cashmerepullover und Gabardinhose zu den »Arrivierten« und mit löchrigen Jeans ist die 14-Jährige »total hip« im Kreise ihrer Gleichaltrigen.

Trotz Informalisierungen und Pluralisierungen bleiben die »feinen Unterschiede« (Bourdieu) bestehen. Kleidung und Wohnung, Autos und Reisen sind Elemente des jeweiligen Habitus, den die Mitglieder der jeweiligen Gesellschaftsklassen zum Ausdruck bringen (s. 2.3). Die Menschen codieren und decodieren kulturelle Muster (z. B. Sprache, Kunstverständnis, Ausdrucksformen) und entwickeln je nach ihrer Position im sozialen Feld verschiedene Dispositionen, aus denen sich ein Habitus entwickelt. Nach Bourdieu stellt dieser das Vermittlungsglied zwischen Struktur und Praxis her. Jeder Mensch lebt in einer konkreten Gesellschaftsstruktur, die aus Mustern gesellschaftlicher Ungleichheiten, aus Werten und Normen besteht. Als Element dieser Struktur entwickelt der Mensch eine Matrix von Denk-Wahrnehmungs- und Beurteilungsschemata, die ins Alltagsleben umzusetzen sind. So hat z. B. ein 1920 geborener Mensch in Deutschland die Zeit des Nationalsozialismus noch bewusst miterlebt, anschließend in der Bundesrepublik Deutschland seinen Lebensweg gefunden. All dies hat einen bestimmten Habitus ausgeprägt, der sich von dem Habitus eines 1970 Geborenen unterscheiden dürfte. Der Habitus ist gleichsam Produkt und Produzent von Praktiken, was nicht zwangsläufig bewusst geschehen muss. Der Habitus ist ein Stück verinnerlichter Gesellschaft (»Interiorisierung der Exteriorität«). Von seiner sozialen Ausgangsposition (z. B. als Mitglied einer bestimmten Klasse) entwickelt der Mensch nun verschiedene Dispositionen, um mit den unterschiedlichen Kapitalsorten und -mengen, die ihm im Laufe seines Lebens zur Verfügung stehen, umzugehen. Bourdieu unterscheidet dabei zwischen wirtschaftlichem, sozialem und kulturellem Kapital. Das wirtschaftliche Kapital besteht aus Produktionsmitteln, Vermögen, Geld, Wohn- und Grundbesitz u. dgl., das soziale Kapital ergibt sich aus den Beziehungen zu einflussreichen Gruppen, Personen oder Institutionen, das kulturelle Kapital resultiert aus den unterschiedlichen Fähigkeiten, sich die verschiedenen Muster der Codierung bzw. Decodierung kultureller Symbolwelten (z. B. Musik, Kunst, Sprachen) zu erschließen. Die sich in den verschiedenen Kapitalsorten ergebenden unterschiedlichen Akkumulationschancen können durch Tausch zwischen den Kapitalsorten kompensiert werden. Der Kunstverständige kann durch zahlreiche Einladungen zu gesellschaftlichen Anlässen Kontakte zu einflussreichen Personen knüpfen, wodurch ihm eventuell auch zusätzliches ökonomisches Kapital zufließen kann. So ergeben sich die »feinen Unterschiede« in einer vermeintlich klassenlosen Gesellschaft. Die Unterschiede drücken sich z. B. in Wohnformen und –vierteln, Reisezielen, Sportpräferenzen oder Freizeitstilen aus.

Welsch spricht von einer »globalen Ästhetisierung«; in allen Lebensbereichen kommt es zu »Verschönerungen«, »Aufbesserungen« und »Umwertungen«. Nach Welsch bedeutet Ästhetisierung »daß Nicht-Ästhetisches ästhetisch gemacht oder als ästhetisch begriffen wird ... Wir leben heute inmitten einer Ästhetisierung der realen Welt ... Der homo aestheticus ist zur neuen Leitfigur geworden« (Welsch 1998: 142). Andere Autoren sprechen von einer systematischen Durchstilisierung von Oberflächenphänomenen oder von der dialektischen Spannung zwischen Sein und Design. Nach der Befreiung von der bitteren Not und den Unbilden der Natur können die Menschen in den Wohlstandsgesellschaften sich dem Ästhetischen widmen und so eine neue Orientierung erlangen, wobei aber für die weiteren Analysen zu ermitteln sind, welche Kräfte welche Formen des Ästhetischen vorantreiben bzw. für ihre Interessen vereinnahmen.

2.10 Wertewandel

Die bislang skizzierten strukturellen Veränderungen erwecken den Anschein, als befänden sich moderne Gesellschaften in einer Phase raschen Wertewandels, gelegentlich ist sogar vom Werteverlust und Wertevakuum die Rede. Doch ist ein solches Lamento nicht eben neu: bereits in der griechischen Antike wurde über den Wandel und Verlust geschrieben und seither sind ganze Bibliotheken mit Schriften gefüllt worden, in denen der Wertewandel beklagt wurde. Zumeist wird dabei auf die »guten alten Zeiten« Bezug genommen, in denen die entsprechenden Hierarchien in Familie und Gesellschaft geachtet, Traditionen geheiligt und die Gesetze respektiert wurden. Ein solches Klagen übersieht, dass in den »guten alten Zeiten« ebenfalls über einen vermeintlichen Wertewandel geklagt und die dann eben noch weiter zurückliegenden »guten Zeiten« als Bezugsrahmen gewählt wurden – dabei muss gar nicht an jene verbohrten Denkweisen erinnert werden, die betonen, im »Dritten Reich« wären die Gesetze eingehalten worden und die Jugend hätte noch Respekt vor den Älteren gehabt. Mit jenen Werten, in deren Namen der Holocaust grausam durchgeführt wurde, lässt sich in der Gegenwart in keinem Falle argumentieren. Auch ein Rückgriff auf »christliche Werte des Abendlandes«, mit denen im Laufe der Geschichte eben nicht nur Gutes, sondern eben auch unsägliches Leid legitimiert wurde, kann kaum noch für einen vertretbaren Diskurs über Werte herhalten. Und schließlich haben interkulturelle und ethnologische Forschungen den Befund erbracht, dass sich weltweit kaum eine gemeinsame Schnittmenge von konsensfähigen Werten auffinden lässt, die beispielsweise als menschliche Grundwerte verstanden werden können.

Werte resultieren aus fundamentalen Konflikten, in denen Entscheidungen festgelegt werden müssen, um z. B. das Überleben (oder auch den Untergang) der menschlichen Spezies zu ermöglichen. So stellt sich für jede Gesellschaft die Frage, ob Leben oder Tod wichtiger ist. In unserer christlich geprägten Geschichte lässt sich eindeutig das Leben als Priorität ansehen. In historischen Opferkulturen galt es jedoch als höchstes Glück, sich den Göttern oder anderen Zwecken opfern zu dürfen. Politisch motivierte Kamikaze-Kommandos sehen dies heute noch so und auch der altruistische Selbstmord kann so zugeordnet werden. Und zumindest die älteren Mitbürger kennen noch den Spruch, »es ist süß und ehrenvoll für das Vaterland zu sterben« und sind in zwei Weltkriegen in großer Zahl für die von ihnen geachteten politischen Regime gestorben. So besehen ist also die Option für das Leben als einem höheren Wert gegenüber dem Tod nur eine denkbare Festlegung unter mehreren Optionen. Andere fundamentale Konflikte resultieren z. B. aus der Sexualität oder der Frage nach dem Eigentum. Die meisten Gesellschaften haben im Bereich der Sexualität Inzestverbote und Monogamiegebote vereinbart. Sexualität zwischen Eltern und Kindern oder zwischen Geschwistern oder zwischen Großeltern und Kindern bzw. Enkelkindern lässt sich nur scheinbar mit biologischen Argumenten (»Inzucht«) unterbinden, denn andere Gründe (z. B. Jungfräulichkeit als ökonomisch-sozialer Vorteil bei der Verheiratung der Töchter) scheinen nach neueren Forschungen eher plausibel für die Errichtung von Inzesttabus. Die sich auf Sexualität beziehenden Werte sind selten biologisch oder psychologisch legitimiert, sondern haben viel mit den jeweiligen Macht- und Herrschaftsverhältnissen zu tun (erinnert sei an die in der griechischen Antike hoch geachtete »Knabenliebe« oder Pädophilie, die als Erziehungsauftrag der Männer gegenüber den Knaben legitimiert wurde). Auch bei Werten, die sich auf persönliches oder kollektives Eigentum beziehen, geht es zumeist um Macht und Herrschaft.

Werte sind langfristig ausgelegt und lassen sich nicht in kurzer Frist wandeln. Werte geben grundlegende Orientierungen bei der Festsetzung von Prioritäten in fundamentalen Fragen. Sie sind meist von Ideologien (z. B. Religionen, politischen Systemen) geformt und interpretiert worden. Den Individuen stehen Werte nicht nur als frei wählbare Angebote, sondern meistens auch als Zwänge gegenüber. Im Namen von Werten werden Macht und Herrschaft ausgeübt und zuweilen auch pervertiert. Wie Menschen sich Werte aneignen, ist ein sehr komplexer Prozess, der in der lebenslangen Sozialisation stattfindet und prinzipiell nicht abgeschlossen ist (wie viele Millionen Menschen in den Systemumbrüchen in Deutschland – vom Wilhelminischen Obrigkeitsstaat bis zur neuen Berliner Republik nach der Wiedervereinigung – erfahren mussten). Die in einer Gruppe der Gesellschaft vorherrschenden Denkweisen gehen dabei mit persönlichen Denkweisen ein dialektisches Wechselspiel ein, in dem Werte im Individuum verankert werden, die dann je nach Gruppenverständnis und Situation verschieden interpretiert werden (können), wie sich extrem beim Militär zeigen lässt: als Individuum mag der Soldat die Tötung anderer Menschen ablehnen, als Soldat muss er sogar mit seinem eigenen Tod rechnen, wenn er die Tötung Anderer ablehnt. Werte können sich zu Traditionen verselbständigen, die immer noch hochgehalten werden, selbst wenn sich die Zeiten geändert haben, wie z. B. die Keuschheitsgebote in katholischen Regionen zeigen. Aus Werten lassen sich Normen ableiten, die als Handlungsanleitungen dienen und sich auch leichter wandeln lassen als Werte. Normen prägen die alltäglichen Interaktionen, wenn sie z. B. festlegen, wie wer mit wem zu sprechen oder zu handeln hat. Normen sind für die Anforderungen des Alltags funktional (z. B. im Straßenverkehr, in Bildungsorganisationen oder am Arbeitsplatz), können aber auch für die alltägliche Problembewältigung überholt sein.

Oft wird von einem Wertewandel gesprochen, wenn ein Normenwandel gemeint ist. So hat die Meinungsforscherin E. Noelle-Neumann mit einem ausgefeilten Instrumentarium zwischen 1953 und 1983 die Einstellung der Westdeutschen zu Arbeit und Freizeit untersucht und ist dabei zu dem Befund gekommen, die Westdeutschen hätten immer weniger Lust auf Arbeit. Die Fragen, die jeweils von einem repräsentativ zusammengesetzten Sample zu beantworten waren, bezogen sich u. a. darauf, wie man zwischen Arbeit und Freizeit wählen würde, wenn es keine Restriktionen gäbe. Fazit: 1953 entschied sich eine große Mehrheit für Arbeit, seitdem immer weniger und 1983 nur noch eine Minderheit. Allerdings ist damit keineswegs ausgemacht, dass es sich eindeutig um einen Wertewandel handelt, vielmehr erscheint ein Normenwandel genauso plausibel. Im Jahre 1953 wäre ein Mensch als krasser Außenseiter behandelt worden, der zugegeben hätte, »keinen Bock auf Arbeit« zu haben, 1983 würde er mit einer solchen Aussage vermutlich zur Mehrheit gehören. »Wer Arbeit kennt und sich nicht drückt, der ist verrückt« ist ein Spruch, der aus dem Anfang des 19. Jahrhunderts stammt. Auch unsere Altvorderen wussten bereits, dass Arbeit nicht immer und nicht jedem Menschen schmeckt. Was sich zwischen 1953 und 1983 geändert hat ist also nicht unbedingt die Einstellung zur Arbeit, sondern die Norm, über Arbeit zu reden. Also handelt es sich vermutlich um einen Normenwandel, den Noelle-Neumann (1984) festgestellt hat.

Ob ein Wertewandel konstatiert oder gar beklagt wird, hat auch mit der eigenen Stellung im Lebensverlauf und der subjektiven Befindlichkeit zu tun. Ältere und alte Menschen tendieren dazu, frühere Zustände und deren Werte überzubewerten, während jüngere Menschen eher mit der Gegenwart zufrieden sind und eben auch nicht auf eine lange Vergangenheit zurückblicken können. Menschen in krisenhaften Situationen machen für ihre Lage eher einen vermeintlichen Verfall der Werte verantwortlich, während erfolgreiche Menschen gerade in den vorherrschenden Werte die Gründe für ihr Glück oder ihre Tüchtigkeit sehen. Und oft werden frühere Zustände idealisiert, obwohl die damalige Realität ganz anders war. So geistert hartnäckig die Vorstellung durch die Literatur, dass früher alte Menschen geehrt und hoch geachtet wurden und heute das Alter keinen hohen Stellenwert habe. Gewiss lebten früher alte Menschen oft mit ihren Kindern und Enkeln in einer Lebensgemeinschaft und konnten sich auf deren Solidarität verlassen, doch genauso oft wird noch aus dem ganzen 19. Jahrhundert darüber berichtet, dass alte Bauern vom Dreschflegel getroffen wurden oder einem mehr oder minder mutwillig herbeigeführten Unfall zum Opfer fielen, weil sie den Hof nicht herausrücken wollten. Viele alte Menschen mussten im Laufe der Geschichte unter miserablen materiellen Verhältnissen leben. Der hohe Wert des Alters war historisch offenbar eine Ausnahme und ist aus heutiger Sicht eine Idealisierung, die nicht dazu taugt, für die Gegenwart einen Werteverfall zu konstatieren.

Unverkennbar ist aber ein Bedeutungsverlust jener Instanzen, welche in der Geschichte für die Vermittlung und Erhaltung von Werten zuständig waren: Familien und Kirchen. Beide können heute nur noch begrenzt die Setzung und Kontrolle von Werten für sich reklamieren, obwohl sie allen Unkenrufen zum Trotz immer noch sehr einflussreich sind. Im Zuge des sozialen, kulturellen und ökonomischen Strukturwandels sind aber andere Instanzen der Sinngebung hinzugekommen und bilden einen sehr heterogenen Wertekosmos aus. Waren Kirche und Familie an Ewigkeiten orientiert, so sind die neuen »Sinngeber« – wie Medien bzw. Kulturindustrie, Wissenschaften, Trendmacher oder Konsumstile – eher an Kurzfristigkeit, raschem Umschlag und Tempo ausgerichtet. So entsteht der Eindruck eines raschen Wertewandels und Werteverfalls, weil in den sich mehr oder minder rasch wandelnden Trends, Stilen oder Moden keine Kontinuität erkennbar ist. In dem Maße, in dem sich Enttraditionalisierung, Individualisierung und Pluralisierung in der Gesellschaft durchsetzen, schwinden allgemein konsensfähige Sinnhorizonte. Jeder Mensch muss nun aus dem reichhaltigen Angebot an Werten das für ihn Passende auswählen. Allerdings entsteht in der Praxis keine völlige Beliebigkeit und Unübersichtlichkeit, weil zum einen immer noch zahlreiche Traditionen (z. B. in Familien, Gruppen, Glaubensgemeinschaften, Klassen oder Schichten) fortbestehen, weil zum anderen die neuen »Sinngeber« in der Massenhaftigkeit ihrer Angebote immer auch erhebliche gemeinsame Schnittmengen haben müssen, um ein breites Publikum zu erreichen. An der Oberfläche bietet sich eine Pluralisierung und Individualisierung der Wertestruktur aus, in den darunter liegenden Schichten sind aber viele Gemeinsamkeiten zu vermuten. Vielleicht noch wichtiger ist aber die Tatsache, dass Werte heute nicht mehr durch die Autorität in Familie, Schule oder Arbeitsstätte vermittelt, sondern Diskursen geöffnet werden. Eltern oder Lehrer müssen Kindern oder Jugendlichen Werte plausibel, nachvollziehbar und diskutierbar vermitteln, selbst am Arbeitsplatz kann sich Autorität nicht länger formal behaupten, sondern muss sich funktional und inhaltlich rechtfertigen. Die Vermittlung und Kontrolle von Werten vollzieht sich heute grundlegend anders als noch vor fünfzig oder hundert Jahren und dies ist der Hintergrund der immer wieder vorgetragenen These vom raschen Wertewandel bzw. vom vermeintlichen Werteverlust oder gar Wertevakuum.

Unstrittig ist, dass übergreifende Werte sich im Laufe der Geschichte verändert haben und sich in der Gegenwart ebenfalls wandeln, wobei allenfalls das Tempo des Wandels strittig ist. So haben sich die Vorstellungen von Liebe, Familie und Geborgenheit mit den sozioökonomischen Wandlungen geändert: vor etwa drei Jahrhunderten war die Familie eine ökonomische Einheit und das Ideal der romantischen Liebe hatte wenig Platz. Erst seit dem 18. Jahrhundert konnte sich das Ideal der Liebe durchsetzen, um den Bund für das Leben zu schließen, der in der Gegenwart immer mehr zu einem Aushandlungsmodell wird. Liebe löst sich teilweise von Familie und erlangt einen Eigenwert. Leistung war viele Jahrhunderte lang keine Kategorie der Arbeitswelt, fast alle Menschen mussten harte körperliche Arbeit leisten. Im 20. Jahrhundert ist der Leistungsgedanke immer mehr ins Zentrum des ökonomischen Denkens gerückt. Dies gilt ebenfalls für Wohlstand, Konsum und Freizeit, die seit Mitte des 20. Jahrhunderts für die Mehrheit der Bevölkerung in Europa und Nordamerika erreichbar wurden, während sie vorher ins Reich der Utopie gehörten. Die Idee der Gleichheit wurde im 18. Jahrhundert geboren, kann aber erst gegen Ende des 20. Jahrhunderts ihre eigentliche Brisanz entfalten. Demokratie wurde zwar schon in der griechischen Antike gedacht, in Deutschland aber erst nach dem Ende des Nazi-Regimes gelernt. Umwelt war bis vor wenigen Jahrzehnten eine beliebig auszubeutende Ressource, heute ist sie ein knappes und schützenswertes Gut. Wissenschaftlicher und technischer Fortschritt galten lange Zeit als Lösung fast aller Probleme, heute setzt sich vielfach Skepsis durch. Wo auch immer ein Wandel oder Verfall von Werten beklagt wird, ist aber immer auch eine historische Einordnung vorzunehmen und ein Maßstab der Kritik zu benennen. Wenn beispielsweise unterstellt wird, Solidarität sei geschwunden und Egoismus habe sich durchgesetzt, so ist nachzuweisen, dass Solidarität früher wirklich bestanden und Egoismus gefehlt habe. Als Musterbeispiel für Solidarität wird gern der Deichbau an der Nordseeküste angeführt (»wer nicht will deichen, der muss weichen«). Neuere historische Forschungen belegen, dass der Deichbau den armen Bauern von den Landesherren mit Gewalt aufgezwungen wurde. Solidarität ist vermutlich immer prekär gewesen: selbst in der viel gepriesenen Arbeiterklasse ging es heftig zur Sache, wenn Arbeitsplätze knapp wurden. Daher ist sehr genau hinzusehen, wenn von Wertewandel die Rede ist.

Die Zeit seit dem Zweiten Weltkrieg wird in der Literatur gern durch gestiegene Ansprüche an Konsum, Dienstleistungen und staatliche Infrastrukturen, durch die Erosion klassischer Tugenden (wie Disziplin und Pünktlichkeit, Achtung der Autoritäten), durch die Betonung privater Werte, durch den allmählichen Wandel von eher materialistischen zu postmaterialistischen Werten charakterisiert. Zudem wird eine Tendenz zur Informalisierung und damit zur Lockerung der Zwänge im zwischenmenschlichen Umgang konstatiert, woraus ein Abbau formaler Zwänge (»Höflichkeit«), eine häufigere Thematisierung von Freiheitsspielräumen und Toleranz, größere individuelle Selbständigkeit und eine Aufweichung des traditionellen Rollenverständnisses zwischen den Geschlechtern und Generationen resultieren. Teilweise wurden auch herkömmliche Arbeits-, Leistungs- und Aufstiegsorientierungen aufgeweicht, indem eine stärker instrumentelle Haltung gegenüber Arbeit und Beruf eingenommen wird und sich teilweise auch hedonistische bzw. privatistische Haltungen durchsetzen. Eine starke Identifikation mit Betrieb und Beruf ist nur noch selten anzutreffen, was angesichts der strukturellen Veränderungen auch immer schwieriger wird. Generell hat sich instrumenteller Aktivismus im Sinne des amerikanischen Soziologen T. Parsons durchgesetzt, indem sich Menschen klare Handlungsziele setzen und rational die Mittel zu deren Erreichung kalkulieren. Passivität oder gar Fatalismus werden gesellschaftlich verpönt.

Besonders bekannt wurde die These eines Wertewandels, die der amerikanische Soziologe R. Inglehart (1989) nach Auswertung europäischer und nordamerikanischer Umfragedaten formulierte (»silent revolution«). Er glaubte feststellen zu können, dass in der Zeit seit dem Ende des Zweiten Weltkrieges ein Wandel von eher materialistischen zu postmaterialistischen Werten stattgefunden habe. Materialistische Werte sind insbesondere Geld, Wohnung, Auto und Schutz vor Gewalt und Verbrechen, postmaterialistische Werte sind dagegen Selbstentfaltung, Mitwirkung, Selbständigkeit und Ausleben persönlicher Bedürfnisse. Im Vergleich von Umfragen hat Inglehart herausgearbeitet, dass der Anteil der Befragten, die eher postmaterialistische Werte bevorzugen, zunimmt und der Anteil der materialistisch Orientierten sinkt. Zur Erklärung benutzt er drei Hypothesen. Mit der Knappheitshypothese ist gemeint, dass Menschen das für wertvoll halten, was knapp ist. Menschen, die nach dem Ende des Krieges aufgewachsen sind, haben eigene Erfahrungen mit Knappheit und Hunger gemacht und halten daher an materiellen Werten fest, während die in Wohlstandsphasen aufgewachsenen Menschen materielle Gegebenheiten für selbstverständlich halten und daher nach »höheren« Werten streben. Damit ist eine zweite Hypothese, nämlich die Generationenhypothese, bereits angedeutet. Jede Generation entwickelt nach den sozioökonomischen Bedingungen des eigenen Aufwachsens eine Präferenzstruktur für materielle oder immaterielle Werte. Die in den sechziger und siebziger Jahren Aufgewachsenen wurden stärker mit postmaterialistischen Konzepten (z. B. durch die Studentenbewegung und daraus abgeleitete Emanzipationsbewegungen) konfrontiert als die Älteren. Sie behalten solche Orientierung auch später noch bei. Schließlich hat sich auch durch die Akademisierung und Tertiarisierung seither (Akademisierungshypothese) die Trägergruppe postmaterialistischer Werte enorm verbreitet. So konnten Umfragen in verschiedenen Ländern Europas und Nordamerikas nachweisen, dass der Anteil der Postmaterialisten steigend, der Anteil der an materialistischen Werten Orientierten fallend ist und Mischtypen aus beiden Werthaltungen die Mehrheit bilden. Allerdings zeigen jüngere Umfragen auch das Gegenteil, nämlich eine deutliche Zunahme jener Menschen, denen finanzieller Erfolg und materielle Güter besonders wichtig sind. Und der französische Soziologe E. Durkheim hatte bereits vor gut einhundert Jahren festgestellt, dass Menschen in ihrer großen Mehrheit auch im Wohlstand ihre Sucht nach Konsumgütern kaum befriedigen können, sondern nach immer mehr Konsummöglichkeiten streben. Und wer aufsteige, der habe immer wieder Angst abzusinken und werde zu immer neuen Leistungen und zu mehr Konsum angetrieben. Für die Gegenwart ist außerdem festzuhalten, dass die Kluft zwischen Armen und Reichen größer wird und dass daher die Armen zwangsläufig »materialistisch« sein müssen.

In Anlehnung an Inglehart unterteilte H. Klages (1998) die deutsche Bevölkerung durch Kombination der drei Dimensionen Pflicht- und Akzeptanzwerte (Pflicht), hedonistisch-materialistische Selbstentfaltung (Lust) und Idealistische Selbstentfaltung (Ideal) in fünf Gruppen: 1. Konventionalisten (Pflicht stark, Lust und Ideal schwach ausgeprägt): 17 Prozent, 2. Perspektivlos Resignierte (alle drei

Dimensionen schwach ausgeprägt): 15 Prozent, 3. Aktive Realisten (alle drei Dimensionen stark ausgeprägt): 34 Prozent, 4. Hedonistische Materialisten (Pflicht schwach, Lust und Ideal stark ausgeprägt): 17 Prozent, 5. Nonkonforme Idealisten (Pflicht und Lust schwach, Ideal stark ausgeprägt): 17 Prozent. Bei solchen Klassifikationen lassen sich Unschärfen nicht vermeiden, doch geben sie immerhin einen Eindruck von der Verteilung solcher Werthaltungen in der Bevölkerung. Auch in anderen europäischen und nordamerikanischen Gesellschaften haben empirische Untersuchungen einen Rückgang der Pflichtwerte und einen Aufschwung der Akzeptanz- und Selbstentfaltungswerte ermittelt. Die »neuen« Werte stehen allerdings nicht allen Menschen im gleichen Umfange nach Belieben zur Verfügung, sondern sind eng mit der jeweiligen Entwicklung und der Gruppenzugehörigkeit verbunden. In Zeiten von Arbeitslosigkeit und Wirtschaftskrisen haben Geborgenheit und die Rückbesinnung auf Familie Konjunktur, was sich in steigenden Heiratsziffern ausdrückt. In Akademikerkreisen zählen die »neuen« Werte eher zur Norm, in Unterschichten eher zum Tabubruch. Ein ungelernter Arbeiter, der sich monatelang auf einer einsamen griechischen Insel selbst entfalten möchte, wird zur Sensation erklärt, ein Hochschullehrer wird hingegen als »normal« angesehen, wenn er dort nach seinem Ego sucht.

Eine offene Frage ist, ob sich ein Wertewandel aus dem Strukturwandel ergibt oder ob ein Wertewandel den Strukturwandel auslöst, beschleunigt bzw. legitimiert. Vermutlich handelt es sich auch hier um dialektische Prozesse: mit sich wandelnden Werten (z. B. veränderte Frauenrollen) ändern sich partiell auch Strukturen (z. B. Übernahme von Leitungspositionen durch Frauen), mit veränderten Strukturen (z. B. In der Erwerbsarbeit) müssen sich auch Werte ändern (z. B. in der Rollenverteilung zwischen Frauen und Männern). Bei allen Kontroversen darf nicht übersehen werden, wer vom Werte- bzw. Strukturwandel profitiert: mit der Ausweitung von Lust- und Idealwerten steigt auch die Neigung, sich selbst über Konsum zu stilisieren, was wiederum der Konsumsphäre und damit ökonomischen Interessen dient. So besehen kommt der Ausweitung des Freizeitbereiches eine zentrale Bedeutung zu. Freizeit ist nicht länger bevorzugt Zeit für die körperliche und geistige Reproduktion der Arbeitskraft, sie ist auch und vor allem Zeit für Moden, Stile und Trends, Zeit zum Kaufen und Reisen, Zeit zum Ausprobieren und Selbstverwirklichung – das alles aber nur im Rahmen der zur Verfügung stehenden materiellen Möglichkeiten, in denen sich die »feinen Unterschiede« und damit auch gesellschaftliche Ungleichheiten bemerkbar machen. Für den Zusammenhalt der Gesellschaft hat der Wertewandel aber grundlegende Konsequenzen: Vergesellschaftung erfolgt nicht mehr länger zentral durch Werte, sondern durch Konsum, Ästhetik und Zeitverwendung.

3. Geschichte der Freizeit: Vom Mußemonopol zur Massenfreizeit

Zur Geschichte der Freizeit liegen einige zusammenfassende Darstellungen, die allerdings nur selten soziologisch argumentieren, und eine Vielzahl von Einzeldarstellungen vor, deren Bandbreite von der Zeitverwendung in archaischen Gesellschaften bis zur Geschichte einzelner Phänomene moderner Freizeitkulturen reicht. Die Mehrzahl der Darstellungen zur Geschichte der Freizeit orientiert sich an einer durch dominante Arbeitsstrukturen geprägten westeuropäischen Sichtweise und geht dementsprechend von dem Gegensatz zwischen Arbeit und Freizeit aus. Eine solche Perspektive läuft Gefahr, den »Geist des Kapitalismus« (M. Weber) zur Messlatte bei der Beschreibung und Bewertung historischer Entwicklungen zu machen. Die immanenten Vorstellungen der jeweiligen historischen Epoche kommen dabei notwendig zu kurz und gerade bei der Beleuchtung fremder Kulturen muss ein solcher Eurozentrismus notwendigerweise zu fehlerhaften Bewertungen führen. Dennoch orientieren sich auch die nachfolgenden Darstellungen weitgehend an dieser Perspektive, weil insbesondere die Formen der Arbeit und deren materielle Hervorbringungen besonders gut dokumentiert sind. Eine andere Zugangsweise besteht darin, das dokumentierte Denken über Zeit, Muße oder Lebenssinn zu rekonstruieren. Solche Deutungen begreifen dann die Geschichte der Freizeit als Verfallsgeschichte antiker Mußeideale, um die Prinzipien der Muße gegen die Dominanz der Arbeit retten zu können. Mit dieser Herangehensweise ist freilich die Gefahr der Ideologisierung und des Idealismus verbunden, denn die Ideen prominenter Denker lassen sich eben nicht als Beschreibung der historischen Wirklichkeit lesen, sondern stellen Utopien und Ideale einer kleinen, von Arbeit weitgehend freigestellten Gesellschaftsgruppe dar. Eine soziologisch gehaltvolle Rekonstruktion der Geschichte der Freizeit muss neben dem Verhältnis zwischen Arbeit und Freizeit sowie den Mußeidealen auch die jeweiligen gesellschaftlichen Ungleichheiten, die Formen der Herrschaft, die einflussreichen Denkweisen bzw. Ideologien sowie die Vorstellungen und Organisationsweisen von Zeit reflektieren.

Die bisherigen Studien zur Geschichte der Freizeit datieren den Beginn der Freizeit entweder ideengeschichtlich, wobei insbesondere auf die Ideen einer selbständigen Lebensführung in der Zeit der Aufklärung seit dem 16. Jahrhundert verwiesen wird, oder arbeitsgeschichtlich, wobei die Zeit der Industrialisierung des 19. Jahrhunderts im Vordergrund steht. Beide Zugangsweisen gehen von der zentraleuropäischen Perspektive der durch Protestantismus, Calvinismus und Puritanismus geprägten Arbeitsauffassung aus und lassen die Deutungsweisen anderer Kulturen weitgehend außer Betracht. Die nachfolgende Darstellung kann diese

Perspektive nur teilweise überwinden, weil es an kulturvergleichenden Untersuchungen immer noch mangelt. Der historische Rahmen wird aber bewusst weit gespannt, um vorindustrielle Entwicklungen mit in den Blick zu nehmen. Ein weiterer Mangel der bisherigen historischen Darstellungen, nämlich das Vertrauen auf schriftliche Quellen, kann hier ebenfalls nur partiell überwunden werden, weil die inzwischen vorliegenden Studien zur Geschichte des Alltags nur gelegentlich auf die Zeitverwendung in früheren Zeiten eingehen.

Auch wenn strittig ist, ob der Begriff »Freizeit« überhaupt auf vorindustrielle Epochen anwendbar ist, soll im nachfolgenden der Begriff auf alle hier dargestellten Gesellschaften bezogen werden. Schwierig ist es, auf Epochen zurückzugreifen, aus denen keine Dokumentationen über die Zeitvorstellungen und -verwendungen vorliegen. Über die Geschichte der Freizeit in schriftlosen Kulturen ist naturgemäß wenig bekannt, weil Dokumente fehlen und die überlieferten Zeichnungen (z. B. Höhlenmalereien) oder andere Manifestationen (z. B. Totems) keine klare Scheidung zwischen lebensnotwendigen Tätigkeiten und spielerischen Aktivitäten zulassen. Auch ist es häufig schwierig oder unmöglich, auf sozialstrukturelle Differenzen einzugehen, weil insbesondere die unteren Schichten in den meisten Zeiten nicht in der Lage waren, ihre Vorstellungen und Tätigkeiten zu überliefern. So knüpft die historische Rekonstruktion notwendigerweise an die Sicht jener Gruppen (z. B. der Schriftkundigen oder Künstler) an, die geschichtliche Spuren hinterlassen haben. Musik, Tanz oder Feste als Freizeitinhalte haben meistens wenig historisch Feststellbares in den Boden der Geschichte eingegraben. So können die nachfolgenden Ausführungen nur wenige Umrisse verdeutlichen und Differenzierungen bleiben weiteren Forschungen vorbehalten. Die hier skizzierten historischen Entwicklungen sind stark auf Europa (für die neuere Zeit auf Deutschland) konzentriert, die Geschichte der Freizeit in anderen Kulturen ist erst noch zu schreiben. Weil das Verhältnis von Arbeit und Freizeit bis heute in der Freizeitforschung dominierte, orientiert sich die nachfolgende Darstellung ebenfalls an diesem Gegensatz. Andere Zugänge – z. B. als Geschichte der jeweiligen Zeitregime oder als Ringen um kulturelle Symbole – könnten ebenfalls leitend für die Rekonstruktion der Geschichte der Freizeit sein. Nachdem sich in der Freizeitforschung in den letzten Jahren eine Abkehr von der strikten Dichotomisierung von Freizeit vs. Arbeit anbahnt, wird sich auch in Zukunft eine entsprechende Neuausrichtung der historischen Darstellung durchsetzen müssen. Selbst wenn am Gegensatz zur Arbeit festgehalten wird, ist herauszuarbeiten, wie sich Begriff und Realität von Arbeit verändert haben. In vielen Kulturen fehlt bis heute ein einheitlicher Begriff für Arbeit. Geistige Arbeit und Sklavenarbeit lassen sich nicht auf einen einzigen Begriff bringen. In der griechischen Antike machte bereits die Unterscheidung zwischen der harten Arbeit der Unfreien (»ponos«) und der Arbeit der Freien (»ascholia«) als Gegensatz zur Muße auf die Differenzen aufmerksam. Früher galt Arbeit oft als göttlicher Auftrag und Segen, als Dienst und Ehre. Zugleich war Arbeit aber auch Mühe und Last, Qual und Notwendigkeit, göttliche Strafe und Fluch. Je nachdem, welche Diskurse sich durchsetzten, veränderten sich die Konfigurationen solcher Bezeichnungen und Bedeutungen. In Mitteleuropa setzten sich vor allem christliche Denkweisen durch, die Arbeit als Segen und Dienst, als Berufung und Ehre auffassten und daher Müßiggang als den Anfang allen Lasters denunzierten. Der heutige Arbeitsbegriff ist erst im 18. Jahrhundert mit dem heraufkommenden Industriekapitalismus ausgeformt worden und kann daher nicht als universale Folie bei der Rekonstruktion der Geschichte der Freizeit dienen.

3.1   Einfache Gesellschaften und frühe Hochkulturen

Gelegentlich ist der christliche Gott als der eigentliche Wegbereiter des Freizeitproblems bezeichnet worden, denn am siebenten Tag der Weltschöpfung ließ er die Arbeit ruhen und bestimmte diesen Tag zur Freizeit. Seitdem sich aber gesellschaftliche Zusammenschlüsse der Menschen gebildet haben, wird das Verhältnis von Arbeit und freier Zeit weniger durch göttliche Vorsehung als durch Naturbeherrschung, Arbeitsteilung und Herrschaftsorganisation bestimmt.

Der Arbeitsrhythmus in einfachen bzw. »primitiven« Gesellschaften[4] wurde durch die Natur geprägt. Die Art der Naturbeherrschung, also der Stand der Produktivkräfte, war ein wesentlicher Bestimmungsgrund der Zeiteinteilung: Die Zeit hatte ein »natürliches« Maß, weil sie an die Abfolge der Naturereignisse (Sonnenauf- und -untergang, Sommer-, Winter-, Ernte- oder Regenzeiten usw.) gebunden war. Zum anderen wurde die Zeiteinteilung durch den Stand der Arbeitsteilung bestimmt, denn die notwendigen Arbeiten wurden nicht von allen Menschen in gleichem Umfange und in gleicher Weise verrichtet. Spezielle Funktionen bildeten sich heraus: Anfangs hatten nur die Häuptlinge, Medizinmänner und Schamanen das Privileg, von körperlicher Arbeit befreit zu sein; später kamen – zumindest beim Übergang von Stammesgesellschaften zu frühen Hochkulturen – auch die Reichen, Adeligen und Politiker hinzu. Diese Gruppen (also die Sinnproduzenten des Systems) hatten das Recht, Muße zu haben, um die Deutungssysteme und Traditionen zu pflegen, die Erkenntnisse zu mehren oder Weisheit und Politik zu fördern. Aus der Arbeitsteilung resultierte eine Herrschaftsordnung, die die ungleiche Verteilung von Muße und Arbeit rechtfertigte. Im Dienste dieses Herrschaftssystems stand – indem dem »natürlichen« ein »gesellschaftliches« Zeitmaß hinzugefügt wurde – die Organisation der Zeit: Zeremonien, Rituale, Festtage, Veranstaltungen und Spiele gliederten den Ablauf der Zeit. Die langen, von der Natur vorgegebenen Perioden wurden unterbrochen von den Festen und Zeremonien, die von den Herrschenden festgelegt und zur Darstellung ihrer Herrschaft benutzt wurden. Im Alltag indes überwog vermutlich die »okkasionale Zeit«, die nur ein »jetzt« und ein »nichtjetzt« kannte, also die uns so geläufige Dreiheit von Vergangenheit, Gegenwart und Zukunft nicht ausgeprägt hatte. Für die Orientierung im alltäglichen Umgang miteinander war es nicht wesentlich, Vergangenes oder Zukünftiges zu kennen. Die Vergangenheit war in Mythen eingeschlossen, die von vergangenen, aber zeitlich undatierbaren Begebenheiten (etwa Herkunft des Stammes, Katastrophen und Kriegen) berichteten und einen zeitlich nicht (mehr) fassbaren Strom der Ereignisse in narrativer Form zugänglich machten. Historische

---

4   Der Begriff »primitive« Gesellschaften stammt aus dem 19. Jahrhundert und ist seitdem als ideologisch kritisiert worden. Hier wird er nur erwähnt, weil er noch in zahlreichen Darstellungen verwendet wird.

Zeit wurde also nicht chronologisch dargestellt sondern in Mythen aufgefangen, was zumindest für die Belange einfacher Gesellschaften mindestens so funktional sein kann wie durch Chroniken abgebildete Zeitabläufe. Häuptlinge, Schamanen oder alte Männer vermittelten und interpretierten Mythen, was den übrigen Mitgliedern von Stammesgesellschaften den Eindruck von Zugehörigkeit, gemeinsamer Vergangenheit, Verwobenheit mit einer jenseitigen Welt und daraus resultierenden Deutungen vermittelte. Im individuellen Lebenslauf bildeten vor allem Initiationsrituale zeitliche Zäsuren. Heranwachsende Jugendliche wurden etwa zur Zeit ihrer Geschlechtsreife von den älteren Männern in abgelegene Gegenden gebracht, dort systematisch geängstigt, mit Mutproben traktiert und schließlich zumeist beschnitten oder andersweitig markiert, um danach als Männer gelten zu können. Auf diese Weise lösen Stammesgesellschaften den Konflikt, der in jeder Gesellschaft eintritt, wenn Heranwachsende (in diesem Falle junge Männer, die zu Rivalen der erwachsenen Männer um die Gunst der Frauen) zu potenziellen Konkurrenten der Erwachsenen werden. In manchen Regionen der Welt waren bzw. sind auch Altersklassen vorhanden, die mit dem jeweiligen Lebensalter bestimmte Rechte und Aufgaben verbinden. Ein ungefähres Lebensalter ist in diesen Gesellschaften also durchaus bekannt.

Die Zeitstrukturen der einfachen Gesellschaften wurden also von dem Stand der Produktivkräfte, der Arbeitsteilung und der Herrschaftsorganisation bestimmt. Im Alltag waren chronologische und chronometrische Zeitmaße weitgehend unbekannt und üblicherweise auch nicht erforderlich. Eine zweiwertige Zeitstruktur von jetzt/nichtjetzt war für die Organisation des alltäglichen Lebens hinreichend. Biographisch wurde das Leben durch Initiationen und ggf. auch Altersklassen gegliedert. Die verflossene Zeit wurde in Form von Mythen tradiert und interpretiert, wobei auch ein Stück Zukunft mit eingeschlossen sein konnte. Naturereignisse ersetzten Chronometrie, mit Festen, Ritualen und Zeremonien wurde ansatzweise Chronologie im Sinne zyklischer Wiederkehr organisiert.

In Ägypten, Mesopotamien oder im altchinesischen Kaiserreich gewannen Vorstellungen und Organisationsweisen von Zeit an Bedeutung, die eine weitaus höhere Präzision und Verbindlichkeit aufwiesen als in den Stammesgesellschaften. Zeit wurde einerseits für die agrarische Produktion, andererseits für die Darstellung von Herrschaft wichtig. In sogenannten »hydraulischen Kulturen«, die vor allem Ackerbau mit künstlichen Bewässerungssystemen betrieben, war der Kalender ein wichtiges Instrument, um zu bestimmen, wann die Kanäle geflutet oder wann die Aussaat oder die Ernte vorzunehmen waren. So kannte das altchinesische Kaiserreich bereits vor rund viertausend Jahren ein »Kalenderministerium«, das zu den fünf obersten Ämtern zählte und den jeweiligen Kalender festlegte und überwachte. Neben dem Ackerbau kontrollierte dieses Ministerium auch das Herrschaftssystem, indem z. B. Feiertage nach den Geburtstagen oder Sterbedaten der herrschenden Familien eingerichtet oder Feste und Zeremonien datiert wurden. Die Gelehrten- und Bürokraten-Kaste (Mandarine) entwickelte eine höchst elaborierte Zeitstruktur, um neben ökonomischen Notwendigkeiten Herrschaft zu zelebrieren. Feste und arbeitsfreie Zeiten wurden auf diese Weise bereits relativ früh in die herrschaftliche Kultur eingebunden und mit der dominierenden Philosophie auch ideologisch legitimiert. Die Herrscherfamilien mitsamt einem umfangreichen Stab von Bürokraten, Gelehrten, Ratgebern und Philosophen sollten ein weitgehend von harter körperlicher Arbeit freigestelltes Leben repräsentieren und damit der arbeitenden Bevölkerung »Sinn« vorleben. Eine solche Vorbildfunktion wurde später im antiken Mußeideal weiter ausformuliert.

3.2 Griechische und römische Antike

Auch die griechische Gesellschaft der Antike kannte eine Unterscheidung von Muße und Arbeit. In ihr wurde die gesellschaftlich definierte Ungleichheit der Zeitverwendung besonders deutlich. An der Spitze der Gesellschaftshierarchie standen die »freien Bürger«, die legitim der Muße nachgehen konnten, um Erkenntnis und Weisheit zu kultivieren und so die Geschicke der Polis zu lenken. Sie verfügten über Muße (»scholé«), ein Begriff, der gleichermaßen freie, unabhängig genossenen Zeit wie Bildung im Sinne selbständiger Denk- und Gesprächsführung beinhaltete. Dieser Begriff bedeutete aber nicht den individuellen Genuss freier Zeit, sondern wurde mit dem Dienst an der Gemeinschaft (Polis) gleichgesetzt. Zu diesem Zwecke musste die Mußeklasse von der direkten Erwerbstätigkeit frei gehalten werden. Die Arbeit wurde von den breiten Schichten der Sklaven und der arbeitenden Handwerker (»Banausen«) verrichtet. Deren produktive Tätigkeit bildete die materielle Grundlage für die Herrschaft der Mußeklasse. Bezeichnenderweise kannte die griechische Sprache zwei Begriffe für Arbeit: die mühselige, anstrengende Arbeit der Unfreien hieß »ponos«, die von allen Menschen (also auch von den Freien) zu verrichtende Arbeit leitete sich aus dem Gegensatz zur Muße ab: »a-scholia«. Arbeit ergab sich aus der Negation der Muße, sie war nicht »scholé« und trug daher nicht zur Erkenntnis, Bildung und Politik bei. Sie war nur Vorbedingung der Muße (Aristoteles: »Wir sind nur unmüßig, um Muße zu genießen«). Dies galt weniger individuell als gesamtgesellschaftlich: Nicht der einzelne Mensch musste erst arbeiten, um anschließend Muße zu haben, sondern die große Anzahl der Unfreien musste arbeiten, damit die Mußeklasse »scholé« genießen konnte.

Dafür hatten aber auch die Unfreien an dem Kultus teil, den die Mußeklasse entfaltete. Mindestens sechzig Tage im Jahr waren für Feste und Veranstaltungen (z. B. Olympische Spiele) reserviert, an denen alle Griechen, Freie wie Unfreie, teilnehmen sollten. Zusätzlich brachten Tage für Gerichtssitzungen, Versammlungen und Zeremonien weitere arbeitsfreie Zeit. Bereits früh waren allenthalben Freilichttheater entstanden, die stark frequentiert wurden, viele öffentliche Plätze waren für Kultur und Sport vorgesehen. Musik, Dichtkunst, Rhetorik, Schauspiel, Debatten und öffentliche Gerichtssitzungen auf der einen Seite, sportliche Wettkämpfe wie Ringen, Laufen oder Turnen auf der anderen Seite boten ein breites Spektrum von Freizeitaktivitäten, die ganz überwiegend der Unterhaltung der Zuschauer dienten. Die öffentlichen Gerichtsverhandlungen und politischen Debatten hatten allerdings die Funktion, die ganz überwiegend leseunkundige Bevölkerung zu belehren und mit den Gesetzen vertraut zu machen. Bei den Gerichtssitzungen war die Zeit durch Sand- bzw. Wasseruhren genau normiert, oft sollen Gerichtsdiener bestochen worden sein, die Uhren zu manipulieren, damit die Angeklagten mehr Zeit zu ihrer Verteidigung hatten.   Die Zeit war im antiken Griechenland weitaus stärker gesellschaftlich organisiert als in einfachen Gesellschaften, weil die Produktivkräfte und die Arbeitsteilung höher entwickelt waren und die Naturabhängigkeit wenigstens teilweise aufgehoben werden konnte. So konnte die Organisation der Zeit noch deutlicher in den Dienst der Herrschaftsordnung und der gesellschaftlichen Integration (Polis) gestellt werden. Die Verwendung der freien Zeit stand nicht im Belieben des Einzelnen: Die Muße sollte am Wohl der Polis orientiert sein, die freie Zeit der Sklaven und der Banausen wurde überwiegend durch kultische und zeremonielle Zwecke festgelegt. Freie Zeit war also an die Öffentlichkeit der Polis gebunden, sie war nicht individuell verfügbar. Der Gegensatz von Öffentlichkeit und Privatheit hatte sich noch nicht entfaltet. Das Mußeideal der »müßig-gehenden Klasse« (Veblen) war eng an gesellschaftliche Zielsetzungen – Interessen der Polis, allgemeine Bildung (»scholé« als begrifflicher Vorläufer der Schule) – gebunden.

Auch im antiken Rom bestand ein Mußemonopol der herrschenden Klasse. Ähnlich wie in Griechenland sollte die Muße im Dienste des Staatswesens stehen, denn die »res publica Romana« sollte von Männern geführt werden, die in Rhetorik und Vernunft (»ratio«) geschult waren. Hierzu bedurfte es der Muße (»otium«). Die Muße hatte in Rom, anders als in Griechenland, eine Doppelbedeutung: einerseits war sie Vorbereitung und Bedingung für die Übernahme eines öffentlichen Amtes (»officium«), andererseits war sie die Ruhe und Ordnung des Privatmannes. Bezeichnenderweise leitete auch die lateinische Sprache die Arbeit aus dem Gegensatz zur Muße ab: »neg-otium«. Arbeit war die Zeit der Nicht-Muße. Zu diesen Arbeiten zählten für die herrschende Klasse öffentliche Aufgaben, Kriegsführung, Kolonialisierung, aber auch Organisation der wirtschaftlichen Produktion, Handel und Handwerk. Durch ihre öffentlichen Pflichten waren Senatoren wie Patrizier, die zur herrschenden Klasse zählten, deutlich eingeschränkt. Neben dieser öffentlichen Rollenfixierung bauten sie sich daher ein »Privatleben« auf, in dem sie die Ruhe (also auch »otium«) genießen wollten. Da in Rom die Arbeitsteilung fortgeschrittener und die Gesellschaftsstruktur differenzierter war als in Griechenland stellte sich das Verhältnis von Arbeit und freier Zeit bei den beherrschten Römern anders dar. Die große Zahl der Stadtbewohner – also: Händler, Handwerker, kleine Grundbesitzer, Arbeiter und Arme, die zusammengenommen als Plebejer bezeichnet wurden – mussten nicht ihre gesamte Arbeit aufwenden, um der herrschenden Klasse die Muße zu sichern. Denn die unfreie Landbevölkerung (»coloni«) und die Sklaven erwirtschafteten so viel, dass sich davon neben der Mußeklasse teilweise auch die Plebejer ernähren und sich so arbeitsfreie Zeiten sichern konnten. Die Sprengkraft dieser sozial nicht gebundenen freien Zeit wurde von der herrschenden Klasse bald erkannt. Sie organisierte eine öffentliche Nutzung dieser freien Zeit beispielsweise durch »Brot und Spiele« oder durch Wettkämpfe im »Circus Maximus«, in dem 385.000 Menschen gleichzeitig Platz fanden, oder durch öffentliche Bäder, in denen in Rom 60.000 Menschen gleichzeitg baden konnten. Überhaupt war Rom architektonisch sichtbar auf die organisierte Nutzung freier Zeit zugeschnitten – z. B. durch große Parks, öffentliche Hallen, Plätze oder Sportarenen. Zum einen sollte das Volk durch organisierte Freizeit zur Loyalität gegenüber den Herrschenden angehalten werden, zum anderen diente Freizeit auch der direkten Kontrolle: In den öffentlichen Bädern waren Abhöranlagen eingebaut, mit denen die Gespräche belauscht wurden, um die Stimmung im

Volke zu kennen, Aufruhr im Keime zu ersticken und Kriminalität zu vermeiden.

Die gesellschaftliche Organisierung der Zeit fand in der festgelegten Zeitverwendung ihren Niederschlag: Im 4. nachchristlichen Jahrhundert umfasste der römische Kalender 355 Tage pro Jahr, von denen insgesamt 200 für öffentliche Veranstaltungen (allein 175 Tage für Wettkämpfe, Spiele oder Musikveranstaltungen) reserviert waren. Von dieser Zeitverteilung profitierten zwar die Stadt-Plebejer und die Mußeklasse, die unfreie Landbevölkerung und die Sklaven hatten allerdings wenig Nutzen davon, weil für sie nur ein geringer Teil der freien Tage galt. Weil das Römische Reich riesige Ausmaße hatte, ist davon auszugehen, dass der größere Teil der gesamten Bevölkerung nicht an den Segnungen der städtischen Regelungen teilhatte und harte Arbeit (oft bei großer Hitze) zu leisten hatte.

Für das Verhältnis von Muße, Arbeit und Zeitverwendung waren im antiken Rom drei Elemente bezeichnend: Erstens spaltete sich die Muße in einen öffentlichen und in einen privaten Bereich auf; zweitens war das Verhältnis zwischen Arbeit und Muße gesellschaftlich äußerst ungleich beschaffen; drittens wurde die freie Zeit massenhaft organisiert verbracht. Muße sollte die Grundlage für Politik und Bildung sein, Arbeit verstand sich als Gegensatz zur Muße. Das Zeitregime der Stadt sollte vor allem die große Zahl der Stadtbürger beruhigen, kontrollieren und zur Massenloyalität bringen. Das Zeitregime auf dem Lande war hingegen durch harte Arbeit und jahreszeitliche Rhythmen geprägt.

3.3 Mittelalter

Im »Dunklen Zeitalter«, wie die Zeit zwischen dem Ende des römischen Reiches (4./5. Jh. n. Chr.) und dem Hochmittelalter (12./13. Jh. nach Chr.) genannt worden ist, erfolgte eine deutliche Abkehr von den antiken Verhältnissen. Neben dem Feudaladel wurde die christliche Kirche zur vorherrschenden Macht dieser Zeit. Sie predigte Askese, damit die Volksmassen und der Klerus in der Zeit nicht vom rechten Glauben abgelenkt würden. Regelmäßiges Beten und strenge Arbeitsdiziplin, die sich in der Parole vom »ora et labora« (bete und arbeite!) niederschlugen, wurden zum Herrschaftsprinzip. Der Tagesablauf war durch regelmäßige Gebetszeiten festgelegt. Der durch Sonnenauf- und -untergang, Sommer und Winter gesetzte natürliche Rahmen wurde durch Glockengeläut (Gebets-, Markt-, Feiertags- oder Torglocken) weiter untergliedert. Von dieser Zeiteinteilung waren Kleriker ebenso betroffen wie unfreie Bauern, Vasallen, Handwerker und Händler. Die weltlichen Herren (Könige, Fürsten, Ritter, Lehnsherren, Hofstaat) waren zwar auch an Gebetsstunden und Feiertage gebunden, doch wurde ihr Leben zusätzlich durch Kriege, Gerichts- oder Hoftage, Ritterspiele oder zusätzliche Machtdemonstrationen strukturiert. Der Jahresablauf wurde durch viele Feier- und Festtage unterbrochen: Im 13. Jahrhundert betrug die Zahl der Feiertage zwischen 90 und 115; 52 Sonntage kamen hinzu, so dass kaum mehr als 200 Arbeitstage verblieben (DeGrazia 1962). Überhaupt lag die Betonung im Mittelalter weniger auf dem Begriff Arbeit. Selbst bei einem sechzehnstündigen Werktag arbeiteten die meisten Handwerker des 13. Jahrhunderts kaum mehr als 2.300 Stunden im Jahr, also nicht länger als ihre Kollegen in der »nachindustriellen Freizeitgesellschaft«. In einigen Branchen war sogar schon ein Urlaubsanspruch festgelegt (Wilensky 1972). Die Zünfte (Handwerk) und Gilden (Handel) regulierten weitgehend das Arbeitsverhalten und legten dabei auch die Arbeitszeiten fest, die mangels künstlicher Beleuchtung stark durch den Hell-Dunkel-Rhythmus geprägt und deshalb im Sommer länger und im Winter kürzer waren. Weil bei Anbruch der Dunkelheit die Stadttore geschlossen wurden, mussten Arbeitskräfte, die nicht in der Stadt wohnten, rechtzeitig ihren Arbeitsplatz verlassen. Die übrigen Handwerker lebten in der Sozialform des »Ganzen Hauses«, bei dem Arbeiten und Wohnen noch nicht räumlich getrennt waren, im Hause des Meisters und verbrachten so ihre gesamte Zeit eng aufeinander bezogen und somit auch kontrolliert. Teilweise gab es auch schon Gasthäuser, in denen die Handwerksburschen verkehrten und oft mit anderen Bevölkerungsgruppen (z. B. Studenten) in Streit gerieten. Die meisten Stadtbürger verbrachten ihre freie Zeit aber nicht in der Öffentlichkeit, sie lebten in Großfamilien, zu denen neben Eltern, Kindern und Großeltern oft Verwandte und Dienstpersonal zählten. Meist wird der Raum beengt gewesen sein, weshalb die Zeit wohl oft auch vor dem Hause, am »Brunnen vor dem Tore« oder auf dem Stadtanger verbracht wurde. Die mittelalterliche Stadtgesellschaft war durch Zünfte, Gilden und ähnliche Genossenschaften straff organisiert, durch ehrenhafte und unehrenhafte Berufe ständisch gegliedert und durch eine Reihe von Regeln (Kleiderordnungen, Grußformen) sozial normiert. Fahrende Scholaren, durchziehende Kaufleute und Handwerksburschen auf Wanderschaft brachten neue Informationen und veränderten damit auch die Wissensbestände.

Der mittelalterliche Feudaladel lebte überwiegend auf Burgen oder in Schlössern, hatte teilweise aber auch Stadtwohnungen. Für ihn war Repräsentation Pflicht. Dementsprechend entfaltete der Adel, welcher in Deutschland in einer großen Zahl von Klein- und Mittelstaaten lebte und so mit seinesgleichen in den anderen Staaten konkurrierte, Pomp und Festlichkeit: Reiten und Fechten, üppige Gelage, prunkvolle Bauwerke, aber auch Dichtkunst, Gesang, Musik und Malerei zählten zu den Darbietungen der »höfischen Gesellschaft«. Es entstand neben dem »Arkanum«, dem Geheimbereich der Herrschaft, der Typus der »repräsentativen Öffentlichkeit« (Habermas 1962). Weltliche und kirchliche Herrschaft stellte sich gegenüber einem weitgehend analphabetischem Volk durch Repräsentation in Form von Zeremonien, Symbolen und Abzeichen dar. So waren z. B. die Ritterturniere nicht bloß sportliche Wettkämpfe, sondern auch öffentliche Darstellungsformen der Herrschenden. Kleidung, Waffen, Schmuck und Grußformen signalisierten nach außen die Zugehörigkeit zu bestimmten Ständen. Adel und Klerus demonstrierten in den Zeremonien und Repräsentationen Zeitwohlstand, sie waren nicht zu körperlicher Arbeit gezwungen. In den Klöstern war der niedere Klerus allerdings durchaus mit körperlicher Arbeit beschäftigt, was als Dienst für Gott begriffen wurde. Die Klöster sind der eigentliche Ursprung für Zeitdisziplin. In ihnen wurden Vorläufer der Uhren eingerichtet: z. B. Kerzenuhren, wobei der Schaft einer Kerze mit Zeitabschnitten markiert wurde, an denen durch gleichmäßiges Abbrennen die jeweilige chronometrische Zeit abgelesen werden konnte, die zum Gebet rufende Glocke und ein meistens nach Osten ausgerichteter Hühnerkäfig, aus dem die Hühner den Aufgang der Sonne meldeten. In den Klöstern waren die Gebets-, Essens- und Arbeitszeiten genau festgelegt, auch Kalender wurden akribisch geführt. Chronometrie und Chronologie wurden also unter dem

Einfluss der Kirche straff organisiert. Aber noch war es »Zeit Gottes«, die den Menschen nicht als deren Eigentum zur Verfügung gestellt war. Erst gegen Ende des Mittelalters wurde daraus »die Zeit der Händler« (vgl. Dohrn-van Rossum 1992). Im späten 13. Jahrhundert kamen die ersten Turmuhren auf, die in Kirchen und gelegentlich auch in Rathäusern installiert wurden und den Bürgern als Zeichen von Wohlstand und Fortschritt galten. Bald fühlten sich viele Bürger aber durch die Uhren kontrolliert, vereinzelt wurden die Uhren wieder zerstört. Konnte man sich zuvor auf dem Marktplatz »wenn die Sonne am höchsten steht« verabreden, so war Unpünktlichkeit kaum zu bestimmen, was sich nach der Einführung von Uhren radikal änderte, weil diese zu einem Kontrollmittel wurden. Zeit wurde seit dem 14./15. Jahrhundert zu einem immer effizienteren Mess- und Kontrollwert.

Die Zeitverwendung des mittelalterlichen Menschen war starr festgelegt, die sozialen Rollen waren genau fixiert und der Inhalt der freien Zeit wurde durch kirchliche wie weltliche Herrschaft ziemlich genau bestimmt. Die mittelalterliche Zeitstruktur diente wesentlich zur Erhaltung der vorhandenen Herrschaftssysteme, weil drei Funktionen zugleich erfüllt wurden: erstens die öffentliche Demonstration der Macht von Kirche und weltlichen Herren (z. B. durch Ritterspiele oder Zeremonien); zweitens die inhaltliche Kontrolle der Zeitverbringung; drittens ein relativer Schutz vor willkürlicher Ausbeutung der Arbeitskraft. In dieser Zeit tauchte auch der Begriff »frey zeyt« auf: In Marktzeiten sollten die zum Markt Reisenden vor Störungen und Angriffen sicher sein, Verstöße gegen den Marktfrieden wurden doppelt bestraft. Die »frey zeyt« war also Frieden auf Zeit. Neben dem Friedenselement deutete sich aber schon ein Freizeitbegriff an, der später zur emanzipativen Bestimmung der Freizeit werden sollte (freie Zeit als Zeit der Freiheit).

Am Ende des Hochmittelalters (13. bis 15. Jh.), als sich von Italien aus die klassisch inspirierten Gedanken der Renaissance verbreiteten, veränderte sich das qualitative Verhältnis von Arbeit und Muße. Während im frühen Mittelalter der Begriff Muße (mittelhochdeutsch: »muoze«) ursprünglich im Sinne von »müssen«, später im Sinne von »Nicht-Aktivität« bzw. »Ruhe« verwendet wurde, sollte er im Spätmittelalter die Grundlage für das menschliche Erkennen und Bilden abgeben. Dichtung und Musik jener Zeit entstanden ebenso in Muße wie das wissenschaftliche Werk der Gelehrten oder Mönche. Die öffentliche Repräsentation der weltlichen und geistlichen Herrscher stellte im Sinne von Veblen (1895) »demonstrative Muße« dar. Die gesellschaftlichen Oberschichten differenzierten sich in zahlreiche Abstufungen des Adels, des Stadtpatriziats und der Gelehrtenschaft. Die höfische Gesellschaft gelangte zur Entfaltung. In ihr demonstrierte der Adel seine Überlegenheit durch Prunk, Konsum und Mußeveranstaltungen z. B. durch Musik- und Theateraufführungen, Jagden, Festspiele oder Wettkämpfe. Auf der anderen Seite der Gesellschaftshierarchie entwickelten Handwerk und Stadt-«Pöbel« eigene Formen der Mußedemonstration – z. B. volkstümliche Gesänge, Ballspiele (Anfang des Fußballspiels) oder Sportveranstaltungen. Das allmählich aufkommende Bürgertum partizipierte sowohl an der höfischen Gesellschaft als auch an den Unterschichtvergnügungen. Das organisierte Amüsement des professionellen Theaters oder Dichterwettbewerbe wurde vom Bürgertum unterstützt. So begann sich eine klassentypische Differenzierung der Muße und Kultur durchzusetzen, die bis weit in die Neuzeit fortwirkte.

3.4 Frühe Neuzeit

Mit dem Beginn der Neuzeit zerbrach unter dem Einfluss von Renaissance und Reformation die Vorherrschaft der beiden Universalgewalten (Kirche, Kaisertum), ständische Bindungen verloren an Wirksamkeit, die Gesellschaft wurde immer sichtbarer von den Prinzipien der Arbeitsorganisation und Berufszugehörigkeit gestaltet. Die Zünfte regelten zwar noch den Zugang zu den Berufen und auch die Arbeitszeiten, doch brachte die Umformung des herkömmlichen Handwerks durch Verlagswesen und Manufaktur erste Ansätze zur Lohnarbeit. Nun war nicht mehr die agrarische Produktion mit ihrem ständig wiederkehrenden, von der Natur bestimmten Rhythmus die vorherrschende Wirtschaftsform. Das Handwerk erzeugte Güter in ständig wachsender Zahl, der Handel versorgte expandierende Märkte, immer mehr Kapital wurde eingesetzt. Die ursprüngliche Anschauung der Arbeit als von Gott gewollter und dem Menschen auferlegter Mühsal wich unter dem Einfluss der Reformation der Auffassung, dass sich der Mensch im Beruf vor Gott verwirklichen könnte. Die Arbeit des Einzelnen wurde zu seiner eigenen Leistung, sie war nicht mehr direkt (sklavisch) oder indirekt (feudal) erzwungen, sondern war formal frei. Die individuelle Arbeit wurde quantifizierbar und damit vom Markt (und nicht mehr vom Stand oder Zunft) abhängig. Arbeit wurde zum eigentlichen Lebenszweck und war nicht mehr lediglich die Vorbedingung anderer Lebenszwecke. Insbesondere Luther formulierte ein rigides Arbeitsethos, das Müßiggang verpönte und Arbeit in den Mittelpunkt des menschlichen Lebens stellte. Die Zeitverwendung wurde rechenhaftem Kalkül unterworfen und seither an Arbeit gekettet, das Leben wurde rationalisiert. Mit dem Calvinismus des 16. und 17. Jahrhunderts begann dann auch der Leistungsgedanke. Zwar sollten alle Menschen ihre Arbeit in gleicher Weise nutzen können, doch sollten manchen Individuen durch Gottes Gnadenwahl zu bestimmten Tätigkeiten bzw. Berufen (z. B. als Kaufmann oder Bankier) besonders prädestiniert sein und dies durch innerweltliche Askese mit dem Ziel wirtschaftlichen Erfolges auch demonstrieren. Alle Menschen hätten je nach ihrem Platz in der göttlichen Gnadenwahl ihr Bestes zu leisten. Zugleich wurde Muße als »Müßiggang« oder »Trägheit« diffamiert. Arbeit als individuelles Lebensziel, Prädestination durch Gottes Gnadenwahl und Leistungsaufforderung an alle Menschen prägten den »Geist des Protestantismus«, mit dem nach Max Weber der europäischen Kapitalismus begann:«Nicht Muße und Genuß, sondern nur Handeln dient nach dem Willen Gottes zur Mehrung seines Ruhms. Zeitvergeudung ist demnach die erste und prinzipiell schwerste aller Sünden« (Weber 1973: 166).

Diese Entwicklung ging mit Veränderungen in der Arbeitsorganisation einher: Die Arbeitszeit wurde unabhängig von der natürlichen oder religiösen Festlegung eingeteilt, sie war individuell messbar, die ursprüngliche Einheit von Arbeitsvorgang und Produkt wurde durch Arbeitsteilung aufgelöst. Technisch fand dies in der Erfindung mechanischer Räderuhren sichtbaren Ausdruck, denn die Zeit konnte nun unabhängig von der Natur gemessen werden, sie konnte bei Tag und bei Nacht, im Sommer und im Winter in ständig gleiche Einheiten unterteilt werden. Durch Ausweitung des ursprünglichen kleinen Handwerksbetriebes, in dem Meister wie Gesellen unter einem Dach arbeiteten und wohnten, zum Manufakturbetrieb, in dem jeder Arbeitende nur noch bestimmte Arbeitsvorgänge verrichtete, setzte einerseits die Trennung von Wohnung und Arbeitsplatz ein, andererseits wurde der Einzelne von seinem Arbeitsprodukt entfremdet. Die genannten Strukturwandlungen und die Umwertung von Arbeit und Beruf hatten Konsequenzen für die freie Zeit: diese wurde Restzeit, die nach der beruflichen Pflichterfüllung noch verblieb. Die traditionelle Verbringung der freien Zeit, der »alte Feierabend«, verlor an Bedeutung: Ursprünglich war der »Virabend« als Vorabend eines Festes verstanden worden, bald ergab sich daraus die alltägliche Geselligkeit am Abend. Der Feierabend, der zunächst wohl auf den äußeren, durch das Vorhandensein nur weniger Licht- und Wärmequellen nach Anbruch der Dunkelheit gegebene Zwang zurückzuführen war, vollzog sich in den festgefügten Gemeinschaften wie Haus, Familie oder Nachbarschaft. Zuerst in den Städten, später auch auf dem Lande zerbrach seit dem 17. Jahrhundert die herkömmliche Arbeits- und Feierabendgemeinschaft (»Das ganze Haus«), aus der die Berufstätigen in die Werkhallen der Manufaktur überwechselten. An die Stelle des häuslichen Feierabends trat das Wirtshaus, die arbeitsfreie Zeit wurde aus dem privaten in den öffentlichen Bereich verlagert. Das von traditionellen Bindungen befreite Individuum war doppelt an den Markt gebunden: als Anbieter seiner Arbeitskraft konkurrierte es mit anderen Individuen und war von den Zwängen des Arbeitssystems anhängig, in der arbeitsfreien Zeit aber war es den kommerziellen Interessen der aufkommenden »Freizeitbranche« (Wirtshäuser, Vergnügungen) ausgesetzt.

In der gesamten Menschheitsgeschichte wurden Spiel und Spaß, Unterhaltung und Amüsement in allen Gesellschaftsschichten gepflegt. Allerdings ist darüber wenig bekannt, weil derartige Aktivitäten nicht für würdig befunden wurden, in irgendeiner Form dokumentiert zu werden und von den Schriftkundigen wurde dieses Tun meist als »plebejisches« Verhalten abgetan. So wurden bereits seit dem Mittelalter zwischen Dörfern ein meist aus Lumpen und Lederresten bestehender Ball hin und her getrieben, wobei genaue Regeln vermutlich nicht zu beachten waren. Diese frühe Form des Fußballspiels geriet in Vergessenheit, erst ab Mitte des 19. Jahrhunderts formulierten Studenten und andere Jugendliche genaue Regeln, aus denen das bis heute übliche Fußballspiel hervorgegangen ist. Auch Musik und Tanz waren zu allen Zeiten üblich, doch erst mit der Festlegung von Regeln und der Niederschrift von Noten gerieten diese Freizeitvergnügungen ins historische Gedächtnis. Gaukler und Fahrensleute hatten bereits seit dem Mittelalter auf Märkten allerlei Unterhaltungen angeboten, später wurden daraus regelmäßige Jahrmärkte und öffentliche Darbietungen (zu denen z. B. seit dem 17. Jahrhundert sogenannte »Hungerkünstler«, Vorläufer der modernen Magersüchtigen, gehörten). Die im Mittelalter noch den »unehrenhaften Berufen« zugerechneten Gaukler und Künstler erlangten allmählich Ansehen und Einkommen. Zur gleichen Zeit erlaubten Adel und Bürgertum mäzenatenhaft den »höheren« Künsten – Malerei, Musik, Theater etc. – an ihren Höfen oder in ihren Villen, die »Hochkultur« zu entwickeln. Der Gegensatz zwischen »Volkskultur« und »Hochkultur« wurde im 18. und 19. Jahrhundert zur Glaubensfrage erhoben, was sich teilweise bis heute in den Diskussionen um Kultur und Freizeit fortsetzt. Wer Geige oder Klavier in seiner Freizeit spielt, nimmt an der höheren Kultur teil, wer Volkslieder singt, wird der niederen Kultur zugerechnet. Mit dem Aufkommen des Bürgertums verschärften sich die Abgrenzungsbemühungen zunächst noch, konnten aber spätestens im 19. Jahrhundert nicht mehr trennscharf durchgehalten werden.

Mit dem Übergang von der Manufaktur zur Fabrik im 18. und 19. Jahrhundert nahm die Zahl der Arbeiter rapide zu, die Wohnverhältnisse wurden immer beengter und das Verhältnis zur Natur änderte sich. Mit der Verstädterung schwand allmählich der direkte Bezug zur umgebenden Natur (Gärten, Wälder, Wiesen, Tiere), was sich zum einen in der aufkommenden Romantik, welche die Natur überhöht und emotional beschrieb, zum anderen in der Hinwendung zum kleinen Garten, der eben auch zur Ernährung beitrug, ausdrückte. Der Kleingarten gewann an Bedeutung und wurde seit der Mitte des 19. Jahrhunderts sogar zu einer mächtigen ideologischen Bewegung. In diese Zeit fiel auch die kleinbürgerliche Popularisierung der Gartenzwerge. Deren historische Vorläufer reichten weit ins Mittelalter, nach anderen Quellen sogar bis in die Antike, zurück. Darstellungen von Zwergen hat es in der gesamten Menschheitsgeschichte gegeben. Doch eine direkte Kontinuität reicht bis ins 14. Jahrhundert zurück. In Kappadokien, in der heutigen mittleren bzw. östlichen Türkei, wurde Bergbau unter Tage betrieben. Weil die Stollen nicht sehr hoch gebaut werden konnten, wurden Kinder eingesetzt, deren Arbeitskraft aber nicht ausreichte. Daher wurden schon bald Pygmäen, die zu jener Zeit als Sklaven gehandelt wurden, in die Stollen geschickt. Deren Schaffenskraft wurde bewundert und sollte auch für alle Zeiten festgehalten werden. Wie in vielen frühen Kulturen üblich wurden Kräfte in Stein gebannt, um sie sich auf Dauer zu sichern. So entstanden erste Zwergenfiguren aus wuchtigen Steinen. Im 14. und 15. Jahrhundert wurden solche Figuren von den venezianischen Kaufleuten aufgekauft und an den oberitalienischen Adel verkauft, die dieser in seine Parks stellte, ab 1420 sind solche Figuren auch beim niederrheinischen Adel dokumentiert. Das seit dem 16. Jahrhundert aufkommende Wirtschaftsbürgertum wollte den Adel in gewissem Umfange nachahmen, sich aber von dessen Klobigkeit absetzen. So wurden Zwergenfiguren aus Edelmetall, Porzellan, Glas oder anderen edlen Materialien angefertigt und zwar auch in Farbe, die nun teilweise die Gärten der Villen oder der Bürgerhäuser bevölkerten. Während der Französischen Revolution sollen diese Figuren von der preußischen Obrigkeit gar verboten worden sein, weil damit wegen der roten Mützen Sympathiebekundungen mit den Jakobinern vermutet wurden. Im frühen 19. Jahrhundert wollte das aufkommende Kleinbürgertum das Bürgertum nachahmen, verfügte aber nur über wenige finanzielle Mittel und zumeist auch nur über einen kleinen Garten. So wurden Zwergenfiguren aus billigerem Material, etwa Lehm, Gips oder Holz, in großer Zahl hergestellt. Die Massenproduktion der Gartenzwerge war angebrochen. Zunächst tobten erhebliche ideologische Auseinandersetzungen zwischen den an der höheren Kunst orientierten und an ihren Privilegien festhaltenden Porzellanwerkern, welche die Gartenzwerge als Kitsch abtaten, und den Ziegeleiarbeitern, welche die Gartenzwerge als eine Ausdrucksform der Arbeiterschaft ansahen. Allmählich setzte sich die Massenproduktion durch, ab 1872/1878 wurden auch die ersten Fabriken in Thüringen gegründet, die teilweise bis in die Gegenwart Fortsetzung gefunden haben. Die Serienfertigung begann, mit der ein Massengeschmack getroffen werden sollte, weil auch die aufkommende Arbeiterschaft an solchen Formen der Kultur teilhaben wollte. Seit dem 19. Jahrhundert wird den Gartenzwergen ein kleinbürgerliches und gelegentlich sogar plebejisches Image zugemessen, das sich gern mit dem Begriff »Kitsch« belegen lässt. Solche Kategorisierung ist historisch unangemessen und nicht diskutabel, denn Kitsch haben bekanntlich immer nur »die Anderen« und über Vorurteile lässt sich trefflich auch ohne jegliche Substanz streiten.

Die Massenproduktion der Gartenzwerge hat sich seit dem ausgehenden 19. Jahrhundert rasch erweitert und ist auch von den NS-Machthabern, die sich ja gern auf das Kleinbürgertum stützten, nicht behindert worden. Erst in der Sowjetischen Besatzungszone und der späteren Deutschen Demokratischen Republik wurde der Gartenzwerg als Relikt des Kleinbürgertums verpönt und durch Gängelung der Betriebe weitgehend verboten. Die meisten Betriebe mussten Thüringen verlassen und haben sich im Hessischen angesiedelt. Erst ab Mitte der siebziger Jahre wurden in der damaligen DDR wieder Gartenzwerge produziert, von denen die meisten in den Export (z. B. nach Südafrika) gingen. In der alten Bundesrepublik wurden Gartenzwerge auch vielfach als Kitsch verpönt und gelegentlich sogar noch in den sechziger Jahren auf Schulhöfen öffentlich zertrümmert. Später haben sie auch hier eine Renaissance erfahren und sind seit den siebziger Jahren auch als Künstler- oder Politikerzwerge in den vielfältigsten Formen beliebt. In der Gegenwart stammen fast 98 Prozent aller Gartenzwerge aus Deutschland, von denen etwa die Hälfte in den Export gehen, weil sie als Sinnbild »deutscher Tugenden« (z. B. Disziplin, Fleiß, Freundlichkeit) gelten. Am Gartenzwerg, der wegen seiner Abstammung aus dem Bergbau immer nur männlich sein kann, obwohl in der damaligen DDR wegen der Gleichberechtigung der Frauen auch weibliche Gartenzwerge (allerdings ohne große Verkaufserfolge) produziert wurden, lässt sich die Spannung zwischen der vermeintlichen Trivialkultur und der den jeweiligen Oberschichten vorbehaltenen Hochkultur nachzeichnen. Ein Gegensatz, der auch im 18. Jahrhundert schon deutlich war, als z. B. mit der Ausbreitung des Schulwesens immer mehr Menschen lesen und schreiben konnten und die Obrigkeiten daraufhin über die »Lesesucht der niederen Stände« klagten.

Allmählich bröckelte seit dem 18. Jahrhundert auch das Mußemonopol der einstmals herrschenden Klasse. Die höfische Gesellschaft verlor durch das zahlenmäßig beachtliche Aufkommen des Wirtschaftsbürgertums (Unternehmer, Händler) und durch die Verselbständigung des Bildungsbürgertums (Gelehrte, Schriftsteller, Anfänge der Massenmedien) an Bedeutung. Der Lebensstil des Adels wurde zwar auch vom Bürgertum nachgeahmt, doch degenerierten die Merkmale der höfischen Gesellschaft zur Äußerlichkeit. Zugleich wurden Elemente einer neuen bürgerlichen Kultur in Literatur, Kunst und Architektur sichtbar: Die Unternehmervilla übernahm die Rolle des Fürstenpalastes, die im Caféhaus debattierenden Intellektuellen verdrängten die höfischen Gelehrten. Das Bürgertum übernahm teilweise Muße und Muse der höfischen Gesellschaft, war aber zugleich den zeitlichen Zwängen des aufkommenden Industriezeitalters ausgesetzt. Einerseits übernahm das Bürgertum Mußeelemente der höfischen Gesellschaft, um sich von den »niederen Gesellschaftsklassen« deutlich abzuheben, andererseits war es an den Leistungsgedanken, der am Beginn des Kapitalismus stand, gebunden. Die Idee der individuellen Leistung diente dem Bürgertum zur Emanzipation von den Zwängen der Feudalordnung, denn in der ständischen Gesellschaft war jeder Mensch an seinen durch Geburt festgelegten Stand gefesselt, in der beginnenden Industrialisierung dagegen war der einzelne »seines Glückes Schmied«. Dementsprechend spielte der Freiheitsbegriff, der mit der Aufklärung und der Emanzipation des Bürgertums aufkam, eine wichtige Rolle: Der Bürger war nicht mehr der vom Feudalsystem festgelegten Zeitordnung unterworfen, er hatte »freie Zeit«. So konnten im 17. und 18. Jahrhundert viele der im Mittelalter von Adel und Klerus geschaffenen Feiertage aufgehoben und zu Arbeitstagen gemacht werden.

3.5 Zeitalter der Industrialisierung

Diese Tendenzen verstärkten sich im Zeitalter der Industrialisierung seit dem Ende des 18. Jahrhunderts. Die Arbeitszeiten wurden ständig ausgeweitet, die jährliche Arbeitszeit stieg auf 3.500 bis 4.000 Stunden (im Mittelalter waren es 2.000 bis 2.300 gewesen). Die Rationalisierung der Arbeit, Trennung von Tätigkeit und Produkt, Verkauf der Arbeitskraft gegen Lohn, Lösung von traditionellen Bindungen und Trennung von Wohnung und Arbeitsplatz waren bereits im Zeitalter der Manufaktur sichtbar gewesen. Mit dem Aufkommen der Industrie, d. h. mit dem Übergang zur massenhaften Produktion in Fabriken unter Einsatz künstlicher Energiequellen und technischer Apparate, wurde die Arbeitszeit immer stärker reglementiert, die Arbeit selbst wurde stark diszipliniert, die vorhandenen Arbeitskraftreserven wurden ausgeschöpft. Während in der Landwirtschaft, im Handel oder im Handwerk die Arbeit von natürlichen Faktoren wie Sonnenauf- oder -untergang, Sommer oder Winter beeinflusst wurde und mithin Spielräume bzw. Abwechslungen bestanden, vollzog sich die Arbeit in der Fabrik standardisiert, diszipliniert und monoton. Die Erfindung künstlicher Licht- und Energiequellen machte von der Natur unabhängig, der Tages- oder Jahresrhythmus wurde einzig von ökonomischen Erfordernissen und Grenzen der physischen Belastbarkeit der Arbeitskräfte bestimmt. Bei der Ausdehnung der Arbeitszeiten wurde kaum Rücksicht auf den baldigen Verschleiß der Arbeitskraft genommen, denn die »industrielle Reservearmee« (Marx), die durch Freisetzung der Landbevölkerung, Binnenwanderung, Kinderreichtum, Verdrängung des Handwerks und Ausschöpfung sonstiger Arbeitskraftreserven entstanden war, bot ständigen Ersatz für die physisch ausgelaugten oder unwilligen Arbeitskräfte. Da die Arbeiter nur mit dem Existenzminimum entlohnt wurden, waren Frauen und Kinder gleichfalls zur Arbeit in der Industrie gezwungen. Sechzehn- bis achtzehnstündige Arbeitstage (für Frauen und Kinder zwölf bis vierzehn Stunden) wurden in der ersten Hälfte des 19. Jahrhunderts zur Regel und das an sechs oder sieben Tagen in der Woche. Denn die Sonntage hatten mit dem Argument, die teuren Maschinen dürften im Interesse des Gemeinwohls nicht stillstehen, ihre kirchliche Weihe verloren und die Zahl der Feiertage war auf zehn bis fünfzehn im Jahr zusammengeschmolzen. Urlaub war nicht vorgesehen (wurde erst im 20. Jahrhundert erkämpft). Bei 52 Arbeitswochen von jeweils 80 bis 90 Stunden lag die jährliche Arbeitszeit der Industriearbeiter bis in die Mitte des 19. Jahrhunderts bei weit über 4.000 Stunden. Die verbleibende Zeit war so gering, dass sie allenfalls noch für lange Heimwege, kärgliche Nahrungsaufnahme, dringendste Hygiene und etwas Schlaf reichte. In elenden Wohnquatieren, ungesunden Lebensverhältnissen und mit den durch Frauen- und Kinderarbeit strapazierten Familienstrukturen lebte die ständig wachsende Zahl der Industriearbeiter des 19. Jahrhunderts ohne freie Zeit. Noch am Anfang des 20. Jahrhunderts, als sich die Verhältnisse allmählich änderten, schrieb Richard Demel in seinem Gedicht »Der Arbeitsmann«:

Wir haben ein Bett,
Wir haben ein Kind, mein Weib!
Wir haben auch Arbeit und gar zu zweit
und haben die Sonne und Regen und Wind,
Uns fehlt nur eine Kleinigkeit
Um so frei zu sein wie die Vögel sind:
Nur Zeit!

An Rechtfertigungen der überlangen Arbeitszeiten hat es nicht gefehlt. In England wurde beispielsweise »bewiesen«, dass junge Menschen, »welche man nicht volle 12 Stunden in die warme und reine Moralluft der Fabrikstube bannt, sondern eine Stunde früher in die gemütskalte und frivole Außenwelt verstößt, von Müßiggang und Laster um ihr Seelenheil geprellt werden«. Der englische Nationalökonom Senior formulierte das »wirtschaftswissenschaftliche Gesetz«, nach dem der Unternehmensgewinn erst in der jeweils letzten Arbeitsstunde anfalle und mithin zur Erhöhung des Unternehmensgewinnes – was ja im Interesse des Gemeinwohls liegen müsse – letztlich die Arbeitszeit noch verlängert werden müsse. Ähnliche, angeblich wissenschaftliche Rechtfertigungen wurden in der ersten Hälfte des 19. Jahrhunderts allenthalben in Europa vorgebracht.

Aber im Bewusstsein der Ökonomen und selbst der meisten Arbeiter bzw. ihrer politischen Vertreter hatte sich der abendländische Glaube an die Heiligkeit der Arbeit so stark festgesetzt, dass Arbeit schon fast zur Sucht, zumindest aber zur Ersatzreligion geworden war, wie Paul Lafargue, der Schwiegersohn von Karl Marx in seinem 1891 ins Deutsche übersetzten Buch »Das Recht auf Faulheit« vermerkte:

»Eine seltsame Sucht beherrscht die Arbeiterklasse aller Länder, in denen die kapitalistische Zivilisation herrscht, eine Sucht, die das in der modernen Gesellschaft herrschende Einzel- und Massenelend zur Folge hat. Es ist dies die Liebe zur Arbeit, die rasende, bis zur Erschöpfung der Individuen und ihrer Nachkommenschaft gehende *Arbeitssucht*. Statt gegen diese Verirrung anzukämpfen, haben die Priester, die Ökonomen und die Moralisten die Arbeit heiliggesprochen. (...) Man betrachte den stolzen Wilden, wenn ihn die Missionare des Handels und die Handlungsreisenden in Glaubensartikeln noch nicht durch Christentum, Syphilis und das Dogma von der Arbeit korrumpiert haben, und dann vergleiche man damit den abgerackerten Maschinensklaven!« (Lafargue 1891/1966: 19, Hervorhebung im Original).

Dieses Denken hat sich bis weit in die Gegenwart hinein fortgesetzt, erst seit wenigen Jahrzehnten zeichnet sich ein Umdenken ab.

Dass sich in der zweiten Hälfte des 19. Jahrhunderts die Arbeitszeiten langsam verringerten, hatte zunächst außerökonomische Ursachen: Die Militärbehörden klagten über den äußerst schlechten Gesundheitszustand der Rekruten, die als Kinder schon durch die Fabrikarbeit physisch ausgelaugt worden waren. Später kamen ökonomische und sozialpolitische Motive hinzu. Die zunehmende Technisierung konnte Arbeitskräfte ersetzen, die Arbeit wurde intensiviert. Die Unternehmer hatten erkannt, dass eine langfristig intensive Nutzung der Arbeitskraft letztlich vorteilhafter sein könne als eine kurzfristige Ausbeutung. Hinzu kam, dass nach der ersten Industrialisierungsphase der Bedarf an Investitionsgütern abnahm, so dass nun der Konsumgütersektor stärker beachtet wurde. Arbeitskräfte, die zwei Drittel ihrer Tageszeit in den Fabriken zubrachten und am Existenzminimum entlohnt wurden, waren aber schlechte Konsumenten. Zum Konsum war freie Zeit erforderlich. So ging die Verkürzung der Arbeitszeiten mit einer Ausweitung des Konsumsektors einher. Diese ökonomischen Tendenzen wurden von sozialpolitischen Entwicklungen begleitet: Seit Mitte des 19. Jahrhunderts begann sich die Industriearbeiterschaft gewerkschaftlich und politisch zu organisieren, um die überlangen Arbeitszeiten und die materielle wie psychische Verelendung zu bekämpfen. Der seit etwa 1860 propagierte »Kampf um den Achtstunden-Arbeitstag« zeigte langsam Erfolge: Die täglichen Arbeitzeiten wurden schrittweise reduziert (vgl. Tabelle), die Sonntagsarbeit wurde im letzten Drittel des 19. Jahrhunderts fast ganz aufgehoben (auch aus kirchlichen und politischen Motiven: Erhöhung der Staats- und Kirchenloyalität der Industriearbeiter), in Ansätzen wurde auch schon die Samstagsarbeit verkürzt. Formal wurden aber erst nach dem ersten Weltkrieg der Achtstunden-Arbeitstag und der verkürzte Samstag durchgesetzt. Der Kampf der Gewerkschaften und Arbeiterparteien um eine Verkürzung der Arbeitszeiten und eine Verbesserung der Lebenssituation der Arbeiter traf sich wenigstens teilweise mit staatlich-politischen Motiven jener Zeit. Zum einen waren die inneren Widersprüche in den meisten von der Industrialisierung erfassten Gesellschaften unübersehbar, so dass der Staat schon im eigenen Interesse die Loyalität der benachteiligten Gruppen (Arbeiter) gewinnen wollte. Zum anderen hatte der Staat sozialpolitische Aufgaben – Altersversorgung, Krankenversicherung, Schutz bei Unfall und Invalidität – übernommen und war daher auch materiell daran interessiert, dass die Arbeitskräfte nicht über alle Maße ausgebeutet wurden.

Zu den genannten ökonomischen, sozialpolitischen und staatlichen Motiven kamen gegen Ende des 19. Jahrhunderts einschneidende Gesellschaftsveränderungen hinzu, die gleichfalls den Prozess der Arbeitszeitverkürzung beeinflussten. Mit der ständigen Ausweitung der Industrie und den wachsenden Aufgaben des Staates setzte die Bürokratisierung ein, die ein rasches Anwachsen der Zahl der Beamten und Angestellten zur Folge hatte. Der »neue Mittelstand«, wie diese neue Gesellschaftsschicht später genannt worden ist, verfügte über geregelten Urlaub (besonders die Beamten) und hatte kürzere Arbeitszeiten. Diese gesellschaftlichen Strukturveränderungen begünstigten den Kampf um kürzere Arbeitszeiten. Die Verkürzung der Arbeitzeiten auch für die Industriearbeiter, die allmählich durchgesetzt werden konnte, führte schon bald zu der Frage, welchen »Sinn« die neue freie Zeit haben solle. Die Gewerkschaften und Arbeiterparteien waren nicht bloß gegen die überlangen Arbeitzeiten und die materielle wie psychische Verelendung der Arbeiterschaft zu Felde gezogen. Sie wollten aus den Arbeitern »mündige Bürger« machen, die unter Akzeptierung bürgerlicher Ausweiskriterien ihre Bildungsfähigkeit und Berechtigung zur politischen Mitwirkung nachweisen konnten. Die erkämpfte freie Zeit sollte der Arbeiterbildung dienen.

Aus dieser Zeit stammen auch die ersten empirischen Forschungen über das Freizeitverhalten der Arbeiter (Centralstelle 1893), weil die Unternehmer und die politische Obrigkeit davor warnte, den Arbeitenden zu viel arbeitsfreie Zeit zu gewähren, und nun die Interessenvertretung der Arbeiterschaft empirisch nachweisen wollte, dass die Arbeiter keineswegs zu viel arbeitsfreie Zeit hatten und diese auch sinnvoll zu nutzen verstanden. Die Arbeiterbildung als primärer Inhalt der neugewonnenen freien Zeit verlor allerdings in dem Umfang an Bedeutung, in dem sich die ökonomisch-politischen Organisationen der Arbeiterbewegung (Gewerkschaften, SPD) zu »staatstragenden« Institutionen entwickelten. Die gesellschaftsverändernde Definition der Freizeit als Bildungs- und Politisierungszeit wich – auch unter dem Einfluss liberaler und kirchlicher Theorien – sozialpolitischen bzw. -hygienischen Funktionsbestimmungen. Die arbeitsfreie Zeit sollte der Erholung und gesundheitlichen Wiederherstellung des durch die harte Industriearbeit belasteten Menschen dienen, und sie sollte »richtig« verbracht werden. Vor dem Ersten Weltkrieg begann die Diskussion um die »sinnvolle« Freizeit und damit in Ansätzen eine Freizeitpädagogik bzw. Freizeitsoziologie. Wenn aber die freie Zeit der Reproduktion der Arbeitskraft, also der Erholung des Arbeitenden, dienen sollte, so stand es im Belieben des Einzelnen, wie er die arbeitsfreie Zeit nutzte. Das »Freizeitproblem« wurde individualisiert und damit entpolitisiert. Zugleich wurde die arbeitsfreie Zeit zur Konsumzeit, denn in der zweiten Phase der Industrialisierung wurde der Konsumsektor stark ausgeweitet, was eben hinreichend freie Zeit für den Konsum voraussetzte.

Die Verkürzung der Arbeitszeiten in Deutschland (durchschnittliche effektive Wochenarbeitszeit der abhängig Beschäftigten in der Industrie) ist in der nachfolgenden Tabelle dargestellt:

1830-1860	80-90 Std.	1942	49,2	1967	42,3
1861-1870	78	1943	48,0	1968	43,3
1871-1880	72	1944	48,3	1969	44,0
1881-1890	66	1946	39,5	1970	44,0
1891-1900	61-65	1947	39,1	1971	43,2
1901-1910	58-61	1948	42,4	1972	42,8
1911-1914	54-60	1949	46,5	1973	42,8
1915-1918	?	1950	48,0	1974	41,9
1919-1923	48	1951	47,4	1975	40,1
1924	50,4	1952	47,5	1980	40,1
1927	49,9	1953	47,9	1985	39.6
1928	48,9	1954	48,6	1988	38,9
1929	46,0	1955	48,8	1989	38,5
1930	44,2	1956	48,0	1990	38,1
1931	42,4	1957	46,5	1991	38,0
1932	41,4	1958	45,7	1992	37,9
1933	42,9	1959	45,8	1993	37,5
1934	44,5	1960	45,5	1994	37,2
1935	44,4	1961	45,5	1995	37,1
1936	46,7	1962	44,9	1996	36,8
1937	47,6	1963	44,7	1997	36,8
1938	47,9	1964	44,7	1998	36,7
1939	48,6	1965	44,1	1999	36,7
1940	50,1	1966	43,9		
1941	50,1				

Quellen: Meinert (1958); Külp/Müller (1973); Statistisches Bundesamt: Tourismus in Zahlen, 2001: 183

Bei dieser Tabelle ist allerdings zu berücksichtigen, dass es sich nur um die effektiven Wochenarbeitszeiten von Industriearbeitern handelt. Die Arbeitszeiten anderer Berufstätiger (z. B. Handwerker, Bauern usw.) sind ebensowenig berücksichtigt wie die Veränderungen der Jahres- oder Lebensarbeitszeiten (z. B. durch Ausweitung des Urlaubs, frühere Pensionsgrenzen, längere Ausbildung). Allerdings zeigt die Tabelle, dass die größte Verkürzung der Arbeitszeiten zwischen 1860 und 1918 stattgefunden hat, die nachfolgenden Verkürzungen sind vergleichsweise gering und unterliegen deutlich den Konjunkturschwankungen. Zur Untermauerung der These von der »ständig wachsenden Freizeit« sind diese Zahlen denkbar ungeeignet.

Die Freizeit im 19. Jahrhundert änderte sich durch eine Reihe von Entwicklungen auch in der Erlebnisqualität nachhaltig, auch wenn diese oft wegen der überlangen Arbeitszeiten kaum zu genießen war. In dieser Zeit wurde das kommerzielle Angebot an Freizeitvergnügungen und Amüsement stark ausgeweitet. Zum einen wurden die Produktions-, Distributions- und Rezeptionssphäre der Massenmedien rasch modernisiert und auf Massenkonsum umgestellt, zum anderen gingen mit der starken Urbanisierung und dem Bevölkerungswachstum Verschiebungen zwischen Öffentlichkeit und Privatheit einher, und schließlich setzte sich auch der Wandel von der elitären Hochkultur zur demokratischen Massenkultur fort. Zeitungen und Zeitschriften konnten bis zum Beginn des 19. Jahrhunderts aus technischen Gründen nur in kleinen Stückzahlen gedruckt werden und waren dementsprechend teuer und mithin nur den begüterten Gesellschaftsschichten vorbehalten. Mit den technischen Erfindungen des Industrialisierungszeitalters (Schnellpresse, Telegraf, später Telefon, Elektrizität) konnte der Druck von Büchern, Zeitungen und Zeitschriften stark beschleunigt und vervielfältigt werden, auch Lithografien und Fotografien erschienen jetzt in den Druckwerken. Mit dem Ausbau des Verkehrswesens konnten die Druckerzeugnisse rasch in andere Regionen transportiert werden, der enge Rahmen des jeweiligen Ortes wurde gesprengt. Mit der Telegrafie und dem regelmäßigen Postverkehr konnten aktuelle Nachrichten zügig übermittelt werden, was zur Aktualität der Druckwerke beitrug. Vor allem kam aber hinzu, dass die Zensur und die Stempelsteuer, mit denen die Obrigkeiten bisher missliebige Meinungen fern hielten, allmählich verschwanden und allenthalben Anzeigen gedruckt werden durften. Dadurch erlangten Zeitungen und Zeitschriften zusätzliche Einnahmequellen und konnten ihre Produkte erheblich verbilligen. So wurden die Tages- und Wochenzeitungen bzw. Zeitschriften immer breiteren Schichten der Bevölkerung zugänglich, die wegen der einsetzenden Verbreitung von Volksschulen in immer größerer Zahl auch lesen konnten. So entstand im 19. Jahrhundert ein Massenpublikum für Druckwerke, denn auch Bücher wurden billiger und leichter zugänglich. Spezielle Buch- und Zeitschriftengattungen beschworen die »heile Welt« oder setzten auf die Rührseligkeit ihrer Leserinnen und Leser. Bereits Goethe beklagte sich darüber, dass sein Schwager Vulpius mit seinen Bestsellern ein viel breiteres Publikum erreichte als er. In der zweiten Hälfte des 19. Jahrhunderts erreichte die Zeitschrift »Die Gartenlaube« riesige Auflagen, weil dort als Gegenpol zu den Umbrüchen im Zeitalter der industriellen Revolution eine weitgehend intakte Welt dargestellt wurde. Gegen Ende des Jahrhunderts (1895) kam mit dem Kino ein neues Medium hinzu, das zunächst nur einen kleinen Kreis erreichte, aber bereits Anfang des 20. Jahrhunderts ein Massenpublikum anzog, weil die Filme auf Jahrmärkten vorgeführt wurden. Wenig später kamen feste Spielstätten auf, die vor allem von unteren Gesellschaftsschichten besucht wurden, weil der

Eintritt niedrig war (in den USA bekamen die Kinos bald den Namen »Nickelodeon«, weil für wenige Cents, die damals aus Nickel geprägt waren, gewissermaßen eine Theateraufführung /Odeon besucht werden konnte).

Im 19. Jahrhundert verschob sich auch das Verhältnis zwischen Öffentlichkeit und Privatheit. Mit dem »Strukturwandel der Öffentlichkeit« (Habermas) wurde die seit dem Zeitalter der Aufklärung räsonierende und politisierende Öffentlichkeit im 19. Jahrhundert immer stärker kommerzialisiert und so auch entpolitisiert. Wollten im 17. und 18. Jahrhundert die in den Clubs und Kaffeehäusern zusammengekommenen Intellektuellen Gesellschaft und Politik von Grund auf ändern, so hatten die im 19. Jahrhundert aufkommenden Massenmedien primär die Absicht, ein möglichst großes Publikum zu unterhalten, Werbeflächen zu verkaufen und Profit zu machen. Mit dem Durchbruch der Massenmedien wurde dem politischen Räsonnement die Spitze genommen, Massenunterhaltung und -beeinflussung waren die neuen Ziele. Allmählich setzten sich in den Verlagen großbetriebliche Strukturen durch, immer mehr Kapital und Technik waren erforderlich, Einzelpersonen verloren ihre prägende Kraft. Die Kulturindustrie nahm ihren Aufschwung.

Seit der zweiten Hälfte des 19. Jahrhunderts leiteten Parteien, Gewerkschaften und Verbände die politische Debatte in ihre Bahnen, Politik wurde in ein institutionelles Geflecht eingebunden, in dem die Massenmedien einen entsprechenden Stellenwert erlangten, der im 20. Jahrhundert noch an Bedeutung gewonnen hat. Zugleich wurde Privatheit abgegrenzt, die dem Individuum für eigene Gefühle, aber auch für Erholung und Glück zur Verfügung stehen sollte. Mit dem Zeitalter der Romantik verbreiteten sich erhabene Gefühle und seelische Inspektionen, die besonders im Bürgertum ausgelebt wurden. Das Kleinbürgertum ahmte solches Verhalten oft nach und suchte Halt in materiellen Dingen, die von Seiten des Bürgertums oft als »Kitsch« abgetan wurden. Die überwiegend verelendete Arbeiterschaft hatte andere Sorgen. Die engen und überbelegten Räume boten kaum Platz für privates Glück, die ständige Sorge um Ernährung und Überleben kannte allenfalls gelegentliche Glücksgefühle, wenn z. B. am Sonntag etwas Fleisch zur Verfügung stand. Privatheit und Öffentlichkeit hatten im 19. Jahrhundert für die jeweiligen Gesellschaftsschichten höchst unterschiedliche Bedeutungen. Das gehobene Bürgertum oder Teile des Adels, die sich gerne beim Besuch der Opernaufführung der Öffentlichkeit präsentierten, und der Arbeiter, der seine zerschlissene Kleidung gerne vor der Öffentlichkeit verbergen möchte, können in dieser Zeit kaum gegensätzlicher sein. Der Industrielle zeigte sich mit dicker Zigarre gerne öffentlich, um seinen Besitz nach außen zur Schau zu stellen, wovon die in der Vorstadtkneipe eng zusammen gedrängten Industriearbeiter, die beim »Lohntütenball« ihren täglich ausgezahlten Lohn versoffen, wenig hatten. Im letzten Drittel des 19. Jahrhunderts änderten sich im Zuge der Industrialisierung und mit der Gründung des Deutschen Reiches 1871 die gesellschaftlichen Verhältnisse besonders rasch. Der »alte Mittelstand«, zu dem Handwerker, Kaufleute, Bauern, Hausbesitzer oder Pensionäre gezählt wurden, fühlte sich von der aufkommenden Arbeiterschaft bedroht und wollte sich dementsprechend durch Kleidung, Wohnlage oder Freizeitverhalten gegenüber der drohenden »Proletarisierung« abgrenzen. Ordnung und Korrektheit sollten sich im Auftreten, in der Ausstattung der Wohnungen oder in der Bekleidung ausdrücken. Der korrekte Anzug und die nach Wohlstand aussehenden Möbel sollten das einstmals hohe gesellschaftliche Ansehen dieser Gesellschaftsgruppen repräsentieren, was selbst beim Sonntagsausflug beibehalten wurde. Auch der »neue Mittelstand« der Angestellten, Beamten und Techniker, der in jener Zeit rasch zunahm, sich aber in der Gesellschaft nur mit Mühe positionieren konnte, versuchte sich über entsprechende Attribute nach unten abzugrenzen. Der Gegensatz zwischen »white collar« und »blue collar«, also zwischen dem weißen Kragen der Angestellten und Beamten und dem blauen Kittel der Arbeiter, stammt aus dieser Zeit. Gesellschaftliche Positionen, so prekär und schwankend sie auch sein mochten, sollten öffentlich in Kleidung, Wohnen und Freizeitverhalten ausgedrückt werden. Selbst die Präferenz für bestimmte Sportarten war gesellschaftlicher Distinktion geschuldet, wenn z. B. Turnen eine akademische und Boxen eine proletarische Sportart blieben.

Zur gleichen Zeit verlor die von Bürgertum und Adel getragene Hochkultur zum Teil ihre Exklusivität. Konzert, Oper und Theater blieben zwar weiterhin den oberen Gesellschaftsschichten vorbehalten, doch in volkstümlichen Theatern, Operettenhäusern oder Tanzrevuen öffneten sich kulturelle Darbietungen den unteren Gesellschaftsschichten. Zahlreiche Vereine organisierten eigene Kulturveranstaltungen. Tanzen, Lesen oder Sport waren nicht mehr an die traditionellen Institutionen gebunden. Vor allem die aufkommende Arbeiterbewegung wollte den neuen Gruppen der Gesellschaft Zugang zu Kultur, Bildung und Unterhaltung verschaffen. Freizeit wurde von dieser Seite vor allem als Bildungs- und Emanzipationszeit begriffen. Arbeiter und Arbeiterinnen sollten ihre eigene Lage erkennen und Veränderungsmöglichkeiten anstreben können. Dazu war es auch erforderlich, Abstand von der harten Arbeit zu gewinnen und durch kulturelle Aktivitäten die eigenen Fähigkeiten und Bedürfnisse erkennen zu können. Deshalb war es nicht Ziel der Arbeiterbewegung, die Bastionen der Hochkultur zu stürmen, sondern der Arbeiterschaft die Entfaltung eigener Potenziale zu ermöglichen. Teilweise wurden dazu materielle Möglichkeiten (z. B. Musikinstrumente, Bibliotheken, Tanzstätten) zur Verfügung gestellt, wichtiger war aber die Reduzierung der besonders langen Arbeitszeiten, um wenigstens etwas Zeit für die kulturelle und emanzipatorische Betätigung zur Verfügung zu haben. Solche Ansätze reichten bis in die Weimarer Republik hinein, wurden aber immer mehr durch den wachsenden Konsum verschüttet.

3.6   Weimarer Republik

In der Weimarer Republik wurde zwar mit der Demobilmachungsverordnung des Jahres 1918 der Achtstunden-Arbeitstag für die Industrie und die Verwaltung eingeführt, jedoch waren zahlreiche Ausnahmen zulässig, die später von der Wirtschaft benutzt wurden, um faktisch die Arbeitszeit wieder zu verlängern. Die Samstagsarbeit wurde in den meisten Wirtschaftsbereichen eingeschränkt, jedoch gab es nur in ganz wenigen Tätigkeitsbereichen arbeitsfreie Samstage. Neben der Reduzierung der Arbeitszeit am Samstag erfolgte nach dem Ersten Weltkrieg die Ausweitung des Urlaubs – allerdings wurden der gesetzlich garantierte Jahresurlaub und der arbeitsfreie Samstag erst nach dem zweiten Weltkrieg erkämpft. In der Zeit zwischen dem Ersten Weltkrieg und dem Beginn des Nationalsozialismus wurde also die wöchentliche Arbeitszeit kaum, die jährliche Arbeitszeit (insbesondere durch Urlaubsregelungen) aber leicht verkürzt. Hinzu kam, dass durch die große Zahl der Arbeitslosen ein erheblicher Bevölkerungsanteil von faktischer unfreiwilliger Freizeit betroffen war. In der Zeit zwischen 1919 und 1923 stieg wegen der Folgen des Krieges (Demobilisierung als Ursache der Beschäftigungslosigkeit von Soldaten und Freiwilligen, Zerstörung von Arbeitsplätzen im Kriege und durch Abbau der Rüstung, wachsende Inflation) die Zahl der Arbeitslosen ständig an. Erst zwischen 1924 und 1928 fanden die meisten Menschen wieder eine Arbeit und konnten ihre Verluste mühselig wieder ausgleichen. In dieser kurzen Prosperitätsphase blühte die Wirtschaft in Deutschland wieder auf und viele Menschen konnten nun auch ihre lange gehegten Konsumwünsche befriedigen. Dieses Wunder brach 1929 mit dem Einsetzen der Weltwirtschaftskrise abrupt zusammen. Viele Menschen wurden schlagartig (wieder) arbeitslos und litten materielle Not, weil die 1927 eingerichtete Arbeitslosenversicherung nur wenig Mittel zur Verfügung hatte, um die Not zu lindern. Die Zahl der Arbeitslosen stieg bis 1932/33 auf rund sechs Millionen an, war allerdings schon kurz vor der Regierungsübernahme durch die NS-Machthaber, die sich später gern den Abbau der Arbeitslosigkeit auf ihre Fahnen schrieben, wieder rückläufig. Für viele Familien bedeutete die Weimarer Zeit eine Phase langer Arbeitslosigkeit und Armut, was sich auch deutlich auf deren Möglichkeiten zur Nutzung der Freizeit auswirkte. Trotz aller Maßnahmen zur Verbesserung der rechtlichen und politischen Stellung der Arbeiterschaft am Beginn der Weimarer Republik wurden diese Regelungen durch die faktische Situation auf dem Arbeitsmarkt weitgehend suspendiert. Die Gewerkschaften verloren immer mehr Mitglieder und Einfluss. So wurden faktisch die Arbeitszeiten verlängert und dereguliert, zahlreiche Überstunden wechselten sich mit Phasen der Arbeitslosigkeit ab. Dennoch schien in der öffentlichen Diskussion gemessen an den langen Arbeitszeiten in der Industrialisierungsphase des 19. Jahrhunderts ein Zuwachs an freier Zeit und damit ein vermeintliches »Freizeitproblem« eingetreten zu sein.

Weniger die tatsächliche Verkürzung der Arbeitszeiten als die Zunahme der Beschäftigten, insbesondere in der Industrie, brachte das »Freizeitproblem« hervor, von dem die Diskussion bis in die Gegenwart zehrt. Im Gegensatz zum 19. Jahrhundert verfügte nun die Bevölkerungsmehrheit über ein Quantum an rechtlich geregelter und gesellschaftlich als legitim angesehener freier Zeit. Freizeit wurde augenscheinlich zu einem Massenproblem – insbesondere in den Augen des Bürgertums und der entmachteten Eliten des Kaiserreiches, die für ihre freie Zeit eine Mußekultur entfaltet hatten und in ihrer Freizeit einen »Sinn« sahen. Dementsprechend setzte in dieser Zeit verstärkt die Diskussion um die »sinnvolle« Freizeitverbringung ein, weil die Massen mit der neugewonnen freien Zeit nichts anzufangen wüssten. Die Sinnfrage der Freizeit, die auch schon am Ende des 19. Jahrhunderts gestellt worden war, wurde publizistisch und politisch aktiviert (Ansätze der Freizeitpädagogik, Klatt; Freizeitforschung, Sternheim usw.). Diese Debatten bekamen durch das Aufkommen der »Kulturindustrie« (Horkheimer/Adorno) ebenso eine neue Dimension wie das Freizeitproblem selbst. Die Massenmedien (Presse, Hörfunk, später auch Film und Fernsehen) fungierten in doppelter Weise einmal wurden sie als Informations- und Werbeträger auf dem Markt verkauft bzw. gekauft, zum anderen vermittelten sie Ideologien, die massenhaft ins Bewusstsein eindrangen. So wurden die neugewonnenen Freizeitbereiche wenigstens teilweise durch die Massenmedien ausgefüllt.

Die »goldenen Zwanziger« waren zumindest für die städtischen Ober- und Mittelschichten eine Zeit des Ausprobierens und Feierns. Viele gesellschaftliche Zwänge wurden abgestreift, neue soziale Zuordnungen blieben vage. Lebensstile und -formen wurden ausprobiert, auch freie Sexualität wurde in manchen Gesellschaftsgruppen praktiziert. In Kunst und Musik wurden viele neue Richtungen aufgenommen und zum Teil mit herkömmlichen Stilen verschmolzen. Die neuen Medien (Radio, Schallplatte, Film und Fotografie) machten zahllose kulturelle Strömungen in Windeseile zugänglich, verbreiteten diese bis in den letzten Winkel der Republik und trugen so zur raschen Diffusion neuer Richtungen und Denkweisen bei. Die klassischen Trägerschichten der Kultur büßten ihre exklusive Stellung ein, Kultur wurde zumindestens ansatzweise demokratisiert. Arbeiter besuchten zwar nicht das Opernhaus, konnten aber per Radio oder Schallplatte eine Oper genießen. Die gesellschaftliche Formierung von Geschmack, die in der Vergangenheit von den oberen Gesellschaftsschichten ausging, wurde pluralisiert. In den neuen Medien konnte sich ein neuer Geschmack unabhängig von den klassischen Kulturträgern ausbreiten, was allerdings mit Abschottungstendenzen der bisherigen Eliten verbunden war. Neue Musikrichtungen, wie der Jazz, wurden als »Negermusik« diffamiert, manche Filme wurden gar verboten usf. In den größeren Städten ließ sich der »Tanz auf dem Vulkan« von den alten Eliten nicht mehr rückgängig machen. In Literatur, Kunst, Musik, Film oder Tanz setzten sich immer neue Richtungen durch, viele Experimente führten zu neuem Denken. Dies drückte sich in der Philosophie, aber auch in neuen Wissenschaftsdisziplinen wie Psychologie, Soziologie oder Politologie aus. Mit solchen Strömungen gewann Freizeit auch eine neue Qualität, denn sie war nicht mehr bloß Gegensatz zur Arbeit, sondern diente eben auch als Experimentierfeld, auf dem viele Menschen neue Denk- und Verhaltensmöglichkeiten ausprobieren konnten.

Gegen diese Entwicklungen formierten sich aber schon bald Tendenzen zur Restaurierung früherer obrigkeitlicher Regime. Konservative und schließlich faschistische Kräfte erlangten auf der politischen Bühne die Oberhand. Die Massenmedien wurden immer stärker in den Dienst zur Formierung autoritärer Gesellschaftsmodelle gestellt. Vor allem Radio und Kino wurden als Instrumente zur Manipulation großer Massen angesehen. Der Gegensatz von Masse und Führung bzw. Elite wurde auch in den Wissenschaften immer öfter thematisiert. Die Freizeit des Individuums sollte – so wurde schon lange vor dem Beginn des NS-Regimes argumentiert – in den Dienst des Volkes gestellt werden. Manche Vereine und Parteien hatten frühzeitig völkisches Gedankengut übernommen. Die ständig steigende Arbeitslosigkeit und die politische und wirtschaftliche Instabilität führten dazu, dass immer mehr Menschen in dem individuellen Freizeitvergnügen keine hinreichende Erfüllung mehr sahen und sich erneut in kollektiven Formen einordnen wollten, weil die »Angst vor der Freiheit« (Fromm) große Unsicherheit auslöste.

3.7 Nationalsozialismus

An diese Entwicklungen knüpfte der Nationalsozialismus an, indem er die freie Zeit zur Mobilisierung und Indoktrinierung der Massen nutzte. Durch Organisatio-

nen wie »Kraft durch Freude/KdF«, »Hitlerjugend/HJ«, »Bund Deutscher Mä-
del/BDM« usw. wurden fast alle gesellschaftlichen Bereiche erfasst und im Sinne
der Nationalsozialisten politisiert. Die freie Zeit sollte nicht mehr individuelle Er-
holungs- und Konsumzeit sein, sondern den Zusammenhang zwischen dem Einzelnen und dem nationalsozialistischen System herstellen und durch kollektive Aktionen festigen. Konsequent wurden z. B. die Olympischen Spiele von 1936 und
der zuvor stattfindende »Weltkongreß für Freizeit« in diese Aufgaben einbezogen.
Im »Amtlichen Führer zum Weltkongreß für Freizeit und Erholung« 1936 in Hamburg heißt es:

> »Die staatstragende Partei steht mit ihrer ganzen Autorität hinter der Freizeitorganisati-
> on der Schaffenden. Die Leiter der NS-Gemeinschaft ›Kraft durch Freude‹ sind gleich-
> zeitig Unterführer der Partei. Die Partei stützt die junge Organisation wo sie nur kann
> (...) Freizeit- und Erholungsgestaltung ist für uns nicht etwas, durch das irgend eine
> Seite am Menschen gepflegt oder der Fürsorge anheim gegeben werden soll, sondern
> durch die der Mensch total als Ganzheit erfasst werden soll (...) Dann liegt die Initiati-
> ve der Freizeitgestaltung einzig und allein bei der Stelle, die zur totalen Führung des
> Menschen und des Volkes zu Leistungen in der Lage und berechtigt ist, d.h. bei der po-
> litischen Führung (...) Der arbeitende Mensch muss in der Lage sein, die Freizeit rich-
> tig zu verwenden, wenn die Freizeit einen Zweck und Sinn haben soll. Daraus folgt für
> uns, daß die Ausnützung der freien Zeit nicht im freien Belieben des einzelnen steht
> (...) ebensowenig ist die Nutzung der freien Zeit etwas, was man als rein private Ange-
> legenheit des einzelnen bezeichnen könnte« (zitiert nach Opaschowski 1976: 11f.).

Im Bereich der Arbeitszeitregelung war nach der Ausschaltung der Gewerkschaften und Parteien eine Tendenz zur Zentralisierung und Formalisierung erkennbar.
Mit der Arbeitszeitordnung (AZO) aus dem Jahre 1938 wurde eine gesetzliche
Rahmenregelung der Arbeitszeit geschaffen, die bis in die siebziger Jahre galt.
Darin wurde festgelegt, dass die tägliche Arbeitszeit acht Stunden nicht übersteigen solle. Ausnahmeregelungen sollten aber weiterhin möglich sein, was angesichts der Kriegsvorbereitungen dann auch zur Verlängerung der faktischen Ar-
beitzeitgrenzen ausgenutzt wurde. Ab etwa 1939 wurden die Arbeitszeiten
kontinuierlich ausgeweitet und die meisten Regelungen zum Schutz der Arbeitskräfte ausgesetzt. Die Gewerkschaften waren bereits 1933 verboten worden, ihr
Vermögen ging an die »Reichsfront der Deutschen Arbeit«, welche damit u. a. die
Organisation »Kraft durch Freude« finanzierte. Das »Amt Schönheit der Arbeit«,
in dem u. a. Designer, Soziologen, Psychologen und Kunstwissenschaftler arbeiteten, sollte den Anschein erwecken, dass die (industriellen) Arbeitsplätze men-
schenwürdig ausgestaltet würden, um dadurch die Loyalität der Arbeitskräfte gegenüber dem Regime zu erhöhen. Mit der seit 1936 gestarteten Aufrüstung und
spätestens mit dem Beginn des Zweiten Weltkrieges 1939 wurden die konkreten
Arbeitsbedingungen aber immer härter und länger. Mit nationalistischen bzw. im-
perialistischen Parolen sollten die Arbeitenden dennoch Freude an der Arbeit behalten und freiwillig Mehrarbeit leisten. Die arbeitsfreie Zeit wurde dadurch immer knapper, zumal auch die diversen NS-Organisationen außerhalb des
Arbeitsplatzes viel Zeit beanspruchten.
Alle Alters- und Gesellschaftsgruppen wurden erfasst und mobilisiert. Die je individuelle Nutzung der Zeit war fast unmöglich, denn die zahlreichen nationalsozialistischen Organisationen boten umfangreiche Freizeitangebote und sanktio-

nierten das Fernbleiben meist negativ. Bereits Kinder und Jugendliche mussten einen Teil ihres Tages in der »Hitlerjugend/HJ« bzw. im »Bund Deutscher Mädel/BDM« verbringen. Diese organisierten Sportveranstaltungen, Wanderungen, Spiele, Fahrten oder auch die Nutzung von Medien. Dies setzte sich in allen Altersgruppen fort. Zunächst erfreuten sich diese Organisationen auch deshalb besonderer Beliebtheit, weil sie mit materiellen Angeboten lockten, die vor 1933 auch aus finanziellen Gründen nicht allen Gesellschaftsgruppen zugänglich waren. So wurden z. B. kostenlos bzw. gegen geringes Entgelt Fahrräder oder für die älteren Jugendlichen Motorräder zur Verfügung gestellt, die zuvor für viele Menschen unerschwinglich gewesen waren. Die Organisation »Kraft durch Freude/KdF« organisierte Bahn-, Bus- oder Schiffsreisen, die den meisten Menschen vorher auch finanziell gar nicht zugänglich waren. Hochsubventioniert kosteten solche Reisen relativ wenig, was vor allem die bisher in der Gesellschaft vernachlässigten Gruppen anzog und diese an das Regime band. Auf Kosten der verbotenen und enteigneten Gewerkschaften fand gewissermaßen eine kollektive Mehrung des Wohlstands statt, was die Massenloyalität steigerte. Zugleich dienten die organisierten Angebote im Bereich von Freizeit und Reisen aber auch der sozialen Kontrolle und Disziplinierung. Im Anschluß an KdF-Reisen ist mancher Tourist verhaftet worden, weil er in gelockerter Urlaubsstimmung auch kritische Töne über das NS-Regime angeschlagen hatte, was den mitreisenden Spitzeln nicht verborgen blieb. Und wer den NS-Organisationen wiederholt fernblieb, musste mit erheblichen Sanktionen rechnen. Mit Massenaufmärschen, zahlreichen Feiern oder Veranstaltungen wurde eine Massenmobilisierung erreicht, die vielen Menschen ein Gefühl von Geborgenheit und der Teilhabe am »großen Ganzen« vermittelte. Seit Kriegsbeginn folgten viele Aktionen zur Unterstützung der Soldaten (z. B. Spendensammeln, »Winterhilfswerk«, »Sonntagseintopf« zur Einsparung von Nahrungsmitteln). Allerdings ließ die Begeisterung für die nationalsozialistischen Aktionen nach, als die erhofften Kriegserfolge ausblieben. Vielfach mussten solche Aktivitäten dann mit Zwang durchgesetzt werden.

Die Nationalsozialisten wollten die Freizeit der Menschen für die Herstellung von Loyalität gegenüber dem Regime, aber auch für die Vorbereitung auf den Krieg instrumentalisieren. Daher sollte die Freizeit insbesondere der körperlichen Ertüchtigung dienen. Zahlreiche sportliche Aktivitäten wurden organisiert, die teils zwangsweise, teils freiwillig genutzt wurden. In Schulen und Hochschulen wurde der Sport ausgeweitet, selbst angehende Hochschullehrer mussten entsprechende sportliche Leistungen nachweisen. Sport war weniger dem Spiel oder der Gesundheit gewidmet sondern diente der Stählung des Körpers und damit der Vorbereitung auf den Krieg. Neben dem Sport rangierten in der Freizeit Tanzen, Singen und Musizieren weit oben in der Liste der Freizeitbetätigungen. Vor allem sollten völkische und nationalistische Inhalte verbreitet werden und so gewissermaßen der spielerischen Indoktrination der NS-Ideologie dienen. So sollten die Ideologeme von »Heimat«, »Volk« und »Nation« unmerklich über Freizeittätigkeiten in den Menschen verankert werden. Diese Tendenzen wurden durch die Massenmedien wie Radio (»Volksempfänger«, der jedem Hochzeitspaar geschenkt wurde), Schallplatte oder Kino verstärkt. Allerdings war das Radio auch ein undichtes Medium, denn es konnten ausländische Sender empfangen werden, die Zweifel am NS-Regime wecken konnten. Daher wurde später das Hören von »Feindsendern« mit dem Tode bestraft.

Die nationalsozialistische Propaganda griff tief in den Freizeitbereich hinein. Freizeit wurde immer deutlicher dem öffentlichen Bereich zugerechnet, Privatheit sollte eingeschränkt werden. Auch die private Intimsphäre der Familie unterlag immer mehr der Kontrolle (z. B. durch Nachbarn oder Familienmitglieder). Zum einen wurde die Familie als »Keinzelle des Volkes« hochstilisiert, zum anderen sollte sie voll in das Regime integriert werden, um Quellen des Widerstandes im Kein zu ersticken. Das private Glück sollte sich den Zielen des NS-Regimes unterordnen. Daher war die Freizeit im Kreise der Familie stets prekär, weil sie sichtbarer und unsichtbarer Kontrolle unterlag. Wer heimlich eine Platte mit amerikanischer Jazzmusik in den eigenen vier Wänden abspielte, musste mit Denunziation durch Nachbarn oder sogar eigene Familienmitglieder (z. B. wurden Kinder in der Schule zu solchen Handlungen angestiftet) rechnen. In der Zeit des Krieges war zudem die Familie durch materielle Not oder psychische Sorge um Angehörige belastet. Wie sich Freizeit von Zivilisten und Soldaten in Kriegszeiten gestaltete, ist bisher wenig erforscht.

3.8 Bundesrepublik Deutschland

Nach dem Ende des Nationalsozialismus und des Zweiten Weltkrieges traten in der ersten Wiederaufbauphase in der Bundesrepublik die Diskussionen über Arbeitszeitverkürzungen in den Hintergrund. Erst in den fünfziger Jahren setzte die Diskussion um die 5-Tage- und die 40-Stundenwoche wieder ein. Die Gewerkschaften, deren Recht, an der Aushandlung der Arbeitszeiten mitzuwirken, nun ausdrücklich anerkannt wurde, forderten seit Anfang der fünfziger Jahre immer massiver die schrittweise Einführung der 40-Stunden-Woche. Von der 48- zur 45- und schließlich zur 42-Stunden-Woche waren längere Kämpfe erforderlich, ehe nach rund zwanzigjährigem Bemühen für fast alle Beschäftigten die 40-Stunden-Woche wenigstens formal eingeführt wurde. In den achtziger Jahren wurde in etlichen Branchen schließlich die 38,5-Stunden-Arbeitswoche erkämpft, in einigen Bereichen wurde auch die 35-Stunden-Woche realisiert und zum Teil auf Betriebsebene auch eine 28-Stunden-Woche (VW) eingeführt. Im Zeichen hoher Arbeitslosigkeit sollte die Arbeitszeitreduzierung mehr Beschäftigung ermöglichen, was in der Praxis aber nur selten erreicht wurde. Eher trat das Gegenteil ein: Viele Arbeitsplatzbesitzer waren angesichts drohender Arbeitslosigkeit bereit, wieder länger zu arbeiten. Im öffentlichen Dienst verfügte der Staat vielfach die Rückkehr zur 40-Stunden-Arbeitswoche. Arbeitszeitverkürzungen konnten vor allem an den Wochenenden und im Jahresablauf erzielt werden. Der arbeitsfreie Samstag wurde zu Beginn der sechziger Jahre für die meisten Beschäftigten üblich und ein gesetzlich oder tarifvertraglich vereinbarter Mindesturlaub ist für fast alle Arbeitnehmer vorgesehen. Der Jahresurlaub wurde bis etwa 1990 kontinuierlich erweitert und erreichte mit 31 Tagen pro Jahr Anfang der neunziger Jahre für Industriearbeiter einen Höhepunkt, in anderen Branchen lag dieser Wert etwas niedriger (im Durchschnitt bei etwa 29 Tagen). Seither stagniert die Zahl der tarifvertraglich zugestandenen Urlaubstage und ist mit der Aufweichung der Flächentarifverträge zum Teil sogar rückläufig. Auch wurde die Wochenendarbeit in manchen Branchen wieder aktiviert, um Handel und Dienstleistungen auszuweiten und auf den internationalen Märkten konkurrenzfähig zu bleiben.

Die Arbeitszeitregime unterliegen in den letzten Jahrzehnten Pluralisierungstendenzen. In den sechziger, siebziger und teilweise auch noch in den achtziger Jahren ging es darum, die Mehrzahl der Beschäftigungsverhältnisse zu standardisieren und zu schützen. Mit Flächentarifverträgen wurden für ganze Branchen oder Großbetriebe die Arbeitsverhältnisse festgelegt und so auch eine Verkürzung der wöchentlichen Arbeitszeiten sowie eine Ausweitung der jährlichen Urlaubstage durchgesetzt. Wie sich z. B. an der Geschichte des arbeitsfreien Samstags (Fürstenberg u. a. 1999) ablesen lässt, hat sich ein neues Arrangement zwischen Arbeits- und Freizeit institutionalisiert, das sich zum einen nachhaltig auf das Familienleben auswirkt (»am Samstag gehört Vati uns«), zum anderen besondere temporale Muster fördert (Samstag als Zeit zum Großeinkauf, Ausflug, Aufräumen, Putzen etc., wodurch die Zeit des Sonntags eine andere Wertigkeit als früher erlangt). Die Arbeitszeitverkürzung verlief zwischen den Geschlechtern unterschiedlich. Betrug 1960 in der alten BRD die tatsächlich geleistete Arbeitszeit bei Frauen 42,9 Stunden pro Woche und bei Männern sogar 47,5 Stunden, so arbeiteten Frauen 1998 im früheren Bundesgebiet nur noch 29,2 Stunden und Männer 40,5 Stunden pro Woche (in den fünf neuen Bundesländern lag die durchschnittliche Arbeitszeit von Männern bei 42 Stunden, von Frauen bei 35,5 Stunden, die Differenz betrug also 15 Prozent). 1960 war die Arbeitswoche von Frauen um 10 Prozent kürzer, 1998 dagegen schon 28 Prozent. Die Arbeitszeitverkürzung der letzten vierzig Jahre betrug für Männer knapp 15 Prozent, für Frauen dagegen mehr als 30 Prozent. Für die Frauen wirkte sich neben tariflich vereinbarten Arbeitszeitverkürzungen vor allem die Zunahme von Teilzeitarbeit aus. 1998 waren im früheren Bundesgebiet bereits 40 Prozent aller weiblichen Beschäftigten in Teilzeitarbeit, dagegen nur fünf Prozent der beschäftigten Männer, in den neuen Bundesländern arbeiten dagegen nur 22 Prozent der Frauen und drei Prozent der Männer in Teilzeit. Die Teilzeitbeschäftigung, die in der ehemaligen DDR eher geduldet als gefördert wurde, nimmt in den neuen Bundesländern größere Arbeitsvolumina ein als im früheren Bundesgebiet. Nach unterschiedlichen Untersuchungen ist die Teilzeitbeschäftigung in den neuen Bundesländern um fünf bis sieben Stunden pro Woche länger (durchschnittlich 25 bis 27 Stunden). Teilzeitbeschäftigte Frauen im Osten arbeiten überwiegend im vollzeitnahen Bereich, ihre Kolleginnen im Westen arbeiten dagegen mehrheitlich in der klassischen Halbtagstätigkeit oder darunter. Im europäischen Vergleich liegt die Teilzeitbeschäftigung in Deutschland knapp unter dem Durchschnitt. Niedriger liegen die Werte z. B. noch in Spanien, Irland, den Niederlanden und Großbritannien. Weit höher liegen die Werte in Schweden, Frankreich und Österreich (vgl. Hans-Böckler-Stiftung 2000: 171f.). In der Vollerwerbstätigkeit liegt Deutschland mit der normalerweise geleisteten wöchentlichen Arbeitszeit von 36,3 Stunden ebenfalls knapp unter dem europäischen Durchschnitt. Kürzer arbeiten die Beschäftigten wöchentlich in den Niederlanden (31,5 Stunden), Dänemark (34), Belgien (35,5) und in Schweden (35,7), länger vor allem die Beschäftigten in Portugal, Griechenland und Großbritannien. Besonders stark sind die Unterschiede zwischen den Geschlechtern in Großbritannien, den Niederlanden und in Deutschland, besonders gering sind sie in Finnland, Griechenland und Dänemark.

Die realen Arbeitszeitverkürzungen sind in den neunziger Jahren weitgehend zum Stillstand gekommen. Vielmehr haben sich die Arbeitszeiten seither stark polarisiert. So wächst der Anteil der Beschäftigten mit besonders kurzen Arbeitszeiten ebenso wie der Anteil mit besonders langen Arbeitszeiten. 1998 arbeiteten 18,4 Prozent aller Männer bereits 45 und mehr Stunden (darunter knapp zehn Prozent länger als 55 Stunden), bei den weiblichen Beschäftigten waren es nur 6,7 Prozent aller erwerbstätigen Frauen, von denen fast jede zweite (3,2 Prozent) länger als 55 Stunden in der Woche arbeitete. In diese Kategorie fallen überproportional die Selbständigen und die leitenden Angestellten. Auf dem anderen Pol der Beschäftigten mit niedriger Stundenzahl dominieren vor allem die Frauen. Mehr als zehn Prozent aller Frauen, aber nur zwei Prozent aller Männer arbeiten durchschnittlich weniger als 15 Stunden pro Woche. Bei den Frauen steigt der Anteil der Teilzeitbeschäftigten mit dem Lebensalter an: von den 15- bis 25jährigen Frauen arbeiten nur ein Zehntel weniger als 21 Stunden, von den über 45jährigen Frauen sind es bereits vier Zehntel. In den neuen Bundesländern liegen diese Werte aber noch deutlich niedriger, weil sich hier vermutlich das in der DDR lange Jahre propagierte Modell der Vollerwerbstätigkeit erhalten hat. Insgesamt sind die Arbeitszeiten von Männern und Frauen in den neuen Bundesländern länger als die in der alten Bundesrepublik (1998: Männer Ost 42,0 Stunden, Männer West 40,5 Stunden, Frauen Ost 35,5 Stunden, Frauen West 29,2 Stunden). Arbeiterinnen im Westen haben die kürzesten, männliche Angestellte im Osten haben die längsten wöchentlichen Arbeitszeiten. Überdurchschnittlich lang sind die tatsächlichen Arbeitszeiten männlicher Beschäftigter in dem Bereich Land- und Forstwirtschaft in allen Teilen Deutschlands, besonders kurz sind die Arbeitszeiten weiblicher Beschäftiter im Handel und Dienstleistungsbereich im Westen, wo Teilzeitarbeit besonders stark verbreitet ist. In den neuen Bundesländern gelten teilweise noch längere tariflich vereinbarte Arbeitszeiten und trotz aller Umbrüche wirken die in der DDR-Zeit vorherrschenden Erwerbsarbeitsmuster noch ein Stück weit fort (Hans-Böckler-Stiftung 2000).

Zu den regelmäßigen Arbeitszeiten kommen Überstunden hinzu, die sich besonders in den neunziger Jahren gesteigert haben. Von allen beschäftigten Männern arbeiten 63 Prozent, von den Frauen 47 Prozent regelmäßig irgendwann im Jahr länger, täglich leisten im Westen 15 Prozent der Männer und sieben Prozent der Frauen, im Osten 11 Prozent der Männer und 6 Prozent der Frauen regelmäßig Überstunden. Im Schnitt werden jährlich 60 bis 70 Stunden bezahlte Überstunden in den alten Bundesländern und 40 bis 50 Stunden in den neuen Bundesländern geleistet. Die Zahl der in Freizeit ausgeglichenen Überstunden ist in den letzten Jahren deutlich angestiegen und liegt seit Mitte der neunziger Jahre erstmals über der Zahl der bezahlten Überstunden. Diese Entwicklung dürfte insbesondere durch die Einführung von Arbeitszeitkonten (traf 1999 für 39 Prozent der Männer und 34 Prozent der Frauen zu), flexible Arbeitszeiten und bessere Mitbestimmung erreicht worden sein. Doch bleibt im Bereich der tatsächlichen Überstunden vor allem in den wenig gewerkschaftlich organisierten Arbeitsbereichen sowie in den höheren Beschäftigtengruppen eine erhebliche Grauzone. Der faktische Umfang der Erwerbsarbeit ist schwer zu bestimmen, zumal sich die Vor- und Nachbereitung der Arbeit in vielen Tätigkeitsfeldern in die Privatsphäre verlagert hat und insgesamt auch die Wege zwischen Wohnung und Arbeitsplatz verlängert haben.

Die Arbeitszeiten wurden in den letzten drei Jahrzehnten in der BRD sichtbar verkürzt, doch gleichzeitig wurde die zu leistende Arbeit intensiviert. Insbesondere die psychosozialen Belastungen haben sich verstärkt. Aber auch die verstärkte Technisierung und Automatisierung haben das physische Risiko erhöht (Berufsunfähigkeit, Arbeitsunfälle, Umweltbelastungen usw.) Die Schicht- und Nachtarbeit breitet sich aus, der Dienstleistungssektor rückt immer stärker in den Vordergrund. Die Verkehrssysteme sind überlastet, die Städte und Regionen werden zersiedelt, Erholungsgebiete werden kommerzialisiert. Auf der ökonomischen und auf der ideologischen Ebene wird der Konsumsektor noch deutlicher betont. Die rapide Ausweitung des Angebots an Konsumgütern, die subtiler werdenden Werbe- und Absatzstrategien, die Internationalisierung der Märkte, die Erschließung neuer Branchen (z. B. Tourismus, Sport, Medien) korrespondieren – so mag es scheinen – notwendigerweise mit der Verkürzung der Arbeitszeiten. Die Freizeit ist nicht zufällig zum Thema geworden, sondern steht im unmittelbaren Zusammenhang mit der wirtschafts- und sozialgeschichtlichen Entwicklung. Sie ist nicht mehr Muße zum Zwecke der Bildung und Politik, sie ist massenhafte Konsumzeit geworden, die der Verinnerlichung der Normen und Werte des bestehenden Wirtschafts- und Gesellschaftssystems dient. Die seit dem Calvinismus dominierenden Werte der individuellen Leistung schlagen sich ideologisch im Freizeitbereich nieder: Die Individuen konkurrieren durch Konsum, Statussymbole, Reisen usw. miteinander und zeigen auf diese Weise Freizeitleistung. Das historisch Neue besteht darin, dass Konsum nicht länger eine physische Notwendigkeit zur Reproduktion der Arbeitskraft ist, sondern eine rasch expandierende Sphäre mit eigener Logik und Dynamik geworden ist. Die Entstehung der Freizeit im modernen Verständnis ist eng und wechselseitig mit der explosionsartigen Ausweitung und Dominanz der Konsumsphäre verbunden. Die Überhitzung der Konsumgüterproduktion macht geradezu eine kontinuierliche Ausweitung der arbeitsfreien Zeit erforderlich, wie sich bereits an der Verkürzung der langen Arbeitszeiten gegen Ende des 19. Jahrhunderts ablesen ließ. Die Freizeit als Verheißung unbegrenzter (Konsum-)Freiheit verdeckt Zwänge, Ungleichheiten und Ungerechtigkeiten. Mit dem Konsum verbreitet sich nicht nur Zufriedenheit und manch neue Vorstellung von Glück. Auch die psychischen, sozialen, ökonomischen und ökologischen Lasten wachsen – und das vor allem in der Freizeit. Der Kontrast zwischen der Bundesrepublik Deutschland und der Deutschen Demokratischen Republik (1949 bis 1990) kann diese Aussage verdeutlichen.

3.9 Deutsche Demokratische Republik

Die DDR war als Obrigkeitsstaat stark durch Kontrollapparate geprägt, die teilweise tief in die Privatsphäre eindrangen. So war ein ständiges Arrangieren mit den politischen Verhältnissen erforderlich, um möglichst wenig Unannehmlichkeiten und Nachteile zu bekommen. Solche permanenten Anpassungsleistungen wirkten sich auch auf die Freizeit aus, wie z. B. in den fortdauernden Kampagnen gegen das »Westfernsehen« oder in dem alljährlichen Kampf um begehrte Urlaubsplätze deutlich wird. Die Sozialstruktur der DDR war hierarchisch gegliedert und durch krasse Ungleichheiten gekennzeichnet, weshalb der DDR-Soziologe A. Meier (1990: 8) nach der Wende von einer »sorgfältig abgestuften konservativen Stände-ordnung mit allen für einen solchen Gesellschaftstyp charakteristischen Merkma-len krassester sozialer, kultureller und rechtlicher Ungleichheit, wirtschaftlicher Unterentwicklung und obrigkeitsstaatlicher politischer Machtausübung« sprach. Anders als in der alten BRD wurden in der DDR die Arbeitszeiten in allen Berei-chen vom Staat festgesetzt und nicht zwischen den Tarifparteien ausgehandelt. Ar-beitszeit sollte ein wichtiges Instrument zur Steuerung der Planwirtschaft sein. Dementsprechend haben sich die Arbeitszeiten in beiden Teilen Deutschlands sehr unterschiedlich entwickelt und lagen zum Zeitpunkt der Vereinigung formal und faktisch rund sieben Stunden auseinander (in der DDR knapp 44, in der BRD knapp 37 Wochenstunden). Leichte Unterschiede bestehen bis heute fort.

Das Zeitregime war stark an Arbeit und Bürokratie angelehnt und wies teilwei-se militärische Komponenten auf. Die DDR sollte nach dem Willen ihrer politi-schen Führung gewissermaßen wie eine große Fabrik funktionieren, die Zeit war gewissermaßen vertaktet und durchorganisiert. Für fast alle »Werktätigen« – ob Fabrikarbeiter oder Lehrer, Bauarbeiter oder Ärzte – sollte die Arbeit zur gleichen Zeit beginnen und enden. So wurde die Republik morgens um sieben Uhr quasi eingeschaltet, nachmittags um sechzehn Uhr abgeschaltet. Freilich mussten in vie-len Bereichen auch andere Arbeitszeiten organisiert werden – z. B. in Gastrono-mie, Krankenhäusern oder im Verkehrswesen – , um die erforderlichen Dienstlei-stungen zu erbringen, oft aber mit der Folge, dass das Personal in der Gastronomie abends keine »Platzierungsmöglichkeiten« mehr sah und Gäste abwies. In der Er-werbsarbeit fanden sich aber manche Lücken, um z. B. während der Arbeitszeit Probleme der Kinderbetreuung zu regeln. Die Arbeit war oft wegen veralteter Techniken zwar körperlich stark belastend, wies aber in den meisten Fällen weni-ger Zeitdruck auf. Weil auch längere Wartezeiten für Einkäufe erforderlich waren und umgekehrt im Straßenverkehr niedrigere Geschwindigkeiten überwogen, hatte sich in der DDR ein tendenziell anderes Verhältnis zu Zeit und Tempo ausgeprägt als in der alten BRD.

Freizeit hatte in der ehemaligen Deutschen Demokratischen Republik (DDR) teilweise einen ganz anderen Stellenwert und andere Organisationsweisen als in der Bundesrepublik Deutschland (BRD). Die DDR war als »real existierende so-zialistische Gesellschaft« durch einen hohen Status der Erwerbsarbeit, parami-litärische Organisationsformen, nachhaltige Politisierung und Kontrolle des öffent-lichen Lebens bei gleichzeitigen Rückzugsmöglichkeiten in weitgehend politikfreie Nischen einer vor allem kleinbürgerlich ausgerichteten Privatheit und durch eingeschränkte Konsum- und Reisemöglichkeiten gekennzeichnet. Auch wenn verdeckte Arbeitslosigkeit bestand, war der ganz überwiegende Teil der ar-beitsfähigen Bevölkerung in Erwerbsarbeit eingespannt. Durch viele Maßnahmen war es insbesondere Frauen möglich, einer Erwerbsarbeit nachzugehen und gleich-zeitig Kinder und Familie zu versorgen, wobei allerdings die Hausarbeit weitge-hend traditionellen Rollenmustern folgte. Auch im Sozialismus war es nicht ge-lungen, Männern die alltägliche Hausarbeit schmackhaft zu machen. Wegen der zum Teil recht schwierigen Versorgungslage übernahmen Männer aber viele Auf-gaben beim »Organisieren« von Materialien, gegenseitigen Arbeitshilfen, Bau- und Renovierungsarbeiten u. dgl. m.. Solche speziellen Arrangements im Geschlechterverhältnis setzten sich im Verhältnis von öffentlicher und privater Sphäre fort: Männer beteiligten sich stärker in politischen und paramilitärischen Organisationen, um vermeintlich oder faktisch Vorteile für die Familie zu sichern (oder zumindest Nachteile abzuwehren), während Frauen stärker durch Kinder und Hausarbeit an den privaten häuslichen Bereich gebunden waren. Weil aber fast alle Frauen einer Arbeit nachgingen und ein eigenes Einkommen erzielten, hatten sie aber eine vergleichsweise starke Stellung in der Familie und konnten eigene Bedürfnisse durchsetzen.

Erwerbstätigkeit hatte für die Frauen in der damaligen DDR einen hohen Wert und war ein wesentlicher Bestandteil der weiblichen Lebensführung, in der sich auch das Leitbild der erwerbstätigen Mutter manifestierte. Der Anteil der weiblichen Berufstätigen an der weiblichen Bevölkerung im arbeitsfähigen Alter (Erwerbsquote) lag in den achtziger Jahren bei 78 Prozent, womit die DDR in der Welt eine Spitzenposition einnahm. 49 Prozent aller Berufstätigen in der DDR waren weiblich, 51 Prozent männlich. Die hohe Erwerbsquote der Frauen wurde vor durch den guten Versorgungsgrad mit Einrichtungen der Kinderbetreuung ermöglicht. Für 80 Prozent aller ein- bis dreijährigen Kinder stand eine Kinderkrippe, für alle drei- bis sechsjährigen Kinder stand sogar ein Kindergartenplatz zur Verfügung (was von 95 Prozent auch genutzt wurde). In der DDR heirateten die meisten Frauen jung (1989 lag das durchschnittliche Heiratsalter bei 23,2 Jahren), allerdings war auch die Scheidungsrate hoch, was durch eine hohe Rate von Wiederverheiratungen teilweise kompensiert wurde. Nur ein Zehntel aller Frauen blieb kinderlos, mehr als drei Viertel aller Frauen hatten mindestens ein Kind, die durchschnittliche Kinderzahl lag Ende der achtziger Jahre bei 1,7 (in der alten BRD bei 1,3). Das normative Leitbild sah eine kontinuierliche Erwerbstätigkeit der Frauen auch nach der Geburt von Kindern vor. Selbst Nacht- und Schichtarbeit wurde von Frauen geleistet. Von den weiblichen Beschäftigten im Mehrschichtsystem waren 1989 sieben Prozent Mütter mit zwei und weitere acht Prozent Mütter mit drei und mehr Kindern unter 16 Jahren. Knapp ein Drittel aller in der Industrie Beschäftigten arbeitete in drei Schichten.

Die hohe Erwerbsquote von Frauen in der DDR war allerdings nicht allein aus dem Willen der Frauen oder aus der vorherrschenden Ideologie abzuleiten, sondern war auch durch strukturelle Faktoren bedingt. In den ersten Nachkriegsjahren fehlten Arbeitskräfte wegen der vielen Gefallenen und Verwundeten, in den darauf folgenden Jahren wegen der Abwanderung in den Westen. Daher wurden immer mehr Frauen in der Erwerbsarbeit benötigt. Später wirkten sich strukturelle Defizite aus. Eine ineffiziente Wirtschaft mit relativ geringer Arbeitsproduktivität, die aufgeblähte Bürokratie sowie ein gewaltiger Staatsapparat und ein kaum zu rationalisierender Dienstleistungsbereich erforderten einen hohen Arbeitskräfteeinsatz. So lag die Quote der weiblichen Erwerbsbeteiligung weit über der der alten BRD (die allerdings in Europa im Vergleich etwa zu Dänemark, Frankreich oder England niedrig ausfällt). Das Ideal der vollerwerbstätigen Frau führte dazu, dass Teilzeitarbeit von Frauen zwar geduldet aber nicht erwünscht war. Wenn dennoch Teilzeitarbeit stattfand (1960 15 Prozent, 1975 33 Prozent, 1989 27 Prozent), lag der Umfang der Arbeitszeit höher als in der alten BRD (zwei Drittel arbeiteten zwischen 25 und 35 Stunden wöchentlich, ein Fünftel sogar mehr als 35 Stunden). Teilzeitarbeit wurde meistens eingerichtet, wenn die Vereinbarkeit von Arbeit und Familie anders nicht erreicht werden konnte oder wenn gesundheitliche oder persönliche Einschränkungen vorlagen. Für Männer war Teilzeitarbeit nur in Ausnahmefällen möglich, weil einerseits das Ideal des vollerwerbstätigen Mannes propagiert wurden und wegen der traditionellen Arbeitsteilung zwischen Männern und Frauen kaum Gründe für eingeschränkte Arbeit öffentlich gebilligt wurden, was umgekehrt Frauen wegen ihrer angeblichen Zuständigkeiten für Erziehung, Pflege und Haushalt eher zugebilligt wurde.

Erwerbsbeteiligung der Frauen in der ehemaligen DDR und der früheren BRD 1989 in Prozent der jeweiligen Altersgruppe

Altersgruppe	Frauen DDR	Frauen BRD
15-25	92,0	59,0
25-30	82,4	69,3
30-35	87,4	62,9
35-40	88,7	64,4
40-45	91,8	64,8
45-50	87,7	61,8
50-55	83,2	54,4
55-60	73,5	40,9
60-65	28,3	11,2

Quelle: Wendt 1992: 176

Das Geschlechterarrangement in der damaligen DDR war trotz der hohen Erwerbsquote der Frauen nicht gleichberechtigt, denn die Arbeitsteilung in der Familie fiel ebenso zum Nachteil der Frauen aus wie deren Beteiligung an Führungspositionen und Einkommen in der Erwerbssphäre. Weil Frauen überwiegend in Branchen mit niedrigem Lohnniveau tätig waren, lag das durchschnittliche Nettoeinkommen der Frauen um ein Viertel unter dem von Männern, was sich auch nachteilig auf die Rente auswirkte. In wirtschaftlichen und politischen Führungspositionen waren Frauen in der Spitze fast gar nicht, in den weniger machtvollen Positionen war bestenfalls ein Viertel der Chefsessel von Frauen besetzt. Die in der DDR-Verfassung vorgesehene Gleichstellung von Männern und Frauen wurde bis 1989 nicht erreicht.

Weil die Produktivität im Wirtschaftssystem langsamer anstieg als in den westlichen Industrien, musste mehr und länger gearbeitet werden. Bis 1967 galt die Sechstage-Arbeitswoche, und als dann die Fünftage-Arbeitswoche im selben Jahr eingeführt wurde, wurde zur gleichen Zeit die tägliche Arbeitszeit von 8 auf 8,75 Stunden heraufgesetzt, weshalb die wöchentliche Arbeitsdauer von 48 auf 43,75 Stunden gesenkt wurde, während zu dieser Zeit in der BRD längst die 40-Stunden-Arbeitswoche galt. Mit der Streichung von vier Feiertagen wurde zudem die jährliche Arbeitszeit vergrößert. In den Genuss kürzerer Arbeitszeiten kamen nur Werktätige im Drei-Schichten-System sowie vollbeschäftigte Mütter mit mindestens zwei Kindern, Arbeitszeitverkürzungen dienten als Belohnung für besonders belastete Arbeitskräfte. Werktätige mit hohen Belastungen (z. B. viele Kinder) oder Verdiensten (»Kämpfer gegen den Faschismus«) kamen in den Genuss zusätzlicher Urlaubstage. Von Mitte der sechziger bis Mitte der achziger Jahre nahmen die Urlaubsansprüche von 12 auf 21 Tage zu, während in der gleichen Zeit in der BRD jeweils etwa 10 Tage mehr Urlaub gewährt wurden. Erwerbstätigen Frauen mit Kindern standen außerdem noch einige zusätzliche Tage für Haushalt und Kinderbetreuung zur Verfügung. Insgesamt hat sich die arbeitsfreie Zeit in der DDR seit Mitte der sechziger Jahre bis zum Ende der Republik nur unwesentlich vergrößert. Wegen der vergleichsweise sehr viel höheren Beschäftigungsquote von Männern und Frauen war das gesamte Arbeitsvolumen in der DDR sehr viel höher als in der BRD und umgekehrt war das Volumen der arbeitsfreien Zeit sehr viel niedriger. Für die weitere Vergleichbarkeit sind zudem noch einige weitere Aspekte zu berücksichtigen: Die Zahl der Feiertage war in der DDR niedriger, die im Bildungswesen verbrachten Zeiten waren kürzer, eine vorzeitige Verrentung wurde seltener genehmigt usf. Solche Aspekte verweisen auf das absolut deutlich höhere Arbeitsvolumen wie auch auf die relativ kürzere Spannen von Jugend und arbeitsfreiem Alter.

In der Realität wies der Arbeitsalltag aber auch manche Nischen auf, die in der BRD eher der arbeitsfreien Zeit zugerechnet werden: Wegen der häufigen Engpässe im Handel wurde es geduldet, während der regulären Arbeitszeit kurzzeitig den Arbeitsplatz zu verlassen, um einkaufen zu gehen; teilweise kam es zu Betriebspausen, weil Rohstoffe oder Energie knapp wurden; auch wurde der Arbeitsablauf bisweilen durch Versammlungen oder paramilitärische Übungen unterbrochen; oft fielen auch Feiern und Ehrungen in die Arbeitszeit. Umgekehrt wurden aber auch Sonderaktionen mit »freiwilliger« Mehrarbeit gestartet, um die Produktionsziele zu erreichen, wodurch die offiziell festgelegten Arbeitszeiten noch ausgeweitet wurden. Auch wenn die Arbeit im Vergleich zu westlichen Industrieländern in der DDR nicht so stark verdichtet und rationalisiert war, diktierte Erwerbsarbeit den Zustand der DDR bis zu ihrem Ende. Jene Bevölkerungsgruppen, die nicht im Erwerbsprozess standen, verbrachten einen großen Teil ihrer Zeit in Organisationen. Für alle Altersgruppen gab es spezifische Organisationen, die Angebote zur Zeitverwendung machten, in denen die Teilnahme mehr oder weniger stark verpflichtend war. Weil die DDR zahlreiche räumliche Disparitäten etwa zwischen Großstädten und ländlichen Räumen aufwies, war im Alltag das Freizeitverhalten recht unterschiedlich. In den Ballungsräumen um Berlin, Dresden und Leipzig war das alltägliche Freizeitangebot recht vielfältig, im brandenburgischen Dorf Wassersuppe wohl eher eingeschränkt.

Seit den siebziger Jahren vollzog sich auch in der DDR ein Wandel der Sichtweisen. Bis dahin war Freizeit als kapitalistischer Kommerz verpönt worden. Die arbeitsfreie Zeit war vor allem Zeit für Geselligkeit, Feiern, nachbarschaftliche Kontakte und Familienleben, aber auch Zeit für etliche Tätigkeiten, mit denen man Versorgungsengpässe überbrückte. Weil aber das westdeutsche Vorbild so nahe lag und über die Medien allabendlich in die Wohnzimmer kam, breitete sich auch in der DDR immer mehr ein westliches Freizeitverständnis aus. Zuerst bei den Jugendlichen, die westliche Kleidung und Musik anstrebten, später auch bei den jungen Erwachsenen und dann auch bei anderen Gesellschaftsgruppen. Weil die Gesellschaft der DDR von zahlreichen Ungleichheiten durchzogen war, diente das Freizeitverhalten entgegen der offiziellen Ideologie faktisch auch immer mehr dazu, die »feinen Unterschiede« zur Schau zu stellen. Mit lediglich zwei erreichbaren Automarken, genormten Wohnungen und beschränktem Warenangebot konnten die Unterschiede nicht so stark demonstriert werden wie in der westlichen Welt. Doch boten Reiseverhalten, Luxusgüter, kulturelle Teilhabe oder Jeans genügend Spielraum zur Stilisierung. Vor allem die meist selbst errichteten Gartenhäuser (Datschen), Kleingärten und handwerkliche Erzeugnisse boten die Möglichkeit zur Abgrenzung gegenüber Nachbarn in der Freizeit. Zugleich bot diese Sphäre aber auch die Möglichkeit für gesellige Kontakte und Naturaltausch. Freizeit hatte also auch eine deutliche vergesellschaftende Funktion.

Freizeit in der DDR war häufig an Nischen orientiert, um die Versorgungslücken zu füllen. So waren viele handwerkliche Tätigkeiten in der Freizeit angesiedelt, weil das vorhandene Handwerk nicht leistungsfähig bzw. zu teuer war oder weil viele Produkte nicht erhältlich waren und selbst hergestellt werden mussten. Die Lebensmittelversorgung musste in vielen Fällen durch eigene Produkte aus Gartenbau oder Viehhaltung ergänzt werden. Das zumeist beschränkte Angebot an Kleidung wurde durch eigene Erzeugnisse oder Umarbeitungen erweitert. Oft entwickelten sich auch Tauschbeziehungen oder Formen der Resteverwertung. So prägte das von vielen DDR-Bürgern als unzureichend angesehene Angebot an Waren und Dienstleistungen das tägliche Freizeitverhalten und trug indirekt zur Wohlstandsmehrung bei, die in der Erwerbssphäre nicht zu erzielen war. Wegen der unzureichenden Versorgung mit Obst und Gemüse etablierte sich eine private Haushaltsproduktion, die für den Staat günstig war, für die Familien aber eine Einbuße an Freizeit bedeutete, sofern nicht Einkochen und Nähen als Freizeitvergnügen interpretiert wurden. In den achtziger Jahren wurde ein Drittel der gesamten in den Haushalten verbrauchten Gemüsekonserven selbst erzeugt, bei den Obstkonserven betrug die Eigenproduktion das Dreifache der in den Läden erhältlichen Konserven. Rund 60 Prozent aller Röcke und Kleider wurden in Privathaushalten selbst hergestellt. Diese Arbeiten wurden überwiegend von Frauen geleistet, was ihre eigentliche Freizeit beeinträchtigte. Wegen der höheren Erwerbsquote von Männern, die ganz überwiegend vollzeitbeschäftigt waren, war deren durchschnittliche Arbeitszeit statistisch etwa eineinhalb Stunden länger als bei Frauen, bei denen auch häufiger eine Teilzeitbeschäftigung anzutreffen war. In der Freizeit verfügten Frauen aber etwa eine Stunde weniger an Freizeit. Frauen widmeten sich mehr der Hausarbeit und den Kindern, Männer verwendeten ihre Freizeit mehr für Sport, Bildung, Qualifizierung und gesellschaftliche Tätigkeiten und sahen außerdem auch wesentlich mehr Fernsehen als Frauen. Lediglich Reparatur, Pflege und Instandhaltung von Hausrat bzw. Auto oder Datsche war Domäne der Männer.

Zeitverwendung verheirateter Frauen und Männer in der ehemaligen DDR 1985

Zeitverwendung	Männer (Std:Min)	in % d. Tageszeit	Frauen (Std:Min)	in % d. Tageszeit
Arbeitszeit	6:08	25,6	4:34	19,0
Arbeitsfreie Zeit	17:52	74,4	19:26	81,0
Arbeitsgebundene Zeit	1:06	4,6	0:48	3,3
Hauswirtschaftl. Tätigkeiten	1:40	6,9	4:08	17,2
Pflege u. Betreuung von Kindern	0:16	1,1	0:48	3,3
Physiologische Bedürfnisse	9:56	41,4	10:11	42,4
Freizeittätigkeiten	3:54	16,3	3:01	12,6

Quelle: Wendt 1992: 180

Bei hauswirtschaftlichen Tätigkeiten nahm die Zubereitung von Mahlzeiten den größten Raum ein (1:43 h), gefolgt von Reinigung der Wäsche (0:59 h), Reinigung der Wohnung (0:56 h) und Einkaufen (0:42 h). Alle diese Tätigkeiten waren die Domäne der Ehefrauen, lediglich bei Reparaturen von Hausrat und Technik, womit die Männer fast die Hälfte ihrer täglichen Zeit für hauswirtschaftliche Tätigkeiten zubrachten, überwog männliches Schaffen. Die geschlechtstypische Arbeitsteilung war in Arbeiterhaushalten besonders deutlich ausgeprägt. In Haushalten, in denen beide Ehepartner über einen Hochschulabschluss verfügten, war noch am ehesten ein Wandel der traditionellen Arbeitsteilung zu erkennen. Insgesamt wurde den Frauen in der DDR ein oft schwer zu erreichendes Arrangement zwischen Erwerbsarbeit, Mutterschaft, Hausarbeit, Eigenproduktion und Freizeit abverlangt. Ideologisch abgestützt und fest in die eigene Werthaltung integriert, wurde diese Belastung zwar subjektiv nicht immer als Leid empfunden, objektiv war dies aber eine große Last (was sich vermutlich in hohen Scheidungsraten niederschlug). Strukturell war die Zeitverwendung in der DDR wegen der geringeren Technisierung der Haushalte, der notwendigen Eigenproduktion und der oft langen Wartezeiten beim Einkaufen beeinträchtigt, was sich als erzwungene Entschleunigung nicht negativ im Bewusstsein niedergeschlagen haben muss.

Wegen der allgemeinen Ressourcenknappheit in der DDR bestand auch ein Mangel an Freizeitinfrastrukturen, der aber vielfach durch individuelle oder kollektive Initiativen kompensiert wurde. Von der offiziellen Politik wurde Freizeit im westlichen Verständnis als Konsumzeit abgelehnt. Daher wurde auch nur wenig in kommerzielle Freizeitangebote investiert. Umgekehrt wurde der kulturelle Bereich hoch subventioniert, weil nach sozialistischer Meinung der Mensch in seinem kulturellen Vermögen zur Entfaltung gebracht werden sollte, wobei neben Anleihen bei Marx und Engels auch das antike Mußeverständnis rezipiert wurde. Vor allem die Betriebe boten etliche Freizeitinfrastrukturen: Sportstätten, Busse, Kulturhäuser, Ferienanlagen, Partnerbetriebe oder Sport- und Musikinstrumente sollten das Zugehörigkeitsgefühl der Belegschaft verstärken. Gerade für den Urlaub waren die Ferienhäuser der Betriebe von eminenter Bedeutung. Der Freie Deutsche Gewerkschaftsbund (FDGB) und zahlreiche andere Verbände und Parteien trugen mit ihren Infrastrukturen zum Freizeitangebot bei. Auf diese Weise waren die meisten Freizeitvergnügungen relativ preiswert und konnten massenhaft genutzt werden. Zugleich blieb auch in der Freizeit institutionell ein enger Zusammenhang zwischen Erwerbsarbeit und Freizeit erhalten, auch wenn der Freizeitbegriff lange Zeit als westlich bzw. kapitalistisch verpönt war. Ein Charakteristikum der DDR war die Vermengung von Arbeit und Freizeit im Bewusstsein der Menschen, weil eine enge Identifikation mit Arbeit und Betrieb gefördert wurde. Arbeitskollegen waren oft Freizeitpartner:

»Grundsätzlich weiß jeder vom anderen, wie er den gestrigen Abend verbrachte, was er heute und am Wochenende tun wird. Man kennt die familiären und finanziellen Sorgen, die Liebesgeschichten, die Ansichten und Freizeitgewohnheiten. Besprochen wird die bevorstehende Krankmeldung, weil die Arbeit im Kleingarten drängt, oder eine lukrative Nebenbeschäftigung lockt; ausgehandelt wird, wie eine Autoreparatur während der Arbeitszeit unterzubringen ist (...) Bereitwillig werden Tips gegeben, wie man an Wohnungen, Lehrstellen und jedwede Mangelware herankommt, wie man sich bei Scheidungen und anderen Konflikten verhält« (I. Böhme: Die da drüben. Sieben Kapitel DDR, Berlin 1982: 26, zitiert nach Irmscher 2000: 356)

Privatsphäre und Erwerbsarbeit wurden nicht scharf getrennt. Die Grenzen zwischen Arbeit und arbeitsfreier Zeit zerflossen in der Realität. Krankschreibungen wurden sozial toleriert, Frauen konnten damit drohen, eine Teilzeitbeschäftigung zu beantragen, was offiziell unerwünscht war, weil die Arbeitskraft voll ausgenutzt werden sollte. Viele gesellschaftlich wichtige Arbeiten wurden in die Arbeitszeit verlegt und damit gewissermaßen mit dem Arbeitslohn verrechnet, obwohl es sich um ehrenamtliche Tätigkeiten handelte. Umgekehrt sprangen »Feierabendbrigaden« ein, wenn das Planziel anders nicht zu erreichen war.

Ein wichtiger Bereich neben der Freizeit am Wochenende war der Urlaub, der zunehmend mit Reisen verbracht wurde. Wegen des niedrigen Motorisierungsgrades waren zunächst vor allem Bus- und Bahnreisen populär, später kamen auch Flugreisen hinzu. Die meisten Reiseziele lagen im Bereich der DDR, allmählich kamen auch die meisten sozialistischen Länder in Osteuropa, Kuba und Vietnam hinzu. Doch blieben die Auswahlmöglichkeiten begrenzt, weil Devisen und finanzielle Spielräume fehlten oder weil Kontingente festgelegt waren. So waren Ziele in der Tschechoslowakei, Ungarn, Bulgarien, Rumänien, Polen und der UdSSR beliebt. Zunächst vermittelte der FDGB-Feriendienst zahlreiche Reisen, dann kam das staatliche Reisebüro hinzu. Betriebe und Verbände waren wichtige Vermittlungsagenturen für den Urlaub. In den sechziger und siebziger Jahren breitete sich der selbstorganisierte Tourismus aus, vor allem Camping wurde zu einer wichtigen Reiseform. Nach der Gründung einer eigenen Fluglinie Mitte der fünfziger Jahre kam auch die Flugreise hinzu. Auf der einen Seite entfaltete sich der aus der Arbeiterbewegung stammende Sozialtourismus, der vor allem der Erholung und Reproduktion der Arbeitskraft dienen sollte, auf der anderen Seite keimten auch in der DDR Individualisierungszüge, die im Urlaub neue Fähigkeiten, Länder und andere Kulturen entdecken wollten. Diese Spannung bereitete der politischen Obrigkeit zunehmend Probleme, weil einerseits die wirtschaftlichen Prioritäten anders gesetzt wurden (Devisen sollten zur Beschaffung von Maschinen und neuen Techniken und nicht zum Reisen verwendet werden), andererseits mit der Liberalisierung des Reisens die Kontrollmöglichkeiten geschwächt worden wären. Das Reiseverhalten der DDR-Bürger glich sich in vielen Zügen dem Reiseverhalten der BRD-Bürger an (z. B. im Anteil der Auslandsreisen), war andererseits aber ein Sprengsatz, der entscheidend zur »Wende« 1989/90 beigetragen hat.

Die Freizeit in der DDR war in ein Geflecht von gesellschaftlichen und politischen Aufgaben eingebunden. Neben der Notwendigkeit, sich in geeigneter Form (z. B. Selbststudium, Lektüre oder Fernstudium) weiterzubilden, existierten für fast alle Alters- und Gesellschaftsgruppen Verpflichtungen zur Teilnahme an »gesellschaftlicher Arbeit«. Versammlungen, Partei- oder Verbandsaktivitäten, Feiern und Ehrungen, politische Demonstrationen oder Sportveranstaltungen nahmen einen bislang nicht quantifizierten zeitlichen Raum im Leben der DDR-Bürger ein, der nicht als Freizeit zu bezeichnen ist. Das Zeitbudget wurde so neben der umfangreichen Erwerbsarbeit durch politische und gesellschaftliche Verpflichtungen weiter eingeschränkt. Allerdings muss dies nicht notwendigerweise im subjektiven Empfinden als Restriktion angesehen worden sein, denn derartige Aktivitäten boten in vielen Fällen Zugang zu Privilegien oder schützten zumindest vor Repressionen. Auch Geselligkeit, soziale Kontakte, Tauschmöglichkeiten oder direkt auf die Freizeit bezogene Unternehmungen konnten so je nach eigener Wahrnehmung realisiert werden. z. B. bot die Teilnahme an Veranstaltungen von Parteien, Gewerkschaften oder Verbänden auch Zugang zu begehrten Reisen oder Unterkünften, die wegen der i. d. R. betriebenen Subventionierung recht preisgünstig waren und so als Wohlstandsmehrung verstanden wurden.

Weil aber auch in der DDR ein Wertewandel in Richtung Individualisierung, Lebensstile und Konsumorientierung einsetzte, wurden diese Formen von Freizeit spätestens in den achtziger Jahren von vielen DDR-Bürgern als überholt angesehen. Individuelle und nicht länger staatlich reglementierte Formen der Freizeitverbringung und Reisen wurden angestrebt, was zur Wende von 1989 erheblich beigetragen hat. Die angesichts großer Devisenprobleme erlassenen Restriktionen des Reiseverkehrs wurden angesichts des größer werdenden privaten Kaufkraftüberhanges als störend empfunden. Ebenso verschärften die weitgehend fehlenden aus westlicher Produktion stammenden Automobile, Fernseher, Videorecorder, Jeans oder Produkte der Unterhaltungselektronik, die allesamt vorzugsweise auf die Freizeit bezogen sind, die Unzufriedenheit in der damaligen DDR. So haben die gestiegenen Ansprüche an Freizeit und Tourismus zur Wende beigetragen.

3.10 Exkurs: Soziologie und Sozialgeschichte der Nacht

Ein besonderes Kapitel in der Freizeitgeschichte stellt die Sozialgeschichte und Soziologie der Nacht dar. Dieser Teil der Zeitachse wird in den meisten Untersuchungen zum Thema Freizeit ausgeblendet. In der Soziologie und auch in einigen benachbarten Disziplinen ist in den vergangenen Jahren aber das Interesse an der Nacht deutlich erwacht (vgl. Gleichmann 1980, Melbin 1987, Prahl 1993, Schivelbusch 1983, Schloer 1991, Seitz 1997). Die Nacht wird in modernen Gesellschaften systematisch entgrenzt. Die Heiligung der Nachtruhe gehört der Vergangenheit an. Arbeit, Konsum und vor allem Freizeit werden immer tiefer in die Nacht verlagert. Mit der Verflüssigung der Zeit wird die Nacht zu einer beliebig ausbeutbaren Ressource, weshalb auch von der »Kolonisierung der Nacht« (Melbin 1987) gesprochen wird. Aufklärung bedeutet Aufklaren der Dunkelheit. Zur Nacht ist wenig Aufklarendes verfügbar, Aufklärung steht noch aus, Ansätze sind aber schon erhältlich. So etwa aus der Volkskunde, der Sozialgeschichte oder aus der Soziologie der Zeit. Allerdings widmen sich die meisten wissenschaftlichen Disziplinen eher dem Tag. Sofern Zeit als gesellschaftliche Tatsache behandelt wird, überwiegt ihr Bezug zu Arbeit oder Herrschaft. Nacht als die Zeit der Dunkelheit, der Gefahren und der Geheimnisse bleibt dabei erstaunlich unterbelichtet. Die je unterschiedliche Qualität der Zeitmengen Tag und Nacht wird nur selten beachtet.

Durch die Rotation der Erde um die Sonne wird jeweils nur die Hälfte der Erdkugel vom Sonnenlicht bestrichen, die andere Hälfte wird mehr oder minder stark von Dunkelheit umfangen. Die Phase der Dunkelheit, die je nach Wohnort auf dem Globus und der jeweiligen Jahreszeit schwankt, wird üblicherweise als Nacht bezeichnet. Weil die Nacht nicht immer von gleicher Länge ist, wurden die Nachtzeiten bereits früh kulturell codiert und metrisch manipuliert. Das Hereinbrechen der Dunkelheit, die tiefsten Phasen der Nacht oder das allmähliche Heraufdämmern des Tages wurden bereits in archaischen Gesellschaften kulturell belegt – sei es in Mythen, Liedern, Erzählungen oder Dichtungen. Auch in modernen, an Naturwissenschaft und Technik ausgerichteten Gesellschaften sind ähnliche kulturelle Muster auszumachen. Und auch schon früh wurde den Menschen klar, dass die Nacht unterschiedlich lang sein kann. Um aber der Nacht oder dem Tag nicht ein Übergewicht zubilligen zu müssen, ersann man Methoden, um die Zeit zu manipulieren. Im Mittelalter und in der frühen Neuzeit wurden Tag und Nacht in jeweils zwölf Stunden aufgeteilt und je nach Jahreszeit als unterschiedlich lang definiert. Eine Nachtstunde war im Winter deutlich länger als im Sommer und eine Tagstunde war eben im Sommer länger als im Winter. Erst im 17. und 18. Jahrhundert haben die mechanischen Uhren, die nur eine Ganggeschwindigkeit kennen, dieses Denken verdrängt. Seither gelten lineare bzw. abstrakte Zeitvorstellungen. Seit dem 15. Jahrhundert rückten die Zeitmessung und die zeitliche Disziplinierung immer stärker in den Mittelpunkt des menschlichen Lebens. So wurde auch die Nacht einem Rationalisierungsprozess ausgesetzt.

3.10.1 Nachtmythologien

In archaischen Gesellschaften bis noch in die germanische Zeit kam auch in der Zeitrechnung der Nacht ein besonderer Stellenwert zu. Das Wort Nacht bezeichnete die Zeit vom Sonnenuntergang bis zum nächsten Sonnenuntergang, schloss also den Tag mit ein. Nicht die Zeit der Helligkeit, sondern die Zeit der Dunkelheit gab der Zeiteinheit den Namen, was auf die besondere Bedeutung der Dunkelheit hinwies. Die Zeit der Helligkeit war zwar dem Tagewerk gewidmet, also der Arbeit und Daseinsvorsorge, die Zeit der Dunkelheit beschäftigte aber weit mehr das Denken der seinerzeitigen Menschen. Ihr galt das primäre Augenmerk, sie war die große Herausforderung und die Schnittstelle zum Außerirdischen. Zugleich aber war die Nacht auch der »Vorabend« für den nächsten Tag, für die Zeit der Helligkeit. Sprachlich verweist z. B. noch die Fastnacht darauf, »Vorabend« für den Aschermittwoch zu sein. Auch die von den Germanen gefeierte Mittwinternacht, die »wihennaht«, aus der später »Weihnacht« wurde, verweist auf diesen Zusammenhang.

Die christliche Religion hat das Thema Nacht einerseits moralisiert, andererseits diszipliniert. Nacht wird nicht mehr direkt mit den menschlichen Ur-Themen wie Tod, Zeugung oder Gefahr verbunden, sondern als Zeit Gottes ebenso wie die übrige Zeit den christlichen Moralvorstellungen unterworfen. Auch was in der Nacht geschieht unterliegt dem Willen Gottes, ist göttliche Fügung. Allerdings sind im Schutze der Dunkelheit die Gefährdungen der Menschen, vom Pfad der christlichen Tugenden abzuweichen, höher. Dies gilt insbesondere für Eigentum und Sexualität. Noch im frühen 19. Jahrhundert wollte der Papst die künstliche Beleuchtung der Städte verbieten lassen, weil sich dadurch mehr Menschen in der Öffentlichkeit aufhalten würden und dadurch die Sünde gefördert würde. Mit der künstlichen Erhellung der Nacht ginge – so sein Argument – ein Anstieg von Prostitution und Diebstahl einher. Viele bürgerliche Moralapostel haben sich dieser Argumentation angeschlossen.

Matte Tendenzen in dieser Richtung sind auch heute noch in der christlichen Moral anzutreffen. Galt diese Haltung für die Laien, so galt sie noch stärker für die Kleriker. Insbesondere in den Klöstern wurde die Nacht ebenso wie der Tag einer strengen Zeitdisziplin unterworfen. In genau festgelegten Abständen waren Gebete und Rituale abzuhalten, was mit einem harten Zugriff auf den Körper verbunden war: Schlaf und Erholung waren gegenüber den religiösen Funktionen sekundär. So taten sich die Klöster bei der Entwicklung genauer Zeitmesstechniken auch besonders hervor. Schon die frühen Klöster hatten nach Osten hin einen kleinen Vorbau, in dem Hähne als frühe Wecker ihren Dienst verrichteten. Später sorgten standardisierte Kerzen bzw. Öllampen dafür, dass die Mönche zur rechten Zeit geweckt werden konnten. Und schließlich sollten die Kirchturmuhren seit dem 14. Jahrhundert auch den Laien kundtun, was die Uhr geschlagen hatte.

Eng mit dem Thema Nacht war und ist in jeder Gesellschaft der Traum verbunden. Zwar sind Schlaf und Traum nicht zwangsläufig auf die Nacht beschränkt – auch Tagträume sind jedem bestens bekannt und viele Menschen schlafen auch am Tag (im Bett, am Schreibtisch oder im Kornfeld) –, doch finden Schlaf und Traum überwiegend in der Nacht statt. Ohne hier näher auf die umfangreiche Traumforschung eingehen zu können, ist festzuhalten, dass in allen bekannten Gesellschaften Träume als Symbole für die und/oder als Erfahrungen der Realität angesehen wurden – sei es in den Mythen archaischer Gesellschaften oder den in den Regeln der Mantik festgelegten Traumdiskursen der griechischen Antike oder den Interpretationen moderner Psychoanalyse. Ähnlich alt wie die Menschheitsgeschichte ist der Streit darüber, ob Träume reale oder imaginierte Welten sind. Und ob Träume nur der Psychologie oder aber auch der Soziologie etwa wegen ihrer Funktion, von Konflikten zu entlasten, für die Anforderungen des Wachzustandes wieder fit zu machen oder gesellschaftliche Verhältnisse widerzuspiegeln – zugänglich sind, soll hier nicht abschließend beantwortet werden. Kinderträume, Backfischträume, Erwachsenenträume oder Greisenträume mögen ganz verschieden sein, wobei schließlich der Einfluss von Medien nicht zu unterschätzen ist.

3.10.2 Kolonisierung der Nacht

Nachts wurde bis ins 19. Jahrhundert nur von recht wenigen Menschen gearbeitet. Bis dahin galt die Regel, mit dem Beginn der Tageshelligkeit die Arbeit aufzunehmen, mit witterungsbedingten Unterbrechungen bis zum Einbruch der Dunkelheit zu arbeiten und dann nach kurzer Erholungsphase sich zum Schlafen niederzulegen. Einige Menschen mussten auch nachts arbeiten: Nachtwächter, Soldaten, Seefahrer, Sternengucker, Hirten, Heiler, Prostituierte, Türmer, Schleusenwärter oder Mönche. Für die ganz große Mehrheit der Bevölkerung war die Nacht aber dem Schlaf und der Ruhe gewidmet. Die Nacht war im Hause zu verbringen, nur ganz wenige Menschen durften sich legitimerweise nachts außerhalb der Wohnungen aufhalten. Licht und Wärme waren teuer und nur den Begüterten allzeit zugänglich. Den Städten und Dörfern war die Beleuchtung öffentlicher Plätze und Straßen nicht vordringlich und wurde erst im 19. Jahrhundert zum Thema, viele Dörfer Europas wurden erst jüngst künstlich beleuchtet, in den meisten Teilen der Welt bleiben sie bis heute nachts dunkel. Der Zugang zum künstlichen Licht ist noch immer gesellschaftlich ungleich verteilt, auch wenn in industriellen Wohlfahrtsstaaten die öffentliche Beleuchtung zur staatlichen Infrastruktur gehört und extrem billiger Strom scheinbar allen Gesellschaftsgruppen die Beleuchtung ihrer Wohnungen erleichtert. Die Differenzen innerhalb einer industrialisierten Gesellschaft sind kleiner geworden (und drücken sich eher im Beleuchtungsstil aus), zwischen den verschieden entwickelten Gesellschaften sind die Unterschiede aber größer geworden (außer in den Metropolen).

Allerdings werden weltweit die Grenzen gegenüber der Nacht verschoben. Die von M. Melbin (1987) so eindrucksvoll beschriebene »colonizing the world after dark« wird inzwischen zu einer globalen Tendenz. Er vergleicht die Erschließung der Nacht mit der Kolonisierung des Raumes. Als die Kolonialmächte nahezu alle Räume der Erde erschlossen hatten, setzte seit dem späten 18. Jahrhundert die Kolonisierung der Nacht ein. Die bis dahin tabuierten und wenigen Berufsgruppen vorbehaltenen Zeiträume der Dunkelheit wurden jetzt systematisch erschlossen. Mit der Kolonisierung des Raumes wurden die Grenzen gegenüber der widerspenstigen Natur oder den ursprünglichen Einwohnern verschoben. Die Grenzen fielen nur teilweise durch private Initiative, sondern meist unter staatlich-militärischem Schutz. Der Staat der jeweiligen Kolonialmacht errichtete in den neu eroberten Räumen Infrastrukturen, die wiederum der privatwirtschaftlichen Nutzung der eroberten Gebiete dienen sollten. Die Grenzen gegenüber den noch nicht besetzten Räumen wurden militärisch gesichert, waren aber für Pioniere, die weitere Gebiete erschließen wollten, offen.

Parallele Entwicklungen sieht Melbin in der Erschließung der Nacht als einem der letzten im Zeitkontinuum noch nicht erschlossenen Gebiete. Mit der aufkommenden Industrialisierung in England im 18. Jahrhundert wurden auch immer mehr die Grenzen gegenüber der Nacht verschoben. Bis dahin mussten nur wenige Menschen nachts arbeiten. Landwirtschaft und Handwerk hatten bei Einbruch der Dunkelheit ihre Arbeit einzustellen, da künstliche Lichtquellen nicht mächtig und sicher genug waren, um auf dem Felde oder in der Werkstatt weiter arbeiten zu können. Die Erfindung der Dampfmaschine und der Einsatz von Maschinen machten eine bessere Beleuchtung geradezu erforderlich. Mit der Industrialisierung verlief der Fortschritt der künstlichen Beleuchtung annähernd parallel, technische und luminöse Innovationen bedingten sich in vielen Fällen. Der Einsatz von Gaslaternen beschleunigte die Industrialisierung erheblich, weil nun eine Abkoppelung von den Hell-Dunkel-Rhythmen und damit Nachtarbeit in großem Stile überhaupt erst möglich wurde. Maschinen mussten bei Einbruch der Dunkelheit nicht mehr stillgelegt werden, sondern konnten pausenlos ihr Werk verrichten, Hochöfen konnten über Tage und Nächte betrieben werden und dadurch Werkstoffe erzeugen, die bei den vorher notwendigen nächtlichen Unterbrechungen überhaupt nicht hergestellt werden konnten. Mit der künstlichen Straßenbeleuchtung konnten die Industriearbeiter nachts gefahrlos zur Arbeit gelangen. Auch der nächtliche Transport von Gütern und Personen wurde dadurch erleichtert. Mit der Erfindung der Elektrizität und allen daraus resultierenden Anwendungsmöglichkeiten machte die Entwicklung einen weiteren großen Sprung. Nicht nur die Beleuchtung wurde verbessert, auch die Kommunikation konnte mit Telegraf und Telefon enorme Distanzen überwinden und so zur Temposteigerung beitragen.

Mit der künstlichen Beleuchtung der Fabriken, Straßen und Märkte nahm die industrielle Nachtarbeit rasch zu. Arbeitskraft konnte, weil die Restriktionen in der Zeitdimension abgebaut wurden (erst im 20. Jahrhundert entstanden mit dem teilweisen Verbot von Nachtarbeit neue Restriktionen), weiter ausgebeutet werden. Industrielle Arbeitszeiten, die um 1860/70 in manchen Branchen bei 16 Stunden pro Tag oder mehr als 100 Stunden pro Woche lagen, wären ohne diese Entwicklung nicht möglich gewesen. Auch die Arbeitszeiten von Frauen und Kindern wurden kontinuierlich ausgeweitet und teilweise in die Nacht verlegt, wogegen sich allerdings seit Mitte des 19. Jahrhunderts Protest artikulierte. Die von den Gewerkschaften erkämpfte und durch staatliche Sozialpolitik teilweise abgesicherte Verkürzung der industriellen Arbeitszeiten seit etwa 1870 wurde von den Unternehmern durch die Einführung von Schichtarbeit konterkariert. In der Folgezeit wurde die Nachtarbeit auch in anderen Bereichen üblich: In Handel und Verkehr, Post, Sicherheit und Gesundheit, Gastronomie und Unterhaltung, Medien und zahlreichen Dienstleistungen.

Die Kolonisierungs-These für die Nacht weist auch noch weitere Parallelen zur Kolonisierung des Raumes auf. Stellte der Staat bei der Landnahme in den Kolonien Schutz und Infrastruktur zur Verfügung, so tat er dies auch bei der Kolonisierung der Nacht und gab so seine Rolle als liberaler »Nachtwächterstaat« auf. Staatlicherseits wurde die Beleuchtung der öffentlichen Plätze und Straßen organisiert, Polizei und Militär sollten den in der Nacht Arbeitenden Schutz gewähren, die Infrastrukturen wurden in vielerlei Richtung erweitert, um die letzte Ressource in der Zeit-Dimension erschließen zu können. Die staatlichen Maßnahmen ließen sich zwar mit der im öffentlichen Interesse liegenden Gefahrenabwehr legitimieren, dienten objektiv aber besonders der privatwirtschaftlichen Nutzung der Nacht. Freilich sind auch politisch-administrative Eigeninteressen auszumachen, worauf etwa immer mehr Gesetze und Verordnungen abzielen – so etwa beim teilweisen Verbot von Nachtarbeit, bei den Maßnahmen gegen nächtliche Ruhestörung, bei nächtlichen Sperrstunden, bei Nachtflugverboten oder bei der Bestimmung, dass gerade Verstorbene nicht die Nacht über in der eigenen Wohnung bleiben dürfen. Die von Jürgen Habermas analysierte »Kolonisierung von Lebenswelten« durch politisch-administrative Systeme setzt sich auch in der Nacht fort. Allerdings sind in der Gegenwart auch Gegentendenzen erkennbar: Im Zeichen von Deregulierung und leerer öffentlicher Kassen zieht sich der Staat etwa durch reduzierte Polizeipräsenz oder durch Privatisierung des Rettungswesens teilweise wieder aus Bereichen der Nacht zurück. Die Nacht wird in diesen Teilen dann wieder ökonomischen oder sogar kriminellen Gesetzen überlassen.

3.10.3 Nachtkonsum

War die Wirtschaft im 19. Jahrhundert insbesondere an der Ausbeutung menschlicher Arbeitskraft und dementsprechend auch an der Ausweitung von Nacht- und Schichtarbeit interessiert, so richtete sich das Interesse im 20. Jahrhundert immer mehr auf die Konsumsphäre. Die nächtlichen Vergnügungen in Kneipen, Bars, Bordellen oder Spielhöllen waren zwar historisch sehr viel älter, stiegen aber mit dem Wachstum der Städte seit Mitte des 19. Jahrhunderts überproportional an. Zugleich wurde auch der Kampf gegen Kriminalität und Unmoral intensiviert, was wiederum die staatliche Obrigkeit stärken sollte. Aber nicht nur das Vergnügen nahm ständig zu, auch die Ansprüche an Handel, Dienstleistungen und Verkehr wuchsen seit dem Ende des 19. Jahrhunderts stetig. Mit den verbesserten Beleuchtungs- und Transportmöglichkeiten konnte der Handel die Märkte schon früh mit frischer Ware beliefern, die Läger konnten nachts aufgefüllt werden. Große Kaufhausketten und Supermärkte wurden auf diese Weise überhaupt erst möglich. Das expandierende Verkehrsnetz vervielfachte den nächtlichen Transport von Gütern und Personen. Mussten die Reisekutschen bei Einbruch der Dämmerung ihre nächtliche Rast einlegen, konnte die Eisenbahn auch in der Dunkelheit weite Strecken überwinden. Die städtischen Kutscher fuhren ihr betuchtes Publikum wohl auch noch des Nachts durch die Stadt, Straßenbahnen und Busse waren später für alle Bevölkerungskreise auch in der Nacht zugänglich. Die Post erfuhr eine enorme Beschleunigung: In London wurde um 1880 die Post elfmal am Tag zugestellt, eben weil auch in der Nacht sortiert und transportiert wurde.

Die Ansprüche an Staat, Dienstleistungen, Handel, Unterhaltung und Sozialleistungen sind in den letzten hundert Jahren explosionsartig gewachsen. Bei nächtlicher Ruhestörung wird die Polizei innerhalb kurzer Zeit herbeibemüht, ernsthafte Erkrankungen werden auch in der Nacht vom Notarzt oder in Krankenhäusern behandelt, die Feuerwehr ist ständig alarmbereit, die Post unterhält (noch) Nachtschalter, Taxis und Busse sind fast zu jeder Nachtzeit erreichbar, zumindest Automaten sichern den Zugang zu Genussmitteln oder Geld, die elektronischen Medien strahlen auch lange nach Mitternacht Programme aus und wem es nicht gefällt, der kann in Videos Ersatz suchen. Die Telefonseelsorge tröstet, die Telefonauskunft vermittelt interessante Nummern und Telefonsex suggeriert Befriedigung. Private Wachmänner und militärische Streifengänger, Nachtwachen und Nachtapotheken, Fluglotsen und Fernfahrer, Diskjockeys und Drogenhändler und die sonstige Heerschar der Nachtschaffenden garantieren die Funktionsfähigkeit der »Rund-um-die-Uhr-Gesellschaft«(Rinderspacher). In manchen US-amerikanischen Großstädten tun sogar Scheidungsanwälte und Familienrichter nachts Dienst, falls mal die Scheidung nach dem nächtlichen Ehekrach ganz schnell gehen soll. Auch Nacht-Heiraten sind möglich. Alles was am Tage geht, soll auch nachts möglich sein.

Die Nacht ist längst von den Medien erobert worden. Fernsehen und Hörfunk senden ohne Unterbrechung, die am nächsten Tag zu erwartende Zeitung kann als Online-Ausgabe bereits in der Nacht zuvor im Internet studiert werden. Computer schlafen nie. Gerade nachts lassen sich große Datenmengen ohne Stau transferieren. Zu wichtigen Medienereignissen sind inzwischen vor allem Sportereignisse geworden. Das Flutlicht erhellt die Stadien und Hallen, manches Fußballspiel wird erst kurz vor Mitternacht angepfiffen und Boxkämpfen erleben oft mitten in der Nacht ihren Höhepunkt. Nächtliche Auto- oder Skirennen erfreuen sich großer Beliebtheit und gestresste Jungakademiker oder Manager finden nächtens im Fitnessstudio noch Entspannung. Gastronomie und Showbusiness verlagern ihr Geschäft immer tiefer in die Nacht hinein und wenn sie mal geschlossen haben, bieten die Shops der Tankstellen immer noch Unterhaltungsmittel und Waren. Die Freizeit kennt auch nachts fast keine Schranken mehr. Die Nacht ist weder für Arbeit und Konsum noch für die Freizeit eine unüberwindbare Grenze.

3.10.4 Nachtarbeit

Unsere Konsumansprüche sind nur um den Preis steigender Nachtarbeit und zusätzlicher Rationalisierungsmaßnahmen zu befriedigen. Die »Nonstop-Gesellschaft« (Adam) entgrenzt zeitlich die Arbeitssphäre. In den meisten früheren Gesellschaften mussten nur ganz wenige Menschen – z. B. Wächter, Soldaten, Pfleger, Prostituierte, Musiker oder Fischer, gelegentlich auch Bauern oder Diener

– nachts arbeiten. In der Gegenwart hat sich dies mit den langen Laufzeiten von Maschinen, dem ständig anwachsenden Verkehr und vor allem den hohen Ansprüchen an Konsum, Dienstleistung, Unterhaltung, Sicherheit und Versorgung nachhaltig geändert. Wenn es für uns zur Selbstverständlichkeit geworden ist, frühmorgens frisches Gemüse in den Regalen vorzufinden, lange nach Mitternacht einen Blinddarm operiert zu bekommen oder kurz vor Morgengrauen mit dem Taxi die Diskothek zu verlassen, so müssen andere Menschen dafür arbeiten. Rundfunkanstalten und Messwarten lassen sich für den Nachtbetrieb weitgehend automatisieren, Krankenpflege oder Streitschlichtung erfordern dagegen den Menschen. In dem Maße, in dem die Grenzen der Nacht gesprengt werden, wachsen auch die Ansprüche an die Nachtarbeit. In den meisten Industriegesellschaften muss ein Viertel der Beschäftigten zu Nacht- oder Schichtarbeit bereit sein. Von diesem Viertel arbeitet allerdings nur ein kleiner Teil ausschließlich nachts. Für Frauen und Kinder ist Nachtarbeit vom Gesetzgeber auf eine Reihe von Ausnahmen beschränkt worden, die jüngere Rechtsprechung hat diese Prinzipien allerdings durchlöchert. Besonders belastend wirkt sich die Wechselschichtarbeit auf Gesundheit, Familie, Kontaktmöglichkeiten, Freizeit und Lebensqualität aus. Auch wenn Nacht- und Schichtarbeit in den meisten Fällen besser als die Tagesarbeit dotiert und deshalb von einem Teil der Beschäftigten auch angestrebt wird, sind diese Arbeitszeiten generell weniger beliebt. Zahlreiche empirische Untersuchungen haben gezeigt dass Nacht- und Schichtarbeit überproportional von Un- und Angelernten, sozial Benachteiligten, Immigranten (in den USA besonders von Farbigen) und Beschäftigten mit langjähriger Arbeitslosigkeitserfahrung geleistet wird. Die gesellschaftlich weniger privilegierten Gruppen müssen mehr Nacht- und Schichtarbeit leisten als die Arrivierten. Gewiss müssen auch ProfessorInnen, JournalistInnen oder PolitikerInnen oft nachts arbeiten, zumeist ist dies aber selbst gewählt, und es kann geradezu als ein Privileg gelten, nämlich seine Arbeitszeiten selbst zu bestimmen. Auch nachts gilt gesellschaftliche Ungleichheit.

3.10.5 Nächtliche Ungleichheiten

In der Nacht wiederholen sich auch geschlechtstypische Muster. Zumindest im öffentlichen Raum können Männer ihre nächtliche Präsenz leichter rechtfertigen als Frauen. Wenn Männer sich nachts auf Straßen, Plätzen oder in Kneipen aufhalten, gilt das jedenfalls in unserer heutigen Gesellschaft – in früherer Zeit war das anders – als normal. Bei Frauen werden in solchem Falle (zumindest unterschwellig) Fragen laut: Suchen sie Kontakte, wollen sie sich etwa prostituieren, warum verlassen das schützende Heim? Der relative Schutz, den die Nacht Männern bietet, wird Frauen verwehrt. Sie werden schutzlos zum nächtlichen Jagen freigegeben. Die spärlichen Schutzvorkehrungen – etwa vom Frauen-Nachttaxi bis zum Nachtarbeitsverbot für Frauen – können die über Jahrhunderte gewachsenen soziokulturellen Muster kaum verändern, nach denen zwar die der Prostitution nachgehenden »Schönen der Nacht«, nicht aber Frauen, die auf ihre Moral achten, sich auf den nächtlichen Straßen aufhalten sollen.

Auch gesellschaftliche Randgruppen sind oft nachts benachteiligt, wie sich leicht an den Nachtasylen für Obdachlose zeigen lässt. Die Armen und Unbehausten hatten in aller Geschichte in allen Ländern nachts besondere Probleme. Schutz, Wärme und Trockenheit sind außerhalb von Höhlen und Häusern nur schwer zu finden oder fordern besondere Formen der Improvisation heraus, zumal in den klimatisch rauheren Gegenden. In Hauseingängen, U-Bahn-Schächten oder auf Parkbänken zu nächtigen, erfordert Gewöhnung und prägt besondere Gewohnheiten, wie die teilnehmenden Beobachtungen bei Clochards und Pennern zeigen (Girtler 1983). Verhaltensstile und Codes, die Außenstehenden kaum verständlich sind, künden von eigenen kulturellen Mustern solcher Gesellschaftsgruppen. Den Platz für die Nacht zu finden, »Platte machen«, oder das nächtliche Revier zu verteidigen, wird für sie zu einem zentralen Lebensinhalt. Und bisweilen lässt sich auch in Universitätsgebäuden ein warmes Plätzchen ergattern, bis ordnungsbeflissene Professoren und Pedelle dagegen einschreiten. Je mehr Gestrauchelte eine Gesellschaft hervorbringt, um so krasser wird der Kampf um nächtliche (Schlaf-)Reviere. Die »Kinder vom Bahnhof Zoo« konnten sich durch Vagabundieren und Prostituieren vielleicht noch behelfen, für die immer zahlreicher werdenden Obdachlosen, denen ein aus den Fugen geratener und nur an schnellem Profit ausgerichteter Wohnungsmarkt die Bleibe nahm, stehen oft solche Improvisationsmöglichkeiten nicht mehr zur Verfügung. In der Nacht häuft sich sozialer Sprengstoff an.

So war es im Laufe der Geschichte oft. Doch Kirchen, karitative Organisationen und Kommunen boten mit ihren Nachtasylen Hilfe. Clevere Privatleute vermieteten ihre Betten gleich mehrfach an Schlafgänger, und das Hauspersonal wurde im Hängeboden untergebracht. Solche Formen sind scheinbar obsolet geworden, doch könnten sie bei weiter steigenden Obdachlosenzahlen und einem restlos überforderten Wohnungsmarkt schon bald eine Renaissance erleben. Modernen Nachtasyle – die Obdachlosenheime, Wohncontainer, Zeltlager, gelegentlich auch Kirchen oder Rathäuser – sind in der Gegenwart fast aus dem Blick verschwunden, zeugen aber von Problemen, die nachts besonders virulent sind. Das Leben in Nachtasylen ist – von Gorki bis Goffmann – literarisch und sozialwissenschaftlich oft beschrieben worden.

Auch die Nacht in »totalen Institutionen« bietet Stoff für beklemmende Studien. So etwa die Nacht im Krankenhaus, die nach dem Abendessen schon dann beginnt, wenn viele Erwerbstätige gerade erst ihre Arbeit beendet haben, und dann endet wenn die meisten Bürger noch schlafen. Ganz ähnlich verläuft die Nacht in Alten- und Pflegeheimen oder in Gefängnissen und nur wenig anders in Kasernen. Die Zwänge der Institution und die Bedürfnisse des in ihnen tätigen Personals organisieren den Ablauf der Nacht auch gegen physiologische Rhythmen und individuelle Wünsche. Totale Institutionen standardisieren die Nacht ihrer Insassen. Sie greifen auf den Körper zu (bis hin zum genehmigungspflichtigen nächtlichen Fixieren in Psychiatrischen Krankenhäusern) und disziplinieren die körperlichen Verrichtungen. Die tendenzielle Enteignung von Zeit und Körperlichkeit gilt zwar als Merkmal »totaler Institutionen«, ist aber kein Naturgesetz, sondern muss fortlaufend nach ihrem Sinn hinterfragt werden. Andere Organisationsweisen sind jedenfalls denkbar und setzen sich teilweise in Krankenhäusern mit flexibleren Essens- oder Waschzeiten durch.

3.10.6 Nachträume

Auch die Zuordnung der Räume in den Häusern bietet Einblick in den Bedeutungswandel der Nacht. Die »Verhäuslichung« zahlreicher Lebensfunktionen, die

Gleichmann in Anlehnung an Elias beschrieben hat, lässt sich auch für Nacht und Schlaf nachzeichnen. Die meisten vitalen Funktionen spielten sich in den längsten Phasen der Menschheitsgeschichte außerhalb von Häusern ab. Die Nahrung wurde vor dem Hause zubereitet, ebenso die Wäsche gewaschen und die körperliche Hygiene (vom Waschen am Fluss oder Brunnen bis zum Ausscheiden hinterm Busch) verrichtet. Erst mit der Verdichtung der Figurationen und der Verlängerung der Handlungsketten stiegen die Scham- und Peinlichkeitsschwellen an. Im Prozess der Zivilisation ging psycho- wie soziogenetisch der Fremdzwang in Selbstzwang über. Die Selbstzwangapparatur wirkt – wie Elias für die Bereiche Essen, Hygiene und Etikette gezeigt hat – so geschickt, dass ehemalige Fremdzwänge als eigene Motive ausgegeben werden. Für das Schlafen der Menschen bedeutet dies, dass biogenetische Schutzmechanismen durch psycho- und soziogenetische Verhaltensstandards abgelöst werden: So lange der Mensch sich der Natur direkt ausgesetzt sah, mussten vor allem nachts bestimmte Sinnesorgane in Alarmstellung bleiben – das heranschleichende Raubtier oder das ausbrechende Feuer mussten rechtzeitig genug bemerkt werden, um noch flüchten zu können; je mehr aber staatliche Organe und feste Häuser den Schlaf schützten, desto eher konnte die Alarmstellung aufgegeben werden. Der Mensch büßte mit der Verhäuslichung des Schlafens einen Teil seiner instinkthaften Mechanismen ein.

Allerdings wurden historisch noch lange solche Mechanismen wachgehalten. Die Glut der offenen Feuerstelle musste bewacht werden, das Vieh und die Kinder durften nicht aus dem Blick verschwinden, vor Unbilden der Natur musste gewarnt werden. Dementsprechend wurde der Schlafplatz in Bauernhäusern bis ins 19. Jahrhundert so gewählt, dass alle wichtigen Teile wie Feuer, Vieh und Kinder gut überblickt werden konnten, separate Schlafräume galten als unpraktisch. Eigene Schlafzimmer entstanden am frühesten an den Höfen des Adels und in den Bürgerhäusern der Städte, also bei den damals führenden Gesellschaftsschichten. In beiden Fällen diente die räumliche Abtrennung des Schlafens der Demonstration von Herrschaft. Das Schlafzimmer Ludwig XIV. in Versailles galt als Zentrum des französischen Weltreiches, das Schlafengehen und Aufstehen des Königs gedieh fast zum öffentlichen Spektakel. Und die Schlafzimmer der reichen Handelsherren in den Städten sollten als Zeichen von Wohlstand dienen und zugleich das Personal, das in Abseiten oder Zwischenböden nächtigte, auf Distanz halten. Im Laufe der Geschichte konnten sich auch andere Gruppen der Gesellschaft ein eigenes Schlafzimmer leisten, die Mehrheit der Bevölkerung allerdings erst in jüngster Zeit.

Ein eigenes Schlafzimmer zu haben, ist auch in hochentwickelten Gesellschaften eine Errungenschaft der letzten hundert Jahre, und dass Kinder nicht mehr im Schlafzimmer der Eltern, sondern in eigenen Räumen nächtigen, ist noch viel jüngeren Datums. Insbesondere in den unteren Gesellschaftsschichten schliefen mehrere Generationen in einem Raum. Tabus konnten so kaum entstehen, umso häufiger aber Infektionen. Kammern oder Verschläge wurden an Schlafgänger vermietet, oft wurde ein Bett auch schichtweise an mehrere Schläfer vermietet. Beheizbar waren nur wenige Räume, in strengen Wintern scharte sich alles um den Ofen, denn die meisten Schlafräume waren kalt und feucht. Die Geschichte des Schlafzimmers ist auch eine Geschichte der Krankheiten, Infektionen und des Sterbens. Die größten Fortschritte zur Verlängerung des Lebens und zur Verbesserung der Gesundheit sind eben nicht durch die Medizin, sondern durch bessere Wohn-, Hygiene- und Ernähungsbedingungen erreicht worden. Und dabei kommt den Schlafräumen und Badezimmern ein entscheidender Beitrag zu.

Die vom Adel und dem Stadtbürgertum begonnene Ausdifferenzierung eigener Schlafräume setzte sich im 19. Jahrhundert bei den Beamten, Angestellten und Unternehmern sowie anderen bürgerlichen Schichten fort. Beim Kleinbürgertum und der Arbeiterschaft wurde ein abgetrenntes Schlafzimmer erst im 20. Jahrhundert üblich, bisweilen musste mangels räumlicher Möglichkeit ein Schlafschrank als Ersatz herhalten. Und noch lange hatte nicht jeder Mensch ein eigenes Bett. Nicht nur Kinder, auch Erwachsene mussten sich oft ein Bett teilen. Von Stalin wird berichtet, dass er vor der Revolution mit zwei Mitkämpfern das Bett teilen musste. Seine Mitschläfer ließ er später liquidieren. Wohl nicht deswegen nennt in einem neueren deutschen Roman der Hauptdarsteller seinen Wecker Stalin. Die Geschichte der Schlafgelegenheiten und Schlafmöbel ist bislang sozialwissenschaftlich noch nicht fruchtbar gemacht worden, obwohl Volkskunde und Kulturgeschichte zahlreiche Studien vorgelegt haben. Die gemeinsame Lagerstatt im Stroh, die Strohsäcke, Federbetten und ersten Matratzen, Hängematten, Feld-, Klapp-, Doppel-, Baldachin-, Wasser- oder Luxusbetten, aber auch Campingliegen, Caravans, Isoliermatten oder Schlafsäcke sind Ausdruck je verschiedener gesellschaftlicher Verhältnisse und Ideologien.

Auch die Aufteilung der Räume lässt gesellschaftliche Wertvorstellungen erahnen. Wenn selbst in kleinen Wohnungen das elterliche Schlafzimmer zur Tabuzone erklärt wird, so drücken sich darin bestimmte Bedeutungen von Intimität, Ruhe oder Sexualität aus, die in vielen historischen Zeiten nicht gegeben waren und erst mit (klein-)bürgerlichen Mentalitäten auftraten. Oder wenn umgekehrt das Schlafzimmer multifunktionaler Nutzung – etwa mit Medieninstallationen, Schreibtisch oder Spielmöglichkeiten – zugeführt wird, kommt darin eine veränderte Vorstellung von Intimität zum Vorschein. In der Nachkriegszeit fand eine Bedeutungsverschiebung der Räume in Privatwohnungen statt. Stand in den fünfziger und sechziger Jahren das Wohnzimmer mitsamt dem »Gelsenkirchener Barock« im Zentrum der Möbelhersteller und Einrichter, so richtete sich in den späten sechziger und den siebziger Jahren das Augenmerk auf Küche und Bad, teilweise auch auf Hobbyräume und Kellerbar. Relativ spät geriet erst das Schlafzimmer ins Blickfeld. Das mit Fernseher, Radio und Minibar ausgestattete Bett, das Wasserbett oder das tagsüber hochklappbare Bett wurden erst in den siebziger Jahren einem breiteren Publikum offeriert. Ebenso konzentrierten sich Möbelhersteller auf Schlafzimmermöbel, die Beleuchtungsangebote folgten bald, und Nachtkleidung wurde modischen Trends unterworfen. Schließlich sollte auch mit mobilen Telefonen oder Computeranschlüssen die Verbindung der Schlafräume mit den Kommunikationsnetzen sichergestellt werden. Der Schlafbereich gilt längst nicht mehr nur als Ort der Ruhe, sondern ist vielfältig in die übrigen Sphären des Lebens eingebunden. Nur nichts verpassen wird auch zur Maxime des Schlafens. Und schließlich wird dieser Ort auch immer mehr in Design und Styling einbezogen, um auch noch im Schlaf Geschmack zu zeigen. Vom Strohsack zum multifunktionalen Luxusbett lässt sich sozialhistorisch die Entwicklung von Lebensstilen und den komplementären Ideologien nachzeichnen. Auch bei fremden Kulturen werden gern Anleihen gemacht, etwa japanische Futonbetten, südamerikanische Hängematten oder asiatische Strohmatten – als selbsternannter Trendsetter muss man/frau nicht mehr in den Standardbetten der Möbelhäuser erwachen.

3.10.7 Gefahren

Die Nacht ist zwar nicht katastrophenträchtiger als der Tag. Doch sind viele Katastrophen und Kriegsereignisse in der Nacht eingetreten. Im Militär gehörte die Nacht schon immer zum Kalkül, etwa beim Überfall der Japaner auf Pearl Harbour, 1941, oder beim Angriff der UNO-Truppen auf den Irak. Auch technische Großsysteme sind nachts besonders gefährdet: Die Unfälle im US-amerikanischen Three Miles Island oder im russischen Tschernobyl sind mitten in der Nacht passiert, auch die Giftgas-Explosion im indischen Bhopal mit Tausenden von Toten und zahlreiche Tankerkollisionen ebenfalls. Die nonstop arbeitenden Systeme weisen – insbesondere durch menschliches Versagen und reduzierte Kommunikationsmöglichkeiten – nachts eine höhere Fehlerhäufigkeit auf. Eine Soziologie der Katastrophen müsste diesen Aspekt wohl noch genauer beleuchten. Auch der Zusammenhang von Nacht und Gewalt konnte hier nur angedeutet werden, obwohl nächtliche Städte in Zukunft immer weniger Sicherheit bieten werden und schon heute erhebliche Ängste artikuliert werden.

Eine Soziologie der Freizeit sollte zukünftig auch für die Nacht ein waches Auge haben. Eine Soziologie der Nacht muss zwangsläufig die Gesellschaft in einem anderen Lichte erscheinen lassen, als unsere vorherrschende Tagessoziologie vermuten lässt. Vieles müsste nicht länger im Dunkeln bleiben, Erhellendes konnte hier nur angedeutet werden. Eine Soziologie der Nacht muss noch vieles ausleuchten, damit diese Disziplin nicht in die Finsternis zurückfällt. Dämmerungen waren manchen Gesellschaftswissenschaftlern ein wichtiges Thema, um die Spannung zwischen der Dunkelheit menschlicher Existenz und dem Licht wissenschaftlichen Erkennens aushalten zu können. Auch nächtliche Geistesblitze mögen dabei helfen, denn die Nacht ist nicht nur zum Schlafen da.

4. Begriffe und Methoden

Das Wort Freizeit hat inzwischen Eingang in viele Sprachen gefunden, drückt allerdings jeweils kulturspezifische Deutungsmuster aus. Das englischsprachige »leisure« ähnelt dem französischen »loisir«, während das deutsche Wort auf eine doppelte Komponente verweist, nämlich auf Zeit und auf Freiheit bzw. Freisein – beides hat im Deutschen einen Hang zum Pathetischen. Dabei meinte die ursprüngliche »frey zeyt« in der mittelalterlichen Sprache einen Rechtsterminus, mit dem zu Markt- und Messezeiten den Händlern Schutz gesichert werden sollte. Parallelen zur heutigen Freizeit sind erkennbar, wenn diese als geschützter, konfliktarmer und weitgehend störungsfreier Zeitraum gedacht wird. Im heutigen Verständnis taucht der Begriff »Freizeit« vereinzelt in Büchern und in der Umgangssprache etwa zwischen 1850 und 1880 auf. In breiterem Umfange ist der Begriff der Freizeit aber ein Produkt des 20. Jahrhunderts.

Vor fast fünfzig Jahren konnte eine groß angelegte sozialwissenschaftliche Untersuchung behaupten: »Was Freizeit ist, weiß jeder« und Kritik »an einer solchen logischen Definitions-Akrobatik« üben, »deren Wert zumeist ohnehin recht gering ist« (Reigrotzki 1956: 195). Diesem Beispiel sind viele Untersuchungen gefolgt, die ohne genaue vorherige Klärung des Freizeitbegriffs zahllose Daten ermittelt haben, welche, ohne einen Begriff von der Sache zu haben, ziemlich beliebig interpretiert werden können und mithin kaum Erkenntniszuwachs bringen. Umgekehrt haben manche Soziologen versucht, einen Freizeitbegriff zu definieren, der auf alle Bevölkerungsgruppen, von den Kleinkindern bis zu den Rentnern, von den Fließbandarbeitern bis hin zu den Studenten, gleichermaßen zutrifft. Ein solch allgemeiner Begriff wird notwendig abstrakt, weil er von den konkreten Unterschieden absieht oder diese nur mit Zwang dem allgemeinen Begriff zuordnen kann. Begriffslosigkeit wie Begriffsabstraktheit sind für eine Freizeitsoziologie abträglich, die sich den eingangs skizzierten Zielen verpflichtet sieht. In dem Maße, in dem die Gesellschaft unübersichtlich wird, vergrößert sich das Problem noch, weil mit der Tendenz zur Individualisierung kollektive Gleichförmigkeiten schwinden. War es vielleicht vor einem halben Jahrhundert noch möglich, von der »Freizeit der Arbeiter« oder von »der Jugendfreizeit« zu sprechen, so fallen solche Beschreibungen angesichts der Vielfalt von Lebens- und Freizeitstilen immer schwerer. Weil aber zur gleichen Zeit der Begriff »Freizeit« zu einer gesellschaftlich wie individuell hoch bewerteten ideologischen Leerformel geworden ist, fließen Ideologien jedweder Provenienz in die Begriffsbestimmung ein. Die einen sehen in der Freizeit die Ursache vieler gesellschaftlicher und persönlicher Probleme, die anderen vermuten in der Freizeit die Chance zur persönlichen Entwicklung und zur Emanzipation von Zwängen, wieder andere vermuten in der Freizeit ein System, das der Manipulation, Kommerzialisierung und Erzeugung von Massenloyalität dient. Selbst im »Dummdeutsch« (Henscheid 1993) ist der Freizeitbegriff inzwischen angekommen.

Wie im historischen Teil zu zeigen war, hat sich eine wie auch immer geartete Freizeit als Element der jeweiligen gesellschaftlichen Zeitregime in spezifischer Weise ausformen können. Wie Zeit verwendet wurde und wird, war und ist Ausfluss der jeweiligen Zeitkultur und drückt(e) sich in der entsprechenden Zeitstruktur aus. Diese formte das dialektische Verhältnis von individuellem Zeitbewusstsein und kollektiven Zeitmustern (soziale Zeit) aus. Die Zeitverwendung war in früheren Gesellschaften neben den Rhythmen der Natur, den jeweiligen Herrschaftsansprüchen und Religionen oder Ritualen von einer oft als ganzheitlich charakterisierten Zeitkultur (zyklische Zeitvorstellungen) geprägt. Vorstellungen von einer dem jeweiligen Individuum überlassenen Zeitverwendung kamen geistesgeschichtlich mit der Aufklärung auf, sozialgeschichtlich wurde deren Umsetzung erst mit den Anfängen der Industrialisierung möglich. Daher richten sich die meisten Definitionen von Freizeit immer noch an dem Gegensatz zwischen Arbeit und Freizeit aus, weil die überlangen Arbeitszeiten des 19. Jahrhunderts besonders gut als Gegensatz zu den heute deutlich angewachsenen arbeitsfreien Zeiten geeignet erscheinen. Doch mehren sich in der Gegenwart die wissenschaftlichen Positionen, die Freizeit nicht ausschließlich als Gegensatz zur (Erwerbs-)Arbeit begreifen.

4.1 Freizeitbegriffe

Freizeit wurde traditionell als Gegenteil von Arbeit begriffen. Diese Sicht war historisch angemessen und kann auch für die Gegenwart immer noch als eine zentrale Bestimmung angesehen werden. Diese arbeitspolare Definition wird aber immer stärker überlagert durch gesellschaftliche Entwicklungen, die nur noch indirekt auf Arbeit bezogen sind. Unbezweifelbar ist für den größten Teil der Weltbevölkerung Arbeit immer noch bittere Lebensnotwendigkeit. Aber ebenso unbezweifelbar nimmt in den industriellen bzw. postindustriellen Gesellschaften, wie sie in weiten Teilen Europas, Amerikas, Asiens und Australiens/Neuseelands anzutreffen sind, Arbeit quantitativ und in der körperlichen Intensität ab. Dies gilt uneingeschränkt für die Erwerbsarbeit, die heute schon von weniger als der Hälfte der Bevölkerung geleistet werden darf und in der ersten Hälfte des 21. Jahrhunderts auf ein Fünftel der Bevölkerung schrumpfen soll. Eingeschränkt wirkt sich diese Tendenz aber auch in der Hausarbeit aus, die durch Technisierung der Haushalte und Industrialisierung der Nahrungsproduktion bedingt weniger Zeit in Anspruch nimmt und damit mehr Freiräume für zusätzliche Aktivitäten im Hause schafft. Andere Entwicklungen wie die Reduzierung der Familien durch rückläufige Geburtenzahlen oder räumliche Trennung der Generationen, Tendenzen zur Individualisierung bzw. Versingelung, Fortfall von Reparaturen und Wiederverwendung wegen umfangreicher und billiger Konsumgüterangebote (z. B. bei Kleidung und Haushaltsgeräten) reduzieren den Umfang notwendiger Hausarbeiten noch weiter.

Die enge Bezogenheit auf die berufliche Arbeit ist vielfach kritisiert worden, weil einerseits die dominierende Rolle der Arbeit bezweifelt wurde und andererseits alle Nicht-Berufstätigen von einem solchen Begriff nicht erfasst wurden. Dem Sarkasmus von Clausen (1988) ist jedenfalls teilweise zuzustimmen:

»Das Nützliche am Begriff Freizeit ist immer gewesen, daß er ungenau war. Zwar mit dem Worte frei darin hatte man sich viele Rätsel eingehandelt (frei wovon? Von >Arbeit<? Frei wofür?) (...) Aber dieser vorhandene Freizeit->Begriff< hatte auch etwas Schädliches. Indes man sich dem scheinbar nur produktiven und geldlich entgoltenen Arbeits-Begriff unterirdisch anheftete, wurde Freizeit zur Müllhalde von tausenderlei Beschäftigungen und trug gleichzeitig noch mit dem schönen frei ein verheißungsvolles, ja utopisches Wort in die Debatten hinein. So war Freizeit einerseits das begriffliche Gegenstück des verarmten Begriffes >Arbeit< ; andererseits aber war er die chaotische Spieltruhe für die Soziologen, die allen Reichtum, der ihnen in der >Arbeit< fehlte, in die Freizeit projizierten und sie damit zu einem überkomplexen Restbegriff machten. Es ist fraglich, ob man solche Etcetera-Worte überhaupt Begriff nennen sollte« (Clausen 1988: 145f.).

Der Gegensatz zwischen Freizeit und Arbeit orientierte sich fast immer an Normalarbeitsverhältnissen, wie sie sich in der Zeit der Industrialisierung typischerweise ausgeprägt hatten: tariflich abgesicherte Vollerwerbstätigkeit mit garantierten Ansprüchen auf Ruhezeiten, Urlaub und Verrentung. Solche Formen des Erwerbslebens werden seit einigen Jahrzehnten immer mehr abgebaut – oder wie von Seiten der Unternehmen betont wird: flexibilisiert. Teilzeitarbeit, Arbeitszeitkonten, vorzeitige Verrentung, längere Phasen von Arbeitslosigkeit, Erziehungsurlaub, 630-Mark-Jobs, flexibler Einsatz nach Arbeitsanfall, wechselnde Arbeitsstätten, Gleitzeitarbeit etc. werden immer mehr zur Normalität. Die Grenzen zwischen Arbeit und Nichtarbeit erodieren. Arbeitsbiographien werden immer mehr zu »Patchworkbiographien«. Aber auch das Verhältnis zwischen Nichtarbeitszeit und Organisationszeit verändert sich grundlegend. Die Öffnungszeiten von Geschäften, Behörden oder Kindergärten sind in den letzten Jahrzehnten flexibler geworden, wodurch sich die arbeitsfreie Zeit tendenziell besser nutzen lässt. Allerdings sind auch gegenteilige Tendenzen zu verzeichnen, wenn z. B. öffentliche Einrichtungen im Zuge von Sparmaßnahmen Öffnungszeiten einschränken müssen oder wenn kleinere Geschäfte aus Kostengründen mit den langen Geschäftszeiten großer Kaufhäuser nicht mithalten können. Grundsätzlich lässt sich aber festhalten, dass die Grenzen zwischen Freizeit und Arbeit, Konsum und Erlebniswelten flüssig geworden sind. Deshalb taugt der Gegensatz zwischen Arbeit und Freizeit nur noch beschränkt zur Definition der Freizeit, selbst wenn Arbeit heute ein völlig anderes Antlitz hat als die harte und auslaugende Industriearbeit des 19. Jahrhunderts.

Doch ragt Arbeit immer noch in gegenwärtig benutzte Freizeitdefinitionen hinein. In der weit verbreiteten Brockhaus-Enzyklopädie wird Freizeit immer noch als Gegensatz zur Arbeit definiert:

»Freizeit, bezeichnet als Komplementärbegriff zu >Arbeitszeit< jenen Teil der menschlichen Lebenszeit, der weder direkt den Anforderungen gesellschaftlich strukturierter Arbeit unterliegt noch der unmittelbar notwendigen Reproduktion der menschlichen Arbeitsfähigkeit (Schlaf/Essen) dient, sondern als Teil der arbeitsfreien Zeit stärker einer selbstbestimmten, selbstgestalteten individuellen Praxis zur Verfügung steht, gleichwohl aber seine Grenze und gegebenenfalls auch seine Inhalte und Struktur aus dem Bezugsverhältnis zur gesellschaftlichen Form der Arbeit gewinnt. Insofern ist Freizeit mehr als lediglich >freie< Zeit, worunter die Zeit zu verstehen ist, die nicht im Rahmen der gesellschaftlich organisierten Tätigkeiten zur Befriedigung materieller und ideeller Bedürfnisse verbraucht wird, und sie ist weniger als >Muße< zu verstehen, die eine dem Individuum zur Selbsterhaltung zur Verfügung stehende Zeit darstellt« (Brockhaus-Enzyklopädie, Band 7, 1988: 640f.).

Eine im Auftrage der Bundesregierung erstellte Untersuchung definiert »Freizeit« zwar im Sinne individueller Zeitverwendung, greift dabei aber auch auf den Gegensatz zur Arbeit zurück:

> »Freizeit ist ein persönliches Verfügungsrecht über Zeit. Sie wird subjektiv als frei verfügbare Zeit empfunden, als Zeit für selbstbestimmte Aktivitäten. Je nach individueller Motivation und Möglichkeit stehen bei der Freizeitgestaltung aktive Tätigkeiten in Form von sozialen, sportlichen, kulturellen oder schöpferischen Aktivitäten oder auch passive Tätigkeiten wie Faulenzen, Nichtstun oder Fernsehen im Vordergrund. Freizeit ist das durch gesellschaftliche Übereinkunft ermöglichte Zeitquantum außerhalb der Arbeitszeit, über das der einzelne selbst frei entscheiden kann, um es für sein Wohlbefinden zu verwenden. Das Verfügungsrecht über Zeit, die Zeitautonomie, gehört zu den wichtigsten Werten der modernen Gesellschaft. Umgesetzt wird dieses Recht aber erst durch die Fähigkeit des Einzelnen und von Gruppen, über dieses Recht verfügen zu können, durch Zeitsouveränität. Für die meisten Menschen bietet Freizeit den Raum für Tätigkeiten, für Erlebnisse und Erfahrungen, die sie in anderen Lebensbereichen nicht haben können. Freizeit zielt somit im allgemeinen auf die Verbesserung der Lebensqualität« (BMFSFJ 1996: 219).

Hier wird aber auch schon der Verweis auf neuere Konzepte wie Lebensqualität, Lebensführung, Lebensstile, Erlebnisgesellschaft oder Zeitwohlstand sichtbar, auf die an späterer Stelle genauer einzugehen ist. Eine noch modernere Definition bietet Tokarski(2000) an:

> »Freizeit ist sowohl Merkmal für Lebensqualität in einer auf einer hohen Entwicklungsstufe stehenden Gesellschaft als auch Maßstab für den Freiheitsgrad, für die Teilhabe am sozialen Leben und das Wohlbefinden der in ihr lebenden Bürger. Freizeit beinhaltet nicht nur Vergnügen, Unterhaltung und Abschalten von der Arbeit, sondern auch Bildung, politisches und soziales Engagement sowie gesundheitsorientiertes Verhalten. Der Freizeitbegriff ist damit nur noch wenig eindeutig: Freizeit ist das, was der Einzelne für sich darunter versteht. Arbeit und Freizeit sind darüber hinaus keine trennscharfen Lebensbereiche mehr: Arbeit kann zur Freizeit und Freizeit zur Arbeit werden. Darüber hinaus hat sich Freizeit von der überwiegend reinen Erholungs- und Konsumzeit der 50er bis 70er Jahre zu einer auf Erlebnisse und Genuss ausgerichteten Zeit gewandelt, die immer weiter steigende Ausgaben für Freizeitaktivitäten und -güter, Suche nach einzigartigen Reizen sowie Herausforderungen und Ansprüche mit sich bringt. Freizeit ist heute der Raum, in dem die Menschen Lebensstile sowie neue Ordnungsdimensionen für den Alltag entwickeln und sich selbst verwirklichen wollen« (Tokarski 2000: 103).

Grundsätzlich lässt sich zwischen negativen und positiven Freizeitbegriffen unterscheiden. Negativ deutet dabei nicht auf die Qualität der Freizeit hin, sondern grenzt nur negativ ab, was Freizeit eben nicht ist. So wird von einem bestimmten Zeitbudget (z. B. von den 24 Stunden eines Tages oder den 365 Tagen eines Jahres) alles subtrahiert, was nicht als Freizeit gelten kann: also Arbeit, Schlaf, Hygiene, Nahrungsaufnahme und –ausscheidung, Hausarbeit, Kindererziehung u. dgl. m. So verbleibt dann eine Restgröße, die als freie Zeit definiert werden kann, also als »frei von Arbeit, Schlaf, Hygiene etc«. Positive Freizeitbegriffe dagegen definieren die Zeit als »frei zu ...«, wobei dann eher positiv besetzte Tätigkeiten als Inhalte der Freizeit genannt werden. Die solchermaßen positiv definierte Freizeit wird durch subjektive Vorstellungen und Präferenzen gefüllt. Daher wird ein solcher Freizeitbegriff auch als subjektive Freizeitdefinition bezeichnet, während die freie Zeit als Restkategorie, die übrig bleibt, wenn zwingend festgelegte oder zur Reproduktion der menschlichen Physis und Psyche unumgängliche Tätigkeiten vom gesamten Zeitbudget subtrahiert werden, als objektive Freizeitkategorie bezeichnet wird. Dabei kann nicht im traditionellen Sinne objektiv gegen subjektiv ausgespielt werden. Die subjektive oder positive Freizeitkategorie verweist darauf, dass in diesem Falle Freizeit mit Sinn belegt wird, der sich von Individuum zu Individuum unterscheiden kann, allerdings auch durch sozialstrukturelle und kulturelle Zugehörigkeiten vermittelt wird. Angehörige des Bildungsbürgertums verbinden mit Freizeit typischerweise anderes als Menschen, die in Armutsregionen leben müssen.

Quantitativ lässt sich Freizeit an dem jeweiligen Zeitrahmen ausrichten:

- Tagesfreizeit: 24 Stunden minus Zeiten für Schlafen, Hygiene, Ernährung, Einkaufen, familiäre Pflichten, Wohnungspflege, Wegezeiten, Arbeitsvorbereitung, Erwerbsarbeit und sonstige zentralen Rollenpflichten (einschließlich Krankheit, Pflege).
- Wochenfreizeit: 144 Stunden minus obige Zeiten plus Wochenendfreizeit.
- Jahresfreizeit: 365 Tage minus obige Zeiten plus Jahresurlaub, Festtage, Fehlzeiten, eventuell auch Arbeitslosigkeit oder Kurzarbeit, sofern diese Zeiten als Freizeit empfunden werden.
- Lebensfreizeit: Summe aller Jahresfreizeiten plus Kindheit und Zeiten vor und neben den Bildungs- bzw. Ausbildungsprozessen sowie Zeiten in der nachberuflichen Phase. Je individuell kommen Zeiten hinzu, die z. B. durch Vermögen, persönliche Entscheidungen oder erzwungenermaßen nicht im Erwerbsleben verbracht wurden.

Diese Freizeiten können für alle Menschen gelten, falls sie die entsprechenden Lebensphasen erreichen. Daneben gibt es aber auch Formen der Freizeit, die nicht alle Menschen nutzen können:

- Freizeit in einer bestimmten Lebensphase (z. B. Freisemester, Eltern- und Erziehungsurlaub, Sabbatical, historisch die Bildungsreise der jungen Adligen).
- Erzwungene Freizeit (z. B. Arbeitslosigkeit, Invalidität, Krankheit, Kurzarbeit, Wartezeiten vor Ausbildungs- oder Berufseintritt, Frühverrentung).

Gewissermaßen mikroskopisch lassen sich allenthalben auch noch kleine Mengen von Freizeit aufspüren, die nicht als solche benannt werden. Zwar ist Arbeit in vielen Bereichen stark verdichtet, doch finden sich meistens auch noch Lücken, in denen mit Kollegen und Kolleginnen geplaudert wird, die Kaffeepause gehört zu den hoch geachteten Ritualen in Büros und Fernfahrer müssen ohnehin die vorgeschriebenen Pausenzeiten einlegen. Immer wieder kommt es auch zu Stockungen in den Arbeitsabläufen, die als willkommene Unterbrechung genutzt werden. In vielen Betrieben bleibt zwischendurch noch Zeit für ein privates Telefonat oder Techtelmechtel. Wege zwischen Wohnung und Arbeitsplatz sind zwar zeitlich festgelegt und oft auch mit Stress behaftet, doch bieten sie meistens noch Möglichkeiten zur Entspannung, Unterhaltung oder Bildung, wenn der Walkman im Bus ablenkt oder die Hörbuch-CD im Autoradio hohe Literatur vermittelt. Bei leichter Erkrankung bieten Krankschreibung bzw. Schwänzen vielleicht einen kleinen zusätzlichen Freizeitgewinn.

Diese Bereiche können nur begrenzt zur Klärung des Begriffes beitragen. Die umgangssprachliche Verwendung des Freizeitbegriffes zeigt an, dass damit ein

Zeitraum gemeint ist, der in irgendeiner Weise frei ist, präzisiert aber nicht, wovon dieser Zeitraum frei ist (z. B. von Arbeit, Schlaf oder Zwang). Hinzukommen muss noch eine Bewertung bzw. Sinngebung dieses Zeitraumes, denn sonst wäre der Begriff Freizeit mit dem Begriff freie Zeit gleichzusetzen. Freizeit meint umgangssprachlich mehr als nur einen durch Subtraktion gewonnenen zeitlichen Rest (gesamtes Zeitbudget minus Schlaf, Arbeit, Essen usw.), für den der Begriff freie Zeit gilt. Freizeit hat für den Einzelnen subjektive Bedeutung, für die Gesellschaft einen bestimmten Sinn, den die Umgangssprache kaum positiv benennt.

Freizeitverhalten und Freizeiterleben sind zu unterscheiden. Wie ein Mensch seine Freizeit nutzt, hängt von einer Vielzahl von Faktoren ab: von finanziellen Möglichkeiten, vom Gesundheitszustand, von Arbeitserfahrungen, Familienstand, Alter, Geschlecht, Bildungsabschluß etc. Von welchen Faktoren das Verhalten in der Freizeit beeinflusst oder gar determiniert wird, ist in der Freizeitforschung umstritten. Noch schwieriger ist das Freizeiterleben zu bestimmen. Ein und dieselben Tätigkeiten können von zwei Personen ganz unterschiedlich erlebt werden. Dem einen ist das morgendliche Joggen eine Quelle höchster Befriedigung, bei dem anderen löst allein schon der Gedanke daran Übelkeit aus. Und selbst von einer einzelnen Person kann dieselbe Tätigkeit je nach Stimmung und Lebensabschnitt höchst unterschiedliche Erlebnisqualität haben. Das Freizeiterleben hängt auf der einen Seite von der Zufriedenheit mit sich selbst und seinem Tun ab, wird auf der anderen Seite aber auch durch gesellschaftliche Erwartungen beeinflusst. Eine Urlaubsreise mag objektiv verkorkst gewesen sein und subjektiv auch so empfunden worden, doch gehört viel Kraft dazu, dies gegenüber anderen Menschen zuzugeben, weil mit den »schönsten Wochen des Jahres« gesellschaftliche Erwartungen eines erfolgreichen Urlaubs verbunden werden. Ein Freizeitversager muss mit gesellschaftlicher Verachtung rechnen, weil Freizeit als »Reich der Freiheit« und Verhaltensbeliebigkeit in eigener Regie zu gestalten ist. In der »Erlebnisgesellschaft« verstärkt sich der Druck, in der Freizeit beständig positive Erlebnisse zu haben. Wegen der sozialen Erwünschtheit kommen in der empirischen Freizeitforschung daher oft recht hohe Zufriedenheitswerte zustande. Andererseits haben sich die Vorstellungen von Zufriedenheit historisch und biographisch verändert. Ein Rentner war 1950 womöglich zufrieden, durch Gebrechen und Krankheiten nicht allzu sehr an den wenigen Aktivitäten seiner Freizeit gehindert zu werden. Ein heutiger Rentner, der sich eines überwiegend guten Gesundheitszustands und meist auch solider Finanzen erfreuen kann, ist erst zufrieden, wenn er möglichst viele Optionen in seiner Freizeit ausgereizt hat.

4.1.1   Begriffsgeschichte

Die Begriffsgeschichte ist nicht eben ertragreich, denn im deutschen Sprachschatz taucht der Begriff Freizeit erst 1929 im Duden auf. Allerdings soll der Begriff in der Umgangssprache schon seit etwa 1850-1880 verwendet worden und gelegentlich auch schon in Wörterbüchern aufgetaucht sein (Blücher 1968). Historisch ist der Begriff aber viel älter. Zuerst wurde er im Mittelalter als »frey zeyt« im Sinne von »Marktfriedenszeit« verwendet. Seit der Reformation tauchten in der Pädagogik Begriffe auf, die die freien Zeiträume im Erziehungsprozess meinten (Comenius: »vacatio«, Pestalozzi: »Freistunden«, Fröbel: »Freizeit – Zeit zu freier Beschäftigung, freier Selbständigkeit und Selbstbestimmung«). Seit der Aufklärung des 18. Jahrhunderts wurde auch im allgemeineren Zusammenhang von der »Zeit der Freiheit« gesprochen. Spätestens seit dieser Zeit sind Vorläufer des Freizeitbegriffs im heutigen Sinne erkennbar (vgl. Nahrstedt 1972, Opaschowski 1976). Aufklärung und Reformpädagogik markieren also die ersten Anfänge einer begrifflichen Befassung mit der Freizeitthematik. Gegen Ende des 19. Jahrhunderts erhielt diese Thematik im Kampf um die Reduzierung der überlangen Arbeitszeiten in der Industrie eine andere Akzentsetzung. Freizeit betraf nun die Zeit, die frei von Erwerbsarbeit war und in der sich Arbeiter im Rahmen der bestehenden gesellschaftlichen Verhältnisse selbst entfalten konnte. Freizeit hat begriffsgeschichtlich eine Bildungs- und Emanzipationskomponente: Die Aufklärung und Reformpädagogik akzentuierten die Bildung, die Diskussionen des späten 19. Jahrhunderts betonten die Emanzipation innerhalb der bestehenden Gesellschaftsordnung. Damit löste sich der Freizeitbegriff von dem älteren Mußebegriff, der seit der Antike vorgeherrscht und immer nur für die gesellschaftlichen Oberschichten gegolten hatte. Muße bezeichnete die Entlastung von zeitlicher Gebundenheit oder – wie Hanhart (1964) in seiner Begriffsanalyse herausstellte:

> »Muße ist somit nicht an einen bestimmten äußeren Rahmen gebunden, wie er etwa durch die Freizeit gegeben wird. Für Muße ist durchaus auch innerhalb der Arbeit Raum. Die zentralen Unterscheidungskriterien liegen in einer ganz anderen Ebene, in der Ebene der Entlastung und des Verhältnisses zur Zeit. Muße wird nur aus jener Arbeit verbannt, die sich in pausenloser Geschäftigkeit erschöpft (maximale Belastung) und somit durch einen Wettlauf mit der Zeit gekennzeichnet ist. Jede wirklich schöpferische Arbeit hat Muße zur Voraussetzung« (Hanhart 1964: 26).

Muße steht also – zumindest im deutschen Sprachgebrauch – im Gegensatz zur Freizeit. Im englischen oder französischen Sprachraum werden Muße und Freizeit fast synonym verwendet: »leisure« in der englischen, »loisir« in der französischen Sprache bezeichnen Freizeit und Mußeelemente gleichermaßen und verweisen auf den sprachgebräuchlichen Zusammenhang mit dem lateinischen »licere« (= erlauben). Muße wie Freizeit bedürfen der Erlaubnis, die Zeit nach eigenem Belieben zu verwenden. Während Muße aber positiv als Zeit der Selbstentfaltung, Bildung oder schöpferischen Tätigkeit bestimmt ist enthält der Begriff Freizeit zunächst nur eine negative Bestimmung.

Freizeit definiert sich durch Nicht-Freizeit, sie bezeichnet den Zeitraum, der frei ist von Zwängen, Verpflichtungen oder Bedürfnissen (z. B. frei von Arbeit und Schlaf). In diesem Sinne ist der Freizeitbegriff üblich. Seine positive und inhaltliche Bestimmung ist ungleich schwieriger. Dies hat forschungstechnische und gesellschaftliche Ursachen: Wird Freizeit als Restkategorie des jeweiligen Zeitbudgets begriffen, so vereinfacht sich die Verwendung dieses Begriffs, weil die Elemente des Zeitbudgets einigermaßen deutlich bestimmt werden können; wird Freizeit jedoch als Zeit für bestimmte Funktionen definiert, so ist dies vom Erkenntnisinteresse und Gesellschaftsbild des Wissenschaftlers ebenso abhängig wie von den in der Gesellschaft dominierenden Ideologien. Festzuhalten ist also: Freizeit ist formal ebenso wie inhaltlich bestimmbar, einmal durch negative Abgrenzung gegenüber anderen Zeiträumen, andererseits durch positive Funktions- bzw. Inhaltsbestimmung. In beiden Fällen ist zu unterscheiden zwischen »freier Zeit«

und »Freizeit«. Die freie Zeit umfasst den ganzen Zeitraum, der übrig bleibt, wenn von der gesamten verfügbaren Zeit alle Verpflichtungen und Notwendigkeiten abgezogen werden; die Freizeit dagegen meint den Zeitraum der freien Zeit, in der auch die subjektiv als Zwang oder Verpflichtung erlebten Anforderungen fehlen (in der Umfrageforschung zumeist als »eigentliche« oder »effektive« Freizeit bezeichnet). Freie Zeit ist also forschungstechnisch »objektiver« zu bestimmen, während sich im Freizeitbegriff subjektive Einschätzungen niederschlagen. Die freie Zeit meint i. d. R. einen größeren Zeitraum als die Freizeit. Wenigstens teilweise wird die Differenz zwischen den beiden unterschiedlich bezeichneten Zeiträumen durch die »Halb-Freizeit« (Dumazedier 1967) d. h. durch die freiwillig verrichteten Arbeiten (z. B. Reparaturen, Gartenarbeit usw.) ausgefüllt.

Nach Uttitz (1985) lässt sich die Zeitverwendung formal in verschiedene Segmente aufteilen, unter denen dann ein spezifischer Bereich als Freizeit charakterisiert werden kann:

Aufteilung der Gesamtzeit nach Verwendungsarten

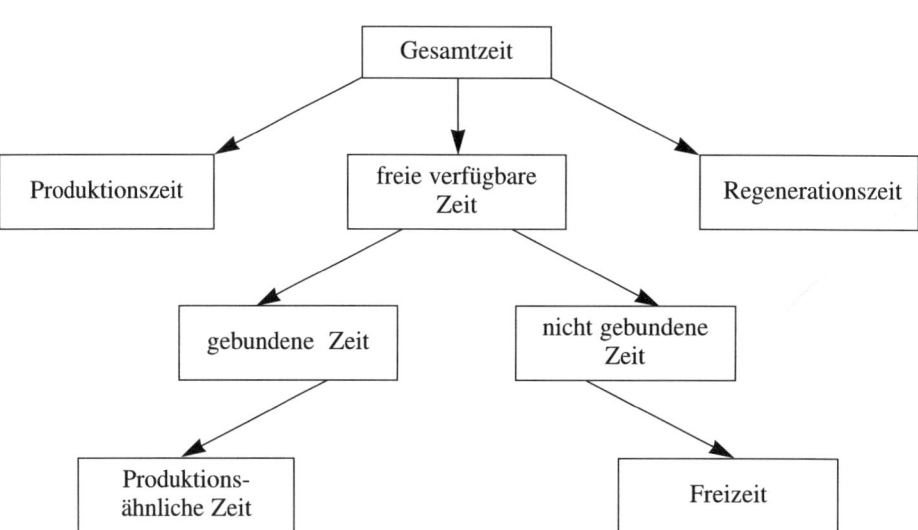

(Quelle: Uttitz 1985: 20)

4.1.2 Arbeitsorientierte Definitionsversuche

Die freie Zeit bildete in den freizeitsoziologischen Darstellungen bis etwa 1980 den eigentlichen Gegensatz zur Arbeitswelt, weshalb sie etwas unpräzise als »arbeitsfreie Zeit« bezeichnet wurde. Auch die meisten negativen Freizeitdefinitionen grenzen Freizeit gegenüber Arbeit ab. Schon in einer der frühesten Freizeitanalysen, bei Sternheim (1932), findet sich eine solche Definition:

> »Als Freizeit wird hier diejenige Zeit betrachtet, welche nach der normalen Arbeitsperiode übrig bleibt. Die Freizeit ist daher als Antipode zu der auf dem normalen Arbeitsplatz verbrachten Zeit gedacht. Ausdrücklich wird bei dieser Begriffsbestimmung

von normaler Arbeitsperiode und normalem Arbeitsplatz gesprochen, da die Freizeit auch für zusätzliche Arbeit zur Befriedigung eigener oder fremder Bedürfnisse verwendet werden kann. Weiter bleibt die Freizeit der völlig aus dem WirtschaftsProzess Ausgeschiedenen und derjenigen, die noch nicht im WirtschaftsProzess tätig sind, außer Betracht. Der Begriff Freizeitgestaltung auf Grund der angegebenen Begrenzungen soll sich also nur auf die Zeit beziehen, welche nach Vollendung der normalen Arbeitszeit übrig bleibt unter Abzug der Stunden die für die Reproduzierung der Arbeitskraft notwendig sind«(Sternheim 1932: 51).

Zusätzlich zu den Verpflichtungen, die sich aus der (Berufs-)Arbeit ergeben, enthält die Definition von Lundberg u. a. (1934: 21) den Hinweis auf weitere Zeiträume, die der Freizeit gegenüberstehen, denn Freizeit ist »die Zeit, in der wir frei sind von den mehr äußeren und formalen Pflichten, die uns die bezahlte Berufsarbeit oder eine andere obligatorische Beschäftigung auferlegt«. Freizeit ergibt sich also nach dieser Definition aus dem Gegensatz zur Arbeit und sonstigen Pflichten, wobei festzuhalten ist, dass nur die »mehr äußeren und formalen Pflichten« angesprochen sind und nicht die innere Verbundenheit mit der Arbeit, die sich ja durchaus in der Freizeit fortsetzen kann. Die negative Abgrenzung gegenüber Arbeit und sonstigen Verpflichtungen ist für die Definition der Freizeit z. T. bis in die Gegenwart beibehalten worden. Daher sollen einige Diskurse über angemessene Definitionen des Freizeitbegriffs aus den sechziger und siebziger Jahren dokumentiert werden, weil sich in ihnen paradigmatisch ein klassischer Zugang zum Thema Freizeit abbildet, der auch in manchen zeitgenössischen Darstellungen immer noch gilt, aber insbesondere zeigt, wie dominant Arbeit noch bis vor etwa dreißig Jahren das Denken bestimmte. Hanhart (1964) betonte:

> »Von Freizeit kann nur dort die Rede sein, wo ihr Arbeit als eigener umgrenzter Bereich (eben Arbeitszeit) gegenüber steht. Deshalb können wir auch weder beim vorschulpflichtigen Kinde noch beim pensionierten Beamten von Freizeit reden, ohne den Begriff über Gebühr zur forcieren (...) In sehr allgemeiner, aber zweckmäßiger Form lässt sich die Freizeit bestimmen als jene Zeit, die dem regelmäßiger Arbeit nachgehenden Berufstätigen außerhalb seiner eigentlichen Arbeitzeit zur Verfügung steht. Freizeit als von Berufsarbeit entlastete Zeit stellt demnach einen rein formalen Begriff dar, der im Gegensatz zur Muße auf keinerlei inhaltliche Bestimmung hinweist (...) Der Rahmen, innerhalb dessen die Freizeit Raum hat, wird einerseits begrenzt durch die Arbeit, andererseits durch den Bereich der maximalen psycho-physischen Ruhe (Schlaf). Jedes Tun, welches weder in Bereich der Arbeit noch in den Bereich des Schlafes fällt, gehört sonst somit der Freizeit an« (Hanhart 1964: 32).

Damit wurde die negativ-abgrenzende Bestimmung der Freizeit auf die Spitze getrieben, Freizeit wurde als der Arbeit polar entgegengesetzt betrachtet.

4.1.3   Freizeit und Rollenzwänge

An arbeitsbezogenen Freizeitdefinitionen ist deshalb Kritik geübt worden, weil in der Gegenwart nur noch zwei Fünftel der Gesellschaft einer bezahlten Erwerbsarbeit nachgehen und die Grenzen zwischen Arbeit und Freizeit immer diffuser werden. Auch verliert Erwerbsarbeit im Bewusstsein der Menschen ihren einstmals dominierenden Stellenwert. Daher ist der Freizeitbegriff allgemeiner als Freisein von allen Rollenzwängen definiert worden: »Freizeit sind diejenigen Tätigkeiten, die sich nicht notwendig aus zentralen funktionalen Rollen ergeben« (Scheuch 1975). Damit wird die Freizeit negativ von Zwängen der zentralen Rollen (z. B. Berufs-, Geschlechts- oder Alters-Rollen) abgegrenzt und nicht mehr auf den Gegensatz zur Arbeit beschränkt. Doch bereitet die Bestimmung der »zentralen funktionalen Rollen« manche Schwierigkeiten, weil sich diese nicht eindeutig aus der Sozialstruktur, sondern erst durch die jeweils gruppenspezifischen Rollendefinitionen ergeben. Dennoch hat eine solche Definition manche Vorteile, weil sie auf Erwartungen, Sanktionen und Verhaltensweisen, also auf die Elemente des Rollenbegriffs, hinweist und damit alle Individuen und alle Tätigkeiten meint. Zudem kann sie über die Bestimmung der Rollen und Rollenerwartungen die Sinnkomponente angemessen in die Untersuchung einbeziehen. Freilich muss eine solche Definition ähnlich formal wie die zuvor genannte bleiben, solange sie nicht den Charakter der Rollen in der jeweiligen Gesellschaftsstruktur herausarbeitet. Denn beispielsweise wird die Berufsrolle in hohem Maße durch die jeweilige Wirtschafts- und Gesellschaftsstruktur geprägt und mithin auch die Freizeit. Noch schwieriger wird eine solche Sichtweise, wenn sie auf die »müßiggehende Klasse« (Veblen) angewendet wird. Zur zentralen funktionalen Rolle des Adels gehörte es, Muße zu demonstrieren. Und bestimmt nicht heute das Haben und Ausleben von Zeit die Lebenslagen und Lebensstile und damit die Positionierung in der Gesellschaft und mithin auch zentrale Rollen?

Die eben diskutierte Freizeitdefinition markierte den Umbruch von der rein negativ bzw. formal bestimmten zur eher positiv bzw. inhaltlich charakterisierenden Definition. Diese Gruppe von Definitionen bezeichnet die Freizeit nach ihren Funktionen entweder für das Individuum oder für die Gesellschaft. Dabei wird die noch von Marx als elementarste Funktion der arbeitsfreien Zeit apostrophierte Aufgabe, nämlich die Reproduktion der Arbeitskraft (Erholung bzw. Ersetzung des verbrauchten Energiepotenzials), als selbstverständlich bezeichnet, inzwischen neu hinzugekommene Funktionen der arbeitsfreien Zeit werden dagegen als wesentlich charakterisiert. Blücher (1974) klassifizierte dementsprechend das menschliche Zeitbudget nach der »produktiven Zeit« (Arbeit, Wege zum Arbeitsplatz), der »reproduktiven Zeit« (Erneuerung der Kräfte, Schlaf, Hygiene, Ernährung) und der »verhaltensbeliebigen Zeit« (als »freie Zeit«). Die verhaltensbeliebige Zeit, die den eigentlichen Bereich Freizeit ausmacht, wird als »selbstbestimmte Zeit« oder als »private Zeit, dem eigenen Entschluss unterworfen« charakterisiert. So ist die Freizeit auch in anderen Definitionen als »frei disponible, verhaltensbeliebige Zeit« charakterisiert worden. In der Definition von Dumazedier (1967: 16) wird Freizeit dementsprechend bestimmt als »Aktivität – jenseits der Verpflichtungen von Arbeit, Familie und Gesellschaft –, in der das Individuum nach eigenem Willen entweder Entspannung, Zerstreuung, Verbreiterung seines Wissens, spontane soziale Teilhabe oder die freie Entfaltung seiner Kreativität sucht«. Damit ist bereits ein Katalog von positiven Funktionen der Freizeit entfaltet worden, dem andere Funktionen hinzugefügt worden sind, die allerdings inhaltlich noch zu füllen sind: z. B. Freizeit wird als Zeit der »Erfüllung« (Habermas), »Anfang der Menschenwürde« (König) oder als »Emanzipationsraum« (Nahrstedt) begriffen, ohne genauer auf die Bedingungen einzugehen, unter denen diese Funktionen einzig erfüllbar sind.

Einen anderen Klassifikationsversuch hat Opaschowski unternommen. Er unterscheidet zwischen Determinations-, Obligations- und Dispositionszeiten und ordnet die Zeiten nach dem Grad der Verpflichtung. Die Determinationszeit ist durch äußere Zwänge, z. B. Erwerbsarbeit, unumgängliche Hausarbeit, Erziehungsaufgaben, Ernährung, Hygiene, Schlaf und andere für die physische und psychische Reproduktion erforderliche Notwendigkeiten weitgehend determiniert. Obligationszeiten sind weniger zwanghaft, müssen aber auch erledigt werden: z. B. Steuererklärung, Elternabend, Kinderbetreuung, Pflege alter und kranker Angehöriger usf. In der zeitlichen Lagerung bieten solche Obligationszeiten aber meistens mehr Flexibilität als die Determinationszeiten. In den Dispositionszeiten kann das Individuum weitgehend selbst über seine Zeit disponieren. Kleinere Einschränkungen ergeben sich daraus, dass nicht alle gewünschten Aktivitäten nicht gleichzeitig und auch nicht zu allen Zeiten ausgeübt werden können und zudem oft eine Koordination mit anderen Familienmitgliedern, Partnern oder Freunden hergestellt werden muss. Dispositionszeiten kommen am ehesten dem Freizeitbegriff nahe, allerdings können auch manche Elemente der Obligationszeiten der Freizeit ähneln, wenn beispielsweise Ausflüge mit pflegebedürftigen Angehörigen unternommen werden.

4.1.4   Freizeit als eigener Strukturbereich

Eine dritte Gruppe von Definitionen bezeichnet die Freizeit als einen eigenständigen Lebensbereich, als ein neues Strukturelement der Gesellschaft, das sich nicht mehr als negativ oder positiv bestimmte Restgröße des Zeitbudgets ausmachen lässt:

> »Freizeit soll einen im Zuge jüngere Differenzierungsprozesse hervorgetreten und sich ständig erweiternden neuartigen Strukturbereich sui generis der entwickelten Industriegesellschaft bezeichnen, der im wesentlichen vom Komplex jener Verhaltensweisen gebildet wird, die sich nicht notwendig aus den funktionalen Rollen des sozialen Systems ergebenn (Scheuch, 1965). Dadurch ist dieser Bereich tradierten Verhaltensmustern besonders wenig unterworfen, er ist vielmehr gekennzeichnet durch ein hohes Maß an Dynamik, Flexibilität und durch einen Mangel an Institutionalisierung, der zu erheblichen Diskrepanzen zwischen kulturellem System und sozialem System führt. Je mehr in unserer Gesellschaft Individuen ihre Situation nach Freizeitkriterien definieren, um so stärker muss die Freizeit, da die Sanktionierung und Gratifikation des Freizeitverhaltens strukturell ungesichert ist – zu einem prinzipiellen Orientierungsproblem werden« (Lüdtke 1972: 42).

Freizeit ist nach dieser Definition also ein gesellschaftlicher Bereich, der sich nicht mehr aus dem Gegensatz zur Arbeit oder zu ähnlichen Zwängen ableitet, sondern als »struktureller Sektor« (Lüdtke) oder »eigenständiger Lebensbereich« (Nahrstedt) eine Eigendynamik entfaltet, die schließlich die Industriegesellschaft in eine »nachindustrielle Freizeitgesellschaft« (Nahrstedt) transformieren will. Eine solche Auffassung betrachtet die Gesellschaft unhistorisch und formal nach strukturellen Merkmalen, ohne die historische Entwicklung von Gesellschaftsformationen zu berücksichtigen. Die Eigendynamik der einzelnen Sektoren (hier: des Freizeitsektors) wird mit beobachtbaren oder vermeintlichen Trends – z. B. mit der These von der »ständig wachsenden Freizeit« – belegt, ohne die Übereinstimmung dieser These mit der historischen Entwicklung und der gesellschaftlichen Realität zu prüfen. Denn bei einer solchen Überprüfung müsste sich ergeben, dass die These von der wachsenden Freizeit bislang nicht bewiesen und historisch anders zu interpretieren ist.

In die gleiche Richtung gehen bis heute Versuche, moderne Gesellschaften nach einem dominanten Merkmal zu klassifizieren: z. B. Erlebnisgesellschaft, Spaßgesellschaft, Ich-AG, Risikogesellschaft oder Informationsgesellschaft. Dabei wird dann jeweils ein Trend überhöht und zum prägenden Element moderner Gesellschaften gemacht. Bisweilen wird dieser Versuch dann noch durch die Kombination von zwei Elementen verstärkt: z. B. Freizeit- und Erlebnisgesellschaft. Gesellschaftliche Differenzierung fördere, so wird unterstellt, die Entstehung neuartiger struktureller Bereiche der Gesellschaft, die dann so stark auf die übrigen Teile der Gesellschaft abfärbten, dass dadurch ein neues Gesellschaftsverständnis, also etwa im Sinne der »Freizeitgesellschaft«, entstünde. Partikulare Entwicklungen werden mit dem Ganzen gleichgesetzt, ein Vorgehen, das der Soziologie selten gut bekommen ist.

4.1.5   Freizeit als Ausdruck der Produktionsverhältnisse

Den Zusammenhang zwischen der historisch-gesellschaftlichen Entwicklung bzw. den grundlegenden Merkmalen der Entwicklung des jeweiligen Gesellschaftssystem und der Freizeit versucht eine vierte Gruppe von Definitionen herauszuarbeiten, die die Freizeit als Ausdruck der Produktionsverhältnisse und des Standes der Produktivkräfte begreifen. Diese materialistisch bzw. marxistisch orientierten Definitionsversuche gehen von der Annahme von Marx aus, dass Freizeit »freie Zeit – die sowohl Mußezeit als Zeit für höhere Tätigkeiten ist« bedeute. Freizeit dient demnach nicht nur der Reproduktion der Arbeitskraft, sondern der erweiterten Reproduktion des Menschen, der Erweiterung und Entfaltung seiner Fähigkeiten. Folgerichtig definierte das in der damaligen DDR herausgegebene Wörterbuch der Marxistischen-Leninistischen Soziologie (1969):

> »Freizeit: ein Teil der Nicht-Arbeitszeit, in dem von den Werktätigen ihr kulturelles Niveau erhöht, ihre Bedürfnisse hinsichtlich Bildung, Erholung, gesellschaftspolitischer Tätigkeit, Geselligkeit, Kunstgenuß, Unterhaltung, Körperkultur und Sport befriedigt werden. Da eine allgemeine Existenzbedingung des Menschen für seine Vervollkommnung ist und deren Umfang, Struktur und Nutzung von den historisch-konkreten Bedingungen seiner produktiven Naturbeherrschung sowie seiner Stellung in der Arbeitsteilung und den Produktionsverhältnissen abhängt, ist Freizeit auch ein Maßbegriff für den Raum der erweiterten Persönlichkeitsentwicklung (...) Da die allseitige Entwicklung der intellektuellen und physischen Fähigkeiten der Werktätigen eine Gesetzmäßigkeit der sozialistischen Gesellschaftsordnung ist, stellt die Freizeit nicht nur eine Kennziffer für den Reichtum der sozialistischen Gesellschaft dar, sondern auch eine Bedingung für die Entwicklung der Produktivkräfte. Je mehr Zeit die sozialistische Gesellschaft durch Steigerung der Arbeitsproduktivität für die geistige und körperliche Entwicklung ihrer Mitglieder zur Verfügung hat, je rationeller diese ganze Zeit genutzt wird, um so reicher und kultureller ist das Leben des Menschen« (Wörterbuch der Marxistisch-Leninistischen Soziologie 1969: 132).

An dieser Definition fällt auf, dass sie sich einerseits aus der Gegenübersetzung zur Arbeit herleitet, andererseits eine positive Bestimmung der Freizeitfunktionen gibt. Freizeit ergibt sich aus dem Stand der Produktivkräfte unter bestimmten Produktionsverhältnissen. Bezeichnend in der DDR-Definition ist allerdings auch, dass Freizeit »rationell« genutzt werden soll, um dadurch die Arbeitsproduktivität der Werktätigen (für die diese Definition eigentlich nur gilt) zu erhöhen. Freizeit ist demnach nicht nur eine »Kennziffer für den Reichtum der sozialistischen Gesellschaft«, sondern auch funktional in den Leistungsprozess eingebunden.

Eine weniger leistungsbezogene Freizeitdefinition, die nicht nur für Gesellschaften im »real existierenden Sozialismus« gelten sollte, hatte dagegen Kramer (1975) vor Augen:

> »Die Zeit, die die Arbeitenden für die Produktion und Regeneration ihrer Arbeitskraft brauchen, hat also nichts mit »disponibler« (frei verfügbarer) Zeit zu tun: sie ist notwendige Zeit, auch wenn der Arbeitende gewisse Wahlmöglichkeiten hat, mit welchen Mitteln er seine Kräfte wiederherstellen will (...) »Freizeit«, in der die Arbeitenden für die individuelle und kollektive Reproduktion der Arbeitskraft sorgen, ist etwas anderes als »freie Zeit«, die sie mit ihren vollen, körperlichen, geistigen und seelischen Kräften zu beliebiger Tätigkeit nutzen können. Echte gesellschaftliche disponible Zeit >freie Zeit< ist gesellschaftlich frei verfügbare, vollwertige (d. h. nicht für Reproduktionsbedürfnisse in Anspruch genommene) Zeit, in der Dinge getan werden können, die das gleiche Ausmaß an Kraft-Verausgabung bedeuten wie die Produktion der notwendigen Lebensmittel, deren Auswahl aber theoretisch allein von den Genuß- und Glücks-Bedürfnissen der gesellschaftlichen Arbeitsteilung abhängt und ihre Existenz dieser Arbeitsteilung zu verdanken ist, gehört sie zunächst nicht einzelnen, sondern der ganzen Gesellschaft (...) Indem die Menschen in ihrer disponiblen, frei verfügbaren Zeit auch Aneignung ihrer Umwelt betreiben, entwickeln sie allgemein ihr individuelles Arbeitsvermögen weiter (statt es bloß in der alten Form wiederherstellen), und entwickeln die kollektiven Möglichkeiten der Umweltaneignung (d. h. machen Entdeckungen und Entwicklungen die nicht nur ihre Glücksmöglichkeiten, sondern auch ihre Möglichkeiten, den Lebensunterhalt zu gewinnen, erweitern)« (Kramer 1975: 214ff.).

Die Begriffsbestimmung betont sowohl die Genuss- und Glücksbedürfnisse der Individuen als auch das Verhältnis Mensch-Natur. Sie ist nicht auf die Rationalisierung der Produktivkraft bezogen, sondern bestimmt die Chancen der individuellen und der gesellschaftlichen Entfaltungsmöglichkeiten auf der Grundlage der jeweiligen Produktionsverhältnisse. Für eine Veränderung der bestehenden gesellschaftlichen Verhältnisse ergibt sich aus dieser Definition, dass zur Verwirklichung der genannten Möglichkeiten der Freizeit die rigide Trennung zwischen Arbeit und Freizeit aufgehoben werden muss. Damit ist diese Begriffsbestimmung nicht eine Beschreibung der tatsächlichen Freizeit, sondern Hinweis auf das gesellschaftliche Entwicklungspotential der Freizeit. Dieser Begriff baut also eine Spannung zwischen Wirklichkeit und Möglichkeit auf und bestätigt nicht nur die bestehenden Verhältnisse.

Materialistische Bestimmungen der Freizeit haben sich bis in die Gegenwart erhalten. Müller-Wichmann (1984) hebt die Bedeutung industriegesellschaftlicher Zeitarrangements für die Ungleichheiten zwischen Geschlechtern, Klassen und Schichten hervor. Strikter an neomarxistische Theoriestränge angelehnt untersucht Wotschack (1997), wie die am Ende des 20. Jahrhunderts eingetretenen Wandlungen in Produktion, Distribution und Konsum die Zeitarrangements zwischen den fortbestehenden Strukturen sozialer Ungleichheiten prägen und damit auch in der Freizeit Muster der Ungleichverteilung verlängern. Indem von einer engen Fixierung auf Freizeitverhalten abgesehen wird, werden Strukturen gesellschaftlicher Zeitregime bloßgelegt und auf die Träger ökonomischer, sozialer und kultureller Macht bzw. Herrschaft verwiesen.

4.1.6   Neuere Definitionsansätze

Freizeit als Zeitkategorie: In den neueren Diskussionen zur Freizeitthematik hat sich die Perspektive verkehrt. Freizeit wird nun vermehrt als ein Element sozial konstruierter Zeit angesehen. Zeit gilt nicht länger als eine naturwissenschaftliche Kategorie. Jede Gesellschaft hat eine umgreifende Zeitkultur ausgeprägt, aus der sich entsprechende Zeitstrukturen mit Zeitwerte und Zeitnormen herleiten. Solche Zugänge werden in den meisten Kapiteln dieses Buches verfolgt und sollen insbesondere im Theorieteil (Kapitel 9) erörtert werden. Freizeit als Lebensstil: Eine andere Perspektive verweist darauf, dass Freizeit in der Erlebnisgesellschaft immer mehr zur Domäne der Stilisierung geworden ist. Angesichts der am Arbeitsplatz auch weiterhin bestehenden Zwänge und Rollenerwartungen bietet Freizeit Spielräume zur Entfaltung von Lebensstilen. Aber ein Gegensatz zur Arbeitswelt muss nicht bemüht werden, denn mehr als die Hälfte der Bevölkerung ist nicht in Erwerbsarbeit eingebunden. Durch die »Enttraditionalisierung« haben die einst stützenden gesellschaftlichen Großaggregate ihre prägende Kraft bei der Bewältigung der Lebensführung eingebüßt. Die Entwicklung von Lebensstilen wird immer mehr zur individuellen Aufgabe. Hierfür eignet sich Freizeit besonders, weil hier am wenigsten Rollenzwänge anzutreffen sind. Daher werden in der jüngeren Betrachtung Lebens- und Freizeitstile parallel diskutiert. Lebensstile differenzieren sich vor allem nach Alter, Geschlecht, Bildung, Berufstätigkeit und Stellung im Lebenszyklus. Freizeit als Hedonismus: Die gesamte abendländische Geschichte ist von dem Bemühen geprägt, hedonistisches Denken zu überwinden und Arbeit in den Mittelpunkt zu stellen. Die antike Idee, nach der Menschen zur Lust begabt sind und ihr persönliches Glück in den Mittelpunkt ihres Denkens und Lebens stellen, wurde im christlichen Abendland über Jahrtausende unterdrückt. Mit der Mehrung des Zeitwohlstandes wird es aber wieder möglich, die Frage zu stellen, inwieweit Freizeit neue Formen des Hedonismus zur Entfaltung bringen kann. Auch die Frage, ob weniger Arbeit auf mehr Schultern verteilt werden kann und damit mehr Menschen an Sinnressourcen teilhaben können, kann im Zusammenhang mit der Bestimmung von Freizeit neu gestellt werden (Lalive d' Epinay 1988).

4.2 Funktionen der Freizeit

Die Funktionen der Freizeit werden je nach Sichtweise der damit befassten wissenschaftlichen Disziplinen wie auch nach der jeweiligen wissenschaftstheoretischen bzw. politischen Position recht unterschiedlich gesehen. Aus der individualpsychologischen Position heraus wird beispielsweise Freizeit als Phase der Erholung, Entspannung, Gelegenheit zur Selbstverwirklichung oder zum »wellbeing« gesehen. Unter rollentheoretischen Aspekten lässt sich dagegen Freizeit als Freisein von zentralen Rollenzwängen sehen. In materialistischer Betrachtung dagegen liegt die Funktion der Freizeit in der notwendigen Reproduktion der menschlichen Arbeitskraft für den ökonomischen Verwertungsprozess. Und von ökonomischer Warte aus lässt sich Freizeit vielleicht am ehesten als expandierende Wirtschaftsbranche mit wachsenden Umsätzen und Beschäftigtenzahlen verstehen.

Bis vor wenigen Jahren überwog eine Sichtweise, die Freizeit stets in direkte oder indirekte Zusammenhänge mit Erwerbsarbeit brachte. Freizeit war die notwendige Zeit zur Reproduktion der Arbeitskraft, selbst in die Freizeit wirkte noch der lange Arm der Arbeit hinein, ja, Freizeit wurde als Fortsetzung der Arbeit mit anderen Mitteln angesehen.

Freizeit und Arbeit: Besonders oft werden die »soziologischen Notizen zum Verhältnis von Arbeit und Freizeit« diskutiert, die Habermas 1958 vorlegte. Darin verwies er auf den Doppelaspekt des Freizeitbegriffs: einmal polar gegenüber der vorherrschenden Kategorie der Arbeit zu sein, zum anderen »wird sie doch als eine Veranstaltung geplant und durchgeführt. Freizeit in diesem Sinne hat man nicht, nimmt an ihr teil und die Freizeit, die sie (die Gesellschaft) vergibt, besteht keineswegs in individuell disponibler, sondern in kollektiv disponierter Zeit. Am Ende erweist sie sich gar als ein kunstvoll arrangiertes System von Regeln, die verbindlich einzuhalten sind«. Besonders die Arbeit in der industriellen Produktion prägt nach Habermas Umfang und Inhalt der Freizeit. Die Arbeit der Industriearbeiter ist gekennzeichnet durch Fremdbestimmung (insbesondere am Fließband), spezifische Abstraktheit infolge hochgradiger Arbeitsteilung und Unverhältnismäßigkeit des Leistungsanspruchs. Die Erholung von dieser in der Freizeit (regenerative Funktion), die in der Frühphase der Industrialisierung dominierte, weicht in der Gegenwart zwei anderen Funktionen: der suspensiven und der kompensatorischen Funktion der Freizeit. Das suspensive Freizeitverhalten, »das von der mit der Berufsarbeit verbundenen Fremdbestimmung, Abstraktheit und Unverhältnismäßigkeit suspendiert«, kann sich in einer Fortsetzung der Berufsarbeit (besonders bei den intellektuellen höheren organisatorischen Berufen), in Schwarzarbeit, die man in eigener Regie ausführt, in der Verfolgung religiös-weltanschaulicher bzw. politischer Anliegen oder in Nebenarbeiten in Haus und Garten ausdrücken. Diese Tätigkeiten verlieren aber ihre gesellschaftliche Notwendigkeit in großem Maße und damit auch ihre bildende Funktion, zum anderen täuschen sie die Geschlossenheit kleiner übersichtlicher Lebenskreise vor, die angesichts der abstrakten und komplexen Geschäftsverhältnisse real nicht mehr bestehen können. Während die suspensiven Funktionen der Freizeit von den Zwängen der Arbeit suspendieren und Selbstbestimmung vortäuschen sollen, handelt es sich bei den kompensatorischen Funktionen um eine direkte Abkehr von der Berufsarbeit. Durch Regression in den kleinfamiliären Gruppenegoismus, Kulturkonsum und Konsum des Zivilisationskomforts und durch Sport und Spiel sollen die erschöpfenden und nervös verschleißenden Arbeitsbelastungen kompensiert und soll von den Versagungen abgelenkt werden. Dabei werden allerdings die Strukturen der Arbeitswelt uneingestandenermaßen in den Freizeitbereich übernommen: In der Familie setzen sich die Hierarchien der Arbeitswelt fort, die Kulturindustrie prägt ihren Konsumenten die ökonomischen Gesetzmäßigkeiten auf, im Sport werden die Aktiven nach REFA-Methoden (Intervalltraining) gedrillt, die Passiven genauso wie die Konsumenten sonstiger Wirtschaftsgüter behandelt. Daher stehe sowohl bei den regenerativen als auch bei den kompensatorischen und den suspensiven Freizeitfunktionen »das Freizeit-Verhalten unter dem Diktat der Bedürfnisse der Berufssphäre«. Die skizzierten Freizeitfunktionen täuschen, so Habermas, Freizeit nur vor. Die Freizeit müsse in dieser »trügerischen Dialektik« von vorgetäuschter Freiheit und tatsächlicher Abhängigkeit als ideologischer Schleier gelten, wobei vielfach übersehen worden ist, dass Habermas nur den Bereich der industriellen Berufsarbeit nicht alle Bereiche menschlicher Arbeit angesprochen hat. Und es ist auch oft vernachlässigt worden, dass er andere, eher indirekt aus der Berufsarbeit abzuleitende Einflüsse (wie z. B. Sozialisationseffekte, Schichtzugehörigkeit usw.) keineswegs übersehen hat.

Schematisch lässt sich das Verhältnis von Arbeit und Freizeit wie folgt zusammenfassen.

Freizeit	hemmend	fördernd
ist zur Arbeit kongruent	suspensiv	kontinuierlich
im Kontrast	kompensatorisch regenerativ	komplementär

Die Zusammenhänge zwischen Freizeit und Arbeit sind allerdings weitaus komplexer, weil zur Arbeit eben nicht nur die konkrete Arbeitserfahrung, sondern auch die auf Arbeit bezogenen Einstellungen gehören, und in der Freizeit zählen nicht nur Verhaltensweisen, sondern eben auch Einstellungen bzw. Motive. So kann z. B. eine distanzierte Haltung zur eigenen Arbeit mit einem hohen Engagement in der Freizeit verbunden sein, umgekehrt kann aber auch ein hohes Engagement in der Arbeit ebenfalls mit einem hohen Engagement in der Freizeit verbunden sein usf.

In der neueren Diskussion werden arbeitspolare, freizeitpolare und ganzheitliche Ansätze unterschieden. Im Bereich der arbeitspolaren Konzepte ist wiederum zwischen mehreren voneinander abweichenden Hypothesen zu unterscheiden:

● Kontrasthypothese: Verhalten, Interessen und Erleben im Freizeitbereich unterscheiden sich deutlich von den Aktivitäten innerhalb der Arbeit:
  – Kompensationstheorie: Ausgleich von Mängeln, Belastungen, Versagungen, Zwängen der Arbeitswelt,
  – Ventiltheorie: Abreagieren überschüssiger Energien, psychischer Spannungen, unterdrückter Emotionen,
  – Erholungstheorie: Freizeit als Reproduktionszeit, als für die Gesundheit erforderliche Zeit,
  – Konsumtheorie: Freizeit als Konsumzeit, um die Produktion in Gang zu halten.
● Kongruenzhypothese: Arbeits- und Freizeitbereich sind sich ähnlich, weil die in der Arbeit üblichen Muster auf die Freizeit übertragen werden:
  – Reduktionstheorie: durch Restriktionen in der Arbeit verarmt auch die Freizeit,
  – Generalisationstheorie: das Verhaltensrepertoire der Arbeit wird auf die Freizeit übertragen,
  – Identitätstheorie: Arbeit stiftet Identität, die sich in der Freizeit fortsetzt.
Die freizeitpolaren Deutungsmuster gehen davon aus, dass auch in Zukunft Erwerbsarbeit fremdbestimmt bleiben wird. Freizeit gilt daher als positiver Bereich

der Identitätsfindung. Da sich die Restriktionen in der Arbeitswelt zukünftig vielleicht sogar noch verstärken werden, wird in der Freizeit der Sinn des Lebens gesucht, Freizeit wird zum eigentlichen Brennpunkt der Lebensführung und Selbstentfaltung. Arbeit steht dem als Bereich der Entfremdung polar entgegen. In einem ganzheitlichen Ansatz wird zwar daran festgehalten, dass Freizeit im Zentrum steht, doch soll der starke Gegensatz zwischen Arbeit und Freizeit überwunden werden, indem sich Struktur und Qualität der Arbeit ändern. Hier haben viele Utopien ihren Ort.

Besonders in den siebziger Jahren wurde darauf hingewiesen, wie stark in der Realität die unterschiedlichsten Lebensbereiche gegeneinander abgeschottet und parzelliert sind. Die These von der Parzellierung zwischen Arbeit und Freizeit (vgl. Lenz-Romeiß 1974) hat sich ebenso wenig erhärten lassen wie die Annahme, Freizeit sei ein Strukturbereich sui generis. Vielmehr zeigt sich seit einem Vierteljahrhundert eine fortlaufende Entgrenzung zwischen den verschiedenen Parzellen von Arbeit, Freizeit, Familie oder Konsum. Allerdings hat die Stadtgestaltung darauf noch nicht reagiert, denn die Innenstädte sind oft abends verödet und stellen so gewissermaßen neue Parzellen dar, die nur zu bestimmten Zeiten für Konsumzwecke geöffnet sind. Umgekehrt ergeben sich durch neue Formen der Arbeit zunehmend Möglichkeiten, Arbeit, Freizeit und Familie neu zu kombinieren. Im Gegensatz zu den an Arbeit ausgerichteten Funktionsbestimmungen greifen Konzepte weiter, die Einflüsse auf die Freizeit in der Sozialisation suchen.

Freizeit und Sozialisation: Insbesondere an den Sozialisationseinflüssen haben jene Konzepte eingesetzt, die bestreiten, dass die Freizeit unter dem »Diktat der Arbeit« (Adorno) stehe, sondern wesentlich durch biographische Selektionen, also durch Sozialisationseinflüsse und Rollenmuster, geprägt sei. Freizeiterleben und -verhalten hänge ab von persönlichen und sozialen Festlegungen des außerbetrieblichen Lebensbereiches (Größe der Familie, zeitliche und verwandtschaftliche Verwurzelung am Wohnort, Qualität, Einrichtung und Ausstattung der Wohnung, Besitz eines eigenen Wagens ...) wie andererseits psychosomatischen Anlagen und internalisierten Disposition. Diese Selektionshypothese ist von Lüdtke (1972: 40) zu einer Sozialisationshypothese erweitert worden:

> »Das Individuum realisiert in seinem Freizeitverhalten im wesentlichen die normativen, intellektuellen und affektiven Dispositionen, die es im, vorwiegend schichtenspezifischen, Sozialisationsprozess erworben hat, bzw. es wählt Orientierungen, die auch in anderen Situationen relative Verhaltenssicherheit, soziale Belohnungen und subjektive Befriedigungen versprechen« (Lüdtke 1972: 40)

Entsprechend dieser Sozialisationshypothese hat die Freizeit nach Lüdtke unterschiedliche Funktionen, die nicht primär das Bedürfnis nach individuellem Ausdruck vorsieht. In ihr würden die Erfahrungen auf die ganze Person statt auf spezifische Rollen bezogen, es bestehe eine große Wahlfreiheit und Austauschbarkeit der gewählten Aktivitäten und eine hohe Variabilität des Zeitaufwandes. Weil es sich bei der Freizeit um einen »sich ständig erweiternden neuartigen Strukturbereich sui generis der Industriegesellschaft« handele sei sie »tradierten Verhaltensmustern besonders wenig unterworfen; (...) vielmehr gekennzeichnet durch ein hohes Maß an Dynamik, Flexibilität und durch einen Mangel an Institutionalisierung, der zu erheblichen Diskrepanzen zwischen kulturellem und sozialem System führt« (Lüdtke 1972: 42). Die mangelnde Herauskristallisierung von typischen Freizeitrollen führe individuell wie sozial zu Orientierungs- und Handlungsproblemen. Weil die Freizeitrollen bislang nur unzulänglich vom »instrumental-adaptiven Sektor des Wirtschafts- und Berufssystems oder dem öffentlich-politischen Sektor« abgelöst seien, sei das Freizeitverhalten einerseits instabil und die Freizeitorientierung ambivalent, andererseits biete die expandierende Freizeit Raum für soziokulturelle Problemlösungen und Innovationen. Dabei sei das Freizeitverhalten eines Akteurs eine Funktion seiner gesamten Definition der Situation, die mit den modalen Sozialmerkmalen (wie Alter, Geschlecht, Status) variiere. Der sozioökonomische Status sei dabei die signifikanteste unabhängige Variable des Freizeitverhaltens. Aber auch das Berufsregister, der Grad der Arbeitsspezialisierung, der formalen Regelung der Arbeitsorganisation und die Art der Arbeitsaufgabe, Bildungsstand und sonstige Sozialisationserfahrungen, Teilhabe an traditionellen Bildungs- und Kulturgütern beeinflussen auch das Freizeitverhalten. Dabei könne es zur Inkompatibilität (Nichtübereinstimmung) zwischen dem jeweiligen Status im Freizeitsystem und im übrigen Gesellschaftssystem kommen. Solche Überlegungen werden von neueren Theorien zu Lebensstilen, Erlebnisgesellschaft oder Zeitverwendung vertieft (s. Kapitel 9).

4.3 Die Entwicklung der Freizeitsoziologie

In der Soziologie ist die Erforschung von Freizeitproblemen relativ jungen Datums. Erst seit rund vier Jahrzehnten häufen sich freizeitsoziologische Untersuchungen; einführende Werke und Lehrbücher sind überwiegend sogar erst im letzten Jahrzehnt entstanden. Dies legt die These nahe, das Freizeitproblem sei erst in den letzten Jahrzehnten entstanden und dann – mit einer gewissen zeitlichen Verzögerung – zum Gegenstand der soziologischen Forschung geworden. Doch so simpel verläuft die Wissenschaftsentwicklung nicht, eine eigenständige Wissenschaftsdisziplin muss sich gegenüber anderen Disziplinen legitimieren und zudem in der Gesellschaft Verankerung finden.

Nach Opaschowski (1988) lassen sich für die letzte Hälfte des 20. Jahrhunderts fünf Phasen der Freizeitforschung ausmachen:

»O In den 50er Jahren entwickelte sich eine anthropologisch und kulturphilosophisch bestimmte Freizeitdiskussion.
O In den 60er Jahren sorgten Soziologie und Ökonomie für Grundlagendaten in der Freizeitforschung.
O In den 70er Jahren gaben – im Gefolge der 68er Zeit – Pädagogik und Politik den Ton an. Freizeitpädagogische und freizeitpolitische Programme wurden auf breiter Front diskutiert.
O In den 80er Jahren gingen wesentliche Impulse der Freizeitforschung von der Psychologie und Ökologie aus. Freizeitforschung war immer auch qualitative Forschung, deckte die Diskrepanz zwischen Wunsch und Wirklichkeit auf und machte die Grenzen und Folgen des Wachstums bewusst.
O In den 90er Jahren werden vermutlich Ethik und interdisziplinär-ganzheitliche Forschungsansätze dominieren. Fragen nach der Sinngebung des ganzen Lebens werden im Mittelpunkt stehen« (Opaschowski 1988: 197ff.).

In den letzten Jahrzehnten sind zahlreiche Forschungsinstitute entstanden, die sich mit Freizeit und Tourismus befassen und i. d. R. eine gute Auftragslage zu verzeichnen haben. An fast allen Hochschulen werden Lehrveranstaltungen zu Freizeitproblemen angeboten, teilweise haben sich auch Schwerpunkte gebildet, die spezielle Abschlüsse (z. B. im Tourismusbereich) anbieten. Die Zahl der Publikationen erweitert sich ständig und die einschlägigen Tagungen zu Themen wie Freizeit, Tourismus, Sport oder Medien sind selbst von Insidern kaum noch zu übersehen.

Die sozialwissenschaftliche Behandlung des Freizeitthemas ist allerdings älter. In den ersten empirischen Umfragen und Tagebuchauswertungen zu Beginn des 19. Jahrhunderts wurden bereits Aspekte der Zeitverwendung analysiert; auch in den groß angelegten Untersuchungen von Marx und Engels zur Lage der Industriearbeiterschaft wurde das Verhältnis zwischen Arbeits- und Reproduktionszeit untersucht. Die erste größere Untersuchung zur Freizeit der Arbeiter wurde gegen Ende des 19. Jahrhunderts vorgelegt (Centralstelle 1893). Etwa zur gleichen Zeit erschien in den USA die scharfsinnige Analyse der »müßiggehenden Klasse« (Veblen 1899), in der das Freizeitverhalten der gesellschaftlichen Oberschichten bzw. Eliten untersucht wurde. Größere empirische Untersuchungen zum Freizeitverhalten wurden nach dem Ersten Weltkrieg – vor allem in Verbindung mit Gemeinde-, Familien- oder Industriestudien – in den USA durchgeführt (vgl. die Übersicht bei Scheuch 1969: 745ff.). Noch vor dem Ersten Weltkrieg hatte in Russland die Zeitbudgetforschung eingesetzt, die mit Hilfe von Tagebüchern, Berichtsbögen und sonstigen Aufzeichnungsmethoden die Verwendung der täglichen Zeit möglichst exakt erfassen wollte. Diese Forschungsrichtung wurde zunächst nach der russsischen Revolution fortgesetzt, später aber infolge der von Stalin verfügten Umorientierung der Gesellschaftswissenschaften eingestellt. Auch in den USA wurden Zeitbudgetstudien durchgeführt. Gleichzeitig aber kamen Umfrageforschung und teilnehmende Beobachtung als Instrumente der Datensammlung stärker zum Durchbruch, die in der amerikanischen Freizeitsoziologie seit der Arbeit von Lundberg u. a. (1934) immer öfter verwendet wurden. In Deutschland sind aus der Zeit zwischen dem Ersten und Zweiten Weltkrieg keine bedeutsamen empirischen Forschungen zur Freizeitproblematik bekannt – wohl aber die brilliante Analyse von Sternheim (1932) und die freizeitpädagogischen Bemühungen von Klatt (1929), die sich auch später noch auf die deutsche Freizeitsoziologie auswirkten. In der ersten Phase des NS-Staates wurde Freizeit thematisiert (u. a. durch die Abhaltung des Weltkongresses für Freizeit in Berlin 1936 anlässlich der Olympiade), doch ist über das Mitwirken der Gesellschaftswissenschaften in diesem Bereich wenig bekannt. Nach dem Zweiten Weltkrieg begann in der BRD schon bald die Thematisierung von Freizeitproblemen: zunächst durch die Untersuchung der Freizeit bestimmter Gruppen (z. B Jugendliche, manchmal Landjugend, »sinnvollen Freizeitgestaltung«), dann im Gefolge der Diskussionen um die Fünftage- bzw. Vierzigstundenwoche und durch die Einführung des arbeitsfreien Samstags. Die meisten Publikationen, die in dieser Zeit zu Freizeitfragen vorgelegt wurden, beklagten vor allem die Vermassungs- und Kommerzialisierungstendenzen. Nachdem sich die Markt- und Meinungsforschung etabliert hatte, kamen zahlreiche Umfragen zum Freizeitproblem zustande, die bis heute noch die Grundlagen für viele Aussagen der empirisch orientierten Freizeitsoziologie abgeben. Internationale

Projekte (UNESCO 1962; Internationales Zeitbudget-Projekt; s. Szalai 1972) lieferten vergleichendes Material über Freizeitstrukturen und -aktivitäten in Ländern mit unterschiedlichen Gesellschaftssystemen. Seit Anfang der sechziger Jahre kamen noch Untersuchungen im Rahmen anderer Forschungsschwerpunkte – z. B. in der Regionalforschung und Stadtplanung, Sportwissenschaft, Massenkommunikationsforschung oder Bildungssoziologie – hinzu, die sich wenigsten teilweise dem Freizeitthema widmeten. So hat sich bis etwa 1970 eine freizeitsoziologische Forschung entfalten können, die aber Empirie und Theorie nur selten verknüpfte. Die Freizeitsoziologie war zu jener Zeit vor allem Minderheitenforschung, denn sie hatte sich überwiegend um die Bewohner von Großstädten bzw. industriellen Ballungsgebieten und um Industriearbeiter, gelegentlich auch um Schüler bzw. Jugendliche gekümmert, andere Gruppen, die zusammen die Mehrheit der Bevölkerung ausmachen (z. B. Landbewohner, Hausfrauen, Alte, Arbeitslose, freie Berufe oder Selbständige), dagegen stark vernachlässigt.

Mitte der siebziger Jahre waren Ansätze zur Veränderung der Freizeitsoziologie erkennbar, indem Verbesserungsmöglichkeiten für gesellschaftliche Problemfelder reflektiert wurden. In den achtziger Jahren setzte sich neben zahllosen empirischen Untersuchungen das Bemühen um eine theoretische Konsolidierung der Freizeitsoziologie durch, wobei die Einbindung in »große Theorien« – z. B. Systemtheorie, Kommunikatives Handeln, Soziologie der Zeit – überwog (vgl. Bardmann, 1986, Vester 1988). In den neunziger Jahren vollzog sich eine Wende der Betrachtungsweisen. Freizeit wurde zwar weiterhin vielfach als isolierter Bereich behandelt – z. B. Freizeit in einzelnen Gruppen der Gesellschaft, soziale und ökonomische Auswirkungen von Freizeit und Tourismus, Sport- und Medienkonsum in ausgewählten Zielgruppen –, doch wurden nun mehrere neue Perspektiven erschlossen: Freizeit und Lebensstile, Freizeit als Bestandteil der Erlebnisgesellschaft, Freizeit als Element der Zeitdimension, Freizeit als Supersymbol postmoderner Gesellschaften.

Während die empirische Freizeitforschung zahlreiche Datenberge aufgehäuft hat, die vielfach unverbunden nebeneinander stehen und kaum verallgemeinert werden können, hat eine Theorie der Freizeit noch mit zusätzlichen Schwierigkeiten zu kämpfen: Die bisherige Soziologie hat sich auf bezahlte Arbeit konzentriert und damit auch die Arbeiterklasse im Visier gehabt. Die Nichtarbeit und damit die müßiggehende Klasse, die seit Thorstein Veblens »theory of the leisure class« (1899) auch zum Standardrepertoire der Soziologie gehört, wurde weitgehend vernachlässigt. Die nichtbezahlte Arbeit wurde entweder anderen speziellen Soziologien (z. B. Familien-, Jugend-, Konsum- oder Mediensoziologie subsumiert oder einer wie auch immer zugeschnittenen »Soziologie sozialer Probleme« (etwa mit der Fragestellung: »führt ein Mehr an arbeitsfreier Zeit zu Langeweile oder gar abweichendem Verhalten?«) überlassen. Bei dem Objekt »Freizeit« handelt es sich keineswegs um eine konkret identifizierbare Institution oder um eine klar abgrenzbare Tätigkeit – wie sonst in der Soziologie. Freizeit ist eine Restgröße, die zudem mit »Sinn« versehen ist (wobei subjektive und gesellschaftliche Sinnvorgaben voneinander abweichen können). Freizeit ist in der Soziologie nicht individualisiert zu betrachten, sondern von den gesellschaftlichen Determinanten (von Schicht- bzw. Klassenstrukturen, Sozialisationsmechanismen oder Arbeitserfahrungen) abhängig.

Eine solchermaßen orientierte Soziologie der Freizeit wird – dies wurde seit den späten siebziger Jahren deutlich (vgl. Prahl 1977, 1980, Tokarski/Schmitz-Scherzer 1985, Maeder 1990, u. v. a.) – nicht bei einer Beschreibung der Verhaltensweisen stehenbleiben können, sondern wird aufzeigen müssen, wie in dem Begriff und in der historischen Entwicklung der Freizeit angelegte Ideale verwirklicht werden können: z. B. Freizeit als Befreiungszeit von den Zwängen des Systems und als Chance zur Erfahrung alternativer Lebensformen. Dann wird sich die Freizeitsoziologie kritisch mit denjenigen Ideologien beschäftigen müssen, die vorgeben, zur individuellen Wunscherfüllung beizutragen, in denen faktisch aber die Zwänge des Systems (z. B. durch Kulturindustrie, Werbung, Konsumdruck, Freizeitindustrie, Leistungsdenken) eben nur subtiler fortwirken. So konnte die Freizeitsoziologie seit den achtziger Jahren dann nicht mehr nur Minderheitenforschung sein. In den letzten zwei Jahrzehnten nahm die Freizeitforschung mit unterschiedlicher Intensität und stark differierenden Erkenntnisinteressen fast alle Bevölkerungsgruppen unter die Lupe, hat dennoch weiterhin deutliche Defizite bei jenen Gesellschaftsgruppen, die ökonomisch nicht im Blickfeld stehen: Arme, Behinderte und Gebrechliche, Asylbewerber, Ausländer, kinderreiche Familien, sozial Verachtete und Ausgegrenzte, Unterschichten).

Die Kritik an einer einseitig ausgerichteten Freizeitsoziologie wurde bereits frühzeitig von Vertretern der »Kritischen Theorie« (Sternheim 1932, Adorno 1969, Habermas 1958) geäußert. Sie hoben hervor, dass der grundlegende Charakter einer Gesellschaft (das gesellschaftliche Existential) für die Formen und Funktionen der Freizeit verantwortlich sei. In einer kapitalistischen Form der Gesellschaft müsse Freizeit zwingend aus den vorherrschenden Arbeitsbedingungen und den jeweiligen Herrschaftsinteressen abgeleitet werden. Der lange Arm der Arbeit reiche tief in die Freizeit hinein, die vor allem der Reproduktion der Arbeit diene. Letztlich sei Freizeit erforderlich, um die inhumanen Arbeitsbedingungen der kapitalistischen Wirtschaft erträglich zu machen, die ausgelaugte Arbeitskraft wiederherzustellen und durch das Gewähren von Freizeitkonsum so etwas wie Massenloyalität herzustellen. In diesem Kontext erlange insbesondere die Kulturindustrie (Film, Zeitungen, Radio, Fernsehen) eine besondere Bedeutung, weil sie die Individuen dem Scheine nach an Kultur teilhaben lasse und so die Illusion von Demokratisierung erzeuge (Kapitel 6). Die Ansätze der kritischen Theorie sind in der Freizeitsoziologie aufgegriffen worden: zum einen wurden sie als Maßstab genommen, um Freizeit als Emanzipationszeit bestimmen zu können; zum anderen wurde aber versucht, mit diesen Konzepten nachzuweisen, wie über vermehrte Freizeit die Illusion geschürt wurde, sich wenigstens in der Freizeit ein Stück weit selbstbestimmt verhalten zu können, obwohl gleichzeitig die Beherrschung der Menschen dadurch eben nur subtiler und zugleich wirksamer organisiert würde (Lisop 1986). Solche Ansätze sind in der Freizeitsoziologie z. T. rezipiert worden, haben aber im Mainstream der Soziologie nur begrenzt ihren Niederschlag finden können. Vielfach sind sie im angelsächsischen Sprachraum intensiver diskutiert worden (z. B. in der dortigen Kultursoziologie) und haben über diesen Umwege erst wieder in den neunziger Jahren auch in Deutschland vermehrt Beachtung gefunden.

Auch das Bemühen um theoretische Verdichtung der einzeldisziplinären Ansätze und das Umsetzen in die Praxis zeigte Fortschritte. Dies lässt sich beispielsweise daran ablesen, dass nicht mehr fruchtlos um Definitionen, Abgrenzungen und

Klassifikationen gerungen wird. Auf der anderen Seite hat gegenwärtig im Bereich der Freizeitforschung »Große Theorie« nur wenig Konjunktur, auch wenn es nicht an Rekonstruktionen zu einzelnen Theorietraditionen mangelt (etwa zum Freizeit-begriff der Kritischen Theorie oder zum Verhältnis von Arbeit und Freizeit bei Marx). Das Bestreben, eine immanente Theorie »der Freizeit« zu formulieren, wird überholt von der Wiederentdeckung und Fortentwicklung allgemeiner Theorien über Zeit und deren Einbindung in Gesellschaftsstrukturen. Freizeit wird dabei nicht als subjektive Kategorie, sondern als eine Komponente gesellschaftlich ausdifferenzierter Zeitstrukturen begriffen. Die individuellen Muster der Zeitver-wendung, die von der traditionellen Freizeitforschung behandelt wurden, weichen in neueren Ansätzen (zumindest der Soziologie) der Analyse sozialer Zeitarrange-ments, was teilweise vor Überschätzungen von Ausmaß und Bedeutung der Frei-zeit bewahren mag. Die noch vor wenigen Jahren von manchen Forschern euphorisch beschworene Freizeitgesellschaft wird in der neueren Diskussion durch die Analyse einer Gesellschaft in Zeitnot ersetzt. Hieran zeigt sich eine Verschiebung der Fragestellungen und Themen der (deutschen) Freizeitsoziologie:

Hatte sich die frühe Freizeitforschung der fünfziger und sechziger Jahre neben moralisch-handlungsleitenden Fragen insbesondere dem Freizeitverhalten von Ju-gendlichen und einzelnen Erwachsenengruppen zugewandt, so ging die Freizeit-forschung der siebziger Jahre verstärkt ein auf die Freizeit der erwerbstätigen Be-völkerung, auf den Gegensatz von Arbeit und Freizeit, auf Determinanten des Freizeitverhaltens, auf die Akzeptanz von Freizeitangeboten und dgl. mehr. Me-thodisch wurden Einstellungen, Motive, Präferenzen und Verhaltensweisen als iso-lierbar und mit wissenschaftlichen Instrumenten erforschbar unterstellt. Entspre-chend wurden Fragebogen und Interview, ggf. auch teilnehmende Beobachtung oder Benutzeranalyse als Forschungstechniken verwendet. Die erhobenen Daten wurden klassifiziert und typisiert und mit den jeweiligen soziodemographischen Merkmalen in Beziehung gesetzt. Heraus kamen Untersuchungen von der Art »bei Jugendlichen zwischen 16 und 24 dominieren die Freizeitaktivitäten a, b und c«. Dabei sollten die erfragten Einstellungen bzw. beobachteten Verhaltensweisen nicht nur repräsentativ sein, sondern auch weitgehend dem Belieben des Individu-ums überlassen sein. Gegen diese Sichtweise wurde schon relativ früh einge-wandt, dass Einstellungen und Verhalten stark durch Sozialisation und Medien ge-prägt würden (in denen sich die Wertschätzung der Freizeit auch als Ideologie abbilde). Ferner wurde geltend gemacht, dass historische und strukturelle Faktoren wie etwa die städtischen Lebensbedingungen oder daraus resultierende Konsum-vorstellungen Einstellungen und Verhalten mit prägten. Und schließlich wurde bemängelt, dass die bloß isolierte Erfassung der Einstellungen, Präferenzen und Verhaltensweisen nicht geeignet sei, komplexere Lebensstile zu erfassen.

So wandte sich die Freizeitsoziologie gegen Ende der siebziger und zu Beginn der achtziger Jahre verstärkt dem Konzept der freizeitkulturellen Lebensstile zu. Dieser Ansatz unterstellt, dass Individuen aus der Vielfalt gesellschaftlicher Ver-haltensangebote (Rollen, Stile, Moden, Denkweise, Konsum) je nach ihrer ge-sellschaftlichen und lebenszyklischen Lage Einstellungs- und Verhaltenselemente auswählen und zu eigenen Lebensstilen bündeln. Freizeit wird so als ein gesell-schaftliches Feld der Darstellung eigener Lebensentwürfe angesehen. Dies lässt sich besonders gut an den rasch wechselnden Darstellungen von Jugendlichen nachweisen, weniger deutlich ist dies freilich bei vielen Erwachsenengruppen. Geht die psychologische Lebensstilforschung eher von individuellen Mustern aus, schlägt die Soziologie vor, Lebensstile als Summe der Erfahrungen und Denkweisen in bestimmten abgrenzbaren Gesellschaftsgruppen (Klassen, Schichten, Milieus, Altersphasen etc.) zu untersuchen. Lebensstil deckt sich mit schichttypischen Sozialisation- und Arbeitserfahrungen, Wohnverhältnissen, Konsummustern, Einkommensverhältnissen, Denkweisen etc. Dabei werden für die Ausprägung von Freizeitstilen unterschiedlich starke Determinationen unterstellt. Die Lebensstil- und Freizeitforschung weist deutlich über die deskriptive Beschränkung vieler Forschungen hinaus, indem sie auf komplexere Konzepte zugreift, die das Freizeitverhalten nicht mehr ins Belieben des jeweiligen Individuums stellt, sondern von gesellschaftlichen Verhältnissen ableitet (vgl. Kapitel 9).

Seit zwei Jahrzehnten richtet die Freizeitforschung ihr Augenmerk vermehrt auf Entwicklungen und Veränderungen der Freizeit im Lebensverlauf. Diese Perspektivenverkehrung beruht zum einen darauf, dass aus erklärlichen Gründen zahlloses Material über einzelne Altersgruppen vorlag, das der Systematisierung harrte. Beispielsweise wurde über Freizeit von Jugendlichen nicht nur aus pädagogischen und entwicklungspsychologischen Gründen so intensiv geforscht, sondern auch weil wegen Jugendunruhen, Drogenproblemen etc. ein Kontrollbedarf bestand; und über die Freizeit von älteren Menschen wurde auch vermehrt geforscht, weil hier ein neuer, finanzkräftiger Markt einer stark expandierenden Gesellschaftsgruppe entstand, die in der Vergangenheit eher durch Verzicht im Konsum- und Freizeitverhalten charakterisiert war, nun aber immer stärker am Tourismus und dem Konsum von Verbrauchsgütern und Dienstleistungen teilnimmt, andererseits aber durch eine sich ständig erhöhende Lebenserwartung gesellschaftlichen Handlungsbedarf erzeugt (z. B. Pflege von Hochaltrigen, was wiederum die Freizeitmöglichkeiten der Kinder und Enkelkinder stark beeinflusst, z. B. die heute 50–60jährigen Frauen, die ihre betagten Eltern versorgen und dafür einen Teil ihrer Freizeit opfern müssen). Zum anderen tauchte aber auch die Frage auf, ob sich Freizeitverhalten erlernen und dann im weiteren Lebensverlauf ändern lässt oder ob Freizeitverhalten von der jeweiligen Stellung im Lebenszyklus abhängt. Von den Antworten hängt nicht nur ab, wie sich die Nachfrage nach freizeitrelevanten Gütern und Dienstleistungen entwickeln wird, sondern auch, ob und wie Menschen durch Freizeitpädagogik beeinflusst werden können (vgl. Kapitel 8).

In den neunziger Jahren machte die Soziologie der Freizeit einen doppelten Wechsel der Perspektiven durch. Zum einen verbreitete sich allmählich die Einsicht, dass Freizeit nicht länger aus dem Gegensatz zur (Erwerbs-)Arbeit bestimmt werden könne, sondern in der »Erlebnisgesellschaft« eine eigenständige Qualität und Struktur erlangt (Hartmann/Haubel 1996). Zum anderen wird Freizeit nicht länger als eigenständige und damit pädagogisch-psychologisch verkürzbare Größe angesehen, sondern als ein zentrales Element gesellschaftlicher und kultureller Zeitarrangements bzw. Zeitregime begriffen (Garhammer 1999). Die Ansätze, die sich um die »Freizeit in der Erlebnisgesellschaft« ranken, gehen davon aus, dass nicht länger Arbeit im Mittelpunkt des Lebens in der Moderne steht, sondern dass mit der Favorisierung von »Erlebnissen« (in welcher Form auch immer) ein neuer zentraler Maßstab für die Bemessung von Lebensqualität entstanden sei, der allen Menschen – ob sie nun Zugang zur (Erwerbs-)Arbeiten haben bzw. hatten oder eben nicht – zur Verfügung steht. Erlebnis wird dabei nicht als das von Medien und Werbung verheißene »Glück« verstanden, das geradezu inflationär alle Verhaltensbereiche – vom Flirt bis Shopping, vom Reisen bis zum Kirch- oder Wahlgang – mit dem Begriff »Erlebnis« in Beziehung bringt. Vielmehr verschmelzen im Erlebnisbegriff subjektive Elemente (wie Phantasien, Verdrängtes, konkrete psychische und physische Bedürfnisse) mit Lebensentwürfen (wie Vorstellungen von beruflichem Erfolg, Partnerschaften) und objektiven Handlungsbedingungen (wie Finanzkraft, Mobilität, Sozialmilieus, Lebensalter oder Wohnverhältnisse). Erlebnis war in früheren Zeiten eng gebunden an strukturelle Zwänge wie z. B. Klassengrenzen, Mobilitätshemmnisse oder fehlendes Geld. Mit dem tiefgreifenden Wandel moderner Gesellschaften schwinden solche Begrenzungen, viele vordem undenkbare Erlebnisse werden möglich und uneingeschränkt lebbar. Daraus erlangen moderne Gesellschaften eine neue, multioptionale Qualität, die insbesondere in der stark expansiven Freizeit erlebt werden kann. So entstehen jenseits der strukturellen Begrenztheiten durch sozialstrukturelle Zugehörigkeiten neue Gelegenheiten zur Entwicklung eigener Lebensstile und -entwürfe. Neue soziale Milieus, in denen gewissermaßen patchworkartig heterogene Elemente der Lebensführung miteinander kombiniert werden können, werden entworfen und ausgelebt. Der Bankangestellte, der in der Arbeitswelt nach wie vor vielen Kleidungs-, Gruß- und anderen Verhaltensnormen unterliegt, kann jenseits der Arbeitssphäre mit seinem Motorrad in Kiesgruben oder auf Autobahnen seinen wildesten Phantasien nachgehen. Und der in der Schule gern im Schlabberlook auftretende Studienrat praktiziert mit Frack und Seidenkrawatte beim Gesellschaftstanz seine Gegenwelt, in der er das Formale als besonderes Erlebnis genießt. Unter dem Begriff »Erlebnisgesellschaft« sind aber viel umfassendere Wandlungen zusammengeführt worden, die u. a. mit Stichworten wie Tempo, Individualisierung, Flexibilisierung, Informalisierung, Virtualisierung, Ästhetisierung, Hedonismus, Versportlichung oder Wertewandel beschrieben werden. In der Freizeit verdichten sich auf diese Weise zentrale gesellschaftliche, wirtschaftliche, technische und ideologische Wandlungstendenzen. Freizeit in der Erlebnisgesellschaft wird gewissermaßen zu einem Fokus zentralen Wandels, zu einem Schmelztiegel moderner Gesellschaften, zu einem Messfühler von Veränderungen. So wird Freizeit zu einem Supersymbol der Moderne auf der einen und zu einer neuen Leistungsdimension auf der anderen Seite. Denn mit der vermeintlichen oder tatsächlichen Verflüssigung von Zeit entsteht allenthalben auch »Zeitnot«.

Hier setzt die zweite neue Perspektive ein, die Freizeit nicht als eigenständige Sphäre begreift, sondern Freizeit als ein Element gesellschaftlicher, wirtschaftlicher und kultureller Zeitregime auffasst. Jede menschliche Gesellschaft entwickelt unterschiedliche Konzepte von Zeit (s.o.), die sich in gesellschaftlichen Strukturen niederschlagen und von Institutionen verwaltet, kontrolliert und legitimiert werden. Stehen religiöse Interessen im Mittelpunkt einer Gesellschaft, so wird Zeit u. a. für Feste, Rituale, Zeremonien oder Exerzitien benutzt, während Arbeit eher im Hintergrund bleibt. Steht dagegen Erwerbsarbeit im Zentrum, so werden gesellschaftliche Arrangements vor allem über Arbeitszeiten reguliert. Wird die Notwendigkeit von Berufsarbeit wie in der Gegenwart relativiert, lassen sich andere zeitliche Muster denken und praktizieren, in denen Zeiträume jenseits der Erwerbstätigkeit einen höheren Stellenwert erlangen. Konzepte wie »mehr Zeitsouveränität« oder

»Flexibilisierung von Zeit« können sich durchsetzen, neue Arrangements zwischen Beruf, Familie, Öffentlichkeit und Freizeit werden ausprobiert und können länger-fristig zu festen Mustern werden. Aus der Sicht des Individuums kann daraus eine größere Zufriedenheit entstehen, aus der Sicht derjenigen, die in Staat, Gesellschaft und Wirtschaft Herrschaftspositionen innehaben, kann das »Mehr an zeitlicher Fle-xibilität« entscheidend zur Massenloyalität beitragen, aus der Sicht ökonomischer Interessen kann die Auflösung starrer Zeitstrukturen zur Produktivitätssteigerung beitragen. Je nach Interessenlage ergeben sich also höchst unterschiedliche Be-wertungen von Veränderungen in den Zeitarrangements. Und hier liegt eine genui-ne Aufgabe der Soziologie, diese divergierenden Perspektiven zu untersuchen.

Gesellschaftliche, wirtschaftliche und kulturelle Zeitregime sind nun allerdings nicht ins Belieben der Individuen und Gesellschaftsgruppen gestellt, sondern hän-gen deutlich von den jeweiligen Gesellschaftsformationen und ideologischen Strukturen ab, wie ein kurzer Überblick über den Wandel des Verhältnisses von Zeitkonzeptionen und Gesellschaftsstrukturen gezeigt hat. Für eine zukünftige So-ziologie der Freizeit stellen sich unter dieser Makroperspektive eine Reihe von Fragen, die bislang noch wenig thematisiert wurden. So ist zu klären, wie in der jeweiligen Gesellschaft von welchen Trägergruppen welche Konzeptionen von Zeit entwickelt, übernommen und durchgesetzt werden. Im Laufe der Geschichte ha-ben z. B. zunächst die Kirchen, später Militär, Schifffahrt, Fabriken und Naturwis-senschaften dominante Zeitkonzepte geprägt, aus denen dann auch spezifische Vor-stellungen von Freizeit geronnen sind. Heute sind es vor allem auch die Sozialwissenschaften, die mit ihrer Betonung von bestimmten Gesellschaftstypen (»Erlebnis«-, »Freizeit«- oder »Informations«-Gesellschaft) Vorstellungen über Zeit und Zeitverwendung zum Durchbruch verhelfen, die in früheren Perioden kaum auf fruchtbaren Boden gefallen wären. Auch die Sozialwissenschaften tra-gen zur Konjunktur von Ideologien bei. Daher muss eine Soziologie der Freizeit im besten Falle immer auch selbstreflexiv sein und durch permanente Ideologie-kritik zur Erhellung ideologischer Zusammenhänge beitragen. Eine weiterführende Frage muss dann sein: wie beeinflussen die in einem bestimmten Gesellschaftstyp vorherrschenden Vorstellungen von (Frei-) Zeit andere Gesellschaften bzw. Kultu-ren. So ist zu prüfen, ob und wie das in Mitteleuropa und Nordamerika entfaltete typische Verständnis von Freizeit im Zuge von Globalisierung und Amerikanisie-rung zum Muster für andere Teile der Welt wird. Zu klären wäre auch, ob be-stimmte regionale, nationale oder kulturelle Muster resistent gegen Globalisie-rungstendenzen sind (ob z. B. ein spezielles japanisches Arbeitsverständnis davon abhält, typische amerikanische Freizeitgewohnheiten nachzuahmen) oder ob sich bestimmte Formen von Kulturimperialismus mit Massenmedien und Konsumfor-men weltweit durchsetzen.

Als methodologischer Weg zum Thema Freizeit bietet sich u. a. ein ethnogra-phischer Zugang an, der die Freizeit als eine Lebenssphäre von Menschen begreift, die es analog zu den Vorgehensweisen von Ethnologen in fremden Kulturen zu er-forschen gilt. Während die Sphäre der (Erwerbs-)Arbeit relativ eindeutige Struk-turen aufweist, die mit dem Instrumentarium der klassischen Sozialforschung recht genau erforscht werden können, ist die Sphäre der Freizeit nur teilweise mit quan-tifizierenden Methoden erfassbar. Gewiss ist auch Irrationalität in der industriellen Erwerbsarbeit anzutreffen, es lässt sich dort auch immer magisches Handeln finden, doch ist jener Arbeitsbereich viel eindeutiger verregelt als der Freizeitbereich. In letzterem wird die Freiheit des Individuums suggeriert, was zu einer Vielzahl von Handlungsoptionen zu führen scheint, die mit je individuellem Sinn belegt werden. Diese Diversität von Sinnprovinzen lässt sich wohl am ehesten mit ethnographischen Methoden untersuchen. Neuerdings werden solche Sichtweisen auch durch Methoden der qualitativen Sozialforschung ergänzt. So sind in der Volkskunde, Regionalgeschichte Soziologie oder Geographie Untersuchungen über das Verhältnis von Arbeit und Freizeit oder über spezifische Vergnügungsangebote im Laufe der Geschichte entstanden. Auch qualitative Studien über Orte der Freizeit (z. B. Kneipe) gehören in diesen Zusammenhang. Solche Ansätze stehen bislang noch relativ unverbunden nebeneinander, signalisieren aber bereits Veränderungstendenzen gegenüber der bislang vorherrschenden Freizeitsoziologie, die entweder kulturkritisch-pädagogisch (Freizeit der »Massen«, »sinnvolle« Freizeitverwendung) oder empiristisch (kommerzielle Auftraggeber, untheoretische Fragestellungen) ausgerichtet war. Allerdings muss die Veränderung der Freizeitsoziologie die historische Dimension konsequenter einbeziehen, denn die Freizeit ist nur vor dem Hintergrund der historisch-gesellschaftlichen Entwicklung angemessen zu begreifen.

Freizeit ist als Verhaltensweise oder als Struktur schwer gegenüber anderen Feldern des gesellschaftlichen Lebens abzugrenzen und inhaltlich zu präzisieren. Daher haben sich die Sozialwissenschaften bislang mit der Formulierung gehaltvoller Theorien schwergetan. In manchen Fällen erschöpft sich das Theorieangebot in systematischer Dateninterpretation, in anderen Fällen werden umfassende Gesellschaftstheorien bemüht, um aus diesen theoretische Aussagen über den Freizeitbereich abzuleiten. Dabei ist Freizeit für moderne Gesellschaften inzwischen so fundamental geworden, dass eine isolierte Betrachtung von Freizeitphänomenen, die von den grundlegenden gesellschaftlichen Veränderungen absieht, in die Irre führen muss. Freizeit ist zwar nach wie vor immer ein Stück weit ins individuelle Belieben gestellt und kann auch als Emanzipationszeit verstanden werden, Freizeit hat auch nach wie vor starke Bezüge zur Erwerbsarbeit und schafft vermehrt Arbeitsplätze im Freizeit- und Tourismussektor, doch ist sie in der Gegenwart immer stärker zu einem Thema der Makrosoziologie geworden, weil die gesellschaftliche Konstitution von Zeit bzw. Zeitregimen in der Erlebnisgesellschaft zum zentralen Fokus der Freizeitsoziologie geworden ist.

4.4 Forschungsmethoden

Die Methoden, mit denen der Umfang der Freizeit wie auch die darin ausgeübten Aktivitäten oder Passivitäten festgestellt werden können, sind vielfältig. Faktisch sind alle in den Sozialwissenschaften verfügbaren Forschungsmethoden – z. B. Interview, Fragebogen, teilnehmende Beobachtung, Experiment, oral history, narrative Techniken, Inhalts- und Dokumentenanalysen, historische Statistik u. dgl. – auch auf den Bereich der Freizeit anwendbar. Als Informationsquellen stehen der empirischen Freizeitforschung üblicherweise zur Verfügung:

● Gesetze, Verordnungen, Tarifverträge, Betriebsvereinbarungen, Ausbildungsord-
nungen usw., in denen der Umfang der Arbeits- und Ausbildungszeiten, Pausen,
Urlaub, Schichteinteilung u. dgl. geregelt sind. Die Analyse dieser Texte liefert
Angaben über die normierte, nicht über die faktische Arbeitszeit. Solche Studi-
en können sichtbar machen, welche Menschen- bzw. Gesellschaftsbilder, Ideologien oder Kompromisse in die Formulierung von Bestimmungen eingehen. So
lässt sich beispielsweise oft erkennen, dass in den Arbeitszeitregelungen von einem überwiegend Männern zugestandenen Normalarbeitsverhältnis ausgegangen wird und die Vielzahl von Abweichungen, die heute die Realität von Erwerbsarbeit kennzeichnen, meistens in unscheinbaren Ausnahmeregelungen
versteckt sind. Die Zweckbestimmung des Urlaubs ist sogar in der Rechtsprechung abzulesen, wenn Gerichte urteilen, dass Urlaub primär der Wiederherstellung der Arbeitskraft zu dienen habe.
● Statistiken von staatlichen Stellen, Tarifvertragsparteien, Transportunternehmen,
Finanzämtern, Branchen- oder Betriebsstichproben, Lohn- und Gehaltsstatisti-
ken usw. Diese Statistiken liefern stichprobenweise oder total Angaben über
tatsächliche Arbeitszeiten, Benutzung der Verkehrsmittel, versteuerte Überstunden, Urlaubszeiten, Schicht -und Sonntagsarbeit u.dgl. Die Statistiken sind nach
technisch-administrativen und seltener nach sozialwissenschaftlichen Gesichtspunkten angelegt und damit nur begrenzt in die Soziologie übertragbar, sie erfassen nur selten qualitative Aspekte wie Arbeitsintensität, Bewusstseinsstrukturen, Motivationen, Interessen usw.
● Benutzeranalysen: Grundsätzlich können alle Institutionen, Orte bzw. Medien
der Zeitverwendung – wie Kantinen, Bars, Diskotheken, Verkehrsmittel, Parks,
Naherholungsgebiete, Spielplätze, Massenmedien, Theater, Bildungseinrichtungen, Freizeitheime usw. – nach der Frequenz ihrer Benutzung untersucht werden. Die Daten der Nutzungsfrequenzen liefern Anhaltspunkte über Art und Umfang der Zeitverwendung in diesen Institutionen bzw. Medien und lassen
indirekt Rückschlüsse auf die Zeitverwendung zu. Durch elektronische Auf-
zeichnungsgeräte und nachfolgende Befragung bei einer nach typischen sozialstrukturellen Merkmalen ausgewählten Anzahl von Haushalten wird die tägliche
Nutzung des Fernsehgerätes ermittelt; durch gezielte Nachfrage lässt sich auch
feststellen, welche Personen in welchem Zeitraum welches Programm gesehen
haben. Viele Freizeitstätten verfügen inzwischen über elektronische Zählvor-
richtungen, mit denen der Zu- und Abgang von Besuchern registriert wird. Die
nahezu vollständige Überwachung von öffentlichen Plätzen, Kaufhäusern oder
Straßen lässt eine inoffizielle, datenschutzrechtlich bislang nicht erlaubte Benutzeranalyse zu. Zum Zwecke der Verkehrslenkung werden z. B. auf Autobahnen
Autos bereits elektronisch gezählt. Benutzeranalysen erfassen nur Aktivitäten im
Zusammenhang mit Institutionen bzw. Medien – Dösen oder Flirten können auf
diese Weise kaum registriert werden. Die relativ hohen Kosten derartiger Analysen werden nur von finanzkräftigen Auftraggebern getragen – kommerziell oder
politisch wenig relevante Nutzungsarten werden daher kaum erforscht. Eine
Trennung der benutzten Institutionen bzw. Medien ist nicht immer möglich –
z. B. Fernsehen beim Abendessen, Radiohören am Arbeitsplatz; der Ablauf der
Zeitverwendung und der Zusammenhang mit anderen Aktivitäten können nicht
präzise ermittelt werden.

● Umfrageforschung: Diese im Rahmen der Markt- bzw. Meinungsforschung und der empirischen Sozialforschung vorherrschende Methode der Datengewinnung dominiert auch im Bereich der empirischen Freizeitforschung. Aus der jeweils zu untersuchenden Gesamtheit (z. B. Erwerbstätige in der BRD, Einwohner einer Großstadt usw.) wird eine »repräsentative« Stichprobe ausgewählt und mittels Interview, Fragebogen, strukturierten Gesprächen und dgl. befragt. Durch verbale, akustische oder optische Stimuli sollen Bewusstseinsinhalte, Erinnerungen, Meinungen, Assoziationen, Motive und Interessen eruiert werden, die innerhalb der methodischen Grenzen der Umfrageforschung (Repräsentativität, Operationalisierbarkeit, standardisierte Auswertungstechniken usw.) als typisch für die Gesamtheit gelten sollen. So sollen die Meinungen von rund zweitausend nach bestimmten soziodemografischen Merkmalen ausgewählten Bundesbürger innerhalb gewisser Fehlergrenzen die Meinung der gesamten BRD-Bevölkerung repräsentieren. Die Umfragen können nur verbalisierte Meinungen und Erinnerungen, nicht aber tatsächliches Verhalten erfassen. Inhalt und Vorgehen der Umfrageforschung ergeben sich aus den Interessen der Auftraggeber und den methodischen Möglichkeiten der Forscher. Objektivierbare Gesellschafts- oder Aktivitätsstrukturen können durch diese Forschung also nicht unmittelbar erfasst, sondern bestenfalls aus den nach bestimmten methodischen Regeln stimulierten Bewusstseinskondensaten rekonstruiert werden. Vorhandene Bewusstseinsstrukturen werden ohne genauere Untersuchung ihres Zustandekommens durch Sozialisation oder Kulturindustrie als Ausdruck der Realität gewertet; es werden nur verbalisierbare Meinungen oder Erinnerungen, nicht aber Gesellschafts- oder Verhaltensstrukturen erfasst, die Dominanz methodischer Regeln (Repräsentativität, standardisierte Auswertung usw.) verzerrt die zu untersuchende Realität und hat hohe Informationsverluste zur Folge; die Interessen der Auftraggeber und technisch-methodische Restriktionen der Forschung begrenzen die Aussagekraft der Ergebnisse deutlich; die Ergebnisse können nur eine Momentaufnahme für den Befragungszeitpunkt liefern, wiederholte Befragungen (Panels) scheiden zumeist wegen ihrer hohen Kosten aus; die Umfrageforschung ist stark »instrumentenempfindlich«, d. h. die Ergebnisse variieren deutlich mit dem verwendeten Forschungsinstrument; die Auswertung und Interpretation ist durch Forschungsartefakte, d.h. Ergebnisse bzw. Konstruktionen, die ausschließlich im Interesse des benutzten Instrumentariums entstehen, oder durch Scheinkorrelationen, d. h. durch zufällig entstehende Zusammenhänge unter Vernachlässigung der eigentlich verursachenden Faktoren, gefährdet. So ist in der Umfrageforschung eben auch zu beachten, zu welcher Jahreszeit nach Freizeitaktivitäten gefragt wird.

● Zeitbudgetstudien: Im Gegensatz zur Umfrageforschung, die zu einem oder mehreren Zeitpunkt(en) Meinungen, Erinnerungen oder Interessen erhebt, will die Zeitbudgetforschung die tatsächliche Zeitstruktur und -verwendung meist über längere Perioden erfassen. Dazu wird eine repräsentativ (oder nach sonstigen Gesichtspunkten) ausgewählte Stichprobe der Gesamtpopulation gebeten, die Zeitverwendung mittels Tagebüchern, Berichtsbögen, technischen oder sonstigen Aufzeichnungsinstrumenten festzuhalten. Zusätzlich können die Teilnehmer der Untersuchung nach ihren Meinungen, Motiven, Interessen usw. befragt werden. Dabei wird auch das Yesterday-Interview verwendet, mit dem nach den

am Vortage ausgeübten Tätigkeiten gefragt wird. Mit solchen Befragungen können später auch die Tagebuchaufzeichnungen verglichen und Verzerrungen festgestellt werden. Derartige Untersuchungen setzen eine hohe Bereitwilligkeit der
Teilnehmer voraus, was i. d. R. besonders zuverlässige Ergebnisse verspricht,
aber auch eine Verzerrung der Repräsentativität (Ausfälle, Fälschungsmöglich-
keiten, Rekonstruktionen usw.) zur Folge haben kann. Zwar sind solche Unter-
suchungsmethoden bereits seit langem bekannt (z. B. in der frühen empirischen
Forschung des 19. Jahrhunderts, etwa in der Auswertung von Tage- oder Haus-
haltsbüchern, seit Beginn des 20. Jahrhunderts in Russland und in den USA),
doch sind groß angelegte Zeitbudgetstudien erst in den letzten Jahrzehnten
durchgeführt worden. Wohl das größte derartige Projekt ist unter Teilnahme von
Bulgarien, DDR, CSSR, Polen, Ungarn, Jugoslawien, BRD, Belgien, Frankreich, USA, Kanada, Norwegen, Kuba und Peru mit 30.000 befragten Personen
zwischen 1964 und 1970 durchgeführt worden (vgl. Szalai 1972). In dem internationalen Projekt wurde in jedem Land mindestens eine typische Stadt ausgewählt (für die BRD: Osnabrück), aus deren Gesamtbevölkerung wurde nach so-
zialstrukturell typischen Gesichtspunkten eine Stichprobe von mindestens
zweitausend Teilnehmern gebeten, den gesamten Tagesablauf mittels vorgege-
bener Berichtsbögen zu registrieren. Die Klassifikationsschemata der Bögen waren in allen Ländern gleich, um den internationalen Vergleich zu erleichtern. Die
Auswertung kam zu dem Ergebnis, dass die Strukturen des Tagesablaufs und die
typischen Aktivitäten in der freien Zeit zwischen den einzelnen Ländern weniger
differierten als angesichts der unterschiedlichen Gesellschaftssysteme zunächst
anzunehmen war. Die Vereinheitlichung der Kategorien unterschlägt aber leicht
systemspezifische und historisch-kulturelle Determinanten der Zeitverwendung;
qualitative Unterschiede der Zeitverwendung bzw. -struktur können nur ungenau
erfasst werden (z. B. bedeutete die Kategorie »Fortbildung« in bürokratisch-so-
zialistischen Systemen etwas anderes als in spätkapitalistischen oder in weniger
entwickelten Systemen); subjektive Verzerrungen können nicht eliminiert werden, da die Zuordnung der Zeitverwendung zu den formalen Erhebungskatego-
rien den Teilnehmern überlassen bleibt; lange Erhebungszeiträume reduzieren
die Bereitwilligkeit der Teilnehmer, kürzere Zeiträume enthalten unkontrollier-
bare Zufälligkeiten (z. B. Witterung, Jahreszeit, Konjunktur); größere Zeitbud-
getuntersuchungen sind sehr kostspielig und produzieren riesige Datenmengen,
was möglicherweise mit den Interessen potenzieller Auftraggeber an kurzfristig
verwendbaren und nach eigenen Intentionen auslegbaren Daten kollidiert; nur
langfristig erkennbare Markierungen der Zeitverwendung wie Urlaub, Ausbildung, Arbeitslosigkeit oder Pensionierung können mit Zeitbudgetstudien kaum
angemessen erfasst werden.

- Sekundärauswertung von Daten, die in anderen Studien gewonnen wurden, können weitergehende Angaben über Zeitstruktur und -verwendung liefern. Die in
Umfrageforschungen, offiziellen Statistiken oder Zeitbudgetstudien gewonnenen
Materialien können ebenso berücksichtigt werden wie die Ergebnisse z. B.
sportwissenschaftlicher, arbeits- bzw. betriebs- oder stadtsoziologischer, kom-
munikationswissenschaftlicher Studien, die möglicherweise die Verwendung der
Zeit unter Benutzung unterschiedlichster Instrumente analysiert haben. Ein solches Vorgehen erlaubt oft auch eine Reanalyse der verwendeten Methoden. So

hat z. B. das Institut für Demoskopie in Allensbach zwischen 1953 und 1988 das Verhältnis der Bundesbürger zur Arbeit erfragt und dabei immer auch das Verhältnis zwischen Arbeit und Freizeit thematisiert. Mit Hilfe einer Sekundäranalyse lassen sich die freizeitbezogenen Daten separat auswerten und z. B. mit den in anderen Studien erhobenen Daten vergleichen. Dabei sind auch die verschiedenen Instrumente kritisch zu prüfen und nach etwaigen Einflüssen auf die gewonnenen Daten abzuklopfen. So kommen bei geschlossenen Fragen zwangsläufig andere Ergebnisse heraus als bei offenen Fragen. Hier liegen dann die Grenzen der Sekundärauswertung. Die Ergebnisse der verschiedenen Studien sind i. d. R. mit verschiedenen Instrumenten und Erkenntnisabsichten durchgeführt worden; die verwendeten Kategorien und die Zusammensetzung der Stichproben sind nur beschränkt vergleichbar; Erhebungsort, -dauer und -intensität können nachträglich kaum rekonstruiert und miteinander in Beziehung gesetzt werden; die bislang diskutierten Schwierigkeiten der Stichproben-, Umfragenoder Zeitbudgetforschung können durch Sekundärauswertung nicht behoben werden, sondern verstärken sich möglicherweise noch; die methodologischen Schwierigkeiten der Sekundärauswertung sind in der empirischen Sozialforschung bislang wenig erforscht und diskutiert worden (obwohl hier für die empirische Freizeitforschung noch ein erhebliches Datenpotenzial schlummern dürfte).

● Qualitative Erhebungsmethoden: Im Gegensatz zu den bisher erwähnten quantifizierenden Methoden sind die qualitativen Methoden der Datengewinnung nicht bestrebt, repräsentative oder zumindest für einen großen Teil der Bevölkerung typische Angaben zu ermitteln. Durch teilnehmende Beobachtung kann der Forscher z. B. die Zeitverwendung in Schulen, Heimen oder Sportanlagen aufzeichnen, er kann längere Zeit das Familienleben beobachten oder ein Dorf. Tonbandprotokolle von Arbeitern, Tiefeninterviews oder Videoaufzeichnungen können ebenso wertvolle Informationen liefern wie die Analyse der von der Werbung vermittelten Freizeitleitbilder. Qualitative Methoden sind bestimmten Regeln unterworfen, sie sind aber nicht an die rigiden Standards der Umfrageforschung (Repräsentativität, Standardisierbarkeit usw.) gebunden. Ihre Ergebnisse können die übrigen Methoden der Datengewinnung zwar nicht verdrängen, aber durch dichte Beschreibungen sich ihrem Gegenstand angemessen und damit sensibel nähern und zusätzlich wichtige Informationen liefern. Ein Muster akkurater Analyse der Zeitverwendung im Tagesablauf stellt noch immer der Roman »Ulysses« von James Joyce dar, in welchem der Tagesablauf Dubliner Einwohner in beispielhafter Dichtigkeit geschildert und untersucht wird. Ein Beispiel für die neuere qualitative Forschung ist die Untersuchung der Sinnprovinzen und Zeitvorstellungen von Heimwerkern (Honer 1993), die auch als lebensweltliche Ethnographie bezeichnet wird. In intensiven Gesprächen und nachträglichen Interpretationen bzw. Typisierungen wurden dabei die Vorstellungswelten und Wissensstrukturen ausgewählter Heimwerker, die einen nicht geringen Teil ihrer Zeit in die Erstellung von häuslich verwertbaren Produkten bzw. in die Reparatur investierten, eruiert. Ein solcher Ansatz erhellt Bewusstsein, Motive und Zurechnungen solcher Aktivitäten, die der Tendenz nach auch auf andere Verhaltensweisen in der Freizeit übertragbar sind. Qualitative Methoden sind wenig vergleichbar, ihre Ergebnisse können nur beschränkt in andere

Analysen übernommen werden; sie sind nicht frei von Zufälligkeiten und erfordern daher eine sehr sorgfältige Auswahl der Untersuchungsobjekte; die Aufzeichnungstechniken sind trotz vorhandener technischer Möglichkeiten im Rahmen der empirischen Sozialforschung bislang wenig diskutiert und praktiziert worden; die Auswertung und Interpretation der qualitativen Analysen ist mangels Standardisierung langwierig und kontrovers; daher sind sie für Planungs- und Kommerzialisierungszwecke wenig tauglich und können nicht mit einer großen finanziellen Bereitwilligkeit potenzieller Auftraggeber rechnen. In der nicht kommerziell ausgerichteten Freizeit- und Tourismusforschung hat die qualitative Sozialforschung inzwischen aber einen festen Platz.

• Sonstige Forschungen: Aus der qualitativen Sozialforschung entstammen auch solche Methoden wie das narrative Interview, die »oral history« oder die historische bzw. ethnographische Fallstudie. Mit Hilfe des narrativen Interviews werden Menschen nach zusammenhängenden eigenen Erlebnissen und Deutungen befragt. Beispielsweise können in einer Ferienanlage dortige Besucher unter Vorgabe einiger Rahmenerzählungen danach befragt werden, wie sie den Gegensatz von Arbeit und Freizeit erleben und bearbeiten. In der Auswertung solcher Interviews ergeben sich dann typische Muster, die u. a. mit dem Alter, Sozialstatus oder Geschlecht zusammenhängen. Frauen betonen z. B. stärker den Zusammenhalt der Familie, Männer eher die eigene Leistung. Relativ verwandt dazu ist die »oral history«, die erzählte Lebensgeschichte, in der Menschen ihre Erinnerung darstellen, bearbeiten und interpretieren. Vergangenheit wird von den Menschen nie objektiv erinnert, sondern stets gedeutet und uminterpretiert. So könnten die älteren Besucher einer Ferienanlage gebeten werden, ihr früheres Urlaubsverhalten – z. B. zur NS-Zeit in KdF-Anlagen, zu DDR-Zeiten in Betriebsbungalows und nun in Großhotels auf Mallorca – zu erinnern. Dabei zeigen sich u. a. Muster der Verdrängung und Überhöhung, Verdammung und Fehldeutung. Solche Erinnerungsmuster lassen sich mit den Erfahrungen in den unterschiedlichen Gesellschaftssystemen in Beziehung setzen. Ethnographische Fallstudien können beschreiben, wie Touristen eine relativ fremde Kultur erleben und wie die Bereisten darauf reagieren. Mit historischen Fallstudien kann herausgearbeitet werden, welche Formen des Amüsements von welchen Gesellschaftsgruppen im 18. Jahrhundert genutzt wurden und wie sich dadurch der gesellschaftliche Zusammenhalt verdichtete. Expertenbefragungen, mit denen Sachverständige nach Trends und Einschätzungen befragt werden, um beispielsweise Prognosen über die zukünftige Freizeitentwicklung anzustellen, sind ergiebige Methoden. Darüber hinaus haben sich in verschiedenen Wissenschaften weitere Methoden zur Erforschung von Freizeit, Sport, Medien oder Tourismus durchgesetzt, die hier aber nicht detailliert vorgestellt werden sollen.

Gerade im Bereich Freizeit ist die Bildung von Kategorien in den jeweiligen Forschungstechniken besonders genau zu prüfen, weil Freizeit (a) besonders stark mit Wünschen und Hoffnungen befrachtet ist, (b) aus der geschichtlichen Entwicklung mit Wertungen über »sinnvolle« oder »minderwertige« Verwendungsformen der Freizeit belastet wird. So ist gerade bei Befragungen, aber auch bei qualitativen Techniken darauf zu achten, welche Stimmungen und Gefühle bestimmte Fragestellungen auslösen können. Als lustvoll erlebte eigene Freizeiterfahrungen lösen vermutlich mehr Zustimmung aus als die Frage nach Routinehandlungen. Umgekehrt ist es schwierig, nach dem bloßen Dösen oder Faulenzen zu fragen, weil solches Verhalten in einer immer noch von christlicher Arbeitsethik geprägten Gesellschaft negativ bewertet wird. Die Bewertungen dürften zudem nach sozialer Position, Alter oder Geschlecht variieren. Einem Mann wird Faulenzen nach vollzogener Erwerbsarbeit zugestanden, einer Hausfrau, die acht Stunden mit Kindern und Haushalt zugebracht hat, wird ebensolches Faulenzen negativ angelastet. Ein Zwanzigjähriger empfindet womöglich Rockmusik als angenehme Freizeiterfahrung, ein Siebzigjähriger mag dies als »Lärm« abtun.

4.5 Datenquellen

Die empirische Forschung hat riesige Berge von Forschungsmatrial erbracht, die kaum systematisch ausgewertet werden können, weil sie höchst heterogen in ihrer Anlage und Fragestellung, in den benutzten Methoden und statistischen Prüftechniken sowie in den möglichen Interpretationen und Reflexionen sind. Eine Vergleichbarkeit der Daten und Aussagen ist i. d. R. kaum möglich, sofern nicht systematische Zeitreihenanalyse vorgesehen sind. Die meisten Studien beziehen sich auf einen bestimmten Zeitpunkt, Längsschnitte über längere Zeiträume sind selten. Je nach Fragestellung und Auftraggeber variieren Umfang und Tiefe der Daten. Die Fülle der kommerziellen Studien hat i. d. R. eine andere Absicht als die offizielle Statistik oder eine akademische Qualifikationsarbeit. In den letzten Jahrzehnten zeichnen sich indes einige Tendenzen zur Standardisierung und Internationalisierung der Datenerhebung und -auswertung ab. Insbesondere unter dem Stichwort »Zeitverwendung« hat sich eine Forschungsrichtung etabliert, die nicht ausschließlich auf Freizeit abzielt, sondern alle Formen der Zeitverwendung ermitteln, klassifizieren und analysieren will (vgl. Ehling/Merz 2001). Bereits länger werden arbeitsbezogene Daten (über Arbeitszeiten, Erwerbsquoten, Arbeitslosigkeit) erhoben. Viele Daten sind inzwischen auch über das Internet oder auf CD-ROM zugänglich (z. B. bei dem Statistischen Bundesamt, den Statistischen Landesämtern, den jeweiligen Ministerien oder dem Bundesinstitut für Bevölkerungsforschung und vergleichbaren Instituten). Umfangreiche Datensätze liegen z. B. vor:

- Multinational Comparative Time-Budget-Research Project 1965/66 (umfangreiche vergleichende Tagebuchaufzeichnungen aus zwölf Ländern; vgl. Szalai 1972; Mikrodaten sind über das Zentralarchiv für Sozialforschung in Köln verfügbar).
- Zeitbudgetstudie 1991/92 des Statistischen Bundesamtes (bisher umfangreichste Untersuchung in der BRD mit 32.000 Zeittagebüchern; vgl. Statistisches Bundesamt 1995, BMFSFJ 1994). Eine Zeitbudgetstudie 2001/2002 ist in Vorbereitung.
- Sozio-ökonomisches Panel (SOEP) untersucht seit 1984 im Deutschen Institut für Wirtschaftsforschung/DIW in Berlin in regelmäßigen Befragungen und Zeitbudgetstudien die Zeitverwendung, Arbeitszeiten, Konsumgewohnheiten u.ä.
- Zeitverwendung und Lebensstile. Projekt an der Marburger Universität/H.Lüdtke (untersuchte 1987, 1988, 1999 Zeitpräferenzen und Lebensstile einer ausgewählten Befragtengruppe; vgl. Lüdtke 1995).

- Nebenerwerbstätigkeitsumfrage des Sonderforschungsbereichs 3 (sfb 3) »Mikroanalytische Grundlagen der Gesellschaftspolitik« der Universitäten Frankfurt a.M. und Mannheim (vier saisonale repräsentative Stichproben à 2.000 Befragte 1984).
- Arbeitszeitberichterstattung des ISO im Auftrage des Arbeitsministeriums des Landes Nordrhein-Westfalen durch das Institut zur Erforschung sozialer Chancen (ISO) in Köln (1987, 1989, 1993, 1995, 1999 repräsentative Befragung von abhängig Beschäftigten zwischen 15 und 65 Jahren, vgl. Bauer u. a. 1996).
- Das Institut für Arbeitsmarkt- und Berufsforschung (IAB) in Nürnberg analysiert jährlich die Entwicklung der Arbeitszeiten und deren Komponenten.
- Das Tarifarchiv des Wirtschafts- und Sozialwissenschaftlichen Instituts (WSI) des DGB erfasst laufend die Tarifabschlüsse und dokumentiert die formalen und faktischen Arbeitszeiten.
- Garhammer-Survey zur Zeitverwendung von Vollzeitbeschäftigten 1991/92 (Befragung einer ganzen Woche von Vollzeitbeschäftigten 1991/1992; vgl. Garhammer 1999).
- EUROSTAT-Projekt zur Harmonisierung der Zeitverwendungsstatistiken (das Statistische Büro der EU wertet die vorhandenen Statistiken aus und stellt eigene Erhebungen an).
- UNO und ILO (International Labour Office) arbeiten an einer internationalen Auswertung von Statistiken zur Zeitverwendung.
- Time Budget Archive (University of Essex, Prof. J. Gershuny).
- International Association on Time Use Research (IATUR, St. Mary's University, Halifax/Can.; Prof. A. Harvey).
- Research Network on Time Use (RNTU, Universität Lüneburg, Forschungsinstitut Freie Berufe, FFB, Prof. Dr. J. Merz).

Darüber hinaus sind in den Forschungsnetzen zahlreicher Hochschulen im deutschsprachigen Raum inzwischen umfangreiche Dokumentationen und Datensätze verfügbar, die teilweise kostenlos abgegeben werden, teilweise nur gegen Gebühr verfügbar sind. Zahlreiche private oder von Stiftungen unterstützte Forschungsinstitute verfügen ebenfalls über umfangreiche Datenmengen, die aber i. d. R. nur gegen Gebühr erhältlich sind, sofern sie nicht veröffentlicht werden. Das wohl produktivste Institut in diesem Zusammenhang ist das BAT-Freizeitforschungsinstitut in Hamburg, das durch den Tabakkonzern British-American-Tobacco finanziert wird (vgl. die zahlreichen Publikationen von Opaschowski). Umfangreiche Literaturdokumentationen werden z. B. vom Ludwig-Boltzmann-Institut für Freizeitwissenschaft in Wien zusammengestellt. Die Deutsche Gesellschaft für Freizeit in Erkrath gibt eigene Veröffentlichungsreihen heraus.

Von:	PPHDL Bibliothek
Gesendet:	Mittwoch, 18. Januar 2017 10:33
An:	PPHDL Bibliothek
Cc:	Andrea Hattinger
Betreff:	Reservierung

Sehr geehrte(r) Frau **Hattinger, Andrea**,
Leserausweis: 1491801

Wir danken für Ihre Reservierung.
Reservierung von 18.01.2017 bis 23.01.2017

Titel/Medium:
(*PHDL*) **Prahl, Hans-Werner:** Soziologie der Freizeit / Hans-Werner
Prahl
(UTB ; 8228) * * Anz. Vorm. MEX: 1
Sign.: **III/8098** * Sto: Speicher *

Die Reservierung auf das Medium mit der Signatur: **III/8098** ist
eingelangt und wird bearbeitet.

Mit freundlichen Grüßen,
Ihr Bibliotheksteam

5. Umfang und Verhaltensweisen:

Die Länge der Arbeit und des Schlafes lässt sich ziemlich genau feststellen, die Länge der Freizeit ist aber nur mit Schwierigkeiten präzise zu ermitteln. Denn was als Freizeit gilt, differiert objektiv wie subjektiv und hängt vor allem von dem jeweiligen Begriff ab. Wird Freizeit lediglich als Restkategorie im Zeitbudget eingestuft, dann ist ihr Volumen i. d. R. größer als wenn nach der subjektiven Bestimmung von Freizeit gefragt wird. Was ein Individuum jeweils unter Freizeit versteht, hängt von einer Anzahl von Faktoren ab: z. B. von Alter, Geschlecht, Beruf, Bildung, Wohnsituation, Familienstand und Stellung im Familienzyklus, Klasse, Schicht, Lebenslage, Lebensstil, materiellen Verhältnissen und eben auch von der jeweiligen Kultur. Ähnlich wichtig sind aber die vorherrschenden ideologischen Muster, die sich vielfach noch sehr stark an der Erwerbsarbeit ausrichten oder die – umgekehrt – den Übergang in eine fast grenzenlose und erlebnisreiche Freizeitgesellschaft propagieren. Die subjektiven Vorstellungen und Präferenzen zum Thema Freizeit stehen eben nicht im individuellen Belieben, sondern sind mehr oder minder stark durch gesellschaftliche Verhältnisse und Ideologien geformt. Für den jungen, dynamischen Single mag das alltägliche Einkaufen zur angenehmen Freizeittätigkeit zählen, für eine junge erwerbstätige Mutter mit Kindern zählt das gleiche Einkaufen aber zur lästigen Arbeit. Eine erfolgreiche Karrierefrau genießt das Autofahren in ihrem Job als pures Freizeitvergnügen, während ein älterer Arbeiter dies als strapaziösen Bestandteil seiner Berufstätigkeit empfinden mag. Objektiv gleiche Tätigkeiten werden subjektiv völlig verschieden bewertet. In die Bewertung ragen immer auch gesellschaftliche Ideologien hinein: die seit dem 18. Jahrhundert in Mitteleuropa verbreitete Parole »Müßiggang ist aller Laster Anfang« lastet immer noch auf der Einschätzung von Freizeit, wenn in vielen Umfragen das bloße Dösen und Faulenzen mit einem schlechten Gewissen zugegeben wird, während kulturelle bzw. sportliche Aktivitäten als wünschenswertes Freizeitverhalten genannt werden. In anderen Kulturen mit einem anderen Wertegefüge zeigt sich eine entgegengesetzte Wertung, was z. B. in fernen Urlaubsländern deutlich wird, wenn die Touristen Strand und Binnenland mit ihren Aktivitäten überziehen, während die Einheimischen es genießen, unter einer schattigen Palme dösen zu können.

Weil zwischen Freizeit und Nichtfreizeit ein breites Spektrum schwer einzuordnender Felder von Aktivitäten bzw. Inaktivitäten aufzufinden ist, hat es nicht an Bemühungen gefehlt, neue Begriffe wie z. B. »Halbfreizeiten« (»semi-loisir«, Dumazedier 1967), in denen notwendige Aufgaben wie Einkaufen mit Freizeitaktivitäten verbunden werden, oder umfangreiche Klassifikationssysteme, mit denen die Zeitmengen nach dem Grad ihrer Verpflichtung oder nach ihren Freiheitsgraden geordnet werden, einzuführen. Übergreifender sind indes die Begriffe Zeitbudget, Zeitverwendung und temporale Muster. Das Zeitbudget lässt sich als objektive Kategorie bestimmen, denn es umfaßt den gesamten stündlichen, täglichen, wöchentlichen, monatlichen, jährlichen oder lebenszeitlichen Zeitrahmen eines Menschen, der mit den freiwillig oder notwendig zu leistenden Tätigkeiten gefüllt wird. Wie dieser Rahmen gefüllt wird, hängt von der individuellen wie gesellschaftlichen Zeitverwendung ab, wobei sich unterschiedliche Grade von Freiheit oder Zwang ergeben: in totalen Institutionen wie Gefängnissen, Klöstern, Schulen oder Kasernen ist die Zeitverwendung weitgehend normiert und sanktioniert. Im Urlaub stehen den meisten Menschen, die gesund und nicht arm sind, fast beliebig viele Optionen offen, was bisweilen auch zur Qual werden kann.

5.1   Temporale Muster

Wie Menschen Zeit verwenden ist durch Biorhythmen, Sozialisation, Lebensverhältnisse und Lebensstile in temporalen Mustern kondensiert (Dollase 1995, Dollase/Hammerich/Tokarski 2000). Bekanntlich gibt es Morgen- oder Nachtmenschen, die nach Möglichkeit ihre Tätigkeiten in die präferierten Zeitphasen verlegen (was sich bei Nacht- und Schichtarbeit als besonders belastend erweist, umgekehrt rechnet ein verbreitetes Vorurteil damit, dass Studierende gerne lange schlafen). Die einzelnen Wochentage sind oft mit typischen Vorhaben belegt: Montags bleibt man gern in den heimischen Gefilden, donnerstags ist Kinotag, freitags die Zeit um auszugehen, am Wochenende sind Ausflüge dran usf. Temporale Muster können real oder fiktiv (vorgestellt) sein: Bei Befragungen von Studierenden wurde z. B. ermittelt, dass schulähnliche Studienpläne, die straff organisiert die Lehrveranstaltungen auf wenige Tage (möglichst vormittags) legten, besonders positiv eingeschätzt wurden, weil sich dadurch größere Freiräume für ungebundene Möglichkeiten und auch Zeit zum Jobben ergaben (Dollase 1995). Ähnliche Befunde wurden auch erhoben, indem Beschäftigte nach den idealen Arbeitszeiten befragt wurden. Für Arbeitgeber wie für den gesamten Freizeitsektor ist die Kenntnis solcher temporalen Muster ein wichtiges Planungsinstrument. Temporale Muster sind inhaltlich und zeitlich abgrenzbare Intervalle von unterschiedlicher Länge (von wenigen Minuten bis zu mehreren Jahren), die von individuellen Verhaltensweisen, sozialen Interaktionen bis zu persönlichen Stimmungen oder institutionellen Abgrenzungen reichen können. Temporale Muster können sich auf Einzelpersonen, Gruppen, Institutionen oder gesellschaftliche Großaggregate beziehen. Sie können real oder fiktiv, hart formalisiert oder weich ritualisiert sein.

Die Zeitverwendung und die temporalen Muster hängen offenbar eng mit dem jeweiligen ZeitBewusstsein zusammen. Auf die historische Entwicklung der gesellschaftlichen Konzepte von Zeit wurde an anderer Stelle bereits eingegangen. Die von Rammstedt (1975) entwickelte Typologie – okkasionale, zyklische, linear-geschlossene, linear-offene Zeitvorstellungen – glauben Häder (1996) und Tokarski (1997) nach Durchsicht zahlreicher (empirischer) Studien auch bei den konkreten Individuen ausmachen zu können:

(a) Menschen mit einem okkasionalen Zeitbewusstsein leben im »Hier und Jetzt«, nur die Gegenwart spielt eine Rolle, sie sind wenig daran interessiert, was in der Vergangenheit war oder was in der Zukunft sein wird. Sie glauben, wenig Einfluss auf die Geschehnisse zu haben und glauben an eine willkürliche und wenig kalkulierbare Entwicklung. Dieses Verhältnis zur Zeit ist eher bei älteren Menschen, bei Menschen mit niedrigen Bildungsabschlüssen, bei Arbeitenden mit monotonen und harten körperlichen Tätigkeiten, sowie mehr bei Männern als bei Frauen anzutreffen.

(b) Menschen mit einem zyklischen Zeitbewusstsein betonen ebenfalls die Gegenwart und stellen sich diese als ständige Wiederholung von bereits Erlebtem vor. Sie glauben, wenig Einfluss auf die Geschehnisse nehmen zu können und sehen den Lebensverlauf als weitgehend vorgegeben an. Sie sehen Zeit als beständige Wiederkehr von Zyklen an. Dieses Zeitbewusstsein ist bei vielen älteren Menschen anzutreffen sowie bei Unterschichtsangehörigen, bei Menschen mit monotonen und anstrengenden Arbeiten, eher geringer formaler Bildung und ebenfalls eher bei Männern als bei Frauen. Menschen mit zyklischem Zeitbewusstsein neigen eher zu Fatalismus und sind gegenüber Familie, Kindern, Wohnen, sozialer Sicherung und Freizeit eher passiv.

(c) Menschen mit einem linear-geschlossenen Zeitbewusstsein verstehen die Vergangenheit als Bestimmungsgröße für die Gegenwart, in der sie eine besondere Gestaltungsmöglichkeit für die Zukunft sehen. Allerdings ist ihnen die Zukunft nicht so bedeutsam, weil sie in der Gegenwart Ziele anstreben (z. B. Bildungsabschlüsse, gesundes Alter usf.). Menschen mit einem linear-geschlossenen Zeitbewusstsein sind besonders unter den Jüngeren sowie in den höheren gesellschaftlichen Schichten anzutreffen, sie haben meist höhere Bildungsabschlüsse und sind in Berufen mit Leitungsfunktionen und Dispositionsmöglichkeiten tätig. Sie sehen viele Gestaltungsmöglichkeiten in Familie, Beruf, Wohnung, Partnerschaft und Freizeit.

(d) Beim linear-offenen Zeitbewusstsein werden Vergangenheit, Gegenwart und Zukunft als Kontinuum gedacht. Die Vergangenheit wirkt stark auf die Gegenwart ein und in der Gegenwart ist die Zukunft zu gestalten. In der Gegenwart werden viele Erlebnisse und Entwicklungen gesucht, ohne immer definitive Ziele vor Augen zu haben, Zukunft ist offen und macht neugierig, ist aber nicht durch Fixpunkte definiert. Dieses ZeitBewusstsein ist insbesondere bei jungen und mittleren Generationen anzutreffen, bei Frauen ähnlich stark wie bei Männern, bei Menschen mit einem höheren Bildungsabschluss und dispositiven Berufstätigkeiten. Sie sehen ebenfalls deutliche Gestaltungsmöglichkeiten in Partnerschaft, Familie, Wohnung und Freizeit.

Freilich müsste in einer solchen Typologie noch genauer herausgearbeitet werden, wie sich soziale Faktoren und individuelle Dispositionen gegenseitig vermitteln, wie z. B. auch Lebensstile sozial konstruiert werden und sich in einem solchen typischen Zeitbewusstsein abbilden und wie sich ein solches Zeitbewusstsein in der Bewertung und Gestaltung von (Frei-) Zeit wiederfindet.

5.2 Bestimmungsgründe des Freizeitumfanges

Was in der Realität als Umfang und Qualität von Freizeit bei den Individuen ankommt, hängt aber nicht nur vom Zeitbewusstsein ab, sondern ist auch eine Frage, welche Mengen von Zeit von welchen Personen zu welchen Zeitpunkten in welcher

Weise genutzt werden können. Müller-Wichmann (1984) hat darauf aufmerksam gemacht, dass bei der Bewertung des Freizeitumfanges zwischen Lagerung, Stückelung und Verdichtung zu unterscheiden sei. So ist unmittelbar einsichtig, dass die Freizeit eines Nacht- und Schichtarbeiters, der beispielsweise morgens um 6 Uhr nach Hause kommt, anders gelagert ist als die Freizeit eines Beamten, der um 16 Uhr sein Büro verlässt. Die Länge der Freizeit mag bei beiden gleich sein, die Qualität dürfte indes verschieden sein, weil der Schichtarbeiter nicht nur seinen Körperrhythmus anders erlebt, sondern weil er auch andere Kommunikations-, Konsum- oder Kontaktgelegenheiten koordinieren muss als der Beamte, der sich auf einen zusammenhängenden Block an Freizeit freuen kann. Daher ist auch die Stückelung der Freizeit von Belang. Im Vergleich zu dem eben erwähnten Beamten mag die berufstätige Mutter quantitativ genau so viel Freizeit haben, doch ist diese i. d. R. anders gestückelt. Einkaufen, Kochen, Kinder abholen u. dgl. m. unterbrechen ihre Spannungsbögen in der Freizeit immer wieder. Gleiches gilt für die Verdichtung. Während der Beamte seinen Block an Freizeit weitgehend ungestört genießen und mit Aktivitäten bzw. Passivitäten nach eigener Wahl gestalten kann, muss die erwerbstätige Frau mit Kind immer wieder Pflichten in ihre Freizeit hineinkoordinieren und beim Kochen mit einem Ohr im Kinderzimmer, mit dem anderen bei den TV-Nachrichten sein. So entstehen qualitative Zeitverluste, die von der Statistik kaum erfasst werden können. Der Grad der relativen Zeitsouveränität ist jeweils verschieden. Lagerung, Stückelung und Verdichtung sind also entscheidende Komponenten, um unterschiedliche Qualitäten der Freizeit bei objektiv gleichen Freizeitmengen ausmachen zu können.

Dies drückt sich teilweise in der Umfrageforschung aus, wenn eine Differenz zwischen der subjektiv wahrgenommenen und der objektiv ermittelten Freizeit deutlich wird, wobei i. d. R. die subjektiv eingeschätzte Freizeit deutlich geringer ist als die objektiv feststellbare Freizeit. In den meisten Untersuchungen pendelt die subjektiv eingeschätzte Freizeit um 55 Prozent der objektiv ermittelten Freizeit. Das noch um ca. 1960/70 befürchtete »Übermaß an Freizeit«, aus dem dann Verdruss, Langeweile und Destruktivität resultieren sollten, ist jedenfalls nicht eingetreten. Bei Umfragen sind Befragte, die über zuviel Freizeit klagen, kaum festzustellen, die ganz große Mehrheit beklagt, zu wenig Freizeit zu haben. Diese »Zeitnot« variiert nicht immer deutlich mit sozialer Stellung, Beruf, Bildung, Alter oder Wohnort. Dennoch ergab die große mit 7.200 Probanden durchgeführte Zeitverwendungsstudie 1991/92 markante Unterschiede. Nach einem strengen Index, der ausdrückte, in welchen Dimensionen die Befragten über zu wenig Zeit klagten, wiesen nur 7,5 Prozent hohe Werte für Zeitstress auf. Vollzeiterwerbstätige wiesen mit 12 Prozent gegenüber Rentnern und Pensionären mit einem Prozent deutlich höhere Werte auf. Den höchsten Zeitstress bekundeten Angestellte/Beamte mit Hochschulabschluss/-reife in Büroberufen (16 Prozent). Auch Eltern mit kleineren Kindern (12 Prozent) und Personen von 30 bis unter 45 Jahren (12 Prozent) beklagten mehr Zeitstress, während Hausfrauen/-männer (4,5 Prozent), Arbeitslose (4,5 Prozent) und Rentner/Pensionäre (1 Prozent) unter dem Durchschnitt lagen und Personen ohne Kinder mit 7 Prozent sich genau im Durchschnitt bewegten. Von den Rentnern/Pensionären gaben 93 Prozent an, keine oder nur geringe Zeitnot zu haben, von den Vollerwerbstätigen waren dies nur 58 Prozent. Mehr arbeiten wollen nur wenige Befragte, fast alle wünschen mehr Zeit für sich (60 Prozent), für Familie (42 Prozent) und Freunde (29 Prozent). Auf die Frage nach der Tagesgestaltung wünschten sich

40 Prozent, ihren Tag nach eigenen Vorstellungen planen zu können, andere 40 Prozent möchten lieber spontan in den Tag hinein leben (Holz 2000).

Grundsätzlich bestimmt sich der Umfang der Freizeit danach, wie subjektiv, objektiv und sozial Zeitmengen den Bereichen von Freizeit und Nichtfreizeit zugeordnet werden. Die Trennlinie zwischen beiden Zeitbereichen hängt von der jeweiligen Definition ab und ist in vielen Fällen nicht scharf zu ziehen. Die Teilungsregeln für Zeit sind im individuellen Bewusstsein andere als in der Interaktion zwischen Menschen (z. B. in der Ehe) und nehmen als soziale Konstruktion wiederum andere Züge an. Daher können die in der Ökonomie gebräuchlichen Allokationstheorien der Zeit immer nur eine spezielle Sichtweise einnehmen, während die Psychologie der Zeitteilung zwischen Partnern wiederum eine ganz andere Perspektive übernimmt. Eine soziologische Theorie der Zeitverwendung muss schließlich erforschen, welche gesellschaftlichen Konstruktionsprinzipien Teilungsregeln für Zeit konstituieren. Völlig objektiv lässt sich also die freie Zeit bzw. Freizeit mit den zur Verfügung stehenden Methoden nicht bestimmen. Hinzu kommt aber noch, dass es sich um eine Restkategorie handelt, die sich aus der Differenz zwischen dem gesamten Zeitbudget und den mehr oder minder determinierten Zeiten für Arbeit, Ausbildung, Schlaf, Ernährung, Hygiene, Fahrtwege und sonstige Verpflichtungen ergibt, wobei in die Abgrenzung und Festlegung der Kategorien subjektive Momente der Forscher und der untersuchten Individuen eingehen.

Die Aktivitäten in der Zeitverwendung lassen sich unterschiedlich klassifizieren. In Anlehnung an Opaschowski hat Zängler (2000) folgende Unterteilung vorgeschlagen:

Medienzeit	Konsumzeit	Eigenzeit	Aktivzeit	Sozialzeit	Kulturzeit
Zeitung lesen	Einkaufsbummel	In Ruhe etwas trinken	Herumfahren (Auto)	Über wichtige Dinge reden	Sich persönlich weiterbilden
Radio hören	Flohmarkt, Bazar	Sich in Ruhe pflegen	Heimwerken	Briefe schreiben	Beim Sport zuschauen
CD, Cassetten Schallplatten hören	Volksfest	Gedanken nachgehen	Gartenarbeit (inkl. Gartenmarkt)	Mit Familie zusammen sein	Museum, Ausstellung besuchen
Buch lesen	Freizeitpark	In Ruhe rauchen	Handarbeiten	Sexualität	Oper, Konzert, Theater besuchen
Fernsehen	Tanzen, Disco	Ausschlafen	Fahrrad fahren	Feste, Parties	Rock-, Pop-Jazzveranstg.
	Zoo	Gottesdienst besuchen	Wochenendfahrten, Kurzurlaub	In Bürgerinitiative engagieren	Musizieren
	Spielhalle	Faulenzen	Handwerkl. Tätigk. f. Freunde Schwarzarbeit	Ehrenamt	
	Kino	Selbst Sport treiben	Mit Freunden zusammen sein		
	Kneipe		Hund ausführen	Einladen eingeladen werden	
	Essen gehen		Wandern, Spazieren gehen	Telefonieren	

(Quelle: Zängler 2000: 15)

Global lässt sich die freie Zeit bzw. Freizeit nach der zeitlichen Dimension, nach der Stellung im Lebenszyklus oder nach sozialen Kriterien strukturieren:

Zeitliche Dimension:
* Tages-Freizeit (insbesondere an Werktagen)
* Wochen-Freizeit (mit Samstagen und Sonntagen)
* Jahres-Freizeit (mit Feiertagen und Urlaub)
* Lebens-Freizeit (mit Kindheit, Jugend, Ausbildung, Arbeitslosigkeit, Alter)

Lebenszyklus:
* Kinder-Freizeit (vor der Einschulung)
* Jugend-Freizeit (zwischen Einschulung und Erwerbstätigkeit)
* Erwachsenen-Freizeit Phase der Erwerbstätigkeit)
* Alters-Freizeit (nach Beendigung der Erwerbstätigkeit)

Soziale Kriterien:
* Geschlecht (Mann/Frau, Unterschiede berufstätige Frau/Hausfrau)
* Beruf (unselbständig/selbständig, Berufsprestige)
* Ausbildungsstand (Haupt-, Real-, Ober-, Hochschule, sonstige)
* Schicht/Klasse (Arbeiter, Angestellte, Unternehmer, Beamte usw.)
* Ort/Religion (Stadt/Land, Ortsgröße, Regionalstruktur)
* Sonstige (Einkommen, Familienstand, Konfession, Behinderungen)

Alle drei Strukturkriterien sind gesellschaftlich bestimmt. Nur scheinbar ist die zeitliche Dimension geringer gesellschaftlich bestimmt als die Stellung im Lebenszyklus oder die Einordnung nach sozialen Kriterien. Zwar ist der Umfang eines Tages weitgehend durch geophysikalische und biorhythmische Faktoren festgelegt, doch ist schon die Aufteilung des Tages angesichts künstlicher Beleuchtungs- und Energiequellen teilweise eine Frage gesellschaftlicher Regelung (z. B. Schichtarbeit, Nachtprogramme der Medien usw.). Die Festlegung der Wochen ist kaum noch naturwissenschaftlich, sondern wesentlich historisch-gesellschaftlich zu rechtfertigen (in revolutionären Umbruchsituationen, z. B. nach der Französischen oder nach der Russischen Revolution, sind entsprechend andere Zeitblöcke gewählt worden). Die Jahresfreizeit ist – auch wenn das Jahr selbst vom Naturkreislauf geprägt wird – deutlich gesellschaftlich bestimmt: Feiertage, Urlaubsregelungen, saisonale Arbeitsschwankungen u. dgl. sind weitgehend von der Gesellschaft festgelegt. Auch die Stellung im Lebenszyklus unterliegt der gesellschaftlichen Definition. Denn was in einer Gesellschaft zur Kindheit, zur Jugend oder zum Alter zählt, ist ebenso eine Frage der Konvention und Tradition, wie der Umfang des Erwerbslebens vom sozioökonomischen Entwicklungsstand geprägt ist. Die Bestimmung der Freizeit nach der Stellung im Lebenszyklus ist darüber hinaus aber auch eine Frage der Freizeitdefinition, denn bei einer arbeitspolaren Freizeitdefinition lässt sich kaum von Kinder- oder Altersfreizeit sprechen. Ähnliche Schwierigkeiten ergeben sich allerdings auch bei der Strukturierung nach sozialen Kriterien. Denn bei einer arbeitspolaren Freizeitdefinition wird es schwierig, bei Nur-Hausfrauen, Arbeitslosen oder Invaliden von Freizeit zu sprechen. Die genannten Strukturkriterien ergeben sich also nicht aus sich selbst, sie dienen nur dazu, die vorhandenen Informationen zu ordnen und zu verdeutlichen, wie stark Umfang und Struktur der Freizeit je nach der Stellung in der Gesellschaftsstruktur differieren. Da es sich um eine Restkategorie handelt, werden Umfang und Struktur der freien Zeit stark von den übrigen Zeitkategorien beeinflusst.

5.3 Tatsächlicher Umfang der Freizeit

In der zweiten Hälfte des 20. Jahrhunderts ist subjektiv wie objektiv der Umfang der Freizeit stetig angestiegen, wie zumindest Umfragedaten zeigen (für die Zeit davor existieren keine vergleichbaren Ergebnisse). Beispielsweise lag 1952 die objektive Freizeit bei 100 Minuten, Mitte der sechziger Jahre bei etwa 350 Minuten, die subjektive Freizeit bei knapp 200 Minuten. Mitte der siebziger Jahre lag die Freizeit objektiv bei etwa 400, subjektiv bei 220 Minuten, Mitte der achtziger Jahre betrug das Verhältnis etwa 450 zu 250 Minuten und Mitte der neunziger Jahre hat sich der Abstand mit 470 zu 220 Minuten sogar etwas vergrößert, weil der objektive Freizeitgewinn in der subjektiven Wahrnehmung nicht angekommen ist. Im Schnitt lag die subjektiv wahrgenommene Freizeit also immer etwa 40 bis 45 Prozent niedriger als der objektive Wert (Meulemann 1996: 152). In einer großangelegten Untersuchung von 7.200 Haushalten, die das Statistische Bundesamt 1991/1992 mit Tagebuchmethoden und Befragungen durchführte, ergab sich folgende tägliche Zeitverwendung (wobei Wochenenden, Urlaub und Nichterwerbstätigkeit mitgerechnet werden, wodurch ein vergleichsweise niedriger Betrag für die durchschnittliche Erwerbsarbeit resultiert). Diese in den letzten Jahrzehnten wohl größte empirische Untersuchung zur Zeitverwendung in Deutschland soll nachfolgend etwas ausführlicher dargestellt werden. In vier verschiedenen Staffeln wurden 7.200 repräsentativ ausgewählte Haushalte (davon 5.800 in den alten und 1.400 in den neuen Bundesländern) mit Tagebüchern ausgestattet, in denen die Teilnehmer begleitet von Einführungs- und Schlussinterviews ihre Haupt- und Nebenaktivitäten vermerken sollten. Solche Zeitbudget-Erhebungen sind mit einem hohen Aufwand an Zeit und Rechenleistungen verbunden, geben aber wegen der großen Fallzahlen vergleichsweise zuverlässige Resultate.

Durchschnittliche tägliche Zeitverwendung von Frauen und Männern ab 12 Jahren

Tätigkeit in Std.:Min.	Frauen	Männer
Hauswirtschaftliche Tätigkeit	4:08	1:46
Handwerkliche Tätigkeit	0:08	0:35
Ehrenamt, soziale Dienste	0:07	0:11
Pflege/Betreuung von Personen	0:37	0:16
Erwerbstätigkeit	2:11	4:25
Qualifikation und Bildung	0:31	0:35
Essen	1:23	1:21
Körperpflege	0:57	0:49
Schlafen	8:28	8:16
Gespräche/Geselligkeit	1:34	1:26
Fernsehen	1:44	1:59
Sonstiges	2:12	2:21

(Quelle: BMFSFJ 1996: 13)

Hier zeigt sich bereits ein Unterschied nach den Geschlechtern. Während die Zeiten für Essen, Körperpflege, Schlafen, Gespräche, Ehrenamt, Fernsehen, Qualifikation/Bildung oder Sonstiges nicht signifikant differieren, liegen die Unterschiede in der Hausarbeit, Erwerbsarbeit, Handwerk und Pflege. Frauen sind mehr als doppelt so lange in hauswirtschaftlichen Tätigkeiten engagiert wie Männer, welche umgekehrt doppelt so lange mit Erwerbsarbeit beschäftigt sind. Auch handwerkliche Tätigkeiten sind im Haushalt eher Männersache, während Pflege und Betreuung vor allem Frauensache sind. Die traditionelle Arbeitsteilung zwischen Männern und Frauen spiegelt sich markant in der Zeitverwendung wieder.

Bei solchen Statistiken ist allerdings zu berücksichtigen, dass es sich um Durchschnitte über alle Alters- und Berufsgruppen hinweg handelt. Die hier referierte Untersuchung definierte als jüngstes Alter das Erreichen des 12. Lebensjahres und war im höheren Alter nach oben offen (die älteste Teilnehmerin war 91 Jahre alt). Weil also ein erheblicher Anteil der Untersuchten noch nicht oder nicht mehr im Erwerbsleben stand und weil Frauen einen niedrigeren Anteil an der Erwerbsbevölkerung stellen, verteilt sich die durchschnittliche Erwerbsarbeit so unterschiedlich zwischen den Geschlechtern und macht hier nur einen Bruchteil der faktisch im Erwerbsprozess zu leistenden Arbeit aus. Die zu leistende Hausarbeit wird nur wenig dadurch beeinflusst, ob eine Person im Erwerbsleben steht oder nicht. Dies gilt zwar auch für die übrigen genannten Tätigkeiten jenseits der Erwerbssphäre, doch leiten in der privaten Haushaltsökonomie immer noch Männer ein Recht daraus ab, sich nicht im gleichen Umfange an der Hausarbeit beteiligen zu müssen, weil sie eben viel stärker durch Erwerbsarbeit belastet sind. Insgesamt verfügen Männer dadurch über mehr Freizeit als Frauen.

Die erwerbsgebundene Arbeitszeit von Vollzeitbeschäftigten variiert mit der Stellung im Beruf. Nach einer Studie von Groß/Thoben/Bauer (1989: 142, 239) sind die Erwerbstätigen im Schnitt pro Werktag 9:12 Stunden außer Haus. Un- und angelernte Arbeiter: 8:18, Beamte: 8:24, einfache Angestellte: 8:42, mittlere Angestellte: 9:06, leitende Angestellte: 10:00, Facharbeiter: 10:00, Vorarbeiter bzw. Meister: 10:06). Nach Branchen differieren die Werte ebenfalls deutlich: öffentlicher Dienst: 8:24, sonstige Dienstleistungen: 8:48, Bergbau: 9:12, Handel: 9:18, sonstiges verarbeitendes Gewerbe: 9:18, Verkehr/Nachrichten 9:48, Metall: 9:48, Chemie/Steine: 10:00, Bau: 10:12. Die Werte können sich in den letzten Jahren leicht verändert haben, weil vor allem Beschäftigte aus den neuen Bundesländern längere Arbeitswege zurücklegen.

Zeitverwendung nach der soziale Stellung der Personen

	Erwerbsarbeit	Hausarbeit	Regeneration	Freizeit
Alle	3:14	3:58	10:59	5:10
Männer	4:25	2:48	10:45	5:22
Frauen	2:11	5:00	11:12	5:00
Selbständige	6:54	2:28	10:26	4:03
Männer	7:27	1:51	10:21	4:12
Frauen	5:20	3:52	10:40	3:36
Beamte	5:40	3:14	10:08	4:41
Männer	6:02	2:32	10:07	4:40
Frauen	4:55	3:48	10:10	4:43
Angestellte	6:05	3:09	10:15	4:17

Männer	6:44	2:26	10:08	4:28
Frauen	5:35	3:44	10:21	4:08
Arbeiter	6:19	2:50	10:07	4:34
Männer	6:29	2:36	10:03	4:43
Frauen	5:32	3:57	10:27	3:55
Arbeitslose	0:38	5:11	11:26	6:09
Männer	0:41	4:15	11:25	6:44
Frauen	0:35	5:45	11:27	5:31
Hausfrau/-mann	0:29	7:18	11:10	4:51
Rentner	0:11	4:58	12:21	6:19
Männer	0:17	4:13	12:26	6:51
Frauen	0:07	5:27	12:17	5:56

(Quelle: Statistisches Bundesamt 1995 (IV): 77ff.)

Zu den Unterprivilegierten in der Freizeit zählen eindeutig die Frauen und darunter besonders die selbständigen Frauen und die Arbeiterinnen, während Beamtinnen sogar etwas mehr Freizeit haben als ihre männlichen Kollegen. Umgekehrt zählen Rentner bzw. Pensionäre und Arbeitslose zu den »Reichen« der Freizeit, wobei ein solcher »Reichtum« den Arbeitslosen nicht unbedingt zum Vorteil gereicht. Erwartungsgemäß leisten die Hausfrauen bzw. Hausmänner den größten Beitrag zur Hausarbeit, auch Rentnerinnen und arbeitslose Frauen kommen auf beachtliche Werte, während selbständige Männer in diesem Bereich weniger zur Haushaltsökonomie beitragen.

Die als Freizeit ausgewiesenen Zeitmengen verteilen sich nach Alter und Sozialstatus ebenfalls recht unterschiedlich, wie die gesonderte Auszählung dokumentiert.

Durchschnittliche Zeitverwendung von Personen ab 12 Jahren für Freizeit je Tag nach Altersgruppen und sozialer Stellung

Alter soziale Stellung	Insgesamt (Std.:Min.)	Männer	Frauen
Insgesamt	05:10	05:22	4:59
Alter von ...			
bis unter ... Jahren			
12-20	6:07	6:23	5:51
20-30	5:04	5:28	4:40
30-40	4:21	4:32	4:10
40-50	4:30	4:40	4:20
50-60	4:44	4:47	4:41
60-70	6:04	6:25	5:49
70 und älter	6:14	6:52	5:52
Soziale Stellung der Person			
Vollzeiterwerbstätige	4:26	4:37	4:05
Teilzeiterwerbstätige	4:45	5:55	4:31
Arbeitslose	6:11	6:47	5:33
Schüler/Studenten	6:12	6:25	5:58
Hausfrauen/-männer	4:56	(6:40)	4:53
Rentner/Pensionäre	6:21	(6:55)	5:58

(Quelle: BMFSFJ 1996: 222)

In dieser Erhebung zeigt sich, dass Männer generell mehr Freizeit haben als Frauen, besonders groß sind die Unterschiede zwischen Hausfrauen und Hausmännern. Auffällig sind auch die erheblichen Unterschiede bei den Rentnern/Pensionären bzw. bei den Personen, die 70 Jahre und älter sind, während die Differenzen bei den Befragten zwischen 30 und 60 Jahren vergleichsweise klein sind. Selbst bei Schülern und Studenten haben die Frauen weniger Freizeit als die Männer. Viel deutlicher wird der Unterschied aber bei Teilzeiterwerbstätigen und Arbeitslosen. Wenn Frauen arbeitslos werden, haben sie i. d. R. noch einen Haushalt zu versorgen und auch bei Teilzeitbeschäftigten bleibt diese Last ganz überwiegend Frauenaufgabe. Die Haushaltsökonomie, die in den meisten Familien nach wie vor ungleich verteilt ist, beeinträchtigt also den Umfang der Freizeit von Frauen erheblich und zwar unabhängig von Alter und Sozialstatus.

Derartige Unterschiede werden noch deutlicher, wenn die verschiedenen Haushalts- und Familientypen und die unterschiedlichen Wochentage in die Untersuchung einbezogen werden. Dabei muss aber berücksichtigt werden, dass es sich um idealtypische Familien- bzw. Haushaltsformen handelt, die im konkreten Alltag recht verschieden aussehen und somit auch ganz andere Muster aufweisen können. Auch die Unterschiede zwischen Werktagen, Samstagen und Sonntagen sind in diesem Zusammenhang zu beachten.

Durchschnittliche Zeitverwendung von Personen ab 12 Jahren für Freizeit je Tag nach Wochenabschnitt und verschiedenen Haushalts-/Familientypen (Std.:Min.)

Wochenabschnitt Haushalts-/Familientyp	Insgesamt	Männer	Frauen
Insgesamt Wochentag	5:10	5:22	4:59
Montag-Freitag	4:25	4:28	4:21
Samstag	6:38	7:12	6:08
Sonntag Haushalts-/Familientyp	7:28	7:57	7:01
Einpersonenhaushalt 30 Jahre und jünger	5:31	5:49	5:15
Einpersonenhaushalt 65 Jahre und älter	6:19	(6:46)	6:15
Alleinerziehende mit Kindern unter 6 Jahren	4:06	–	3:55
Alleinerziehende mit Kindern von 6 bis unter18 Jahren	5:06	5:50	4:48
Ehepaare mit Kindern unter 6 Jahren	4:05	4:08	4:02
Ehepaare mit Kindern von 6 bis unter 18 Jahren	5:00	5:10	4:48
Ehepaare im Alter von 20 bis unter 60 Jahren, ohne Kinder	4:39	4:44	4:34
Ehepaare im Alter von 60 Jahren und älter, ohne Kinder	6:12	6:40	5:37

(Quelle: BMFSFJ 1996: 223)

Wie zu erwarten war, haben Frauen in jedem Wochenabschnitt weniger Freizeit als Männer, jedoch sind die Unterschiede an Werktagen nur gering, am Wochenende aber markant. Am Samstag und am Sonntag verfügen Männer über etwa eine Stunde mehr Freizeit als Frauen. Die geringste Freizeit haben Alleinerziehende und Ehepaare mit Kindern unter sechs Jahren. Sobald die Kinder etwas älter sind, nimmt das Freizeitvolumen um rund eine Stunde zu. Die meiste Freizeit haben alleinlebende und verheiratete ältere Menschen sowie Singles, die 30 Jahre oder jünger sind.

Die Haushaltskonstellation beeinflusst den Umfang der Freizeit ebenfalls, wie die differenzierte Auszählung für die verschiedenen Familientypen mit und ohne Kind (ohne Ältere) ergab. In der Darstellung sind nichterwerbstätige Alleinlebende nicht erfasst, weil insbesondere untersucht werden sollte, wie sich Erwerbsarbeit auf die übrigen Bereiche der Zeitverwendung auswirkt. Das Lebensalter der Ehepaare kommt in der Tabelle ebenfalls nicht zum Ausdruck, was für die Interpretation der Daten ebenso bedeutsam wäre wie das Alter der Kinder. Die jeweiligen Alterskonstellationen führen zu verschiedenen Ausprägungen in der zeitlichen Belastung und den Möglichkeiten der Zeitverwendung.

Zeitverwendung nach Haushaltskonstellation

	Erwerbsarbeit	Hausarbeit	Regeneration	Freizeit
Alleinlebend (erwerbstätig)	5:54	2:50	10:00	4:59
Männer	6:06	1:44	9:45	5:23
Frauen	5:44	2:56	10:13	4:37
Ehepaare ohne Kind	2:29	4:21	11:32	5:25
Männer	3:08	3:25	11:27	5:46
Frauen	1:48	5:19	11:37	5:03
Ehepaare mit einem Kind	4:40	4:22	10:15	4:31
Männer	6:23	2:45	10:01	4:39
Frauen	2:44	6:11	10:30	4:21
Ehepaare mit zwei und mehr Kindern	4:16	4:51	10:18	4:10
Männer	6:13	3:02	10:08	4:17
Frauen	2:08	6:51	10:28	4:04

(Quelle: Statistisches Bundesamt 1995 (II): 148ff.)

Hier zeigt sich abermals, dass Frauen im Durchschnitt wesentlich mehr Zeit für Hausarbeit investieren, während Männer mehr Zeit für Erwerbsarbeit aufbringen. Besonders hoch ist der weibliche Anteil an der Hausarbeit in Ehen, und dort insbesondere wenn Kinder im Hause sind, während Alleinlebende nur halb so viel Zeit für den Haushalt nutzen. Ehepaare ohne Kinder haben den größten Umfang an Freizeit und benötigen noch fast eineinhalb Stunden mehr für die Regeneration

(Schlafen, Hygiene, Essen), leisten aber deutlich weniger Erwerbsarbeit. Umgekehrt haben Alleinlebende einen höheren Zeitaufwand für Erwerbsarbeit, was sie
aber mit weniger Hausarbeit kompensieren können.

Eine weitere Differenzierung zeigt sich, wenn auch die nichtehelichen Lebensgemeinschaften (NELG) einbezogen werden. In der nachfolgenden Tabelle werden
soziale Basiszeiten (Erwerbstätigkeit und Ausbildung, handwerkliche Tätigkeiten,
Kinderbetreuung und Pflege) und die nötigen Zeiten für die physische Reproduktion (Schlafen, Essen, Körperpflege) mit der Freizeit und einigen in der Freizeit besonders umfangreichen Freizeitaktivitäten verknüpft. Diese aus der großen Studie
zur Zeitverwendung 1991/92 entstandenen Daten zeigen abermals deutliche Unterschiede im Umfang und in der Verwendung der Freizeit ebenso wie die Differenzen in den sozialen Basiszeiten und in den Reproduktionszeiten. Dabei ist deutlich
erkennbar, dass Alleinlebende und Partner in nichtehelichen Lebensgemeinschaften
ohne Kinder, sowie Ehemänner ohne Kinder den größten Umfang an Freizeit haben, während Personen mit Kindern – Ausnahmen: Väter in nichtehelichen Lebensgemeinschaften und alleinerziehende Väter – im Durchschnitt über weniger
Freizeit verfügen können. Die sozialen Basisverpflichtungen variieren zwischen
den Generationen. Am kürzesten ist hier die Zeit bei Jugendlichen, die noch bei
ihren Eltern leben (7,2 Stunden), am längsten bei alleinerziehenden Müttern und Eltern mit Kindern (jeweils 9,5 Stunden). In der jungen Generation der Alleinlebenden bzw. in nichtehelicher Lebensgemeinschaft Lebenden besteht die größte Differenz zwischen den Geschlechtern: Frauen arbeiten 45 Minuten länger. In der
Generation der 30- bis 45Jährigen sind die sozialen Basiszeiten bei alleinerziehenden Vätern (11 Stunden am Tag) um rund zwei Stunden länger als bei den übrigen
Teilgruppen in diesem Altersegment. Die Unterschiede zwischen den Geschlechtern sind niedrig (jeweils etwa 9 Stunden) und haben sich im Laufe der Altersent-
wicklung weitgehend angeglichen, lediglich alleinerziehende Mütter liegen mit 9,3
Stunden etwas höher. In der Altersgruppe zwischen 45 und 55 Lebensjahren lassen
die sozialen Basisverpflichtungen nach und pendeln sich in allen Statusgruppen bei
etwa 8,5 Stunden ein. Bei den »jungen Alten« zwischen 55 und 65 Jahren gehen bei
den Männern die sozialen Basisverpflichtungen weiter zurück (6,5 Stunden),
während sie bei Frauen (7,8 Stunden) relativ hoch bleiben. Hier vergrößert sich also der Abstand zwischen den Geschlechtern wieder (Holz 2000: 111ff.).

Zeiten für ausgewählte Tätigkeitsbereiche nach Haushaltstyp (Std.:Min.)

Status	Soziale Basis- verpflichtung	Schlafen/Essen/ Hygiene	Freizeit	TV und Video	Gesellig- keit
Mütter in nicht- ehelichen Lebensgem.	8:36	10:24	4:33	1:19	1:49
Väter in nicht- ehelichen Lebensgem.	8:19	10:06	5:25	1:47	1:48
Verheiratete Mütter	8:51	10:37	4:13	1:29	1:17
Verheiratete Väter	8:52	10:17	4:30	1:54	1:00
Partnerinnen in NELG ohne Kinder	8:00	10:49	4:55	1:34	1:37

Status	Soziale Basis-verpflichtung	Schlafen/Essen/Hygiene	Freizeit	TV und Video	Gesellig-keit
Partner in NELG ohne Kinder	7:25	10:30	5:50	1:56	1:42
Ehefrauen ohne Kinder	7:04	11:37	5:03	2:00	1:14
Ehemänner ohne Kinder	6:23	11:27	5:46	2:22	1:04
Alleinerziehende Mütter	8:49	10:27	4:26	1:29	1:14
Alleinerziehende Väter	7:43	10:34	5:17	1:56	0:56
Alleinlebende Frauen	6:26	11:23	5:48	2:02	1:29
Alleinlebende Männer	7:20	10:20	5:55	1:46	1:38

Quelle: Holz 2000: 110, 138

Die sozialen Basisverpflichtungen differieren also um zweieinhalb Stunden und sind bei verheirateten Müttern und Vätern sowie alleinerziehenden Müttern besonders hoch, bei Ehemännern und alleinlebenden Frauen besonders niedrig. Die Reproduktionszeiten für Schlafen, Essen und Hygiene sind bei Frauen ohne Kinder überdurchschnittlich hoch, bei Vätern in nichtehelichen Lebensgemeinschaften und bei alleinlebenden Männern besonders niedrig. Vor allem in der Hygiene liegen die deutlichsten Unterschiede zwischen Männern und Frauen. Der Umfang der Freizeit weicht um rund eineinhalb Stunden ab und ist bei den verheirateten und alleinerziehenden Müttern besonders niedrig, bei den alleinlebenden Frauen und den verheirateten Männern besonders hoch. Auch die innerhalb der Freizeit verbrachten Zeiten für Fernsehen und Geselligkeit variieren zwischen den verschiedenen Gruppen deutlich. Mit Ausnahme der Alleinlebenden sehen die Männer durchschnittlich mehr Fernsehen als Frauen. Im Bereich der Geselligkeit sind die Unterschiede zwischen den Geschlechtern vergleichsweise gering. Den höchsten Anteil an Geselligkeit verbuchen die Mitglieder nichtehelicher Lebensgemeinschaften, während die alleinerziehenden und verheirateten Männer sowie die Ehemänner ohne Kinder am wenigsten Geselligkeit erleben.

Die Zeitverwendung unterscheidet sich ebenfalls signifikant nach dem verfügbaren Haushaltsnettoeinkommen, wobei allerdings Einflüsse der sozialen Stellung und der Haushaltskonstellation mit zu bedenken sind:

Zeitverwendung nach Haushaltsnettoeinkommen

	Erwerbsarbeit	Hausarbeit	Regeneration	Freizeit
Alle	3:14	3:58	10:59	5:10
Männer	4:25	2:48	10:45	5:22
Frauen	2:11	5:00	11:12	5:00
2200-3000 DM	2:59	4:34	11:08	5:09
Ehemann	4:04	3:21	10:58	5:23
Ehefrau	1:48	5:47	11:19	4:53
3500-4000 DM	3:48	4:35	10:46	4:41

	Erwerbsarbeit	Hausarbeit	Regeneration	Freizeit
Ehemann	5:20	3:05	10:38	4:50
Ehefrau	2:50	5:37	10:46	4:26
4000-4500 DM	4:12	4:22	10:36	4:39
Ehemann	5:22	3:11	10:28	4:49
Ehefrau	2:50	5:37	10:46	4:26
6000-8000 DM	4:15	4:19	10:41	4:33
Ehemann	5:49	2:33	10:33	4:40
Ehefrau	2:31	5:49	10:51	4:26
8000-10000 DM	4:35	3:33	10:38	4:46
Ehemann	5:50	2:17	10:32	4:55
Ehefrau	3:17	4:46	10:45	4:37

(Quelle: Statistisches Bundesamt 1995 (IV): 175ff.)

Ein höheres Haushaltsnettoeinkommen ist i. d. R. nur durch eine längere Erwerbsarbeit zu erzielen, was sich in der Tabelle eindeutig feststellen lässt. Abermals ist
die Ungleichheit zwischen Männern und Frauen abzulesen. In allen Einkommensklassen arbeiten Männer deutlich länger für die Erwerbsarbeit und die Frauen für
die Hausarbeit. Die Freizeit der unteren Einkommensgruppe fällt etwas länger aus
als bei den Besserverdienenden, die sich außerdem weniger Zeit für Regeneration
oder Hausarbeit leisten (können). Allerdings weist die Untersuchung nicht aus, ob
sich die Befragten z. B. von ihrem höheren Einkommen Haushaltshilfen oder ar-
beitssparende Geräte leisten konnten. Hier zeigen sich deutlich die Grenzen quan-
titativer Forschung. Ferner ist zu berücksichtigen, dass es sich um durchschnittliche Zeiten handelt, die nicht die Spannweite der individuellen Zeitverteilung
ausweisen. Die relativ niedrigen Zeiten für Erwerbsarbeit sind darin begründet,
dass zum einen auch Personen berücksichtigt worden sind, die nicht im Erwerbsleben stehen (Schüler, Studenten, Auszubildende, Rentner, Arbeitslose), dass zum
anderen auch die Zeiten für Urlaub, Krankheit, Kurzarbeit u. dgl. m. in die Berechnungen eingehen. Die Hausarbeit weist zwischen Frauen und Männern einen
Abstand von 2,2 Stunden auf, wobei in den oberen Einkommensklassen der Abstand eher noch größer wird. Auffällig ist die große Diskrepanz sowohl in der Er-
werbs- wie in der Hausarbeit in der Einkommensklasse von 6.000 bis 8.000 DM.
Im Umfang der Regenerationszeit benötigen Frauen in allen Einkommensklassen
etwas mehr Zeit, was sich insbesondere aus dem Aufwand für Körperhygiene und
Schminken erklären dürfte. In der Freizeit verfügen Männer immer über geringfügig mehr Zeit als Frauen, die größte Differenz liegt in der untersten Einkommensklasse.

Sofern die Befragten erwerbstätig waren, differierte der Umfang der Freizeit mit
der jeweiligen Arbeitszeitform, wobei allerdings zu berücksichtigen ist, dass Männer und Frauen wegen der differierenden Erwerbsquoten unterschiedliche Anteile
an den jeweiligen Arbeitszeitformen stellen.

Unterschiede in den Arbeitszeitformen

	Erwerbsarbeit	Hausarbeit	Regeneration	Freizeit
Alle Erwerbstätigen	6:11	2:55	10:13	4:28
Männer	6:35	2:25	10:07	4:39
Frauen	5:33	3:42	10:23	4:08
Frühschicht	6:27	3:08	10:10	4:02
Männer	6:46	2:35	10:03	4:19
Frauen	5:53	3:56	10:22	3:29
Wechselschicht	6:14	2:54	10:12	4:23
Männer	6:31	2:42	10:03	4:27
Frauen	5:18	3:21	10:41	4:11
Gleitzeit	6:03	3:08	10:11	4:24
Männer	6:21	2:34	10:09	4:40
Frauen	5:43	3:39	10:14	4:06
Feste Arbeitszeit	6:07	2:50	10:15	4:35
Männer	6:26	2:23	10:09	4:49
Frauen	5:35	3:36	10:25	4:12
Unregelmäßige Arbeitszeiten	6:34	2:35	10:17	4:19
Männer	7:23	1:54	10:10	4:22
Frauen	4:42	3:52	10:33	4:12

(Quelle: Statistisches Bundesamt 1995 (IV): 108ff.)

Wie zu erwarten war, wiederholen sich die geschlechtsspezifischen Differenzen auch bei den Arbeitszeitformen, wobei die Spätschicht beide Geschlechter besonders benachteiligt (in einer Sonderauswertung errechnete sich ein Umfang an Freizeit von 3:06 bzw. 3:00 Stunden). Umgekehrt verfügen Beschäftigte mit festen Arbeitszeiten über die meiste Freizeit, auch eine Beschäftigung mit Gleitzeit verbessert offenbar die Freizeitsituation, während die Frühschicht vor allem Frauen benachteiligt (vermutlich weil diese sich auch noch um ihre Kinder kümmern müssen).

Die 1991/92 erhobenen Daten zeigten Unterschiede zwischen den alten und den neuen Bundesländern. Im Schnitt verfügten die Bürger und Bürgerinnen in den neuen Bundesländern werktags über etwa 45 Minuten weniger Freizeit, sonntags klaffte sogar eine Lücke von etwa 90 Minuten, nur samstags waren die Werte sehr ähnlich. Weil die Daten aber relativ kurz nach der Wiederherstellung der deutschen Einheit erhoben wurden, kann sich darin die freiwillige oder erzwungene Mehrarbeit zur Angleichung des materiellen Wohlstandes ausdrücken. Insbesondere die Diskrepanz am Sonntag könnte auf Renovierungsarbeiten, Autoreparaturen oder Schwarzarbeit hindeuten. Allerdings liegt die Untersuchung zeitlich noch relativ nahe an der »Wende« von 1989/90. Daher dürften sich auch traditionelle Muster der Zeitverwendung, wie sie vorher in der DDR üblich waren, fortgesetzt haben. Die Übernahme »westlicher« Freizeitmuster war nur wenige Jahre nach dem Ende der DDR vermutlich noch nicht sehr weit fortgeschritten. Auch subjektive Verarbeitungsformen und die Antizipation sozialer Erwünschtheit (desirability) können

sich in den Ergebnissen der Untersuchung niederschlagen, denn in der DDR herrschte eine hohe subjektive und gesellschaftliche Wertschätzung der Arbeit vor.

Eine spezielle Auszählung für Ehepaare in den alten und neuen Bundesländern
ergab ein differenziertes Bild, in dem sich insbesondere die geschlechtsspezifische
Arbeitsteilung, wie sie traditionell in beiden Teilen Deutschlands vorherrschte,
ausdrückt. Dabei ist zu berücksichtigen, dass zum Zeitpunkt der Befragung die
durchschnittliche Erwerbsarbeitszeit in den neuen Ländern tarifvertraglich und
tatsächlich höher war. Die rasch angestiegene Arbeitslosigkeit hat sich in den neu-
en Bundesländern überwiegend erst nach 1991 ausgebreitet und auch die Erwerbsquote von Frauen war zu diesem Zeitpunkt noch beachtlich hoch.

Zeitverwendung von Ehepaaren in den alten und den neuen Bundesländern

	Erwerbsarbeit	Hausarbeit	Regeneration	Freizeit
Alte Bundesländer				
Ehemann ohne Kind	6:28	2:30	10:20	4:31
Ehefrau ohne Kind	4:42	4:07	10:41	4:17
Ehemann mit Kind	6:36	2:40	10:02	4:33
Ehefrau mit Kind	3:33	5:34	10:32	4:07
Neue Bundesländer				
Ehemann ohne Kind	7:10	2:37	10:08	3:46
Ehefrau ohne Kind	6:45	3:49	10:13	3:04
Ehemann mit Kind	7:28	2:25	9:40	4:18
Ehefrau mit Kind	6:07	4:19	9:53	3:33

(Quelle: Fiebiger 1995: 771)

Prinzipiell zeigen sich ähnliche Muster in der Arbeitsteilung zwischen Männern
und Frauen, wobei allerdings die Erwerbsarbeit in den neuen Bundesländern etwas
größer und bei Ehefrauen mit Kindern deutlich größer war. In den alten Bundesländern hatten dagegen Ehefrauen mit Kindern wesentlich mehr Hausarbeit zu leisten. Insgesamt hatten die Eheleute in den neuen Bundesländern weniger Freizeit
und konnten etwas weniger Zeit für Regeneration aufwenden. Vergleichbare Untersuchungen, die mit ähnlichen Fragestellungen und solch großer Probandenzahl
operieren, liegen für die Gegenwart nicht vor. Deshalb bleibt abzuwarten, welche
Ergebnisse die große Zeitverwendungsstudie 2001/2002 bringen wird und ob sich
eine Angleichung zwischen den alten und den neuen Bundesländern zeigt. Bislang
haben Untersuchungen zu anderen Fragen ergeben, dass in Deutschland nach wie
vor zwei verschiedene Gesellschaften bestehen, wobei insbesondere im Konsumverhalten, in der Mediennutzung oder im Verkehr Angleichungen zu erkennen sind.
In vielen anderen Bereichen bestehen aber nach wie vor deutliche Unterschiede.

5.4   Formen der Freizeitbeschäftigungen

Den größten Teil der Freizeit verbringen Menschen in der BRD inhäusig und vor
allem mit Medien. Daneben ist eine ungeheuer große Vielfalt von Freizeitbeschäf-

tigungen möglich – vom Aalfang bis zur Zypressenpflege –, die aber in der Umfrageforschung kaum abgebildet werden kann. Zu den einzelnen Tätigkeiten, die in der Freizeit ausgeübt werden, liegen teilweise Monographien vor, in vielen Fällen existieren auch spezielle Organisationen mit entsprechendem Schrifttum. Welche Tätigkeiten in der Freizeit präferiert werden, ändert sich sowohl im Laufe der Geschichte wie auch im individuellen Lebenslauf. Materielle und ökologische Möglichkeiten sind hierfür ebenso wichtig wie Sozialisationseinflüsse, Familienkonstellationen oder Berufserfahrungen. Die Determinanten des Freizeitverhaltens sind prinzipiell unendlich groß, doch werden in der Soziologie neben den eben bereits genannten Faktoren vor allem Bildung, Schicht bzw. Klasse, Alter, Stadt bzw. Land, Familienstand, Nationalität, Ausstattung mit Haushaltsgegenständen und Fahrzeugen, Stellung in der Erwerbsarbeit, Gesundheitszustand, Geschlecht oder Haushaltseinkommen untersucht. Im Zuge der gesellschaftlichen Veränderungen (vgl. Kap. 2) haben teilweise die materiellen und räumlichen Determinanten einen Teil ihrer Prägekraft eingebüßt. Mit der Entfaltung von Lebens- und Freizeitstilen im Zuge der Individualisierungstendenzen gewinnen neue Lebensentwürfe, Optionen und Stile an Bedeutung. Dadurch büßen sozialwissenschaftliche Erklärungsansätze nach dem Muster »das Freizeitverhalten A wird vor allem durch die Determinanten a, b, c ... geprägt« ihre analytische Potenz ein. Das jeweilige Freizeitverhalten wird zwar nach wie vor durch materielle, soziale und räumliche Faktoren beeinflusst, doch erlauben die explosionsartig vermehrten Angebote jedweder Art eine Vielzahl von Wahlmöglichkeiten, die in der Forschung immer weniger zu typischen Mustern zusammengefügt werden können. Und was in den entsprechenden Rubriken vergleichbar erscheint, schließt eine Vielfalt von Erscheinungsformen ein. Das »Radio hören« kann das alte Ehepaar vor dem Lieblingssender ebenso meinen wie den Autofahrer, der vor allem an Verkehrsnachrichten interessiert ist oder den Amateurfunker, der fremde Sender abhört.

Die Nutzung von Medien ist immer auch ein Stück weit biographisch geprägt. Insbesondere in der Kindheit und Jugend bilden sich Präferenzen für bestimmte Medien aus, die das jeweilige »Leitmedium« darstellen. Für die heute Achtzigjährigen gehörten Zeitungen und Radio zu den damals neuen Medien. Für die heute Fünfzigjährigen war damals das Fernsehen neu und das Kino vielleicht mit besonderem Erlebniswert behaftet. Die heute Fünfzehnjährigen sind mit Computern aufgewachsen. So ist biographisch ein unterschiedliches Verhältnis zu den jeweiligen Medien zu vermuten. Auch die Funktion, die dem jeweiligen Medium beigemessen wird, wandelt sich. Für die heute alten Menschen hatten Zeitung und Radio hohen Informationswert, Radio und Schallplatte zudem Unterhaltungswert. Die heute jungen Menschen beziehen Informationen eher aus dem Fernsehen oder via Internet aus dem Computer. Unterhaltung bieten zwar alle Medien, doch ändert sich die Konstellation zwischen den veränderten Medien. Fernsehen und Video bieten besonders komplette Angebote, weil sie fast alle menschlichen Sinne ansprechen, während Zeitungen, Zeitschriften oder Bücher vor allem über das Auge zugänglich sind. Radio und CD suchen über das Gehör Zugang zum Menschen. Die neuen Medien erreichen den Menschen über verschiedene Kanäle und beeinflussen den Rezipienten dadurch intensiver. Vor allem aber bieten sie fertige Bilder. Die Leser von Märchen mussten sich die Bilder des Geschehens weitgehend selber im Kopf machen. Das Fernsehen bietet komplette Bilder, die kaum noch Phantasie verlangen. Durch die fehlende »Halbsekunde« der Verarbeitung bietet das Fernsehen wenig Möglichkeiten zur eigenen Selektion und Speicherung von Informationen. Empirische Untersuchungen über erinnerbare Darstellungen von Fernsehnachrichten zeigen eine geringe Halbwertzeit. So war bereits eine Stunde nach dem Sehen der Nachrichtensendung mehr als die Hälfte der Informationen wieder vergessen. Dies liegt wohl auch im Wesen der elektronischen Medien, die auf raschen Umschlag der Informationen angelegt sind. In letzter Konsequenz vermitteln sie einen Klang- und Bildteppich, der kaum noch unterscheidbare Daten vermittelt, sondern eher ein »Rauschen« erzeugt. In Krisenzeiten werden Medien zwar auch als wichtige Informationsquelle angesehen, in Kriegszeiten sogar als wichtige Waffe. Dem Konsumenten bleiben aber nur wenige Möglichkeiten zur Selektion und Prüfung der Informationen.

Mediennutzung und Freizeitbeschäftigung 1999 (in Prozenten)

Mehrmals in der Woche	Ge- samt	m	w	14-19	29-29	30-39	40-49	50-59	60-69	70+
Zeitungen lesen	81,5	82,8	80,3	49,9	68,6	79,8	86,1	90,4	91,4	88,7
Zeitschriften, Illustrierte lesen	48,0	43,8	51,9	46,0	46,2	46,6	48,1	48,2	50,5	50,3
Bücher lesen	20,7	27,7	23,5	34,2	24,0	18,7	20,0	18,8	18,3	18,4
Fernsehen	94,9	94,7	95,2	95,6	92,4	92,2	94,6	96,1	97,5	97,3
Radio hören	84,9	85,2	84,7	86,1	84,5	86,5	87,4	86,5	84,7	77,9
Schallplatten./ CD/Kass. hören	30,6	32,6	28,8	74,1	57,1	38,1	27,1	18,5	11,2	7,9
Videokassetten ansehen	6,6	8,0	5,3	15,5	12,0	8,4	5,7	4,3	2,6	1,6
Ins Kino gehen	0,2	0,3	0,2	0,4	0,5	0,4	0,1	0,2	0,0	0,0
Theater/Konzert	0,3	0,3	0,2	0,5	0,3	0,4	0,2	0,3	0,2	0,1
Handarbeiten	4,8	0,5	8,7	2,0	2,4	3,2	4,6	5,5	7,9	7,1
Basteln, heimwerken	8,1	13,1	3,6	5,1	6,4	8,9	9,6	9,7	10,5	4,6
Sport treiben, trimmen	14,4	16,9	12,1	45,6	23,8	15,2	11,4	8,8	6,9	4,1
Spazieren gehen/ wandern	27,3	22,5	31,7	17,3	20,2	22,6	20,2	27,1	38,9	43,1
Ausgehen (Rest., Kneipe)	7,2	9,5	5,1	17,6	18,8	7,1	4,3	3,8	2,8	1,6
Besuche machen, bekommen	20,4	18,7	22,1	45,8	31,8	19,0	14,4	13,1	15,8	17,5
Schaufensterbummel	4,5	2,6	6,2	10,6	6,8	4,0	3,3	3,7	3,5	2,5
Popmusik hören	34,7	37,4	32,3	75,9	66,0	51,6	36,3	17,9	7,0	3,5
Rockmusik hören	26,8	30,3	23,7	65,0	54,8	40,0	36,4	11,3	3,7	1,8
Klass. Musik hören	10,9	9,8	11,9	3,1	7,3	8,9	10,5	13,9	14,7	14,9
Schlager/ Evergreens hören	37,3	34,0	40,3	14,1	18,1	26,6	38,4	49,7	53,9	51,4
Volksmusik hören	26,2	23,6	28,6	3,3	6,2	10,1	19,9	35,5	49,4	54,0

(Quelle: Media Perspektiven, Basisdaten 1999: 69)

Diese jährlich durchgeführten Untersuchungen zeigen in den letzten Jahren relativ stabile Muster. Mit der Wahl der Kategorien werden die entsprechenden Häufigkeiten vorstrukturiert. Würden z. B. bei der Musik einige Kategorien zusammengefasst (z. B. Rock- und Popmusik), wären andere Werte zu erwarten. Die Tabelle deckt nur die medienbezogenen Tätigkeiten ab, andere Freizeitaktivitäten werden nur teilweise erfasst. Im Laufe der Zeit ändern sich Präferenzen aber auch Möglichkeiten (z. B. ist Fernsehen in Deutschland erst ab 1954 möglich, Computer seit etwa 1980), was sich z.T. in der Synopse ablesen lässt. Bei solchen Untersuchungen ist aber auch die soziale Erwünschtheit zu berücksichtigen. Bestimmte Freizeitaktivitäten gelten als gehaltvoll, kulturell förderlich oder auch dem psychophysischen Wohlbefinden förderlich, andere Handlungen (wie Gammeln, Dösen, Nichtstun) sind nach wie vor durch Reste christlicher Denkweisen (»Müßiggang ist aller Laster Anfang«) negativ belastet. Die in der Gesellschaft verbreiteten Vorstellungen über (niedere oder hohe) Kultur wirken gleichfalls auf das Aussageverhalten der Befragten ein. In manchen Schichten der Gesellschaft löst das Hören von Volksmusik nur ein Naserümpfen aus, in anderen Schichten gilt dies als besondere Form der Entspannung oder Erinnerung an frühere Lebensphasen. Andere Tätigkeiten (z. B. Handwerken, Handarbeiten) sind gewissermaßen »aus der Mode« gekommen, waren aber vor wenigen Jahrzehnten noch Ausdruck von Aktivität und Fleiß. Mit dem jeweiligen »Zeitgeist« verändert sich der Stellenwert von Freizeitaktivitäten. Daher müssen solche Erhebungen historisch angemessen gelesen werden, was erhebliche Vermittlungsleistungen erforderlich macht.

Freizeitverhalten im Zeitvergleich. Rangfolge der 10 wichtigsten Aktivitäten/BRD					
1957	1963	1975	1986	1999	(1998)
1. Zeitung, Illustrierte lesen	1. Theater, Konzerte, Veranstaltungen besuchen	1. Zeitschriften, Zeitungen lesen	1. Fernsehen	1. Fernsehen	1. Fernsehen
2. Gartenarbeit	2. Sich ausruhen, etwas ausschlafen	2. Radio hören	2. Zeitung, Illustrierte lesen	2. Zeitung, Illustrierte lesen	2. Zur Unterhaltung oder Entspannung lesen
3. Einkaufen gehen	3. Besuche machen	3. Fernsehen	3. Radio hören	3. Radio hören	3. Spazierengehen
4. Reparaturen, kleinere Arbeiten am Haus	4. Fernsehen	4. Sich ausruhen, ohne etwas zu tun	4. Telefonieren	4. Telefonieren	4. Arbeiten an der Wohnung
5. Mit Kindern spielen	5. Sich mit der Familie beschäftigen	5. Sich mit Nachbarn unterhalten	5. Mit Freunden zusammen sein	5. Ausschlafen	5. Gartenarbeit
6. Aus dem Fenster sehen	6. Einen Einkaufsbummel machen	6. Hausputz, Saubermachen	6. Ausschlafen	6. CD, MC oder LP hören	6. Treffen mit Freunden und Bekannten

1957	1963	1975	1986	1999	(1998)
7. Gründlich ausschlafen	7. Mit Nachbarn unterhalten	7. Mittagsschlaf	7. LP, MC hören	7. Mit Freunden etwas unternehmen	7. Einem Hobby nachgehen
8. Bücher lesen	8. Sich am Vereinsleben beteiligen	8. Mit Kindern spielen	8. Gartenarbeit	8. Fahrrad fahren	8. Aktiv Sport treiben
9. Ins Kino gehen	9. Am kirchlichen Gemeindeleben teilnehmen	9. Bücher lesen	9. Faulenzen, Nichtstun	9. Faulenzen, Nichtstun	9. Treffen mit Verwandten
10. Verwandte, Bekannte besuchen	10. Seine Allgemeinbildung verbessern	10. Gründlich durchschlafen	10. Sport treiben	10. Einkaufsbummel machen	10. Berufliche Arbeiten erledigen
ALLENSBACH INSTITUT	DIVO-INSTITUT	EMNID-INSTITUT	BAT FREIZEIT-INSTITUT	BAT FREIZEIT-INSTITUT	BUNDESINSTITUT FÜR BEVÖLKERUNGS-FORSCHUNG

Quelle: Breckenkamp/Laaser (2001: 143; in Anlehnung an Opaschowski)

Eine solche Darstellung kann nur teilweise die Präferenzverschiebungen abbilden, weil die verschiedenen Untersuchungen nicht mit identischen Kategorien und Frageformulierungen gearbeitet haben. Ferner sind die faktischen Möglichkeiten zur Ausübung der erfragten Aktivitäten zu den Zeiten der Befragung teilweise unterschiedlich gewesen. Weil 1957 erst 6 Prozent aller Haushalte über einen Fernseher verfügten, konnte Fernsehen noch nicht als wichtige Aktivität angegeben werden. Gleiches gilt auch für Radio, LP, MC, CD hören und das Telefonieren. Umgekehrt waren in den 50er Jahren Zeitung, Zeitschrift und Kino sehr populäre Medien, die später von anderen Medien überlagert wurden. Der Einkaufsbummel ist erst mit dem gestiegenen Wohlstand in den Vordergrund gerückt. Und immer ist auch die soziale Erwünschtheit (z. B. am kirchlichen Gemeindeleben teilnehmen) mit in die Interpretation einzubeziehen.

Neben den Möglichkeiten und den Präferenzen wirken aber noch etliche andere Faktoren auf das jeweilige Freizeitverhalten ein. Einen wesentlichen Einfluss auf Quantität und Qualität von Freizeit hat der gesundheitliche Zustand der Menschen. Krankheit und Behinderung schränken i. d. R. die Möglichkeiten zur Nutzung der Freizeit ein. Doch kann auch umgekehrt eine temporäre Erkrankung den Umfang von Freizeit mehren, wenn z. B. ein grippaler Infekt zwar an der Ausübung von Erwerbsarbeit hindert, aber zu Hause manche Tätigkeiten ermöglicht, die ansonsten unterblieben wären. Generell hat sich die gesundheitliche Situation der Menschen in Industriegesellschaften gebessert, was sich sehr signifikant in den Morbiditäts- und Mortalitätsstatistiken niederschlägt. Menschen werden heute nur noch selten von großen Seuchen erfasst, durch Kriegseinwirkungen in die Invalidität verbannt oder durch Hunger und Siechtum dahingerafft. Sichtbarster Ausdruck ist die gestiegene Lebenserwartung, wodurch auch die in der Lebenszeit anfallende Freizeit deutlich verlängert wird.

Aber auch gewandelte Vorstellungen von Sauberkeit und Schönheit tragen zu veränderten Zeitmengen bei. Im Laufe der Geschichte haben sich Vorstellungen und Praktiken von Hygiene nachhaltig verändert, was deutliche Auswirkungen auf das individuelle und das gesellschaftliche Zeitbudget hat: Mit den gewandelten Vorstellungen von Sauberkeit, Körpergeruch und Attraktivität hat sich der Zeitaufwand für die körperliche Hygiene erheblich gesteigert, zugleich haben sich durch Technik und Verdichtung – z. B. Heißwasserbereitung und Duschen – die für die Reinlichkeit erforderlichen Zeitmengen verkürzt. Waschmaschinen verkürzen die für die Reinigung der Kleidung erforderlichen Zeitmengen beträchtlich und Reparaturen an der Kleidung finden meistens nicht mehr statt, weil Ersatz billiger zu haben ist. Zahlreiche Haushaltsgeräte reduzieren Zeitaufwand und Körpereinsatz im Haushalt beträchtlich. Dadurch ändert sich die inhäusig verbrachte Zeit auch qualitativ. Bot das gemeinsame Zubereiten einer Mahlzeit oder die in der Nachbarschaft kollektiv durchgeführte Wäsche Gelegenheiten zur Kommunikation und Unterhaltung, vollzieht sich die Arbeit im Hause weitgehend isoliert und bestenfalls noch von Medien begleitet.

5.5 Lebens-, Konsum- und Freizeitstile

Mit der Vervielfältigung der Freizeitmöglichkeiten und der Individualisierung der Lebensführung werden die Lebensstile pluralisiert (vgl. Kapitel 2 und 9). So ändern sich die sozialen Milieus und differenzieren sich immer mehr aus. Dennoch versucht die empirische Sozialforschung, derartige Milieus zu typisieren und damit wieder griffig zu machen. In einer großen Befragung von 5.000 erwachsenen Bundesbürgern kam Gluchowski (1988) zu folgender Typologie von Lebensstilen:

1. Etablierter, beruflich Erfolgreicher.
2. Junger, freizeitorientierter Konsument.
3. Häuslicher, familienzentrierter Mensch.
4. Intrinsisch motivierter, engagierter Jüngerer.
5. Passiver, anpassungsfähiger Arbeitnehmer.
6. Normorientierter Durchschnittsbürger.
7. Zurückgezogener älterer Mensch.

Solche Typologien müssen zwangsläufig besondere Merkmalsausprägungen nivellieren und können nur wenige gemeinsame Merkmale ausdrücken. Die Zusammenfassung von Merkmalen zu Typen liegt dabei im Ermessen des Forschers und hängt deutlich von seinen Erkenntnisinteressen ab. Die Lebensstiltypologien finden vor allem in der Markt- und Meinungsforschung Verwendung, weil sich damit »Zielgruppen« besser bestimmen lassen. Für die Freizeitforschung können sie aber auch Hinweise auf Gleichförmigkeiten im Verhalten und Bewusstsein liefern. Denn Lebensstile sind nur scheinbar ins Belieben individueller Konstruktion gestellt. Vielmehr bilden sie sich aus einem Geflecht von sozialer Erwünschtheit, gesellschaftlichen Rollenmustern und persönlichen Präferenzen. Zwar sind Lebensverläufe heute weniger standardisiert als noch vor hundert Jahren, weshalb oft auch von »Bastelbiographien« oder »patch-work-Lebensverläufen« gesprochen wird. Doch ergeben sich immer noch zahlreiche Gleichförmigkeiten z. B. in dem Wunsch nach Geborgenheit in der Familie oder nach einer sicheren Berufskarriere, was sich auch oft realisieren lässt.

Die verschiedenen Lebensstile hat Gluchowski dann auch auf das jeweilige Freizeitverhalten bezogen und dabei durchaus Zusammenhänge festgestellt. So betrieben beispielsweise die Häuslichen/Familienzentrierten vor allem inhäusige Freizeitaktivitäten; bei den etablierten, beruflich Erfolgreichen dominierten gesellschaftliche, berufliche, familiäre und niveauvolle kulturelle Freizeitaktivitäten; bei den intrinsisch motivierten Jüngeren war das Freizeitverhalten überwiegend gesellig, gesellschafts- und kulturbezogen (Theater-/Kinobesuch, Treffen mit Freunden, Sporttreiben, Gewerkschafts- oder Parteiarbeit); Beim passiven anpassungsfähigen Arbeitnehmer standen Freizeit in und mit der Familie, Medienkonsum und der Besuch von Sportveranstaltungen im Mittelpunkt; der junge freizeitorientierte Mensch stellte seine Freizeit deutlich in den Vordergrund und unternahm viele aushäusige Aktivitäten (Treffen mit Freunden, Kino- und Discobesuch, Sport); der zurückgezogene ältere Mensch bevorzugte dagegen ganz überwiegend inhäusige Tätigkeiten, suchte vermehrt Ruhe und Kontakte zu Familie und Verwandtschaft.

Für die junge Generation der 19-25jährigen ermittelten Baethge u. a. (1988) eine andere Typologie von Freizeitstilen:

1. Beruflich Orientierte, bei denen die Weiterbildung in der Freizeit hohes Gewicht besaß; zu dieser Gruppe gehörten vor allem Männer.
2. Hobbyorientierte widmeten sich in ihrer Freizeit besonderen Vorlieben, wobei Sport ein häufiges Hobby war; auch hier überwogen die Männer.
3. An Geselligkeit Orientierte, die in der Freizeit vor allem mit anderen Menschen kommunizieren wollten; in dieser Gruppen waren die Frauen stärker vertreten.
4. Familienorientierte verhielten sich in ihrer Freizeit vor allem partnerbezogen und häuslich; auch hier überwogen Frauen.
5. Regenerationsbezogene verbrachten ihre Freizeit vor allem zu Hause mit Fernsehen, Lesen und Schlafen; hier war der Anteil von Frauen und Männern annähernd gleich.
6. Erlebnisorientierte wollten in ihrer Freizeit mit anderen Menschen, in ihren Cliquen, etwas unternehmen und konsumieren; hier überwogen deutlich die Männer.

Auch hierbei handelt es sich naturgemäß um eine Typologie, die zum Teil erhebliche Differenzen und Abweichungen aufweist. Für die letzten Jahre werden solche Typologisierungen insbesondere um Medienaspekte erweitert, wenn z. B. von der »Generation @« (Opaschowski, 1999) die Rede ist. Die Vielfalt der Typisierungen ist groß und immer auch ein Stück beliebig, weshalb hier nicht intensiver auf die verschiedenen Typisierungen eingegangen werden soll.

Freizeit ist vor allem auch Konsumzeit. Daher hat es nicht an Versuchen gefehlt, Typologien von Konsumenten zu erstellen. Stellvertretend für viele solche Typologien sei hier nur die Typologie der Freizeitkonsumenten von Opaschowski (1987) erwähnt, der mit einer repräsentativen Befragung zu folgenden Konsumententypen kam:

1. Anpassungskonsumenten, die sich vor allem aus der Gruppe der 14-jährigen rekrutiert.
2. Geltungskonsumenten, bei denen weibliche Singles unter 40 Jahren überwiegen.
3. Erlebniskonsumenten, bei denen männliche Singles unter 40 Jahren überwiegen.
4. Anspruchskonsumenten sind vor allem in gehobenen Berufspositionen zu finden.
5. Kulturkonsumenten sind vor allem gebildete Frauen über 40 Jahre.
6. Versorgungskonsumenten sind insbesondere Hausfrauen unterer und mittlerer Schichten.
7. Sparkonsumenten kommen vor allem aus einkommensschwachen Gruppen (Rentner, Arbeitslose, Sozialhilfeempfänger, Studierende).

Allerdings bedarf eine solche Typologie erheblicher Differenzierung, denn Konsum ist nicht gleich Konsum. Die alltägliche Beschaffung von Nahrungsmitteln ist kaum mit dem Kauf von Kleidung, Möbeln oder Autos zu vergleichen. Im Laufe der Jahrzehnte hat sich mit der allgemeinen Wohlstandssteigerung, aber auch mit den Tendenzen zur Stilisierung, Individualisierung und Ästhetisierung der Stellenwert des Konsums gewandelt. Vor allem hat sich die Schere zwischen Reichen und Armen weiter vergrößert und damit auch die Möglichkeiten zum Konsumieren einerseits gesteigert, andererseits beschnitten. So konnten sich z. B. in den neunziger Jahren mehr als 60 Prozent aller Bundesbürger aus finanziellen Gründen keine Urlaubsreise von drei oder mehr Wochen leisten, sondern mussten kürzere Reisen machen. Mit der raschen Ausbreitung der Armut sind die Betroffenen aber auch in der alltäglichen Freizeit eingeschränkt, während umgekehrt die Reichen zu wenig Zeit zum Konsumieren haben oder bereits so umfangreich ausgestattet sind, dass kaum neue Konsumwünsche entstehen können.

Trotz solcher Einschränkungen bleibt Freizeit vor allem Konsumzeit. In dem Maße, in dem sich die Lebens- und Freizeitstile pluralisieren, wächst die Notwendigkeit, in der Spannung zwischen Sein und Design ständig Neues auszuprobieren. Die in Kapitel 2 beschriebenen gesellschaftlichen Umbrüche verstärken die Tendenzen zur individuellen Stilisierung in der Freizeit, woraus aber durch die Gleichförmigkeit der Freizeitangebote wieder kollektive Identifikationsmöglichkeiten entstehen. In Kleidung, Fernsehgewohnheiten, Musikpräferenzen oder Reisezielen finden die vermeintlich individualisierten Menschen ihre Bezugsgruppen wieder. Die jugendlichen Raver oder die erwachsenen Surfer oder die älteren Theaterbesucher identifizieren sich zumindest auf Zeit mit ihren Freizeitvorlieben und tauchen so in die Gemeinsamkeiten der jeweiligen Gruppe ein. Die hedonistisch ausgerichteten jungen Ehepaare treffen sich spätestens am Sonntag auf dem Flohmarkt wieder und tauschen ihre politischen Ansichten und Erfahrungen mit Ökoläden aus. Freizeitstile haben heute im Bewusstsein hohe Wertschätzung erlangt, denn Freizeit dient nicht länger und schon gar nicht ausschließlich der psychophysischen Erholung, sondern ist zu einer Sphäre mit eigenen Bedeutungen geworden. Daher unterliegen solche Typologien starken Wandlungstendenzen und können bestenfalls Momentaufnahmen sein. Die jeweiligen Leben-, Freizeit- und Konsumstile unterliegen eben auch dem jeweiligen Zeitgeist und werden auch durch Medien und Marketing gemacht. Die zukünftige Freizeitforschung sollte daher die Zusammenhänge zwischen dem Bewusstsein bzw. den Vorlieben der Individuen und den medial vermittelten Lebensstilentwürfen aufdecken.

Für die Zukunft der Freizeit in Deutschland glaubt die »Deutsche Gesellschaft für Freizeit« (1999) neun Trends ausmachen zu können, die aus einer Fülle von Untersuchungen destilliert wurden:

1. Trend zur Vielfalt: Mit gestiegenem Wohlstand und expandierender Bildung wächst auch der Qualitäts-, Bildungs- und Informationsanspruch an Freizeitgestaltung und -angebote. Durch die »kulturelle Globalisierung« und die größeren Kommunikations- und Informationsmöglichkeiten ist der Zugang zu Kulturgütern aller Zeiten und Länder möglich, die dadurch teilweise aber ihren ursprünglichen Wert verlieren. Die Tendenz zur Individualisierung unterstützt die Herausbildung unterschiedlicher Lebens- und Freizeitstile, die Vielgestaltigkeit von Freizeitaktivitäten, das Nebeneinander verschiedener Freizeittätigkeiten und den Wechsel zwischen ihnen.

2. Trend zum virtuellen Freizeitangebot: In den letzten Jahren ist die für Medien verwendete Zeit ständig angestiegen, täglich werden schon rund sechs Stunden für audiovisuelle Medien aufgebracht, was teilweise aber auch mit anderen Tätigkeiten verknüpft wird.

3. Trend zur Mobilität: Zwar erhöhen die Medien den Wert der eigenen Wohnung, doch schafft die Differenzierung der Freizeitnachfrage auch mehr physische Freizeitmobilität.

4. Trend zur Natur: Natur wird als Indikator für Lebensqualität sowohl in der Wohnumgebung als auch in der Freizeitgestaltung immer wichtiger. »Natur pur« wird nach jüngeren Umfragen zum Synonym für »gute« Freizeit. Lebendige Kulturlandschaften mit vielfältig nutzbaren und erlebbaren Freiräumen, Bewegungsmöglichkeiten und Rückzugsräumen, aber auch Flächen für Wasser, Eigengestaltung und Abenteuer genießen einen hohen Freizeitwert.

5. Trend zur Erlebnisorientierung: Die Suche nach Neuem, Faszinierendem und nach Abwechslung ergreift immer weitere Freizeitbereiche. Tourismus, Medien, Kultur, Sport und Spiel werden mit hohen Erlebniswerten behaftet. Extremsportarten und Abenteuerurlaub haben Konjunktur. Die Wünschen und Phantasien übersteigen oft die Realität. Künstliche Badewelten und Skihallen sollen einen möglichst großen Abstand zur Realität herstellen.

6. Trend zur Qualitätserwartung: Einerseits werden menschliche emotionale Qualitätsmerkmale (Freundlichkeit) gesucht, andererseits steigt das Interesse an technisch ausgefeilten Instrumenten und Angeboten. Auch in die Freizeit wird das Denken in Preis-Leistungs-Kategorien übertragen. Nicht mehr das ob dominiert in der Freizeit sondern das wie. Die Qualität von Freizeit und Urlaub gilt gewissermaßen als Garantie für »Erfolg in der Freizeit«.

7. Trend zu gleichbleibenden Freizeitausgabenanteilen: In den letzten Jahren geben die Deutschen gleichbleibend in den unteren Einkommensschichten 11 Prozent, in den mittleren und oberen Einkommensschichten 15 Prozent für Freizeit aus. Es setzt sich gewissermaßen eine Zwei-Klassen-Freizeitgesellschaft von Sparkonsumenten und Erlebniskonsumenten fort.

8. Trend zur Bescheidenheit: Als Gegentrend zeigt sich eine neue soziale, ökologische und auch ökonomische Bescheidenheit. Non-Profit- und Do-it-yourself-Angebote erleben einen Aufschwung. Das Angebot an Dienstleistungen, Informationen und Unterhaltung steigt explosionsartig an und erzeugt Überdruss am Überfluss. Die Komplexität verlangt nach Vereinfachung, die Fülle strebt nach Begrenzung und Wohlstand vermehrt kaum das Glück in der Freizeit.

9. Trend zur Freizeitinformationsnachfrage: Die Fülle der Angebote schafft eine zusätzliche Nachfrage nach Informationen über Freizeitmöglichkeiten. Die Fülle der Spezialzeitschriften oder Internetadressen befriedigt die Suche nach speziellen Informationen über Aktivitäten, Szenen oder Techniken.

Wie sich diese Trends in Zukunft auf das konkrete Freizeitverhalten der einzelnen Individuen auswirken werden, bleibt vorerst abzuwarten. Doch vollzieht sich Freizeit bereits heute in den verschiedenen Gesellschaftsgruppen recht unterschiedlich und erzeugt neue Gruppen von Benachteiligten und Privilegierten. Aber auch bei aller Vielfalt bestehen dichte Muster des Freizeitverhaltens fort.

6. Hauptgebiete des Freizeitverhaltens

Die prinzipiell unendlich große Vielfalt des Freizeitverhaltens – vom Abenteuerurlaub bis zum Zuckerwürfelsammeln – reduziert sich in der Realität bei der großen Mehrheit der Menschen in den modernen westlichen Gesellschaften auf eine kleine Zahl von typischen Mustern, die überwiegend ausgeübt werden, wohingegen eine große Anzahl sonstiger Freizeittätigkeiten nur vereinzelt und von relativ wenigen Menschen praktiziert wird. Im Alltag der meisten Menschen dominieren Medien, Sport, Spazierengehen, Einkaufen und Hobbys, im Jahresverlauf kommen dann vor allem Wochenendvergnügungen, Urlaub, Reisen und die Teilnahme an Events hinzu. Die Muster des Freizeitverhaltens sind im jeweiligen Individuum relativ stabil, können sich aber im Verlauf des Lebens ändern. So sind vor allem die Statuspassagen – etwa zwischen Kindheit, Jugend und Erwachsenwerden, Familiengründung, Übergänge zwischen Bildungs- und Beschäftigungssystem, Ruhestand – oder kritische Lebensereignisse – etwa Tod von Angehörigen, Scheidung, Trennung, Auszug der Kinder aus dem Elternhaus, Erkrankung, Behinderung, Arbeitslosigkeit, Verarmung – oder auch situative Faktoren – etwa »große Liebe«, Prüfungszeiten, Stress, Katastrophen – geeignet, um die Muster des Freizeitverhaltens deutlich zu verändern.

6.1 Inhäusig oder aushäusig

In Gesellschaften, in denen Wohnen und Arbeiten räumlich nicht getrennt waren, war die Aufteilung in Arbeit und Freizeit oft nicht möglich. In der Subsistenzwirtschaft von Stammesgesellschaften vollzog sich die Arbeit zumeist in der räumlichen Nähe des Wohnbezirks und im zeitlichen Ablauf waren nur Tag und Nacht voneinander unterschieden. Räumliche und zeitliche Parzellierungen in Arbeiten, Wohnen und Freizeit war weitgehend unbekannt. Dies galt auch noch überwiegend für das mittelalterliche Handwerk, welches sich in dem Typus des »Ganzen Hauses« abspielte, wobei Wohnen und Arbeiten räumlich und zeitlich eng beieinander lagen. Mit der beginnenden Industrialisierung erfolgte im 17. und 18. Jahrhundert immer stärker eine räumliche und zeitliche Trennung von Wohnen und Arbeiten. Zwischen den Fabriken und den Mietskasernen waren immer größere Wegstrecken zurückzulegen, neue Institutionen – wie die Arbeiterkneipen oder Vereine – schoben sich dazwischen. Im Zuge der Industrialisierung schritt die räumliche und zeitliche Parzellierung zwischen Wohnen, Arbeiten und Freizeiten immer weiter voran, wobei oftmals Wegstrecken von mehreren Stunden zu bewältigen waren und noch sind. In der Gegenwart wird ein wachsender Zeitanteil in den eigenen Räumlichkeiten verbracht. Hier sind kulturelle Muster und strukturelle Entwicklungen zu berücksichtigen. Über Jahrhunderte hinweg haben sich in verschiedenen Gesellschaften Muster der Zeitverbringung durchgesetzt, die entweder stärker außerhalb oder stärker innerhalb des Hauses angesiedelt sind. In weiten Teilen Süd- und Osteuropas wird traditionell ein relativ großer Teil der freien Zeit außerhalb der Wohnung auf Marktplätzen, in Restaurants oder Lokalen etc. verbracht. In Mittel- und Nordeuropa dagegen wird freie Zeit vor allem in den eigenen vier Wänden zugebracht. Hierfür lassen sich klimatische Faktoren anführen aber eben auch Traditionen. Solche kulturellen Muster werden in den letzten Jahrzehnten aber immer mehr durch strukturelle Entwicklungen überlagert: Qualität und Umfang des Wohnraums sind deutlich gestiegen, die Ausstattung der Wohnungen mit Medien, Bädern, Küchen oder Erholungseinrichtungen verbessert sich, woraus ein vermeintlicher Zwang zu deren Nutzung entsteht; mit der reduzierten Zahl der Familienmitglieder schwindet auch der aus der Enge resultierende Stress und damit entfällt teilweise das Gefühl, sich aus dem Wege gehen zu müssen; mit den technischen Kommunikationsmitteln entfällt die Notwendigkeit für aushäusige Besuche usf.

Mit dem wachsenden Umfang der zur Verfügung stehenden Freizeit schrumpft relativ der Anteil der aushäusig verbrachten Freizeit. Lag 1964 nach empirischen Studien der Anteil der außerhalb des Hauses verbrachten Zeit bei 36 Prozent der gesamten Freizeit, so fiel dieser Anteil mit der starken Ausbreitung des Fernsehens bis 1974 auf 27 Prozent und hat sich bis 1990 bei etwa 29 Prozent eingependelt (Meulemann 1996: 167). Diese Verschiebung dürfte neben der starken Dominanz von Medien und den o. g. Faktoren auch auf demographischen Entwicklungen beruhen, denn mit der deutlichen Zunahme von älteren und alten Menschen, die traditionell weniger außerhalb des Hauses aktiv sind und vermeintliche abendliche Gefährdungen meiden, sowie mit dem zugleich schrumpfenden Anteil junger Menschen, die traditionell ihre Freizeit öfter außerhalb der Wohnung verbringen, ändern sich die Konstellationen zwischen verschiedenen sozialen Gruppen. Andererseits hat sich das Angebot aushäusiger Freizeitaktivitäten in den vergangenen Jahrzehnten massiv ausgeweitet, was aber die übrigen Entwicklungen offenbar nicht kompensieren kann. Freizeit ist eben vor allem Medienzeit.

Jedoch differiert das Verhältnis der inhäusig zur aushäusig verbrachten Freizeit stark mit der Stellung im Familienzyklus, mit dem Alter und der Kinderzahl, also mit dem Haushaltstyp.

Wo die Freizeit verbracht wird nach Haushaltstyp (Std.:Min.)

	zu Hause	außer Haus
Mütter in nichtehelicher Lebensgemeinschaft	2:34	1:59
Väter in nichtehelicher Lebensgemeinschaft	3:08	2:18
Verheiratete Mütter	2:45	1:29
Verheiratete Väter	3:01	1:29
Partnerinnen in nichtehelicher Lebensgemeinschaft ohne Kinder	2:49	2:06
Partner in nichtehelicher Lebensgemeinschaft ohne Kinder	3:27	2:23
Ehefrauen ohne Kinder	3:25	1:38
Ehemänner ohne Kinder	4:01	1:45

von stammen allein 24 Prozent aus dem Axel-Springer-Verlag. Bei den reinen Ver-
kaufszeitungen liegt der Marktanteil der fünf größten Verlagsgruppen mit 98,5 Prozent bedeutend höher (davon entfallen allein 80 Prozent auf den Axel-Springer-
Verlag). Der Umsatz reiner Wochenzeitungen (1975: 56, 1999: 23 Titel) stagniert
weitgehend. Die Zahl der verkauften Auflage liegt seit Jahren bei etwa 2 Millionen Exemplaren pro Woche. Dagegen haben sich echte Publikumszeitschriften
(1975: 223, 1999: 835 Titel) von 70 Millionen (1975) auf 127 Millionen (1999)
pro Erscheinungsdatum deutlich gesteigert. Fachzeitschriften haben zwar ihre Zahl
(1975: 658, 1999: 1.083 Titel) vergrößert, ihre Auflagenhöhe ist dagegen leicht
rückläufig (1975: 19,5 Millionen, 1999: 17,3 Millionen). Bei Fachzeitschriften ist
der Grad der Verlagskonzentration vergleichsweise niedrig. Bei Publikumszeitschriften teilen sich dagegen vier große Verlagsgruppen (Bauer, Springer, Burda,
Gruner+Jahr) zwei Drittel des Marktes. Neben den Tages- und Wochenzeitungen
breiten sich seit zwei Jahrzehnten die meist kostenlosen Anzeigenblätter aus, die
1999 einen Nettoerlös von etwa 3,5 Milliarden DM erzielten (Zahlen nach Media
Perspektiven Baisdaten 1999).

Im Bereich der elektronischen Medien hat sich seit Mitte der 80er Jahre mit der
Zulassung privater Sender ein deutlicher Wandel vollzogen[6]. Öffentlich-rechtliche
Sender sind auch weiterhin für die Basisversorgung der Bevölkerung zuständig
und erhalten dafür die Rundfunkgebühren, zu denen noch Werbeerlöse hinzukommen. Private Sender finanzieren sich ausschließlich aus Werbeeinnahmen,
weshalb sie ihr gesamtes Programm auf möglichst hohe Einschaltquoten ausrichten. Die öffentlich-rechtlichen Sender haben teilweise ihr Programm der privaten
Konkurrenz angeglichen. In der Gunst der Nutzer teilen sich die beiden Gruppen
den Markt fast hälftig auf. Vom Radio werden im Schnitt täglich 52, vom Fernsehen 72 Millionen Bundesbürger erreicht, wobei jeweils fast die Hälfte öffentlich-
rechtliche bzw. private Sender wählt. Je nach Form der jeweiligen Untersuchung
sehen sich dann bei Umfragen mal die einen, mal die anderen Sender vorn. Die inhaltliche Struktur zeigt große Unterschiede. Bei den privaten Sendern liegen neben
Werbung vor allem Musik und Unterhaltung ganz vorne, politische, wissenschaftliche und sonstige informative Sendungen rangieren weit hinten. Bei den öffent-

---

[6] Nach den Erfahrungen mit dem Nationalsozialismus wurden nach 1945 die Rundfunkanstalten der
    Kulturhoheit der Bundesländer unterstellt und als öffentlich-rechtliche Anstalten konstituiert. Die Ra-
    diosender lehnten sich teilweise an die Landesgrenzen an (wie der Bayrische Rundfunk), waren teil-
    weise aber auch überregional organisiert wie der Nordwestdeutsche Rundfunk (NWDR), aus dem
    später der Norddeutsche Rundfunk und der Westdeutsche Rundfunk hervorgegangen sind. Die Rund-
    funkanstalten haben sich 1953 zur Arbeitsgemeinschaft der Rundfunkanstalten Deutschlands (ARD)
    zusammengeschlossen. Diese übernahm dann die Ausstrahlung des Ersten Deutschen Fernsehens, das
    seit 1952 begann, 1963 folgte das Zweite Deutsche Fernsehen (ZDF), zwischen 1964 und 1968 be-
    gannen die Landesrundfunkanstalten mit der Ausstrahlung Dritter Programme. Im Hörfunk wurden
    Ende der siebziger Jahre die ersten privaten Sender zugelassen, beim Fernsehen gab es 1984 die ersten
    Privatsender (RTL, SAT1). In der Folgezeit haben sich zahlreiche private Sender etabliert. Das duale
    System zwischen öffentlich-rechtlichen und privaten Sendern, das in den USA und Teilen Europas be-
    reits sehr viel früher entstanden war, hat sich seitdem auch in der BRD durchgesetzt. In der damaligen
    DDR bestanden bis 1990 mehrere staatlich finanzierte und kontrollierte Sender, die einen flächen-
    deckenden Hörfunk- und Fernsehbetrieb organisierten, sich aber immer deutlicher der westdeutschen
    Konkurrenz ausgesetzt sahen. Nach der deutschen Einigung wurden diese Sender aufgelöst und in die
    in der alten BRD bestehende Medienstruktur eingegliedert.

lich-rechtlichen Sendern nehmen dagegen Informationssendungen und Dokumentationen breiten Raum ein, während reine Unterhaltung im Vergleich zu Privatsendern weiter hinten rangiert. Bei Sportübertragungen gleichen sich die Anteile inzwischen weitgehend an, wobei die rasant steigenden Beträge für Übertragungsrechte insbesondere dank der Finanzkraft der Kirch-Gruppe den privaten Sendern leichte Vorteile bescheren. Weil inzwischen alle Hörfunk- und TV-Sender rund um die Uhr senden, kommt es immer mehr darauf an, sich kostengünstige Software zu sichern. Rechteverwerter und Filmstudios verkaufen Filme im Paket, mit denen die Sender auch mit weniger populären Filmen die Nachmittage oder Nächte füllen, um mit den »Perlen« des Pakets die Hauptsendezeit zu bestücken. So kostet ein James-Bond-Film drei bis sieben Millionen Mark im Paket, in dem aber noch andere Filme enthalten sind, wodurch am Ende ein »echter Bond« für nur eine Million zu haben ist. Dieser Kampf um die Software ist inzwischen zum globalen Markt mit riesigen Kapitaleinsätzen geworden. Mit dem weltweiten Aufbau des Satellitenfunks werden Fernsehen und Hörfunk zu einem weltweitenen Geschäft mit harter Konkurrenz und schwindenden Qualitätsansprüchen bei gleichzeitig steigenden Preisen für Exklusivität oder Stars. Zugleich kommt es immer stärker zum internationalen Austausch von Formen (z. B. Talkshows oder Reality TV) und zur vermeintlich technisch bedingten Formatierung der Sendungen, bei denen oft der Informationsgehalt auf der Strecke bleibt.

Die Medienausstattung der Haushalte hat sich im Laufe des 20. Jahrhunderts signifikant verändert. Waren Bücher zu Beginn des Jahrhunderts noch weitgehend im Bildungsbürgertum, in den gesellschaftlichen Oberschichten und bei den akademisch Tätigen verfügbar, so hat sich der Buchbestand in den vergangenen einhundert Jahren erheblich ausgebreitet und auf fast alle Gesellschaftsgruppen verteilt. Radio und Schallplatte kamen in der ersten Hälfte des Jahrhunderts hinzu, die nationalsozialistischen Machthaber hatten die Bedeutung des Radios früh erkannt und schenkten allen frisch Verheirateten einen »Volksempfänger«, was sich später aber als politisch prekär erwies, weil auch ausländische Sender empfangen werden konnten. In der zweiten Jahrhunderthälfte kamen Fernsehen, Tonbandgerät, CD-Player und Computer als neue Medien hinzu. Besonders revolutionär erwies sich in diesem Zeitabschnitt die Miniaturisierung der Geräte, die nun den Empfang in beliebigen Situationen ermöglichte. Das »Kofferradio« erwies sich bereits in den 50er Jahren als ein Kultsymbol der Freizeit und Freiheit, später folgten Cassettenrecorder, Walkman, Discplayer, Videorecorder und Miniaturfernseher. Vielleicht noch bedeutsamer für die Mediennutzung war das Autoradio, das allmählich um Cassetten- oder CD-Player ergänzt wurde, weil nun auch Hörfunk und Musik auf allen Wegen zur Arbeit oder in der Freizeit genutzt werden konnten. Neu hinzugekommen ist seit den achtziger Jahren der Computer, der sich aus der Verknüpfung von Telefon, Fernsehen und Speichermedien bzw. Datennetzen entwickelt hat und via Internet inzwischen zu einem eigenständigen Medium geworden ist. Neben der Miniaturisierung ist vor allem die Digitalisierung der elektronischen Medien als wichtige Entwicklung zu nennen. Über Kabel und Satellit werden weltweit Programme zugänglich und damit eine Auswahl zwischen fast beliebig vielen Hörfunk- und Fernsehprogrammen möglich. Zugleich können mit diesen Techniken Musik, Fernsehen und Filme in brillanter Qualität erzeugt und zusätzliche Dienste (wie Videotext) abgerufen werden. Alte Schallplattenaufnahmen oder Filme können perfekt restauriert und durch Computerprogramme inzwischen nach eigenen Vorstellungen auf dem heimischen CD-Brenner neu zusammengestellt werden. Völlig neue Formen eigener Kreativität werden technisch möglich gemacht. Zudem können alle Räume einer Wohnung bzw. eines Hauses mit Medien ausgestattet werden.

Nahezu alle Haushalte (1999: 98,6 Prozent) sind in der BRD mit mindestens einem Fernsehgerät ausgestattet, knapp ein Viertel (22,7 Prozent) verfügt über zwei und mehr Geräte. Ähnlich hoch ist die Ausstattung mit Radiogeräten (98,7 Prozent), wobei 90,1 Prozent aller Haushalte sogar zwei und mehr Geräte haben und 78,2 Prozent zusätzlich über ein Autoradio verfügen. Zwei von drei Haushalten (67,6 Prozent) verfügen über einen CD-Player, 41,3 Prozent haben noch einen guten alten Plattenspieler, 73,8 Prozent auch einen Kassettenrecorder, 68,1 Prozent einen Videorecorder und 15,8 Prozent eine Videokamera/Camcorder. Fast ein Drittel aller Haushalte (1999: 28,2 Prozent) verfügen über einen Personalcomputer, knapp ein Zehntel (9,2 Prozent) über ein Faxgerät, knapp ein Drittel (29,2 Prozent) über einen Anrufbeantworter und fast alle über ein Telefon. Für Massenmedien und Kommunikationsmittel verwendet ein Haushalt im Durchschnitt 3 bis 4 Prozent der gesamten Haushaltsausgaben, wobei Unterschiede zwischen den Haushaltstypen in Ost und West bestehen: Ein 4-Personen-Arbeitnehmer-Haushalt mit mittlerem Einkommen gab 1998 in Westdeutschland etwa 165 DM, in Ostdeutschland 145 DM, ein 5-Personen-Haushalt von Beamten und Angestellten mit höherem Einkommen gab im Westen monatlich etwa 237 DM, im Osten 167 DM für Medien und Kultur aus (Media Perspektiven Basisdaten 1999).

Die Vielzahl der Möglichkeiten führt in der Praxis allerdings zu einer Überforderung. Die einen scheitern oft schon beim Lesen der Anleitung und begnügen sich mit ihren herkömmlichen Programmen, die anderen können ihre nervösen Finger beim »Zappen« mit der Fernbedienung kaum zügeln. Die Selektionskriterien verschwimmen immer mehr, weil die Relevanz der dargebotenen Informationen und Stimuli weder individuell noch gesellschaftlich festgelegt werden kann. Ergab sich ursprünglich noch eine Pseudorelevanz durch die Knappheit der Medien bzw. Angebote – etwa in dem Sinne: »im Fernsehen wurde gesagt« – , so ist diese Knappheit längst einer Fülle von Angeboten gewichen, die zusammenhangslos und beliebig nebeneinander stehen und schon längst nicht mehr hierarchisch zu ordnen sind. Je individuell mag man sich dafür entscheiden, ob einem der Film »Casablanca« oder der Film »Titanic« besser gefällt, für die Medienmacher ist das nur ein winziges Kalkül in ihrer Zielgruppenstatistik. Und ob den Nachrichten eines öffentlich-rechtlichen oder eines privaten Senders mehr Glauben zu schenken ist, lässt sich kaum noch objektivieren. Der Konsument von Massenmedien büßt die Kriterien der Relevanz des Dargebotenen immer mehr ein und bleibt ratlos vor seinem eigenen Puzzle sitzen.

Die empirischen Untersuchungen zur Mediennutzung haben unterschiedliche Werte erbracht, sind sich aber darin einig, dass der zeitlich größte Teil der Mediennutzung auf das Fernsehen entfällt. Die große 1991/92 im Auftrage der Bundesregierung erbrachte Befragung von 7.200 Haushalten ergab, dass jene Befragten, die angaben, das jeweilige Medium aktiv zu nutzen, pro Tag 2:11 Stunden bei den Frauen bzw. 2:24 bei den Männern das Fernsehen bzw. Video nutzten, Radio wurde 0:30 bzw. 0:34 Stunden gehört, Musik von Platte, CD oder Band fiel mit

0:50 bzw. 0:51 Stunden, Bücher lesen mit 0:54 bzw. 0:57 Stunden, Tageszeitungen lesen mit 0:33 bzw. 0:41 Stunden und Zeitschriften lesen mit 0:35 bzw. 0:40 Stunden an. Diese Werte gelten allerdings nur für jene Befragten, die diese Medien aktiv nutzen. Noch deutlicher wird diese Einschränkung beim Nutzen von Computern. Jene, die einen Computer zu Hause nutzen, tun dies 1:19 (Frauen) bzw. 1:52 Stunden (Männer) pro Tag. Über die Gesamtbevölkerung gerechnet, zu der aber auch die Nichtbesitzer von Computern zählen, ergeben sich Durchschnittswerte von wenigen Minuten. Ganz anders sieht das Bild dagegen beim Fernsehen aus. Mehr als 98 Prozent aller Haushalte sind mit mindestens einem Fernsehgerät ausgestattet. Bei allen Befragten, also auch jenen, die keinen Fernseher nutzen oder kein Video besitzen, ergab sich eine durchschnittliche Nutzungsdauer von ungefähr zwei Stunden pro Tag. Die Nutzung der übrigen Medien von durchschnittlich allen Befragten addierte sich dann auf weitere etwa 30 Minuten. Dadurch ergab sich für die Gesamtheit aller Befragten eine ca. zweieinhalbstündige Mediennutzung pro Tag. Allerdings ist auch festzuhalten, dass sich die Nutzung der Medien teilweise auch überschneiden kann: das Radio läuft neben der Zeitungslektüre usw.

Insgesamt nutzen nach dieser Umfrage Männer die Massenmedien etwas häufiger als Frauen. Besonders deutlich war der Unterschied bei den Tätigkeiten am Computer: Frauen 1:19 Stunden, Männer dagegen 1:52 Stunden (jeweils alle befragten Computernutzer) – dies mag sich in den vergangenen acht Jahren nach der Durchführung der Untersuchung geändert haben. Aber auch im Fernsehkonsum sind Männer den Frauen um eine Viertelstunde voraus. Das Fernsehen ist zum dominierenden Freizeitinhalt geworden. In der Befragung, in der Kinder und Jugendliche unter 12 Jahren nicht vertreten waren, lag der Fernsehkonsum an Werktagen bei 2:02 (Frauen) bzw. 2:12 Stunden (Männer), am Samstag bei 2:30 bzw. 2:50 Stunden, am Sonntag bei 2:35 bzw. 3:01 Stunden. Die durchschnittliche Sehdauer steigt mit dem Lebensalter an (Ausnahme: 12-20Jährige, die ebenfalls länger fernsehen). Der Anteil der mit mehr als 3 Stunden Fernsehkonsum als Vielseher definierten Personen lag bei den über 60jährigen Menschen deutlich über einem Drittel aller Befragten in dieser Altersgruppe, bei den 20-40jährigen Befragten waren es nur ein Sechstel und bei den 40-60jährigen Befragten etwa ein Fünftel. Jene Haushalte, die zusätzlich über ein Videogerät verfügen, sehen insgesamt je nach Familientyp 15-25 Minuten pro Tag länger fern. Nach dem sozialen Status differenziert gehören insbesondere Rentner und Arbeitslose (etwa ein Drittel aller befragten Arbeitslosen in der Untersuchung) zu den Vielsehern, während Erwerbstätige, Schüler und Studenten sowie Hausfrauen/-männer mit weniger als einem Fünftel an der Gruppe der Vielseher beteiligt waren.

Mit der Ausbreitung des Fernsehens war zunächst das Ende des Kinos befürchtet worden, das in den fünfziger und sechziger Jahren selbst in kleinen Orten (oft im Saal einer Gaststätte) großen Anklang fand und in den ersten Nachkriegsjahrzehnten zentrale Erlebnisqualität hatte. In der Tat ging der Kinobesuch seit den 60er Jahren deutlich zurück, viele Kinos wurden geschlossen, große Kinos in mehrere kleine Vorführräume umgebaut. Nach dem mit 820 Millionen Besuchern 1957 in der alten Bundesrepublik erreichten Höhepunkt (in der damaligen DDR lag der Höhepunkt 1960 bei 240 Millionen Besuchern, 1989 wurden knapp 69 Millionen gezählt, 1990 fiel die Zahl wegen der Wende deutlich) sank die Besucherzahl innerhalb von nur zehn Jahren auf weniger als 200 Millionen (1967) ab und erreichte 1989 mit 102 Millionen einen absoluten Tiefpunkt. Seit Ende der 80er Jahre erlebt das Kino aber einen neuen Aufschwung. Dies hat verschiedene Gründe. Die Kulturindustrie unterliegt dem Prozess der Internationalisierung, d. h. die Filmproduktion organisiert sich weltweit und kann durch die erheblich ausgeweiteten Absatzmärkte mit hohem Kapitalaufwand Bestseller produzieren. Durch die Vernetzung zwischen den verschiedenen Sparten lässt sich der Erfolg steuern: das zum Hit hochgejubelte Buch gibt die Vorlage für einen Kinofilm, der anschließend auch im Fernsehen große Erfolge haben kann und zugleich wird die Filmmusik auf Tonträger ausgekoppelt und fast ununterbrochen auch im Radio ausgestrahlt. Über das Starsystem werden weitere erfolgreiche Filme vorprogrammiert, denn der Star, der in dem Erfolgsfilm zu Tränen gerührt hat, wird auch im nächsten Film erfolgreich sein (müssen). Auf der anderen Seite hat sich die Kinolandschaft geändert: waren Kinos ursprünglich kleinbetrieblich in Privatbesitz organisiert, so werden sie heute von kommerziell geführten Betreibergruppen unterhalten. Die fünf größten Gruppen in der BRD verfügen über ein Viertel aller Kinos und können vor allem durch Investition in moderne Technik, Komfort und Multiplex-Anlagen ihre Marktanteile ausbauen. Auf diese Weise können die Angebote für die jeweiligen Zuschauergruppen diversifiziert werden. Nach wie vor sind etwa 70 Prozent aller regelmäßigen Kinobesucher jünger als 30 Jahre, doch kommen mit den demographischen Verschiebungen auch immer mehr ältere Nutzer hinzu, so auch immer mehr Menschen in der nachberuflichen Phase. Für die neuen Bundesländer kommt das modernisierte Kino als neues Erlebnis hinzu, weil das Filmangebot in der ehemaligen DDR begrenzt war. Lag der Besuch je Einwohner pro Jahr in den neuen Bundesländern 1991 bei 0,8 und in den alten Bundesländern bei 1,7, so haben sich diese Werte 1998 bei 1,8 angeglichen (zum Vergleich: 1957 besuchte statistisch jeder Bundesbürger pro Jahr 15mal ein Kino). Die Zahl der jährlichen Besucher ist in diesem Zeitraum von 120 auf 150 Millionen gestiegen, der Kartenumsatz ist von knapp einer Milliarde auf 1,6 Milliarden DM angewachsen. In etwa 1.100 Orten der BRD stehen 800.000 Sitzplätze für etwa 4.500 Leinwände zur Verfügung. Nach dem Alter liegt die Gruppe der 20-29Jährigen vor der Gruppe der 30-39Jährigen, denen dann erst die Gruppe der 10-19Jährigen folgt. 51 Prozent der Kinogänger sind Männer, 49 Prozent Frauen. Die größte Besuchergruppe sind Schüler und Studenten, denen dichtauf die Angestellten folgen. Nach der Größe des Heimatortes liegen Orte unter 20.000 Einwohnern an der Spitze (Neckermann 1999).

Theater haben sich hingegen nur bedingt behaupten können. In der Mehrzahl wurden sie vom Staat unterhalten, der in den letzten beiden Jahrzehnten unter erheblichen Sparzwängen seine Zuweisungen immer weiter zurückfahren musste. Wegen der immensen Kosten für Musik- und Sprechtheater mussten daher oft Abstriche bei Qualität und Ausstattung oder sogar Schließungen hingenommen werden. Der öffentliche Zuschuss überstieg i. d. R. den Preis für eine vom Kunden zu zahlende Eintrittskarte um ein Mehrfaches. 1998 betrug bei den öffentlichen Theatern der staatliche Betriebszuschuss im Durchschnitt 168 DM pro Besucher. Die 682 öffentlichen Spielstätten verfügten über 250.243 Sitzplätze und beschäftigten rund 40.000 Mitarbeiter (wovon weniger als die Hälfte künstlerisches Personal war). Etwa 20,7 Millionen Besucher erlebten 1998 etwa 65.000 Veranstaltungen, wofür die Zuschauer rund 650 Millionen Mark, der Staat aber weitere 4 Milliarden DM zahlten. Die 55 Kulturorchester in öffentlicher Hand zogen bei 5.300 Auftritten 2,5 Millionen Zuhörer an, wofür der Staat zusätzlich 370 Millionen DM zahlte. Die 206 Privattheater zogen bei fast 45.000 Aufführungen mehr als 11 Millionen Zuschauer an, wofür öffentliche Zuwendungen von 144 Millionen DM erfolgten. Die 42 Festspielbühnen hatten bei 2.221 Aufführungen rund 1,5 Millionen Zuschauer, wofür aus staatlichen Mitteln 33 Millionen DM bewilligt wurden. Festspiele haben im Zuge der Entwicklung zu Events einen deutlichen Aufschwung genommen, auch Privattheater und Konzerte profitieren von diesem Trend. Die großen öffentlichen Theater mussten ihre Programme diversifizieren und die besonders teuren Sparten (z. B. Ballett) schließen. Der Theaterbesuch profitiert aber von einigen gesellschaftlichen Wandlungstendenzen: Akademisierung und Tertiarisierung bescheren dem Theater neues Publikum vor allem im städtischen Raum (Angestellte, Beamte), mit dem wachsenden Tourismus kommen vermehrt auswärtige Besucher, in der Suche nach neuen Erlebnissen erlangt auch das Theater neues Interesse. Umgekehrt ist das »klassische« Publikum (Bildungsbürgertum, höhere Gesellschaftsschichten) eher auf dem Rückzug, während in den letzten Jahrzehnten auch eine Verjüngung des Publikums festzustellen ist (was partiell aus der Diversifizierung des Programms resultieren dürfte).

Bücher erfreuen sich wachsender Beliebtheit. Die Zahl der neu auf den Markt gebrachten bzw. wieder aufgelegten Buchtitel stieg von 1970 (47.000 Titel) bis 1998 (78.000 Titel) kontinuierlich an. Davon sind 75 bis 80 Prozent Erstauflagen. Taschenbücher machen einen Anteil von etwa 15 Prozent aus. Jedes vierte Buch der Erstauflagen entstammt heute aus den Sozialwissenschaften, nur ein Sechstel kommt aus Belletristik, Sprach- und Literaturwissenschaften, ähnlich groß ist der Anteil bei Medizin, Technik und angewandten Wissenschaften. Bei den neuen Taschenbüchern stammt allerdings nur ein Zehntel aus den Sozialwissenschaften aber jeder zweite Titel aus dem Bereich Belletristik, Literatur- und Sprachwissenschaften. Für Bücher wurden 1998 etwa 18 Milliarden DM ausgegeben, wobei etwa 60 Prozent in Sortimentsbuchhandlungen erworben wurden, ein Sechstel wurde direkt beim Verlag erworben, der Rest bei anderen Verkaufsstellen (z. B. Kaufhäuser, Kioske, Versand, Buchclubs). Trotz starker Konkurrenz durch andere Medien erfreut sich das Buch weiterhin großer Beliebtheit. Dieser Trend wird durch die gesellschaftlichen Veränderungen – wie etwa Akademisierung, Tertiarisierung, gesellschaftliche Umschichtungen, Wissensgesellschaft – begünstigt. Aber auch der Tourismus (Reiseliteratur, Karten, Atlanten) und das Wechselspiel mit anderen Medien (Bestseller, Verfilmung, Hörkassetten) verstetigen solche Tendenzen. Auf der anderen Seite beschränken die rigiden Sparmaßnahmen der öffentlichen Haushalte die Anschaffungen der öffentlichen bzw. wissenschaftlichen Bibliotheken.

6.2.2   Medien in der Kulturkritik

Schon früh – denn die heute vorherrschenden Massenmedien sind erst im mittleren Drittel des 20. Jahrhunderts zum vollen Durchbruch gelangt – haben Horkheimer/Adorno (1947) die Entwicklung der »Kulturindustrie« analysiert. Die Erzeugnisse der Kultur, die nicht mehr Hochkultur, sondern Massenkultur sei, würden immer deutlicher den Charakter von Waren annehmen. Sie würden nach industriellen Maßstäben produziert und durch die Massenmedien konsumierbar gemacht. Die ursprünglichen Aufgaben der Kultur, nämlich aufzuklären, zu bilden, Alternativen zur Wirklichkeit zu entwerfen, würden im 20. Jahrhundert fast gänzlich hinter die Warenfunktion zurückgedrängt. Nicht mehr die Information, sondern die »Verkaufbarkeit« bestimme das Schicksal der Massenmedien. Eine Zeitung oder Zeitschrift werde nach ganz ähnlichen Kriterien produziert und verkauft wie jedes andere Wirtschaftsgut (z. B. Waschmittel oder Autos) und könne nur noch in der Ideologie daran festhalten, Bestandteil der Kultur mit entsprechenden Informations- oder Aufklärungsfunktionen zu sein. Massenmedien werden wie die meisten anderen Wirtschaftsgüter nach den Prinzipien der optimalen Kapitalverwertung hergestellt und vermarktet, wobei die rasche Entwicklung neuer Medien (z. B. Fernsehen, Audiovision usw.) den Sektor der Massenmedien zu einer Wachstumsbranche von rascher Ausdehnung gemacht hat. Die Prinzipien der optimalen Kapitalverwertung sind bei den öffentlich-rechtlichen elektronischen Medien, Hörfunk und Fernsehen zwar nur teilweise privatwirtschaftlich und indirekt über den Staat (und damit über Steuereinnahmen, Subventionen, Finanzpolitik usw.) wirksam, doch arbeiten Fernsehen und Hörfunk (zumal die privaten Anbieter) grundsätzlich auch nach den Gesetzen des Wirtschaftssystems, mit dem sie direkt zumeist über Werbeeinnahmen, Geräteproduktion und Programmherstellung verbunden sind. Doch wollten Horkheimer/Adorno mit ihrer Analyse der Kulturindustrie weniger auf die Verflochtenheit mit dem wirtschaftlichen System hinweisen, sondern vor allem die Auswirkungen auf das Programm und auf das Publikum verdeutlichen. Dabei erschien ihnen die wesentliche Tendenz der Kulturindustrie in der Standardisierung der Produkte und der Rationalisierung der Verbreitungstechniken zu liegen: »Kultur heute schlägt alles mit Ähnlichkeit. Film, Radio, Magazine machen ein System aus. Jede Sparte ist einstimmig in sich und alle stimmen zusammen. Die ästhetischen Manifestationen noch der politischen Gegensätze verkünden gleichermaßen das Lob des stählernen Rhythmus« (Horkheimer/Adorno 1947: 198).

Die Massenmedien sind nicht nur von ihrer technischen Begrenztheit her zur Standardisierung gezwungen, sondern auch weil die Prinzipien der optimalen Kapitalverwertung kostspielige Kreativität an der Entfaltung hindern. Die Inhalte der Medien werden uniform, die einmal gängige Masche wird fortgesetzt, die angeblichen Bedürfnisse der »Massen« werden auf ein vermeintlich gemeinsames Minimum reduziert. Die bereits durch die Massenmedien geformten Bedürfnisse und Interessen werden wiederum zum Beweis für die »Bedürfnislosigkeit« und »Apathie der Massen« gemacht: »Je fester die Positionen der Kulturindustrie werden, um so summarischer kann sie mit dem Bedürfnis der Konsumenten verfahren, es produzieren, steuern, disziplinieren, selbst das Amüsement einziehen« (Horkheimer/Adorno 1947: 171).

Die Bedürfnisse der Menschen, die sie typischerweise in ihrer Freizeit ausleben können, werden von der Kulturindustrie gleichermaßen geformt wie ausgebeutet. Trotz der Standardisierung der Inhalte und Verbreitungstechniken müssen die Medien dennoch den Eindruck erwecken, auf die individuellen Bedürfnisse einzugehen. Dies ist nicht nur durch ausgeklügelte Manipulationstechniken oder ständige Wiederholung der Individualität möglich, sondern auch durch die Funktion der Massenmedien, das einmal erreichte, aber immer durch Labilität bedrohte psychische Gleichgewicht zu stabilisieren. Indem das Individuum nicht von den Massenmedien mit konträren Informationen, die seine mühsam aufgebaute Identität wieder problematisch werden lassen könnte, konfrontiert wird, nimmt es die standardisierten Inhalte der Medien als positive Hilfe an. So soll insbesondere das mit der Berufsarbeit verbundene Konfliktfeld nicht in den Freizeitbereich hinüberschlagen. Daher müssen die Medien für die Freizeit Entspannung und Unterhaltung bieten – wobei sie durchaus die Monotonie der Berufsarbeit fortsetzen: »Dem Arbeitsvorgang in Fabrik und Büro ist auszuweichen nur in der Angleichung an ihn in der Muße (...) Das Vergnügen erstarrt zur Langeweile, weil es, um Vergnügung zu bleiben, nicht wieder Anstrengung kosten soll und daher streng in den ausgefahrenen Assoziationsgleisen sich bewegt. Der Zuschauer soll keiner eigenen Gedanken bedürfen« (Horkheimer/Adorno 1947: 162).

Wieweit dabei überhaupt von »Muße« gesprochen werden kann, ist fraglich. Denn durch die Kulturindustrie wird die Freizeit zur Konsumzeit für die Produkte der Kulturindustrie. Horkheimer/Adorno haben eine zentrale Tendenz der Entwicklung in diesem Jahrhundert bezeichnet, allerdings heben sie nur die inhaltliche Standardisierung und Rationalisierung der Verbreitungstechniken sowie die Manipulation bzw. Ausbeutung von präformierten Bedürfnissen hervor. Der Hinweis auf die ideologischen Funktionen der Massenmedien und auf die Zusammenhänge zwischen Gesellschaftssystem und Kulturindustrie fallen in der hier vorgestellten Untersuchung weniger überzeugend aus. In den Jahrzehnten seit der Veröffentlichung dieser Untersuchung haben die Massenmedien zusätzliche Funktionen übernommen, die in der Gegenwart deutlicher hervortreten.

Die »Kulturindustrie« (Horkheimer/Adorno) oder »Bewusstseinsindustrie« (Enzensberger) oder »Illusionsindustrie« (Haugg) ist zu einem zentralen Merkmal des 20. Jahrhunderts geworden. Auch im 18. und 19. Jahrhundert gab es schon Tendenzen zur Massenkultur, doch waren die einzelnen Sparten der Kultur noch weitgehend autonom gegenüber einander und verstanden sich eher kritisch gegenüber der Gesellschaft. Die Scheidung zwischen hoher und niederer Kultur war zwar ideologisch begründet und sollte die gesellschaftlichen Ungleichheiten betonen, doch wollte sich Kultur dadurch ihre Fähigkeit zur Kritik bestehender Zustände und auch ihre Fähigkeit zur Utopie erhalten. Mit der Einebnung dieses Gegensatzes im 20. Jahrhunderts ist auf der einen Seite zwar eine Demokratisierung der Kultur eingeleitet worden (die Oper ist nicht länger die Domäne der Oberschichten), doch ist auf der anderen Seite mit der Industrialisierung der Kultur deren Kommerzialisierung und Gleichschaltung eingeleitet worden. In der Kulturindustrie wird inzwischen nach industriellen Prinzipien – also nach Profitmaximierung, Ausweitung der Marktmacht, wachsendem Kapitaleinsatz, Standardisierung und Dominanz der Technologie – gearbeitet. Ob Autos, Waschmittel oder Fernsehnachrichten produziert werden, fügt sich den gleichen Prinzipien der Kapitalverwertung. Inhaltliche Qualitäten haben nur noch einen geringen Einfluss, Marktsegmente, Publikumsbindung oder Werbestrategien dominieren. So entsteht Gleichförmigkeit, kulturelle Differenzen werden eingeebnet, Kultur wird standardisiert und damit der Marktlogik unterworfen. Kritik und Utopie werden in das System der Kulturindustrie integriert, wodurch Kultur auf ihren affirmativen Charakter beschränkt wird. Die Eigenlogik der Sparten der Kultur gleicht sich immer mehr an: Klassische Musik wird in Popmusik überführt, diese mit der Filmmusik oder mit der Werbung trivialisiert und von dort in beliebige Versatzstücke zerteilt, um in anderen Teilen der Kulturindustrie weiter ausgemünzt zu werden. Differenzen werden gleichgemacht, Neues wird allenthalben zugelassen, um dann reibungslos in die »Mainstream«-Kultur eingefügt zu werden. Der neue Stil, die Außenseiter, das Unerhörte werden eben nicht ausgeschaltet, wie in terroristischen Regimen üblich, sondern subtil in die Kulturindustrie eingefügt. Denn diese würde sich bald verschleißen und mit dem Immergleichen rasch an ihre Grenzen stoßen. Das »neue Gesicht« im Film, die »Garagenmusiker« im Jazz, das »Wunderkind« am Piano liefern der Kulturindustrie ebenso neuen Brennstoff wie das Obszöne, Vulgäre oder Rebellische.

Wie Holzer (1973) schon vor einem Vierteljahrhundert bemerkte, treten die Massenmedien nicht nur als Produkte auf, die wie Waschmittel vermarktet werden. Sie haben vielmehr auch spezifische Gebrauchswertansprüche zu erfüllen:

> »Das Verlangen nach Wissensvermittlung resultiert aus der Notwendigkeit, über die Weiterentwicklung der Produktivkräfte, die fortschreitende arbeitsteilige Differenzierung der Gesellschaftsprozesse und die entsprechenden Möglichkeiten der Gestaltung des gesellschaftlichen Lebens entsprechend orientiert, das heißt: entscheidungskompetent und handlungsrelevant informiert zu werden. Das Verlangen nach Sozialtherapie resultiert aus der Notwendigkeit, für die Defizite, Zwänge und Anforderungen, die die eigene soziale Lage kennzeichnen, Entlastungs- und Kompensationsmöglichkeiten zu haben. Das Verlangen nach Legitimationshilfe resultiert aus der Notwendigkeit, die eigene Situation deuten und bewerten sowie die einem begegnenden Zustände, Ereignisse und Verhaltensweisen rechtfertigen oder gerechtfertigt kritisieren zu können« *(Holzer 1973: 155 f.).*

Die Massenmedien haben in der Gegenwart mindestens drei Funktionen zu erfüllen: wenigstens in bescheidenem Umfang Wissen über das Funktionieren der Gesellschaft und über die sonstigen Lebensprozesse zu vermitteln, gewissermaßen therapeutisch für die Versagungen und Zwänge zu entschädigen bzw. entsprechende Kompensationen (»heile Welt«) anzubieten und schließlich Deutungsmuster und Legitimationshilfen für die undeutlich gewordene individuelle Einordnung in die gesellschaftlichen Lebensbezüge zu gewähren. Zur Erfüllung dieser Funktionen bedienen sich laut Holzer Presse wie Fernsehen, aber auch Hörfunk und Film subtiler Darstellungstechniken[7]. Wieweit die Thesen in welchem Umfange mit der

---

7 »*These 1:* Diese Medien kompensieren durch Personalisierung gesellschaftlicher Tatbestände Abstraktheit und Anonymität, Dichte und Unübersichtlichkeit der betrieblichen und verwaltungstechnischen Zusammenhänge, denen die überwiegende Mehrheit des Publikums täglich ohne Möglichkeit der Mit- und Selbstbestimmung ausgesetzt ist.(...) Systematisch wird dem Publikum mit Hilfe der Personalisierungstechnik beigebracht, nicht nach den Bedingungen des Gesellschaftssystems, in dem man arbeitet und lebt, sondern nur nach Vor- und Nachteilen von Personen *zu* fragen – wodurch dieses Publikum sich gleichzeitig aufgerufen sieht, die Ursachen für in ihrer Umwelt auftretende Probleme und Schwierigkeiten stets bei sich selbst *zu* suchen und durch erhöhte psychische und physische Anpassungsleistungen auszugleichen. (...) *These 2:* Die Medien suggerieren durch Intimisierung, Privatisierung gesellschaftsrelevanter Angelegenheiten dem Publikum, das sich in Beruf und Politik zumeist in extrem abhängiger Position erfährt, persönliches Beteiligt sein und direkte Kontrolle bei gesellschaftlich wichtigen Ereignissen und Entscheidungen. Das Verfahren der Intimisierung, der Privatisierung von gesellschaftsrelevanten Angelegenheiten beruht insbesondere darauf, dass gesellschaftsstrukturell begründete politische, ökonomische und kulturelle Probleme als dekoratives Beiwerk zum Privatleben der gesellschaftlichen Prominenz erscheinen.(...) *These 3:* Die Medien geben ihrem Publikum Gelegenheit, seine Vorstellung von sozialer Gerechtigkeit auf das »gesellschaftlich erträgliche Maß« zu

Realität übereinstimmen, ist durch empirische Forschungen noch nicht voll geklärt worden. Sie sind in dieser Form auch zu allgemein, um für den Freizeitbereich eindeutige Aussagen zu ermöglichen. Wenn allerdings bedacht wird, dass die Freizeit der erwachsenen Bevölkerung zu mehr als der Hälfte mit Massenmedien verbracht wird, müssen die entpolitisierenden und ideologisierenden Funktionen der Massenmedien bedenklich stimmen. Die bisher genannten Funktionen der Massenmedien dürften im Freizeitverhalten je nach sozialer Schicht- bzw. Klassenzugehörigkeit, Bildungsstand, Alter oder Familiensituation unterschiedliche Konsequenzen haben – wozu aber bisher nicht gerade umfangreiche fundierte Untersuchungen vorliegen. Dabei werden sicherlich auch andere Medien differenzierend einzubeziehen sein: z. B. Buch, Computer, Kino oder Schallplatte.

Zusammen mit der Werbung entsteht eine »Illusionsindustrie«(Haugg 1970), die den Eindruck erweckt, tatsächlich Bedürfnisse zu befriedigen, die aber immer ein Stück Unbefriedigtsein hinterlässt, das nach neuen Unterhaltungen, Informationen oder Befriedigungen giert. Weil Bedürfnisse nie vollkommen befriedigt werden (können), bleiben für die Werbung Anknüpfungen möglich, die eine weitere Befriedigung versprechen. Mit der Werbung wird z. B. verheißen, mit dem Kauf einer bestimmten Reifenmarke auch bei der langbeinigen Schönen, die in der Werbung neben dem Auto posiert, Erfolg haben zu können. Und wer eine bestimmte Zigarattenmarke raucht, inhaliert den Duft der weiten Welt und der grenzenlosen Freiheit. Die Werbung führt zwar einerseits zur »Ästhetisierung der Alltagswelt« (wie z. B. ein Vergleich der fast werbefreien damaligen DDR mit der buntbeworbenen damaligen BRD zeigen konnte), doch andererseits knüpft sie an vermeintliche oder tatsächliche Bedürfnisse an, deren gesellschaftliche Relevanz ungeklärt bleibt. In seiner »Kritik der Warenästhetik« hat W. F. Haugg (1970) dargelegt, wie in kapitalistischen Systemen aus der Diskrepanz zwischen Gebrauchswert und Tauschwert beständig die Notwendigkeit entsteht, im Interesse einer beschleunigten Warenzirkulation die »Ästhetik der Waren« zu verbessern. Weil sich Waren in ihrem Gebrauchswert oft gleichen bzw. ähneln, wird Ästhetik (z. B.Verpackung, Mode, Stil) als Unterscheidungsmerkmal eingeführt. Autos, die sich nur marginal in ihren Funktionen unterscheiden, werden durchs Design unterscheidbar. Zwei im Inhalt identische Seifen werden durch Verpackung oder Markennamen zu zwei völlig verschiedenen Waren.

Die »Warenästhetik« erzeugt die Illusion der Differenz und der Bedürfnisbefriedigung und wird daher von Haugg auch als »Illusionsindustrie« bezeichnet. Selbst im engeren Sinne der Medien werden solche Illusionen erzeugt. Nach dem Lesen einer Zeitung oder dem Sehen von Nachrichtensendungen im Fernsehen entsteht der Eindruck, nunmehr relativ gut informiert zu sein. Wegen der recht geringen Halbwertzeit solcher Informationen entsteht aber schon relativ bald wieder ein »In-

---

reduzieren, indem sie durch einen als immanent relativierte, problematisierte, von Dissonanzen durchsetzte Traumwelt erscheinenden Unterhaltungs-, aber auch Informationsstoff dem Publikum nicht realisierbare Wünsche nach sozialem Aufstieg aus- und statt dessen den Erwerb »aufstiegsträchtiger« Konsumsymbole aufreden. (...) *These* 4: Die Medien treiben ihr Publikum durch Präsentation einer illustren Warenwelt als »Kaufkraft« auf den Markt und verwehren der Mehrheit des Publikums durch Vorführung angeblich akzeptierter Statussymbole und Konsumstile die Erkenntnis, dass individueller sozialer Aufstieg nur, wenn überhaupt, innerhalb einer festgefügten Hierarchie von Herrschaftspositionen möglich und daher klar limitiert ist« *(Holzer 1973: 167 f.; Hervorhebungen v. Verf.).*

formationshunger«, weil der Neuigkeitswert ziemlich rasch verschleißt und neue Informationen deshalb begierig aufgenommen werden. Auch Nachrichtensendungen werden nach dem Prinzip von Fortsetzungsromanen – dem wohl besten Beispiel für solche Illusionen – dargeboten. Die Phase der Sättigung darf nur sehr kurz sein, schon bald muss ein neuer Waren- oder Informationshunger aufkommen. Zu den Konstruktionsprinzipien moderner Massenmedien gehören Tempo, niedriger Haftwert und Verschleiß, wie sich im übrigen auch Politiker nicht mehr gern an ihr »Geschwätz von gestern« (Adenauer) erinnern mögen. Langfristigkeit, wie sie ursprünglich das Buch oder die Schallplatte versprachen, ist im Mediensektor kaum noch erkennbar.

Die Dominanz der Warenwelt hat aber nur scheinbar zur Entpolitisierung der Medien geführt, denn – wie bereits Enzensberger in seinem »Baukasten zu einer Theorie der Medien« (1970) vermerkte – sind die Massenmedien Bestandteil der »Bewusstseinsindustrie«. Weniger im Sinne eines allgemeinen Manipulationsverdachtes, nach dem die Massenmedien gezielt Informationen manipulieren, um das Bewusstsein zu beeinflussen, greifen Medien heute eher indirekt auf das Denken der Menschen zu. Nicht so sehr die Beeinflussung in Richtung auf eine ganz spezielle politische Position, sondern im Sinne der Verbreitung von Welt- und Gesellschaftsbildern haben die Medien Einfluss. So wird etwa durch die Vielfalt der Medien der Eindruck vermittelt, dass ein Pluralismus im politischen Spektrum gewährleistet sei. Durch die Konzentration im Bereich der politischen Mitte und durch die Selektion der Informationen durch Nachrichtenagenturen wird aber nur ein spezielles Segment politischer oder gesellschaftlicher Positionen abgebildet. Der Einfluss der Medien ist dadurch viel subtiler geworden, dass eben explizit auf parteipolitische Bindungen verzichtet wird. Die vermeintliche Freiheit der Meinungsbildung vermittelt dem Rezipienten den Eindruck, selbst Herr der Auswahl von Informationen und Positionen zu sein, obwohl dieser faktisch nur aus einem stark eingeengten Spektrum wählen kann oder abweichende Informationen mit erheblichem Zusatzaufwand beschaffen muss.

Die moderne Medienkritik zielt in der Gegenwart immer mehr auf die elektronischen Medien, welche überlieferte Grenzziehungen zwischen Kindheit und Erwachsenenwelt zum Verschwinden bringen oder das Amüsement zum einzigen Lebenszweck erheben und daher fast sinnbildlich zum Tode führen können (Postman). Das Fernsehen hat zwar das Buch nicht ablösen können, aber die spezifischen Qualitäten des Buches aufgehoben. Beim Lesen muss das Gehirn sich eigene Bilder machen und diese je nach Situation und Vorerfahrung ausschmücken, wobei der Lesende sein eigenes Tempo entwickeln und ggf. auch das Lesen unterbrechen oder das Gelesene wiederholen kann. Das Fernsehen bietet dagegen ziemlich komplette Bilder, die das Gehirn nicht mehr ausschmücken kann, weil Hören und Sehen gleichermaßen angesprochen werden. Zwar bietet das Video die Möglichkeit des Zurückspulens oder Vorspulens, doch hat das Fernsehen eine eigene Geschwindigkeit, der der Zuschauer folgen muss, und mit der Komplettheit der Bilder bleibt kaum eine Chance, das Gesehene nachzuprüfen oder sich mit dem Stoff gründlicher auseinanderzusetzen. Die Standardisierung der Darbietungsformen (Formatfernsehen) trimmt zudem die Spannen der Aufmerksamkeit, wie Postman hervorhebt: konnten Mitte des 19. Jahrhunderts die Bürger bei Wahlkampfauftritten in den USA noch 7 Stunden lang Reden verfolgen, so wird mit dem Fernsehen die Aufmerksamkeit auf 30, 45, 60 oder 90 Minuten getrimmt, weil dies die Längen der jeweiligen Sendungen sind. Diese von den Medienmachern oft als psychologische Gesetzmäßigkeit ausgegebene Wahrnehmungsspanne ist allerdings eine Fiktion, wie die Erfahrung mit anderen Sendungen (etwa beim Offenen Kanal) zeigen.

Das Fernsehen ebnet nach Postman allerdings die Grenzen zwischen Altersgruppen ein, weil bestimmte Formen der Literalität, die zum Lesen von Büchern unabdingbar sind, nicht mehr zum Verständnis von Fernseh- oder Hörfunksendungen vorausgesetzt werden. Die Fernsehinhalte sind nahezu allen Altersgruppen verständlich, Geheimnisse können mithin kaum noch aufgebaut werden. Kindheit verschwindet unter der starken Dominanz des Fernsehens laut Postman, weil Erwachsene kein spezielles (Geheim-)Wissen gegenüber den Kindern mehr als Vorsprung geltend machen können. Allerdings muss Postman dahingehend kritisiert werden, dass Kindheit nicht ausschließlich über Geheimnisse und Medienkonsum definiert werden kann. So sind auch die weiteren Arbeiten von Postman zu kritisieren, wenn er z. B. die These aufstellt, dass die Medien vor allem Amüsement, das allmählich zur Sucht nach immer mehr und neuen Reizen führt, bieten und auf diese Weise dauerhaft ein Weltbild nach dem Zuschnitt der Fernsehwelt verankern. Wenn in den USA selbst politische Nachrichten von Nummerngirls präsentiert, Werbesendungen als unterhaltsamer Spielfilm zusammengestellt oder Großveranstaltungen von Cheerleadern moderiert werden, so mag die Aussage »Wir amüsieren uns zu Tode« damit belegt werden können, doch bieten Fernsehen und Hörfunk, neuerdings auch das Internet darüber hinaus noch andere Informationen, die nicht nur als Amüsement dargeboten werden.

6.2.3   Informations-, Medien- oder Netzwerkgesellschaften?

Die explosionsartige Vermehrung von Massenmedien hat moderne Gesellschaften grundlegend gewandelt. Information wird zu einem zentralen Bestandteil allen Wirtschaftens und sozialen Handelns. Neu an dieser Entwicklung sind vor allem die Geschwindigkeit der Herstellung und Verbreitung von Informationen, deren weltweite Verteilung und Verbindung in Netzen, sowie die damit einhergehende Verschiebung der Grenzen zwischen Virtualität und Realität. Elektronische Netzwerke haben die Vorstellungen vom Raum grundlegend geändert und zu einer Revolution der Kulturtechniken geführt. Massenmedien und Computer sind nicht ausschließlich Maschinen und Produzenten bzw. Distributoren von Information und Unterhaltung, sie ändern auch den Zugang zur Welt nachhaltig. Fußballfans sind es gewohnt, im Fernsehen mit verlangsamten Bildabläufen oder veränderten Kameraeinstellungen den vermeintlichen Elfmeter genau aufklären zu können. Im Stadion vermissen sie diese Möglichkeiten, weshalb moderne Stadien mit Großbildtafeln diesem Bedürfnis nachkommen. Die Art des Hörens und Sehens wird stark durch Medien geprägt, wobei vermutlich das Leitmedium der besonders prägenden Phase in jüngeren Lebensjahren wichtig ist. Menschen, die mit Zeitungen aufgewachsen sind, hatten vermutlich einen etwas anderen Zugang zur Welt als die späteren Generationen, die mit Computer und Fernsehen groß wurden. Mit den modernen Medien und Netzwerken haben sich Umfang und Qualität der Möglichkeitswelten radikal verändert. Alles kann auch Simulation sein, denn die grünlichen Bilder von den Raketenangriffen auf Bagdad oder Kabul können auch zu Testzwecken in der Wüste von Nevada aufgenommen worden sein, ob Kriege überhaupt real stattgefunden haben, lässt sich auf diese Weise kaum noch prüfen. Und ob sich ein Ministerpräsident in einem Luxushotel in die Wanne gelegt hat, um mit einer Illustrierten einen Millionendeal über seinen vermeintlichen Tod herzustellen und anschließend die Millionen auf einer Farm in Paraguay zu genießen, mag mehr als eine gut erfundene Story sein. Informationen repräsentieren immer mehrere Bedeutungen, die das Individuum in immer neuen Verknüpfen in seine Wahrnehmung oder auch in seine Phantasie aufnehmen muss bzw. kann. In Cyberwelten lassen sich historische oder aktuelle Geschehnisse perfekt simulieren (vgl. Faßler 2001).

Freizeit vollzieht sich zunehmend in der Informations- oder Mediengesellschaft, weil das System der Massenmedien immer kompletter und komplexer wird und in immer weitere Zonen des Alltags einzieht. Medien dominieren längst nicht mehr nur im privaten Raum. Am Arbeitsplatz, in der U-Bahn, im Kaufhaus oder beim Friseur sind Medien kaum noch zu vermeiden, beim Flug in den Urlaub gehört ein Spielfilm dazu und allein im Auto berieseln den Reisenden unaufhörlich Musik oder Nachrichten. Auf öffentlichen Plätzen senden Medien nicht nur ihre Botschaften, längst speichern auch Überwachungskameras alle Bewegungen. Mit Fotoapparaten oder Videocameras erzeugen Menschen fortlaufend neue Bilder und Sehweisen. In Schulen und Hochschulen geht zwar alles etwas langsamer, doch zunehmend dominiert auch hier mediale Perfektion. Das Medium selbst wird zur Botschaft, wie bereits vor fast vier Jahrzehnten der kanadische Medien-Guru McLuhan prophezeite, um auf diese Weise die Welt zum globalen Dorf zu machen. Medien sind zwar weiterhin perfekte Mittel zur Manipulation von Massen, zumal das System der Kulturindustrie kompletter und undurchschaubarer wird, zugleich bieten sie aber auch enorme Möglichkeiten, sich die Welt selbst anzueignen, eigene Weltbilder zu gewinnen und zu überprüfen. Vor allem das Internet bietet viele neue Potenziale, um Informationen und Wissen zu erlangen bzw. zu verteilen. So besehen sind moderne Gesellschaften tatsächlich oder möglicherweise Informations-, Medien-, Netzwerk- oder Wissensgesellschaften, die in der Gegenwart Struktur und Qualität von Freizeit wandeln.

6.3 Sport und Gesundheit

Sport hat im Laufe der Geschichte sehr unterschiedliche Ausprägungen und Funktionen gehabt. Gegenüber dem Spiel, das dem Sport eng verwandt ist, aber nicht zwangsläufig an Regeln gebunden ist, hat Sport bereits recht früh Regeln entwickelt. Regelhaftigkeit ist allerdings kein zwingendes Kriterium für Sport, weil der einzelne Mensch sich durchaus bewegen kann, ohne genaue Regeln zu beachten. Auch Wettkampf ist kein zwingendes Definitionsmerkmal, weil jedes Individuum nach eigenem Gutdünken mit seinem Körper umgehen kann und dies selbst als Sport betrachten kann. Dennoch ist Sport nicht ausschließlich ins persönliche Belieben gestellt, weil eben auch immer gesellschaftliche Vorstellungen und Funktionen in den Sport einfließen. Hier muss nicht eigens an die hohe Bedeutung des

Sports in totalitären Regimen – etwa im »Dritten Reich« oder im real existierenden Sozialismus – erinnert werden, bereits in der Antike galten »Brot und Spiele« als beliebte Herrschaftstechnik.

In der Gegenwart sind die Erscheinungsformen des Sports sehr vielfältig: Freizeit- oder Berufssport, Amateur- oder Profisport, Volks- oder Showsport, Passiv- oder Aktivsport, Massen- oder Elitensport, Breiten- oder Spitzensport, Ausgleichs- oder Gesundheitssport, Sommer- oder Wintersport, Hallen- oder Feldsport, Trend- oder Exklusivsport, Jedermans- oder Extremsport, Individual- oder Mannschaftssport, Traditions- oder Modesport, Ausdauer- oder Wettkampfsport, Alltags- oder Ausnahmesport, organisierter oder nichtorganisierter Sport usf. Die Liste der Gegensatzpaare lässt sich beliebig erweitern, die Abgrenzungen sind nicht immer trennscharf und der Begriff »Sport« wird bisweilen auch metaphorisch verwendet, wenn den »Schnäppchenjägern« ihre Kauflust zum »Sport« wird. Auch ist es definitorisch schwer, bestimmte Sportarten – wie z. B. Schach – dem Sport zuzurechnen, andere Handlungen – wie z. B. Spazierengehen – aus dem Sport auszugrenzen. Dennoch kann der Definition von Hitzler (1991) weitgehend zugestimmt werden:

> »In diesem Sinne lässt sich Sport schlechthin – also jeder Sport – beschreiben als freiwillige zeitweilige, sichtbare, Kraft, Schnelligkeit, Geschick und/oder Ausdauer erfordernde, bewertbare, körperliche Aktivität, die im Rahmen expliziter, die prinzipiellen Handlungsmöglichkeiten beschränkender Regeln stattfindet. Sport ist demnach kein zweckrationales, sondern ein wertrationales, voluntativ leistendes Wirken«(Hitzler 1991: 482).

Allerdings ist diese Definition um gesellschaftliche Komponenten zu ergänzen, denn Sport ist immer auch in komplexe gesellschaftliche Verhältnisse eingebettet. So z. B. in Gesundheit, Körper, Erotik, Geschlechterfragen, Kommerz, Massenmedien, Politik, Verwaltung, Erziehung, Medizin, Kultur, Wissenschaften, gesellschaftliche Ungleichheiten, Lebensweisen, Lebensbedingungen u. dgl. m.

Gerade in den Umbrüchen moderner Gesellschaften haben sich die Erscheinungsformen des Sports pluralisiert und dynamisiert. Zu den traditionellen Sportarten, die sich teilweise über Jahrhunderte ausgeformt haben, sind neue und oft sehr kurzlebige Bewegungs- und Sportformen hinzu gekommen. Weil eine Quantifizierung sämtlicher Sportarten wegen deren bisweilen fehlender Institutionalisierung nicht möglich ist, können genaue Relationen nicht angegeben werden. Die herkömmlichen Sportarten nehmen bis heute den breitesten Raum ein. Doch sind mindestens drei weitere Gruppen hinzugekommen: Trendsportarten (wie Snowboarding, Streetball, Windsurfen, Beachvolleyball, Mountainbiking, Skateboarding, Inlineskating), Extremsportarten (wie Paragliding, Freeclimbing, Riverrafting, Canyoning, Bungeespringen) und exotische Arten der Bewegung bzw. des Sports (wie Kungfu, Kickboxen, Yoga, Jiujitsu). Die meisten Trendsportarten unterliegen rascher Dynamik, werden schnell kommerzialisiert und sind zumeist auf hohem technologischem Niveau angesiedelt (vgl. Lamprecht/Stamm 1998). Sie wurden oft von Außenseitern eingeführt, die verschiedene andere Sportformen mit neuen technischen Erfindungen verknüpften: Z. B. wollte ein amerikanischer Tüftler das Segeln (Boot) mit den Wellenreiten (Ski) verknüpfen und erfand damit das Windsurfen, das rasch bei Jugendlichen Interesse fand und so einen bis heute anhaltenden Boom auslöste. Trendsportarten verstehen sich zunächst eher als Gegenwelt und erlangen so Attraktivität bei Gesellschaftsgruppen, die sich für innovativ, suchend oder ausgegrenzt halten (z. B. Jugendliche oder Akademiker). Mit der Ausübung von Trendsportarten können Lebensstile demonstriert und technische Vorlieben ausprobiert werden. In der nächsten Phase entdecken technische und ökonomische Interessenten diese Phänomene, verbessern die Techniken und etablieren Märkte. Daraus entstehen dann in den meisten Fällen groß angelegte Kampagnen – einige mit großem Aufwand propagierte Trendsportarten haben sich allerdings nicht durchsetzen können – , an deren Ende die Institutionalisierung dieser Sportarten mit eigenem Regelwerk, Verbänden und Wettbewerben steht. Tatsächliche oder vermeintliche Konflikte mit traditionellen Sportarten – z. B. zwischen Windsurfern und Seglern – erhöhen die Kohäsion in der neuen Trendsportart, neue Muster der Abgrenzung (z. B. spezielle Reviere, Kleidung und Statussymbole) verstetigen sodann die Entwicklung, wodurch sich soziale Grenzen verstärken, die selbst im Zeichen der Individualisierung Gemeinsamkeiten herstellen. Auch in diesem Feld oszillieren Sportarten um die Pole Leistung und Spaß. Waren die traditionellen Sportarten ursprünglich stark an Leistung orientiert, so nehmen sie inzwischen auch Spaßelemente auf (z. B. wenn Thekenmannschaften just for fun kicken), während die ursprünglich vor allem aus Spaß entstandenen Trendsportarten mit ihrer Institutionalisierung vermehrt Leistung in sich aufnehmen.

6.3.1 Wiederkehr der Körper

In der Freizeit nimmt der menschliche Körper einen hohen Stellenwert ein. Gesundheit und Sport, also der quartäre Beschäftigungssektor, sind nicht nur sehr dynamische Branchen, sie bilden sich auch immer mehr zu eigenständigen Systemen aus. Die Gesundheitsindustrie (kritisch auch »Pharma-Reha-Komplex«genannt), die hier nur partiell zum Thema Freizeit gezählt werden soll, hat in der zweiten Hälfte des 20. Jahrhunderts sozioökonomisch einen ähnlich hohen Rang erlangt, wie der Sport, der ins Zentrum der Freizeitwirtschaft gerückt ist und mit seinen Umsätzen die Höhe des Staatshaushalts erreicht hat. Sport ist zu einem elementaren Bestandteil moderner Gesellschaften geworden, weil sich in ihm fundamentale Strukturveränderungen (z. B. im Verhältnis zu Natur, Körper, Leistung, Selbst- und Fremdbildern) ausdrücken.

Die menschlichen Körper waren in der gesamten menschlichen Geschichte starken Belastungen durch physische Arbeit und durch Krankheiten, Kriege und Natureinflüsse ausgesetzt. Nur wenige Privilegierte konnten sich derartigen Lasten entziehen. Diese schädigten dann aber ihre Körper oft durch zügellosen Konsum. So war – neben der Kindersterblichkeit – die niedrige durchschnittliche Lebenserwartung begründet in frühen und starken Schädigungen der Körper. Erst seit Mitte des 20. Jahrhunderts hat sich dies für die Mehrzahl der Menschen in den meisten industrialisierten Ländern geändert. Harte körperliche Arbeiten sind nur noch von einer Minderheit zu verrichten und an mangelnder Wärme oder Ernährung sterben nur wenige Menschen. Auch wenn etliche Zivilisationskrankheiten, Fehlernährung, Umweltbelastungen, psychische Stressfaktoren und soziale Umbrüche als neuartige Belastungen hinzu gekommen sind, lassen sich doch viele Belege für die gewiss überzeichnete These vom »Verschwinden der Körper« (Kamper/Wulf 1982) finden. Waren früher die menschlichen Körper durch Arbeit und Krankheit geprägt, so entfallen diese Faktoren tendenziell. In der Gegenwart werden Körper immer mehr Träger von Bedeutungen, weshalb von einer »Wiederkehr der Körper« (Kamper/Wulf) gesprochen wird. Die Körper bilden durch Kleidung, Schmuck, Frisuren, Symbole, Farben oder Düfte Repräsentanzen von Distanz und Zugehörigkeit zu Gruppen, Richtungen und Stilen. Einerseits lassen sich so individuelle Vorlieben und Darstellungsweisen inszenieren, andererseits aber auch Gruppenzugehörigkeiten markieren.

In den meisten historischen Gesellschaften war es nur privilegierten Minderheiten erlaubt und vorbehalten, über körperbezogene Attribute sich von der großen Bevölkerungsmehrheit abzuheben. Im späten Mittelalter untersagten städtische Kleiderordnungen dem »gemeinen Volk« das Tragen bestimmter Stoffe oder Abzeichen. Ohnehin zwang die vorherrschende Armut den meisten Menschen recht einheitliche Kleidung oder Frisuren auf, wobei sich Unterschiede allenfalls im Grad der Abnutzung ergaben, und selbst die Sonntagskleidung musste meist ein ganzes Leben lang halten. Die Körper selbst waren durch harte Arbeit gezeichnet, wobei sonnengebräunte Haut noch zu Beginn des 20. Jahrhunderts als Makel der Arbeiter und Bauern galt, weil diese ihre Arbeit ganz überwiegend ungeschützt im Freien zu verrichten hatten. Weiße Haut galt dagegen als Zeichen der Reichen, Gebildeten und Privilegierten, die sich nicht bei ihrer Arbeit der Sonnenstrahlung aussetzen mussten. Körperliche Fitness war kein Selbstwert, sondern Voraussetzung der Arbeits- und Lebensfähigkeit. Der Körper war das eigentliche Kapital und die Grundlage für die soziale und biologische Reproduktion.

Mit dem Wandel der Erwerbsarbeit, die vor allem unter den Stichworten Tertiarisierung und Dispositionsfähigkeit beschrieben wird, hat sich die Belastung des Körpers nachhaltig verändert. Nach der These von J. Fourastié (1954) hat sich seit dem 19. Jahrhundert eine deutliche Verschiebung zwischen den Sektoren der Erwerbsarbeit vollzogen. Der primäre Sektor der Naturaneignung (Landwirtschaft, Fischerei, Forsten), in dem um 1860 noch mehr als zwei Drittel aller Menschen arbeiteten, wurde im Zuge der Industrialisierung immer mehr durch den sekundären Sektor der Naturverarbeitung (Industrie, Handwerk) verdrängt, in dem 1960 etwa 55 Prozent aller Beschäftigten tätig waren. Im 20. Jahrhundert hat sich dagegen der tertiäre Sektor, der vor allem Dienstleistungen, Sicherung, Distribution und Unterhaltung umfasst, immer stärker ausgeweitet und ist inzwischen zum beschäftigungsstärksten Sektor mit fast der Hälfte aller Beschäftigten geworden, weshalb auch von einer Tertiarisierung moderner Beschäftigung gesprochen wird. Der tertiäre Sektor enthält allerdings recht heterogene Bereiche, weshalb m. E. (vgl. Prahl 1992) eine weitere Differenzierung sinnvoll ist. Neben dem Dienstleistungssektor i. e. S. ist ein quartärer und ein quintärer Sektor entstanden. Im quartären Sektor sind die Bereiche Sport, Gesundheit, Freizeit und Tourismus angesiedelt, die einer eigenen Logik im Sinne von Wohlbefinden, Aussehen, Glück, Entspannung und Unterhaltung folgen. Im quintären Sektor sind die Bereiche der Entsorgung von Giften, Abwasser, Abgasen, Abfall oder sonstigen Problemstoffen sowie der Erhaltung von Natur und Umwelt angesiedelt, ein Sektor, der ebenfalls einer Eigenlogik im Sinne von Entlastung und Erhaltung unterliegt und ökonomisch inzwischen prosperiert. Diese Differenzierung macht auch für die Freizeitsoziologie Sinn, weil die jeweiligen Eigenlogiken der Sektoren in die weiteren Analysen einbezogen werden können.

Mit der Verschiebung zwischen den Beschäftigungssektoren hat sich die Qualität der Arbeit deutlich verändert. Immer weniger Menschen arbeiten körperlich hart – obwohl durchaus noch etliche körperlich anstrengende Berufe übrig geblieben sind. Mit der Ausweitung der tertiären, quartären und quintären Sektoren ist die physische Belastung rückläufig, die psychische Belastung dagegen ansteigend. Dispositive Fähigkeiten im Sinne von Entscheidungsroutinen, komplexes Denken, administrative Abläufe, Kundenorientierung, Flexibilität und Übersicht werden in diesen Arbeitsfeldern immer wichtiger und verlangen damit besondere psychische Kapazitäten. Der Körper bleibt überwiegend unterfordert, der psychische Apparat dagegen tendenziell überfordert. Zudem ändern sich die Arbeitsbedingungen in Richtung Teamarbeit, Innovationsbereitschaft, Flexibilität, Klientenkontakt, Angestelltenkultur, aber auch Mobbing, Stress, Tempo, Virtualisierung oder Mobilität und Ungewissheit. Die wachsende psychosoziale Belastung wirkt sich auf die psychophysische Verfassung der Erwerbstätigen ebenso nachhaltig aus wie die ständige physische Unterforderung. Der Körper wird in der modernen Arbeitswelt von harter körperlicher Arbeit entlastet, zugleich aber durch mehr Entscheidungen, Geschwindigkeiten und Stressfaktoren belastet.

Sport hat in der zweiten Hälfte des 20. Jahrhunderts in der Bevölkerung deshalb einen so hohen Akzeptanzwert erlangen können, weil es gelungen ist, ihn mit den hoch bewerteten Qualitäten Gesundheit und Fitness zu verknüpfen. In dem Maße, in dem Gesundheit nicht mehr als göttliche Gabe oder genetisches Programm betrachtet wird, sondern die individuelle Lebensführung und die Möglichkeiten der Prävention in den Mittelpunkt der Betrachtung gerät, erlangt sportliche Betätigung einen hohen Stellenwert für Individuum und Gesellschaft. Vermeintlich oder tatsächlich kann Sport Erkrankungen vorbeugen, therapieren oder sonstige Defizite ausgleichen. Wenn diese These akzeptiert wird – obwohl Churchills Diktum »Sport ist Mord« mit gleicher Legitimität als gültige Aussage angeführt werden könnte –, dann kann das Individuum seine Lebensqualität und -erwartung durch Sport erhöhen. Und wenn zugleich steigende Kosten für Krankheiten als großes soziales Problem definiert werden, dann erlangt Sport als gesundheitsförderliche Maßnahme gesellschaftlich einen hohen Akzeptanzwert – was sich in zahlreichen Untersuchungen zeigt. So ist es in der zweiten Hälfte des 20. Jahrhunderts in Europa, Nordamerika und Asien, Australien und Neuseeland gelungen, Sport individuell, wirtschaftlich wie gesellschaftlich einen hohen Wert zu verleihen. Unsportlichkeit wird geradezu zu einem gesellschaftlichen Stigma. Negative Folgen von Sport werden heruntergespielt, auch wenn die gesundheitsschädlichen Folgen nicht unerheblich sind, wie die überfüllten Arztpraxen mit den am Wochenende erlittenen Sportverletzungen oder die beim Joggen eingetretenen Herzinfarkte illustrieren.

Neben Gesundheit ist vor allem Fitness zu einem Programm des ausgehenden 20. Jahrhunderts geworden. Damit soll das körperliche Wohlbefinden im Hinblick auf allgemeine Leistungsfähigkeit, Wohlbefinden und Zufriedenheit mit dem eigenen Körper bezeichnet werden. Aus der Zufriedenheit mit dem eigenen physischen Zustand soll auch Zufriedenheit mit der eigenen psychischen Verfassung resultieren. Hinter diesem Konzept verbirgt sich aber ein allgemeiner Wandel der Körperlichkeit. Mussten in allen früheren Gesellschaften die meisten Menschen froh sein, wenn sie mit ihrem durch Arbeit und Krankheit, Unterernährung und Siechtum ge-

kennzeichneten Körper einigermaßen ihr Leben bestreiten konnten – nur wenige
konnten ihren makellosen Körper ohne Arbeit und Krankheit erhalten und präsentieren –, so wird es in der Gegenwart erstmals historisch der Mehrheit der Bevölkerung möglich, den Körper recht lange ohne Verschleiß durch harte Arbeit oder
Krankheit zu erhalten. Der gesunde, gestählte und verschönerte Körper erhält Leitbildfunktion. Werbung und Medien tragen zu diesem Wandel erheblich bei, indem
sie dieses Idealbild massenhaft propagieren und einem Massenpublikum zugänglich machen. Zwar konnten Körperideale in Form von Statuen auch schon in der
römischen Antike massenhaft betrachtet werden und auch in späterer Zeit haben
Malerei und Bildhauerei solche Ideale immer weiter transportiert. Doch für die
ganz große Masse waren diese Ideale aufgrund ihrer Lebensumstände völlig uner-
reichbar. Die Kluft zwischen Idealbild und Erreichbarkeit ist durch die veränderten
Arbeits- und Lebensbedingungen in neuerer Zeit aber deutlich kleiner geworden.
Zugleich sind die Angebote zur Verschönerung des Körpers – von Sport- und Fit-
nessangeboten über Kosmetika und Diäten bis hin zu Schönheitsoperationen, künstlichen Zähnen oder Haaren – ungeheuer vielfältig geworden. Schönheit ist nicht
länger eine Frage der Ausgangslage sondern eine Frage der Zielgröße und der finanziellen Mittel.

Der menschliche Körper wird immer mehr zum Träger von Bedeutungen, was
sich nicht nur in Kleidung, Frisur, Abzeichen oder Accessoires ausdrückt. Vielmehr soll der Körper auch Fitness, Gesundheit, Leistungsfähigkeit oder Lebenslust
zum Ausdruck bringen. Die im Sonnenstudio erlangte Bräunung soll Assoziationen mit Urlaub und Freizeit herstellen. Die dadurch erlangte (vermeintliche) Be-
wunderung erhöht Selbstsicherheit bzw. überdeckt Unsicherheiten, auch wenn
Dermatologen vor solchen »Verschönerungen« warnen. Die im Fitnessstudio zusätzlich gewonnenen Muskeln und abgespeckten Bauchfalten erwecken den Eindruck von Sportlichkeit. Der Körper gerät immer mehr in eine Maschinerie, die zusätzliche eigene Stärke suggeriert und letztlich die weniger schöne und gesunde
Natur zu überwinden verheißt. Der gestählte Körper wird dem allen Menschen bevorstehenden Tod entgegengestellt. Tod und Eros, die beiden großen Konkurrenten im Dasein der Menschen, werden auf diese Weise neu bestimmt. Hässlichkeit
und Krankheit müssen nicht länger unvermeidliches Schicksal sein, wenn der
Mensch durch Sport, Fitness und Schönheitsindustrie Paroli bieten kann. Das Versprechen der Machbarkeit will zumindest partiell die Schöpfung korrigieren. Mit
der wachsenden Bedeutung von Gesundheit und seelischem Wohlbefinden wird
neuerdings auch »wellness« als Komponente eines als modern gelten wollenden
Lebensgefühls propagiert, in das nicht nur erhebliche Finanzmittel investiert werden, sondern das inzwischen auch wissenschaftliche Dignität erlangt und eigene
Studiengänge hervorgebracht hat.

So entwickelt sich immer deutlicher eine Form der Körpertechnologie, die indu-
striell organisiert ist. Sportwissenschaft und Medizintechnik erfinden ständig neue
Substanzen und Technologien, um aus den Körpern noch mehr Leistung herauszu-
holen oder Unzulänglichkeiten auszugleichen. Im Leistungssport ist die Doping-
problematik nicht mehr wegzudiskutieren. Auch im vermeintlich legalen Bereich
wird der Sportlerkörper manipuliert, wenn Haare entfernt werden, um noch einige
Tausendstelsekunden schneller zu sein, oder wenn Trikots und Sportgeräte im
Windkanal optimiert werden. Längst ist der Spitzensport zu einem Experimentier-

feld für industrielle Technologien und Innovationen geworden, in dem mit hohem Aufwand neue Materialien oder Substanzen entwickelt oder aus der Raumfahrt entlehnt werden. Später sollen sich die Investitionen auf dem Massenmarkt rentieren, indem Tennisschläger oder Fahrräder, die sich im Wettkampf bewährt haben, auch den Freizeitsportlern zugänglich gemacht werden. In einfacherer Version verbreitet sich Technologie vom Hometrainer über das vollautomatische Blutdruckmessgerät bis hin zur Spezialwäsche bis in den letzten Haushalt. In den letzten Jahren sind insbesondere die von Sportlern bevorzugten Nahrungsmittel bzw. Ergänzungen (z. B. in Form von Getränken, Aufbaustoffen, Vitaminpräparaten) zum Renner geworden.

Mit der auch in anderen Gesellschaftsbereichen zu beobachtenden Tendenz zur Ästhetisierung sind ähnliche Entwicklungen auch im Bereich des Sportes vorangekommen. So ist vor allem die Kleidung ein expandierendes Marktsegment. Kleidung wird für das aktive Sporttreiben immer bedeutsamer, wie sich an der wachsenden Zahl von Fachgeschäften oder Spezialabteilungen von Warenhäusern ablesen lässt. Tennis ohne entsprechende Kleidung zu spielen gilt als stillos, Bergwandern ohne entsprechendes Schuhwerk kann sogar lebensgefährlich sein. Sportkleidung ist auch ohne sportliche Betätigung zum Abzeichen geworden. Turnschuhe bestimmter Marken können selbst im Parlament getragen werden, Baseballcaps gehören zum Erkennungsmerkmal für manche Gruppen und in den Schulen rivalisieren Kinder mit Fußballtrikots oder Schulranzen um die Aufmerksamkeit von Mitschülern oder Lehrern. Sportkleidung hat sich verselbständigt und veralltäglicht. Für kommerzielle Sportbetreiber ist dies zu einer höchst lukrativen Einnahmequelle geworden. Eingefleischte Fans schlafen am liebsten in der Bettwäsche ihres Lieblingsvereins und tragen auch außerhalb des Stadions den Schal in den Vereinsfarben. Der Alltag wird immer mehr zum Ort der Selbstinszenierung.

Zugleich entwickeln Menschen über den Sport ein verändertes Körperbewusstsein, indem sie ihren Körper als nicht den Fremdzwängen von Arbeitsplatz, Schule oder Krankheit ausgesetzt erfahren können. Sport enthält auch Regeln, die aber von den Sporttreibenden sehr viel weniger zwanghaft erfahren werden. Das Moment der Freiwilligkeit und das Spielerische, das jederzeit beendet werden kann, unterscheiden den Freizeitsport von der Arbeit und anderen zentralen Rollenzwängen. So kann der Körper neu ausgetestet und jenseits des Leistenmüssens quasi autoerotisch besetzt werden. Neue Fähigkeiten und Grenzen können erfahren werden, aber auch Insuffizienzgefühle oder Versagensängste können sich einstellen. In seiner ganzen Komplexität und Ambivalenz ist der Freizeitsport in die Identitätsentwicklung und Selbstkonzepte einzubeziehen, was zur Ego-Stabilisierung beitragen, aber auch Unsicherheiten und Ängste schüren kann. So ist auffällig, dass Essgestörte besonders intensiv Sport treiben, um ihren Körper zu beherrschen. Auch die enge Verknüpfung von Sport und Gesundheit kann exzessives, gelegentlich krankmachendes Sporttreiben hervorrufen. Und wenn beim Sport ein direkter Vergleich mit anderen Körpern gesucht wird, kann die vermeintliche Makelhaftigkeit des eigenen Körpers mit Diäten, noch mehr Sport oder Medikamenten bekämpft werden – oft eine Spirale ohne Ende.

Sport wird in der Gegenwart, in der Menschen immer mehr von äußeren Zwängen und Repressionen entlastet werden, zu einem Feld, in dem das Individuum Kontrolle über den eigenen Körper ausüben kann. Die Abwehr äußerer Gefahren und die Sorge um das leibliche Wohl, mit denen nahezu alle Generationen zuvor einen großen Teil ihrer Aufmerksamkeit beschäftigen mussten, gehören in der Gegenwart nicht länger zu den existentiellen Zwängen. So kehrt sich die Perspektive von außen nach innen. Das Selbst wird mit dem eigenen Körper gleichgesetzt, den es zu beherrschen, zu kontrollieren, zu gestalten gilt. Wenn aus Fremdzwang Selbstzwang wird, dann projizieren sich die Kontrollinteressen immer stärker auf den Körper, den es zu disziplinieren gilt. Moderne Disziplinargesellschaften sind im Sinne von Foucault durch subtile und zumeist indirekte Strategien der Macht gekennzeichnet, in denen die vorherrschenden Diskurse dazu führen, dass Macht nicht mehr als direkte und äußerliche Macht empfunden wird. Wissenschaften, Medien und politische Instanzen haben längst ein Geflecht von Dispositiven der Macht etabliert, die sich nicht mehr wie in herkömmlichen staatlichen oder kirchlichen Organisationen aus höheren Zielen oder Werten legitimieren, sondern subtil im Bewusstsein der Individuen verankert sind. Gewollt oder ungewollt ist es den einschlägigen Wissenschaften gelungen, Denkformen durchzusetzen, nach denen Sporttreiben und Gesundheitsförderung in einem beweisbaren Zusammenhang stehen. Weil aber Krankheit, Sterben und Tod in westlichen Kulturen negativ bewertet werden – in anderen Kulturen wird Kranksein womöglich als von den Göttern gewolltes Schicksal oder Tod als Auszeichnung betrachtet –, übernehmen die Menschen das Sporttreiben als eine Strategie, um Krankheit und Tod möglichst lange hinauszuschieben. Sport muss also nicht befohlen werden, was ja eine direkte und äußerliche Form der Macht wäre, sondern wird als persönliche Strategie im Umgang mit den Gefahren von Krankwerden und Sterben empfunden. So müssen die Interessen von Wirtschaft (Leistungsfähigkeit der Beschäftigten), Versicherungen (Reduzierung der Ausgaben für Krankheiten) oder Sportartikelherstellern (Erhöhung der Verkaufszahlen) nicht direkt artikuliert und durchgesetzt werden, sondern können indirekt über (zumeist wissenschaftliche) Diskurse fast zwanglos ihre Ziele erreichen. In Gesellschaften, in denen die durchschnittliche Lebenserwartung nicht mehr wie noch um 1850 bei vierzig sondern heute bei achtzig Lebensjahren liegt, können derartige wissenschaftliche Diskurse mit besonderer Plausibilität rechnen. Einem durch lebenslange Fron und Arbeitszeiten von täglich mehr als vierzehn Stunden geschundenen Industriearbeiter wäre ein solcher Diskurs vor mehr als hundert Jahren kaum plausibel gewesen.

In fundamentaler Betrachtung bewegt sich Sport zwischen Eros und Tod. Zum einen soll Sport nicht nur das Sterben möglichst weit hinausschieben, sondern – zumindest im Spitzensport – die Grenzen der körperlichen und seelischen Leistungsfähigkeit erreichen. Sport ist so inszenierte Grenzerfahrung und der Kampf mit der eigenen Begrenztheit. Im Hochleistungssport wird über immer neue Körpertechnologien versucht, die physischen und psychischen Grenzen des menschlichen Körpers zu verschieben – in Einzelfällen mit tödlichem Ausgang. Im Breitensports suchen die Aktiven ihre persönlichen Bestmarken zu steigern oder zu halten. Rasender Puls, aufkommende Übelkeit oder triefender Schweiß signalisieren die eigenen Grenzen. Mussten frühere Generationen mit Seuchen, Kriegen, Hunger und Feuer immer wieder die Grenzen der Existenz verspüren, so hat sich heute diese Grenzerfahrung gewissermaßen im Sport (wohl auch beim Autofahren u.dgl.) virtualisiert. Sport ist nicht Ersatz für Krieg, Hunger oder Feuer, Sport ist eine eigene zivile Form des Umgangs mit der Grenze zwischen Leben und Tod, eine künstliche Erprobung von Grenzerfahrungen. Der Sieg ersetzt das Ende und kann immer angestrebt werden, der Tod dagegen ist endgültig. Der sportgestählte Körpcr besiegt den Tod auf Zeit, ohne ihm am Ende entkommen zu können. Zugleich findet der Körper durch den Sport auch immer wieder Wege zum Eros, indem sich der Körper annimmt und durch das Sporttreiben beglückt. Physiologisch kann es im Sport durch Hormonausschüttungen zu Glücksgefühlen kommen, ein Sieg oder eine besondere Leistung mag psychologisch Glücksempfindungen auslösen. In psychoanalytischer Sicht sublimiert das Individuum Im Sport Teile seines Es, seiner Triebstruktur, die nicht mehr destruktiv zum Ausbruch kommen können. Die Spannung zwischen aggressiven und libidinösen Anteilen wird durch sportliches Handeln über den Körper regelgeleitet abgeführt und als eigene Leistung dem Ich zugerechnet. Weil die meisten Sportarten nicht autistisch und isoliert durchgeführt werden, stellt sich ein Bezug zum Anderen her. Im Wettstreit mit dem anderen Menschen (alter) nimmt das eigene Ich (ego) jenen Anderen an, ohne auf dessen Zerstörung aus zu sein. In die eigene Persönlichkeitsstruktur wird so das alter ego integriert. Am Anderen lässt sich der eigene Zustand ermessen.

6.3.2   Sport in der Kulturkritik

Der Zusammenhang von Freizeit und Sport mit der Erwerbsarbeit wurde schon seit Mitte des 20. Jahrhunderts von vielen Philosophen und Soziologen ins Zentrum der Kritik gerückt[8]. Schon früh hat Plessner (1956) die negativen Anpassungsreaktionen auf die Lebensbedingungen der industriellen Arbeit als Funktionen des Sports hervorgehoben. Für ihn ist Sport eine Ausgleichsreaktion: a) gegen das »gestörte Gleichgewicht zwischen geistigen Möglichkeiten und körperlichen Beanspruchungen«, gegen den »deformierenden Einfluss der Mechanisierung, Spezialisierung, Bürokratisierung im industriellen Arbeitsbereich, im Verkehr« usw.; b) gegen das mit der Arbeitsteilung und Spezialisierung einhergehende »Unsichtbarwerden der eigenen Person« im ArbeitsProzess und gegen das damit verbundene Anonymitätserleben; c) gegen die »Entfremdung aller für alle durch die Intellektualisierung des heutigen Lebens« mit ihrer wechselseitigen Unvergleichlichkeit der differenzierten, abstrakten Teilleistungen; d) gegen die Langeweile und Monotonie der Arbeit. Sport bietet nach Plessner neben der Chance zum sozialen Aufstieg bislang Unterprivilegierter die Möglichkeit zur Erfüllung der »Wünsche nach Überbietung des anderen, nach Selbstbestätigung und Ansehen, nach Höchstleistung und Heldenverehrung (...) nach Erholung, (...) sozialem Kontakt, (...) Aggression und Spiel (...) Entspannung durch Ablenkung«. Sport in der Freizeit ist für Plessner sowohl Anpassung an die Zwänge der lndustriearbeit als auch Entlastung von diesen Zwängen. Sport hat sich als Folge der Industrialisierung über die ganze Welt verbreitet. Dabei garantiert die formale Demokratie zwar jedem Individuum die Chance, sich gesellschaftlich durchzusetzen, doch letztlich dringen nur wenige bis in die Spitzen

---

8   Hier werden insbesondere die kritischen Positionen seit den sechziger Jahren referiert, weil sich im letzten Drittel des 20. Jahrhunderts eine Form der kulturkritischen Diskurse über das Thema Sport herausgebildet haben, die sich einerseits gegen die unkritische Übernahme ideologisch belasteter Denkweisen (z. B. Sport als Leibesübung, Sport als Gesundheitsvorsorge), andererseits gegen eine kommerzielle Vereinnahmung des Sports wandten.

der Leistungseliten vor. Alle anderen sind auf Ersatz verwiesen, den sie aktiv wie passiv im Sport finden können. Aktiv können aber nur wenige zu öffentlicher Beachtung, Karriere oder Geschäft gelangen, allen anderen bleibt die Rolle des passiven Zuschauens und der phantasiegenährten Identifikation mit den für sie stellvertretend kämpfenden und siegenden Helden. Die mit den mangelnden sozialen Durchsetzungschancen aufgebauten Frustrationen werden aggressiv nicht gegen die eigentlichen Ursachen der Versagungen, sondern ersatzweise im Sport abgebaut.

Die These vom Zusammenhang zwischen Arbeitserfahrung und Frustrationsabbau im Sport war schon von Adorno (1955) geäußert worden, der das »masochistische Element« der Sportbetätigung betonte, die eine institutionalisierte Ersatzbefriedigung in illusionärer Pseudoaktivität unter Härteidealen biete und so von gesellschaftsverändernden Aktionen ablenke. Der Sport gebe zwar dem Leib einen Teil der Funktionen zurück, »welche ihm die Maschine entzogen hat (aber nur), um die Menschen zur Bedienung der Maschine um so unerbittlicher einzuschulen: (...) Fitness für die Arbeit, (...) einer der geheimen Zwecke des Sports. Er ähnelt den Leib tendenziell selber der Maschine an. Darum gehört er ins Reich der Unfreiheit« (Adorno 1955: 92). Habermas (1958) sah im Sport – vor allem im Leistungssport – eine Fortsetzung der industriellen Produktionsprinzipien:

> »Sport ist längst zu einem Sektor der Arbeitsrationalisierung geworden. Das längst von der Sportmedizin inaugurierte Intervalltraining kalkuliert die Pausen zwischen den einzelnen Übungen im Prinzip nicht anders als die von der Arbeitsphysiologie empfohlenen Refa-Methoden (...) Unterm Schein des Spiels und der freien Entfaltung der Kräfte verdoppelt der Sport die Arbeitswelt. Und die Individuen werden ihm unter der Hand zu Substraten von Maßeinheiten. Der Trainingsprozess des Hochleistungssportlers, wie er sich nennt, beginnt wie ein ProduktionsProzess im Forschungslabor (...) So wenig wie der Trainer die »verspielten« Einzelaktionen seiner Leute duldet, so wenig hat Sport mit Spiel überhaupt zu tun. Das, was vorgibt, Spiel zu sein, ist in Wahrheit Show – Professionelle auf der einen, Konsumenten auf der anderen Seite. Und was sich der Berufsorganisation wie dem Markt doch noch entzieht, sind privatisierte Reste, nach Manier der Gesellschaftsspiele im kleinen Kreis geübt« (Habermas 1958: 116 f.).

Habermas spricht hier ausschließlich vom Spitzensport, nicht vom Breitensport. Sein Hinweis auf Refa-Methoden meint die bereits in den zwanziger Jahren vom »Reichsausschuß für Arbeit« empfohlenen standardisierten Arbeitsvollzüge, die nach Erkenntnissen der amerikanischen Arbeitswissenschaften organisiert wurden. Als Konsumenten des Spitzensports genießen die Individuen jedoch die in den Leistungssport verlängerten Prinzipien der Arbeitswelt. Passivsport als Freizeitinhalt spiegelt also Prinzipien der industriellen Arbeitswelt wider.

Die strukturelle Ähnlichkeit zwischen Arbeitswelt und Sport ist auch in anderen Untersuchungen herausgestellt worden, insbesondere unter dem Leistungsaspekt. Nach Krockow (1972) ist der Sport die symbolisch konzentrierteste Darstellung der Prinzipien der Leistungsgesellschaft. Exaktheit, Idealität, Objektivität, Chancengleichheit, Messbarkeit, Vergleichbarkeit, Anschaulichkeit, Allgemeinverständlichkeit der Leistung dokumentieren im Sport besonders symbolträchtig die Prinzipien der Leistungsdifferenzierung und damit die Zurechnung des sozialen Ranges nach individueller Leistung. Daher hat der Sport in der spätindustriellen Leistungsgesellschaft, in der individuelle Arbeitsleistung angesichts von Teamarbeit, Bürokratisierung und riesigen Apparaturen kaum noch identifiziert werden kann, die Funktion, Leistung individuell zurechenbar aufzuzeigen, den Wettstreit zu artikulieren, Freizeitsport als »Austragungsort des Wettstreits« könne so zum »Gegengewicht zur existentiellen Verarmung der Arbeitswelt« werden. Freilich schlagen sich dann – und hier ist Krockow zu widersprechen – in der Identifikation mit dem Sport unbewusst die Prinzipien der Leistungsgesellschaft nieder, weil die Leistungsdemonstration im Sport nur Ersatzlösungen anbieten und dem Zuschauer oder Aktiven keine individuell zurechenbare Leistung ermöglichen kann. Die Kluft zwischen dem diffusen Leistungszwang der industriellen Arbeitswelt und der identifizierbaren Leistung im Sportgeschehen kann nur in der Identifikation scheinhaft aufgehoben werden.

Sport als Freizeitinhalt soll die in der Arbeitswelt aufgestauten Aggressionen ableiten, er bietet »als ritualisierte Sonderform des Kampfes« *(Lorenz)* ein Ventil zum Ausleben der individuell und kollektiv aufgestauten Aggressionen. Damit ist der Sport ein Mittel, durch ritualisierte Austragung des Wettstreits Aggressionen gefahrlos abzubauen, die andernfalls in gesellschaftlichen oder internationalen Spannungen zur Entladung kommen könnten. So »verhindert er sozietätsschädigende Wirkungen der Aggression und erhält gleichzeitig ihre arterhaltenden Leistungen« (Lorenz 1963). Ähnlich argumentiert auch Richter (1965: 147): »Im Sport bietet sich also die Chance, ursprünglich gefährliche aggressive Impulse in einer Weise zu entfalten, dass dabei statt einer Rivalenzerstörung am Ende das Ergebnis eine harmlose Gratifikation ist. Die Placierung auf der höchsten Stufe des Siegerpodestes (...) als Symbol der bewiesenen Überlegenheit.«

Dies gilt für den Aktivsportler. Für den Passivsportler kann dagegen das Gegenteil eintreten: er identifiziert sich mit den Mannschaften bzw. Wettkämpfern der engeren Heimat oder der Nation, wobei ihn der miterlebte »Sporttriumph für kurze Zeit für alle eigenen Enttäuschungen in den Rivalitätskonflikten des Lebens entschädigt« (Richter 1965: 149). Wird er aber durch Niederlagen enttäuscht, kann dies in Aggressionen gegen andere umschlagen, die dann nicht mehr im Sport selber aufgefangen werden können (Ausschreitungen im Fußballstadion, Fußballkrieg). Die Ventilfunktion des Sports ist doppeldeutig. Dass Sport aber überhaupt Ventilfunktionen haben soll, ist für Vinnai (1970) eine Frage der gesellschaftlichen Verhältnisse. Denn spätkapitalistische Gesellschaftssysteme locken Aktive wie Zuschauer auf den Sportplatz, um dort ihre anderswo erworbenen Aggressionen abzureagieren, statt diese gegen die Ursachen der Versagungen, Enttäuschungen und Entfremdungen zu richten: »Die Tore auf dem Fußballplatz sind Eigentore der Beherrschten« *(Vinnai 1970: 91)*.

Solche Formen der Kulturkritik werden zwar auch heute noch gerne wiederholt. Doch hat sich die gegenwärtige Kulturkritik weitgehend von materialistischen Analysen verabschiedet. Heute wird Sport eher als eigene Welt der Repräsentation und Reproduktion, als ein Symbolsystem in der Erlebnisgesellschaft oder als eine Form der Simulation, Virtualisierung und Temposteigerung gesehen. Dabei steht Kritik an der verschärften Kommerzialisierung und am Dopingmissbrauch oft im Zentrum der Betrachtung.

6.3.3   Sport im Zivilisationsprozess

Historisch betrachtet ist Sport in den »Prozess der Zivilisation« (Elias) eingebettet. Sowohl in der individuellen Entwicklungsgeschichte (Ontogenese) als auch in der Entwicklung der menschlichen Spezies (Phylogenese) vollziehen sich Prozesse der Zivilisierung menschlicher Affekte. Durch die Ausprägung von Scham- und Peinlichkeitsschwellen bei länger werdenden Interdependenzgeflechten und komplexeren Figurationen zwischen Menschen entstehen in Form von Manierenvorschriften und Gesetzen zunächst Fremdzwänge, die aber im Laufe der Zeit zu Selbstzwängen werden. Wie Norbert Elias am Beispiel der spätmittelalterlichen Manierenbücher gezeigt hat, wurden zunächst in solchen beim Adel populären Schriften Benimmregeln z. B. für Essen und Hygiene formuliert, bevor diese Regeln zu nicht mehr reflektierten Selbstzwängen wurden. Nach einschlägigen Quellen war es bis zum Mittelalter durchaus üblich, sich beim Essen mit den anderen Tischgenossen um das beste Stück Fleisch zu streiten, abgenagte Knochen hinter sich zu werfen oder ungeniert zu schnäuzen, rülpsen und furzen. In dem Maße aber, in dem die Handlungsketten länger wurden, weil immer mehr Menschen am Hofe lebten, wurden Regeln für das Benehmen eingeführt, die zunächst von außen her wirkten, bald aber schon als eigene Verhaltensmaßstäbe verinnerlicht wurden. Affekte wurden zivilisiert, Gewalthandlungen reguliert. Dieser Prozess der Zivilisierung und Regulierung setzte im Sport schon lange vor dem Mittelalter ein. Im antiken Griechenland und Rom wurden bereits früh Regeln für das Sporttreiben festgesetzt, die allerdings mit unseren heutigen Vorstellungen kaum übereinstimmen. So war es im Ringen durchaus üblich, dem Gegner erheblichen körperlichen Schaden (z. B. das Brechen von Knochen, das Ausdrücken der Augen, gelegentlich sogar das Erwürgen) zuzufügen. Allerdings sollte das Opfer dann als Sieger gelten, um dessen Schädigung oder Tod aufzuwerten. Mittelalterliche Ritterturniere hatten ebenfalls feste Regeln, die das Verletzen oder Töten des Kontrahenten vorsahen. In dem Maße aber, in dem sich die »höfische Gesellschaft« mit ihren Verhaltensstandards durchsetzte, wurden Regeln definiert, welche den Sport zu einer Kunst machten. Das Fechten diente nun nicht länger der Verletzung und Tötung, sondern wurde zur Fechtkunst, zum »edlen Wettstreit«. So wurden zwischen dem 15. und 19. Jahrhundert viele Sportarten »zivilisiert«, zumal sich in der gleichen Zeit auch immer mehr die Idee des zähl- und messbaren Erfolges im Zuge der aufkommenden Naturwissenschaften und der beginnenden Industrialisierung durchsetzte. Galt in der Antike lediglich Sieg oder Niederlage, Leben oder Tod, so sollte nunmehr das Ergebnis sportlichen Handelns gemessen und in Ziffern ausgedrückt werden. Zeiten und Weiten konnten mit fortschrittlichen Technologien (Uhren, Messbänder) bestimmt werden, feste Spielplätze und -geräte (z. B. die Größe der Fußballfelder oder der Tore) wurden definiert. Insbesondere in akademischen Kreisen setzten sich Ideen des Wettstreites und der Fairness durch, was sich in den dort ausgeübten Sportarten (z. B. Rudern, Turnen, Hockey, Reiten, Fechten) leicht unter Beweis stellen ließ. In den kampfbetonten Sportarten wurden solche Standards erst mit zeitlicher Verzögerung durchgesetzt.

Seit dem 19. Jahrhundert übernehmen Vereine und Verbände vielfach die Organisation des Sporttreibens. Oft waren Schulen oder Universitäten die Geburtsstätten bestimmter Sportarten, auch die Abschottung zwischen den großen Gesellschaftsgruppen fand ihren Niederschlag im Sport (Turnen als Akademikersport, Fußball als proletarische Sportart). So kam es bisweilen zur Gründung rivalisierender Verbände mit divergierendem Regelwerk. Im Fußball stritten in England jahrzehntelang zwei Verbände um die Vorherrschaft, bis sich die »association...«

durchsetzte, aus deren Wortbestandteil »soc« sich die angelsächsische Bezeichnung des Fußballs als »soccer« durchsetzte.

Mit der Durchsctzung von Regeln und Verhaltensstandards hat sich im Sport der Prozess der Zivilisation bemerkbar gemacht und so eine starke Formalisierung, Standardisierung und Vergleichbarkeit hergestellt. Gewalt bleibt zwar weiterhin ein Element des Sports, ist aber durch Regelanwendung kanalisiert worden. Fouls und Regelverstöße sind subtiler geworden, können allerdings unter den Augen der Massenmedien leichter entdeckt werden. Auf der anderen Seite ist aber zugleich das Interesse an gewalthaltigen Sportdarbietungen (z. B. Wrestling, Catchen, Kampfsportarten) angestiegen. Auch Sportarten mit hohen Risiken (z. B. Motorsport) erfreuen sich hoher öffentlicher Aufmerksamkeit. Offenbar sollen die im Prozess der Zivilisation erreichten Sicherheiten in diesen Bereichen des Sports übersprungen und mit den Grenzen der Erfahrung gespielt werden. Grenzerfahrungen stellen bei bestimmten Sportarten offenbar einen besonderen Reiz dar, der in Gesellschaften mit schwindenden Körpererfahrungen anzuwachsen scheint. Der Körper, der nicht mehr durch harte Arbeitslast geschunden und durch allerorten lauernde Gewalt bedroht wird, sucht in bestimmten Sportarten, zumindest aus der Ferne, gelegentlich auch sehr direkt, Grenzerfahrungen. So mag die ständig wachsende Zahl der Marathonläufer auch mit diesem Phänomen zusammenhängen, selbst wenn bekannt ist, dass gelegentlich schon mal ein Mitläufer im wörtlichen Sinne auf der Strecke bleibt. Und das passive Zuschauen beim Wrestling mag insgeheim Gewaltphantasien stimulieren. Freizeitsport birgt manche Gesundheitsrisiken. Verletzungsgefahr und eigene Überforderung schlagen sich negativ nieder, was in den Arztpraxen am Montagmorgen besonders deutlich wird. Jährlich sind etwa zwei Millionen Sportunfälle zu behandeln.

6.3.4 Sport und Sozialstruktur

Im Sport bilden sich teilweise gesellschaftliche Ungleichheiten ab, wie Weiß (1999) nach Durchsicht einer Reihe von empirischen Untersuchungen zusammenfasst:

»1. Angehörige mittlerer und oberer Sozialschichten treiben häufiger Sport als Angehörige unterer Sozialschichten, wobei der Anteil derer, die nie Sport betrieben haben, in unteren Sozialschichten sehr viel größer ist als in mittleren und oberen Sozialschichten; Angehörige mittlerer und oberer Sozialschichten verwenden mehr Zeit für Sport als Unterschichtangehörige. 2. Je neuer eine Sportart ist, umso höher ist der soziale Status, den jene besitzen, die diese Sportart zuerst betreiben. 3. Je größer die Bedeutung der individuellen Leistung im Sport ist, umso höher ist der soziale Status der Ausübenden; Mannschaftssportarten werden häufiger von unteren Sozialschichten ausgeübt. 4. Während Mitglieder oberer Sozialschichten eher Sportarten betreiben, die einen geringen oder keinen Körperkontakt erforderlich machen, ist die Schichtzugehörigkeit der Sporttreibenden umso niedriger, je stärker eine Sportart Körperkontakt erfordert. 5. In unteren Sozialschichten existiert neben dem instrumentellen Verhältnis zum eigenen Körper (Selbstvergewisserung von männlicher Stärke und Kraft) auch ein instrumentelles Verhältnis zur Natur ... Es dominieren jene Sportarten, die kaum oder keinen Naturbezug haben. 6. Das Sportengagement von Angehörigen unterschiedlicher sozialer Schichten zeigt qualitative Unterschiede. Die Ausprägung ist schichtspezifisch. Schichtabhängige Einstellungen und Verhaltensweisen, die im Sport zum Tragen kommen, zeigen eine bemerkenswerte Konstanz« (Weiß 1999: 104f.).

Das Sportverhalten wird durch eine Reihe von Variablen wie Alter, Geschlecht, Bildung, Beruf, Einkommen und Wohnortgröße mitbestimmt. In fast allen Sportarten sind Jugendliche am aktivsten, die Aktivitätskurve sinkt mit zunehmendem Alter; ab ca. 65 Jahren üben nur noch wenige Menschen aktiv Sport aus (Schwimmen, Wandern, Radfahren). Auch wenn traditionelle Rollenmuster in den letzten Jahrzehnten nicht mehr ganz so dominant sind, hat der Faktor Geschlecht im Sport weiterhin Einfluss: Zum einen gibt es mehr typische Männersportarten als Frauensportarten, zum anderen üben mehr Männer aktiv Sport aus. Für die Wahl der Sportarten wirken nach wie vor traditionelle Rollenvorstellungen fort (Boxen für Männer, Gymnastik für Frauen). Bildung und beruflicher Status sind ebenfalls Einflussfaktoren im Sportgeschehen: mit höheren Bildungsabschlüssen nimmt die Sportaktivität zu, zumal die längere Verweildauer in Bildungsinstitutionen die sportliche Praxis verlängert und dadurch später eine größere Kontinuität im Sporttreiben begünstigt. In der Berufshierarchie nimmt generell mit steigenden Positionen der Sportaktivität zu. Höhere Angestellte, Beamte und Freiberufler treiben mehr Sport und wählen exklusivere Sportarten. Arbeiter dagegen treiben deutlich weniger Sport, Bauern fast keinen Sport. Auch das Einkommen wirkt sich auf das Sporttreiben aus. Ein höheres Einkommen verstärkt die Chancen, Sport auszuüben, zumal jene Sportarten, die mit höheren Kosten verbunden sind. Bezieher niedrigerer Einkommen treiben weniger Sport und wenn, dann preiswertere Sportarten. Auch die Wohnortgröße bleibt nicht ohne Einfluss, denn in städtischen Regionen werden die Angebote im Sportbereich mehr genutzt als in ländlichen Räumen. Solche Befunde (vgl. Weiß, 1999: 105) gelten vor allem für Mitteleuropa, für andere Gesellschaften und Kulturen erscheinen Differenzierungen angebracht, die sich aus Traditionen, Gesellschaftshierarchien und kulturellen Effekten ergeben.

6.3.5   Sport als Beruf

Mit der Ausbreitung der Mediengesellschaft erlangt Passiv- oder Zuschauersport eine wachsende Bedeutung. Sowohl für den direkten Besuch von Sportveranstaltungen wie deren Konsum über Massenmedien lässt sich im gesamten 20. Jahrhundert ein sprunghafter Anstieg der Zuschauerzahlen ausmachen. Die meisten frühen Hochkulturen und die hellenische oder römische Antike haben Sportveranstaltungen für sehr hohe Zuschauerzahlen organisiert. In den großen Arenen und Foren fanden teilweise über 100.000 Zuschauer Platz (im Forum Romanum in Rom gar 300.000). Vielfach fanden solche Darbietungen gar ein tödliches Ende, wenn es z. B. im griechischen Ringkampf zugelassen war, dem Gegner die Augen auszudrücken oder ihn zu erwürgen. Brutalität im Sport ist also keine neuzeitliche Entwicklung. Im europäischen Mittelalter waren Massensportdarbietungen verpönt, die Ritterspiele waren für ein adeliges Publikum reserviert, die wenig organisierten Ballspiele auf den Dörfern wurden als »plebejisch« diskreditiert. Erst seit dem 19. Jahrhundert kam der Zuschauersport wieder zu gesellschaftlicher und politischer Anerkennung, wobei schon früh eine gesellschaftliche Dichotomisierung einsetzte: Fechten, Rudern und Turnen zählten zu den »akademischen« Sportarten, weil sie überwiegend von Studenten ausgeübt wurden, Rugby und später Fußball waren zwar zunächst auch bei Studierenden weit verbreitet, zählten aber schon bald zu Volkssportarten, die massenhaft Zuschauer anzogen. Auch Leichtathletik

und Schwimmen wurden bald zu Zuschauersportarten, wie z. B. das Programm der
ersten Olympischen Spiele der Neuzeit 1896 in Athen zeigte.

Die Professionalisierung des Sports ist zwar kein Phänomen der Neuzeit – auch die
Athleten der griechischen Antike konnten mit Sport reich werden –, doch sind die Dimensionen verschoben worden: Sport ist zu einer hochdynamischen Wirtschaftsbranche geworden, deren Umsätze das Volumen des Staatshaushaltes erreichen und in der
z. B. einzelne Fußballspieler für 100 Millionen DM wie Aktienpakete verkauft werden. Sportvereine werden auch schon als Aktiengesellschaften organisiert und weltweit an den Börsen – zumeist aber mit geringem Erfolg – gehandelt. Große Vereine
ähneln immer stärker mittleren Wirtschaftsunternehmen und können den Status der
Gemeinnützigkeit nur noch erhalten, wenn Fiskus und Administration sämtlich die
Augen verschließen. Als Wirtschaftsbetriebe sind die Vereine in ein kompliziertes Beziehungsgeflecht zu Banken, Bauunternehmen, Verkehrsbetrieben, Sicherheitsdien-
sten, Zulieferern und Sponsoren eingebunden. In vielen Fällen sind die Zuschauerein-
nahmen und Mitgliedsbeiträge nur noch ein kleiner Teil der Einnahmen, der größere
Teil der Einnahmen resultiert aus Fernsehgeldern[9], Werbeeinkünften, Vermarktungs-
erlösen, Zinserträgen, Sponsorenzuschüssen oder Börsengängen. Fremde Firmen er-
werben Zuschauerlogen oder Werberechte an Sportlern. Im Umkreis der Sporstätten
sind oft Hotel- und Vergnügungskomplexe entstanden, die auch für Zwecke genutzt
werden, die nichts mehr mit dem Sportgeschehen zu tun haben. Und in den Sportstätten selbst werden Popkonzerte, Kirchentage, Parteiversammlungen oder Verkaufs-
messen für hohe Geldsummen abgehalten. Der kommerzielle Sport ist zu einem multifunktionalen Wirtschaftsunternehmen geworden, für den die sportliche Betätigung
nur noch eine von vielen Attraktionen darstellt, die aber für den Namen der Firma
(noch) unentbehrlich ist. Andererseits sind aber vielfach die Erträge aus dem Showsport und aus den sonstigen wirtschaftlichen Aktivitäten des Vereins unentbehrlich für
den Amateursport des jeweiligen Vereins. Kinder-, Jugend- oder Behindertenmann-
schaften sind für Zuschauer oder Sponsoren weniger interessant und könnten von den
schmalen Einnahmen oder Beiträgen kaum ihren Betrieb finanzieren.

Nach einschlägigen Schätzungen wird im Sport heute pro Jahr in Deutschland
ein Umsatz von 440 Milliarden DM getätigt, das ist doppelt so viel wie in der Bau-
und Chemiewirtschaft zusammen (Bergedorfer Gesprächskreis 1999: 28). In diesem Betrag sind allerdings alle Aufwendungen für Sportstätten, -kleidung, -geräte,
Vereinsbeiträge, Medien u. dgl. m. subsumiert. Privatleute geben jährlich mindestens 32 Milliarden DM für Sport aus, Gemeinden und Bundesländer sind direkt
mit rund acht Milliarden DM am Sport beteiligt, der Bund ist noch einmal mit 120
Millionen DM für den Spitzensport dabei. Allerdings lassen sich die indirekten
staatlichen Ausgaben für den Sport nicht eindeutig beziffern: Zuschüsse oder
Bürgschaften für den Sportstättenbau, Infrastruktur für die Erreichbarkeit von Stadien oder Hallen, Polizeiaufgebote für Großveranstaltungen, Ausgaben für die
Sportkompanien der Bundeswehr oder für Polizeisportvereine, Subventionen für

---

[9] Im Jahre 2000 wurden für die Übertragungsrechte der Spiele der Fußball-Bundesliga 750 Millionen
DM gezahlt, für die Übertragung der Champions-League waren 200 Millionen DM zu zahlen, einfache Länderspiele kosten zwischen 5 und 10 Millionen DM. Wesentlich teurer waren die weltweiten
Rechte zur Übertragung der Spiele anlässlich der Fußball-Weltmeisterschaften 2002 und 2006. Hierfür zahlte die Kirch-Gruppe gemeinsam mit einem Schweizer Partner 3.4 Milliarden DM.

kommunale Schwimmbäder, Zuschüsse für die Olympia- oder WM-Bewerbungen gehen in die Rechnung ebenso wenig ein wie steuerliche Abschreibungsmöglichkeiten von Sportprojekten etc. Umgekehrt fließen Steuereinnahmen aus Sportveranstaltungen oder aus den Gehältern von Spitzensportlern in die Staatskasse. Eine Gesamtrechnung für den Sport steht noch weitgehend aus.

Als Arbeitsmarkt rangiert der Sport in Deutschland inzwischen an achter Stelle unter allen Branchen. Etwa 700.000 Menschen leben in Vollzeit- oder Teilzeitbeschäftigung vom Sport. Etwa 380.000 von ihnen sind vollzeitlich im Sport beschäftigt, zu ihnen zählen neben Berufssportlern, Trainern, Medizinern, Funktionären auch alle Sportlehrer in Schulen. Spitzensportler können Gehälter von mehreren Millionen p.a. erreichen – in den USA schaffen Stars im Basketball oder Golf sogar bis zu einhundert Millionen Dollar – und stehen mit Topverdienern der Wirtschaft auf einer Stufe. Allerdings können Spitzensportler derartige Gehälter meist nur für wenige Jahre erlangen, während Manager dies über Jahrzehnte können. Die Einkommensquellen im Spitzensport haben sich in den vergangenen Jahrzehnten explosionsartig vervielfacht, weil Sport für Medien, Werbung, Sportartikelhersteller und Sponsoren extrem an Bedeutung gewonnen hat. Mit der raschen Verbreitung der elektronischen Medien ist Sport zur bevorzugten »Software« geworden, die zu immer höheren Summen eingekauft wird. Dieser Prozess ist vor allem seit dem Aufkommen kommerzieller Medien zu beobachten, die mit Sportübertragungen zusätzliche Nutzer an sich binden und so auch die Werbeeinnahmen steigern möchten. Mit Ausnahme von Übertragungen der Fußball-Bundesliga besteht allerdings bei Sportübertragungen nur eine geringe Programmbindung. Bei unterhaltsamen Fernsehserien beträgt die durchschnittliche Programmbindungsrate etwa 60-80 Prozent, die Fußballsendung »ran« erreichte in ihren besten Zeiten 45-50 Prozent, die meisten übrigen Sportübertragungen liegen unter 25 Prozent (Berg/Kiefer 1996). Daher tendieren die Medien zu einer »Spektakularisierung« von Sportübertragungen (z. B. Boxen, Autorennen). Die Inszenierung und Vermarktung von Sport in Medien stößt in der Gegenwart zwar in immer größere Dimensionen vor, doch werden auch Grenzen (z. B. in der Vermarktung von Pay TV) deutlich.

Neben dem offiziellen Arbeitsmarkt wird im Sport aber zusätzlich ehrenamtliche Arbeit geleistet, deren Umfang bislang kaum quantifiziert werden kann. Sportvereine werden i. d. R. von ehrenamtlichen Vorständen geleitet, viele Trainer arbeiten ohne Einkünfte. Die Zahl der Sportvereine ist enorm angestiegen: wurden 1959 in der alten BRD 28.000 Vereine registriert, so waren es 1997 in diesem Gebiet 68.000 oder anders gerechnet kam 1959 auf 2142 Einwohner ein Verein, so waren es 1997 882. Die Vereinsdichte hat sich also fast verdreifacht[10]. Im Deut-

---

[10] Eine neue Untersuchung eines kommerziellen Marktforschungsinstitutes, die sämtliche 600 örtliche Vereinsregister in der BRD ausgewertet hat, kommt zu einem wesentlich höheren Ergebnis. Danach waren von den insgesamt 544.701 eingetragenen Vereinen allein 215.439 (= 39,6 Prozent) Sportvereine. Freizeitvereine – vom Schützenverein bis zum Gesangverein – rangieren mit 95.055 (= 17,4 Prozent) an zweiter Stelle, gefolgt von sozial-karitativen Vereinen mit 72.530 (= 13,3 Prozent), kulturell orientierten Vereinen mit 61.983 (= 11,4 Prozent), beruflichen, wirtschaftlichen bzw. politischen Vereinen und Parteien mit 51.581 (= 9,5 Prozent), Bürgerinitiativen mit 42.510 (7,8 Prozent) und Umweltvereinen mit 5.614 (= 1 Prozent) Einträgen. Insgesamt wird geschätzt, dass alle Vereine zusammen 40 Millionen Mitglieder haben, davon die im Bund Deutscher Karnevalsvereine zusammengeschlossenen Vereine mehr als 2 Millionen Mitglieder (Frankfurter Rundschau 1.10.2001).

schen Sport-Bund (DSB), in dem sich die Sportverbände zusammengeschlossen haben, waren 1959 etwa 5 Millionen Menschen organisiert (ohne Doppelmitgliedschaften), also etwa neun Prozent der Bevölkerung, 1997 waren es 26 Millionen oder 32 Prozent der Bevölkerung. Dieser Zuwachs ist auf eine Reihe von Faktoren zurückzuführen: z. B. das deutlich gestiegene Einkommensniveau lässt auch das Zahlen von Vereinsbeiträgen zu, neue Sportarten kommen auf, gleichzeitig werden traditionelle Sportarten wieder entdeckt, Sport wird verstärkt in Lebensstile integriert, das medial propagierte Gesundheitsideal macht Sport für alle Altersgruppen interessant, mit der deutlich gestiegenen Lebenserwartung nehmen immer mehr Ältere am Sport teil, durch die gewandelte Frauenrolle gehen auch immer mehr Frauen in Sportvereine etc. (Bergedorfer Gesprächskreis 1999: 54f.).

In Vereinen und Verbänden erbringen Mitglieder ehrenamtlich Leistungen, deren Gesamtwert nur geschätzt werden kann. Für die Mitgliedsvereine des Deutschen Sportbundes errechnete Heinemann (1995: 619) nach alten (jeweils erster Wert) und neuen Bundesländern (jeweils zweiter Wert) getrennt folgende Schätzwerte (wobei eine Stunde ehrenamtlicher Tätigkeit mit einem Gegenwert von DM 30.- beziffert wurde):

Ressourcen Vereinsgröße	Beitragsaufkommen West/Ost	Wertschöpfung der Ehrenamtlichen
Unter 100 Mitglieder	9.730 / 4.876	2.957 / 4.607
100-299 Mitglieder	24.720 / 16.260	7.260 / 10.967
300-999 Mitglieder	109.596 / 74.720	14.410 / 30.420

Es zeigt sich, dass das Beitragsaufkommen in den alten Bundesländern höher, die Wertschöpfung durch Ehrenamtliche dagegen niedriger ist als in den neuen Bundesländern. Mit der Größe des Vereins steigt das Beitragsaufkommen, während in Relation dazu die Wertschöpfung durch das Ehrenamt kleiner wird. Dies erklärt sich u. a. daraus, dass große Vereine i. d. R. einen Teil der anfallenden Aufgaben durch bezahltes Personal erledigen lassen (können). Auffällig in dieser Untersuchung war ebenfalls, dass Vereine mit Sportarten, die bevorzugt von Teilnehmern aus höheren Gesellschaftsschichten, die insgesamt über mehr Geld verfügen, betrieben werden, mit weniger ehrenamtlicher Tätigkeit aber höheren Beiträgen rechnen konnten. Zumindest bei der Entscheidung, entweder mehr Zeit in ehrenamtliche Tätigkeiten zu investieren oder mehr Zeit für andere Zwecke bzw. Gelderwerb einzusetzen, überwiegt offenbar eine rationale Kalkulation zugunsten anderer Zeitverwendungen oder des Gelderwerbs (zumal Beiträge und Spenden auch steuerlich geltend gemacht werden können).

Gerade im Sport, aber auch in vielen anderen Freizeitbereichen zeigt sich eine deutliche Entwicklung hin zur ökonomischen Marktförmigkeit. Die herkömmliche unbezahlte Ausübung sportlicher und anderer Freizeitaktivitäten (»Selbstversorgung«) wird immer mehr durch bezahlte Nutzung von entsprechenden Angeboten (»Marktentnahme«) ersetzt oder zumindest ergänzt. Die Verwendung von Zeit unterliegt immer deutlicher den Prinzipien einer Konsumgesellschaft, die eine Vielfalt von Optionen anbietet, unter denen die Menschen ihre Handlungsmöglichkeiten nach Nutzenkalkülen und finanziellen Rahmenbedingungen auswählen können. In den Vergangenheit wurde z. B. in Vereinen vor allem die zeitliche Ressource genutzt, wenn Mitglieder und oft auch Nichtmitglieder die anfallenden Aufgaben ehrenamtlich in ihrer freien Zeit leisteten und die sportliche Betätigung als befriedigende Freizeitgestaltung empfanden. In dem Maße aber, in dem Zeit immer stärker ökonomischen Bewirtschaftungsregeln anheim fällt, stellt sich die Alternative zwischen Zeitpreis und Marktpreis neu. Für den Sportbereich konstatiert Heinemann (1995) eine Wechselbeziehung zwischen Kolonialisierung und Distanzierung:

> »Auf der einen Seite erfolgte eine Kolonialisierung, die Ausdehnung des Wirtschaftshorizonts in den Sport, das Vordringen der in einer Marktwirtschaft vorherrschenden ökonomischen Rationalität, so dass die Wirtschaft des Sports zunehmend nach Strukturen eingerichtet wurde, die für die Wirtschaft unserer Gesellschaft insgesamt typisch sind – etwa also Markt, bürokratische Verwaltung, Beruf. Aber auf der anderen Seite hielt man sich gerade davon distanziert; es wurde hinhaltende Gegenwehr geleistet; man blieb lange bemüht, in der Organisation des Sports Amateurideal, Freiwilligkeit, demokratische Entscheidungsstrukturen, Ehrenamtlichkeit gegen die Kräfte des Marktes aufrecht zu halten. Schließlich lösten die meisten Sportorganisationen das Problem, in dem sie selbst zu erwerbswirtschaftlichen Unternehmen wurden – wenn auch unter dem Banner freiwilliger Vereinigungen mit dem Wappen der alten Ideale des Sports. Sie bewältigten Konflikte und sicherten Macht und Einfluss quasi durch Fusion: ›The spirit of sportsmenship‹ bildete den Mantel, unter dem sich ›the spirit of sponsorship‹ frei entfalten konnte« (Heinemann 1995: 618).

Ähnliche Tendenzen lassen sich auch in anderen Freizeitbereichen ausmachen: Musik lässt sich zwar auch mit der Blockflöte im stillen Kämmerlein machen, doch sind heute die qualitativen Ansprüche und technischen Möglichkeiten derartig stark gewachsen, dass Musik – aktiv wie passiv – immer mehr in die ökonomischen Gesetzmäßigkeiten eingefügt wird.

Insgesamt hat sich der Anteil der Sporttreibenden deutlich erhöht. 1959 lag der Anteil der Sporttreibenden bei etwa zwölf Prozent, 1997 bei etwa 60 Prozent der Bevölkerung – allerdings sind die Kategorien unscharf, weil die gelegentliche Teilnahme an Veranstaltungen eines Schützenvereines ebenso berücksichtigt werden wie die tägliche Teilnahme am Fußballtraining. Entfiel 1959 auf vier männliche Sporttreibende nur eine Frau, so lag das Verhältnis 1997 bei 1,6 Männer zu 1 Frau. In den letzten Jahren sind etwa einhundert neue Sportarten – wie Aerobic, Inline, Steptanz etc. – in den DSB aufgenommen worden. Die herkömmliche Vereinsstruktur hat sich gewandelt. Neue Formen wie offene Sportcamps, Fitnessstudios in Vereinen, Lauftreffs, Volkswandertage, Sport in Bildungseinrichtungen u. dgl. m. haben auch den Sportvereinen vermehrt Zulauf gebracht. Neue Sportarten wie Bungee, Rafting oder Kickboxen machen für die Absicherung der Risiken z. T. hohe Ausgaben erforderlich, die im Verein eher geleistet werden als von Privatleuten. Auch der Anteil des Sporttourismus ist gewaltig gestiegen, wobei die Reisekosten über einen Verein zumeist günstiger gestaltet werden können. Die meisten Sportvereine haben sich von den einstmals hierarchischen und oft auch patriarchalischen Strukturen zu modernen Dienstleistungsbetrieben gewandelt. Sie gleichen eher lockeren Assoziationen als formalen Organisationen und kommen dadurch den veränderten gesellschaftlichen Bedingungen (z. B. Individualisierung, Informalisierung, Erlebnisgesellschaft) entgegen.

6.3.6   Sport und Gesundheit

Ein neuer Trend, der partiell mit dem Sport verbunden ist, drückt sich in der Betonung von Gesundheit aus. Sportliche Aktivitäten sollen nach dem Ergebnis zahlreicher medizinischer Untersuchungen Krankheiten vorbeugen und so die Lebensqualität bzw. -erwartung erhöhen. Auch wenn dieser Zusammenhang nicht immer zweifelsfrei nachgewiesen werden konnte, legitimiert sich der Sport immer noch ganz überwiegend als Gesundheitsfaktor. War der menschliche Körper im Laufe der Geschichte durch harte Arbeit und zahlreiche Erkrankungen meistens überlastet, so ist er heute in vielen Fällen nicht ausgelastet und unterfordert. Daher soll durch sportliche Aktivitäten der Bewegungsmangel ausgeglichen und der Körper gefordert werden. Diese Legitimation des Sports wird seit einigen Jahren durch zwei spezifische Funktionen überlagert: Fitness und Wellness, wie die modernen Anglizismen lauten und auf die Herkunft dieser Tendenzen aus den USA verweisen. Fitsein drückt die Abwesenheit von Krankheiten und Behinderungen aus und soll mit Leistungsfähigkeit, Aktivität und psychophysischer Zufriedenheit einhergehen. Wellness drückt darüber hinaus Wohlbefinden und Lebensfreude aus. Sport ist hier nur ein Aspekt, vor allem gesundheitsfördernde Maßnahmen (z. B. Sauna, Schwimmen, Massage) und Entspannungstechniken kommen hinzu. Was traditionell der Kur vorbehalten war, wird inzwischen zu einer käuflichen und frei zugänglichen Leistung oder Ware. War die Kur an ärztlich festgestellte Indikationen und Bewilligungen durch die Krankenkassen gebunden, so sind Wellness und Fitness Bestandteile eines dynamischen Gesundheitsmarktes und somit gegen Geldzahlung allen Menschen unabhängig von Gesundheitszustand oder Alter verfügbar. Jugendwahn und Altersangst tragen zu dieser Entwicklung ebenso bei wie die Ausbreitung sogenannter Zivilisationskrankheiten (Übergewicht, Folgen von Nikotin- und Alkoholmissbrauch, durch Bewegungsmangel entstandene Defizite oder Herz-Kreislauferkrankungen). Insbesondere leistet die demographische Entwicklung mit der raschen Zunahme älterer Menschen und der gestiegenen Lebenserwartung einen zentralen Beitrag zu diesem Trend. Denn Altsein ist nicht mehr zwangsläufig mit Krankheiten und Gebrechen verbunden und Maßnahmen zur Steigerung der Fitness können die Beeinträchtigungen in jener Altersphase minimieren und möglichst lange hinauszögern. So wird mit dem steigenden Anteil älterer Menschen an der Gesellschaft – derzeit sind etwa ein Fünftel der Deutschen älter als 60 Jahre, im Jahre 2030 werden es mehr als ein Drittel sein – voraussichtlich auch das Angebot an Wellness immer stärker nachgefragt werden. Inzwischen hat diese Entwicklung auch schon die Politik erreicht: Schleswig-Holstein will zum »Land für Gesundheit und Wellness« werden.

Fitness versteht sich zwar auch als Konzept für alle Altersgruppen, doch als organisiertes Angebot zielt es eher auf jüngere und mittlere Altersgruppen ab. In diesem Bereich hat sich in den vergangenen drei Jahrzehnten ein sehr expansiver Markt etabliert. Fitnessstudios und Solarien sind längst nicht mehr nur in Städten anzutreffen, auch im ländlichen Raum nimmt deren Zahl ständig zu – besonders stark war das Wachstum in den neuen Bundesländern, weil mit vergleichsweise geringem Kapitaleinsatz wirtschaftliche Existenzen gegründet werden konnten und weil auf der Nachfrageseite ein erheblicher Nachholbedarf vermutet wurde. Der gestählte und gebräunte Körper sollte und soll zum Markenzeichen von Jugendlichkeit und Fitness werden, ein Symbol, das mit relativ niedrigem finanziellem und physischem Aufwand erlangt werden kann. Begleitet wird diese Tendenz von der Ausbreitung zahlreicher Aerobicstudios, Tanz- und Ballettschulen, Studios für asiatische Kampfsportarten u. dgl. m. Bewegung, Gruppengefühl, neuartige Erfahrungen, oft auch Exotik und Experiment verbinden sich hier zu einer vermeintlich neuen Form von Erlebnis, die in den traditionellen Tanzschulen oder Boxvereinen offenbar nicht (mehr) vermittelt werden kann. Vor allem bieten diese Angebote die Möglichkeit zur sozialen Differenzierung und Abgrenzung. Ging die Mutter noch in die herkömmliche Tanzschule, wählt die Tochter lieber ein Studio für spezielle Tanzsportarten oder für Aerobic. Boxte der Vater im ganz normalen Sportverein, lernt der Sohn viel lieber asiatische Kampfsportarten im einschlägigen Studio. Und im Büro sollen die Kolleginnen darüber staunen, welche spezielle Sportart man selber gewählt hat. Fitness und Wellness lassen sich mühelos in das je individuelle Konzept von Lebensstil integrieren und werden zum Symbol für Erlebniswilligkeit, Leistungsfähigkeit und (manchmal auch) Gesundheit.

So entsteht auch ein neues Verhältnis zum Sport. Dienten sportliche Aktivitäten noch Mitte des 20. Jahrhunderts der Wiederherstellung der im Arbeitsprozess verschlissenen Arbeitsfähigkeit, so dient Sport in jüngerer Zeit mehr dem Abbau von Spannungen, die in der Arbeitswelt, Familie und auch im Bildungsbereich aufgestaut worden sind. Die rekreative und regenerative Funktion wird immer mehr durch die kompensatorische Funktion ergänzt. Sport soll nunmehr den psychosozialen Stress der Arbeitswelt (Entscheidungsvielfalt, Flexibilitätserfordernisse, Tempo, Mobbing, Komplexität,) kompensieren helfen. Mit dem Abbau von Spannungen lassen sich im Sport einige in der Arbeitswelt vernachlässigte bzw. verhinderte Bedürfnisse befriedigen: Z. B. lassen viele Sportarten mehr Kreativität und Selbstbestimmung als der Arbeitsprozess zu, das eigene Tempo kann im Sport eher gefunden werden als im hektischen Arbeitsalltag, Gemeinsamkeiten lassen sich oft im Sport leichter ausleben als in der konkurrenzbetonten Welt der Angestelltenkultur usf. Sport dient auch der Geselligkeit, die im Arbeitsleben und auch in Familien zurückgedrängt worden ist. Allerdings lassen sich auch viele Anzeichen dafür finden, dass im Sport die Prinzipien der Arbeitswelt nur in anderem Gewande wiederkehren, wenn im Tennis die Punktezahl analog zum Gehalt bewertet oder wenn im Fußball mit verdeckten Fouls das Mobbing am Arbeitsplatz kopiert wird.

Sport als Aktion und Präsentation bietet die Möglichkeit, Anerkennung zu erlangen, die vielleicht im Erwerbsleben oder in der Familie fehlt. Mit wachsender Freizeit steigt diese Funktion ebenfalls an, zumal wenn die Umbrüche in der Arbeitswelt immer weniger Menschen bei sinkendem Arbeitsvolumen die Möglichkeit bescheren, dort Anerkennung zu erlangen. Und in dem Maße, in dem Familie durch die Tendenzen zur Individualisierung nicht mehr den Regelfall der Vergesellschaftung darstellt, kann Sport zusätzliche Anerkennung verschaffen. Rückläufiges Arbeitsvolumen und steigende Zahlen von Alleinlebenden verändern die Funktion des Freizeitsports deutlich. Erlangung von Anerkennung, Verbesserung der Kontaktchancen und die Möglichkeit zur Selbstinszenierung weisen über Gesundheits- und Fitnessfunktionen hinaus. Der allgemeine gesellschaftliche Trend zur Selbstinszenierung – z. B. über Mode, Frisur, Stile – dringt auch in den Bereich des Freizeitsports vor. Hier ist vor allem an das Vordringen von Extrem-, Risiko- oder Fun-Sportarten zu erinnern. Bungeespringen, Rafting, Climbing oder Skating sollen nicht nur einen »Kick« bzw. »Thrill« in einer vermeintlich langweilig gewordenen Welt ermöglichen, sondern zugleich auch die eigenen Vorlieben und Selbstbilder in Szene setzen.

Diese Entwicklung ist mit der Tendenz zur Entgrenzung verbunden. Sport betonte in der Geschichte vor allem regionale oder nationale Charakteristika. Im Mittelalter bestanden die Anfänge des Fußballsports darin, dass sich benachbarte Dörfer ohne genaue Regeln, Spielfelder und Mannschaftsgrößen auf der freien Fläche zwischen den Dörfern mit einen einfachen Ball bekämpften. Im Laufe der Geschichte haben sich viele nationale Sporten entfaltet, die in anderen Regionen der Welt gar nicht oder kaum betrieben wurden. Pferdepolo oder Cricket sind auch heute noch Spezialitäten des angelsächsischen Raumes. Mit dem Trend zur Globalisierung macht sich aber eine Tendenz zur Internationalisierung breit. Asiatische Kampfsportarten werden inzwischen auch in Europa oder Nordamerika von einer wachsenden Anhängerschaft betrieben und der europäische Fußball wird selbst in entlegenen Regionen Madagaskars betrieben – selbst Namen wie Platini, Littbarski oder Beckenbauer sind dortigen Kindern geläufig. Sport organisiert sich immer mehr im Weltsystem, weil der Zuschauersport zur austauschbaren Ware geworden ist. Fernsehsender strahlen Sportveranstaltungen aus aller Welt aus und selbst der einzige TV-Sender Madagaskars sendet am Sonntagabend Berichte über die deutsche Fußballbundesliga. Bei den Berufssportlern ist die nationale Herkunft allenfalls noch von peripherer Bedeutung, wenn die Verbände Ausländerquoten festsetzen. Ansonsten verdienen sie selbst in fast allen Teilen der Welt gutes Geld, sofern die jeweilige Sportart ein größeres Publikum anlockt oder für die Werbeindustrie von Interesse ist. Sport als kulturindustrielles Produkt ist längst in globale Wirtschaftsdynamiken eingebunden.

6.4 Events, Festivals und Mega-Ereignisse

In den vergangenen Phasen der Menschheitsgeschichte wurde der gleichförmige Zeitablauf durch Feste, Spiele oder kalendarische Feiertage unterbrochen, um für kurze Zeit Außeralltägliches und damit Bemerkenswertes zu zelebrieren. So wurde an Kriegserfolge oder an die Geburtstage der Herrschenden erinnert, es wurden Götter oder Heilige geehrt, Hinrichtungen vorgenommen oder Aussaat, Ernte und Schlachtfest gefeiert. Gegen Ende des 18. Jahrhunderts waren auf diese Weise in manchen deutschen Staaten bis zu 200 Sonn- und Feiertage entstanden, die zu Beginn der Industrialisierung im 19. Jahrhundert nach und nach gestrichen wurden. Bis zur industriellen Revolution war die Zeit also deutlich durch Sonn- und Feiertage strukturiert, ohne auf ökonomische Erfordernisse Rücksicht nehmen zu müssen. Die Zeitstruktur war gewissermaßen ritualisiert und zeremonialisiert. Im Zuge der Industrialisierung dagegen wurde die Zeitstruktur ökonomisiert, standardisiert und an den Maschinentakt gekoppelt. Zeit ist gleichförmig und kalkulierbar geworden, Außergewöhnliches wird rar, Routine dominiert.

Diese Tendenz wird in modernen Gesellschaften durch eine weitere Entwicklung überlagert: Heutige Gesellschaften sind zu Sicherheits- bzw. Versicherungsgesellschaften geworden. War noch im 19. Jahrhundert für die Mehrzahl der Menschen das alltägliche Leben durch vielfältige Risiken und Katastrophen geprägt – z. B. durch frühe Sterblichkeit, Seuchen, Kriege, Armut, Brände und Verwüstungen –, so ist in der Gegenwart für die Mehrzahl der Menschen das Leben sicherer geworden. Krankheit, Tod und Katastrophen sind immer mehr in die Ferne gerückt und hinter den Vorhang verbannt, weshalb u. a. Tod und Katastrophen in den Medien eine neue Qualität angenommen haben. Die meisten Risiken sind heute zudem versicherbar geworden, selbst für die Zahnbehandlung des Haushundes lässt sich eine Versicherung vereinbaren. Weil aber damit die unvermeidlichen Risiken unserer Vorfahren nahezu entfallen sind und die neu hinzugekommenen Risiken durch Versicherungen oder Techniken bzw. Wissenschaften beherrschbar erscheinen, verliert das Alltagsleben an Spannung. Langeweile droht den Alltag zu dominieren. So entsteht ein Bedürfnis nach künstlich induzierten Spannungen: Thrill oder Kick, S-Bahn-Surfen oder Fahrten im Geländewagen, Extremsportarten oder »survival training« haben Konjunktur.

Weil nur noch wenige kritische Lebenssituationen zu meistern sind – den Rest nehmen uns vermeintlich Hochleistungsmedizin, Versicherungen oder moderne Technologien ab – , rücken Erlebniswelten in der Vordergrund: ob Shopping, Raving, Rafting oder Racing, extrem und schnell soll es sein. Selbst der beschauliche Sonntag lässt sich nach einem Song des Liedermachers Hanns-Dieter Hüsch dann leichter strukturieren: vor dem Frühstück in die Panothek (vormals Bäckerei), nach dem Frühstück in die Religiothek (vormals Kirche), nach dem Essen in die Videothek und abends in die Diskothek. Und wer all dies nicht von seinen eigenen vier Wänden aus angehen will, kann sich in Erlebnisparks oder Freizeitzentren einquartieren und tagelang die riesigen Angebote nutzen. In den USA sind gigantische »Malls« entstanden, in denen Hunderte von Geschäften in einem Baukomplex mit Freizeitangeboten, Hotels, Restaurants, Fitnessstudios oder Sportarenen unter einem Dach verbunden sind. Meist in Flughafennähe verbringen dort Tausende tage- und wochenlang ihre Freizeit, ohne mit der Außenwelt oder der nächstgelegenen Welt in Kontakt zu treten. Künstliche Freizeit- und Konsumwelten bieten räumlich konzentriert komplette Angebote, um die Freizeit von externen Einflüssen abgeschirmt zu verbringen. Die Außenwelt gelangt nur noch über Medien bzw. den ständig fließenden Verkehrsstrom in diese Kunstwelt hinein, so dass die hässliche und konfliktreiche Arbeits- und Lebenswelt gewissermaßen weggefiltert wird. Die schöne Welt von »shopping and entertaining« suggeriert die perfekte Freizeit, bevor man später per Flugzeug oder Auto wieder in die eigene Alltagswelt zurückkehrt. Diese in den USA wohl am weitesten entwickelte Form hat längst ihren weltweiten Siegeszug angetreten.

In den USA hat die 1992 in Bloomington/Minnesota eröffnete »Mall of America« mit mehr als 400 Geschäften und 30 Restaurants bereits im ersten Jahr 37 Millionen Besucher gezählt und seither die Besucherzahlen sogar noch gesteigert: An Werktagen kommen bis zu 100.000 und an Wochenenden 170.000 Besucher. In der etwa zur gleichen Zeit im kanadischen Edmonton eröffneten »West Edmonton Mall«, die sich selbst als »achtes Weltwunder« preist und mit künstlichen Bächen, Wäldchen und Freizeitparks umgeben ist, rechnet man mit mehr als 40 Millionen Besuchern jährlich. Unter dem Slogan »global shopping« erwartet man vor allem finanzkräftige Touristen aus Japan, Europa und Südamerika, weshalb eine enge

Anbindung an benachbarte Flughäfen unabdingbar erscheint. In Deutschland war das 1996 in Oberhausen eröffnete »CentrO« mit über 200 Geschäften, 3 Kaufhäusern, 60 Restaurants, 9 Kinosälen mit 2700 Sitzplätzen, einer Mehrzweck-Arena mit 11.500 Sitzplätzen, 8 Parkhäusern mit 10.500 Stellplätzen und täglich 70.000 Besuchern bei einem Jahresumsatz von mehr als einer Milliarde Mark der Vorläufer. Weitere derartige Einrichtungen sind in anderen Teilen Deutschlands – meist in der Nähe von Autobahnen oder Flughäfen oder auf dem Gelände früherer Bahnhöfe – entstanden bzw. geplant. In Wien hat das »SCS-Shopping Center Süd« ähnliche Dimensionen und in anderen Teilen Europas breitet sich das aus den USA stammende Konzept der Shopping-Zentren ebenfalls aus.

In kleinerem Ausmaß haben sich in den vergangenen zwanzig Jahren immer mehr »Urban Entertainment Centers« (UEC), Sportzentren und maritime Freizeitgelände etabliert. Unter dem Namen »Arena« entstanden z. B. mehrere gigantische Sport- und Unterhaltungsstätten, in denen neben großen Sportstadien multifunktional auch Musikkonzerte oder Theaterdarbietungen in Szene gesetzt werden können und alle möglichen Einrichtungen für Fitness, Wellness, Gastronomie und Vergnügen ebenfalls Platz finden. Im Hinblick auf sportliche Großereignisse werden derartige Zentren mit gigantischem Aufwand errichtet – so z. B. anlässlich der Fußball-Weltmeisterschaft 1998 in Frankreich das riesige Stadion von Paris-St.Denis oder im Hinblick auf die bevorstehenden Weltmeisterschaften die Fußballstadien in Hamburg und München und wohl auch in anderen deutschen Großstädten. Für mehr als zwei Milliarden DM ist in London der »Milennium Dome« entstanden, der pro Jahr mindestens 12 Millionen Besucher anlocken sollte, inzwischen aber vor dem Konkurs steht, weil weniger als die Hälfte der erwarteten Zuschauer kamen. Anlässlich der Olympiade 1992 wurde in Barcelona das komplette Hafengebiet umgestaltet. Neben gigantischen Kinos, Restaurants und Vergnügungsstätten entstand u. a. das »Maremagnum Barcelona«, in dem ein achtzig Meter langer Glastunnel durch ein großes Aquarium führt, von dem aus riesige Fische aus nächster Nähe besichtigt werden können. An vielen Orten der Welt sind maritime Freizeitparks entstanden, weil Wasser und Meer immer noch eine hohe touristische Attraktion besitzen. In kleinerem Umfange haben sich die Badewelten oder Thermen durchsetzen können. Nicht nur in den herkömmlichen Bergregionen haben sich »Schnee-Welten« entwickelt. So hat in den Niederlanden nahe Den Haag, wo überhaupt keine Berge sind, ein Unternehmen eine riesige Halle eingerichtet, in der auf künstlichen Abhängen mit Kunstschnee zweihundert Meter lange Pisten für Skifahrer und Snowboarder entstanden sind und jährlich auf 400.000 Kunden hoffen. In Deutschland wurde Anfang 2001 eine ähnliche Veranstaltungsstätte eröffnet. Andere »Künstlichkeiten« sind weltweit in Planung. Viele neu entstandene Ferien- und Hotelkomplexe haben immer neue Erlebniswelten erfunden, die teilweise aus den USA oder Japan stammen und dann in Europa adaptiert werden. Dieser Trend hat sich inzwischen allenthalben durchgesetzt: Was in den USA oder im fernen Asien Erfolg hatte, wird weltweit exportiert und nachgeahmt. Umgekehrt werden kulturelle Versatzstücke aus Europa nach Japan oder in die USA ausgeführt – bisweilen wurden ganze Schlösser in Frankreich oder Italien abgebaut und im fernen Japan oder an der amerikanischen Ostküste wieder aufgebaut. In den großen Vergnügungsparks begnügt man sich in Florida oder Tokio allerdings mit preiswerteren Attrappen.

Eine andere Form der inszenierten Erlebniswelten stellen die Ferien- und Vergnügungsparks dar. Historisch frühe Formen sind die in Großstädten bereits im 19. Jahrhundert angelegten Parks wie der Prater in Wien oder der Tivoli in Kopenhagen, später kamen auch die Weltausstellungen und die auf deren Gelände verbliebenen Parks dazu. Heute hat das Konzept der Vergnügungsparks aber andere Dimensionen angenommen. Nachdem in Florida das »Walt Disney World Resorts« entstanden war und später in der Nähe von Paris eine europäische Kopie errichtet wurde, hat sich dieses Konzept weltweit durchgesetzt. Einen besonders starken Einfluss haben dabei die Medien, insbesondere die Filmwirtschaft. Mit dem Einsatz von Film, Funk, Fernsehen oder anderen Medien werden die historisch isoliert entstandenen Elemente (z. B. Fahrgeschäfte, Jahrmärkte, Kabinette etc.) zusammengeführt. Die meisten Parks bilden eine Kombination aus »outdoor-« und »indoor« – Attraktionen, wobei neben den Showelementen vor allem der Konsum von Getränken und Speisen im Vordergrund steht. i. d. R. eröffnet der einmalige Eintritt den Zugang zu sämtlichen Attraktionen, für besondere »Highlights« ist aber gesondert zu zahlen. Vielfach sind diese Parks als Themenparks gestaltet, die sich bisweilen an Medienthemen (z. B. »Jurassic-Park«) anlehnen und bei deren Durchquerung oft Geschichten erzählt bzw. erlebt werden. Themenparks liegen zwar oft in der Nähe von Städten, doch sind sie meist so angelegt, dass man extra zu ihnen hin fahren muss und ggf. dort auch übernachten kann. Dieses Konzept stammt abermals aus den USA, wo die gesetzlichen Urlaubsansprüche niedriger als in Europa sind und aus diesem Grunde viele Menschen ihren Urlaub mit dem Besuch solcher Parks verbringen. Auch in Europa hat sich inzwischen die Idee des Kurzurlaubs immer mehr durchgesetzt.

Der weltgrößte Vergnügungspark »Walt Disney World« in Florida zählt jährlich 40 bis 50 Millionen Besucher, sein Ableger in Paris kommt auf fast 40 Millionen, das »Disneyland Tokyo« auf fast 20 Millionen und »Disneyland California« auf etwa 12 Millionen Besucher. Mit einem Gesamtumsatz von 3.5 Milliarden Dollar p.a. zählt Disneyland zu den großen Unternehmen der USA und ist in Florida der größte private Arbeitgeber und Steuerzahler. Nach diesem Muster sind inzwischen große Investoren weltweit in derartige Vergnügungsparks eingestiegen. In Japan sind mehrere große Themenparks (u. a. im High-Tech-Bereich) entstanden, auch in einigen eher finanzschwachen Regionen (selbst im Iran und in Israel) laufen entsprechende Planungen, wobei zum Teil auch religiöse Institutionen (z. B. Moscheen) mit einbezogen werden. In Moskau ist ein Märchenpark geplant, in Brunei wollte sich der Sultan den weltgrößten Freizeitpark leisten. Auch in den neuen Bundesländern wurden derartige Projekte geplant (z. B. Hoyerswerda) und in Angriff genommen (z. B. Stralsund).

Etwas kleinere Ausmaße nehmen solche Themenparks ein, die sich etwa in Form von Wildparks, Industrieparks, Geschichtsparks allenthalben etabliert haben. Insbesondere in den wirtschaftlich schwächeren Regionen oder dort, wo Bergbau oder Altindustrien keine Zukunft mehr haben, konnten sich derartige Anlagen ausbreiten. In dem Maße, in dem Landwirtschaft und Forsten ihre wirtschaftliche Bedeutung verloren haben, konnten Wildparks, Botanische Gärten, Rosarien, Waldlehrpfade oder ähnliche Einrichtungen sich ausbreiten. Die ökonomisch kaum noch sinnvolle Flächennutzung durch Ackerbau und Viehhaltung macht einer touristischen Nutzung Platz. Mit dem Aufkommen ökologischen Gedankenguts und dem drohenden Aussterben von Tieren und Pflanzen erlangt die Hege und Pflege der noch verbliebenen Wild- und Pflanzenbestände einen hohen Stellenwert. Dies wird durch die modernen Lebensweisen in städtischen Agglomerationen, in denen Hochhäuser, Wohnblocks und durch Straßen oder Parkplätze versiegelte Böden vorherrschen, wodurch der Zugang zu Pflanzen und Tieren stark behindert wird, noch verstärkt. Naturerfahrung ist zu einem knappen Gut geworden, das zu erleben, inzwischen mit immer mehr Geld bezahlt werden muss. Vor allem der Staat, die Kommunen und private Spender investieren in derartige Reservate, die dann auch nur eingeschränkt der Öffentlichkeit zugänglich sind. Dagegen können kommerziell betriebene Wildparks über vergleichsweise hohe Eintrittspreise und eine ganze Reihe von umsatzsteigernden Aktivitäten Gewinne erwirtschaften. Das Erleben von Natur wird mit dem Konsum von Nahrungsmitteln und Getränken, aber auch mit dem Verkauf von Souvenirs oder belehrenden Medienvorführungen verknüpft. Im Zoologischen Garten werden zumeist exotische Tiere in dicht aneinander platzierten Gehegen gehalten, im Wildpark soll dagegen ein Stück natürlicher Lebensbedingungen erhalten bleiben. Teilweise werden dort auch heimische Tiere und Vögel gehalten, selbst weitgehend ausgestorbene Haustierarten gelten als Attraktion. Im Botanischen Garten werden Fauna und Flora heimischer oder fremder Provenienz kultiviert, um auch seltene Exemplare dem Publikum zugänglich zu machen. Gleiches gilt für die auf Rosen spezialisierten Rosarien.

Nicht nur Natur, auch Geschichte ist vermeintlich knapp geworden und eignet sich daher immer stärker als Attraktion für Freizeit und Tourismus. Mit dem teilweisen Niedergang der Nationalstaaten im Zeichen der Globalisierung, mit der weltweiten Informatisierung sowie mit der Beliebigkeit von Werten ist das Verhältnis zur jeweiligen Staats- und Gesellschaftsgeschichte prekär geworden. Die zahllosen Umbrüche der jüngeren Zeit – z. B. der Niedergang des Nazi-Regimes oder der Untergang der DDR – machen immer wieder eine Umwertung der als feststehend geglaubten Geschichtsschreibung erforderlich. Zahlreiche Strömungen, die zusammenfassend und ideologisierend gerne als Postmoderne synthetisiert werden, haben historische Doku- und Monumente nahezu ins Beliebige gestellt. Die aus dem Mittelalter stammende Burg wird als Ort der künstlich inszenierten mittelalterlichen Feier ebenso genutzt wie als Tagungsstätte oder als Kulisse für Filmaufnahmen. Je nach politischem System kann die Burg als Symbol »nationaler Begeisterung und Standfestigkeit« oder als »Hort feudaler Unterdrückung« gelten. Für das Kind mag die Burg ein gruseliger Ort, für den Erwachsenen eine Stätte des Nachdenkens oder des Stolzes sein. In dem Maße, in dem historische Monumente oder Dokumente aus ihrem Kontext heraus gerissen werden, können sie als Versatzstücke in neue Zusammenhänge übernommen werden. Jede Stadt, jede Gemeinde kann auf diese Weise die Facetten der eigenen Geschichte der Öffentlichkeit so zugänglich machen, dass ein politisch und gesellschaftlich erwünschtes Bild entsteht. Selbst in einer entlegenen Ortschaft lässt sich immer etwas »Historisches« aufspüren, das einen Besuch lohnt. Sei es ein vor vielen Millionen Jahren entstandener Felsbrocken, eine untergegangene Siedlung, eine Zwergenlegende oder ein kriegerisches Scharmützel – meist lässt sich irgendein geschichtlicher Anknüpfungspunkt (re)konstruieren. Seit einigen Jahrzehnten setzt sich neben dieser eher »offiziellen« Geschichtsdarstellung eine »Geschichtsschreibung von unten« durch. So wird dann die oft unrühmliche Geschichte beispielsweise aus dem Kaiserreich, dem NS-Regime oder der DDR-Zeit aufgearbeitet und in Form von Ausstellungen und Dokumentationen präsentiert. Vor allem die lokale und regionale Geschichte kommt immer mehr in den Blick. Konkreten Niederschlag erfährt diese Entwicklung nicht bloß in der Gründung neuer Museen und Ausstellungen, auch bislang andersweitig genutzte Gebäude erfahren eine Aufwertung, indem z. B. aus einem ehemaligen Fabrikgebäude ein »Museum der Arbeit« wird. Frühere Arbeitsweisen oder Produktionstechniken werden auf diese Weise ebenso dokumentiert wie alltägliche Lebensweisen oder Krankheiten: Landwirtschafts-, Mühlen-, Zucker-, Brot-, Trachten- oder Hygiene-Museen locken allerorten ein historisch interessiertes Publikum an. An manchen Orten sind ganze Dörfer oder Stadtteile aus Bauwerken, die ursprünglich in anderen Teilen des Landes gestanden hatten, neu arrangiert worden, um als Museumsdörfer oder historische Viertel Touristen anzulocken und zugleich Geschichtskenntnisse zu vermitteln. Auf diese Weise hat die Alltags- und Volksgeschichte ihren Rang und Platz neben den Monumenten der offiziellen Geschichtsdarstellung, den Schlachtendenkmälern, Kathedralen, Rathäusern und Patrizierhäusern gefunden. Weniger rühmlich ist hingegen die Lage der Mahn- und Gedenkstätten, die an die dunklen Flecken der Geschichte – etwa an Gefängnisse, Folterstätten oder Konzentrationslager – erinnern sollen. Bei knapper werdenden öffentlichen Zuschüssen und im Vergleich zu vielen anderen Ausstellungsorten geringen Einnahmen müssen viele solcher Gedenkstätten um ihre Existenz fürchten.

Dagegen haben Ausstellungen und Parks, die sich der Zukunft widmen, enormen Zulauf. Mit den Weltausstellungen, in denen die modernsten technischen und sozioökonomischen Entwicklungen präsentiert werden sollen, hat sich seit dem 19. Jahrhundert eine Spezies von Ausstellungen entwickelt, die Technik als allumfassendes Faszinosum aufbereitet. Errungenschaften der Raumfahrt, des Automobilbaus oder der Tiefseeforschung regen ebenso die Phantasie nahezu aller Altersgruppen an wie die Produkte der Mikroelektronik oder der Biotechnologie. Temporäre Messen locken ebenso ein Millionen-Publikum an wie dauerhaft installierte Ausstellungen und Museen. Oft sind die Überbleibsel von Weltausstellungen zum Wahrzeichen der Stadt geworden: so z. B. der Eiffelturm in Paris oder das Atomium in Brüssel. Mit der Einführung neuer Technologien hat sich die Form der Darstellung geändert: Galten ursprünglich bereits Fotografie und Film als revolutionäre Präsentationstechniken, kamen später elektronische Medien hinzu. Neu ist in der Gegenwart die Möglichkeit, Ausstellungen interaktiv zu gestalten und Informationen nach den Bedürfnissen der jeweiligen Besucher abzufragen. Neben der interaktiven Komponente ist für moderne Ausstellungen auch der virtuelle Charakter zu benennen. Nicht länger müssen reale Gegenstände gezeigt werden, über Computersimulation und -animation kann das Reale in Virtuelles verwandelt werden. Auf diese Weise wird zum einen die sinnliche Zugänglichkeit des Präsentierten verändert bzw. manipuliert, zum anderen wird Objektives und Historisches ins Belieben gestellt.

Dieses auf Dauer gestellte Erlebnismarketing wird um ein periodisch wiederkehrendes Eventmarketing ergänzt. Die traditionellen Feste haben ihren bisherigen Stellenwert durch nachhaltige Kommerzialisierung teilweise eingebüßt. Zugleich sind Feste und Feiern disponibel geworden, indem einerseits Traditionen reaktiviert oder andererseits neue Anlässe geschaffen werden können. In Vergessenheit geratene historische Begebenheiten lassen sich wieder ans Licht der Öffentlichkeit bringen, wenn z. B. der Stadtgründung, einer bestimmten Schlacht oder anderer bemerkenswerter Ereignisse gedacht werden soll. Stadtfeiern können historische Handwerks- oder Handelsformen aufgreifen, jahreszeitliche Frühlings-, Sommer- oder Erntefeste inszenieren oder künstliche »Events« schaffen. Da moderne Gesellschaften sich in dem Spannungsfeld zwischen dem Verlust und der Wiederbelebung von Traditionen bewegen, lassen sich einerseits überlieferte Anlässe für Feiertage reaktivieren, andererseits können solche Anlässe synthetisch geschaffen werden, indem beispielsweise der Karneval nach Norddeutschland verlegt wird oder eine Handwerkstradition an fast jedem Ort den Hintergrund für Feierlichkeiten abgeben kann. In einer Zeit, in der Geschichte im Zuge der Postmoderne aus Versatzstücken nahezu beliebig zu Bildern und Symbolen neu montiert werden kann, lassen sich »Events« künstlich inszenieren, ohne die genauen Bezüge zu historischen Ereignissen bzw. Lebensweisen herstellen zu müssen.

Besonders im modernen Reiseverkehr ist »Event« zu einer Zauberformel geworden. Nicht erst seit der Expo 2000 in Hannover haben Städte Anlässe kreiert, um massenhaft Touristen anzulocken. Seien es nun das »König-Ludwig-Jahr« 1995 in Oberbayern, die Römerfeste im niederrheinischen Xanten oder der Hafen-Geburtstag in Hamburg, die Love-Parade in Berlin, die Gartenzwerg-Ausstellung in Rheda-Wiedenbrück oder das Goethe-Jahr in Frankfurt und Weimar – immer lassen sich spezielle Anlässe finden, um viele Tausend Menschen in den jeweiligen Ort zu locken. Hinzu kommen turnusmäßig wiederkehrende Anlässe wie Bundes- oder Landes-Gartenschauen, Weinfeste, Karneval, sportliche Großereignisse oder Messen. Auch das Schleswig-Holstein-Musik-Festival oder der Nordhessische Kultur-Sommer sind inzwischen zu regelmäßigen Veranstaltungen geworden. Die turnusmäßige Wiederkehr nimmt solchen Veranstaltungen nicht den Charakter eines Events, vielmehr gehören gerade die Planbarkeit und zeitliche Festlegung zu den charakteristischen Merkmalen dieser Veranstaltungsform. Der Besuch der jeweiligen Aufführungen kann optimal mit den persönlichen Urlaubsplänen koordiniert werden und zugleich bleibt immer ein Hauch von Einmaligkeit, denn beim Besuch vor einigen Jahren dirigierte vielleicht Leonard Bernstein, diesmal Justus Frantz und selbst wenn es dasselbe Ensemble wie im Vorjahr ist, kann es passieren, dass dem berühmten Tenor im Dritten Akt die Stimme versagt und die Vorführung abgebrochen werden muss. Ein Event bleibt so ein einmaliges Event, auch wenn es auf Regelmäßigkeit angelegt ist.

Gemeinsame Merkmale der Erlebniswelten und Events sind u. a. die Perfektion des Gebotenen, der synthetische Charakter, mit dem Geschichte und Gegenwart nach Belieben verknüpft werden können, die zunehmende Ästhetisierung und Virtualisierung, Multifunktionalität und die Chance verschiedene Optionen gleichzeitig wahrzunehmen, der explizite Dienstleistungscharakter, die künstlich erzeugte Spannung bei gleichzeitig erfülltem Sicherheitsbedürfnis, die Flucht aus dem Alltäglichen sowie die Entdeckung von Neuem. Ein kontrollierter Nervenkitzel gehört ebenso zu den von den Erlebniswelten offerierten Qualitäten wie die Möglichkeit, sich neue Erfahrungen, Kenntnisse und Optionen aneignen zu können. Vielfach gehört auch die Bezeichnung »Mega« zu den Versprechungen, die dem Teilnehmer suggeriert, an etwas Außerordentlichem teilnehmen zu können, daher auch die vielfach überdimensionierte Architektur und Technik. Im Gegensatz zum länger angelegten Urlaub bieten die Erlebniswelten zeitlich überschaubare und mit begrenztem Budget erreichbare Vergnügungen. Sie sind daher fast immer als Gegenwelt zum Alltag konstruiert.

6.5   Tourismus

Innerhalb der Freizeit hat das Reisen in den letzten fünfzig Jahren den größten Bedeutungsgewinn erfahren. Der (Massen-)Tourismus ist zur größten Massenbewegung der Menschheitsgeschichte geworden. Weltweit hat das Reiseverhalten in der zweiten Hälfte des 20. Jahrhunderts beständig zugenommen, die Tourismusbranche weist als nahezu einziger Wirtschaftszweig kontinuierlich Zuwächse auf. Selbst in wirtschaftlichen und gesellschaftlichen Krisenzeiten prosperiert das Fremdenverkehrsgewerbe. Die Reiseintensität, die ausdrückt, welcher Anteil der Bevölkerung (über 14 Jahre) mindestens einmal im Jahr mehr als 5 Tage verreist, ist in den letzten 50 Jahren nie rückläufig gewesen, sondern steigt Jahr für Jahr – egal ob Wirtschaftswunder oder Arbeitslosigkeit vorherrschen.

Der Tourismus gilt wirtschaftlich als die Zukunftsbranche des 21. Jahrhunderts. Nach Feststellungen und Prognosen der »Welt-Tourismus-Organisation« (WTO) unternahmen 1980 weltweit 288 Millionen Menschen eine Auslandsreise, 1994 waren es bereits 530 Millionen, im Jahre 2000 dann schon 700 Millionen und bis 2010 soll deren Zahl auf über 900 Millionen anwachsen. Bei dann geschätzt rund 7 Milliarden Menschen wird jeder achte Erdenbürger mindestens einmal im Jahr ins Ausland reisen. Der größte Teil der Reisenden dürfte immer noch aus den wirtschaftlich stabilen Ländern kommen, während die Bevölkerung der Armutsregionen wohl kaum am Tourismus partizipieren dürfte. Weltweit wird trotz zahlreicher Krisen und Kriege und bei stark gestiegenen Energiekosten eine jährliche Zunahme des Reiseverkehrs um 6 Prozent vorhergesagt. Der Tourismus beschäftigt global bereits mehr als 250 Millionen Menschen und stellt damit jeden zehnten Arbeitsplatz in der Welt zur Verfügung. 10,9 Prozent aller Verbraucherausgaben, 6,9 Prozent aller öffentlichen Ausgaben und 10,7 Prozent aller Kapitalinvestitionen entfallen weltweit auf den Tourismus. Mit 655 Milliarden Dollar steuerpflichtigem Umsatz nimmt der Tourismus ein Zehntel des Bruttosozialproduktes der Weltwirtschaft ein. Allein in Deutschland sind direkt oder indirekt rund 2 Millionen Menschen im Tourismus beschäftigt. Nach Umsatz und Beschäftigung rangiert der Tourismus in Deutschland gleichauf mit dem Maschinenbau und der Automobilindustrie (Zahlenangaben vgl. Opaschowski 1996: 26ff.).

6.5.1   Historische Entwicklungen

Im Laufe der Geschichte sind Menschen immer wieder gereist, die meisten jedoch durch Flucht, Vertreibung, Kriege, Katastrophen, Hungersnot oder sonstige Krisen unfreiwillig. Auch die religiös oder kommerziell bedingten Reisen dienten nur selten der Unterhaltung oder der Erweiterung des Horizonts. Die Pilgerreisen, Kreuzzüge oder Handelsunternehmungen können kaum als Vorbilder des Tourismus im heutigen Verständnis dienen. Begrifflich enthält Massentourismus drei Bestandteile: Massen – Tour – Ismus. Der Begriff der Massen ist vor allem seit dem 19. Jahrhundert stark ideologisch belastet, weil mit der raschen Bevölkerungszunahme und der beginnenden Industrialisierung der Gegensatz Masse vs. Elite herausgekehrt wurde, um die hohe Qualität der Elite gegen die unorganisierten und ungebildeten Massen zu betonen. Die Massen wurden als »Plebs« diskreditiert, der mangels Bildung zur Führung ungeeignet sei und bestenfalls durch Führung mobilisiert werden könne. Die Massenpsychologie sollte ausleuchten, wie sich die Massen am ehesten (ver)führen ließen. Mit solchen negativen Attributen wird seit dem 19. Jahrhundert der damals beginnende Reiseverkehr größerer Bevölkerungsgruppen belegt. Ähnliches trifft für den letzten Begriffsbestandteil zu: Ismus steht für eine Ideologie (wie Kapitalismus, Sozialismus, Fundamentalismus). Reisen wird immer mehr auch zu einer Glaubensfrage, die Teilhabe am Reiseverkehr wird gewissermaßen zu einem ideologischen Programm. Darauf verweist auch der mittlere Begriffsteil, der auf die »Grande Tour« der jungen Adeligen Frankreichs und Englands seit dem 17. Jahrhundert verweist. Begriffsgeschichtlich leitet sich »tour« aus dem griechischen »tornos« bzw. dem lateinischen »turnus« ab, beides steht für die sich wiederholende Handlung und für eine Tonrolle, mit der Texte und Verträge unterzeichnet wurden. Die »Tour« als ständig wiederholte und zu besiegelnde Handlung enthält also durchaus moderne Züge. Auf kürzere Zeiteinheiten bezogen entstanden im 17. Jahrhundert die Bezeichnungen »tour de promenade« und »tour de propriétaire« als Rundgang um den eigenen Besitz am Abend. Im Laufe der letzten Jahrhunderte hat sich der Begriff gerade mit dem Aufkommen des Automobils im Bereich der Bewegung verselbständigt. In dem »Tourenwagen« zählen vor allem die »Tourenzahlen«, während Privatleute mit ihrem Auto eine »Spritztour« unternehmen.

In der deutschen Sprache wurde zunächst lange an dem Begriff Fremdenverkehr festgehalten, um sich gegen französische oder angloamerikanische Einflüsse zu wehren. In einigen wissenschaftlichen Disziplinen wurde noch bis etwa 1970 an den Bezeichnungen »Fremdenverkehrswirtschaft« oder »Fremdenverkehrswissenschaften« festgehalten, was sich teilweise bis heute noch im Titel entsprechender Institute ausdrückt. In den letzten 30 Jahren ist nicht nur deshalb Kritik an diesem Begriff geübt worden, weil er z. B. durch nationalsozialistische Bezeichnungen wie »Fremdarbeiter« oder in der Gegenwart durch Tendenzen der Fremdenfeindlichkeit belastet ist, sondern weil der Begriff Fremdenverkehr vorab unterstellt, dass die Touristen Fremde bleiben werden oder wollen. In den meisten wissenschaftlichen Disziplinen wie auch im Alltagsgebrauch hat sich daher die Bezeichnung Tourismus durchgesetzt.

Geschichtlich verweist der Tourismus im heutigen Verständnis auf die »Grande Tour« der jungen männlichen Adligen, die seit dem 16./17. Jahrhundert zu einem gesellschaftlichen Muss wurde. Nach der damaligen Anschauung sollten Adligen ihren geistigen und kulturellen Horizont dadurch weiten, dass sie mindestens einmal, möglichst aber öfter in ihrer Jugend andere Länder bereisen sollten. Solche Reisen wurden von Bediensteten vorbereitet, wobei der Adel zu jener Zeit über ein enges Beziehungsnetz in ganz Europa verfügte und daher die Unterbringung in den Schlössern und Burgen weitgehend gesichert war. Die sich über viele Monate, oft auch Jahre erstreckenden Reisen führten bevorzugt zu den Städten der Antike in Italien, Griechenland oder in den vorderen Orient, wobei oft an einem Ort monatelang Station gemacht wurde. Wegen der beschwerlichen Verkehrswege war das Reisen aber auch zeitraubend und gefährlich, bisweilen sogar tödlich. Seitenstränge eines solchen Reiseverkehrs waren aber auch schon lange vor dieser Zeit zu registrieren. So begründeten ja die wandernden Scholaren und die wenigen Gelehrten im Mittelalter die ersten Universitäten und auch aus dem Mittelalter stammt die Norm, dass die jungen Handwerker wenigstens einige Monate oder Jahre »wandern« sollten. Die »wandernden Gesellen« sollten aus dem engen Kreis ihrer Zunft heraustreten und andere Regionen der Welt und neue Arbeitsweisen kennenlernen. Ähnlich wie später die jungen Adeligen sollten die Handwerker be-wandert und erfahren sein, um als vollwertig ausgebildet zu gelten. Zwar nahmen seit dem ausgehenden Mittelalter auch die Kolonialreisen zu, doch war deren Zahl nicht so umfangreich, um diese Reiseform direkt in die Reihe der Vorbereiter des Massentourismus einreihen zu können.

Einen deutlichen Aufschwung erlebte der Tourismus im 18. Jahrhundert, als das Meer »in Wert gesetzt« wurde, wie es die moderne Geographie nennt. Bis ins frühe 18. Jahrhundert und in vielen Teilen der Welt auch noch später galt das Meer als feindlich. Wer als Seefahrer oder Fischer hinaus aufs Meer musste, wurde bemitleidet. An den Küsten hatten die Häuser keine Fenster zur Seeseite hin, was allerdings auch klimatische Gründe hatte, weil der rauhe Wind durch die nur unzureichend isolierbaren Fenster gepustet hätte. Erst als Anfang des 18. Jahrhunderts einige medizinische Dissertationen die Heilkraft des Meeres entdeckt hatten, änderte sich die Haltung gegenüber dem Meer. Zunächst wurde das salzige Meerwasser als Heilmittel gegen allerlei Gebrechen und Krankheiten propagiert. Ähnlich wie zu den bereits vorher bekannten Kurorten im Landesinneren, in denen ebenfalls Wasser als Heilmittel benutzt wurde, zogen nun Adelige und einige reiche Bürger an die Küsten. Hier entstanden aus ehedem kleinen Fischerorten neue Kurorte, weil einige Kapitalgeber (meist Apotheker, Mediziner, Gastwirte und Droschkenbetreiber) die Chance auf zusätzliche Einnahmen erkannten und rasch Herbergen (später größere Hotels), Gasthäuser, Badesteige und Kurhallen bauten. Schon bald kamen kranke Reiche in diese Orte, um ihre Leiden mit dem Trinken von Salzwasser zu kurieren – meist wurde das Meerwasser mit Portwein vermischt (vgl. Prahl/Steinecke 1979). Bald darauf wurde das Baden im Meerwasser als heilsam propagiert, jedoch trauten sich nur wenige Menschen in das kühle Nass. Erst als 1789 der englische König selbst nach dem Abspielen der Nationalhymne hochgeschlossen mit einem Badekarren ein Stück weit ins Wasser gefahren und dann in die Fluten gestiegen war, galt das Baden als vornehm. Nun wurde das Baden im Meer zum Sommervergnügen des Adels, der mit Angehörigen die »Sommerfrische« an der See verbrachte. Rasch wuchsen Badeorte wie Brighton an, viele neue Einrichtungen und Darbietungen entstanden: Konzerthallen, breite Flaniersteige, Teepavillons, Restaurants oder Salons, denn der Adel wollte nicht nur genesen, sondern auch gesehen werden. Die Seebäder wurden zu Orten der Repräsentation und des Geschäftemachens zwischen den Adeligen.

Ideologisch begann eine Romantisierung des Meeres, das als verbindendes Fluidum zu den nach Amerika ausgewanderten Verwandten stilisiert wurde. Zahlreiche Engländer reisten nun ans Meer, tauchten Hände oder Füße ins Meer und brachen in dem Glauben, am Ende der Welt, an Amerikas Küsten würden ihre Verwandten ebenfalls ihre Glieder ins Wasser strecken und so miteinander verbunden sein, in

Tränen aus. Im 19. Jahrhundert kam eine Romantisierung der Bergwelt hinzu. Vormals galten die Berge als unwirtlich und bedrohlich, nun wurde die Stille (»über allen Gipfeln ist Ruh...«, Goethe) und Nähe zum Himmel hervorgehoben und somit der Bergwelt für den Tourismus in Wert gesetzt. Medizinisierung und Romantisierung sind zwei zentrale Kräfte für die Entwicklung des Tourismus.

In Deutschland begann der Badetourismus erst gegen Ende des 18. Jahrhunderts, und zwar an der Ostsee. Nach dem englischen Muster errichteten Apotheker, Ärzte, Posthalter und Gastwirte die ersten Badeorte, so 1793 im mecklenburgischen Heiligendamm, einige Jahre später in Travemünde, 1802. Die deutsche Nordsee wurde erst gegen Ende des 19. Jahrhunderts für den Badetourismus entdeckt, weil das Klima dort als zu rau galt und das Baden wegen der Gezeiten und des Watts nur eingeschränkt möglich war. Hier war die jahrhundertelange Betonung der Feindseligkeit des Meeres noch sehr lange wirksam. Erst im späten 19. Jahrhundert wurde das Baden auf Amrum, Juist oder Sylt populär, ohne dass sich hier der Pomp der Badeorte an der Ostseeküste entfalten konnte. Die Orte an der Nordsee lebten zunächst weiter von Fischerei und Schiffsbau, was den Touristen als willkommene Folklore galt. Nach dem Zweiten Weltkrieg hat sich der Tourismus an der Nordseeküste vor allem als Familienurlaub verstetigt, teilweise bieten die Orte inzwischen durch Hallenbäder, Gesundheits- und Sporteinrichtungen einen Ganzjahresbetrieb an. Die Ostseeküste war dagegen bereits im 19. Jahrhundert ein beliebtes Reiseziel, weil die klimatischen Bedingungen günstiger und die Großstädte Hamburg und Berlin näher waren. So entstanden hier im 19. Jahrhundert prunkvolle Hotels, weite Badestege, Konzerthallen und ein umfassendes Unterhaltungsangebot. Die »Sommerfrische« war nicht immer so mondän wie in England oder Frankreich, doch ließen sich Aristokraten und Unternehmer, Intellektuelle und Künstler gern in diesen Orten sehen.

Ebenso wie in England vollzog sich auch in Deutschland ein Prozess der Segregation, d. h. der Abschottung zwischen den verschiedenen Gesellschaftsgruppen. Als in den englischen Badeorten, die bis dahin nur von Adeligen besucht wurden, Bürgerliche auftauchten, ließen die Adeligen in einigen Kilometern Entfernung neue exklusive Orte einrichten: von Brighton zu New Brighton, wo man zumindest für einige Zeit unter sich sein konnte, bis dann andere Gesellschaftsgruppen in diese Regionen vordrangen und die Trendsetter sich neue Ziele suchten, die der englische Adel im 19. Jahrhundert vor allem an der französischen Mittelmeerküste fand. Hier traf man mit anderen englischen Adeligen zusammen. So entwickelten sich höchst mondäne Badeorte, in denen der Adel Luxuskonsum demonstrierte. In Nizza wurde sogar eine Straße »rue des Anglais« (Straße der Engländer) nach dem englischen Adel benannt, in Cannes oder Monte Carlo vollzogen sich parallele Entwicklungen. In Deutschland konnten Luxus und Exklusivität nur bedingt Einzug halten, weil wegen der Kleinstaaterei der Adel zunächst sehr zersplittert und damit auch relativ ärmer war. Erst nach der Reichsgründung von 1871 präsentierte sich der Adel selbstbewusster. Zur gleichen Zeit nahm auch das reiche Bürgertum die Konkurrenz um den demonstrativen Luxuskonsum (»conspicious consumption« wie es Veblen in seiner »Theorie der feinen Leute« genannt hat) auf.

Nach dem Badetourismus entwickelte sich seit dem Anfang des 19. Jahrhunderts der Bergtourismus in den Alpen. Mit der Romantik wurde die Nähe zu den Wolken und zum Himmel als ideologisches Motiv ausgegeben, um durch das Besteigen der

Berge tiefsitzende Gefühle erleben zu können. Die Einheimischen betrachteten die schroffe Bergwelt eher als unwirtlich und strapaziös, die seit ca. 1800 anreisenden Engländer oder Franzosen wollten dagegen erhabene Gefühle auskosten. In den eher ärmlichen Bergregionen entstanden Hotels und Berghütten, Wanderpfade und andere Einrichtungen für den Fremdenverkehr. In der zweiten Hälfte des 19. Jahrhunderts bekam der Bergtourismus mit dem Skilaufen eine zweite Komponente, als englische Aristokraten zunächst bei Dunkelheit, um sich nicht dem Gespött der Einheimischen aussetzen zu müssen, mit primitiven Skiern die schneebedeckten Hänge hinunterliefen. Einige Zeit später (ab ca. 1860-1870) wurde dann das Skilaufen beim Adel und gehobenem Bürgertum populär. Mit Zeitverzögerung vollzogen sich dann die gleichen Prozesse wie beim Badetourismus: andere Gesellschaftsgruppen zogen in die Bergwelt, die Trendsetter suchten neue Regionen auf und schotteten sich zunächst ab, bis auch dort das Bürgertum den Ton angab.

In den Bergen entfaltete sich im 19. Jahrhundert noch eine weitere Attraktion: das Heilklima. In der Industrialisierung waren die Lebensbedingungen in vielen Städten unwirtlich und krankmachend. Vor allem Erkrankungen der Atemwege und der Haut breiteten sich aus. Auch die schwierige Heizsituation, feuchte oder rußige Räume und schlechte Ernährung förderten etliche Krankheiten. So fanden in der ersten Hälfte des 19. Jahrhunderts Mediziner heraus, dass die Bergwelt heilende Wirkungen haben könne: Sonnenschein-, Luft- und Lichttherapie wurden propagiert. Zahlreiche Kurorte mit entsprechenden Kliniken und Infrastrukturen entstanden in den Alpen, vereinzelt auch in den Mittelgebirgen. Nachdem die gesundheitsförderlichen Effekte ein spezielles Publikum anzogen, kamen gegen Ende des 19. Jahrhunderts auch andere Gesellschaftsschichten in diese Orte, um die gesunde Luft zu genießen und die touristischen Infrastrukturen zu nutzen. Bergsteigen, Skilaufen und Kuren haben im 19. Jahrhundert die mitteleuropäische Bergwelt in Wert gesetzt, erst sehr viel später – im 20. Jahrhundert – kamen auch die übrigen Bergregionen Europas hinzu.

Mit dem Ausbau der Infrastrukturen wurde im gesamten 19. Jahrhundert das Reisen komfortabler und schneller. Die Kutsche wurde durch die Eisenbahn überholt, ab ca. 1880 kamen auch PKW und Bus hinzu. Für die Fernreisen erlangte auch das Dampfschiff an Bedeutung. Der Raum konnte deutlich schneller überbrückt werden, als J.W. Goethe bei seinen Italien-Reisen vorankam. Mit veränderten Techniken konnten auch größere Hotels errichtet werden, die Heizmöglichkeiten erhöhten den Komfort und das Kochen. Post, Telegraphie und später auch das Telefon erleichterten die Kommunikation. Erste organisierte Reisen kamen in England 1843 auf, als Thomas Cook an einem Pfingsttag mit der Eisenbahn 15.000 Arbeiter aus den elenden Industrieregionen an die Küsten brachte (ein Jahr später waren es bereits 150.000). Um die Mitte des 19. Jahrhunderts kamen auch Reiseführer (»Murrays«, »Baedeker«) in Umlauf, erste Reisebüros vermittelten Reisen. Die zunehmende Dichte der Hotels und Gaststätten sowie die verbesserte Verkehrsinfrastruktur machten in Verbindung mit den übrigen genannten Faktoren das Reisen allmählich auch für breitere Bevölkerungsschichten erschwinglich, wodurch sich der Fremdenverkehr allmählich verstetigen konnte. Verstärkt wurden diese Entwicklungen durch einen sozialen Strukturwandel: die Zahl der Angestellten, Beamten,, Bildungsbürger und Betuchten stieg deutlich, so dass die Nachfrage nach touristischen Angeboten wuchs. Zudem wurden gegen Ende des 19. Jahrhunderts die ersten Urlaubsansprüche fixiert: für die Beamten im Reichsbeamten-gesetz von 1873, für die Angestellten ab 1895 und für die Arbeiter ab 1919 in Ta-rifverträgen. Das Wort Urlaub, das in der frühen Neuzeit die »Erlaubnis«, sich als Bediensteter von der Residenz der Herrschaft entfernen zu dürfen, meinte, wurde nun zu einer Zeit der Erholung und des Reisens.

	17./18.Jhd.	18.Jhd.	18.Jhd./ Anf.19.Jhd.	Mitte 19.Jhd.	Ende 19.Jhd.	Anfang 20.Jhd.
Adel	Grand Tour	Heilbäder, Kurorte	Erholungs-orte an der Küste	Mittelmeer, im Winter Rheinreise	Alpinismus, im Sommer Mittelmeer	Weltreisen
Bürgertum		Grand Tour, Bildungs -reise	Heilbäder, Kurorte	Erholungs-orte an der Küste	Rheinreise, Mittelmeer im Winter	Alpinismus, Mittelmeer im Sommer
Unterschicht				Ausflüge, Zugfahrten	Erholungs-orte an der Küste	Erholungs-orte an der Küste, Heilbäder, Kurorte

Quelle: Kulinat/Steinecke 1984: 50

Die im 19. Jahrhundert angelegten Entwicklungen wurden im 20. Jahrhundert durch das Einbeziehen großer Bevölkerungsmassen fortgesetzt. 1913 reisten elf Prozent aller erwachsenen Deutschen, 1929 waren es schon fünfzehn Prozent. Vor allem der Ausbau des Bahnnetzes wirkte sich aus. Neue Formen des Reisens ka-men hinzu: Z. B. entdeckte die Jugendbewegung das Wandern, die teilweise poli-tisierte Arbeiterschaft nutzte ab ca. 1920 das Fahrrad, die Betuchten hingegen rei-sten mit Luftschiff oder Luxusdampfer, für die etwas ärmeren Teile der Bevölkerung boten Bus und Bahn billige Reisemöglichkeiten, Wagemutige konn-ten auch schon das Flugzeug nutzen. Wegen der unsicheren wirtschaftlichen Ver-hältnisse (Inflation 1919-1923, Weltwirtschaftskrise ab 1929) konnten in der Zeit der Weimarer Republik viele ärmere Bevölkerungsgruppen nur selten am Touris-mus partizipieren – was die Machthaber des »Dritten Reiches« mit ihren preisgün-stigen KdF-Angeboten ausmünzten – , während die betuchteren Schichten die »Goldenen Zwanziger« zum Reisen nutzten. So erfreute sich z. B. der Zeppelin mit seinen luxuriösen Schlaf- und Speiseräumen auf Transatlantikreisen bei den Reichen großer Beliebtheit, bis ein grausiges Brandunglück bei Lakehurst (USA) zum abrupten Ende dieser Reiseform führte. Noch vor dem Ersten Weltkrieg hatte der Untergang der »Titanic« den Schiffsreisen einen schweren Schlag versetzt. Mit dem wachsenden Reiseverkehr nahmen auch die Katastrophen zu.

Ein besonderes Kapitel in der Tourismusgeschichte ist die Zeit des Nationalso-zialismus. Aus dem Vermögen der 1933 enteigneten Gewerkschaften wurde die »Deutsche Arbeitsfront« (DAF) finanziert, welche die Organisation »Kraft durch Freude« (KdF) gründete. Diese sollte für alle Alters- und Gesellschaftsgruppen Angebote im Bereich von Freizeit und Reisen machen. Für die Jugendlichen wur-den Motorradkurse und verbilligte Motorräder angeboten, für die weniger betuchten Gruppen gab es preisgünstige Bahn-, Bus- oder Schiffsreisen, die zu attraktiven Zielen im In- und Ausland führten: z. B. in die Alpen, an die Riviera oder gar bis nach Madeira. Da sich die meisten Menschen derartige Reisen vorher kaum hatten leisten können, wurden diese Reisen als »kollektive Wohlstandsmehrung« verstanden, was sehr zur Massenloyalität gegenüber dem NS-Regime beitrug. Andererseits wurden die Reisen zur ideologischen Kontrolle benutzt, indem ständig Spitzel mitreisten, welche die in lockerer Freizeitatmosphäre getätigten Aussagen protokollierten, was manchen Reisenden nachträglich zum Verhängnis wurde. Reisen und organisierte Freizeit waren für die Machthaber wichtige Instrumente der massenhaften Mobilisierung und Kontrolle. Bis zum Ausbruch des 2. Weltkrieges wurden große Ferienkomplexe mit industriellem bzw. militärischem Gepräge (z. B. in Pohra auf Rügen, wo 40.000 Urlauberbetten entstehen sollten) geplant und teilweise auch gebaut. Hier sollte sich der von Arbeit und Disziplin geprägte Alltag der Menschen in der Freizeit massenhaft konzentriert, organisiert und kontrolliert fortsetzen. Die Nationalsozialisten nutzten neben dem allumfassenden Kontrollapparat von SS, SA, Gestapo, Militär und Polizei auch die Freizeitmaschinerie zur Beeinflussung und Überwachung großer Menschenmassen aus. Erst im Kriege verloren Reisen und organisierte Freizeit an Bedeutung. Von 1933 bis 1939 beteiligten sich 33 Millionen Urlauber an preisgünstigen Ferienreisen in Deutschland, eine halbe Million Menschen nahm an Auslandsreisen teil und weitere 6 Millionen reisten mit organisierten Wanderausflügen.

In der ersten Nachkriegszeit war das Reisen sehr beschwerlich, weil die erforderliche Infrastruktur durch die Kriegsschäden weitgehend zerstört war. Schienennetz, Straßen, Fahrzeuge und Hotels waren entweder stark in Mitleidenschaft gezogen worden oder wurden von den Alliierten für deren Zwecke benutzt. Zudem fehlte es an Geld, Nahrung, Freizügigkeit und Zeit, um größere Reisen zu unternehmen, weil vorrangig andere Aufgaben zu erfüllen waren. Erst ab 1947 setzte allmählich ein nennenswerter Reiseverkehr ein, der ab 1948 mit der Währungsreform (stabile Währung) und ab 1949 mit der Gründung von BRD und DDR (bürokratische Hemmnisse entfielen, Auslandsreisen wurden wieder möglich) einen stetigen Aufschwung nahm, der bis in die Gegenwart mit ständigen Zuwachsraten anhält. Selbst in wirtschaftlichen Krisenzeiten und bei hoher Arbeitslosigkeit wird gereist – seit 1968, dem Jahr der Studentenrevolte, sogar mehr ins Ausland als im Inland.

Das Auto hat sich zum Hauptverkehrsmittel im Tourismus entwickelt: 1954 verreisten knapp zwanzig Prozent mit dem PKW, Mitte der siebziger Jahre waren es gar 65 Prozent, heute etwa 53 Prozent. Das Flugzeug war 1954 als Möglichkeit für Urlaubsreisen weitgehend unüblich, heute verreisen etwa 35 Prozent mit dem Flugzeug. Die Bahn war 1954 das dominierende Verkehrsmittel (etwa 55 Prozent, heute etwa sieben Prozent). Die Busreisen konnten ihren Anteil knapp verteidigen (1954 etwa 18, heute 14 Prozent). Die Reiseintensität (Anteil der Bevölkerung ab 14 Jahren, der pro Jahr mindestens eine Urlaubsreise von mindestens fünf Tagen Dauer unternimmt, ist seit 1954 (als erstmals eine Reiseanalyse erstellt wurde) von 24 auf heute etwa 77 Prozent kontinuierlich gestiegen, erst in den letzten Jahren stagniert dieser Wert auf dem insgesamt recht hohen Niveau. 1954 reisten nur 15 Prozent der Deutschen ins Ausland, 1968 waren es 51 Prozent, heute sind es ca. 70 Prozent. Deutschland bleibt für 30 Prozent der Deutschen das beliebteste Urlaubs-

land (Bayern sowie die Nord- und Ostseeküsten sind Spitzenreiter). Unter den
Auslandszielen rangiert Spanien (14 Prozent) vor Italien (9), Österreich (7),
Frankreich (4), Griechenland (3), Niederlande (2), Dänemark (2), Schweiz (2),
Osteuropa (6) und den außereuropäischen Ländern, zu denen überwiegend auch
die Türkei zu zählen ist (13). Die Rangfolge der Zielländer hat sich in den letzten
Jahrzehnten verändert: In den fünfziger und sechziger Jahren standen die deutschsprachigen Länder Österreich und Schweiz ganz oben und weniger als jeweils drei
Prozent reisten nach Spanien oder Italien. Mit verbilligten Reisen kommen seit den
achtziger Jahren immer mehr Fernreisen vor: Karibik, Kenia, Malaysia oder USA
erfreuen sich wachsender Beliebtheit und sind kaum noch teurer als viele Inlands-
reisen. Zudem ist die Zahl der Zweit- und Drittreisen bzw. Kurzreisen kontinuierlich angestiegen.

6.5.2   Aktuelle Tendenzen

Bei den Motiven der Reisenden lässt sich grob unterscheiden nach »weg von ...«
und »hin zu ...«. In die erste Gruppe gehören solche Motive wie: weg von: der Monotonie des Alltags, den belastenden Arbeitsanforderungen, den grauen Wohnvierteln, dem schlechten Wetter, der Langeweile oder der übergroßen Sicherheit etc. In
die zweite Gruppe gehören Motive wie: hin zu fernen Ländern, fremden Gesellschaften, unberührter Natur, temporären Abenteuern, einfacheren Lebensformen
oder aber auch Luxus etc. Oft sind solche Motive nicht explizit erkennbar, zumal
sich touristisches Verhalten zur Routine verfestigen kann, was im Extrem zu aus-
gesprochener Zielgebietstreue mit festen Reisezeiten und -formen führen kann: unmittelbar zu Beginn der Ferien Richtung Süden oder Richtung Norden – »Lust am
Stau« garantiert. Der Urlaub wird einerseits als Erholung begriffen, andererseits
zu einer Komposition aus Tempo und Erlebnisdichte gemacht. Im Urlaub verlängert sich zum einen der Alltag, aber zum anderen erfolgt auch eine »Exotisierung«,
indem verschiedene Stilelemente kombiniert werden, welche über den Alltag hin-
ausragen. Die fremde Küche und das andersartige Klima, unvertraute kulturelle
Muster und selten geübte Tätigkeiten sind Elemente eines »gelungenen« Urlaubs.
Vor allem aber werden Raum und Zeit in ein neues Verhältnis gesetzt. Die Ferien-
reise überwindet immer größere Räume in immer kürzerer Zeit, Tempo und Zeitsparen sind zu typischen Mustern des Tourismus geworden. Zugleich werden starre alltägliche Zeitabläufe gebrochen, die profane Alltagszeit wird zur heiligen Zeit
des Urlaubs. Mit einem Ortswechsel soll die im Alltag übliche Zeitroutine überwunden und die Sehnsucht nach archaischen Zeitgefühlen erfüllt werden. Wenn
die Dichte der Erlebnisse hoch ist, kann ausgekostet werden, wie lang ein Tag sein
kann. Der Kontakt mit anderen Zeitkulturen (etwa im Mittelmeerraum) macht die
Begrenztheit und Zwanghaftigkeit der eigenen Zeitkultur besonders evident. Noch
deutlicher wird dies bei Fernreisen in Länder der Dritten Welt, wenn Kontakte mit
Resten von Stammesgesellschaften entstehen. Nach Ryan (1991) begegnen sich
dann drei verschiedene Zeitformen: die »sacred time« dient dem gesellschaftlichen
Zusammenhalt und findet ihre besondere Ausdrucksform in Zeremonien, Ritualen
und kultischen Handlungen, die »profane time« hingegen wird von den Touristen
mit ihren Uhren und Kalendern als kalkulierte und rationalisierte Zeit mitgebracht,
die »personal time« passt die Individuen an ihre Umgebung an und dient der Re-

flexion und Erholung. Ferntouristen haben also eine Integration dieser Zeitformen zu leisten, was auf der einen Seite neue Erfahrungen ermöglicht, auf der anderen Seite aber auch die eigene Zeitkultur problematisiert und nach der Rückkehr von der Reise die erforderliche Anpassung an den Alltagstrott schwierig macht. Mit der Zeitreise wird die Spannung zwischen Vergangenheit und Gegenwart, zwischen Peripherie und Zentrum erfahrbar gemacht.

Zugleich thematisiert der Tourismus Fremde und Authentizität. Das Fremde zu suchen, aber nur für kurze Zeit, gehört ebenso zu den Motiven des Reisens wie die Suche nach der fremden und der eigenen Authentizität. Der organisierte Tourismus bietet hierfür vielerlei Inszenierungen, die zur Simulations-, Virtualisierungs- oder Inszenierungsgesellschaft gehören, wie moderne Gesellschaften eben auch genannt werden. Der Tourist versucht, das Fremde und die Fremden in einer temporären Figuration zu entdecken, um sich zugleich der eigenen Identität und Authentizität zu vergewissern. Ein Motiv des Reisens wird in der eigenen Entfremdung von Arbeiten und Wohnen gesehen. Die Lohnarbeit in spät- oder postkapitalistischen Gesellschaften mag zwar nicht mehr durch harten körperlichen Einsatz gekennzeichnet sein, indes bleibt sie bei wachsender Abstraktheit und Komplexität entfremdet. Im Zuge der Globalisierung wird Erwerbsarbeit vielleicht noch stärker entfremdet als im klassischen Indutriekapitalismus, weil nunmehr die Besitzverhältnisse und die Wege der erzeugten Waren gänzlich unübersichtlich werden. Die starke Verdichtung von Tätigkeiten, Entscheidungen und Informationen erzeugt in den modernen Arbeitsformen neue Formen von Stress, die zu Rastlosigkeit führen. Der allseits flexible Mensch setzt diese innere und äußere Rastlosigkeit in der Freizeit fort, wenn Handy, Internet und PKW enorme Beschleunigung versprechen und unter dem Diktat des Zeitsparens und gleichzeitigen Konsumierens immer mehr »Flow«-Erlebnisse gesucht werden. Authentisches Leben wird auf diese Weise zur geheimen Sehnsucht, die im Urlaub ausgelebt werden soll. Die Rückkehr zur Natur, die Suche nach dem und den Fremden, die Verschmelzung mit dem Ursprünglichen wird zum zentralen Beweggrund des Reisens.

Wirtschaftlich gesehen bildet der Massentourismus eine Superstruktur aus, die weltweit zu den Branchen mit der höchsten Dynamik und fast ausschließlich schwarzen Zahlen gehört. Weil es schwierig ist, alle ökonomischen Aktivitäten im Tourismus angemessen zu erfassen – so ist z. B. der Kostenanteil am eigenen PKW, der für das Reisen aufgewendet wird, ebenso ungenau zu kalkulieren, wie z. B. der beruflich bedingte Hotelaufenthalt an der Gesamtzahl aller Übernachtungen – , so können immer nur Schätzungen das wirtschaftliche Volumen dieser Branche angeben. Der organisierte Tourismus ist ein Segment der gesamten Tourismusindustrie mit steigender Tendenz. Im Jahre 2000 unternahm fast jeder zweite deutsche Tourist eine Pauschalreise. Die Reisebranche registrierte 37 Millionen Pauschaltouristen, die insgesamt 37 Milliarden DM an die Veranstalter zahlten. Trotz des hohen Dollarkurses und enorm gestiegener Ölpreise verzeichnete die Tourismusbranche erneut einen Zuwachs von 7,4 Prozent gegenüber dem Vorjahr und erreichte mit weltweit 700 Millionen Touristen eine neue Höchstmarke. Die höchsten Zuwachsraten hatten Ostasien und der Pazifikraum (Steigerung um fast 15 Prozent), während die Zahl der Touristen in Europa nur um etwa 6 Prozent stieg. Teilweise haben Krisen und Kriege Einfluss auf die Auswahl der Reiseziele. Während der jüngsten Balkankriege ging nicht nur der Tourismus in Jugoslawien

deutlich zurück, sondern auch Griechenland und die Türkei wurden weniger ge-
bucht. Nach dem Ende des Kosovo-Krieges schnellte im Jahre 2000 aber die Türkei rasch als Reiseziel wieder in die Höhe und wurde für die Deutschen zum beliebtesten ausländischen Reiseziel des Jahres. Im gleichen Zeitraum stieg aber auch
die Zahl der Übernachtungen in Deutschland um etwa 6 Prozent, auch der Inlands-
tourismus erfreut sich wachsender Bedeutung. Das Reiseverhalten wird insgesamt
kaum durch gestiegene Preise beeinflusst, bei der Wahl der Reiseziele können aber
Krisen und Kriege zur Meidung bestimmter Regionen führen, die dann temporär
durch andere Regionen verdrängt werden. Nachdem in Ägypten in den vergangenen Jahren wiederholt politisch motivierte Attentate auf Touristen verübt wurden,
gingen die Buchungszahlen dort deutlich zurück, schnellten aber in Nachbarlän-
dern (z. B. Jordanien, Türkei) in die Höhe. Auch Preissteigerungen lassen sich wegen der leichten Substituierbarkeit von Reisezielen meistens nur schwer durchsetzen, wie die spanische Hotellerie in den vergangenen Jahrzehnten immer wieder
erfahren musste. Jede signifikante Preissteigerung wurde von den internationalen
Pauschalanbietern mit einer geringeren Buchungszahl beantwortet, weil z. B. Tunesien oder die Türkei Sonne und Strand in ähnlicher Qualität zu günstigeren Kon-
ditionen anbieten konnten. Um nicht mit leeren Betten Verluste einzufahren, nahmen die spanischen Hotelbesitzer meistens ihre geplanten Preiserhöhungen wieder
zurück.

Weltweit nahm im Jahr 2000 die Reisebranche – wohl auch eine Folge von Son-
derereignissen wie Olympia in Sydney, Fußball-WM in Belgien und den Niederlanden, Weltausstellung Expo in Hannover oder dem Heiligen Jahr der katholi-
schen Kirche – eine Billion DM (478 Milliarden Dollar) ein. Wegen des starken
Dollars reisten viele US-Amerikaner nach Europa, umgekehrt erfreuten sich die
USA aber ebenfalls wachsender Beliebtheit mit einem Plus von gut acht Prozent.
Mit knapp 75 Millionen ausländischen Besuchern blieb Frankreich das beliebteste
Reiseland der Welt, vor Spanien (54 Millionen), den USA (53 Millionen), Italien
(41 Millionen) und China (31 Millionen). Deutschland lag im Jahre 2000 mit 19
Millionen beherbergten ausländischen Touristen weltweit an zehnter Stelle. Insgesamt wurden in Deutschland im Jahre 2000 etwa 326 Millionen Übernachtungen
von insgesamt 108 Millionen Geschäfts- und Urlaubsreisenden gezählt, von denen
fast 90 Millionen aus Deutschland kamen. Die ausländischen Reisenden kamen zu
72 Prozent aus Europa – an der Spitze lagen Niederländer vor US-Amerikanern,
Engländern und Nordiren. Außer in Afrika, wo nur Kenia, Sambia und Mauritius
deutliche Zuwächse verzeichneten, nahm die Zahl der Touristen in allen Kontinen-
ten deutlich zu. Der Massentourismus ist zu einem globalen Phänomen geworden
(vgl. Pressemitteilung der World Tourism Organization/WTO vom 28.01.2001).
Durch die Ereignisse vom 11.09.2001 in New York hat sich allerdings auch gezeigt, wie anfällig der Tourismus gegenüber einem global operierenden Terroris-
mus mit unabsehbaren Folgen ist.

Die Struktur der Tourismusindustrie nähert sich teilweise dem wirtschaftlichen
Gesamtsystem an, wofür Stichworte wie steigender Kapitaleinsatz, Technisierung
und Informatisierung, Globalisierung, Profitsteigerung, Normierung und Montage,
Konzentration, Oligopolisierung und Monopolisierung u. dgl. m. Beleg sein können. Zugleich wird in jüngster Zeit aber auch deutlich, wie weltpolitische Ereignisse die ohnehin ökonomisch angeschlagene Flugbranche in Mitleidenschaft zie-

hen können, wenn die Fluggäste ausbleiben, ganze Fluglinien ökonomisch abstürzen und viele touristische Veranstaltungen ausfallen müssen.

6.5.3   Tourismus in der Kulturkritik

Am Massentourismus ist frühzeitig Kritik geübt worden. Georg Simmel hat bereits zu Beginn des 20. Jahrhunderts die »Rolle des Fremden« im Verhältnis zu den Einheimischen filigran beleuchtet, ehe ab Mitte des 20. Jahrhunderts eher kulturkritische Töne in der Soziologie um sich griffen. So wurde z. B. Riesmans Begrifflichkeit von der Innen- und Außenleitung des modernen Menschen aufgegriffen. David Riesman hatte konstatiert, dass der Mensch durch Konsum, Mode und politische Ausrichtung immer stärker von außen gelenkt werde und seine eigenen Werte und Lebensentwürfe, also seine Innenlenkung, aufgeben müsse. Der außengeleitete Mensch begreife das Reisen daher als Konsum und nicht mehr als die Möglichkeit, fremde Länder und Menschen kennen zu lernen. Vor allem aber werde er von den Fremden in eine totale Touristen-Rolle gedrängt und so im Urlaub fremdbestimmt (vgl. Knebel 1960). Diese Sicht wurde seinerzeit stark kritisiert, weil der Tourist bereits durch seine Herkunftssituation und sein Alltagsleben geprägt sei und er gerade dadurch den bereisten Ländern seine Sicht der Welt aufzwänge. Vielmehr sei der moderne Tourist Agent und Bestandteil der Tourismusindustrie und in seinen Sichtweisen und Bedürfnissen von dieser geformt. Immer neue Urlaubsformen – Kurlaub, Airlaub, Altenferien auf Mallorca, Expeditionsreisen usw. – sprechen zwar vorhandene Bedürfnisse an, verstärken und manipulieren diese aber im eigenen ökonomischen Interesse, so dass vielfach nur wenig von den ursprünglichen Bedürfnissen übrig bleibt. Die Dialektik zwischen vorhandenen Bedürfnissen und deren Manipulation bzw. Umformung zugunsten kommerzieller oder politischer Interessen hat bereits frühzeitig Kentler (1965) gesehen:

> »Der Tourismus ist ein gesellschaftliches Bedürfnis: Es lässt sich in dieser Gesellschaft augenscheinlich nur leben, wenn man zeitweilig aus ihr ausziehen kann. (...) Der Tourismus als Instrument, sich zeitweilig nicht anzupassen und anders zu sein als sonst, ist gleichzeitig das erfolgreiche Mittel vollständige Anpassung zu erzwingen und Zufriedenheit mit sich selbst zu erzeugen, dass man so ist, wie man immer ist. Der Tourist will aus seinem Alltag ausziehen, um den Zwängen der Gesellschaft zu entgehen, aber der Charakter dieses Auszugs ist von denselben Zwängen bestimmt, und ehe der Tourist am Ziel seiner Wünsche ist, haben sie ihn schon wieder eingeholt. (...) Die Freizeit ist das kaum zu spürende Machtinstrument einer repressiven Gesellschaft, ihre Mitglieder ohne diktatorische Gewalt bei der Stange zu halten« (Kentler 1965: 12).

Urlaub wie Freizeit sind also nur dialektisch in dem Zusammenhang von scheinbarer Freisetzung von alltäglichen Zwängen und tatsächlicher Einbindung in die repressiven Herrschaftsmechanismen der Gesellschaft angemessen zu analysieren. Unter diesem Aspekt hat Enzensberger (1962) »Eine Theorie des Tourismus« entworfen: Historisch ist der Tourismus mit dem Freiheitsdrang des Bürgertums, das Freiheit für alle Menschen forderte, um letztlich doch nur seine eigene Befreiung durchsetzen zu können, entstanden. Der mit der bürgerlichen Revolution einhergehende Durchbruch der Industrialisierung machte u. a. die Homogenisierung des Raumes und damit den Ausbau eines Verkehrsnetzes erforderlich. Zugleich entstand mit der selbst geschaffenen unmenschlichen Realität ein Bedürfnis, aus der Unwirtlichkeit der Industrie in unberührte Natur zu fliehen. Verkehrssysteme, die diese Flucht ermöglichten, verhinderten sie zugleich, denn die Natur wurde zersiedelt und massenhaft zugänglich. Bergsteigen und große Entdeckungsreisen, die das Bürgertum in Nachahmung früherer Heldentaten zur eigenen Form des Tourismus machte, wurden schon bald kommerzialisiert und so allen Gesellschaftsschichten zugänglich. In dieser Dialektik von Exklusivität und Kommerzialisierung trieb das Bürgertum notwendig den Tourismus voran. Der Tourismus wurde zur Industrie und vollzog sich damit nach den Prinzipien von Normung, Montage und Serienfertigung – wie Enzensberger an historischen Beispielen gezeigt hat: Mit dem Reiseführer wurde die Reise genormt, durch Fahr- und Gutscheinhefte wurde sie montiert, durch massenhafte Gesellschaftsreisen wurde sie zur Serienproduktion geführt. Diese Entwicklung lässt sich auf allen Ebenen – z. B. im Hotel-, Verkehrs- oder Unterhaltungsgewerbe – nachweisen. Der Tourist, der die Befreiung von den Zwängen der Alltagswelt sucht, dient letztlich der Bestätigung der Interessen der Tourismusindustrie:

> »Der Tourismus ist die Industrie, deren Produktion mit ihrer Reklame identisch ist: ihre Konsumenten sind zugleich ihre Angestellten. Die bunten Aufnahmen, die der Tourist knipst, unterscheiden sich nur den Modalitäten nach von jenen, die er als Postkarten erwirbt und versendet. (...) Die Welt, derer er auf ihr ansichtig wird, ist von vornherein Reproduktion (...) Er bestätigt das Plakat, das ihn verlockt hat, sich in sie zu begeben. Diese Bestätigung des Vorgespiegelten als eines Wahren ist die eigentliche Arbeit, die der Tourist ableistet. Es ist keine leichte Arbeit, die da von ihm verlangt wird. Die Trostlosigkeit ist dem Touristen vertraut. Blind greift er nach den heftigsten Mitteln, um die Langeweile zu verscheuchen, obwohl er doch im Grunde von der Vergeblichkeit seiner Flucht weiß, noch ehe er sie unternimmt. Immer schon durchschaut er das betrügerische Wesen einer Freiheit, die ihm von der Stange verkauft wird. Aber er gesteht sich den Betrug, dem er zum Opfer fällt, nicht ein. Seine Enttäuschung lässt er nicht laut werden. Sie fiele nicht auf den Industriellen zurück, der ihn betreut, sondern auf ihn selbst. Der Kreis seiner Bekannten würde dem Touristen das Eingeständnis seiner Niederlage als soziales Versagen ankreiden (...) Die Flut des Tourismus ist eine einzige Fluchtbewegung aus der Wirklichkeit, mit der unsere Gesellschaftsverfassung uns umstellt. Jede Flucht aber, wie töricht, wie ohnmächtig sie sein mag, kritisiert das, wovon sie sich abwendet« (Enzensberger 1962: 203 f.).

Solche gesellschaftskritische Einschätzung des modernen Massentourismus ist in den letzten Jahrzehnten sehr viel differenzierter und zugleich komplexer ausgefallen. Indes heftet sich die gegenwärtige Tourismuskritik eher an Teilprobleme und nimmt nur noch selten die Gesellschaft in toto in das Blickfeld. Doch geraten gegen Ende der 90er Jahre vor allem die modernen urbanen Lebensbedingungen wieder in das Blickfeld, weil die Spannung zwischen einer politisch gewollten Reurbanisierung auf der einen Seite und einer durch kommerzielle Interessen vorangetriebenen Verödung der Städte, in denen fast nur noch große Bekleidungs- und Elektronikketten mit ihren umfangreichen Verkaufsflächen das Bild bestimmen, allenthalben spürbar wird und gewissermaßen zur Flucht auffordert. Zwar war bereits in den 60er Jahren die »Unwirtlichkeit der Städte« beklagt worden, doch hat sich seither die städtische Lebenswelt sehr viel stärker verändert, was auch die fortlaufende Inszenierung von Events nicht ändern kann. In den modernen touristischen Zentren in aller Welt setzt sich das bauliche Bild der Stadtwelt fort und bietet den Touristen, der eigentlich eine Gegenwelt sucht, wieder Halt, wie Rieder (1998) konstatiert:

»Man würde meinen, die Touristen seien mittlererweile durch den postmodernen Stadt-umbau, die historisierenden Stadtverschönerungen formenimmun geworden. Dies ist mitnichten so, vielmehr ortet man eine Flut von Zeichen und neuen Metazeichen und -formen, die größer, lauter, teurer, ultimativer die Umgebung designen. Die Metazei-chen/-formen persiflieren einen baulichen Urzustand, z. B. in den Alpen das sattel-dachgedeckte Bauernhaus, in Griechenland das terrassengestufte, weißgetünchte Ziegelhaus mit türkisen Läden. Dieser Urzustand versinnbildlicht dem Touristen, dass er – wie der erste Entdecker dieser Region, quasi in dessen Fußstapfen und also der agrikulturellen Zeit angehörend – , ein unschuldiges, unberührtes Land (Arkadien) be-tritt, und sich grenzenlos frei fühlen (Postkolonialismus) kann. Der Verlust der eigenen Körperbefindlichkeit wird durch den (penetrierenden, erobernden) Eintritt ins (risiko-lose) Fremde, in den fremden Raum kompensiert. (...) Einerseits weil es in der Stadt ei-nen Mangel an Ereignissen gibt, die innerstädtisch flanierend zu erreichen wären – einschließlich der Wanderung durch Wiese, Heide, Wald und Park –, andererseits, weil man an die Existenz von Menschenmassen gewohnt ist (»soziale urbane Dichte«), macht es notwendig, dass man sich erst dort im Urlaub wohl fühlt, wo man sich nicht allein, sondern in entsprechender urbaner Dichte, ›geballt‹, sich wiederfindet. Der Ga-rant für ein Ereignis ist der bloße Ortswechsel. Es handelt sich um organisierte Mobi-lität im Gegensatz zu selbstorganisierter Immobilität (Bewegungsradius am Reiseziel)« (Rieder 1998: 26).

Die Kritik am Tourismus richtet sich entweder auf die Verhaltensweisen der Touri-sten oder auf die ökologischen, ökonomischen bzw. sozialen Folgen oder sieht im Tourismus selbst ein Phänomen des Spätkapitalismus, das gelegentlich sogar als neue Form des Kolonialismus charakterisiert wird (z. B. Maeder, 1990). In Anleh-nung an Opaschowski (1996: 45ff.) kann die heutige Kritik am Tourismus folgen-dermaßen zusammengefasst werden:

Bereits im 19. Jahrhundert wurden die in Gruppen auftretenden Touristen oft als dumpfe Horden ironisiert. Diese Kritik hat gelegentlich noch bis in die Gegenwart Bestand, weil sie die Sicht der bisher im Reiseverhalten Privilegierten abbildet, die um ihre Exklusivität bangen. Als etwa im frühen 19. Jahrhundert die bürgerlichen Unternehmer und Kaufleute in größerer Zahl in die bislang vom Adel dominierten englischen Badeorte kamen, wurden sie als kulturlose Geldleute apostrophiert, und als ein halbes Jahrhundert später auch die Industriearbeiter dorthin kamen, spotte-ten die Unternehmer über die ungebildeten Badegäste. Solche Muster setzen sich bis heute fort, wenn z. B. die vermeintlichen Individualtouristen über die Charter-touristen ironische Bemerkungen machen (»die billigen Neckermänner«). Vor al-lem die Massenhaftigkeit des Reisens nährt bis heute die populäre wie oft auch in den Wissenschaften anzutreffende Kritik am Massentourismus. Eine zweite Per-spektive der Kritik speist sich aus der Gesellschafts- und Kulturkritik der Frank-furter Schule und neomarxistischer Ansätze, die Opaschowski als »Kritik der Ideo-logen« rubriziert. Enzensberger hatte bereits kritisiert, dass sich der moderne Tourismus durch Normung, Montage und Serienfertigung immer mehr den allge-meinen industriellen Prinzipien angleiche. Er sah, wie später auch Habermas und Adorno, im Tourismus eine Fluchtbewegung aus der belastenden Wirklichkeit des industriellen Alltags, die sich als Kompensation der Fremdbestimmung verstehe und Glück im Urlaub verheiße, zugleich aber neue Unfreiheit produziere, weil sich die Touristen dem industriellen Regime der Freizeitindustrie unterwerfen würden. In der dritten Phase der Tourismuskritik artikulierte sich die intellektuelle Stimme der Dritten Welt. Neue Formen des Kolonialismus entstünden, weil Einheimische aus ihren angestammten Regionen vertrieben, deren Traditionen folkloristisch vernutzt, Prostitution gefördert und westliche Denkweisen eingeführt würden. Die bereisten Länder der Dritten Welt würden auf diese Weise auch finanziell ausgebeutet bzw. abhängig gemacht und zugleich würden ihre traditionellen Werte zerstört. Eine vierte Phase der Tourismuskritik verallgemeinerte solche Kritik, indem sie als Kritik der Bereisten formuliert wurde. Unter Stichworten wie »Kommerzialisierung der Gastfreundschaft« oder »Landschaftsfresser« wurde auf die sozialen und ökonomischen Folgen des massenhaft auftretenden Tourismus für die bereisten Regionen nicht nur der Dritten Welt aufmerksam gemacht. Vor allem die starke kommerzielle Betonung des Reisens wie auch die Versiegelung und teilweise Zerstörung der Landschaft gerieten ins Fadenkreuz der Kritik. Solche Formen der Kritik konnten einer empirischen Überprüfung nicht immer standhalten und waren an Idealen von Aufklärung, Individualismus und Emanzipation orientiert, wie sie in modernen Gesellschaften kaum zu verwirklichen waren. Auch hat sich der Massentourismus unter solcher Kritik in Teilen verändert, wenn sich etwa unter dem Stichwort »sanfter Tourismus« ökologisch bewusstes Reiseverhalten in einigen Segmenten durchgesetzt hat.

So bleibt auch die insgesamt optimistische Einschätzung ambivalent, wenn Opaschowski die neueren Aussagen zusammenstellt:

> » – Tourismus macht die Reisenden, nicht unbedingt die Bereisten glücklicher.
> – Tourismus ist ein Garant für mehr materiellen Wohlstand des Landes, aber keine Garantie für mehr Wohlbefinden der Bewohner.
> – Tourismus schafft Arbeit, aber zerstört auch die Natur.
> – Tourismus bringt den Bewohnern Einkommensgewinne und soziale Sicherheit, kostet sie aber auch Selbstwertgefühl und kulturelle Identität.« (Opaschowski 1996: 57).

Die wirtschaftlichen, sozialen und ökologischen Folgen von Tourismus und Freizeit werden in Kapitel 8 genauer betrachtet. Hier bleibt vorerst festzuhalten, dass die Vor- und Nachteile der dominierenden Freizeitbereiche differenzierter Betrachtung bedürfen und nur teilweise empirisch erforscht sind.

7. Freizeit in verschiedenen Gesellschaftsgruppen

Gesellschaftliche Ungleichheiten, die sich traditionell durch Besitz, Beruf, Bildung, Macht oder Einkünfte ergaben, stellen sich im Bereich der Freizeit teilweise ganz anders dar. In Umfang, Verteilung und Verhaltensweisen entstehen in der Freizeit andere Privilegierungen und Benachteiligungen als im alltäglichen Verteilungskampf um Arbeit, Geld oder Macht. So genießen etwa Unternehmer und Manager zwar hohes Einkommen und Prestige, im Umfang und in der Verteilung ihrer Freizeit gehören sie eher zu den Benachteiligten. Umgekehrt zählen Zeitpioniere, die nur mit reduzierter Stundenzahl arbeiten, zu den Privilegierten der Freizeit, sind aber in der finanziellen Dimension eher benachteiligt. Weitaus komplizierter sind die Ungleichheiten aber bei Arbeitern im Schichtdienst, Arbeiterinnen mit kleinen Kindern oder selbständigen Bauern, die in der Einkommensdimension in der Mitte, in der Freizeitdimension aber meistens ganz unten angesiedelt sind. Noch problematischer stellt sich die Freizeit für jene Teile der Bevölkerung dar, die ihr Leben ganz oder zeitweilig in Institutionen verbringen müssen: Kranke und Behinderte, die in Kliniken oder Heimen ihr Leben fristen, sind den Zeitmustern der jeweiligen Institution unterworfen und können nur einen kleinen Teil ihrer Zeit selbständig gestalten. Ähnlich ergeht es Inhaftierten oder Soldaten.

Der gesellschaftliche Wandel wirkt sich auf die verschiedenen Gesellschaftsgruppen unterschiedlich aus. Dadurch ergeben sich Schwierigkeiten, die zu verschiedenen Zeitpunkten erhobenen Befunde zu Freizeitumfang, -aktivitäten und -bewertungen angemessen zu interpretieren. Z. B. hat sich die gesellschaftliche Lage von Kindern, Jugendlichen oder Alten zwischen 1950 und 2000 gravierend verändert. Untersuchungen aus den beiden genannten Jahren sind kaum miteinander zu vergleichen. Daher ist es erforderlich, die Wandlungstendenzen allgemein zu beschreiben, bevor Freizeit in den jeweiligen Gesellschaftsgruppen untersucht werden kann. Erst auf der Folie gesellschaftlichen Wandels werden Veränderungen in der Freizeit griffig und verstehbar. Wenn z. B. ermittelt wird, dass Jugendliche im Jahre 2000 deutlich mehr Medien konsumieren als 1950, so sagen die Daten allein wenig aus, wenn nicht gleichzeitig Qualität, Inhalte und Wertigkeiten der Medien in die Analyse einbezogen werden. Jugendliche verfügten 1950 kaum über eigene Massenmedien, 2000 sind sie aber mit Medien ziemlich komplett ausgestattet. Massenmedien waren 1950 vor allem Zeitung, Zeitschrift und Buch, meistens auch Radio, gelegentlich Plattenspieler und ganz selten ein Telefon – alles war in den Alltag der gesamten Familie einbezogen – , im Jahre 2000 sind neben den klassischen Medien aber vor allem Fernsehen, Hörfunk, CD-Player oder Walkman, Computer und Handy angesagt – und alles wird überwiegend individuell in den eigenen Räumen, selten im Kreise der Familie genutzt. Kinder waren 1950 weitgehend vom Medienkonsum ausgeschlossen, erst mit Eintritt in die Jugendphase wurden Medien gängig. Heute beginnt die kontinuierliche Mediennutzung bereits in der frühen Kindheit und Jugendliche können dadurch bereits auf eine relativ lange und umfassende Nutzung der Medien zurückblicken. 1950 waren Medien kostspielig und deshalb in vielen Haushalten eine Seltenheit, heute sind sie relativ preiswert und in Inhalt und Technik raschem Umschlag ausgesetzt. Vor einem halben Jahrhundert standen Medien eher peripher zum Alltag, heute leben wir in einer alltäglichen Mediengesellschaft. So ist Freizeit verschiedener Gesellschaftsgruppen im gesellschaftlichen Wandel jeweils völlig neu einzuschätzen.

7.1   Freizeit im Lebenszyklus

Was unter Freizeit verstanden wird, wie der Umfang variiert und was in der Freizeit getan wird, verändert sich im Lebensverlauf. Unmittelbar deutlich wird dies beim Gegensatz von Säuglingen und Kindern auf der einen und sehr alten Menschen auf der anderen Seite. Ob Säuglinge ein Empfinden von (Frei-) Zeit haben, ist umstritten. Jedoch kann angenommen werden, dass sie Periodizität sehr wohl verspüren, wenn feste Zeiten des Stillens oder sonstiger Nahrungsaufnahme eingeprägt werden. Kinder entwickeln relativ früh ein Bewusstsein von Zeit, wenn sie auf bestimmte Fernsehzeiten warten. Und Fünfjährige haben wohl auch deshalb schon ein Verständnis von Freizeit, wenn sie auf die bevorstehende Einschulung mit der Bemerkung hinweisen, dann endlich Ferien zu haben. Für sehr alte Menschen kann Freizeit zu einem Problem werden, wenn sie kaum noch Bezugspersonen haben oder wegen Gebrechlichkeit nur noch wenige Freizeitaktivitäten in Angriff nehmen können. Die Freizeitforschung hatte alte Menschen lange Jahrzehnte überhaupt nicht im Blick, weil diese als Konsumenten nicht interessant waren und die Meinung vorherrschte, dass mit dem Eintritt in den Ruhestand weitgehend Ruhe angesagt und dementsprechend aktive Freizeit selten sei. Erst seitdem sich die Gerontologie und die Soziologie des Alterns (vgl. Prahl/Schroeter 1996, Schroeter/Prahl 1999) ausbreiteten, kam auch die Freizeit alter Menschen ins Blickfeld der Forschung und erfreut sich seit rund zwei Jahrzehnten reger Aufmerksamkeit, weil diese Bevölkerungsgruppe noch ganz überwiegend aktiv und vor allem finanziell potent ist. Während sich der Anteil alter Menschen an der Bevölkerung ständig vergrößert, schrumpft seit einigen Jahrzehnten der Anteil von Kindern und Jugendlichen. Junge Menschen werden strukturell knapp und damit ebenfalls wertvoll. Als Träger gesellschaftlicher Pluralisierungstendenzen rücken Kinder und Jugendliche bereits seit Jahrzehnten in den Scheinwerferkegel wissenschaftlicher Forschung. Junge und alte Menschen stehen daher im nachfolgenden Abschnitt im Vordergrund, während die übrigen Altersphasen in anderen Kapiteln einschlägiger behandelt werden.

7.1.1   Kindheit

In den Sozial- und Geschichtswissenschaften wird seit Jahrzehnten darum gestritten, ob es Kindheit im Verlaufe der Geschichte immer gegeben habe. Unstrittig ist dabei die Tatsache, dass Menschen biologisch und entwicklungspsychologisch in jeder Phase der Geschichte der Menschheit von der Geburt an zunächst weitgehend unselbständig sind, bis sie mit der Pubertät in ein Stadium relativer Selbständigkeit einmünden. Strittig ist aber, ob Kinder (und auch Jugendliche) in der Geschichte immer auch gesellschaftlich als Kinder anerkannt wurden oder ob Kindheit eine gesellschaftliche Konstruktion ist, die nur unter besonderen sozialhistorischen Umständen entstanden ist. So hat Ph. Ariès (1975) aufgezeigt, dass Kindheit erst mit dem Aufkommen der bürgerlichen Gesellschaft im 17. und 18. Jahrhundert als soziale Form entstanden ist. Vorher wurden Kinder als kleine Erwachsene behandelt, die bereits sehr früh zur Arbeit herangezogen wurden und deren Lebensphase nicht ausdrücklich von anderen Lebensphasen abgegrenzt wurde[11]. Erst im Bürgertum entstanden soziale Konstruktionsmerkmale, welche Kindheit einen eigenständigen Rang verliehen: spezielle Kinderkleidung, Kinderzimmer, Kinderliteratur, Kindermedizin, Kinderspielzeug usf. Zuvor wuchsen Kinder mit den älteren Geschwistern, Eltern und Großeltern gemeinsam auf und kannten kaum Attribute der Kindheit. Zumeist wurden sie in die abgetragene Kleidung der Älteren gesteckt, für spezielle Räume war kein Platz. Erst im Zeitalter der Aufklärung wurden Kinder zum Gegenstand der pädagogischen Betrachtung. Sie wurden jetzt als bildbar und erziehungsfähig erkannt, die Idee einer allgemeinen Schulpflicht kam auf, Spielzeug und Kinderbücher, teilweise auch besondere medizinische Erkenntnisse und Praktiken richteten sich an Kinder. Kindheit wurde gesellschaftlich konstruiert. Knapp drei Jahrhunderte später glaubt N. Postman (1981) allerdings »das Verschwinden der Kindheit« feststellen zu müssen, weil moderne elektronische Medien und die Konsumwelten nahezu alle Besonderheiten der Kindheit – Postman nennt hier insbesondere Geheimnisse und Sexualkenntnisse, die Kindern vorenthalten werden – einebnen.

Kindheit hat sich in den vergangenen Jahrzehnten drastisch verändert. So ist die Zahl der Kinder sehr stark zurück gegangen. Betrug die Zahl der lebend geborenen Kinder pro Frau um 1900 im Schnitt 4, so ist die Zahl am Ende des 20. Jahrhunderts auf 1,3 gesunken. Kindheit und damit auch Jugend wird strukturell knapp. Waren alle früheren Gesellschaften »junge Gesellschaften«, so werden sie heute immer mehr zu »alten Gesellschaften«, weil sich die Relation zwischen jungen und alten Menschen demographisch radikal verschiebt. Um 1900 war in Deutschland mehr als ein Drittel (34 Prozent) aller Menschen jung (0 bis 15 Jahre), aber nur wenige (5 Prozent) waren alt (65 und mehr Jahre). Heute fallen nur noch ein Siebtel (14 Prozent) in die Jugendquote, während ein etwas größerer Teil (15 Prozent) die Altenquote ausmacht. Wird von dem faktischen Alter der Verrentung (nämlich knapp 60 Jahre) ausgegangen, dann sind bereits ein gutes Fünftel (21 Prozent) aller Menschen in der nachberuflichen Phase – im Jahre 2030 soll es nach einschlägigen Prognosen sogar ein gutes Drittel (37 Prozent) werden. Diese weltweiten Prozesse haben inzwischen fast alle Kontinente erreicht. Allerdings lassen sich die meisten Gesellschaften in Afrika, Südamerika und Südasien sowie im Orient immer noch als »junge Gesellschaften« charakterisieren, woraus global auch

---

[11] Allerdings haben neuere Forschungen an dieser These erhebliche Zweifel angemeldet und aufgezeigt, dass Kindheit im Spätmittelalter sehr woh auch sozial und vor allem rechtlich geregelt und anerkannt war; vgl. Lofft-Haag 1991.

weiterhin eine rasche Zunahme der Weltbevölkerung resultiert. Während in vielen
Teilen der Dritten Welt die Kindersterblichkeit sehr hoch ist, haben sich im gesamten zwanzigsten Jahrhundert in fast allen Industriegesellschaften dagegen die
Überlebenschancen der Kinder ungewöhnlich verbessert. Starb noch gegen Ende
des 19. Jahrhunderts rund die Hälfte aller Geborenen vor dem Erreichen des fünften Lebensjahres, so sind dies heute in Deutschland nur noch etwa ein Prozent. Daher bedeutet Kindsein heute auch und vor allem Freisein von tödlichen Risiken,
wenngleich viele neue Gefahren zu den herkömmlichen Bedrohungen, die ja vor
allem in Infektionen, Hunger, Seuchen, Mangel- und Fehlernährung, geringer Hygiene oder Kriegen und Feuersbrünsten bestanden, hinzugekommen sind: etwa belastete Nahrung, saurer Regen, atomare Strahlung, Straßenverkehr, Informationsü-
berreizung, Leistungsdruck usf.

Kindheit ist nicht nur strukturell knapp geworden, sie unterliegt auch Wandlungen. Kindheit hat immer stärker mit Expertisierung und Pädagogisierung zu tun.
Seit dem 18. Jahrhundert haben sich viele Wissenschaften der Kindheit angenommen: Kindermedizin (Pädiatrie), -psychiatrie, -onkologie, -psychologie, pädagogische Psychologie, Entwicklungs- und Lernpsychologie, Soziologie der Kindheit,
Kindheitsgeschichte, Literaturwissenschaft der Kindermedien, Sport und Therapie
für Kinder, Pädagogik usf. Zugleich hat Kindheit politisch einen wachsenden Stellenwert errungen. Kinder sollen an relevanten Planungen und Entscheidungen teilnehmen, einzelne Regierungen oder Kommunen haben Kinderbeauftragte bestimmt oder versammeln Kinderparlamente, in Stadt und Land   finden
Kinderfreundlichkeitsprüfungen statt. Gerade weil die Zahl der Kinder sinkt und
damit die Zukunft der Gesellschaft gefährdet erscheint, werden Kinder von Wissenschaft und Politik, von Medien und Wirtschaft in den Fokus genommen. Waren
noch vor hundert Jahren die meisten Eltern froh, wenn sie einen Teil ihrer Kinder
am Leben erhalten und diese dann mit wenig Geld und materiellen Möglichkeiten
ins Erwachsenenalter bringen konnten, so sind die pro Familie immer seltener werdenden »kleinen Prinzen und Prinzessinnen« heute Ziel von geballter Expertise,
Pädagogik und Konsumofferten. Bereits die pränatale Diagnostik und Medizin ist
bestrebt, Kinder »fehlerfrei« ins Leben zu bringen, Säuglinge werden möglichst
lange und intensiv von Ärzten und Therapeuten untersucht, Kleinkinder unterliegen schon früh den institutionellen Vorkehrungen von Horten und Kindergärten (in
Japan werden sogar Prüfungen bei der Aufnahme in den Kindergarten absolviert).
Diese Prozesse setzen sich dann in der Schule fort, womit Kindheit endgültig institutionalisiert wird. Kindheit unterliegt nun – bevor irgendwann zwischen dem
12. und 14. Lebensjahr die Jugend beginnt – der Pädagogik. Seit der Einführung
der allgemeinen Schulpflicht im 19. Jahrhundert, die flächendeckend allerdings
erst um die Mitte des 20. Jahrhunderts realisiert wurde, spielt sich Kindsein für eine bestimmte Zeit des Tages in Institutionen ab. Kinder sind spätestens dann zeitlichen Regeln unterworfen, die über Hausaufgaben und psychische Belastungen
auch noch in den Alltag der Familie hineinragen.

In der Literatur umstritten ist, ob Kleinkinder überhaupt Freizeit haben, weil
kein direkter Gegensatz zu anderen Formen der Zeitverwendung existiert. Aus
pragmatischer Sicht wird hier unterstellt, dass Kinder Freizeit haben, weil nicht
nur entsprechende Angebote (Kinderfreizeiten) bestehen, sondern auch weil Kinder unmittelbar mit der Freizeit von Eltern und Geschwistern verbunden sind. Vor

allem aber ist in den letzten Jahren deutlich geworden, dass sich das Verhältnis von Kindern zur Zeit sehr deutlich verändert hat. So sind Kinder heute wesentlich stärker als in früheren Generationen von Zeitmess- und Zeittaktgeräten umgeben: Das Ablesen der Uhr (wie deren Besitz) beginnt früh, das Fernsehen setzt Termine, mit dem Komplexerwerden der elterlichen Zeitstrukturen verengen sich auch die Zeitgitter der Kinder. Freizeit von Kindern ist heute stark durch vorgegebene Zeitmuster strukturiert. Hinzu kommt, dass kindliche Lebenswelten in hohem Maße durch technisches Gerät (vom Spielzeug bis zum Walkman) charakterisiert sind. In langer Perspektive ist schließlich auch auszumachen, dass Kindheit überwiegend in geschlossenen Räumen (Wohnung, Kindergarten, Einkaufsstätten) stattfindet.

In der zweiten Phase der Kindheit – dem Übergang in den Kindergarten, Vorschule und Schule – lässt sich Freizeit indes genauer fassen, nämlich als Zeit, die nicht mit Schule und schulischen Pflichten ausgefüllt ist. Von befragten Grundschülern wird die Abgrenzung gegenüber schulischen Pflichten auch als wesentliches Definitionsmerkmal von Freizeit gewählt. Freizeitaktivitäten finden 1. im Hause ohne Familienangehörige, 2. im Hause mit Familienangehörigen, 3. außerhalb des Hauses ohne Familienangehörige und 4. aushäusig mit Familienangehörigen statt. Neben Spielen rangieren Medienkonsum, Sport und Beisammensein in der Clique als dominante Freizeittätigkeiten an der Spitze. Allerdings sind die »Lücke-Kinder« zwischen 10 und 14 Jahren, die ihre Freizeit gewissermaßen in den Lücken der Großstadt verbringen, noch weitgehend unerforscht. Kinder und Jugendliche verbringen einen erheblichen Teil ihrer Zeit in Institutionen wie Kindergarten und Schule. Dadurch ist ihre Zeitverwendung in diesen Feldern stark normiert und vermittelt bereits frühzeitig ein Gefühl für Zeitdisziplin. Über Zeittakte greifen solche Institutionen auf Körper und Psyche von Kindern und Jugendlichen zu. Das Bewegungsbedürfnis wird weitgehend stillgestellt, wenn in den Schulstunden sitzende Tätigkeit verordnet wird, während in den Pausen für kurze Zeit Bewegung erwartet wird. Nach moderneren pädagogischen Konzepten soll die starre Abfolge von Sitzen und Bewegen aufgelockert werden. In einigen Schulformen (z. B. Ganztagsschulen, teilweise auch Gesamtschulen) werden andere Zuordnungen von Unterricht und Freizeit erprobt, was oft aber am fehlenden Personal, hinderlichen Baustrukturen und versicherungsrechtlichen Bestimmungen scheitert. Mit pädagogisch reflektierten Angeboten wird in Ganztagsschulen ein Teil der Freizeit organisiert, was überwiegend positive Resonanz erzielt. Angesichts der wachsenden Armut der öffentlichen Haushalte sind die großen Hoffnungen der Freizeitpädagogik aus den siebziger und achtziger Jahren allerdings meistens nicht realisiert worden. Weil Schulen und Schulhöfe nur für einen kleineren Teil des Tages genutzt werden, sind vereinzelt allerdings Schulhöfe oder Turnhallen für die Freizeit von Kindern und Jugendlichen nach dem Ende der Unterrichtszeit geöffnet worden.

Kinder und Jugendliche lernen nur noch begrenzt in Schulen, neue Vermittler wie Medien und Computer, aber auch peer groups und vor allem kommerzielle Angebote (z. B. Musik-, Sport-, Tanz- oder Sprachunterricht) kommen hinzu. Diese Entwicklung wird unter dem Stichwort von der »Entscholarisierung der Schule und der Scholarisierung der Freizeit« (vgl. Fölling-Albers 2000) beschrieben. Die Schule vermittelt zwar noch den offiziellen Kanon, wichtiger in den Augen der Eltern und Schüler sind aber oft die außerschulischen Bildungs- und Betätigungsmöglichkeiten. Ein wachsender Teil der Freizeit wird mit solchen zusätzlichen Bildungsmöglichkeiten gefüllt. Vom fast kostenlosen Sportunterricht im Verein bis zu teuren Sprach- oder Ballettkursen reicht die Spanne der Angebote, aber auch der weit verbreitete Nachhilfeunterricht und freiwillige Arbeitsgemeinschaften gehören dazu. Medien und insbesondere der Computer leisten einen Bildungsbeitrag, der die Leistungen und Möglichkeiten der Schulen oftmals übersteigt. Schule hat längst ihre Exklusivität in der Bildungsvermittlung verloren und muss die über Medien erlangte Bildung integrieren, ergänzen oder korrigieren. Mit der »Scholarisierung der Freizeit« erlangt die Freizeit von Kindern und Jugendlichen eine neue Qualität, weil diese in ihrer Verhaltensbeliebigkeit immer mehr eingeschränkt wird und vielfach bereits Pflichtcharakter annimmt. Kinder und Jugendliche haben oft prall gefüllte Terminkalender und sind auf Uhren und Timer angewiesen. Allerdings sind ihre Zeiten noch nicht so stark determiniert wie die von Erwerbstätigkeiten, denn eine ausgefallene Klavierstunde kostet allenfalls den Eltern einige Mark, den Kindern aber keinen Job. Mit der »Scholarisierung der Freizeit« werden inzwischen erhebliche Umsätze getätigt, deren ökonomischer Umfang (von Lernprogrammen der Computerbranche bis zum Nachhilfeunterricht, vom Tenniskurs bis zur Klavierstunde) bislang schwer abzuschätzen ist. Weil Kinder und Jugendlich aber auch wachsende Konsumansprüche haben, steigt auch die Arbeit von Kindern und Jugendlichen (z. B. Austragen von Anzeigenblättern), was wiederum deren Freizeit verändert.

Ein wesentliches Charakteristikum heutiger Kindheit besteht in der »Verinselung«. Erlebten Kinder in der Vergangenheit den Raum noch weitgehend ganzheitlich, so erleben sie den Raum heute gewissermaßen von verschiedenen Inseln aus, zwischen denen sie in den Autos der Eltern oder in öffentlichen Verkehrsmitteln pendeln. Musste der Raum von früheren Kindergenerationen zu Fuß und oft mühevoll erobert werden, so verliert für heutige Kinder der Raum an Bedeutung. Bereits früh legen Kinder in PKW oder Flugzeug recht große Strecken zurück, selbst Säuglinge nehmen am Tourismus teil. Hort oder Kindergarten liegen häufig nicht in unmittelbarer Nachbarschaft zur elterlichen Wohnung, sondern müssen mit Verkehrsmitteln erreicht werden. Weil auch die Großeltern meist nicht mehr im selben Hause leben und Dienstpersonal nicht mehr zeitgemäß oder verfügbar ist, müssen Kinder – sofern die Eltern berufstätig sind – oft außerhalb der eigenen Wohnung einen Teil ihrer Zeit verbringen. Einige Jahre später ist für die Kinder Sport, Klavierunterricht oder Shopping angesagt, wiederum müssen die Mütter, seltener die Väter, den Raum zwischen den Inseln überbrücken. Und weil die Schulen aus Kostengründen oft zentral angelegt sind, fallen dann weitere Wege an. Kindliche Raumerfahrung verengt sich gewissermaßen auf den Blick aus dem Autofenster. Der erreichbare Radius wird zwar größer, doch die Fläche zwischen den verschiedenen Rauminseln wird zur terra incognita. Erschwerend kommt hinzu, dass in städtischen Ballungsgebieten die Nutzung vieler Flächen untersagt oder wegen des Verkehrs zu gefährlich ist. Die Freizeit der Kinder wird dadurch auf die Wohnung und auf die Rauminseln konzentriert. Allerdings lassen sich auch Gegentendenzen ausmachen: Gerade wegen solcher Restriktionen werden verbotene Räume wie die Keller von Hochhäusern oder Hinterhöfe erkundet, in jüngerer Zeit kommen Einkaufspassagen, Kaufhäuser oder Verkehrsmittel als attraktive Freizeitorte hinzu. In einigen Studien wurde die Tendenz zur »Verinselung« ganz überwiegend belegt (zusammenfassend Zeiher/Zeiher 1993).

In der weitgehend populären Abfolge »Kriegskinder – Konsumkinder – Krisenkinder« (Preuss-Lausitz u. a. 1983) drückt sich der Wandel der Kindheit seit dem
Ende des Zweiten Weltkrieges aus. Kriegskinder wuchsen unter harten Lebensbedingungen mit vielen Entbehrungen, oft mit Hunger und wenig Kleidung in engen
Räumen auf. Allerdings konnten sie unter Lebensgefahr die Trümmerberge erkun-
den oder Munition aus dem Dorfteich fischen. Sie lebten mit intensiven und
großflächigen Raumerfahrungen, gefährlichen Situationen und engen Verflechtungen mit Gleichaltrigen aber auch mit Familienmitgliedern und Nachbarn. Mit dem
steigenden Wohlstand und den daraus resultierenden Veränderungen in den Lebensweisen wandelte sich Kindheit nachhaltig. Konsumieren wurde seit den siebziger Jahren auch für Kinder immer wichtiger, zumal die verfügbaren finanziellen
Mittel stark anstiegen. Diese Tendenz, die bis zur Gegenwart anhält und wegen der
gestiegenen Wertigkeit von Konsum noch an Bedeutung zugenommen hat, wird
seit den achtziger Jahren durch neue Krisen und Krisenerfahrungen überlagert.
Wettrüsten, Atomkatastrophen, Umweltzerstörungen, zunehmende Armut,
Ernährungsprobleme u. dgl. m. haben auch bei Kindern zu wachsendem Krisenbewusstsein geführt. Allerdings sind in den letzten Jahren die öffentlich dargestellten Krisen wieder etwas in den Hintergrund getreten und Konsum und Medien
wieder in den Mittelpunkt gerückt.

Kindheit heute ist vor allem Konsum- und Medienkindheit. Insbesondere Kleidung, modische Accessoires, Medienausstattung und Kommunikationstechniken
gehören wie selbstverständlich zur Lebenswelt von Kindern und damit auch zu einem Mittel der sozialen Differenzierung. Bereits im Kindergarten werden über bestimmte Kleidungsmarken Zugehörigkeiten oder Abgrenzungen vorgenommen, in
der Schule setzt sich später dieser Prozess fort. Schulranzen, Schreibgerät oder
Sportkleidung signalisieren über Geschmack und Kaufkraft der Eltern soziale Differenzen. Auch die Ernährung erlangt in diesem Prozess der Stilisierung wachsende Bedeutung, wobei die Palette von Fastfood bis zu hochwertiger Biokost reicht.
Gesellschaftlich spaltet sich Kindheit immer weiter auf, weil inzwischen Armut
auch zu einem Problem von Kindern geworden ist. Weil die Kluft zwischen Armen
und Reichen in den letzten Jahrzehnten immer größer geworden ist und weil vor
allem durch Arbeitslosigkeit und Überschuldung immer mehr Eltern Sozialhilfe
beziehen müssen und unter das Existenzminimum rutschen, geraten auch immer
mehr Kinder in Armut. Andererseits steigt auch die Schicht der wohlhabenden und
der finanziell abgesicherten Menschen weiter an. Dadurch klaffen die Konsumchancen der Kinder immer stärker auseinander. In der Schule sitzen Kinder unterschiedlicher sozialer Herkunft dicht beieinander, wenn es aber um die Finanzierung der Klassenreise geht, werden die Unterschiede schnell deutlich. Noch
markanter sind Differenzen in der Freizeitsphäre jenseits der Schule. Sport und
Musik kann zwar jedes Kind ausüben, doch Tenniskurse oder Klavierunterricht kosten Geld, über das nicht alle Kinder in gleichem Maße verfügen. Vor allem der
Stellenwert, den Familien Sport, Fitness, Leistungsfähigkeit oder Aktivität bei-
messen, differiert zwischen den jeweiligen Gesellschaftsschichten deutlich.

Kinder verfügen in Deutschland über immer mehr Geld. In einer kommerziell
orientierten Verbraucheranalyse von drei Großverlagen wurde ermittelt, dass Kinder und Jugendliche zwischen sechs und neunzehn Jahren im Jahre 2001 insgesamt
mehr als 32 Milliarden DM an Taschengeld, Sparguthaben, Geldgeschenken und

Einnahmen aus Jobs zur Verfügung haben. Im Durchschnitt sind das monatlich 110 DM, wobei in der Altersspanne 6 bis 9 Jahre nur 23 DM, von 10 bis 12 Jahre 35 DM, von 13 bis 15 Jahre gut 70 DM, bei 16- bis 19-Jährigen aber bereits 280 DM zur Verfügung stehen. Die untersten Altersgruppen geben das meiste Geld für Süßigkeiten und Getränke aus, die älteren Altersgruppen kaufen bevorzugt CDs, Getränke, gehen in Kinos und Diskotheken, die gleichaltrigen Mädchen geben außerdem mehr Geld für Kleidung und Kosmetika aus. In den älteren Gruppen wird zudem mehr gespart für Führerschein, Auto, Computer oder Unterhaltungselektronik und teilweise auch für Reisen. Absolutes Wunschobjekt ist ein Handy. Etwa 30 Prozent der befragten 6-19-Jährigen besaßen bereits ein Handy, weitere 40 Prozent wünschen sich ein Handy, um mit Gleichaltrigen kommunizieren zu können (Hamburger Abendblatt 20.07.2001). Das mobile Telefon scheint Kindheit und Jugend heute im Vergleich zu früheren Generationen seinen Stempel aufzudrücken, weil das Prinzip der allseitigen und allzeitigen Erreichbarkeit auch in die jüngsten Altersgruppen vorgedrungen ist.

Kindheit wandelt sich in den letzten Jahrzehnten von der Straßen- zur Wohnungskindheit. Durch Verkehr, Bebauung, räumliche Verdichtung, Verrechtlichung und ein von den Versicherungen geprägtes Sicherheitsdenken haben Kinder immer weniger Platz im öffentlichen Raum, den sie sich erst wieder in Einkaufszentren, Bahnhöfen, Fußgängerzonen, Verkehrsmitteln oder Hochhauskellern zurück erobern müssen. Die in früheren Jahrzehnten vorherrschende Form der Straßensozialisation, die heute am ehesten noch bei Kindern aus unteren Gesellschaftsschichten anzutreffen ist, weicht der Wohnungssozialisation. Mindestens zwei Drittel aller Schulkinder verfügen in Deutschland über ein eigenes Zimmer, das sie nicht mit anderen Kindern teilen müssen (Engelberth/Herlth 1993: 407), wobei Kinder aus höheren Schichten und Kinder auf dem Lande öfter ein eigenes und meist auch ein größeres Zimmer haben, das i. d. R. nicht übermöbliert ist, und außerdem noch in der Wohnung weitere Spielflächen nutzen können. Die Wohnfläche ist eher eine Hintergrundvariable für das Aufwachsen von Kindern, denn auch die elterlichen Erziehungsstile, das Verhältnis der Familie zur Umwelt und die konkreten Lebensbedingungen in der Familie – z. B. Auftreten von Arbeitslosigkeit, Armut, Alkoholismus, Interaktions- und Kommunikationshäufigkeit, Straftechniken – sowie die Wertigkeit der Medien sind wichtige Einflussgrößen.

Kindheit ist in der Gegenwart vor allem Medienkindheit. Vor einem Jahrhundert wuchsen die meisten Kinder in Haushalten auf, in denen Massenmedien selten waren. Bücher waren im Bürgertum, selten in Unterschichten vorhanden, auch Zeitungen und Zeitschriften gehörten in den unteren Schichten zur Seltenheit, Radio, Tonband, Fernsehen oder Computer waren noch nicht erfunden. Heutige Haushalte sind mit Medien fast komplett ausgestattet. Säuglinge werden mit dem Babyphon überwacht und mit Fotoapparat bzw. Video abgelichtet. Kleinkinder haben Zugang zu Fernsehen und Radio, Schulkinder verfügen über eigene elektronische Medien, wobei zu Radio und Fernsehen schon bald Spielekonsolen, CD-Player und Walkman hinzukommen, bis schließlich auch ein Handy auf dem Gabentisch liegt. Zugleich gerät die traditionelle Mediennutzung nicht in den Hintergrund. Bei Kindern jüngeren und mittleren Alters ist das Geschichtenvorlesen bzw. -erzählen immer noch populär und wird von der Mehrzahl der in verschiedenen Studien (zusammenfassend: Lukesch 1993) befragten Eltern als positiv angesehen. Die vielfach befürchtete Verdrängung des Erzählens und Vorlesens durch elektronische Medien ist nur teilweise eingetreten: Hörcassetten oder Videos ergänzen das Lesen eher, als dass sie solche jahrhundertealten Gewohnheiten verdrängen können. Vom Vorschulalter bis zum Ende der Schulpflicht steigt das Leseverhalten von Kindern an, wobei Unterschiede nach Geschlecht und Sozialschicht festzustellen sind: Mädchen lesen intensiver (vor allem Bücher) als Jungen (bei denen Comics häufiger sind), Kinder aus unteren Schichten lesen weniger Bücher, sehen stattdessen mehr Fernsehen, während diese Relation bei Mittelschichtkindern eher umgekehrt ist. Studien haben ergeben, dass das Mediennutzungsverhalten in der Grundstruktur durch die jeweilige familiäre Situation geprägt ist und sich ein entsprechendes Muster bereits in den Grundschulklassen ablesen lässt. So korreliert z. B. häufiges Comiclesen mit hohem Videokonsum, während Lesen und Fernsehkonsum keinen engen Zusammenhang aufweisen, sondern weitgehend eigenen Mustern folgen.

Die meisten Haushalte mit Kindern verfügen über Cassettengeräte und Radios. In jüngerem Alter steht das Radiohören noch hinter den Hörcassetten zurück, mit wachsendem Alter nimmt der Anteil des Radiohörens deutlich zu, wobei Musik überwiegt und eine Kontrolle durch die Eltern weitgehend fehlt. Vor allem 12-20jährige zählen zu den fleißigen Radiohörern, zumal fast alle von ihnen über ein Radio verfügen oder im Haushalt uneingeschränkt Zugang haben. Das Fernsehen hat das Radio ergänzt aber nicht verdrängt. Kinder zwischen dem zweiten und dritten Lebensjahr beginnen nach einschlägigen Untersuchungen mit einer gezielten Wahrnehmung des Fernsehens und können bereits Sendezeiten und Programme unterscheiden. Zwischen 3 und 6 Jahren liegt die Sehdauer knapp über einer Stunde, während zwischen dem 6. und 13. Lebensjahr etwa eineinhalb bis zwei Stunden Sehdauer festgestellt wurden, was einem Viertel der gesamten Freizeit entspricht. Zwischen dem 13. und 15. Lebensjahr ist der Fernsehkonsum am höchsten, fällt dann wieder ab und steigt erst ab dem 25. Lebensjahr wieder an. Jungen messen dem Fernsehen eine höhere Wertigkeit zu als Mädchen. Kinder und Jugendliche aus unteren Gesellschaftsschichten sehen insgesamt mehr und länger fern als Mittelschichtkinder. In den letzten Jahren nimmt neben dem Fernsehen die Computernutzung bei Kindern einen immer größeren Raum der Freizeit ein.

Im Jahre 1999 besaßen in Deutschland 29 Prozent der Kinder zwischen sechs und 13 Jahren einen eigenen Fernseher und 10 Prozent einen eigenen Videorecorder, in den neuen Bundesländern verfügte knapp die Hälfte aller Kinder über einen eigenen Fernseher und 17 Prozent über einen eigenen Videorecorder. Die durchschnittliche Sehdauer in dieser Altersgruppe liegt bei fast hundert (97) Minuten pro Tag (BRD West 92, BRD Ost 117 Minuten). In den neunziger Jahren ist die Nutzung des Fernsehens durch Kinder annähernd gleich lang geblieben, in den alten Bundesländern leicht rückläufig, in den neuen Bundesländern ansteigend (bei Erwachsenen ist allerdings ein Anstieg um fast 30 Minuten festzuhalten). Kinder mit eigenem Fernseher bzw. Videorecorder nutzen diese Geräte länger und öfter. Die Reichweite der tatsächlich erreichten Kinder liegt bei etwa 60 Prozent aller potenziell erreichbaren Seher, bei Jugendlichen und Erwachsenen sind das fast 75 Prozent.

Fernsehdauer 1999

	Sehdauer(Min)	Seher(Mio)	Reichweite(%)
Kinder 3-13 Jahre	97	5,44	61
BRD West	92	4,28	61
BRD Ost	117	1,16	63
Mädchen 3-13 Jahre	96	2,6	60
BRD West	90	2,04	59
BRD Ost	120	0,56	64
Jungen 3-13 Jahre	97	2,83	62
BRD West	93	2,24	62
BRD Ost	114	0,59	63
Kinder 3-5 Jahre	77	1,22	56
BRD West	76	1,08	57
BRD Ost	87	0,14	50
Kinder 6-9 Jahre	92	1,96	60
BRD West	88	1,56	60
BRD Ost	110	0,40	63
Kinder 10-13 Jahre	114	2,16	65
BRD West	107	1,55	64
BRD Ost	131	0,61	69
Personen ab 14 Jahren	198	45,94	73
BRD West	192	36,20	73
BRD Ost	220	9,74	76

Quelle: Feierabend/Simon (2000: 160)

Bei diesen Daten ist zu beachten, dass es sich um Durchschnittswerte für alle Personengruppen handelt, egal ob sie fernsehen oder nicht. Wird dagegen nur der Anteil jener, die tatsächlich vor dem Fernseher saßen, betrachtet, so liegt die durchschnittliche Verweildauer deutlich höher: Kinder von 3-13 Jahren sehen dann täglich 153 Minuten fern (sofern sie einen eigenen Fernseher haben: 181 Minuten), Personen ab 14 Jahren sogar 266 Minuten. Am längsten sehen Kinder samstags fern (Durchschnittszeiten für alle: Mo bis Do: 85 Minuten, Fr: 104, Sa: 120, So: 112). Die höchsten Marktanteile hatten 1999 die Programme von Super RTL, Pro 7, Kinderkanal, SAT1 und ARD. Bei den 3-13Jährigen entfallen rund zwei Drittel der gesehenen Sendungen auf Privatsender und nur ein Drittel auf die öffentlich-rechtlichen Sender. Im Jahresverlauf 1999 sahen die 3-13jährigen 120 Stunden Zeichentrickfilme, 50 Stunden Unterhaltung, jeweils 48 Stunden spannende und 39 Stunden komödiantische Sendungen der Sparte Fiction, 56 Stunden Information, 54 Stunden Werbung, 40 Stunden Unterhaltung und 12 Stunden Sport.

7.1.2 Jugend

Genauer erforscht ist das Freizeitverhalten von 12- bis 25Jährigen, also von Jugendlichen und Heranwachsenden. Dies liegt wohl einerseits daran, dass diese Altersgruppe besonders virulent und daher für pädagogisches Handeln interessant ist, andererseits an dem in dieser Gruppe verfügbaren Geld und den daraus resultierenden Konsumchancen, Medieninteressen und Leitbildfunktionen. Jugend hat sich in den vergangenen Jahrzehnten deutlich gewandelt und ist zahlenmäßig wegen der gesunkenen Geburtenraten seit dem »Pillenknick« Mitte der 60er Jahre rückläufig. Allgemein konstatiert die Jugendforschung einen Trend zur »Biographisierung von Jugend« und damit zur Differenzierung von Lebensstilen. Jugend ist heute weniger stark sozialen Normierungen und Kontrollen unterworfen. Entscheidungen über Ausbildung, Wohnen, Beziehungen und Konsumverhalten werden nicht mehr diktiert, sondern weitgehend von den Jugendlichen selbst getroffen. Damit sind aber auch Belastungen verbunden, die teilweise Probleme aufwerfen: Ausbildungsplatzknappheit, Arbeitslosigkeit, Überfüllung des Bildungswesens, Drogen, Jugendsekten, Fluchttendenzen, Jugendunruhen. Die traditionellen und stützenden Rollenmuster haben ihre prägende Kraft eingebüßt. Familie ist zwar kein »Auslaufmodell«, verliert aber in Teilen ihre Orientierungsfunktion. In Familien wachsen immer weniger Kinder und Jugendliche auf, damit fehlen Geschwister als Kontaktpartner und Orientierungsmuster. Ehen werden öfter als früher geschieden, damit steigt die Zahl der Ein-Eltern-Familien. Die Formen der Familie sind vielfältiger geworden – z. B. Stieffamilien, nichteheliche Lebensgemeinschaften oder Trennungsfamilien – , wodurch die normative Kraft des Idealtypus »bürgerliche Familie« schwindet. Familie ist immer mehr zu einer »Aushandlungsfamile« geworden, in der alle ihre Mitglieder an Entscheidungsprozessen beteiligt werden, eindeutige Autoritätszuweisungen sind nicht mehr so einfach zu erkennen. Damit verändert sich die Stellung von Kindern und Jugendlichen in der Familie, was prinzipiell mit einem Statusgewinn dieser Gruppen verbunden ist. Erziehungsstile und Sozialisationspraktiken sind im Zuge des allgemeinen Wertewandels fragwürdig geworden, neue Formen des Umgangs miteinander werden angemahnt. Auf diese Weise werden auch die herkömmlichen Muster der Vermittlung von Werten und Normen problematisiert. Jugend und Kindheit sind auf diese Weise durch gestiegene Freiräume und Optionen charakterisiert.

Jugendliche werden nicht mehr so deutlich durch ihr Elternhaus programmiert wie frühere Generationen. Sie werden wesentlich stärker an der Wahl des Bildungsganges oder des Berufes beteiligt und können sich auch gegen den Wunsch ihrer Eltern durchsetzen, weil insbesondere die Vererbung von Berufen, Betrieben und Positionen mit dem allgemeinen sozioökonomischen Wandel in den Hintergrund getreten ist. Auf der anderen Seite sind aber mit der starken Expansion des Bildungswesens und der Aufwertung von Bildungsabschlüssen die Leistungsanforderungen stark gestiegen, was mit Stress, Aufputschmitteln und Versagensängsten verbunden sein kann. Mit der verbesserten Wohnraumversorgung haben Kinder und Jugendliche wesentlich mehr Chancen, eigene Räumlichkeiten zu bewohnen oder aus dem Elternhaus auszuziehen. Freunde und Partner stammen nicht mehr zwangsläufig aus dem Wohnumfeld sondern können frei nach Sympathie über räumliche Entfernungen gewählt und mit modernen Kommunikationstechniken allzeit erreicht werden. Die Partnerwahl wird nicht länger von Eltern oder Konventionen angebahnt sondern kann weitgehend frei entschieden werden. Mit verbesserten materiellen Möglichkeiten wird der Mobilitätsradius (z. B. durch eigenes Fahrrad, Moped, Auto) und das Reiseverhalten erweitert. Mode- und

Ernährungsstile können weitgehend unabhängig von den Eltern oder Geschwistern gewählt werden. Bildungs- und Berufsverläufe können auf Zeit oder Dauer (sofern die allgemeine Schulpflicht erfüllt wird) unterbrochen und später fortgesetzt werden. Auf diese Weise entstehen »Patchwork«-Biographien, deren Ausmaß freilich nicht überbewertet werden sollte, denn nach wie vor lebt ein großer Teil der Jugendlichen in traditionellen Verhältnissen. Und bei den raschen sozioökonomischen Umbrüchen geraten vielfach Eltern und mit ihnen Kinder und Jugendliche in Armut und können dann die prinzipiell offen stehenden Optionen kaum noch verwirklichen. Die Zunahme von Kinder- und Jugendarbeit ist nur teilweise dem gewachsenen Konsumbestreben geschuldet sondern in zunehmendem Maße auch durch Verarmung bedingt. So bleibt die These von der »Biographisierung von Jugend« differenzierungsbedürftig.

Jugend hat sich in der Gegenwart zu einer eigenständigen Lebensphase entwickelt, die gegenüber früheren Generationen vielfältiger, dynamischer und konsumorienter geworden ist. Jugend ist heute schwer abzugrenzen gegenüber Kindheit oder Erwachsenenstatus. Gegenwärtig wird in der Jugendforschung davon ausgegangen, dass der Übergang von Kindheit zu Jugend etwa mit dem Eintritt der Geschlechtsreife und der Pubertät, also mit etwa 12 bis 14 Jahren, beginnt. Das Ende der Jugendphase ist schwerer zu definieren, weil nur wenig institutionelle Vorgaben auszumachen sind. Volljährigkeit beginnt mit 18 Jahren und damit das Wahlrecht und die juristische Verantwortlichkeit. Teilweise ist das Wahlrecht bereits auf 16 Jahre verlegt worden und auch im Jugendstrafrecht beginnt die Verantwortlichkeit bereits früher. Umgekehrt dauern Bildungsprozesse, an denen immer mehr junge Menschen teilnehmen, immer länger. Statistisch beginnt heute ein Studium mit 22 und endet mit 28 Lebensjahren. Vielfach wird auch danach noch im »Hotel Mama«, also bei den Eltern, weitergelebt. Andere Jugendliche heiraten mit 18 Jahren und sind mit 25 bereits mehrfache Eltern und vielleicht auch Hausbesitzer. Letztere in die Kategorie »Jugend« einzuordnen, fällt schwer, 30jährige Studenten dort einzuordnen, fällt leicht. Jugend ist heute vielfältiger als jemals in der Menschheitsgeschichte. Bis zur Mitte des 20. Jahrhunderts war Jugend mit mehr oder minder festen Rollenerwartungen konfrontiert, die Rolle als Jugendlicher bot zwar auch Interpretationsspielräume, allerdings musste bei Abweichungen mit Sanktionen gerechnet werden. Solche Standardrollen sind heute nur noch schwach ausgeprägt, weil sich in der Gesellschaft so viele Wandlungstendenzen gleichzeitig manifestieren, die es nicht mehr erlauben, von »der Jugend« zu sprechen.

Seit dem Ende des 2. Weltkrieges haben sich Kindheit und Jugend in einer Abfolge von Stadien, die nicht immer trennscharf gegeneinander abzugrenzen sind und sich teilweise auch überlagern, gewandelt. Die unmittelbare Nachkriegszeit war vielfach durch Flucht, Vertreibung und Zerstörung charakterisiert. Oft waren Eltern oder Geschwister gefallen oder verschollen, die Zahl der Kriegswaisen war hoch. Die Wohn- und Ernährungssituation war in den meisten Familien prekär und auch noch in den nachfolgenden Jahren angespannt. Die Trümmerkinder und -jugendlichen liefen als »Kippenjäger« den Besatzungssoldaten hinterher, um deren Zigarettenreste aufzusammeln. Die Jugendforschung umschreibt dieses Stadium als »Jugend-Not«. Die nächste Phase, die etwa von 1950 bis 1968/70 reicht, umfasst die Wirtschaftswunder-Kindheit/-Jugend. Mit dem anwachsenden Wohlstand orientierte sich Jugend allmählich stärker am Konsum, der amerikanische Soziologe D. Riesman konstatierte einen Wechsel von der Innen- zur Außenleitung, von der Ausrichtung an Idealen und Glaubensvorstellungen hin zu materiellen Werten und Statussymbolen. Zur gleichen Zeit schrieb allerdings der deutsche Soziologie H. Schelsky sein Buch über die »skeptische Generation«, in dem er herausstellte, wie sich die Jugend immer mehr von den Werten der Väter/Mütter abwandte und nach eigenen Haltungen suchte. Der französische Existentialismus von Camus und Sartre fand in weiten Teilen der Jugend auch in Deutschland Anklang, Dufflecoat, Gauloise, Baskenmütze und Kaffeestehausschank waren die äußeren Zeichen dieser Haltung. In dem Maße, in dem sich die BRD restaurierte und nationale und bürgerliche Tugenden beschwor (Adenauer-Ära) wurde auch wieder von den Älteren nach Autorität gerufen, um Jugendliche kontrollieren zu können (z. B. Filmzensur, Verpönung des Jazz, Kleidungsvorschriften) – was in den Wissenschaften heute als »Zeit des Jugend-Schutzes« beschrieben wird. Seit Mitte der sechziger Jahre wurde Autorität immer mehr bezweifelt, die antiautoritäre Bewegung wurde vor allem von Schülern und Studenten getragen, die gegen den US-amerikanischen Krieg in Vietnam ebenso kämpften wie gegen die verschwiegene Belastung der Väter-Generation durch die Gräuel der NS-Zeit und die mit der Großen Koalition beschlossenen Notstandsgesetze und der darin vorgesehenen Einschränkung demokratischer Rechte. Die dritte Nachkriegsphase ist daher als Zeit der »rebellierenden Jugend« (1965-1975) beschrieben worden, in der es um einen Wandel von der elterlichen Fremdkontrolle hin zur jugendlichen Eigenkontrolle ging. Seit Mitte der siebziger Jahre bahnten sich zwei recht unterschiedliche Tendenzen an, die nebeneinanderher verliefen: Krisenjugend und Konsumjugend (gilt auch für Kindheit). Mit der Zunahme globaler Bedrohungen, Atomrüstung, Umweltzerstörungen, Drogen , Wirtschaftskrisen und Jugendarbeitslosigkeit nahm die Zukunftsangst vieler Jugendlicher zu. Zugleich rückte der Konsum stärker in den Mittelpunkt. Begleitet von einer Pluralisierung der Lebensstile, der Tendenz zur Enttraditionalisierung und gleichzeitiger Individualisierung, der wachsenden räumlichen und sozialen Mobilität, der Entstandardisierung von Biographien, dem Bedeutungszuwachs von Medien, Kleidung, Kommunikation und Reisen u. dgl. m. stellt sich für die Jugend dieser Phase immer mehr die Frage »Sein oder Design« (Guggenberger 2000), wobei Jugendliche in der »Dialektik der Abklärung« cool und überlegen sein wollen. Diese Phase mündet in den neunziger Jahren ein in ein Stadium der Inszenierung und Virtualisierung. Mit der globalen Zugänglichkeit von Symbolen und Stilen lässt sich Jugend immer abwechslungsreicher inszenieren und vielfach auch virtuell erleben.

Nach Ferchhoff (1993) unterliegt Jugend in der Gegenwart einem doppelten Wechsel der Sozialkontrolle: Zum einen ist Jugend nicht mehr dominant an altersheterogenen Arbeitshierarchien ausgerichtet, sondern bewegt sich immer mehr in altershomogenen Bildungseinrichtungen, zum anderen verlässt Jugend deutlicher personen- und ortsbezogene, traditionelle Lebensmilieus und wendet sich mehr unverbindlichen, indirekt kontrollierenden Einrichtungen einer Dienstleistungskultur zu. Mit der Bildungsexpansion seit den sechziger Jahren verbleiben immer größere Anteile der Jugendlichen immer länger in Bildungseinrichtungen und haben dort mit vielen Gleichaltrigen zu tun, während ein halbes Jahrhundert zuvor der größte Teil der Jugendlichen mit etwa 14 Lebensjahren eine Lehre begann und dort mit

Beschäftigten aller Altersstufen zu tun hatte. In den traditionellen Familien und Wohngegenden lebten die Jugendlichen vor einem halben Jahrhundert noch weitgehend in überschaubaren Sozialbeziehungen, während heutige Jugendliche ihre Kontakte eher unverbindlich suchen und Beziehungen austesten möchten. Immaterieller Konsum von Beziehungen, Erfahrungen und Erlebnissen, Symbolen und »fun« tritt gleichberechtigt neben den materiellen Konsum. Jugend ist heute durch eine erweiterte Postadoleszenz markiert, die Lebensphase Jugend weitet sich aus. Zwar nimmt Jugend durch den Geburtenrückgang quantitativ ab, durch die Expansion der jugendlichen Lebensphase bis Mitte zwanzig oder individuell oft noch länger steigt das Gesamtvolumen von Jugend aber an.

Jugend muss man sich als Gesellschaft wie als Individuum leisten können – und zwar zeitlich, emotional und sozial. Niedrige Lebenserwartung, geringes Haushaltseinkommen, kopfstarke Familien, hoher Arbeitsanfall u. dgl. m. sorgten in früherer Zeit dafür, dass die Lebensphase Jugend vergleichsweise kurz war. Nur einige Gesellschaftsgruppen – etwa Adel, gehobenes Bürgertum, Studierende – konnten sich eine längere Jugendzeit gönnen. Auch emotional war Jugend nicht als Phase langwieriger Suchbewegungen – etwa durch die »Leiden des jungen Werthers« (im übrigen eine vorzügliche literarische Darstellung früherer Freizeitprobleme durch Goethe) beschrieben – üblich, feste Beziehungen, Heirat und Familiengründung waren die Regel. Jugend war durch feste Rollenzuweisungen charakterisiert, wobei Beruf, gesicherte Position und Ehestand bei den männlichen Jugendlichen, frühe Heirat und hauswirtschaftliche Fähigkeiten bei den weiblichen Jugendlichen am Ende dieser Rollen standen. Solche zeitlichen, emotionalen und sozialen Festlegungen sind in der Gegenwart aufgeweicht worden – Jugend ist nicht mehr nur ein mehr oder minder langes Moratorium sondern eine Lebensphase sui generis. Jugendlichkeit ist gesellschaftlich und wirtschaftlich zu einem zentralen Leitbild gemacht worden. Jugendkult und Altersangst korrespondieren in einem subtilen Spannungsfeld, das über Werbung, Konsum, Lebensstil und Mode ausgemünzt wird. Auch ältere Menschen sollen durch Kleidung, Sport und Fitness auf »jugendlich« getrimmt werden. Jugendlichkeit suggeriert Schönheit, Leistungsfähigkeit, Spaß, Gesundheit und Sportlichkeit, aber auch Freiheit, Selbstbestimmung, Selbstbewusstsein und Mobilität – alles Attribute einer »modernen Gesellschaft«.

So besehen kann es nicht verwundern, wenn die Forschung immer neue Typen von Jugend ausmacht. Von der »skeptischen Generation« und der »nihilistischen Jugend« der sechziger Jahre über die »Konsum- oder Krisenjugend« der siebziger bis neunziger Jahre hin zur »@-Generation« (Opaschowski 1999) oder zur »Generation P« (Pelewin 1999), die für die Pepsi-Generation im heutigen Russland steht, werden immer neue Typen von Jugend konstruiert. Dabei machen sich Erwachsene Gedanken über Jugendliche, die sie nur teilweise oder gar nicht verstehen, meistens in der uneingestandenen Absicht, diese durch Einordnung auch besser kontrollieren bzw. beeinflussen zu können.

Freizeit von Jugendlichen wird gegenüber Verpflichtungen durch Schule, Ausbildungssystem oder Arbeitsplatz sowie gegenüber Anforderungen in der Familie definiert. Je nach Untersuchung wird die Freizeit von Jugendlichen zwischen 6 und 8 Stunden werktäglich und 8 bis 12 Stunden am Wochenende angesetzt. Auch bei Jugendlichen wird in der Woche der größere Teil der Freizeit zu Hause verbracht, am Wochenende überwiegen aushäusige Aktivitäten. Eine Auflistung der in verschiedenen Studien genannten Freizeitaktivitäten erbrachte Mitte der achtziger Jahre folgende Rangreihung: 1. Mit Freunden zusammen sein; 2. Fernsehen; Bücher, Illustrierte, Zeitungen lesen, mit der Familie zusammen sein; 3. Musik hören oder ausüben; 4. Radio hören; 5. Erholung; Bildung, Fortbildung; 6. Spazierengehen, Wandern; 7. Sport; Gesellschaftsspiele; 8. Diskotheken, Tanz; Hobbies; 9. politischen Interessen nachgehen; 10. Radfahren (Tokarski & Schmitz-Scherzer, 1985: 171). Anderer Studien verweisen auf starke Trends zur Mediennutzung, wobei inzwischen alle Formen des Musikhörens und der Unterhaltung durch Radio und Fernsehen an die Spitze aller Freizeitaktivität gerückt sind. Computer und Internet erlangen zunehmend Beachtung, sind aber für Jugendliche (zumindest für 14-19Jährige) noch nicht das zentrale Leitmedium. Insgesamt wird die Freizeit von Jugendlichen als Zeit der persönlichen Stabilisierung, als Übergangssituation mit Experimentalcharakter bezeichnet. Jugendliche leben in einer pluralen Welt, in der sie nicht ohne weiteres auf traditionelle Leitbilder und Werte zurückgreifen können. Jugend war immer auch Suche, heute ist dieses Suchen aber angesichts der Überfülle von Optionen schwierig geworden, zumal immer mehr Entscheidungen in immer kürzeren Zeiträumen getroffen werden müssen. Handlungsräume werden für Jugendliche beliebig und fragmentarisch, vieles lässt sich quasi experimentell ausprobieren und in immer neuen Kombinationen zusammensetzen.

Die Nutzung von Massenmedien differiert nach Geschlecht, Alter und psychosozialen Faktoren. Dabei gehen Jugendliche in einer vielfältigen Medienwelt gezielt und weniger zufällig ihren Interessen und Bedürfnissen nach. Medieninhalte können die Gruppenidentität stärken, wenn z. B. Gespräche über Serien, Stars oder Sendungen gemeinsame Gesprächinhalte und Möglichkeiten der Identifikation abgeben. Auch wenn die These einer Imitation von Stars oder der Nachahmung von Medienhandlungen weitgehend widerlegt worden ist, können Medieninhalte die altersspezifische Identifikation verstärken. Ein gemeinsamer Musikgeschmack bietet die Möglichkeit, sich mit seinem Freundeskreis zu identifizieren. Vor allem dienen Medieninhalte als Gesprächsouvertüre und gewissermaßen als Camouflagen für das Reden über eigene Ängste, Wünsche, Phantasien oder Probleme. Medieninhalte sind quasi Stellvertreter für die Auseinandersetzung mit der eigenen Lebenssituation. In Medien werden auch soziale Orientierungen und Antworten auf Probleme der eigenen Entwicklung (z. B. Ablösung vom Elternhaus, Liebe, Sexualität) gesucht. Jugendliche entwickeln bereits relativ früh Strategien, die Mediennutzung in ihre Lebensführung zu integrieren.

Für Jungen wie für Mädchen steht Musik in allen Medien im Vordergrund. In einer neueren Untersuchung von 12-19Jährigen gaben 95 Prozent an, regelmäßig fernzusehen, 93 Prozent hörten regelmäßig Musik und 85 Prozent regelmäßig Radio. Immerhin gaben 60 Prozent an, regelmäßig Zeitung zu lesen (84 Prozent meinten aber, dies noch häufiger tun zu müssen). Auf das Fernsehen, das ganz überwiegend zu Hause genutzt wurde und insbesondere der Überwindung von Langeweile, Ablenkung von Problemen und Sorgen sowie der Unterhaltung dienen sollte, wollten die wenigsten verzichten. Musik-CDs bzw. -Cassetten wurden entweder alleine zur Überwindung von Sorgen und Trauer oder in Gemeinschaft mit anderen Jugendlichen zur Information über neue Musik gehört. Beim Radio wurde ebenfalls ganz überwiegend Musik gehört, zum anderen diente es als Informationsquelle für Veranstaltungshinweise. Computer und Internet waren für diese Altersgruppe nur in geringerem Umfang von Interesse (weniger als die Hälfte nutzte mindestens einmal in der Woche diese Medien). Bei den Fernsehsendungen, bei denen die Privatsender mit Abstand an der Spitze lagen (die öffentlich-rechtlichen ARD rangierten auf Platz vier) zeigten sich geschlechtsspezifische Unterschiede: Jungen bevorzugten Spielfilme, Sportsendungen und Nachrichten, Mädchen sahen dagegen lieber Spielfilme, Musik- und Jugendsendungen (MPFS 1998). Eine andere Untersuchung (Bofinger/Lutz/Spanhel 1999) zum Freizeitverhalten von Hauptschülern kam zu ähnlichen Befunden. Jungen sahen bevorzugt Action-, Grusel-, Mystery-, Abenteuer- oder Horrorfilme und Sportsendungen, Mädchen bevorzugten Musiksendungen, Jugendserien, Beziehungs-, Liebes- und Problemfilme. In dieser Studie lag Fernsehen allerdings erst an fünfter Stelle, während alle mit dem Musik hören zusammenhängenden Tätigkeiten einen höheren Stellenwert einnahmen, das Lesen von Büchern aber ganz am Ende der Skala rangierte.

Freizeit von Jugendlichen spielt sich besonders umfangreich in Gleichaltrigengruppen (»peer groups«) ab. In der genannten Studie (MPFS 1998) standen das Treffen und Zusammensein mit Freunden ganz oben bei den nichtmedialen Freizeitaktivitäten, gefolgt von Sport und Nichtstun bzw. Dösen. Zu ähnlichen Ergebnissen kommen andere Studien. In der Altersgruppe etwa zwischen 13 und 19 Jahren spielen Gruppen oder Cliquen neben dem Zusammensein mit Eltern oder Geschwistern und dem Medienkonsum im Freizeitverhalten eine zentrale Rolle.

7.1.3   Erwachsene

Die Freizeit von Erwachsenen ist seit Jahrzehnten erforscht worden. Hier ist Freizeit üblicherweise in Relation zu Erwerbstätigkeit verstanden worden, obwohl inzwischen weniger als die Hälfte der Bevölkerung einer Erwerbstätigkeit nachgeht. Einigkeit herrscht darüber, dass für die Mehrheit der erwerbstätigen Erwachsenen die Arbeitszeiten sowohl werktäglich, wöchentlich, jährlich als auch lebenszeitlich zurückgegangen sind. Mussten unsere Urgroßväter (Geburtsjahrgang 1892) noch etwa 110.000 Stunden ihres Lebens arbeiten, so sind das für heutige Werktätige noch etwa 68.000 (bezogen auf Geburtsjahrgang 1956). Die Belastung durch Arbeit schwindet. Ob dadurch indes eine Vermehrung der Freizeit erreicht wird, ist in der Freizeitforschung umstritten, weil Arbeitsminderung nicht automatisch mit Freizeitmehrung einhergeht, sondern weil vielfältige Verpflichtungen und zeitintensive Wege zwischen Arbeit und Freizeit getreten sind. Einigkeit besteht auch darüber, dass Umfang und Inhalt der Freizeit von Erwachsenen stark nach Beruf, Stellung im Lebenszyklus, Situation der Familie, Bildungsstand, Einkommens- und Vermögensverhältnissen, Wohnsituation, Stadt-Land etc. differieren. Es ist Geschlechtszugehörigkeit verbunden mit Arbeitssituation und Kinderzahl für die Freizeit ausschlaggebend: So wird in den meisten Untersuchungen die geringste Freizeit bei erwerbstätigen Frauen mit Kindern aber auch Nur-Hausfrauen mit Kindern festgestellt, während die Freizeit von erwerbstätigen oder nichterwerbstätigen Männern durch das Vorhandensein von Kindern weniger stark geprägt zu sein scheint. Inhalt und Umfang der Freizeit variieren deutlich nach Lebensstilen. Dies hängt wiederum eng mit der gesellschaftlichen Position (Klasse, Schicht, Arbeitserfahrungen etc.) wie auch mit vorherrschenden Werten (Ideologien) zusammen.

Konsens besteht auch darüber, dass die Freizeit von Erwachsenen überwiegend inhäusig verbracht wird und dabei werktäglich im Schnitt von etwa zwei Stunden Fernsehkonsum (mit seit Jahren stagnierender Tendenz) ausgefüllt ist. Bei Werktätigen wie auch bei Hausfrauen mit und ohne Kinder wird in allen Untersuchungen ein erhebliches Erholungs- und Entspannungsbedürfnis festgestellt. Die meisten Befragten klagen darüber, zu wenig Freizeit für sich zu haben. Zwischen Werktag und Wochenende variieren Freizeitumfang und -nutzung signifikant. An Wochenenden verbringen auch Erwachsene einen höheren Anteil ihrer Freizeit mit aushäusigen Aktivitäten. Dabei sind die Wochenenden mit hohen Erwartungen überfrachtet (Sonntagabendkrise).

Müller-Wichmann (1984) hat darauf hingewiesen, dass zur angemessenen Einschätzung des Freizeitproblems auf die Lagerung, Stückelung und Verdichtung der Freizeit zu achten ist. Zu dieser differenzierenden Betrachtung kommen Beobachtungen hinzu, die generell von einer wachsenden Hektik im Leben der meisten Erwachsenen ausgehen: durch Überfrachtung mit Medienangeboten, Vermehrung von Konsumentscheidungen, Verlust traditioneller Lebenswelten. Rinderspacher (1987) beschreibt, wie stark Erwachse durch allgemeine Unruhe belastet werden und warnt vor eine Ausdehnung von Sonntags- und Nachtarbeit. Müller-Wichmann (1984) hat auch darauf hingewiesen, wie paradoxerweise zur Reduzierung der Arbeitszeiten parallel Zeitnot entsteht. Insbesondere nennt sie neben den Belastungen durch Hausarbeit die steigenden Belastungen durch Konsumarbeit, Beziehungsarbeit und Gefühlsarbeit (wobei freilich noch zu diskutieren wäre, ob ein inflationärer Gebrauch des Arbeitsbegriffs vertretbar ist). Erst seit relativ kurzer Zeit sind die Unterschiede in der Freizeit der Geschlechter thematisiert worden. In Kapitel 5 wurden etliche empirische Befunde dargestellt, die aufweisen, wie sich nach wie vor Zeitarrangements zwischen den Geschlechtern sehr unterschiedlich ausdifferenzieren. In Kapitel 3 wurde schon skizziert, dass auch in der damaligen DDR Frauen quantitativ und qualitativ benachteiligt waren. Die Geschlechterproblematik auf dem Felde der Freizeit wird in der zukünftigen Freizeitforschung eine zentrale Stellung einnehmen müssen, um die unterschiedlichen Strategien im Umgang mit Zeit zwischen Frauen und Männern intensiver auszuleuchten (vgl. Benthaus-Apel 1995).

7.1.4   Alte

Seit einigen Jahren wird verstärkt die Freizeit älterer Menschen untersucht, wobei die Befunde recht uneinheitlich sind. Generell wird konstatiert, dass der Anteil der Älteren steigt und steigen wird. In den meisten Studien wird betont, dass alte Menschen in ihrer Freizeit aktiver sind, als üblicherweise angenommen wird. Des weiteren wird herausgestellt, dass der Übergang vom Erwerbsleben bzw. Vollfamilien-Status in das Rentner- bzw. Altendasein von den meisten Betroffenen zunächst als problematisch erlebt wird, dann jedoch angemessene Formen der Verarbeitung gefunden werden.

Eintritt in den Ruhestand: Solange der Mensch noch im Beruf steht, bewegt er sich in einem sozialen System, das ihn gesellschaftlich verortet, ihn vergesellschaftet, mit Einkommen ausstattet, ihm Aufgaben und Kompetenzen verleiht, seinen Alltag strukturiert und soziale Beziehungen gewährt. All das geschieht zwar nicht einzig im Wirtschaftssystem und in der Welt der Arbeit, doch das Berufsleben prägt den Menschen. Arbeit und Leistung sind in der modernen Gesellschaft der Kernpunkt der grundlegenden Werte und Weltauffassung. In der Leistungsgesellschaft wird der Einzelne an seiner beruflichen Position gemessen. Das gilt für die heute älteren Menschen, während für die nachfolgenden Generationen eine stärkere Identifizierung mit den Erlebnissen in der Freizeitgestaltung einsetzt. Der Beruf wirkt sich auch prägend auf die außerberuflichen Tätigkeiten aus. Eine Zufriedenheit im Beruf steht in einem engen Zusammenhang mit der allgemeinen Lebenszufriedenheit.

Der Ruhestand ist eine Erfindung der Neuzeit. Vor dem 19. Jahrhundert gab es kein durchgängig reglementiertes Renten- oder Pensionsalter. Die Leute arbeiteten i. d. R. bis zu ihrem Tod oder bis dramatische Lebensereignisse (Krankheit, Invalidität) sie an der Ausübung ihres Berufes oder ihrer Arbeit hinderten. Mit der Sozialversicherungsgesetzgebung (1889) wurde die Pensionierung im Deutschen Reich eingeführt. Bei mindestens 40 Arbeitsjahren gab es einen Rentenanspruch ab dem 70. Lebensjahr, seit 1916 dann ab dem 65. Lebensjahr. Seitdem gab es immer wieder Modifikationen in der Rentenregelung, 1973 wurde in der BRD die flexible Altersgrenze ab dem 63. Lebensjahr eingeführt, ehe sie dann Anfang der neunziger Jahre wieder abgeschafft wurde. Seit 1984 gilt die Vorruhestandsregelung, nach der bei gekürzten Bezügen ein Übertritt in den Ruhestand ab dem 58. Lebensjahr möglich ist. Gegenwärtig wird darüber nachgedacht, ob die Pensionsgrenze nicht gar auf das 70. Lebensjahr angehoben werden sollte, ob Modelle der »Teilrente« praktikable Formen des Übergangs in den Ruhestand seien, und selbst ein »freiwilliges soziales Jahr für Senioren« wird gelegentlich in die Diskussion geworfen. Heute ist die Ruhestandsgrenze eher fließend. Es gibt keine »normale« Altersgrenze mehr. Es gibt sowohl geschlechtsspezifische als auch berufsspezifische Unterschiede. Frauen und Männer werden zu unterschiedlichen Zeiten pensioniert bzw. verrentet. Für einzelne Berufsgruppen (Soldaten, Piloten, Beamte) gibt es Sonderregelungen, andere Berufsgruppen wie freie Unternehmer, Ärzte, Politiker, Professoren gehen u. U. erst später in den Ruhestand. Das durchschnittliche Eintrittsalter in den Ruhestand lag 1984 z. B. für Bahn- und Postbeamte bei 56 Jahren, bei Bergleuten bei 59 Jahren und bei Angestellten bei 60 Jahren (Prahl/Schroeter 1996). Bedingt durch die Vorruhestandsregelung arbeitet in der Bundesrepublik nur ca. ein Drittel der Männer bis zum Erreichen des 65. Lebensjahres. Ein Viertel von ihnen scheidet sogar bereits vor dem Erreichen des 55. Lebensjahres aus dem Beruf aus. Nur knapp 10 Prozent der Frauen zwischen 60 und 64 Jahren und keine 40 Prozent der 55-59jährigen Frauen gehen einem Beruf nach.

Das durchschnittliche Renteneintrittsalter lag 1994 mit 57,5 Jahren bereits vier Jahre niedriger als vor zwanzig Jahren. Nach einer Studie von 1987 gingen 79 Prozent der Vorruheständler aufgrund von Appellen, den Arbeitsplatz für Jüngere frei zu machen, in den Ruhestand. 56 Prozent gaben an, sich intensiver an ihrem Leben erfreuen zu wollen, 32 Prozent wollten mehr mit der Familie zusammen sein, 28 Prozent führten ihr Ausscheiden aus dem Beruf auf Probleme mit der Computerisierung ihres Arbeitsplatzes zurück, für 26 Prozent war der erlebte extreme Druck zu hoch, und ebenfalls 26 Prozent sahen ihr Ausscheiden in einem engen Zusammenhang mit einer internen Motivation. In den letzten Jahren setzt in den Betrieben ein Umdenken ein. Unter dem Stichwort Altersmix achten Betriebe mehr auf eine ausgeglichene Altersstruktur ihrer Belegschaft, weil ältere Menschen Erfahrung, Routine, Ausgeglichenheit und Entscheidungskompetenz einbringen können, was sich auf längere Sicht als Vorteil für den Betrieb erweisen kann. Außerdem haben sich vielfach Ansichten über die im Vergleich zu Jüngeren geringere Belastbarkeit bzw. ein höherer Krankenstand als Vorurteil herausgestellt. Auch aus Gründen der Stabilität des Rentensystems wird sogar erwogen, das Renteneintrittsalter heraufzusetzen, wodurch sich in Zukunft die Freizeit im Alter verkürzen könnte.

Angesichts der Tatsache, dass Menschen heute beinahe ein Drittel ihrer Lebenszeit nach Beendigung ihrer Berufszeit verbringen, scheint der Begriff »Ruhestand« fraglich geworden zu sein. So schlägt auch Opaschowski (1994: 140) vor, dass die Phase nach dem Austritt aus dem Berufsleben, das dritte Leben (»vita tertia«), neu definiert werden müsse. Die dritte Lebensphase wird in der heutigen Alternsforschung nochmals dreigeteilt. Unterschieden wird zwischen einer Phase der Neuorientierung (55-69 Jahre), eine Phase, in der erste Gedanken an das Ausscheiden aus dem Beruf hervorgerufen und neue Lebensziele festgelegt werden, eine Phase, in der sich die Menschen auf ein Leben nach der Arbeit einrichten, einer Phase der Konsolidierung (70-79 Jahre) und der Altersphase (80 + n Jahre).

Schon vor zwanzig Jahren hatte Atchley (1976) erkannt, dass die Pensionierung mehr als ein abrupter Übergang in den Ruhestand ist. In einem sechs Phasen umfassenden Modell hat er auf die Prozesshaftigkeit der Pensionierung hingewiesen: 1. Eine eher vage, aber positive Einstellung zur Pensionierung im mittleren Erwachsenenalter wird 2. kurz vor der Pensionierung von einer Phase abgelöst, in der sich die Einstellung zum Ruhestand deutlich verschlechtert und entsprechende Ängste auftauchen. 3. Nach dem Eintritt in den Ruhestand kommt es dann oftmals zu einem kurzfristigen Erholungseffekt (»Honeymoon«-Phase), der sich 4. unter bestimmten Einflussfaktoren (u. a. gesundheitliche und finanzielle Sorgen) eine Ernüchterungs- und Enttäuschungsphase anschließt. 5. Die wird alsbald von einer Phase der Neuorientierung abgelöst, die sowohl durch einen stärkeren Realismus als auch durch neues Engagement geprägt ist und sich 6. bei Bewährung der Neuorientierung stabilisiert. Der Übergang in den Ruhestand wird oft als kritisches Lebensereignis definiert, doch wird dabei der Wechsel vom Arbeits- in das Ruhestandsleben durch die plakative Nutzung des Begriffes Pensionsschock übermäßig dramatisiert. Pensionierungsstudien haben den Mythos vom Pensionsschock empirisch entzaubert. Vielmehr ist die Mehrzahl der Betroffenen der Ansicht, dass der Übergang von der einen in die andere Phase gut gelungen sei.

Der Ruhestand ist zunächst mit dem Verlust bestimmter Aufgaben und Rollen verbunden, doch auch mit dem Gewinn neuer Freiheiten. Der Ruheständler hat die sozialen Rollen des Arbeitnehmers, des Kollegen, des Vorgesetzten, des finanziellen Geldgebers und damit soziale Schlüsselrollen verloren, und sein soziales Bezugsfeld ist eingeengt worden. Damit ist oftmals der Verlust von Macht, Autorität, Prestige und sozialem Ansehen verbunden. Das Leben im Ruhestand erfährt mitunter einen ganz anderen Sinn. Der Ruheständler mag das Gefühl entwickeln, nicht mehr gebraucht zu werden, was dann zu einer Minderung des eigenen Selbstwertgefühls führen kann. Die ökonomischen Einschränkungen, die verminderte Teilhabe und Verfügungsgewalt an knappen sozialen Werten und Diensten, ja die Änderungen des gesamten Tagesrhythmus können zu einer gewissen Orientierungslosigkeit führen, zumal es keine allgemein geltenden Verhaltensvorschriften für Rentner und Pensionäre gibt. Positiv formuliert heißt das, die alten Menschen sind weitgehend vom Zwang sozialer Normen befreit und können die späte Freiheit genießen.

Die sozialen Kontakte konzentrieren sich mehr auf die Familie. Der Ruhestand erfordert aber auch das Einüben neuer Rollen und Verhaltensweisen, eine Umstellung in der Partnerschaft, häufigere und engere Kontakte zum Partner, was nicht immer problemlos verläuft, und oftmals brechen alte Konflikte wieder auf. Die Bewältigung der zur Verfügung stehenden Zeit setzt voraus, dass der Ruheständler über Fähigkeiten verfügt, die er bereits verlernt oder aber vielleicht auch nie gelernt hat. Wer sein ganzes Leben nur in Abhängigkeit von anderen stand, selbst keine Verantwortung und Eigeninitiative zeigen musste, dem wird es im Alter schwer fallen, seinen Alltag zu bewältigen, ihm eine Struktur zu geben, eine Struktur, die ihm niemand vorgibt. Die Studien zum Übergang in den Ruhestand thematisieren fast ausschließlich die Perspektive der Männer. Studien über ältere bzw. ehemalige Arbeitnehmerinnen sind spärlich. Wie diese Phase bewältigt wird, hängt von vielerlei Faktoren ab: von allgemein gesellschaftlich-politischen Bedingungen (u. a. Rentengesetzgebung), vom historischen Rahmen (u. a. demographische Entwicklung), von beruflichen Bedingungen (u. a. Rentenhöhe, Status, Arbeitsinhalte, Handlungsspielraum), von individuellen bzw. biographischen Bedingungen (u. a. Alter, Gesundheit, Kompetenzen, Bildungsniveau, Freizeitverhalten) sowie von sozialen Konstellationen (u. a. Partnerschaft, Familie, Freundschaften), aber auch vom Familienstand, von den infrastrukturellen Angeboten nicht minder als von der Freiwilligkeit bzw. Unfreiwilligkeit des Ausscheidens aus dem Beruf. Leute mit einem höheren Bildungsniveau sehnen sich weniger als Arbeiter nach dem Ruhestand, was wohl damit zusammenhängen dürfte, dass jene zunächst weniger bereit waren, auf ihre selbstbestimmte und abwechslungsreiche Tätigkeit zu verzichten. Haben sie sich dann aber einmal zur Berufsaufgabe entschlossen, bewältigen sie ihn besser. Arbeiter hingegen wünschen sich – wohl auch aufgrund der Entfremdung und Monotonie ihres Arbeitsplatzes – den Ruhestand herbei, sehnen sich dann aber wieder danach, zur Arbeit gehen zu können. Angesichts des scheinbar krisenhaften Übergangs in den Ruhestand sind in den letzten Jahrzehnten eine Reihe von betrieblichen und gewerkschaftlichen Vorbereitungskursen praktiziert worden, die allesamt das Ziel einer Antizipation des Ruhestandes verfolgten. Derartige Kurse waren darauf ausgerichtet, den neuen Lebensabschnitt zu antizipieren, konkrete Entscheidungen für die neu veränderte Lebensphase zu treffen sowie mögliche Anpassungsprobleme zu bewältigen. Weil der Ruhestand eben etwas anderes als Freizeit ist, zielten diese Kurse nicht so sehr darauf ab, den Ruheständler lediglich für ein Hobby zu begeistern oder eine bestehende Passion weiter zu verfeinern. Die Vorbereitungskurse wollten vielmehr dafür Sorge tragen, dass die durch die Berufsaufgabe verlorenen Sozialkontakte kompensiert werden können, dass neue Aktivitäten vorbereitet werden, die dem Ruheständler weiterhin Freude an der eigenen Leistung ermöglichen, dass zukünftige Aktivitäten den Tages-, Wochen- und allgemeinen Zeitrhythmus strukturieren, die alltägliche Monotonie aufgehoben wird, neue Pflichten und Ziele gesetzt werden, ein neues Gewohnheitssystem aufgebaut wird und letztlich Anregungen vermittelt werden. Derartige Vorbereitungskurse stießen nur auf geringe Resonanz.

Die an den Ruhestand gerichteten Erwartungen sind in erster Linie von einem starken Bedürfnis nach Erholung und Ruhe geprägt. Es überwiegt ein Sehnen nach Ausruhen von den Strapazen des Arbeitslebens. Es besteht ein starkes Verlangen nach Freiheit von den Verpflichtungen. Jung und Alt haben weitgehend die gleichen Vorstellungen von Freizeit. Sie stehen jeweils unter dem Aspekt der Erholung. Freizeit wird als Gegenstück zur Arbeit, als Abwesenheit von Leistungsorientierung und persönlicher Einschränkung gesehen. Es besteht ein deutlicher Unterschied zwischen den Erwartungen und der sozialen Wirklichkeit im Ruhestand. Im Freizeitverständnis Älterer überwiegen ähnlich wie bei jungen Menschen die Aspekte von Freiheit, Aktivität, Spontaneität und Erlebnisorientierung. Und so gibt es eine deutliche Differenz zwischen den Erwartungen und den tatsächlichen Handlungen im out-door-Bereich (Reisen, Spazierengehen, Ausflüge, Ausgehen, Theater etc.) sowie im sozialen Bereich (Besuche machen und empfangen). Nahezu 80 Prozent der Berufstätigen wollen im Ruhestand die große Reise unternehmen. Wenn sie dann aus dem Beruf ausgeschieden sind, so bleiben 70 Prozent von ihnen zu Hause. Weniger deutlich fällt der Unterschied im in-door-Bereich aus. Doch auch hier nehmen sich die Berufstätigen mehr bzw. Anspruchsvolleres vor, als sie dann im Ruhestand verwirklichen. Dennoch haben sich die Reiseunternehmungen der Älteren in den letzten Jahren vermehrt angenommen. Das bevorzugte Reiseziel ist vor allem der Süden Deutschlands. Nur 26 Prozent der reisefreudigen Alten fahren ins Ausland. Dort sind insbesondere Österreich, Italien und Spanien die favorisierten Reiseziele (Prahl/Schroeter 1996).

Zeitverwendung und Zeitstrukturierung im Alter: Beim Übergang vom Berufsleben in den Ruhestand ist die Freude und der Genuss von Freiheit und Freizeit zunächst groß. Die Ruheständler freuen sich über den wegfallenden Termindruck, sind froh über die hinter ihnen liegende Hektik und missen weder Zeitdruck noch Leistungszwang. Die späte Freiheit erscheint als Befreiung von Pflichten und Zwängen, doch sie lässt auch den Wunsch nach Struktur und sinnvollem Handeln wach werden. Die ersten Tage der neuen »Freizeit« werden zunächst wie Urlaub wahrgenommen und gehandhabt. Die Ruheständler orientieren sich dabei an gewohnten und vertrauten Handlungsformen, die ihnen aus ihrer Urlaubszeit vertraut sind (lange schlafen, ausgiebig frühstücken, spazierengehen, kleine Ausflüge unternehmen). Doch schon bald erfahren sie, dass der Ruhestand kein Urlaub, die viele freie Zeit keine Freizeit ist. Freizeit wird von Nicht-Freizeit (Hausarbeit, Behördengänge, Besorgungen usw.) getrennt. Sie verlangen nach einer neuen Alltagsstruktur. Der Alltag wird allmählich ritualisiert (Aufstehen, Morgentoilette, Brötchenholen, Frühstück, Einkauf, Mittagessen, Mittagsschlaf, Gartenarbeit oder Spaziergang usw.). Neue Rollen werden zugewiesen, und auch im Haushalt gibt es eine bescheidene Arbeitsteilung (Frau kocht Kaffee und Eier, Mann holt die Brötchen). Wenn kein Gegenpol zur Freizeit mehr besteht, dann wird eine Ersatzstruktur für die Arbeit geschaffen. Es gibt eine bewusste Trennung von gebundener Zeit (Handlungen mit Aufgaben- und Pflichtcharakter: Hausarbeit, Gartenarbeit, Besorgungen usw.) und freier Zeit (Lesen, Fernsehen, Spazierengehen usw.).

Ruheständler und Arbeitslose haben in der BRD mit durchschnittlich 6,3 Stunden den höchsten Anteil an freier Zeit. Die freie Zeit älterer Menschen verteilt sich auf einen kurzen Zeitblock am Vormittag (zwischen 10.00 und 11.30 h), einen nachmittäglichen Block (von 13.00 bis 18.00 h) sowie auf einen abendlichen Block (von 19.00 bis 22.00 h). Der Vormittag wird von den Älteren weitgehend nicht mehr als freie Zeit empfunden. Hier stehen einige Aufgaben an, die erfüllt werden müssen (Besorgungen, Hausarbeit u.ä.). Die am häufigsten aufgesuchten Aktionsräume im out-door-Bereich sind: a) Läden in der unmittelbaren Gegend, Grünanlagen, Läden im Stadtzentrum; dann folgen b): Kirchen, Arztpraxen, Friedhöfe, Wohnungen von Freunden und Bekannten; seltener aufgesucht werden: c) Altentagesstätten, ehemalige Dienststellen, Beratungsstellen, Bibliotheken, Theater, Kino, Sportstätten, Bildungsstätten, Vereine, Gaststätten, Cafés. Männer sind öfter außer Haus als Frauen, sie unternehmen mehr Spaziergänge, besuchen öfter Gaststätten und Cafés und fahren auch häufiger Autos. Frauen halten sich hingegen mehr in Geschäften, Kirchen und bei Ärzten auf (Tokarski 1989: 108). Entgegen vielleicht anders zu vermutender Resultate verändert sich die durchschnittliche Verweildauer der Älteren im Straßenverkehr nur wenig. Doch verringern die über 75jährigen ihre Zeit im Straßenverkehr gegenüber den 60-65jährigen immerhin um etwa ein Drittel.

Der Anteil der über 65jährigen Führerscheininhaber ist in den letzten Jahren rapide gewachsen. Waren es 1976 nur 18 Prozent, so waren es 1990 bereits 34 Prozent, und im Jahre 2000 besaßen 53 Prozent der Älteren einen Führerschein. Doch ein nach wie vor großer Teil der Älteren bevorzugt öffentliche Verkehrsmittel, am liebsten, sofern vorhanden, die Straßenbahn, gefolgt von S- und U-Bahn und mit deutlichem Abstand den Omnibus. Diese Verkehrsmittel haben den großen Vorzug, dass während der Fahrt am öffentlichen Leben teilgenommen werden kann, Menschen auf der Straße beobachtet und Veränderungen im Straßenbild sowie an den Häusern wahrgenommen werden können.

Bezüglich des Freizeitverhaltens älterer Menschen ist in den letzten Jahren fast systematisch die Legende vom »Rentnerstress« aufgebaut worden. Viel ist von den »neuen Alten« und von den »jungen Alten« die Rede, die sich unentwegt fortbilden, sportlich-aktiv, reisefreudig und politisch ambitioniert sind. Die Wahrheit ist differenzierter. Die deutliche Mehrheit der Älteren bevorzugt Ruhe und Muße. Aktivität wird mehr demonstriert als realisiert. Der Umsetzung lang gehegter Wünsche stehen dabei weniger gesundheitliche oder finanzielle Einschränkungen entgegen, als vielmehr das eigene Phlegma. Ältere stoßen aber in Freizeitbereiche vor, die früher weitgehend jungen Menschen vorbehalten waren (Sport, Reisen). Die relativ lange Gesundheit bei steigender Lebenserwartung schlägt sich in einer stärkeren Nutzung von Freizeitangeboten sowie in einer gesteigerten Mobilität nieder. Umgekehrt werden Freizeitangebote, insbesondere Sportaktivitäten, wahrgenommen, um die Gesundheit und Handlungskompetenz zu erhalten. Doch wie bei jungen Menschen dominiert auch bei älteren der Medienkonsum in der Freizeitgestaltung. Dabei fällt eine deutliche geschlechtsspezifische Freizeitgestaltung auf: Männer lesen mehr Zeitung, sehen mehr fern, treiben eher Sport, Frauen handarbeiten mehr. Je höher das Bildungsniveau der Älteren, desto eher werden anspruchsvollere Zeitungen und Bücher gelesen und desto mehr Sport wird getrieben.

Die Wünsche der Älteren sind in erster Linie darauf ausgerichtet, gesund zu bleiben (99 Prozent), zu tun, was Spaß bereitet (93 Prozent), unabhängig und nicht auf andere angewiesen zu sein (90 Prozent), nicht alleine zu sein (90 Prozent), in der eigenen Wohnung bleiben zu können (90 Prozent), noch lange zu leben (87

Prozent), anderen helfen zu können (86 Prozent), noch nützlich zu sein und etwas leisten zu können (86 Prozent), nicht ins Altenheim zu müssen (83 Prozent), dass die Kinder versorgt sind (83 Prozent), in Ruhe gelassen zu werden (74 Prozent), neue Erfahrungen zu machen und etwas dazulernen zu können (56 Prozent), mehr Geld zu haben (53 Prozent), nicht mehr weiterarbeiten zu müssen (43 Prozent), viel reisen zu können und viel von der Welt zu sehen (39 Prozent) sowie allgemein mehr freie Zeit zu haben (32 Prozent). Bei den Wünschen dominiert das Verlangen, den erreichten Status quo zu erhalten. Die Devise heißt: Erhalten, nicht verändern. Folglich ist das Alltagsverhalten auch stark von Traditionen und Ritualen geprägt. Neues, Ungewohntes und Veränderungen hingegen werden abzuwehren versucht.

Den höchsten Bekanntheitsgrad von Freizeitveranstaltungen erreichen die Kaffeefahrten. Sie werden am ehesten von ehemaligen Arbeitern in Anspruch genommen, ehemalige Angestellte bevorzugen hingegen eher Weiterbildungsveranstaltungen. Während neben den Kaffeefahrten noch Seniorentreffs, Altenclubs, Seniorentanz, Seniorensport sowie Unterhaltungsprogramme wahrgenommen werden, spielen Fortbildungs- und Kulturangebote eine weitgehend untergeordnete Rolle. Zwei Drittel der Älteren haben noch nie an Seniorenprogrammen teilgenommen, und mehr als die Hälfte (57 Prozent) hält sie gar für überflüssig. Die Inanspruchnahme solcher Aktivitäten vermittelt das Gefühl, sich selbst nicht mehr helfen zu können (»Wer so etwas nötig hat, muss wirklich alt sein«). Und so ist zu beobachten, dass spezielle Seniorenprogramme vor allem dann als Freizeitgestaltung angenommen werden, wenn die individuelle Lebenslage subjektiv als schlecht empfunden wird (Prahl/Schroeter 1996).

7.2 Freizeit von Benachteiligten

Auch Gegenwartsgesellschaften sind von Ungleichheiten geprägt, obwohl Stände und Klassen ihre prägende Kraft verloren haben und eher Schichtzugehörigkeit oder Lebenslagen den sozialen Status bestimmen. Die Mechanismen gesellschaftlicher Differenzierung beruhen nicht mehr so sehr auf gesellschaftlichem Rang wie in der Ständegesellschaft oder auf dem Besitz bzw. Ausschluss von Produktionsmitteln wie in der Klassengesellschaft, sondern ergeben sich eher aus den Zugangschancen zur Erwerbsarbeit und den daraus abgeleiteten Konsumchancen. Letztere haben nun wiederum starken Einfluss auf die Freizeit. Waren im Zeichen der Industriegesellschaften die meisten Arbeitsplätze im Bereich des produzierenden Gewerbes angesiedelt, so verlagern sich diese immer mehr in den Bereich der Dienstleistungen, der Unterhaltung, der Gesundheit bzw. Pflege, der Ver- und Entsorgung. Dadurch verändern sich die Ansprüche an die Inhaber von Arbeitsplätzen. In diesem Prozess werden in zunehmendem Umfange Menschen aus der Erwerbsarbeit ausgegrenzt oder zumindest benachteiligt. Wenn der zentrale Bezug zum Erwerbsleben schwächer wird oder sogar ganz fehlt, ändern sich auch Qualität und Form der Freizeit. Diese Gesellschaftsgruppen – z. B. Ausländer, Arbeitslose, Arme oder Institutionalisierte – werden in der Freizeitforschung bislang weitgehend vernachlässigt.

7.2.1   Ausländer

In der Freizeitsoziologie ist die Situation von Ausländern und Ausländerinnen in Deutschland wenig untersucht worden. Dieses Forschungsdefizit dürfte daraus resultieren, dass die Vielfalt der in Deutschland lebenden Ausländer nur schwer generalisiert werden kann und oft angemessene Zugänge fehlen, zudem sind viele Ausländer strukturell benachteiligt und daher für die (kommerziell orientierte) Forschung weniger interessant. Je nach Zeitpunkt des Zuzugs bzw. des Aufwachsens in Deutschland und dem kulturellen Hintergrund variieren Lebens-, Wohn- und Arbeitsformen deutlich. Eine Familie aus Italien, die bereits 1956 nach Deutschland gekommen ist, unterscheidet sich wohl deutlich von einer 1991 aus Kasachstan übergesiedelten deutschstämmigen Aussiedlerfamilie und diese wiederum von einer dem Bürgerkrieg in Burundi entflohenen Familie und diese wiederum von einem chinesischen Ehepaar, das zur weiteren Ausbildung oder als Computerspezialisten in Deutschland weilt. Die erste Generation der Migranten versteht unter Freizeit, Leben, Wohnen und Arbeiten etwas anderes als die zweite und dritte Generation, die bereits in Deutschland aufgewachsen ist. So ergibt sich ein höchst schillerndes Bild, das bislang kaum erforscht ist.

Migration hat es im Laufe der gesamten Menschheitsgeschichte immer gegeben, in den meisten Fällen aber nicht freiwillig, sondern durch Kriege, Katastrophen, Flucht oder Vertreibung bedingt. Vielfach handelte es sich aber auch um Arbeitsmigration, weil durch die Unterschiede in der wirtschaftlichen Entwicklung in einer anderen Region eher Arbeit zu finden war. So erreichte im letzten Viertel des 19. Jahrhunderts im Zuge der Industrialisierung der Ausländeranteil im damaligen Deutschen Kaiserreich fast zehn Prozent, der größte Teil der Migranten kam aus Polen, wie sich leicht an den Familiennamen im Ruhrgebiet erkennen lässt. Heute liegt der Anteil von Ausländern in der Bundesrepublik Deutschland mit neun Prozent knapp unter dem Wert vor einhundert Jahren. Die Migranten kommen heute aber aus fast allen Regionen der Welt, was die Fremdenfeindlichkeit wegen der Begegnung mit wenig vertrauten Religionen, Hautfarben, Lebens- und Ernährungsgewohnheiten verstärken mag. In der Zeit nach dem Zweiten Weltkrieg haben sich Wanderungsbewegungen deutlich verändert. In den ersten Nachkriegsjahren kamen 4,7 Millionen Menschen aus den von Deutschland abgetrennten Gebieten, bis 1950 kehrten zudem mehr als 4 Millionen Kriegsgefangene zurück. Bis 1961 siedelten 1,8 Millionen Bürger der DDR in die alte Bundesrepublik Deutschland über. Trotz solcher Bevölkerungszuflüsse wurden mit beginnender Vollbeschäftigung ab Mitte der fünfziger Jahre die Arbeitskräfte knapp. Mit Italien wurde bereits 1955 ein Anwerbeabkommen für Gastarbeiter (so die Bezeichnung, die sich seither durchgesetzt hat, auch wenn die Realität der Lebensbedingungen der Bezeichnung »Gast« oft Hohn spottet) vereinbart, es folgten 1960 Spanien und Griechenland, 1961 Türkei, 1963 Marokko, 1964 Portugal, 1965 Tunesien, 1968 Jugoslawien. Diese weitgehend ökonomisch motivierte Anwerbung von ganz überwiegend männlichen Arbeitskräften – erst später erfolgte durch die Familienzusammenführung auch der Zuzug von Frauen und Kindern – steigerte die Zahl der Ausländer in Deutschland von ca. 690.000 im Jahre 1955 auf 4,127 Millionen im Jahre 1973, als wegen der Ölkrise und Rezession ein Anwerbestopp verfügt wurde. Der politisch gewollte Rückgang der ausländischen Wohnbevölkerung trat nach 1973 allerdings nicht ein, weil zum einen mit der Zusammenführung der Familien auch die Kinderzahl anstieg, weil zum anderen aber neue Zuwanderungsgruppen nach Deutschland kamen, was stark mit der Zunahme von Kriegen in der Welt, mit den Veränderungen in Osteuropa und der zunehmenden Freizügigkeit innerhalb der Europäischen Union zusammenhing.

So hat seit den achtziger Jahren wegen der zahlreichen Bürgerkriege und der Ausbreitung von Hunger und Elend in vielen Teilen der Welt die Zahl der Asylbewerber sprunghaft zugenommen, wobei wegen der restriktiveren Handhabung der Gesetze deren Zahl in den letzten Jahren wieder rückläufig ist (von den durchschnittlich zuletzt etwa 120.000 Asylantragsstellern wurden nur noch 7,5 Prozent als Asylberechtigte anerkannt). Viele Bürgerkriegsflüchtlinge aus dem ehemaligen Jugoslawien haben ohnehin nur um eine temporäre Bleibeberechtigung nachgesucht. Gut ein Fünftel aller Ende der neunziger Jahre in Deutschland erfassten Ausländer sind Flüchtlinge (ca. 1,6 Millionen). Seit Mitte der achtziger Jahre sind neben den Flüchtlingen insbesondere Aus- und Übersiedler nach Deutschland gekommen. Zwischen 1950 und 1997 (die meisten davon aber erst nach 1985) sind insgesamt 3,4 Millionen sogenannte Volksdeutsche aus der ehemaligen UdSSR, Polen und Rumänien nach Deutschland gekommen. Im Bereich der ehemaligen DDR sind die seinerzeit kontingentiert zugewanderten Migranten aus Vietnam, Angola und Mozambik teilweise sesshaft geblieben, ihre genaue Zahl ist aber nicht bekannt. Aus der EU zogen im Wege der neuen Freizügigkeit pro Jahr etwa 200.000 Ausländer nach Deutschland, zur gleichen Zeit verließen jeweils etwa 200.000 EU-Bürger Deutschland wieder. Vor allem in den neunziger Jahren war ein heftiges Kommen und Gehen zu verzeichnen: so kamen 8,8 Millionen Zuwanderer nach Deutschland, während 5,8 Millionen wieder wegzogen.

Die Zahl der in Deutschland lebenden Ausländer hat sich in den letzten Jahren bei etwa 7,4 Millionen (das sind 8,9 Prozent der Gesamtbevölkerung) eingependelt. Nach Luxemburg und der Schweiz hatte Deutschland in den neunziger Jahren die dritthöchste Zuwanderungsrate in Westeuropa, wobei allerdings wegen der unterschiedlichen Rechtssysteme und deren Handhabung in den ehemaligen Kolonialländern wie Frankreich, England, Portugal oder den Niederlanden keine volle Vergleichbarkeit gegeben ist. Im Durchschnitt liegt der Ausländeranteil in Westeuropa knapp über fünf Prozent. Die Zusammensetzung der Ausländer in Deutschland hat sich in den vergangenen Jahrzehnten deutlich verschoben. Kamen 1965 noch drei Viertel aller Ausländer aus den Staaten der damaligen Europäischen Wirtschaftsgemeinschaft (EWG), davon allein ein Drittel aus Italien und nur ein Zehntel aus der Türkei, so kamen gegen Ende der neunziger Jahre nur noch ein Viertel aus der Europäischen Union, aber bereits ein Drittel aus der Türkei. Die Türken sind die größte kulturell geschlossene Gruppe in Deutschland. Bestand für die meisten Migranten ursprünglich das Motiv darin, einige Jahre in Deutschland zu arbeiten, um dann wieder in die Heimat zurückzukehren, so sind die meisten von ihnen dann doch in Deutschland geblieben. Von allen Ausländern leben mehr als 30 Prozent bereits mehr als zwanzig Jahre in Deutschland, insgesamt 40 Prozent mindestens 15 Jahre oder mehr, die Hälfte bereits länger als zehn Jahre in Deutschland.

Ausländer haben durch Gründung eigener Firmen (z. B. im Im- und Exporthandel) und durch das Führen von klein- bzw. mittelbetrieblichen Unternehmen (z. B.

in der Gastronomie, im Fremdenverkehr oder im Dienstleistungsbereich) erheblich zur Mehrung des Bruttosozialprodukts beigetragen, dennoch unterliegen sie nach wie vor Benachteiligungen am Arbeitsplatz. Ausländer sind überproportional von Arbeitslosigkeit betroffen und tragen neben Alleinerziehenden und Langzeitarbeitslosen das höchste Armutsrisiko. Sie arbeiten öfter als Deutsche in ungeschützten und prekären Arbeitsverhältnissen, ihnen wird bei anstehendem Personalabbau und in Krisen eher gekündigt, im Durchschnitt werden sie geringer entlohnt und verrichten belastende und weniger qualifizierte Tätigkeiten. Die besonders schlecht bezahlten Beschäftigungen sind im Gastgewerbe (wo fast ein Drittel aller Beschäftigten aus dem Ausland kommt), in Reinigungsbetrieben und im Baugewerbe festzustellen. Ausländische Erwerbstätige arbeiten zu 55 Prozent zu ungewöhnlichen Arbeitszeiten, während es nur 49 Prozent der deutschen Beschäftigten sind. In Wechselschicht arbeiten 20 Prozent der Ausländer, aber nur 11 Prozent der Deutschen, 38 Prozent der Ausländer arbeiten abends, aber nur 33 Prozent der Deutschen. Eine Ursache dafür liegt darin, dass Ausländer häufiger in Handel und Gastronomie, aber seltener in Bereichen mit konventionellen Arbeitszeiten (z. B. Öffentlicher Dienst, Banken, Versicherungen) arbeiten. Die Ausländerbeschäftigungsquote ist in den Bereichen Gaststätten und Beherbergung, Eisen- und Stahlerzeugung, Kunststoffverarbeitung, Schiffbau und Schifffahrt, Nahrungs- und Genussmittel auffallend hoch. Ausländer müssen ihren Arbeitsplatz häufiger wechseln als deutsche Beschäftigte und müssen dadurch auch eine höhere räumliche Mobilität auf sich nehmen. Als eine Form der Benachteiligung gilt auch, dass mit den Arbeitsplatzanforderungen oft die im Herkunftsland erworbenen Qualifikationen nicht anerkannt oder abgewertet werden. Dies gilt vor allem für die Aus- und Übersiedler, Asylbewerber und Flüchtlinge, während die ersten Generationen von Arbeitsmigranten, die zwischen 1955 und ca. 1980 nach Deutschland gekommen sind, entweder in Deutschland eine entsprechende Qualifikation erworben haben oder in der Zwischenzeit durch Erreichung der Altersgrenze aus dem Erwerbsleben ausgeschieden sind. Allerdings hat diese Gruppe der älteren Migranten wegen der oft fehlenden deutschen Sprachkenntnisse noch immer große Schwierigkeiten, sich in die deutsche Gesellschaft hineinzufinden, was insbesondere im steigenden Lebensalter die Erfahrungen von Isolation, Abwertung (weil in vielen südeuropäischen und auch in der türkischen Gesellschaft alte Menschen hochgeachtet sind) und Krankheiten verstärkt. Andererseits haben die Kinder und Enkelkinder dieser ersten Migrantengeneration es oft geschafft, sich durch Bildungs- und Berufsqualifikationen in die Strukturen der deutschen Gesellschaft hineinzupassen.

Für die Freizeit sind vor allem Wohnungen und Wohnumfeld ausschlaggebend. Wohnten die ersten Migranten in der Erwartung einer baldigen Rückkehr in ihre Heimatländer zunächst in Wohnheimen oder Schlichtunterkünften, die von den Unternehmen zur Verfügung gestellt wurden, haben sich in den vergangenen Jahrzehnten immer mehr Ausländer in den Wohnungsmarkt integriert. Dabei unterliegen sie immer noch Benachteiligungen, wie etliche Untersuchungen auch noch in den neunziger Jahren feststellen mussten. Ausländische Familien leben überproportional oft in Wohnungen mit relativ vielen baulichen Mängeln, schlechter Ausstattung und geringer Wohnfläche (1998 lebten ausländische Mitbürger auf 31 qm pro Haushalt, Deutsche dagegen auf 46 qm.) Das Wohnumfeld ist ungünstiger, weil Ausländer wegen ihrer durchschnittlich schlechteren finanziellen Möglichkeiten billigeren Wohnraum präferieren, der oft am Stadtrand liegt, schlechte Infrastrukturen und Verkehrsanbindungen zu Stadtteilzentren und Arbeitsplätzen aufweist. Fast jeder zweite Ausländer in Deutschland wohnt in einer solchen Siedlungsstruktur mit vergleichsweise schlechter Bauqualität und zugleich hoher Ausländerkonzentration. Die Wohnungen sind oft von den Besitzern vernachlässigt worden und weisen so Modernisierungsrückstände (keine Dusche oder Vollbad, Toilette auf halber Treppe, schlechte Elektroinstallation – jede fünfte Ausländerfamilie lebt ohne Zentralheizung, während nur jede zwanzigste deutsche Familie auf solchen Komfort verzichten muss) auf. Durch den Rückgang des sozialen Wohnungsbaus hat sich die Situation in den unteren Segmenten des Wohnungsmarktes verschlechtert, preiswerter Wohnraum (z. B. für größere Familien) ist eher knapp. Weil viele Vermieter Vorbehalte gegenüber Ausländern aus fremden Kulturen haben, verlangen sie von diesen höhere Mieten. So liegt der Mietpreis nach einschlägigen Schätzungen bei Ausländern für den Quadratmeter Wohnfläche 10 bis 25 Prozent höher als bei deutschen Mietern. Weil das durchschnittliche Nettoeinkommen eines ausländischen Haushaltes mit Kindern 27 Prozent unter dem Durchschnittsnettoeinkommen der deutschen Haushalte mit Kindern liegt, sind die Mietbelastungen bei ausländischen Familien deutlich höher. Auf der anderen Seite hat sich der Anteil von ausländischen Wohneigentümern seit 1985 von acht auf inzwischen 13 Prozent erhöht (Deutsche verfügen zu 42 Prozent über Wohneigentum).

Die Konzentration von Ausländern in bestimmten Wohnvierteln ist allerdings weniger das Resultat einer besonderen Affinität zu den eigenen Landsleuten als vielmehr Ausfluss ökonomisch rationalen Vermieterverhaltens. Die Vermieter nehmen für die vermeintlich schwindende Attraktivität ihrer Wohnungen, wenn dort Ausländer eingezogen sind, einen Aufschlag, der oft mit Vorurteilen begründet wird (»Ausländer gehen schlechter mit der Wohnung um«, »Deutschen ist der dauernde Knoblauchgeruch nicht zuzumuten«). Oft entsteht daraus eine Spirale, indem die zunächst in diesen Gebieten noch ansässigen Deutschen in andere Stadtteile umziehen. So wird unter den Schwachen in der Gesellschaft Verdrängungskonkurrenz erzeugt. Mangels guter Kenntnisse des deutschen Wohnungsmarktes verlassen sich Ausländer oft auf Hinweise aus ihrem Familien- und Bekanntenkreis. So erhöht sich die Ausländerkonzentration weiter. Zwar war es in den Herkunftsländern der Südeuropäer und Türken oft üblich, zusammen mit allen Familienangehörigen und Verwandten zu wohnen. Je länger aber Ausländer in Deutschland sind, desto stärker übernehmen sie auch Siedlungs- und Familienformen der Einheimischen. Je weiter das Einreisejahr zurückliegt und je besser dadurch der Überblick über den Wohnungsmarkt ist, um so niedriger ist der Anteil jener, die in Schwerpunkten des Ausländerwohnens leben.

Generelle Aussagen über Umfang und Nutzung der Freizeit durch Ausländer lassen sich wegen deren besonderer Heterogenität nicht formulieren. Die meisten jüngeren bereits in Deutschland aufgewachsenen Ausländer weisen ähnlich Muster auf wie ihre deutschen Altersgenossen. Nur in jenen Bereichen, in denen die Werte und Normen ihrer Eltern und Großeltern noch wirksam sind, lassen sich Unterschiede vermuten: z. B. in Fragen des Körperbezuges im Sport bei türkischen oder südeuropäischen Mädchen, bei einigen Ritualen bei Jungen (Beschneidung oder

Einführung in die Religion), bei den kulturell oder religiös festgelegten Festen und Zeremonien o.dgl.

7.2.2   Arbeitslose

Ähnlich wie bei Alten und Kindern stellt sich für Arbeitslose das definitorische Problem, dass sie über viel Zeit verfügen, die nicht durch Arbeit ausgefüllt wird. Insbesondere bei längerer Dauer der Arbeitslosigkeit wird spürbar, wie wichtig ein auf Erwerbsarbeit bezogenes Zeitgerüst sein kann. Bereits in einer sehr frühen Studie aus der Weltwirtschaftskrise haben Maria Jahoda u. a. (1933) in ihrer legendären Studie »Die Arbeitslosen von Marienthal« gezeigt, wie in dem kleinen Ort in Österreich, in dem durch Betriebsschließungen viele Menschen arbeitslos wurden, die Zeit anders wurde. Die Arbeitslosen empfanden nicht nur die Zeit als gedehnt, sondern änderten auch selbst ihr Tempo etwa beim Gehen oder Essen. Alles wurde langsamer, weil die vertrauten Strukturen des Arbeitslebens fehlten. Männer, die durch ihr Erwerbsarbeitsleben geprägt waren, saßen oft den ganzen Vormittag über im Park, um anschließend zum Essen nach Hause zurückzukehren. Ihr Tagesablauf war gewissermaßen von bleierner Müdigkeit gezeichnet, ihr Gang wurde langsamer, selbst ihr Sprechen wurde schleppender.

Arbeitslosigkeit hat es im Laufe der Geschichte zwar immer gegeben, weil die Konjunkturen der Wirtschaft schwankten oder Krisen viele Arbeitsplätze vernichteten. Arbeitslosigkeit hat in der Gegenwart aber neue Qualitäten erlangt. Mit dem raschen Wandel in fast allen Lebensbereichen verändern sich die Anforderungen an Wirtschaften und Arbeiten grundlegend. Konnte in der Vergangenheit ein Bauer oder Handwerker davon ausgehen, sein Produktionsvermögen von Generation zu Generation zu vererben und damit allen Familienangehörigen die Existenz zu sichern, so ist in diesen Bereichen die Zahl der Arbeitsplätze auf ein historisches Minimum gesunken. Die Normalarbeitsbiographie befindet sich in Auflösung, in vielen Arbeitsfeldern sind die Erwartungshorizonte auf sehr kurze Zeiträume zusammengeschnurrt. Die Qualifikation für Arbeitsplätze wandelt sich besonders rasch und ist oft auch durch Weiterbildung oder Umschulung nicht zu erreichen.

In der Bundesrepublik Deutschland wurde erstmals 1955 von Vollbeschäftigung gesprochen, als die Zahl der Arbeitslosen unter eine halbe Million gesunken war, in der damaligen Deutschen Demokratischen Republik war Arbeitslosigkeit offiziell unbekannt. Seit Ende der siebziger Jahre ist die Arbeitslosigkeit dramatisch angestiegen und hat mit rund vier Millionen Ende der neunziger Jahre einen Höchststand erreicht. Die Arbeitslosen haben wiederum Angehörige, die indirekt von den Auswirkungen der Arbeitslosigkeit betroffen sind. Schätzungsweise zehn Millionen Menschen leiden also direkt oder indirekt an den Folgen von Arbeitslosigkeit. Dies hat Folgen für die Freizeit. Den Arbeitslosen sind die vormals durch die Erwerbsarbeit vorgegebenen Zeitgitter abhanden gekommen, während ihre Angehörigen – sofern sie nicht auch von Arbeitslosigkeit direkt betroffen sind – noch über Arbeit, Schule, Hochschule oder Behörden ein mehr oder minder festes Zeitraster haben.

Nach einer von der Bundesregierung in Auftrag gegebenen Untersuchung, die 1991/92 repräsentativ in den alten und neuen Bundesländern durchgeführt wurde, stellte sich heraus, dass Arbeitslose fast ebenso viel Freizeit hatten wie Rentner und Pensionäre. Pro Werktag errechnete sich ein Freizeitvolumen von 6,3 Stunden und damit eine Stunde mehr als der Durchschnitt und sogar zwei Stunden mehr als Vollzeiterwerbstätige. Arbeitslose Männer hatten mit 6:47 Stunden sogar noch deutlich mehr Freizeit als arbeitslose Frauen (5:33), was wohl vor allem damit zu erklären ist, dass Frauen im Stadium der Arbeitslosigkeit immer noch mehr Zeit in Hausarbeit oder Kinder- bzw. Altenbetreuung investieren als Männer. Arbeitslose Frauen wiesen mit 5:45 Stunden Hausarbeit unter allen Sozialgruppen den höchsten Wert auf, während Männer mit 4:15 Stunden Hausarbeit auch noch beträchtlich über dem Durchschnittswert lagen. Die für Hausarbeit von Arbeitslosen aufgebrachten Zeitmengen glichen den Werten der Rentner bzw. Pensionäre. Ohne zeitliche Strukturierung durch Erwerbsarbeit ähneln sich offenbar die mit Hausarbeit oder Freizeit verbrachten Zeitmengen. Auch die mit Regeneration zugebrachten Zeiten lagen bei Arbeitslosen und Rentnern an der Spitze, wobei alte Menschen dafür aber im Durchschnitt noch eine Stunde länger benötigten (Statistisches Bundesamt 1995 (IV): 77ff.).

Arbeitslose definieren sich lange Zeit noch als Arbeitskräfte im Wartestand, erst nach langen Phasen der Arbeitslosigkeit macht sich Resignation breit. Als sie noch im Erwerbsleben standen, hatte Zeit für sie zweierlei Qualität, nämlich die festgelegte und oft als lästig empfundene Zeit am Arbeitsplatz und die meist ersehnte und als positiv empfundene Freizeit. Beginn und Ende der Erwerbsarbeit hatten hohe symbolische Bedeutung, das Weggehen und das Heimkommen waren psychisch mit besonderen Empfindungen belegt. Gerade Männer haben sich daraus ein besonderes familiäres Arrangement eingerichtet, wenn die übrigen Teile ihrer Familie die beiden Zeitpunkte geradezu ritualisiert haben:

> »Die verordnete Freizeit ist entstrukturiert – sie ist langweilig geworden. Früher, als er noch arbeitete, hatte sie noch einen Sinn (...) Früher hatte die Freizeit die Bedeutung des Nachhausekommens, nachdem er hinaus ins feindliche Leben gegangen war. Eine Entschädigung für die Leiden des Arbeitstages. Freizeit bekommt ihren Sinn nur aus einem komplementären Verhältnis zur Arbeitszeit, und die ist nun fortgefallen. Hat die Freizeit aber diesen Sinn verloren, dann ist sie keine Freizeit mehr, sie wird selbst zu einem unmittelbaren Zwang. Alle freudigen Gefühle, die sonst mit der Freizeit verbunden waren (»richtig happy«), gehen verloren, er kann sich auf sie nicht mehr freuen. Das freudige Gefühl war also nicht aus sich selbst begründet, sondern in der Beziehung zum Zwang der Lohnarbeit. Die unmittelbare Freude eines sonnigen Nachmittags auf dem Balkon existiert für ihn nun nicht mehr, obwohl er Zeit genug dafür hätte. Aber die Sonne ist auch nicht mehr das, was sie einmal war. Ihre Bedeutung als wärmespendender Himmelskörper hat sie nicht verloren. Wohl aber ihren sozialen Sinn als ein Symbol der Freizeit, in der man sich nichtstuend sonnen kann« (Neumann 1988: 271).

Die Zeit der Arbeitslosen erlangt neue symbolische Qualitäten, sofern Erwerbsarbeit noch im Möglichkeitshorizont erhalten bleibt. Schwindet diese Möglichkeit, so dehnt sich Zeit und verliert ihre symbolische Qualität. Bei Langzeitarbeitslosigkeit wird Zeit im Extrem sogar zum Gegner, der zu überwinden ist. Zeit wird mehr oder minder lustlos verbraucht. Die Verarbeitungsformen der Arbeitslosigkeit hängen allerdings deutlich von Alter, Geschlecht und beruflicher Stellung ab. Jüngere erhalten sich trotz langer Arbeitslosigkeit die Hoffnung, bald wieder eine Arbeit zu finden und genießen möglicherweise sogar die verordnete freie Zeit. Ältere resignieren schneller und erleben Zeit eher als gedehnt und lustlos. Männer sind durch Sozialisation und Rollenidentifikation eher am Beruf ausgerichtet und können nur schwer die Zeit jenseits der Arbeitssphäre verarbeiten, zumal sie vielfach in familiäre Arrangements eingebunden sind, die jetzt aufbrechen und zur Belastung werden können. Frauen orientieren sich selbst bei langer Erwerbsarbeit auch an Familie und Haushalt und können daher in den meisten Fällen die Zeit der Arbeitslosigkeit besser als Männer strukturieren. Arbeitslose, die vormals an ihrem Arbeitsplatz eine Fülle von sozialen Kontakten und personengebundenen Sanktionen erlebten, haben größere Schwierigkeiten, die Zeit der Arbeitslosigkeit zu organisieren als Arbeitslose, die vorher wenige soziale Beziehungen am Arbeitsplatz hatten.

7.2.3   Arme

Armut ist für die meisten Menschen kein Dauerzustand, sondern ein Prozess, von dem nahezu jeder Mensch im Laufe seines Lebens erfasst werden kann. Von absoluter Armut kann heute kaum noch gesprochen werden, sie war in der Geschichte aber sehr häufig anzutreffen und ist heute immer noch kennzeichnend in weiten Teilen der Dritten Welt. Absolute Armut bedeutet das Fehlen von Mitteln zur Befriedigung zentraler Lebensbedürfnisse und ist meist mit Hunger, Durst, Krankheiten und Obdachlosigkeit verbunden. Relative Armut dagegen ist in der Gegenwart auch in modernen Wohlstandsgesellschaften im Vormarsch. Sie bedeutet, dass Menschen mindestens in einer der Dimensionen wie Einkommen/Vermögen, Wohnen, Erwerbschancen oder kultureller Teilhabe so stark benachteiligt sind, dass eine angemessene Lebensführung nicht oder kaum noch möglich ist. Die Europäische Union koppelt Armut an Einkommensarmut. Arm ist dann ein Mensch, wenn er über weniger als fünfzig Prozent des in der jeweiligen Gesellschaft gemessenen durchschnittlichen Einkommens verfügt. Dieser Wert deckt sich ungefähr mit dem des statistisch gemessenen und für den Zugang zur Sozialhilfe entscheidenden Existenzminimums. Wer Anspruch auf Sozialhilfe hat, fällt in die Kategorie der »bekämpften Armut«, neben der aber eine große Dunkelziffer von »verdeckter Armut« besteht, weil es für viele Menschen immer noch als Schande gilt, staatliche Leistungen in Anspruch zu nehmen und sich so als »arm« oder »hilfsbedürftig« etikettieren zu lassen.

In den letzten Jahrzehnten hat vor allem die Kinderarmut deutlich zugenommen, was zum Teil mit dem Prozess der deutschen Einheit zu tun hat. So stieg allein zwischen 1990 und 1995 die Zahl der als arm klassifizierten Kinder bis zum 14. Lebensjahr von 1,1 auf fast 1,7 Millionen an. Noch 1980 war der Anteil der Alten und der Kinder, die Sozialhilfe erhielten etwa gleich groß, seither hat sich der Anteil der Kinder schlagartig vergrößert, was insbesondere mit der Arbeitslosigkeit der Eltern zusammenhängt, auf der anderen Seite hat sich die materielle Situation alter Menschen verbessert. Ende 2000 erhielten in Deutschland 2,7 Millionen Menschen Sozialhilfe (darunter etwa 0,6 Millionen ausländische Empfänger), wobei die Zahl seit einigen Jahren rückläufig ist. Wird das durchschnittliche Einkommen als Messziffer genommen, so hat das obere Fünftel ein fünfmal so hohes Einkommen wie das unterste Fünftel der Einkommenspyramide. Mit der Verfügbarkeit von Einkommen sind die Chancen für die Verwendung von Freizeit unterschiedlich verteilt.

Eine spezielle, aber keineswegs kleine Gesellschaftsgruppe, die akut von Armut bedroht ist, sind die alleinlebenden Frauen. Nach der Einkommens- und Verbrauchsstudie von 1998 stand den rund 8,5 Millionen alleinlebenden Frauen im Durchschnitt 2.851 DM monatlich zur Verfügung, während alleinlebende Männer über 3.481 DM verfügten. Alleinlebende Frauen in den neuen Bundesländern erreichten nur 71 Prozent der Einnahmen, die in den alten Bundesländern erreicht wurden, bei ihnen ist das Armutsrisiko also weitaus größer. In den Unterschieden zwischen Männern und Frauen drückt sich auch hier ein demographischer Struktureffekt aus. Die Gruppe der alleinlebenden Frauen ist wegen der höheren Lebenserwartung und der früher geringeren Erwerbsbeteiligung gegenüber den alleinlebenden Männern, die auch einen höheren Anteil an Erwerbspersonen aufweisen, benachteiligt. Doch auch bei erwerbstätigen alleinlebenden Frauen war die Kluft ähnlich groß. Alleinlebende weibliche Angestellte verdienten knapp 1.000 DM monatlich weniger als ihre männlichen Kollegen, bei Beamtinnen lag die Differenz bei 450 DM, bei Arbeiterinnen bei 520 DM. Die geschlechtsspezifische Einkommenskluft war in den alten wie in den neuen Bundesländern auf dem jeweiligen Einkommensniveau etwa gleich groß. In ihren privaten Konsumausgaben gaben die alleinlebenden Frauen in den alten Bundesländern mit monatlich 2.545 DM etwa 155 DM weniger aus als alleinlebende Männer, in den neuen Bundesländern waren es mit 1.902 DM sogar 203 DM weniger als bei den alleinlebenden Männern. Ähnlich unterschiedlich fiel das ersparte Geldvermögen aus. Im Bundesdurchschnitt hatten Alleinlebende 33.280 DM auf der hohen Kante. Alleinlebende Frauen waren vor allem in den neuen Bundesländern stark im Nachteil (alte Bundesländer: 36.940 DM, neue Bundesländer: 17.180 DM). Alleinlebende Männer hatte im Osten 19.130 DM gespart, im Westen dagegen 59.960 DM. Allerdings lag der Anteil alleinlebender Männer ohne jegliches Geldvermögen mit 15 Prozent gegenüber 12 Prozent bei den Frauen höher (Statistisches Bundesamt, Pressemitteilung 06.03.2001). Alleinlebende Frauen und Männer sind deutlich öfter von Armut bedroht als die meisten übrigen Gruppen der Gesellschaft. Durch die relativ geringe Höhe ihrer Einkommen und Einnahmen und den daran gemessen hohen Ausgaben für Miete, Ernährung und Kleidung sind sie in den Möglichkeiten zur Gestaltung ihrer Freizeit eingeschränkt. Stärker als andere Gesellschaftsgruppen sind sie auf Freizeitbeschäftigungen mit geringen Kosten angewiesen. Oft kommen noch kumulative Beeinträchtigungen wie beengte Wohnverhältnisse, gesundheitliche Probleme, Einsamkeit, Depression oder geringe Kontaktchancen hinzu. Allerdings ist die Gruppe der Alleinlebenden stark differenzierungsbedürftig. Von der verarmten und bettlägerigen 80jährigen bis zum vermögenden jungen Single reicht eine breite Palette von Erscheinungsformen, die in der Freizeitforschung bislang nur wenig untersucht worden ist.

7.2.4 Institutionalisierte

Wenig beachtet ist die Freizeit von Menschen, die dauerhaft oder zeitweilig in Institutionen untergebracht sind. Hier geht es um Institutionen, die nach Goffman als »totale Institutionen« gekennzeichnet sind: z. B. Kliniken, Gefängnisse oder Kasernen. Totale Institutionen grenzen ihre Insassen recht deutlich gegenüber anderen Lebensbereichen ab, im Extrem sind sie auch baulich so stark abgeschlossen, dass ihre Insassen nicht in die Außenwelt und umgekehrt die in der Außenwelt Lebenden kaum in die Institution gelangen können. Totale Institutionen entwickeln eigene Regeln und Hierarchien, an die sich ihre Insassen bedingungslos anpassen müssen. Die Insassen geben einen Teil ihrer Identität ab und übernehmen veränderte Rollen. Mit dem Eintritt werden sie zu Patienten, Behinderten, Pflegefällen, Gefangenen oder Soldaten, oft werden sie zu Nummern oder anderen Kürzeln. Ihre Individualität wird eingeschränkt, die Belange der Institution gehen vor. Dies wird am Zeitreglement besonders deutlich: Insassen haben zu bestimmten Zeiten aufzustehen, zu schlafen, zu essen, sich waschen zu lassen usf. – und zwar unabhängig von ihren körperlichen Bedürfnissen. Die Arbeitszeiten des Personals oder traditionelle Gewohnheiten geben den Takt vor. Eigene zeitliche Dispositionsspielräume der Insassen sind minimal, selbst die Verrichtung von Vitalfunktionen (Hygiene, Ausscheiden) ist weitgehend terminiert. Auch die Intimsphäre wird nicht immer geachtet, wenn z. B. Patienten im Beisein anderer Menschen entkleidet und gewaschen werden oder wenn Rekruten in Mehrbettzimmern untergebracht sind. Totale Institutionen tragen so zur Depersonalisierung bzw. Identitätsbeschränkung bei.

Mit der Gefängnisstrafe greift die Strafjustiz auf die Zeit der Inhaftierten zu. Die Länge der Strafe ist in der BRD durch das Urteil befristet, in anderen Teilen der Welt (z. B. in einigen US-Bundesstaaten) kann auch eine Strafe auf unbestimmte Dauer ausgesprochen werden. In der Geschichte der Menschheit ist die zeitlich befristete Haftstrafe eine relativ junge Erfindung, weil in vielen früheren Gesellschaften Tötungen oder Verstümmelungen als Strafen überwogen und das Einsperren als Vorbereitung auf die Hinrichtung, als Schutz des Täters vor der Rache der Öffentlichkeit oder als Peinigung galt, da der Gedanke einer Resozialisierung nicht entwickelt war. Mit der Haftstrafe wird den Verurteilten Lebenszeit genommen. Diese genommene Zeit wird in Gefängnissen abgesessen, abgerissen, geschoben oder totgeschlagen, weil sie weitgehend nutzlos geworden ist. Zeit ist insbesondere bei langen Haftstrafen das zentrale Problem:

> »Von vielen sinnlichen und geistigen Reizen sind Gefangene bewusst depriviert. Das Leben, das sie einmal mit Tageseinteilung, Kalenderplanung und Zukunftsperspektiven zum Abschluß ihrer zeitfreien Kindheit in mühevollen Jahren der Sozialisation lernen mussten, hat seinen Sinn verloren. Während wir unser Gestern und Morgen mit erlebnishaften Vorstellungen markieren, ist das Gefängnis durch die Gleichtönigkeit des Stillstandes, durch die Unterschiedlosigkeit zwischen gestern, heute und morgen gekennzeichnet. Den Gefangenen wurde ihre Zeit als Quelle zum Leben genommen, stattdessen erhielten sie Gefängniszeit als Strafe und als Kontrolle, der sie unterworfen sind, anstatt sie nutzen zu können« (Weis 1998b: 215).

Weniger rigide, aber dennoch einengend vollzieht sich Zeit in anderen totalen Institutionen wie Kasernen. Hier wird Zeit zwar auch stark normiert und teilweise gegen den Biorhythmus organisiert, doch sind die Ansprüche an Freizeit in den Dienstordnungen festgelegt. Freizeit wird als Gegensatz zum Dienst (Drill, Übung) verstanden und mehrheitlich kollektiv verbracht. Die Freizeit in Kasernen unterliegt meist organisatorischen Zwängen und sozialer Kontrolle. Doch bieten sich auch Gelegenheiten für gemeinsame Aktionen, Spiele oder Feste. Wegen der starken Normierung im Alltag erlangt das Wochenende eine besonders hohe Wertigkeit. Die Fahrt zu Eltern oder Freunden bzw. Freundinnen ist emotional hoch besetzt, führt gelegentlich aber zu erhöhten Unfallraten auf den Straßen oder zu überfüllten Zügen und daraus entstehenden Konflikten. Die Freizeit unter kasernierten Verhältnissen ist bislang wenig erforscht, weil es sich um ein besonderes Gewaltverhältnis und um spezielle Sicherheitsinteressen handelt. Auch andere historische und gegenwärtige totale Institutionen – wie etwa Konzentrations- und Arbeitslager, Schiffe, Bunker oder Militärcamps – sind bislang wenig unter Freizeitaspekten untersucht worden.

7.2.5 Behinderte

In der BRD zählen etwa 13 Prozent der Bevölkerung zu den Behinderten (wissenschaftlich genauer: Menschen mit Behinderungen), das sind zehn Millionen Menschen. Unter ihnen haben 6.4 Millionen Menschen den Status von Schwerbehinderten, etwa eine halbe Million ist auf einen Rollstuhl angewiesen. Knapp die Hälfte der Schwerbehinderten ist 65 Jahre und älter, jeder vierzigste ist jünger als 18 Jahre. Nur jeder zwanzigste hat eine angeborene Behinderung, die ganz große Mehrheit wird erst im Laufe ihres Lebens schicksalhaft mit dem Ereignis einer Behinderung konfrontiert. Die Gruppe der Behinderten lässt sich aufschlüsseln nach Behinderungen, bei denen körperliche, geistige und/oder seelische Funktionen sowie Hören, Sehen oder Sprechen beeinträchtigt sind, Behinderungen bei chronischen Krankheiten, wie etwa Diabetes, Dialysefällen oder Herz-Kreislauf-Schäden, sowie Personen, bei denen die Behinderungen im Alter aufgetreten sind. Die Weltgesundheits-Organisation (WHO) unterscheidet zwischen »impairment« im Sinne einer Störung im menschlichen Organismus, aus denen für die konkreten Menschen eine »disability« im Sinne einer Behinderung bzw. Einschränkung seiner Möglichkeiten resultiert, woraus im Kontext der gesellschaftlichen Reaktionsformen ein »handicap« erwächst (vgl. Cloerkes 1997, Markowetz/Cloerkes 2000). Die Formen der Behinderung sind extrem vielfältig und können von einer Beeinträchtigung nach einem Herzinfarkt bis hin zur Totalamputation mehrer Glieder bei gleichzeitiger psychiatrischer Erkrankung und dem Ausfall von Sinnesorganen reichen. Auf der anderen Seite sind viele leichte Behinderungen in den o.g. Zahlen gar nicht erfasst, weil sie nicht in das Kategoriensystem zur Erlangen eines Behinderten-Status fallen oder eben nur temporär eintreten. Historisch unterlagen die Formen der Behinderung einem deutlichen Wandel, weil durch die Veränderungen in den Arbeits- und Lebensbedingungen sowie durch medizinische Erfolge viele Arten von Behinderungen (z. B. arbeitsbedingter Buckel, Auswirkungen von Seuchen) in den Industrieländern fast verschwunden sind, zahlreiche andere Arten (z. B. Altersbehinderungen, Beeinträchtigungen durch Umweltschäden, Fehlhaltungen am Arbeitsplatz, ernährungsbedingte Erkrankungen des Herz-Kreislauf-Systems) sind vermehrt hinzugekommen.

Form und Grad der Behinderung haben deutlich Einfluss auf das Freizeitverhalten, wobei sich oft ganz einfache und alltägliche Schwierigkeiten einstellen. Menschen mit Behinderungen benötigen in vielen Fällen sehr viel mehr Zeit für die Verrichtung alltäglicher Dinge wie Waschen, Essen, Pflegen und Anziehen und verfügen daher über weniger disponible Zeit. Oft ist die Mobilität so stark eingeschränkt, dass eine breite Palette von möglichen Freizeitaktivitäten ausfällt:

> »Es gibt eine ganze Reihe an plausiblen Zusammenhängen zwischen einer Behinderung und dem Freizeitverhalten eines Menschen mit einer Behinderung. Neben Art und Schweregrad der Behinderung spielen der Zeitpunkt des Erwerbs der Behinderung, die

Sichtbarkeit der Behinderung, die Prognose des Verlaufs der Behinderung, die rehabilitativen Möglichkeiten, die Schulbildung, Berufsausbildung und -tätigkeit, die sozioökonomischen Verhältnisse der Ursprungsfamilie bzw. das eigene Vermögen und Einkommen, das soziale Netzwerk und die ökosystemischen Verhältnisse sowie das Ausmaß an subjektiv erlebten sozialen Vorurteilen und Stigmatisierungen der bisherigen Interaktionspartner eine Rolle« (Markowetz 2000: 17).

Die Freizeitchancen von Menschen mit Behinderungen ergeben sich also aus einem umfangreichen Geflecht von Faktoren und Möglichkeiten, wobei neben biologischen und psychologischen Voraussetzungen insbesondere auch die gesellschaftlichen Reaktionen auf Behinderungen von erheblicher Bedeutung sind: In den vergangenen Jahren haben sich wiederholt Gerichte mit der Frage beschäftigen müssen, ob nichtbehinderte Urlauber in Hotels in ihrer Freizeitqualität beeinträchtigt wurden, weil gleichzeitig auch behinderte Menschen im selben Hotel wohnten. Bei manchen Formen von Schwerstbehinderungen mag die Frage zulässig sein, ob überhaupt von Freizeitverhalten gesprochen werden kann. In den meisten übrigen Formen von Behinderungen wird aber sehr deutlich Freizeit gelebt und mit hoher Bedeutung besetzt. Grundsätzlich lässt sich nach der Lage der empirischen Forschung festhalten: »Die Freizeitbedürfnisse und das Freizeitverhalten von behinderten und nichtbehinderten Menschen sind nahezu identisch« (Markowetz 2000: 17). Diese Aussage bezieht sich allerdings nur auf Behinderte in Familien, während für die in Institutionen(z. B. Krankenhäusern, psychiatrischen Einrichtungen, Alten- und Pflegeheimen) untergebrachten Schwerstbehinderten deutliche Einschränkungen erkennbar sind. Gerade im Bereich der Freizeit von Behinderten sind erhebliche Forschungsdefizite vorhanden, denn in der einschlägigen Literatur geht es zumeist nur um Ratschläge, Betreuungsmodelle oder grundsätzliche Fragestellungen.

7.3 Privilegierte und Unterprivilegierte

Die allgemein in der Gesellschaft vorherrschenden Regeln bei der Zuteilung oder Verwehrung von Privilegien werden im Bereich der Freizeit teilweise durch andere Muster ersetzt. Die Verfügung über Zeit folgt nur bedingt den Regeln des Wirtschaftssystems sowie der politischen Herrschaft und der gesellschaftlichen Machtverteilung. Exemplarisch sei hier auf den hochdotierten Manager verwiesen, der vielleicht hundert Stunden in der Woche arbeitet und trotz bester materieller Möglichkeiten extrem wenig Freizeit ausleben kann, während der »Zeitpionier« mit einer hinreichend gut dotierten Halbtagsstelle seine Freizeit nach eigenen Vorstellungen optimal nutzen kann. Beide Beispiele treffen aber nur auf »Außenseiter« zu, während die große Mehrheit der Gesellschaft höchst eingeschränkte Wahlmöglichkeiten hat. Dauerarbeitslose oder Verarmte können ihre großen zeitlichen Spielräume mangels finanzieller Mittel und tradierter Lebensmuster kaum nutzen, Kranke und Behinderte haben meistens gar keine Wahl, sondern unterliegen den Regeln totaler Institutionen. Aber die Verhältnisse sind ja noch viel komplizierter. Wer z. B. ein Haus erbt, lebt gewissermaßen von der investierten Zeit der Vorgängergeneration und muss keine eigene Zeit investieren, um selbst ein Haus zu bauen (Müller-Wichmann 1984). Wer über einen entsprechenden finanziellen Spielraum verfügt, kann die Zeit anderer Menschen für erforderliche Leistungen kaufen und so seine Freizeit mehren. Weil aber viele Arbeiten überhaupt nicht in Geld berechnet werden und deshalb gesellschaftlich wenig anerkannt sind, entstehen erhebliche Benachteiligungen. So sind es heute gerade die fünzig- bis sechzigjährigen Frauen, die sehr viel Zeit für die Pflege ihrer alten Eltern investieren, wobei sich die Alten gewissermaßen jene Zeit zurückholen, die sie früher in die Entwicklung ihrer Kinder hineingesteckt haben. Die Erforschung solcher intergenerativen Zeitbilanzen liegt noch weitgehend im Dunkeln und lässt sich methodisch wohl auch kaum zuverlässig durchführen. Die berufstätigen Mütter mit Kindern leisten trotz leichter Veränderungen in der ehelichen Rollenverteilung immer noch im Haushalt erhebliche Arbeit, für die sie materiell später bei der Rentenberechnung höchst gering entlohnt werden.

Aber auch bei halbwegs klaren Verhältnissen gibt es große Unterschiede zwischen den in den Statistiken enthaltenen Werten und der faktischen Freizeit. Bei einer Untersuchung (Opaschowski 1995), in der danach gefragt wurde, wieviel Freizeit die jeweilige Person am letzten Werktag tatsächlich für sich zur Verfügung hatte, stellte sich heraus: Von den Arbeitern hatten 45 Prozent am letzten Werktag weniger als drei Stunden Freizeit für sich zur Verfügung, bei den leitenden Angestellten waren dies 43 Prozent und bei den Selbständigen und Freiberuflern waren es 35 Prozent. Nur etwa ein Drittel der befragten Berufstätigen hatte vier und mehr Stunden Freizeit am letzten Werktag zur Verfügung gehabt. Jeder sechste Berufstätige (17 Prozent) hatte nur ein bis zwei Stunden Freizeit zur Verfügung gehabt. Weil seit den neunziger Jahren die Zahl der Beschäftigten mit besonders langen Arbeitszeiten ständig steigt, dürfte der Anteil der Berufstätigen mit geringen Freizeitmengen weiter ansteigen.

8. Soziale, ökonomische und ökologische Folgen

Für das Individuum hat die Freizeit andere Folgen als für die Gesellschaft, Wirtschaft oder Umwelt. Was sich dem Einzelnen als »Lebensqualität«, »wellness« oder »schönste Wochen des Jahres« darstellt, zeitigt sozialökonomische oder ökologische Kosten, die in vielen Fällen erst über längere Zeiträume sichtbar werden. Vordergründig sind etwa wachsender Autoverkehr, Fluglärm oder die Flächenversiegelung durch Hotels und Autobahnen zu erkennen. Auch die veränderten Werte und Verhaltensweisen in den bereisten Ländern Südeuropas, Afrikas oder Asiens mögen als Beleg für die Folgen des expandierenden Reiseverkehrs gelten. Doch schon im unmittelbaren Umfeld werden die Auswirkungen der Freizeit spürbar: Sportstätten und Diskos verursachen Lärm, Strom und Abwasser müssen infrastrukturell auf Spitzenzeiten in der Freizeit ausgelegt sein, beheizte Schwimmbäder und Tennishallen bereiten vielen Kommunen finanzielle Probleme. Weil aber Freizeit und Tourismus individuell wie gesellschaftlich hoch bewertet sind, können Politik und Verwaltung in diese Bereiche nur schwer eingreifen wie die Diskussionen um eine angemessene Besteuerung von Flugzeugbenzin oder Freizeitwohnungen zeigt. Freizeit wird oft mit Freiheit gleichgesetzt, was keine steuernden Eingriffe und Begrenzungen zu erlauben scheint.

   Die Folgen von Freizeit und Tourismus werden oft erst sehr langfristig sichtbar, weil sich viele Prozesse gegenseitig aufschaukeln und scheinbar zufällig zu Schäden führen. Z. B. sind in vielen Touristenregionen am Mittelmeer die Abwasserleitungen nur unzulänglich dokumentiert, was dazu führen kann, dass langfristig bei Zerstörung der Kanalisation unerkannte oder nicht reparierbare Folgeschäden eintreten können. In den Alpen sind zahlreiche Skilifte über Wiesen, die ursprünglich beweidet wurden, gebaut worden. Mit der Errichtung der Lifte ist die sommerliche Beweidung entfallen, wodurch im Winter die abgehenden Schneemassen das lange Gras erfassen und mitsamt der Erdschicht ins Tal reißen können, wodurch blanker Fels auf der einen und überschwämmte Täler auf der anderen Seite katastrophale Auswirkungen haben können, die sich dann im Zusammenspiel mit weiteren Schädigungen der Natur zu noch größeren Katastrophen aufschaukeln können. In Afrika haben neu eingerichtete Safari-Parks die umherziehenden Nomaden von ihren Weiden abgeschnitten und so oftmals Hunger, Tod oder soziale Spannungen ausgelöst.

8.1 Soziale Folgen

Die sozialen Folgen von Freizeit und Tourismus sind nicht immer von Vorteil, oft auch negativ. In historischer Perspektive betrachtet hat erstmals in der Menschheitsgeschichte die Mehrheit aller Menschen in europäischen, nordamerikanischen, australischen oder neuseeländischen Ländern die Möglichkeit, jenseits von Erwerbsarbeit und den zentralen Familienrollen ein wachsendes Stück Zeit für sich selbst zu nutzen, nach ihren eigenen Bedürfnissen und Lebensentwürfen zu fragen oder ihre Fähigkeiten zu entfalten. Mit der allgemeinen Wohlstandsmehrung in diesen Ländern prägen nicht länger Hunger, Seuchen, Armut und harte Fron das Leben der Bevölkerungsmehrheit; auch kollektive Zwänge wie Leibeigenschaft oder Standeszugehörigkeit gehören der Vergangenheit an. Die Zunahme der Freizeit kann sozialhistorisch auch als ein Stück Befreiung angesehen werden. Zugleich ist dieser Prozess aber auch als ein Wandel der jeweiligen Herrschaftsregime zu verstehen: Unmittelbarer physischer oder staatlich-administrativer Zwang wird zunehmend durch mittelbare Beeinflussung durch Zeitregime ersetzt. Über Zeit werden die Gesellschaftsmitglieder heute stärker vergesellschaftet als über soziale Bindungen an gesellschaftliche Großaggregate oder über staatliche Zwangsmittel. Zugleich wird die Stellung in der Gesellschaft neben Machtpotenzialen und materiellen Faktoren immer mehr über Mangel oder Wohlstand an Zeit bestimmt. Zeithaben und vor allem über die Zeit anderer Menschen (mit-)bestimmen zu können sind historisch relativ neue Faktoren der gesellschaftlichen Platzierung.

Die meisten düsteren Prognosen, die seit der deutlichen Zunahme von Freizeit vermutet wurden, sind nicht eingetreten. Vor einem halben Jahrhundert wurde immer wieder die Sorge vorgetragen, ein Mehr an Freizeit würde zu Langeweile, Verdruss, wachsendem Alkohol- und Nikotinkonsum, Lektüre »seichter« Literatur oder Sehen »schlechter« Filme oder gar zu mehr aggressiven bzw. destruktiven Handlungen führen. Diese Befürchtungen sind so nicht eingetreten. Über Langeweile und Verdruss klagen nur wenige Menschen, die meisten Befragten empirischer Studien klagen eher über Zeitmangel. Alkohol- und Nikotinkonsum sind in historischer Sicht leicht rückläufig und waren in Phasen extrem langer Arbeitszeiten und geringer Freizeit deutlich höher. Der Konsum angeblich schlechter Medieninhalte hat viel mit dem Angebot der Medien, wenig mit der Zunahme von Freizeit zu tun (wenn man davon absieht, dass zum Medienkonsum eben Freizeit vorhanden sein muss). Hinter solchen Befürchtungen stand ein Menschenbild, das davon ausging, Menschen wären nicht in der Lage, ihre Zeit jenseits von Arbeit und Familienpflichten zu strukturieren. Eine zweite Annahme bestand darin, dass es wertvolle und weniger wertvolle Arten der Freizeitverwendungen gebe, wobei implizit immer die wertvolleren präferiert wurden (nach dem Motte: Krimis sind »Schund«, klassische Romane gehören zum bürgerlichen Bildungsideal).

Besonders deutlich sichtbar sind die sozialen Folgen des Tourismus für die Bereisten dann, wenn die kulturelle Distanz groß ist. Zumindest in der älteren Tourismuskritik werden viele negative Auswirkungen genannt. Eine ursprüngliche Funktion des Reisens, nämlich Vorurteile abzubauen, einander kennen zu lernen, zur Völkerverständigung beizutragen, konnte und kann wohl nur in Ausnahmefällen erfolgreich durchgeführt werden. In der Praxis sind die Kontakte zwischen Touristen und Bereisten üblicherweise sehr begrenzt, zumal in vielen Fällen sprachliche Barrieren fast unüberwindliche Hürden darstellen. Die partiellen gegenseitigen Wahrnehmungen sind eher geeignet, vorhandene Stereotypien zu verstärken oder allenfalls geringfügig zu modifizieren. Wenn beispielsweise die Einheimischen in Afrika, Asien oder Südamerika der prallen Sonne in der Mittagszeit ausweichen und im Schatten Siesta machen, so stellt sich auf der Folie europäischer Arbeitsgesellschaften dieses Verhalten als wenig effiziente Arbeitsmoral dar.

Ein Teil der traditionellen Kultur in den bereisten Regionen wird für die Touristen in Form von Folklore oder Reiseandenken kommerziell umgeformt. So werden etwa Tänze oder Gesänge vorgeführt, die ursprünglich gesellschaftliche, religiöse und rituelle Funktionen hatten, nunmehr aber zur bloßen Show herabgestuft werden. Schmuck, Kleidungsstücke, Dolche oder Schwerter, die zum Teil jahrhundertelang in Familien- bzw. Stammesbesitz waren und zumindest hohen symbolischen Wert hatten, werden den Touristen zum Kauf angeboten. Heilige Orte aber auch private Räume werden den Touristen geöffnet und verlieren so ihre ursprüngliche Bedeutung, klare Trennungen zwischen heilig und profan, privat oder öffentlich sind kaum noch möglich. Die verschwommenen Grenzen bringen vor allem die Bereisten in eine prekäre Lage. In Tempeln, Kirchen oder Gebetshäusern verliert das religiöse Ritual seine Funktion, wenn es gleichzeitig den Touristen zur Schau gestellt wird, aber zugleich könnten die religiösen Stätten kaum länger erhalten werden, wenn nicht die Touristen das nötige Geld bringen würden. Und wenn die Einheimischen ihre Häuser, Höfe oder Werkstätten den neugierigen Blicken der Reisenden vorenthalten würden, käme kaum noch ein Tourist in diese Gegend, die womöglich dann noch mehr mit Armut zu kämpfen hätte. Zwischen Reisenden und Bereisten besteht i. d. R. eine völlig asymmetrische Machtsituation, die aber ganz verschieden wahrgenommen wird. Die Bereisten sehen sich in eine Situation der Anbiederung und Unterwerfung versetzt, die Reisenden nehmen dies so nicht wahr, sondern definieren die Begegnung als willkommenen Kulturkontakt. Je größer die kulturelle Differenz ist, desto stärker bilden sich asymmetrische Verhältnisse aus. Umgekehrt können bei geringer kultureller Differenz sogar enge freundschaftliche und gleichrangige Beziehungen zwischen Reisenden und Bereisten entstehen, wenn z. B. jedes Jahr Feriengäste zu ihren vertrauten Gastgebern reisen und dort Ferien auf dem Bauernhof verleben.

In vielen katholisch geprägten Regionen Südeuropas herrschte jahrhundertelang eine strenge Sexualmoral vor, die teilweise auch noch heute eingehalten wird. In dem Kontakt mit Touristen, die sich am Stand nackt bewegen oder beim nächtlichen Discobesuch recht freizügig verhalten, können Konflikte entstehen, die auch in die Familien hineingetragen werden. Eltern und Großeltern betonen die katholisch geprägte Moral, während die Kinder und Jugendlichen womöglich die bei den Touristen erlebten liberalen Verhaltensweisen vorziehen. Allerdings haben sich solche Konflikte in den letzten beiden Jahrzehnten vermutlich gemildert, weil durch die weltweite Ausbreitung der Massenmedien sich die traditionellen Weltbilder und Moralvorstellungen gewandelt haben.

Mit der Verbreitung des Tourismus ändert sich in den bereisten Regionen oft auch das Konsumverhalten. Touristen fragen international verbreitete Alkoholika wie Whisky oder Cognac nach, die in der jeweiligen Region nicht bekannt oder verfügbar sind und gegen Devisen importiert werden müssen. Durch Nachahmung des touristischen Verhaltens (insbesondere durch jüngere Einheimische) entsteht dann eine Nachfrage nach bislang unbekannten Gütern. Touristen wollen sich von Toastbrot, verpackter Wurst oder Coca Cola ernähren, was ursprünglich in den bereisten Gebieten nicht vorhanden war, nun aber selbst im kleinsten Dorf im Ladenregal steht. Herkömmliche Ernährungsgewohnheiten werden langsam umgeformt, weil als modern gilt, was sich Touristen einverleiben. Die weltweite McDonaldisierung pflanzt sich eben auch durch den Tourismus fort.

Oft zeitigt der Massentourismus indirekte soziale Folgen. Als in den sechziger und siebziger Jahren an Spaniens Küsten der große Bauboom ausbrach, strömten zahlreiche jüngere Menschen aus dem Hinterland an die Küsten, weil sie dort gute Verdienstmöglichkeiten sahen. Für einige Jahre konnten sie ziemlich schnell zu bescheidenem Wohlstand kommen. Allerdings mussten sie auch für die eigene Wohnung und Verpflegung sorgen, wofür sie im heimischen Hinterland kaum Kosten hatten. Nachdem aber die großen Hotelkomplexe und Vergnügungshallen gebaut waren, blieb nur noch wenig Arbeit übrig. Von ihrer Herkunftsregion hatten sie sich aber abgekoppelt, eine Rückkehr war fast undenkbar. Die Kosten für Wohnung, Ernährung oder Kleidung liefen aber weiter und so kam es vielfach zu einer Verarmung der einstigen Glücksritter. Im Hinterland waren aber meistens die Älteren und Alten zurückgeblieben, die kräftemäßig das eigene Land kaum noch bearbeiten konnten. Die Felder und Obstplantagen verödeten in vielen Fällen, die Dörfer waren überaltert, weil kaum noch Nachwuchs geboren wurde. Auch hier setzten Verarmungsprozesse ein, die wiederum von städtischen Spekulanten genutzt wurden, die zu niedrigen Preisen Felder und Häuser aufkauften, um diese mit erheblichen Gewinnen an reiche Stadtbewohner oder Ausländer weiter zu verkaufen. Die Felder wurden vielfach zu Flugplätzen, Schnellstraßen oder Gewerbegebieten, oft waren sie reine Spekulationsobjekte und sind später verödet. Die Dörfer sind so verarmt, überaltert und zum Teil ausgestorben – zumindest indirekt eine Folge des Massentourismus.

Eine bisher wenig erforschte Folge besteht in der Anfälligkeit touristischer Gebiete in den Krisenregionen der Welt. Wenn z. B. vor spanischen Hotels Bomben der ETA detonieren, in Ägypten Touristen beim Besuch von Pyramiden erschossen werden oder Flugzeuge mit Urlaubern entführt werden, soll damit der Zentralnerv des Tourismus in dem jeweiligen Land, das zumeist wirtschaftlich auf die Erlöse aus dem Tourismus angewiesen ist, getroffen werden. Mit den ständig steigenden Touristenströmen wächst auch die Anfälligkeit politischer Regime, die auf solche Bedrohungen mit erhöhten Sicherheitsvorkehrungen reagieren und damit zusätzlich den Haushalt ihrer zumeist ohnehin wirtschaftlich schwachen Staaten belasten. Weil die touristischen Ziele oft austauschbar sind, reagieren die Touristenströme i. d. R. sehr sensibel auf solche Gefahren, was mit weiteren Anstrengungen der bereisten Regionen etwa in Form von Imagepflege, Werbung, Sonderkonditionen oder zusätzlichen Versicherungen verhindert werden soll. Wenn Touristen Schaden nehmen, ist dies meist spektakulär und wird in der öffentlichen Meinung hoch gehandelt, was wiederum zu internationalen Verwicklungen führen kann und damit die Reaktionen des politischen Systems der betroffenen Regionen potenziert. Der Massentourismus erhöht die Störanfälligkeit politischer Konfliktaustragung. Auch Arbeitskämpfe werden oft in den Tourismus einbezogen, wenn z. B. Fluglotsen während der Hauptreisezeit Dienst nach Vorschrift machen oder wenn auf Mallorca die Taxifahrer in den Streik treten.

Freizeit kann aber auch viele positive Folgen haben. Im Vergleich zu Familien vor hundert Jahren haben heutige Familien mehr Zeit für einander. Dies ermöglicht trotz aller »Zeitnot« neue Spielräume im Umgang miteinander. Nur eine Minderheit der Eltern muss am Wochenende einer Erwerbsarbeit nachgehen und kann dadurch größere Unternehmungen mit Kindern, Freunden oder Angehörigen unternehmen. Auch die Abende sind nicht mehr so deutlich durch Arbeit ausgelastet und lassen sich zumindest teilweise gemeinsam nutzen. Familienfreizeit ist durch die vor allem im 20. Jahrhundert eingetretenen Entwicklungen veralltäglicht worden, während sie noch im 19. Jahrhundert eher selten und damit kostbar war. Die in Kapitel 2 beschriebenen gesellschaftlichen Umbrüche führen aber auch dazu, dass im Zuge der Individualisierungstendenzen die einzelnen Mitglieder der Familie in ihrer Freizeit eigene Optionen anstreben und realisieren. Wenn jeder über ein eigenes Fernsehgerät verfügt, findet der gemeinsame Fernsehabend eher selten statt. Und wenn die gemeinsame Mahlzeit in den Hintergrund rückt und sich die Familienmitglieder allenfalls gelegentlich am »meeting point« Kühlschrank begegnen, sind die gemeinsamen Schnittmengen in der Freizeit niedrig. Diese Entwicklung mag von einer konservativen Kulturkritik beklagt werden, doch kann der Abbau von Zwängen auch positiv eingeschätzt werden. Das Ritual einer gemeinsamen Mahlzeit kann sehr wohl als Zwang empfunden werden und beeinträchtigt möglicherweise die individuellen zeitlichen Dispositionen. Aber wenn das gemeinsame Mahl eher selten stattfindet, wird damit der Stellenwert dieser Begegnung erhöht. Moderne Familienfreizeit oszilliert so zwischen Alltag und Fest und stellt so einerseits einen Verlust an gemeinsamen Aktivitäten, andererseits aber auch einen Gewinn an zeitlichen Dispositionsmöglichkeiten und aufgewerteten Begegnungen dar.

8.2 Wirtschaftliche Folgen

Die Freizeit- und Tourismusbranche zählt nicht nur in Deutschland, sondern auch in Nordamerika, Australien, Neuseeland und weiten Teilen Asiens zu den stabilsten Branchen mit fast durchgängig positiven Zuwachsraten. Die Umsätze sind mit geringen Ausnahmen in den vergangenen vier Jahrzehnten angewachsen, die Zahl der Beschäftigten steigt kontinuierlich. Nach allen vorliegenden Prognosen wird auch für die kommenden Jahre ein weiteres Wachstum erwartet. Freizeit und Tourismus zählen zu den ganz wenigen Boomsektoren und werden für die zukünftig auch weiter expandierende Dienstleistungsgesellschaft zu einer zentralen Stütze, weil sie bisher Jahr für Jahr Zuwachsraten verzeichnen, was in keiner anderen Branche über längere Zeit der Fall ist. Die Ausgaben der privaten Haushalte für Freizeit liegen in Deutschland inzwischen bei einer halben Billion DM. Werden noch die öffentlichen Ausgaben und die indirekten Kosten hinzugezählt, so dürfte sich fast eine Billion DM errechnen lassen. Der Beitrag zum Bruttosozialprodukt wird auf etwa 15 Prozent beziffert. Die Zahl der Beschäftigten liegt schätzungsweise zwischen fünf und acht Millionen. In Deutschland existieren mindestens eineinhalb Millionen Anbieter, Anlagen und Einrichtungen für die Freizeit.

Freizeit und Tourismus haben hohe Ausstrahlungseffekte auf andere Branchen. Beispielsweise profitiert die Baubranche: Hotels, gastronomische Einrichtungen, Sportstätten, Straßen, Parks, Spielplätze, Erlebniswelten, Einkaufszentren, Musikhallen, Diskotheken, Schwimmbäder, Medienhäuser oder Bibliotheken müssen gebaut, umgebaut oder unterhalten werden. Statistiken können den Anteil des Freizeit- und Tourismussektors nur unzureichend ausweisen, weil die Wertschöpfung nicht immer eindeutig den jeweiligen Nutzungen zugerechnet werden können. Das gilt auch für den Verkehrssektor, weil PKW, Bus, Bahn oder Flugzeug eben teilweise auch der geschäftlichen oder dienstlichen Nutzung zuzurechnen sind, aber eben auch in großem Umfange für Freizeit und Tourismus benutzt werden. Im Bekleidungssektor wird zwar auch Bekleidung für Schule, Hochschule, Arbeitsplatz und Dienst produziert, aber zunehmend auch für Freizeit und Tourismus. Die Unterhaltungsindustrie ist fast ausschließlich für die Freizeit ausgelegt, Musik am Arbeitsplatz, in Kaufhäusern oder Taxen spielt nur eine nebengeordnete Rolle. Fitness und Erholung sind ebenfalls expansive Domänen des Freizeitsektors, in kleinerem Umfange auch für den Berufssport zuständig. So sind viele weitere Branchen mehr oder minder direkt an Freizeit und Tourismus beteiligt und profitieren deutlich von der raschen Expansion dieses Sektors. Nicht ganz so einfach ist die Zurechnung in anderen Bereichen: In welchem Umfange sind u. a. Polizei und Verwaltung in Freizeitbelangen tätig? In welchem Umfange sind Massenmedien an der Freizeit beteiligt und in welchem Ausmaß statten sie die Staatsbürger mit der erforderlichen Information und Bildung aus? Dient der wachsende Kongresstourismus der beruflichen Bildung und der Anbahnung von beruflichen Kontakten oder ist er eben auch Freizeit? Tragen die in der Freizeit erlittenen Knochenbrüche zum Einkommen der Arztpraxen bei?

Noch schwieriger ist der Freizeitwert von Städten und Dörfern, von Bauplätzen und Wohnlagen, von Regionen und Landschaftsformationen zu bemessen. Freizeit und Tourismus sind in der Gegenwart immer stärker zu entscheidenden Standortfaktoren geworden: »Wohnen Sie dort, wo andere Urlaub machen«. Vor zweihundert Jahren wurden die Küstenbewohner bedauert, weil sie ständig mit Fluten und Sturm zu kämpfen hatten, heute sind Zimmer mit Meerblick teuer zu bezahlen. Ein Dorf, das mit Kinderfreundlichkeit und hohem Freizeitwert auf sich hinweist, kann mit dem Zuzug wohlsituierter junger Paare rechnen. Und ein Ort, der noch mit historischen Ereignissen (z. B. mit dem Königshügel, an dem 1227 die Dänen entscheidend geschlagen wurden) auf sich aufmerksam machen und so etliche Touristen anlocken kann, die sich in der örtlichen Gastronomie stärken, dort vielleicht sogar übernachten und in den Geschäften etwas einkaufen, prosperiert.

Historisch haben sich die Ausgaben in den Haushalten deutlich verschoben: In einer für die USA angestellten Rekonstruktion der Haushaltsausgaben zwischen 1888 und 1991 (Costa, 1997) ergab sich, dass 1888 rund 75 Prozent aller Haushaltsausgaben auf Nahrung, Wohnung und Kleidung entfielen, während nur 2 Prozent für Freizeit ausgegeben wurden. 1917 sanken die Ausgaben für Nahrung, Wohnung und Kleidung unter 70 Prozent während sich die Ausgaben für Freizeit auf 3 Prozent erhöhten. 1935 lagen die Ausgaben für Nahrung, Wohnung, Kleidung unter 60 Prozent, die Freizeitausgaben bei 4 Prozent 1991 waren die Ausgaben für Nahrung, Wohnung, Kleidung auf unter 40 Prozent gesunken, die Freizeitausgaben auf 6 Prozent angestiegen. Innerhalb der reinen Freizeitausgaben haben sich im Zeitverlauf die Anteile deutlich verschoben: 1888 entfielen 25 Prozent auf Lesen, andere Tätigkeiten wurden nicht erfasst. 1917 entfielen 29 Prozent auf Lesen, 9 Prozent auf Kino und Vergnügen, 9 Prozent auf heimische Aktivitäten (Ausgaben für Sport wurden nicht erfasst). 1935 lagen die Ausgaben für Lesen bei 25 Prozent aller Freizeitausgaben, 24 Prozent wurden für Kino und Vergnügen, 13 Prozent für häusliche Aktivitäten und 9 Prozent für Sport ausgegeben. 1972 waren die Ausgaben für Lesen auf 15 Prozent gesunken, auch die Ausgaben für Kino und Vergnügen waren auf 12 Prozent gefallen, die Ausgaben für häusliche Aktivitäten dagegen auf 29 Prozent gestiegen, auf Sport entfielen 9 Prozent. 1991 waren die Ausgaben für Lesen (16 Prozent), Kino und Vergnügen (6 Prozent) und Sport (6 Prozent) weiter gefallen, während die Ausgaben für häusliche Aktivitäten auf 35 Prozent angestiegen waren.

Die Freizeitsphäre gibt inzwischen direkt oder indirekt fast jedem fünften Beschäftigten in Deutschland Lohn und Brot. Insbesondere der Dienstleistungssektor profitiert nachhaltig von diesem Bereich, aber auch Landwirtschaft, Forsten und Fischerei (primärer Sektor), sowie Handwerk und Industrie (sekundärer Sektor) tragen erheblich zur freizeitbezogenen Erwerbsarbeit bei. Direkt zählen Beschäftigungsfelder in den Bereichen Tourismus, Mobilität, Medien, Kommunikation, Kultur, Animation, Sport, Spiel, Unterhaltung, Erlebniskonsum u. dgl. m. zu den besonders dynamischen Segmenten des Arbeitsmarktes. Indirekt kommen z. B. Automobilbau, Textilindustrie, Werbung, Bauwirtschaft oder Energie- und Wasserversorgung sowie weite Teile der Entsorgung hinzu. Und schon werden interessierte Kreise aus den Wissenschaften (u. a. aus der Pädagogik) nicht müde, neue Beschäftigungsfelder im Bereich der Freizeit zu ersinnen:

»In Abstimmung mit der DEUTSCHEN GESELLSCHAFT FÜR FREIZEIT (DGF), dem Dachverband der Freizeitorganisationen und -verbände in Deutschland, schlägt daher die für Freizeitfragen zuständige und kompetente Fachkommission Pädagogische Freizeitforschung die Einrichtung folgender neuer Berufe vor:
1. *Dipl.-Freizeitwissenschaftler:*Forschung, Entwicklung und wissenschaftliche Begleitung z. B. in Kultur/Medien/ Sport/Tourismus.
2. *Dipl.-Freizeitkonsulent:* Beratung, Planung, Animation und Management z. B. in Kultur/Medien/Sport/ Tourismus.
3. *Freizeitassistent:* Betreuung, Unterstützung und persönliche Begleitung für Kinder, Jugendliche, Senioren und andere z. B. in Kultur/Medien/Sport/Tourismus.
Darüber hinaus sollten als neue Berufe in Erwägung gezogen werden: *Event-Manager, Tourismus-Manager, Freizeitsport-Animateur, Fremdenverkehrs-Planer, Fachwirt für Fitness, Wellness-Berater«* (Kommission Pädagogische Freizeitforschung 1999: 9f.).

Der professionspolitische Tenor derartiger Empfehlungen wird das Ausbildungswesen nur partiell zur Durchsetzung neuer Berufsbilder und Beschäftigungsfelder bewegen können. Vielfach sind aber schon neue Ausbildungsgänge eingeführt worden (z. B. im Hotel- und Gaststättengewerbe und im Tourismus), in anderen Fällen haben sich z. B. Absolventen von Studiengängen der Sozial- und Erziehungswissenschaften eigene Beschäftigungsfelder geschaffen, welche rechtlich und von Berufsorganisationen bislang noch nicht normiert worden sind. Die großen Hoffnungen, die in den siebziger Jahren formuliert wurden, nach denen mit der raschen Ausbreitung der Freizeit auch zahlreiche Arbeitsplätze für Freizeitpädagogen oder -wissenschaftler entstehen könnten, haben sich zwar nicht erfüllt, aber etliche Hochschulabsolventen haben im Freizeitbereich einen Job gefunden (z. B. indem Diplom-Geographen oder -Pädagogen ein eigenes Reisebüro gegründet oder indem Sozialwissenschaftler in der Regionalforschung oder bei Fremdenverkehrsverbänden ihr Können unter Beweis gestellt haben).

Wirtschaftliche Schäden entstehen u. a. dort, wo Großinvestoren in Freizeitstätten Gelder gepumpt haben, aber sich schon bald wieder mangels Renditechancen aus der Region zurückzogen, wie Rieder (1998) an vielen Beispielen bemerkt hat:

> »Die Praxis ist denkbar einfach: sie lautet Gewinnmaximierung, Facility-Management, ISO-Zertifizierung, usf. Zugunsten eines relativ geringen Kapitaleinsatzes im Verhältnis zu öffentlichen Infrastrukturbereitstellungen und Strukturveränderungen. Nach fünf Jahren ist der Spuk vorbei, oder er erzwingt neuerliche, kurzfristige Investitionen. Zurück bleiben traumatische Dimensionen für die Region, Großinvestoren ziehen sich zurück, die Kleininvestoren wie Land und Gemeinden bleiben mit der problematischen Nach- und Umnutzung betraut, zurück. In diesem Zusammenhang ist es interessant festzuhalten, daß weltweit die gleichen Akteure nach gleichen Mustern und Strukturen projektieren und investieren. Es ist immer das Gleiche: Auf die örtlich und lokal bedingten sozioökonomischen Parameter wird dabei nicht eingegangen (sie werden gerne als Investitionshemmnisse vorgeschoben, die von der Politik aus dem Wege zu räumen sind) (...) Es besteht bereits ein globales Netz, das die Spielregeln diktiert, bevor die lokale Vernetzung erfolgt. Letztlich bedeutet dies einen massiven Einbruch in stadtplanerisches oder ortsplanerisches Denken. (...) Diejenigen Großstrukturen, die neu geschaffen wurden, entsprechen exakt den entgrenzten, entrückten Räumen, die wie kompakte Pakete (temporär) implantiert wurden: Global rezipierbar – austauschbar – exterritorial. Rieder 1998: 21).«

Eindeutige ökonomische Bilanzen, die nicht nur die privaten Gewinne, sondern auch die kommunalen, staatlichen und sozialen Folgekosten ausweisen, fehlen im Bereich von Freizeit und Tourismus fast völlig. Noch schwieriger sind Bilanzen zu erstellen, die auch noch die Kosten für die Erhaltung bzw. Wiederinstandsetzung der Umwelt einbeziehen.

8.3 Ökologische Folgen

Erst seit rund drei Jahrzehnten wird in Wissenschaft und Politik erkannt, dass die Ausweitung von Freizeit und Tourismus (zumeist negative) Auswirkungen auf die Natur hat. Die fortschreitende Versiegelung der Bodenflächen durch Straßen- und Hotelbau, die Zersiedelung der Landschaft durch Ferienhäuser, die starke Zunahme des Flug- und Autoverkehrs mit hohem Schadstoffausstoß, die besondere Massierung von Touristen und die daraus resultierenden Ver- und Entsorgungsprobleme in den großen Tourismusregionen, aber auch die andauernde Erschließung bislang unberührter Landstriche für Freizeit und Tourismus sind unwillkommene ökologische Folgen. Jeder Fall für sich mag nicht so gravierend erscheinen, in der Konzentration und Kombination machen sich aber nachhaltige und oft irreparable Schäden bemerkbar. In vielen Fällen resultieren die Folgen aus einem komplexen Zusammenspiel von schädigenden Faktoren, die längst nicht allesamt Freizeit und Tourismus anzulasten sind. Frühere Formen der Landschaftsnutzung – etwa extensive Landwirtschaft oder Fischerei – haben eventuell den Boden bereits vorgeschädigt, bevor sich die Menschen in ihrer Freizeit auf diesen Flächen bewegen. Oft hat die bisherige traditionelle Nutzung eine besondere Struktur ausgeprägt, die mit einer freizeitlichen Nutzung nicht zusammenpasst.

Beispiele gibt es genug. Auf die durch Skilifte in den Alpen ausgelösten Folgen wurde bereits hingewiesen. Auch wenn diese Folgen nicht eintraten, sahen sich die

Liftbetreiber gelegentlich aus wirtschaftlichen Erwägungen genötigt, die Pisten mit Kunstschnee zu präparieren, wodurch bei der Schneeschmelze die chemischen Substanzen des künstlichen Schnees in Grundwasser und Gewässer gelangten und dort zu negativen Effekten führten. Aber auch im Sommer beeinflussen massierte Touristenströme, die oft mit privaten PKWs anreisen und massenhaft die nicht abgeriegelte Landschaft durchwandern, Flora, Fauna und Klima in den Alpen negativ. Das komplexe Ökosystem hat an manchen Stellen seine Balance verloren. Immer öfter treten in den Alpen Umweltkatastrophen ein, an denen Freizeit und Tourismus im Zusammenspiel mit vielen anderen Faktoren mitwirken.

Ein Brennpunkt des internationalen Reiseverkehrs ist das Mittelmeer. Dort soll nach Prognosen die Zahl der Urlauber von derzeit 220 Millionen pro Jahr auf etwa 350 Millionen im Jahre 2020 anwachsen. Dies entspricht fast der gesamten Einwohnerzahl der bisherigen Europäischen Union und einer Steigerung von 57 Prozent in nur zwei Jahrzehnten. In den touristischen Ballungsgebieten – auf den Balearen, in Tunesien, an der italienischen Adria, der dalmatinischen Küste Kroatiens oder an den Stränden der Türkei – sind bereits heute Natur und Landschaft stark geschädigt und teilweise sogar zerstört. Durch Versiegelung der bisher natürlichen Landschaft sind Flora und Fauna in ihrem Gleichgewicht gestört worden, künstliche Bepflanzungen in den Ferienanlagen haben das natürliche Zusammenspiel von Pflanzen, Bäumen und Getier nachhaltig unterbrochen. Der starke Ausbau des Straßennetzes und das hohe Verkehrsaufkommen haben den Schadstoffausstoß explosionsartig anwachsen lassen und dadurch die Natur weiter geschädigt. Im Zusammenspiel von Versiegelung, reduziertem Pflanzenwuchs und Schadstoffen hat sich das Grundwasser deutlich verändert. Auf der einen Seite ist es verunreinigt worden, auf der anderen Seite ist der Grundwasserspiegel erheblich abgesunken. So kann in manchen Regionen die Natur nicht mehr ausreichend mit Grundwasser versorgt werden, die umliegende Landwirtschaft muss entweder die Brunnen immer tiefer bohren oder die Bewässerung ganz aufgeben, was zur weiteren Verkarstung beiträgt. In Mallorca herrscht zeitweise Wassernotstand. Dies wird noch durch den hohen Wasserverbrauch der Touristen verschärft. Im statistischen Durchschnitt verbraucht ein Bundesbürger zu Hause unter Einrechnung von Industrie, Gewerbe und Landwirtschaft 140 Liter Wasser täglich, im Urlaub bis zu 800 Liter. Nicht nur häufiges Duschen, auch der Swimmingpool und das Bewässern der frisch angelegten Bepflanzung in den Hotelanlagen treiben den Wasserverbrauch enorm in die Höhe. Der hohe Wasserverbrauch ist außerdem mit Problemen der Entsorgung des Abwassers verbunden. Weil Kläranlagen teuer und störanfällig sind, wird immer noch in manchen Regionen (nicht nur am Mittelmeer) das Abwasser direkt ins Meer oder in Flüsse und Gräben entsorgt. Die beim Duschen anfallenden Reste von Sonnenöl oder das gechlorte Wasser des Swimmingpools sind dabei wohl noch das geringere Problem im Vergleich zu den geballt in Hotels eingesetzten Reinigungsmitteln, welche zu bedenklichen Konzentrationen führen, wenn alle Hotels und Restaurants diese an den kilometerlangen Stränden zur gleichen Zeit in die Umwelt entsorgen.

Eine besondere Belastung der Freizeit entsteht aus dem Individualverkehr, der global fast explosionsartig expandiert. Jede Sekunde wird weltweit ein neues Auto produziert. Mehr als eine halbe Milliarde Autos fahren derzeit auf den Straßen der Welt, in etwa zwanzig Jahren soll sich die Zahl verdoppelt haben. Allein in

Deutschland sind derzeit etwa 43 Millionen PKW zugelassen und das Wachstum der Automobilbranche ist nahezu ungebrochen. Drei Viertel aller Haushalte haben einen PKW, auf 1.000 Einwohner kommen 400 PKW. Die jährliche Fahrleistung aller auf deutschen Straßen anzutreffenden Fahrzeuge hat sich seit 1960 insgesamt von etwa 250 Milliarden Km auf rund 750 Milliarden Km verdreifacht. Jeder Bürger der BRD (also Säuglinge und Greise mitgerechnet) bewegt sich pro Jahr mehr als 10.000 Km, davon gut 8.000 Km mit dem Auto, 1.500 Km in öffentlichen Verkehrsmitteln, 230 Km im Flugzeug, 280 Km mit dem Fahrrad und 310 Km zu Fuß. In der BRD umfassen Autobahnen fast 12.000 Km, Bundesstraßen 42.000 Km, Landes- und Kreisstraßen 193.000 Km, Gemeindestraßen 493.000 Km, während das gesamte Schienennetz nur 41.000 Km und das Wasserstraßennetz 6.600 Km umfaßt. Seit 1960 sind 120.000 Km neue Straßen gebaut worden, mehr als die Hälfte aller Autobahnstrecken sind erst nach 1970 entstanden. Die durchschnittlichen Fahrleistungen steigen Jahr für Jahr um etwa eineinhalb Prozent an, die durchschnittliche Geschwindigkeit wird pro Jahr um einen Kilometer gesteigert, pro Jahrzehnt also um 10 Km/h (Opaschowski 1999: 30ff.). Der durchschnittliche Energieverbrauch ist in den 90er Jahren wegen technischer Entwicklungen allerdings leicht zurückgegangen. Ob sich in der BRD Entwicklungen wie in den USA anbahnen, ist wegen der hohen Energiepreise in Deutschland eher unwahrscheinlich. In den USA sind 47 Prozent aller PKWs inzwischen Geländewagen oder Pickups mit einem Verbrauch zwischen 15 und 25 Litern pro 100 Km, was angesichts der deutlich niedrigeren Benzinpreise dort im Haushaltsbudget der Halter nicht so deutlich zu Buche schlägt. Weltweit steigt die Zahl der PKW ständig an, was mit erheblichen Ausgaben und Folgen für die entsprechenden Infrastrukturen verbunden ist. So hat die massenhafte Ausweitung des PKW-Verkehrs in manchen Ländern Asiens inzwischen dazu geführt, dass immer mehr Straßen gebaut und damit die landwirtschaftlichen Anbauflächen so weit reduziert wurden, dass inzwischen Reis und Getreide eingeführt werden müssen, obwohl diese Länder noch vor zwei Jahrzehnten zu den Exportländern zählten. Die automobile Gesellschaft ist zum globalen Phänomen geworden, der Hunger nach Mobilität vergrößert den Hunger nach Nahrung.

Nun ist der PKW nicht ausschließlich ein Fortbewegungsmittel in der Freizeit. Aber 54 Prozent aller gefahrenen Km entfallen auf die Freizeit, 37 Prozent auf berufliche und geschäftliche Fahrten, weitere neun Prozent auf Einkäufe und Besorgungen, wobei solche Einteilungen nicht immer trennscharf sind. In solchen Zahlen drücken sich verschiedene Entwicklungen aus. So ist z. B. Sport ein expansiver Sektor des Freizeitbereichs. Mit der Differenzierung der Sportarten nehmen auch die Wege zu den Sportstätten und der Transport von Sportgerät zu. Das Surfbrett ist für Bahn und Bus kaum geeignet und außerdem sind Strand oder Gewässer mit dem Öffentlichen Personen-Nahverkehr (ÖPNV) kaum zu erreichen. Also wird das Auto als geeignetes Beförderungsmittel gewählt. Die Tennis- oder Golfausrüstung ist zu schwer, um ohne Auto zu den Sportstätten transportiert werden zu können. So schaukeln sich die verschiedenen Formen des Freizeitverhaltens zu einer Spirale auf. Nach einer in der Schweiz angestellten Untersuchung (Stettler 1997) entfallen 78 Prozent des Sportverkehrsaufkommens auf das Auto, 18 Prozent auf öffentliche Verkehrsmittel und nur 4 Prozent aller Wege zu den Sportstätten werden zu Fuß oder mit dem Fahrrad zurückgelegt. Diese Untersuchung bezog aber auch den Besuch von Sportveranstaltungen mit ein, wobei die längsten Distanzen z. B. für den Besuch von Auto- und Motorradrennen zurückgelegt wurden. Aber auch Skitouren, Kanufahrten oder Wanderungen machten längere Anfahrtswege erforderlich, am kürzesten war die Anfahrt beim Joggen. Ohne Einsatz des Autos wäre manche Sportart nur mit großen Mühen auszuüben und vor allem sportliche Großveranstaltungen treiben die gefahrenen Strecken in die Höhe. Aktives Sporttreiben oder Besuch von Sportveranstaltungen tragen also deutlich zur PKW-Nutzung bei.

Ein weiterer Teil der Freizeitmobilität besteht in Tagesausflügen, die im statistischen Durchschnitt 8 Stunden dauern und 70 Km für die einfache Wegstrecke umfassen. Pro Jahr werden in der BRD 2 Milliarden solcher Tagesausflüge unternommen, von denen zwei Drittel mit dem PKW stattfinden, ein weiteres Zehntel entfällt auf Busreisen, ein Zwölftel auf Radtouren und ein Zwanzigstel auf Wanderungen[12]. Kurzreisen von zwei bis vier Tagen Dauer erfreuen sich ebenfalls großer Beliebtheit und werden von rund 6 Millionen Bundesbürgern pro Jahr genutzt. Fast drei Fünftel solcher Kurzreisen werden mit dem PKW unternommen, Bahn und Bus machen ein Sechstel aus. Geringerverdienende, Frauen, Alleinstehende und ältere Menschen nutzen dabei häufiger öffentliche Verkehrsmittel bzw. private Busreisen, während Besserverdienende und Familien häufiger mit dem PKW fahren. Im Urlaubsreiseverkehr von fünf und mehr Tagen Dauer zählt das Auto zu den beliebtesten Verkehrsmitteln. Knapp jeder zweite Urlauber nutzt den eigenen PKW, mehr als ein Viertel das Flugzeug, jeweils ein Zehntel Bahn oder Bus. Auffallend ist dabei, dass Alleinstehende nur zu etwa einem Viertel das Auto, zu einem weiteren Viertel das Flugzeug und jeweils zu einem Fünftel Bahn oder Bus nutzen. Umgekehrt fahren große Familien häufiger mit dem PKW in Urlaub und benutzen seltener Bus und Bahn. Das Flugzeug erfreut sich bei allen Gesellschaftsschichten zunehmender Beliebtheit, wobei allerdings Reisende aus Großstädten und mit gehobenen Bildungsabschlüssen überrepräsentiert sind. Jede vierte Urlaubsreise findet mit dem Flugzeug statt und eine weitere Zunahme dieser Reiseform wird prognostiziert, was den Luftraum temporär überlastet und den Bau von Flughäfen anreizt. Alle übrigen Reiseverkehrsmittel spielen nur eine untergeordnete Rolle (Opaschowski 1999: 63ff.).

Im Alltag dominiert das Auto als »Egomobil«. Menschen, die ein Auto regelmäßig nutzen, bewegen sich täglich mehr als zwei Stunden außer Haus fort, wobei der größte Teil im Auto stattfindet und Fortbewegungen etwa zu Fuß oder mit dem Fahrrad oder gar mit dem ÖPNV selten sind. Bei einer intensiven Untersuchung von 500 Autofahrern bewegten sich diese an Werktagen 136, an Samstagen 133 und an Sonntagen 116 Minuten außer Haus fort, davon mit dem Auto werktags 111, samstags 95 und sonntags 79 Minuten. Zu Fuß bewegten sie sich im Schnitt werktags 16, samstags 16 und sonntags 28 Minuten fort. Obwohl in Deutschland jährlich mehr als 6 Millionen Fahrräder verkauft werden und inzwischen mehr Fahrräder als Autos vorhanden sind, lagen die Werte für das Nutzen des Fahrrades bei 4/7/8 Minuten. Noch seltener wurden öffentliche Verkehrsmittel genutzt.

---

12 Allein zwischen 1980 und 1995 hat sich der Anteil der mit dem PKW unternommenen Tagesausflüge von 55 auf 77,5 Prozent erhöht. So werden z. B. jährlich 40 Millionen Tagesausflüge nach München hinein und 30 Millionen Tagesausflüge aus München heraus unternommen. Für andere Großstädte gelten ähnliche Relationen.

Knapp zwei Fünftel aller Fahrten führten zum Arbeitsplatz, drei Fünftel waren Freizeit- und Einkaufsfahrten. Trotz der Dominanz des Autofahrens überwiegen die Stehzeiten jedes PKWs. Je nach Wochentag entfallen auf eine Stunde Fahrzeit 15 bis 22 Stunden Stehzeit. Der PKW ist also im Durchschnitt wenig ausgelastet, erfreut sich als Statussymbol und Identifikationsobjekt vor allem in der Freizeit (z. B. zielloses Herumfahren: »Cruising«) in allen Altersstufen großer Beliebtheit. Auch alte Menschen fahren deutlich länger Auto als frühere Generationen, bei Jugendlichen hat der Automobilbesitz in den vergangenen Jahrzehnten deutlich zugenommen (Opaschowski 1999).

Freizeit ist in hohem Maße raumrelevant. Der ganz oder überwiegend zu Freizeitzwecken unternommene Reiseverkehr, der Straßen, Bahnlinien, Luft- oder Wasserwege voraussetzt, aber eben auch in Form von Bahnhöfen, Häfen, Flughäfen, Parkplätzen oder Garagen Raum verbraucht und landschaftliche Flächen zubetoniert nutzt Räume. Dies gilt allerdings auch immer für Produktion, Distribution und geschäftlichen Verkehr. Eindeutiger ist dagegen der Raumverbrauch bei den Ferienwohnungen, Sommerhäusern oder Wochenendsiedlungen, die seit dem 19. Jahrhundert in vielen Teilen Europas und Nordamerikas als Reaktion auf die immer höhere Verdichtung in den Städten entstanden sind. Die Bandbreite reicht von der primitiv ausgestatteten Holzhütte bis hin zur luxuriösen Feriensiedlung an der See oder in den Bergen. Oft sind diese Unterkünfte in privater Hand – so galten die »Datschen« in der damaligen DDR und vielen Teilen Osteuropas als privatistischer Fluchtort und zugleich als Symbol eines gewissen Wohlstandes. In vielen Fällen befinden sich die Ferien- und Wochenendsiedlungen aber auch in der Hand von kommerziellen Unternehmen und werden ähnlich wie Hotels vermietet, weshalb diese Form der Beherbergung auch als »Parahotellerie« bezeichnet wird.

Eine von den Mitgliedstaaten der »Organization for Economic Cooperation and Development« (OECD) zusammengestellte Liste der Umweltbelastungen durch Freizeit und Tourismus nennt zehn besonders starke Belastungen:

* allgemeine Umweltverschmutzung
* Luftverschmutzung durch Abgase und Staus
* Wasserverschmutzung durch Abwässer, Öl und Reinigungsmittel
* Lärmbelästigung durch Auto- und Motorradverkehr
* Verlust an Naturlandschaft
* Rückgang an freier Landschaft
* Unzugänglichkeit der Naturlandschaft
* Verlust von Flora und Fauna
* Einschränkung des Tierhabitats
* Zerstörung von Ökosystemen.

Hier ist abermals zu vermerken, dass nicht alle ökologischen Belastungen dem Freizeitverhalten der Menschen zuzurechnen sind, auch Industrie und Berufsverkehr sind wesentliche Verursacher. Einen erheblichen Beitrag leisten dabei die modernen Konsumansprüche und Lebensstile. Wenn es z. B. selbstverständlich geworden ist, frühmorgens frische Brötchen oder Gemüse oder spätnachts in der Tankstelle Alkoholika oder Zeitungen erhalten zu können, trägt der erforderliche Verkehr ganz deutlich zur Umweltbelastung bei. Und ein überwiegend von Geschäftsreisenden benutztes Flugzeug belastet nicht weniger die Atmosphäre als ein Flugzeug mit Urlaubern.

In einer systematischen Zusammenfassung nennt Opaschowski (1999) sieben besondere ökologische Lasten der Freizeit: (1) Landschaftszerstörung: Tourismus und Wochenendverkehr wurden bereits vor Jahrzehnten von dem schweizerischen Tourismuskritiker J. Krippendorf als »Landschaftsfresser« gebrandmarkt. Skipisten, Lifte, Tennisplätze, Golfanlagen, Hotels, Straßen oder Parkplätze verbrauchen Landschaft, die oft irreversibel zerstört und bei Fortfall der Nutzung nicht mehr angemessen restauriert werden kann. Flughäfen, Autobahnen, Feriensiedlungen oder Segelanlagen verbrauchen weltweit weitere Flächen. Dabei muss nicht jeder Ausbau per se negativ wirken, weil in vielen Fällen die Landschaften kaum andersweitig genutzt werden können und deren Beitrag zur Erhaltung der Umwelt eher gering ist. (2) Landschaftszersiedelung: Etwa ein Achtel (11,5 Prozent) der gesamten Fläche in Deutschland wird von infrastrukturellen Einrichtungen für Siedlung und Verkehr genutzt, wobei mehr als die Hälfte davon überbaut bzw. versiegelt ist. Pro Tag wächst die Siedlungs- und Verkehrsfläche um einhundert Hektar. Hotels verbrauchen für jeden Gast etwa dreißig Quadratmeter Landschaft, auf den rund 6.000 Plätzen in der BRD verbraucht jeder Camper etwa 50 qm und jede Zweitwohnung benötigt im Schnitt 160 qm Landschaftsfläche. Durch Besiedelung und intensive Freizeitnutzung sind allein in Deutschland etwa 15-20 Prozent der Dünen verschwunden. Die kommerzielle Parahotellerie und die großen Feriensiedlungen verbrauchen weitere Flächen, zumal sie i. d. R. nicht sehr konzentriert gebaut sind. Damit verschwindet immer mehr Naturfläche. (3) Landschaftsverschmutzung: Der bei Tagesausflügen, Wochenend- oder Urlaubsreisen anfallende Freizeitmüll wird nur etwa zur Hälfte sachgerecht entsorgt, weshalb in einigen Tourismusregionen (z. B. selbst im Himalaya) bereits eine regelrechte Müllgebühr kassiert wird. In den österreichischen Bergen fallen z. B. jährlich etwa 4.500 Tonnen Freizeitmüll und 90.000 Kubikmeter Abwässer an, die zu entsorgen sind. Die wild entsorgten Abfälle, die oft nicht verrotten können (z. B. Getränkedosen) belasten langfristig die Natur und verschandeln die Landschaft, was mit zusätzlichen öffentlichen Kosten zur Entsorgung des Abfalls einhergeht. (4) Luftverschmutzung: Der Freizeit- und Urlaubsverkehr trägt maßgeblich zur Luftverschmutzung mit Stickoxiden, organischen Verbindungen, Kohlenmonoxid, Schwefeldioxid und Staub bei. Die Hälfte der durch das Auto verursachten Luftverschmutzung geht auf das Konto des Freizeit- und Urlaubsverkehrs. Alpen- und Voralpenregionen erreichen in Spitzenzeiten Werte bei den Kohlenmonoxiden, die den Belastungen von Industrieregionen entsprechen. Auf manchen Gletscherstraßen sind die Belastungen ähnlich hoch wie in Großstädten. Die Belastung durch den Flugverkehr ist noch weitaus größer. Siebzig Prozent der von Deutschland ausgehenden Flugkilometer entfallen auf den Tourismus. Dabei werden pro Person vierzig Prozent mehr Kohlendioxid und gar fünfzig Prozent mehr Stickoxide ausgestoßen als beim PKW. Der Anteil der Sportflugzeuge ist in diesen Zahlen nicht enthalten. (5) Pflanzengefährdung: Durch Freizeit und Tourismus werden vielfach die Lebensräume der Pflanzen verändert. Straßen und Parkplätze, befestigte Wege und bebaute Flächen nehmen den Pflanzen manchen Lebensraum. Oft wird das subtile Gleichgewicht zwischen den Pflanzenarten gestört. Durch Rodung und Planierung werden die wasserspeichernden Bodenschichte abgebaut, was den Grundwasserhaushalt der Pflanzen negativ beeinträchtigen kann. Oft werden Grünflächen abgebaut und über den vegetationslosen Schotterwüsten ändern sich die Windgeschwindigkeiten und die Sonneneinflüsse

und nehmen auch die angrenzenden Regionen in Mitleidenschaft. (6) Tiergefähr-
dung: Urlauber werden immer mehr zu Störenfrieden auch der Tierwelt. Angler,
Surfer oder Motorbootfahrer beeinträchtigen oder vernichten z. B. die natürlichen
Bruträume der Fische. Brutvögel werden gestört. Skifahrer, die abseits der Pisten
fahren, scheuchen Wild auf, das auf der Flucht mehr Energie verbraucht und daher
den Winter nicht übersteht. (7) Wassergefährdung: Vergnügungsdampfer, Segel-
schiffe oder Kreuzfahrtschiffe haben im Uferbereich oft Entsorgungsprobleme. Der
Abfall erzeugt vielfach Überdüngung, wodurch es zu erhöhtem Pflanzenwachstum
kommt. In Feriengebieten fehlt es oft an Kläranlagen. Durch den Zufluss von Phos-
phat fangen in den stehenden Gewässern und den Küstenregionen die Algen an zu
wuchern. Den Mikroorganismen, welche Algen abbauen, fehlt es an Sauerstoff, die
Algen verfaulen und produzieren Fäulnisgase, die Fische sterben. Die deutliche Zunahme von Wassersportaktivitäten bringt zudem eine erhöhte Lärmbelastung, oft
auch Sachbeschädigungen im Uferbereich und Gefährdungen von Badegästen mit
sich. Abermals ist darauf hinzuweisen, dass nicht ausschließlich Freizeit und Tourismus für diese Belastungen verantwortlich sind, auch illegal entsorgende Frachter
tragen erheblich zur Belastung der Umwelt bei. Aber in dem komplexen Geflecht
von Gefährdungsrisiken beschleunigt und potenziert der Freizeitsektor die Entwicklung der Risikogesellschaft.

8.4 Möglichkeiten und Grenzen der Freizeitpolitik

Besonders in Deutschland ist das Thema Freizeitpolitik ideologisch durch die Erfahrungen in der Zeit des Nationalsozialismus, teilweise aber auch durch die Erfahrungen in der damaligen DDR belastet. Diese Sicht greift allerdings historisch
viel zu kurz. Auf die den Menschen zur Verfügung stehende Zeit haben Herrschende zu allen Zeiten der Menschheitsgeschichte zugegriffen. Die formale
Strukturierung und inhaltliche Füllung von Zeit war stets auch ein Herrschaftsin-
strument. So war in vielen frühen (Hoch-)Kulturen die Bestimmung der Zeit eine
den Herrschenden vorbehaltene Funktion.
   Freizeitpolitik ist aber nicht nur durch historische Erfahrungen belastet, sondern
auch im Begriff selbst stecken Widersprüchlichkeiten. Wenn Menschen in ihrer
Freizeit Politik machen, was in der Kommunalpolitik ständig der Fall ist, ist der
Begriff Freizeitpolitik offenbar nicht gemeint. Aber auch wenn Politik für die Freizeit gemacht wird, stellt sich die Frage, was Staat und Parteien mit dem »Reich der
Freiheit«, mit der verhaltensbeliebigen Zeit der Menschen zu tun haben. Auch ohne expliziten Bezug zum Thema Freizeit greift die Politik ständig in die Möglichkeiten der Menschen zur Gestaltung ihrer Freizeit ein. So setzt die Steuer- wie die
Sozialpolitik indirekt fest, über wieviel Geld die Menschen in ihrer Freizeit verfügen können. Mit der Verkehrspolitik wird Einfluss auf Mobilität und Reiseverhalten genommen, die Währungspolitik entscheidet indirekt auch darüber, was das
Geld im Ausland wert ist bzw. welche Valuta überhaupt für das Reisen zur Verfügung stehen (was DDR-Bürger lange Zeit an Auslandsreisen gehindert hat). Mit
Baugesetzen wird auch auf räumliche Bedingungen der Freizeitverwendung in den
eigenen vier Wänden, in Hotels oder Ferienunterkünften sowie in öffentlichen

Räumen eingewirkt und die Umweltpolitik beschränkt und lenkt die Nutzung der Natur eben auch in der Freizeit oder im Reiseverhalten. Selbst die Außen- und Verteidigungspolitik kann die Qualität der Freizeit beeinflussen, wenn z. B. das Reisen in fernen Ländern unterbunden oder die körperliche und seelische Entspannung durch Militärübungen beeinträchtigt werden.

Der moderne Sozial- und Interventionsstaat greift immer stärker in den Alltag der Menschen ein, indem z. B. für fast alle Lebensbereiche Normierungen eingeführt oder Abgaben bestimmt werden, wodurch sich das Verhältnis zwischen den durch Tradition festgelegten Lebenswelten und den Ansprüchen des politisch-administrativen Systems zugunsten des Staates verschiebt, weshalb Habermas auch von einer »Kolonialisierung von Lebenswelten« spricht. In dem Maße aber, in dem durch die Krise der öffentlichen Haushalte der Staat sich immer weiter aus traditionellen Aufgabenfeldern zurück zieht und unter dem Stichwort »Deregulierung« bisherige Aufgaben nicht mehr erfüllt oder privaten Anbietern überträgt, reduziert der Staat seine Pflichten und Interventionen wieder. Einen Teil seiner Kompetenzen hat der Nationalstaat inzwischen an supranationale Organisationen (z. B. Europäische Union/EU, Vereinte Nationen/UNO) abgetreten, welche Regeln für alle Mitgliedsländer schaffen und dabei oft die unteren Standards als Richtgröße formulieren, damit auch das am schwächsten entwickelte Mitgliedsland die Regelungen erfüllen kann. So sind soziale Errungenschaften der weiter entwickelten Länder teilweise eingeschränkt worden, was in der Zukunft beispielsweise auch die in Deutschland geltenden Tarifregelungen beeinflussen könnte. Mit dem Ende der Nationalstaaten werden in vielen Feldern supranationale Arbeits- und Zeitregime durchgesetzt, die sich voraussichtlich negativ auf den Zeitwohlstand auswirken können. So führt beispielsweise die Lockerung der Ladenöffnungszeiten oder die Flexibilisierung der Nachtarbeit zu neuen Zeitregulierungen, die vermutlich die Arbeitsbedingungen der Betroffenen verschlechtern, den Konsumenten allerdings mehr Optionen ermöglichen werden.

Internationale Zeitordnungen gewinnen im Zuge der Globalisierung an Bedeutung. Verkehrs- und Warenströme, Nachrichtenaustausch, Medienübertragungen, Finanztransaktionen, Flug- und Schifffahrtsrouten müssen immer präziser abgestimmt werden. Die von Tarifparteien ausgehandelten Arbeitszeitregelungen weichen auf, wenn im Zuge der Internationalisierung der Arbeitsanfall schwankt und eine kontinuierliche Produktion von Waren und Dienstleistungen nicht mehr gefragt ist. Wenn z. B. der Absatz von Automobilen in einem Teil der Welt stockt, in dem Autokonzerne keine Produktionsstätten haben, führt das zu Kurzarbeit in einem anderen Teil der Welt, in dem die Autofabriken angesiedelt sind. Viele große Unternehmen siedeln daher ihre Produktionsstätten in Ländern an, in denen die Arbeitszeiten wenig reguliert sind. Der Austausch von Informationen oder die Abwicklung von Bestellungen erfolgt in »Callcentern«, die dort ihren Sitz haben, wo flexible Arbeitszeiten am billigsten zu haben sind. Viele Waren werden nicht mehr auf Vorrat produziert, sondern erst angefertigt, wenn Bestellungen vorliegen, ein anderer Teil der Waren wird auf Verkehrswegen bevorratet, indem LKW, Züge, Schiffe oder Flugzeuge als Lager dienen und die Waren dann termingerecht anliefern, weil stationäre Lager als zu teuer gelten. Und weil die Urlauberströme immer internationaler werden, werden z. B. die Termine für Schul- oder Betriebsferien seit einigen Jahren europaweit koordiniert.

Im internationalen Maßstab wird Freizeitpolitik von einer Reihe von Institutionen organisiert. Die UNO hat verschiedentlich Resolutionen zum Thema Freizeit und Tourismus verabschiedet, um auf Probleme in diesem Bereich aufmerksam zu machen, Daten zu erheben, Regelungen und politisches Handeln anzumahnen, Attraktionen zu erhalten oder Konflikte zu entschärfen. Mit ihren Unterorganisationen kann die UNO z. B. besonders schützenswerte Altstädte (z. B. Lübeck) in das Programm »Weltkulturerbe« oder besonders seltene Landschaften (z. B. Bodden) in das »Weltnaturerbe« aufnehmen, um indirekt touristische Attraktionen zu konservieren oder die Freizeitqualität der jeweiligen Region zu verbessern. Die für das weltweite Bildungswesen eintretende Unterorganisation UNESCO oder das Weltkinderhilfswerk UNICEF können über die Lage der Kinder und Jugendlichen Bericht erstatten und z. B. durch Anprangerung inhumaner Kinderarbeit zumindest längerfristig die Freizeit von Kindern verbessern. Die Weltorganisation ist auch bestrebt (wenn auch bisher mit wenig Erfolg), durch Klimaschutz die allgemeinen Lebensbedingungen weltweit zu verbessern, was auch der Freizeit nützen kann, andererseits aber auch Einschnitte beim Massentourismus erforderlich machen dürfte. Für die Belange des Tourismus setzen sich u. a. ein: WTO (World Tourism Organization), die den Tourismus fördern will und Statistiken erstellt, ICAO (International Civil Aviation Organization), eine Unterorganisation der UNO, die internationale Standards für den Luftverkehr erstellt, IATA (International Air Transport Association), in der sich weltweit Linienfluggesellschaften zur Koordination des Weltluftverkehrs zusammengeschlossen haben, UFTAA (Universal Federation of Travel Agents' Associations), in der weltweit Reisebüroverbände zusammengeschlossen sind. Von Bedeutung ist außerdem die OECD (Organization for Economic Cooperation and Development), in der 24 europäische Länder organisiert sind und u. a. Regionen unterstützen, die für Freizeit und Tourismus genutzt werden können.

Auf der europäischen Ebene haben die Gremien der Europäischen Union (EU) eine Reihe von Kompetenzen übernommen, die zuvor bei den nationalen Regierungen bzw. Parlamenten angesiedelt waren. So werden vor allem Standards festgelegt und Verfahrensvorschriften erlassen. Beispielsweise werden Richtlinien über Arbeitszeiten (z. B. Nacht- und Schichtarbeit), Verkehr (z. B. Pausen für Reisebusse), Bauwesen (z. B. touristische Infrastrukturen) oder Umwelt (z. B. Lärmschutz) festgelegt, die unmittelbar Auswirkungen auf den Freizeitbereich haben. Mit ihrer Statistikabteilung EUROSTAT erfasst die EU Daten über Arbeit, Freizeit und Tourismus, die nicht nur für Forschungszwecke verwendet werden, sondern auch für politische Entscheidungen Grundlagen schaffen sollen. Für Infrastrukturmaßnahmen stellt die EU erhebliche Finanzmittel zur Verfügung, die teilweise auch in Freizeit- und Tourismusprojekte fließen. Seit einigen Jahren werden auch auf dieser Ebene die Schulferien koordiniert, um die gewaltigen Verkehrsströme zu entzerren und die Auslastung der Freizeitinfrastrukturen zu verbessern. Durch den Abbau nationaler Grenzen und durch die Vereinheitlichung von Währungen und Passbestimmungen wird der Reiseverkehr deutlich erleichtert. Eine Reihe von Verbänden setzt sich für die Koordination und Abstimmung der Ausbildung für Freizeitberufe ein: z. B. die EUTO (European Union of Tourist Officers), ein Dachverband der nationalen Berufsverbände der Kur- und Tourismusfachleute. Die für die Mitgliedsverbände der EU geltenden Richtlinien und Vorschriften tragen ei-

nerseits zur Erleichterung des Reisens und zur Verbesserung der Freizeitqualität
bei, erweisen sich oft als Hemmnis, wenn die Normen so eng bürokratisch gefasst
sind, dass eine praktische Umsetzung kaum möglich ist oder einen zusätzlichen
Aufwand erforderlich macht. Wenn etwa private Pensionen im ländlichen Raum eigene Kläranlagen in einer Größenordnung anlegen müssen, die aus den Erlösen
nicht zu finanzieren sind, erweist sich eine solche Bestimmung als wenig sinnvoll.
Umgekehrt profitieren Interrailer von der Europäisierung, denn ihre Fahrkarte gilt
für fast ganz Europa und lange Grenzkontrollen sind kaum zu erwarten.

Auf der nationalen Ebene der Bundesrepublik Deutschland sind für Freizeit,
Sport und Tourismus zahlreiche Institutionen zuständig, eine integrierte Freizeitpolitik ist nicht erkennbar. Fast alle Ministerien sind in diesen Feldern tätig. Das
Außenministerium erteilt Visa für ausländische Besucher in Deutschland und
schützt deutsche Besucher im Ausland konsularisch. Das Innenministerium führt
die Fremdenverkehrsstatistik, regelt Zoll- und Passvorschriften, nimmt an den Ta-
rifverhandlungen teil und handelt die Urlaubs- und Arbeitszeiten der Beschäftigten im öffentlichen Dienst aus, ist aber auch für den Sport in der BRD zuständig.
Das Ministerium für Wirtschaft und Technologie unterhält eine Abteilung für
Fremdenverkehr und ist für regionale und sektorale Wirtschaftsförderung und damit auch für Fremdenverkehrsförderung zuständig. Das Ministerium für Verkehr,
Bau- und Wohnungswesen ist neben dem gesamten Verkehrsbereich auch für
Landschaftsplanung, Ausweisung von Freizeit- und Erholungsgebieten, Freizeitar-
chitektur und Nutzungspläne zuständig. Das Ministerium für Umwelt, Natur und
Reaktorsicherheit kümmert sich neben dem allgemeinen Umweltschutz auch um
den Naturschutz in Erholungsgebieten und um Einrichtung bzw. Erhalt von Erholungslandschaften. Das Ministerium für Arbeit und Sozialordnung gibt einen Rahmen für Arbeits- und Urlaubsregelungen vor und beeinflusst mit der Aufsicht über
Versicherungen u. a. Kur- und Erholungsurlaube. Das Ministerium für Familie, Senioren, Frauen und Jugend regelt z. B. Familienfreizeiten, Jugendaustausch u. dgl.
und verteilt Fördermittel bzw. erstellt wissenschaftliche Studien zur Zeitverwendung. Das Ministerium für Bildung und Forschung nimmt Einfluss auf die touristische Ausbildung in Berufs-, Fach- und Hochschulen, verteilt Forschungsmittel
und setzt Rahmenbedingungen für Weiterbildung und Volkshochschulen. Auch die
übrigen Ressorts üben Kompetenzen in den Bereichen von Freizeit, Sport und Tourismus aus. Bundestag und Bundesrat beraten regelmäßig freizeitrelevante Themen. Auch die Rechtsprechung ist in die Freizeitthematik eingebunden, wenn z. B.
Touristen bis zum Bundesgerichtshof ihren Anspruch auf Entschädigung einkla-
gen, weil im selben Hotel auch Menschen mit Behinderungen wohnten.

Auf der Ebene der Länder, Kreise und Kommunen ist die Freizeitpolitik sehr
viel konkreter. Die Bundesländer nehmen z. B. Einfluss auf Raumplanung und -
gestaltung, Verkehrswege, ländliche Räume, Bauvorhaben, Umweltmaßnahmen
oder Wasserqualität. Sie sind auch zuständig für Schulzeiten und -ferien, Ausbildung in freizeitbezogenen Berufen, entsprechende Studiengänge. Die Länder fördern öffentliche Freizeiteinrichtungen und touristische Infrastrukturen und geben
rechtliche Rahmenrichtlinien vor. i. d. R. beaufsichtigen die Länder oder die Kreise die von den Kommunen unterhaltenen Freizeiteinrichtungen (z. B. Schwimm-
hallen, Sportstätten). Die Kreise oder Kommunen legen z. B. fest, zu welchen Zeiten Märkte, Feste oder Events durchgeführt werden dürfen und ab wann

gastronomische Betriebe oder Diskotheken zu schließen sind. Die Kommunen finanzieren und unterhalten zahlreiche Freizeitstätten und touristische Attraktionen, weil dies entweder ihrem Fürsorgeauftrag (z. B. für Kinder und Jugendliche) entspricht oder weil es die regionale Wirtschaftskraft (z. B. durch ein erhöhtes Touristenaufkommen) stärken soll. Am Bau und Unterhalt einer Schwimmhalle verdient das heimische Handwerk mit, eine historische Stätte oder ein unter Denkmalschutz gestelltes Bauwerk lockt Touristen in den Ort, wovon auch die heimische Gastronomie und Hotellerie profitiert. Freizeitpolitik ist auch Wirtschaftspolitik, zugleich aber oft auch Sozialpolitik (z. B. für Kinder und Jugendliche, Alte, Behinderte, Familien), Umweltpolitik (z. B. Erhalt von Erholungslandschaften) oder Ordnungspolitik (z. B. Einhaltung der Nachtruhe).

In Deutschland wird aus historischen Gründen die Kulturhoheit der Länder besonders stark betont. Die 16 Bundesländer nehmen dabei nicht nur auf die Bildungspolitik Einfluss, sondern sind in den Bereichen Kultur und Medien wichtige Entscheidungsträger. Im Bereich der für die Freizeit sehr relevanten Kulturpolitik fördern die Länder Kultureinrichtungen wie Theater, Musik oder Museen, kaufen Kunstwerke auf, betreuen Ausgrabungen und Ausstellungen. Sie subventionieren die Eintrittspreise für Theater- oder Opernaufführungen, Musikfestivals oder Tanzveranstaltungen, sie unterstützen historische Stätten oder historisierende Events, sie finanzieren Publikationen und unterstützen die im Kulturbereich aktiven Verbände. Vielleicht noch wichtiger ist ihre Kompetenz im Medienbereich, wo sie zumindest bei den elektronischen Medien Rahmenbedingungen setzen und so z. B. über die Zulassung von Privatsendern entscheiden. Die Bundesländern legen fest, welche Radio- und Fernsehsender zugelassen werden, wie deren Finanzierung und Programm auszusehen hat, welche Grenzen einzuhalten sind. Auf diese Weise können die Bundesländer also sehr deutlich in die Freizeit eingreifen, weil sie ein Hauptgebiet der Freizeit, nämlich die Nutzung der Medien, unter Beachtung internationaler Vorgaben (z. B. Frequenzverteilung) und der vom Bund festgelegten Rahmenbedingungen (z. B. Sendehoheit, Technik) beeinflussen können. In diesem Bereich haben sich in den letzten Jahren allerdings die Länder weitgehend aus ihren Gestaltungsmöglichkeiten zurückgezogen und sich auf einen formalen Rahmen beschränkt. Im Grundsatz bietet aber die Kulturhoheit der Länder als ein Gestaltungsinstrument der Freizeitpolitik erhebliche Veränderungsmöglichkeiten.

Die bisherige Freizeitpolitik ist nicht nur in den Kompetenzen stark zersplittert, sie operiert auch auf höchst unterschiedlichen Ebenen, die nur selten aufeinander bezogen sind. Auf der rechtlichen Ebene werden Rahmenbedingungen geschaffen, die i. d. R. einen Kompromiss divergierender Interessen abgeben (z. B. hat die Automobilindustrie ganz andere Interessen als der Umweltschutz). Rechtliche Rahmenbedingungen eröffnen Gestaltungsspielräume, geben aber nicht zwingend die Richtung von Entwicklungen vor. Besonders negativ wirken sich Freizeit und Tourismus durch die Ballung von Aktivitäten z. B. an Wochenenden oder in der Ferienzeit aus. Würden rechtliche Rahmenbedingungen flexiblere Arbeits-, Ferien- und Öffnungszeiten ermöglichen, so könnten eventuell die Spitzenbelastungen im Verkehr reduziert und so die Umweltbelastungen abgebaut werden. Die Rahmenbedingungen bestehen bereits heute weitgehend, ohne genauere Zielvorgaben durch die Politik bleibt die Richtung der Entwicklung aber unbestimmt. Auf der wirtschaftlichen Ebene setzen sich dagegen vor allem Arbeitsmarktaspekte durch, die zwar eine »Flexibilisierung« der Arbeitszeiten befürworten, diese aber vor allem als Instrument zur Steuerung des jeweiligen Arbeitsanfalls begreifen und so die Wochenend- und Nachtarbeit ausweiten oder in flauen Zeiten Kurzarbeit durchsetzen möchten. Betriebswirtschaftliches Kalkül unterläuft so gesamtwirtschaftliche Ziele. Eine Politik, die solche übergreifenden Ziele ansteuert, muss allerdings damit rechnen, dass Arbeitsplätze abgebaut werden oder mit der Abwanderung von Betrieben gedroht wird. Sollen durch Freizeit und Tourismus strukturschwache Regionen gestärkt werden, entsteht zumeist ein nächster Konflikt. Weil der Öffentliche Personen-Nahverkehr (ÖPNV) notorisch unterfinanziert ist, sind kleinere Orte oder touristisch interessante Gebiete oft nur mit dem PKW zu erreichen, was aber die Umwelt belastet. Regional- bzw. Strukturpolitik kollidiert mit Umweltpolitik, ein Konflikt, der mit anderer Prioritätensetzung und gesteigertem Umweltbewusstsein zu lösen wäre.

Verbände, Parteien, Kirchen und Gewerkschaften haben seit den fünfziger Jahren den Freizeitbereich als eine Gestaltungsmöglichkeit erkannt und viele Maßnahmen ergriffen. Die Bandbreite reicht von Proklamationen und Gesetzesentwürfen über institutionelle Angebote (z. B. Bildungsangebote, Akademien, Studienreisen) und Fördermaßnahmen (z. B. Müttergenesung, Altentreffen, Medien) bis hin zu direkten politischen Einflussnahmen (z. B. in der Arbeits-, Sozial- oder Familienpolitik). Die in der Politikwissenschaft als »Nongovernmental Organizations/NGO« bezeichneten intermediären Gruppen sind für die Formulierung, Durchsetzung und Kritik der freizeitrelevanten Politik von entscheidender Bedeutung, weil sie zum einen vielfach Anbieter von Freizeitaktivitäten sind und zum anderen politische Entscheidungsträger in deren Entscheidungen beeinflussen. So kämpfen z. B. die Gewerkschaften für arbeitnehmerfreundliche Arbeitszeiten, die Unternehmensverbände wollen dagegen Arbeitszeitregime durchsetzen, die die Wettbewerbsfähigkeit der Betriebe verbessert. So entstehen viele politische Regelungen, welche die Freizeit betreffen, als Kompromiss im Ringen von Parteien, Verbänden und Gruppen. Beispielsweise war die Einführung der Pflegeversicherung, welche u. a. die Kommunen von Sozialausgaben entlasten und die Pflege alter und hilfsbedürftiger Personen institutionell gewährleisten sollte, mit dem teilweisen Fortfall von Feiertagen und damit zur Vermehrung von Arbeitstagen verbunden, was zum erbitterten Widerstand der Kirchen beitrug, die aber am Ende den Buß- und Bettag opfern mussten.

Wurde Freizeitpolitik in den ersten Nachkriegsjahrzehnten vor allem darin gesehen, Maßnahmen zur bestmöglichen Reproduktion der Arbeitskraft (z. B. durch Reduzierung der Samstagsarbeit) zu schaffen, so setzte sich seit den siebziger Jahren die Idee einer Freizeitkultur durch. Freizeit sollte dazu dienen, die Menschen in ihrer Freizeit an eine auf Emanzipation von Zwängen ausgerichteten Kultur heranzuführen. Die Freizeitkultur sollte nicht lediglich Entspannung und Freude bieten oder durch Volkshochschulkurse den Bildungsstand verbessern helfen, sondern sollte die Menschen in der Erkenntnis und Entwicklung ihrer Fähigkeiten und Wünsche unterstützen und sie so zu mündigen Bürgern werden lassen. Die freizeitkulturelle Breitenarbeit, wie vor allem von Gewerkschaften und etlichen Verbänden propagiert wurde, sollte insbesondere die in der Gesellschaft immer noch unterprivilegierten Gruppen fördern und an eine selbstbestimmte Aneignung von Kultur heranführen. Einher gingen solche Debatten mit dem Schlagwort der »politischen Kultur«, die den Diskussionsstil in der Politik sowie die Beteiligung der Bürger an der Politik verbessern sollte. Solche ambitionierten Zielsetzungen konnten zwar teilweise erfüllt werden, mussten aber spätestens seit Mitte der achtziger Jahre im Zeichen hoher Arbeitslosigkeit auf der einen Seite und der aufkommenden Erlebnis-, Spaß- oder Single-Gesellschaft auf der anderen Seite stark relativiert und mit Ernüchterung neu bewertet werden. Seither konzentrieren sich viele Verbände und Parteien bei ihren freizeitpolitischen Maßnahmen mehr auf einzelne Gruppen (z. B. Frauen, Arbeitslose, Arme, Behinderte). Eine andere Stoßrichtung ist durch die Finanzkrisen der öffentlichen Haushalte entstanden: Verbände sind bestrebt, die Einschränkung oder Schließung von kulturellen Institutionen (z. B. Musikschulen, Theatern, Museen) zu verhindern. Unter den harten Sparmaßnahmen des Staates bleibt freizeitkulturelle Breitenarbeit oft eine schöne Idee, wenn noch nicht einmal der bisherige Bestand kultureller Angebote verteidigt werden kann.

In den neunziger Jahren hat sich der Blickwinkel verschoben. Mit den Debatten um Beschleunigung und Entschleunigung (vgl. Glotz 1999) wurde die Zeit selbst zum Gegenstand der Politik. Die bislang isoliert gedachten Felder Arbeitszeit, Freizeit, Organisationszeit oder Verkehrszeit konnten nun als zusammenhängendes Zeitgebilde durchschaut werden. Beschleunigung wurde als zentrales Moment moderner Ökonomie erkannt. Herkömmliche Wirtschaftsstrategien, wie z. B. Marktanteile vergrößern, Gewinn machen oder Qualität erzeugen, verschwinden allmählich hinter der Maxime, schnell zu sein. Wer Innovationen durchsetzen, neue Techniken und Produkte anbieten oder nachgefragte Güter und Dienstleistungen eben besonders rasch liefern kann, erlangt auf den meisten Märkten Vorteile. Lange Lieferfristen, Verzögerungen oder gar Stornierungen können für manche Unternehmen tödlich sein. Vielfach können kleine und bewegliche Anbieter schneller sein als die großen und wenig beweglichen Konzerne. Diese Entwicklung beginnt gerade erst und wird sich in Zukunft beschleunigt fortsetzen. Im Dienstleistungsbereich und im Handel, aber auch im Verkehrs-, Informations- und Geldgewerbe werden dadurch die Normalarbeitszeiten immer seltener, Abend-, Nacht- oder Schichtarbeit breitet sich aus, vor allem wird es immer mehr Gelegenheitsjobs geben, um kurzzeitige Engpässe auszugleichen. Und in den besonders schnellen Branchen werden allseits flexible Menschen ihre Aufgaben räumlich überall verrichten müssen, mal auf Datenautobahnen, mal auf veritablen Autobahnen, mal im eigenen Büro, mal im digital ausgestatteten Hotelzimmer. Solche digitalen Eliten werden in Zukunft vielleicht zehn bis zwanzig Prozent aller Beschäftigten bilden, während das heutige mittlere Management dann arbeitslos sein wird. Alle Menschen sollen mit moderner Kommunikationstechnologie allzeit und überall erreichbar sein, so lange nicht eine neue UNO-Charta den Menschen ein Recht auf Unerreichbarkeit zusichert.

Auf der anderen Seite formieren sich die Befürworter der Entschleunigung, die die Langsamkeit wieder entdecken möchten. In dieser Fraktion finden sich vor allem Menschen mit zeitlich privilegierten Berufen und Familienkonstellationen mit den Modernisierungsopfern (den strukturell Arbeitslosen ebenso wie den mittleren Managern, die heute entbehrlich geworden sind) zusammen. In der Zukunft werden jene Gruppen zwanzig bis dreißig Prozent der Gesellschaft ausmachen und könnten für die Politik zu einem dauerhaften Problem werden, weil die soziale

Kluft größer wird. Denn in zehn Jahren stehen sich womöglich die hochmobilen, gut bezahlten digitalen Eliten und die Opfer des digitalen Kapitalismus unversöhnlich gegenüber, was zu neuartigen Klassen- oder Kulturkämpfen führen kann. Auf der Seite der Opfer dürften viele Sympathisanten aus der akademischen Szene stehen. Wer seine Arbeitszeiten weitgehend selber einrichten kann oder wenigen familiären Pflichten nachkommen muss, hat es relativ leicht, Entschleunigung einzufordern. Ein leitender Angestellter, der bereits morgens in der Toilette die Börsenkurse studiert und auf dem Weg zur Arbeit vom Handy aus Direktiven erteilt, kommt womöglich gar nicht auf die Idee der Entschleunigung. Und eine voll berufstätige Mutter von vier Kindern ist froh, alle Aufgaben zeitlich wenigstens irgendwie koordinieren zu können. Zu den Entschleunigern zählen de facto große Gruppen von Modernisierungsopfern, die mit dem vorherrschenden Tempo nicht mehr klar kommen und womöglich deshalb ihren Arbeitsplatz verloren haben oder krank geworden sind. Sie können die ökonomisch geforderten Taktraten nicht einhalten und bremsen so auch ein Stück weit das Tempo des gesamten Systems. Bisweilen bringt Entschleunigung sogar auch kommerzielle Vorteile. Bis in die siebziger Jahre waren Supermärkte so eingerichtet, dass die Kunden möglichst zügig bis zur Kasse gelangen konnten. Inzwischen hat man erkannt, dass es womöglich einträglicher ist, die direkten Wege mit Sonderangeboten zu verstellen, damit die Kunden länger verweilen und mehr in den Einkaufswagen legen. Moderne Einkaufspassagen laden zum längeren Verweilen ein und auch die Tourismusorte sind an einem längeren Verbleib der Gäste interessiert. Je nach Situation kann also Entschleunigung oder Beschleunigung ökonomisch von Vorteil sein.

Eine staatliche Zeitpolitik muss diese Ambivalenz berücksichtigen und ein integriertes Paket von politischen Maßnahmen anwenden, damit auch die zukünftigen sozialen Spannungen gemildert werden. Dabei sind Prioritäten zu klären. Eine Grundfrage besteht darin, ob und in welchem Umfange der Staat die ökonomischen Interessen begrenzen darf und kann. Mit dem freien Spiel der wirtschaftlichen Kräfte wird die Beschleunigung womöglich noch vergrößert, die Qualität der Arbeit aber eventuell verschlechtert und die Zahl der Arbeitsplätze verringert. Und wenn Tag und Nacht Autobahnen und Luftstraßen verstopft sind, nimmt die Umwelt Schaden. Im Zuge der Globalisierung können aber Begrenzungen der Geschwindigkeit dazu führen, dass Investitionen und Geschäfte anderswo in der Welt getätigt werden. Solche von Unternehmen und kapitalorientierten Parteien vorgebrachten Befürchtungen erweisen sich in vielen Fällen als wenig begründet, weil neben Geschwindigkeit auch noch andere Faktoren (z. B. Qualität der Arbeit, Qualifikation der Beschäftigten, Lebensqualitäten) zählen. Wie der Streit um die Ladenöffnungszeiten in Deutschland gezeigt hat, muss eine Flexibilisierung der Zeiten nicht zwingend den erwarteten Erfolg bringen. Die erhofften Umsatzzuwächse wurden nicht erreicht, weil die Massenkaufkraft stagniert und die finanziell potenteren Kunden auch durch längere Öffnungszeiten nicht zum Kauf von nicht benötigten Waren oder Dienstleistungen angelockt werden können. Umgekehrt mussten zahlreiche kleinere Läden aufgeben, weil die für eine längere Öffnungszeit gestiegenen Personalkosten nicht durch höhere Erträge gedeckt werden konnten. Mit dem Verschwinden kleiner Läden ziehen meistens große Handelsketten in die Innenstädte ein, was zur Gleichförmigkeit und Verödung beitragen kann, wenn um jeden historisch gewachsenen Marktplatz herum in jeder Stadt fast nur noch

Fastfoodlokale und Jeansläden anzutreffen sind. So trägt Zeitpolitik eben auch zur Stadtgestaltung bei, was sich langfristig als kontraproduktiv erweisen kann.

Eine solide Zeitpolitik muss neben kurzfristigen Effekten langfristige Auswirkungen erkennen. Zu den auf längere Sicht zu erwartenden Schäden zählen neben Umweltproblemen vor allem auch gesundheitliche Beeinträchtigungen. Immer mehr Tempo und Verdichtung erfordern ständige Anpassungsleistungen von Körper und Seele. Besonders bei Vielfliegern wird dies heute schon deutlich, weil der Organismus ständig einem »Jetlag« ausgesetzt ist. Auch Börsianer, die dauernd mit mehreren Telefonen Geschäfte machen müssen, können ihren Job nicht auf lange Sicht ausüben. Vor allem ältere und kranke Menschen leiden besonders unter dem vorherrschenden Tempo. Viele längerfristigen Wirkungen von Temposteigerungen sind bisher noch unerforscht. Zeitpolitik könnte auch einen Beitrag zur Gesundheitspolitik leisten. So besehen wird eine wie auch immer zu definierende »Lebensqualität« zum Kriterium für eine langfristig orientierte Zeitpolitik, die sich nicht ausschließlich von ökonomischen Interessen leiten lässt. Eine solche Politik muss potenzielle Opfer der Zeitnot schützen, zugleich auch neue Formen der Zeitverwendung ermöglichen und insbesondere die längerfristigen Folgen für Umwelt, Stadtbilder, Arbeitsplätze und Regionalstrukturen abschätzen. Der kurzfristig durch den Ausbau des Verkehrswesens erreichte Zeitgewinn führt nicht nur vielfach in die Zeitfalle »Stau«, sondern verbraucht eben auch langfristig die Zeit zukünftiger Generationen, weil diese für die Schäden des Verkehrs aufkommen müssen und womöglich keine hinreichenden Energiequellen für die eigene Fortbewegung haben werden.

9. Theoretische Zugänge

Wie in allen Speziellen Soziologien muss auch in der Freizeitsoziologie auf ein geschlossenes Theoriegebäude verzichtet werden. Die Arbeits-, Familien-, Gemeinde- oder Wirtschaftssoziologie kann nur eine Fülle verschiedener Ansätze offerieren, die in sich oft widersprüchlich und von divergenten Erkenntnisinteressen geleitet sind. Nicht anders verhält es sich mit der Freizeitsoziologie, die in den vergangenen 30 Jahren zwar erhebliche Fortschritte gemacht hat, aber bis heute mit einem buntscheckigen Bündel von theoretischen Zugängen auskommen muss. Allerdings kann die Theoretisierung sich nicht einfach nach dem Warenhausprinzip in den Regalen der Theorieentwürfe bedienen, sondern muss vorab einige Klärungen herbeiführen.

Auf der Makroebene ist u. a. zu klären, ob Freizeit (a) in Beziehung zum Thema Zeit, (b) in Relation zur Arbeit oder (c) als Struktur mit Eigenlogik behandelt werden soll. Wird Freizeit in ein allgemeines gesellschaftliches Zeitregime eingebettet, so ergeben sich daraus Fragen nach Herrschenden und Beherrschten in diesem Regime und damit also auch Fragen nach der jeweiligen Spezifik eines Gesellschaftssystems. Wird Freizeit dagegen in Beziehung zur (Erwerbs-)Arbeit untersucht, so ist zu klären, ob Freizeit arbeitspolar, arbeitskomplementär arbeitsdeterminiert, arbeitsverlängernd oder neutral ist. Schließlich führt die Annahme, Freizeit als eigene Struktur mit Eigenlogik zu betrachten zu der Antwort, dass Freizeit weder zentral in ein allgemeines gesellschaftliches Zeitregime eingebettet sei, noch in einem direkten Determinationszusammenhang mit Arbeit steht. In den letztgenannten Kontext gehören Annahmen eines eigenständigen Gesellschaftstypus wie »Freizeitgesellschaft«, »Erlebnisgesellschaft« oder »Spaßgesellschaft«. Während die Makroperspektive den Blick auf die Gesamtgesellschaft richtet, fragt die Mikroperspektive nach Gefühl, Bewusstsein und Verhalten des Einzelnen. Hier stellt sich u. a. die Frage, wie Freizeit (a) begrifflich erfasst und kognitiv verarbeitet, (b) emotional und subjektiv mit Wertigkeiten belegt und (c) verhaltensmäßig durch Sozialisations- oder Arbeitserfahrungen, Stellung im Lebens- und Familienzyklus oder entsprechende Lebensentwürfe und -stile geprägt ausgelebt wird. Wenn ein Individuum unter Freizeit nur eine Restkategorie gegenüber Arbeit versteht, nimmt es Freizeit begrifflich und wertmäßig anders wahr, als wenn es in der Freizeit einen zentralen Lebenssinn sieht und danach seinen Lebensstil ausrichtet. Auch macht es große Unterschiede, ob das Freizeitverhalten als Resultat von Sozialisationsprozessen oder als Ergebnis von Arbeitserfahrungen, Familiendynamiken, Lebenserfahrungen oder Lebensstilen angesehen wird. Auf der Mesoebene, die zwischen der Makro- und Mikroperspektive angesiedelt ist, ist zu klären, welche Instanzen im Bereich der Freizeit zwischen Gesellschaft und Individuum vermitteln. So ist u. a. zu fragen, ob Freizeit (a) durch Medien hochstilisiert und zum Medienkonsum genutzt wird, (b) in leicht ideologisierbare Konzepte von Sportlichkeit, Fitness, Gesundheit oder Amüsement eingebettet ist oder (c) eine Ausgeburt der dynamischen und gewinnträchtigen Freizeitindustrie ist. Die sich immer weiter ausbreitenden Massenmedien schüren ein gesellschaftliches Verständnis von Freizeit, das ubiquitär und allumfassend unser Leben bestimmt und dadurch eben auch den Medienkonsum in den Mittelpunkt modernen Lebensgefühls rückt. So werden dann auch immer mehr Menschen mit »fit-fun-wellness-etc.-Lebensgefühlen« ausgestattet, ohne sich über ihre tatsächlichen Bedürfnisse klar werden zu können. Und gerne nutzt und stimuliert jene Wirtschaftsbranche mit den höchsten Zuwächsen – die Freizeitindustrie im weitesten Sinne – ein solches Lebensgefühl, um Nachfrage und Absatz in diesem Bereich zu verstetigen oder zu steigern.

Weil dieses Buch als eine Einführung in die Freizeit**soziologie** angelegt ist, muss zwangsläufig die Gesellschaft im Zentrum der Betrachtung stehen, individuelle Gefühle und Motive, die beispielsweise von der Freizeitpsychologie oder -pädagogik einschlägig behandelt werden, können hier nur im gesellschaftlichen Kontext gesehen werden. Selbst wo Freizeit noch am wenigsten durch gesellschaftliche Zwänge geformt sein sollte, bleibt sie doch immer ein Element gesellschaftlicher Zeitarrangements und kann aus Perspektive der Soziologie stets nur als Soziales betrachtet werden. Gleichförmigkeiten und Regelmäßigkeiten des Verhaltens in der Freizeit, wie sie beispielsweise von der Sozialpsychologie diagnostiziert werden, entstehen eben nicht aus der Addition individueller Präferenzen und Handlungen, sondern vollziehen sich unter den jeweils in einer Gesellschaft vorherrschenden Zeitkulturen und -regimen. Das Freizeitverständnis und -verhalten hängt, wie gezeigt wurde, von einer Vielzahl von Faktoren ab, doch sind diese nicht ins Belieben gestellt sondern Resultat gesellschaftlicher Verhältnisse. Während im Bereich der Erwerbsarbeit trotz mancher Tendenzen zur Lockerung von Verhaltenszwängen, was oft als Informalisierung beschrieben wird, die Verhaltensweisen der Individuen mehr oder minder deutlich determiniert sind, fehlt es im Bereich der Freizeit scheinbar an solchen Stützen. Daher wird Freizeit auch gern als »Reich der Freiheit« ideologisch überhöht. Doch sind solche verhaltensregelnden Strukturen allenthalben vorhanden. Für die Freizeit ist Freizeitkleidung angesagt, die sich vom Bürooutfit abheben soll, der zünftige Tourist trägt während der Reise Safarilook, das Urlaubserleben ist an spezifischen Erfolgsnormen ausgerichtet, im Freizeitalltag gelten bestimmte Rahmungen und Rituale usf. Zwar bleibt Freizeit auch immer Raum zum Experimentieren, neue Erfahrungen können gesammelt werden. Doch stellen Gesellschaft und Ökonomie eben auch für die Freizeit ein Repertoire an möglichen Verhaltensweisen zur Verfügung, um Unsicherheiten erst gar nicht aufkommen zu lassen, und wo solche Probleme dann doch aufkommen, stehen vielfältige, zumeist genormte Angebote zur Verfügung. Wer seine Freizeit mit der vielfach bespöttelten Bierflasche vor dem Fernseher verbringt, kann das ihm eingeredete schlechte Gewissen mit einem Besuch im Sportverein oder Fitnessstudio kompensieren. Eine Soziologie der Freizeit muss auch herausarbeiten, welche gesellschaftlichen Arrangements, Rahmungen und Rituale den Bereich der Freizeit von dem Bereich der Erwerbsarbeit oder von der Sphäre der Hausarbeit unterscheiden. In Gesellschaften, in denen lange und harte Arbeitszeiten dominierten, war ein sozioökonomisches Angebot für die Freizeit vermutlich wenig entwickelt und für die jeweiligen Gesellschaftsgruppen recht unterschiedlich. In Gesellschaften mit schrumpfender Erwerbsarbeit erfolgt die Vergesellschaftung immer deutlicher über den Bereich der Freizeit, in dem die feinen Unterschiede ausgelebt werden, aber nicht mehr an starre Standes-, Klassen- oder Schichtgrenzen gebunden sind.

Für den Tourismus hat Vester (1999) den Versuch unternommen, die in der allgemeinen Soziologie als besonders prominent angesehenen Theorien auf touristische Phänomene zu beziehen. So werden u. a. Handlungstheorien, Ethnomethodologie, Symbolischer Interaktionismus, Systemtheorien, Bourdieus Konzept des Habitus oder die Zivilisationsanalyse von Elias geistreich und in den Beispielen sehr inspiriert erörtert. Für die Freizeitsoziologie steht ein solcher Ansatz noch aus. Gewiss wäre sehr fruchtbar zu diskutieren, in welchem Umfange das »Konzept des rationalen Tausches (rational choice)« auf die Freizeit anzuwenden wäre. Mit der Ethnomethodologie ist ein Perspektivenwechsel verbunden, durch den viele Handlungsweisen in der Freizeit in neuem Lichte gesehen werden können (nicht nur wie die Bereisten die Reisenden sehen). So wäre zu untersuchen, welche Spezifikationen das Habituskonzept von Bourdieu für die Freizeit erfahren müßte, oder ob die Analysen zum Prozess der Zivilisation auch dafür taugen, um die Hinwendung zu extremen Sportarten zu erklären. Eine systematische Verknüpfung von allgemeiner und spezieller Soziologie steht also in diesem Bereich noch aus. Nachfolgend werden theoretisch weniger ambitionierte Zugänge gewählt, die auch nicht den Anspruch einer systematischen Bestimmung erheben können. Vielmehr soll mit diesen Beispielen der seit etwa zwei Jahrzehnten zu beobachtenden Perspektivenverkehrung Referenz erwiesen werden, die sich von dem strikten Gegensatz von Arbeit und Freizeit abwendet und auf übergreifende gesellschaftliche Arrangements von Zeit, Erlebnis, Stilen, Lebensführung, Tausch, Konflikt oder Geschlechterverhältnis verweist. Eine strikte und systematische Verbindung der nachfolgenden Bausteine muss weiterführenden Publikationen vorbehalten bleiben.

9.1 Theorien über die Zeit

Im letzten Viertel des 20. Jahrhunderts haben insbesondere Theorien über die Zeit Konjunktur gehabt. Zeit als soziale Kategorie ist auch in der Soziologie zu einem prominenten Thema avanciert. Denn Zeit scheint in der Moderne zu einem knappen, aber wichtigem Gut, das rätselhaft wirkt, aufzusteigen: »Aus dem Zusammenleben der Menschen geht etwas hervor, was sie nicht verstehen, was ihnen selbst als rätselhaft und geheimnisvoll erscheint« (Elias 1984: X). Selbst kleine Kinder sind von der Zeit der Uhren umstellt und selbst Senioren klagen über ihre kleinen schwarzen Bücher (kommerziell »Timer« genannt). Zeit ist zu einem Fetisch geworden – und das nicht nur in Michael Endes »Momo«, in dem graue Männer den Menschen Zeit stehlen. Mit dem Durchbruch naturwissenschaftlichen Denkens wird Zeit vermeintlich zur absoluten Größe, wie schon Newton hervorhob, als er »tempus absolutum« zur universalen und gleichförmigen Größe erklärte – verkörpert in der Sekunde, die von der heutigen Naturwissenschaft als die mehr als achtmillionenfache Schwingung des Cäsium-Ions definiert ist. Freilich hat bereits die Relativitätstheorie von Einstein widerlegt, dass die Zeiteinheiten alle gleich sind, sondern vielmehr von der jeweiligen Geschwindigkeit des Beobachters und des Beobachteten abhängt. Und beim Vergleich zwischen verschiedenen Kulturen lässt sich leicht feststellen, wie Zeiteinheiten kulturell variieren. So bleibt es grundsätzlich schwierig, sich über Zeit zu verständigen, weil diese uns schon als Begriff zu entgleiten droht und rein logisch nicht zu bestimmen ist, obwohl sich die gesamte Geschichte wohl aller Wissenschaftsdisziplinen darum bemüht hat, wie Zimmerli(1997) betont:

> »Wir kennen sie, die Schwierigkeiten und scheinbaren Paradoxien, die sich ergeben, wenn wir ›Zeit‹ begrifflich zu bestimmen versuchen: Während wir über sie nachdenken, vergeht sie; als zukünftige ist sie (noch) nicht; als vergangene ist sie nicht (mehr); als gegenwärtige aber ist sie nichts (als der infinitesimale Punkt zwischen Vergangenheit und Zukunft); kurz: sie ist nichts als das Nichts zwischen dem Noch nicht und dem Nicht mehr. So scheint die Zeit eben dieses Nichts zu sein; aber lässt sich denn sinnvollerweise von einem Nichts sagen, es sei? dass wer Zeit hat ebenso wie wer keine hat, trotzdem in der Zeit ist, die ihrerseits nicht ist, ist eine andere Facette dieses Vexierspiegels. Wer sich selbst Zeit nimmt, hat offenkundig hernach ebenso mehr davon wie wer sich Zeit lässt. Und was zu jeder Zeit gilt, ist das Zeitlose« (Zimmerli 1997:126).

Nach Rammstedt (1975) lassen sich kulturhistorisch mindestens vier Typen von Zeitvorstellungen ermitteln: okkasionale, zyklische, linear-geschlossene und linear-offene Zeitmodelle. In den okkasionalen Zeitvorstellungen, die heute noch gelegentlich in Stammesgesellschaften anzutreffen sind, gibt es nur die Unterscheidung »jetzt« und »nichtjetzt«. In unserem Zeitverständnis würde »jetzt« also die Gegenwart und das »nichtjetzt« Vergangenheit und Zukunft beinhalten. Freilich lässt sich unser Zeitverständnis nicht einfach auf das okkasionale Verständnis übertragen. Grundsätzlich beruht »soziale Zeit« auf dem Modus, in dem Menschen und Ereignisse miteinander koordiniert werden (müssen). In Stammesgesellschaften mit relativ gleichförmigen und also erwartbaren Naturabläufen und gelegentlichen Märkten oder Feiern dürfte die okkasionale Zeit als Modus der Koordination auszureichen. Die zyklische Zeit dagegen, die teilweise auch schon in Stammesgesellschaften anzutreffen war, vor allem aber in frühen Hochkulturen, Antike, Mittelalter und der frühen Neuzeit vorherrschte, orientierte sich an den Zyklen der Natur: hell-dunkel, Tag-Nacht, Aussaat-Ernte, Jahreszeiten. Zeit wurde als ständig wiederkehrender Zyklus gedacht, was sich beispielhaft an der kreisförmigen Bewegung der Uhrzeiger ablesen lässt. Hinter dem zyklischen Zeitverständnis steht ein ganzheitliches Verständnis von Bewegung, die sich immer wieder schließt. Im späten Mittelalter und vor allem mit den Erfordernissen von Seefahrt, Militär und Kloster- bzw. Fabrikdisziplin seit der frühen Neuzeit bildete sich ein linear-geschlossenes Zeitverständnis aus. Die Zeit wurde durch Messinstrumente (Sanduhren, Kerzenuhren, später Räder- oder Rollenuhren) in gleichförmige Abschnitte untergliedert und durch Tage in eine wöchentliche, monatliche oder jährliche Abfolge gebracht. Mit immer größerer Präzision sollten Schifffahrt, Schießtechnik und Zinsberechnungen verbessert werden. Zeit wurde als Linie gedacht, auf der Bewegungen sich standardisiert fortbewegten, wobei allerdings diese Linie noch als geschlossen (etwa durch Jahre mit besonderer Qualität begrenzt) gedacht wurde. Mit dem einsetzenden Kapitalismus und der nachfolgenden Industrialisierung wurden derartige Begrenzungen überflüssig. Zeit wurde zum kontinuierlichen, unbegrenzten und mithin offenen Prozess, der sich mit dem Takt der Maschine, mit dem Umfang der Arbeit oder mit der Laufzeit des Kapitals rechnerisch verbinden ließ. »Zeit ist Geld« war die bezeichnende Formel seit dem 18. Jahrhundert. Seither dominiert dieses linear-offene Zeitmuster, ohne dass andere Zeitmuster gänzlich verdrängt werden konnten.

Bei der Entwicklung der Zeitvorstellungen fällt auf, dass die neuzeitliche Durchsetzung der linearen Zeit insbesondere von männerdominierten Instanzen vorangetrieben wurde: zunächst das Kloster, das für die Einhaltung der Gebetszeiten immer genauere Sand-, Wasser- und Kerzenuhren einführte (z. B. wurden wegen der unterschiedlich langen Helligkeit im Sommer bzw. Winter verschieden lange Sommer- bzw. Winterstunden eingeführt; dann die Seefahrt, die mit Uhren die jeweilige Position errechnete und wegen der sehr ungenauen Sand- bzw. Wasseruhren sich so stark verrechnete, dass auf dem vermeintlichen Weg nach Indien schließlich Amerika erreicht wurde; dann das Militär, das bei erweiterter Reichweite ballistische Berechnungen für den Flug der Kanonenkugeln mit genaueren Uhren anstellen musste; endlich die Industrie, die mit Uhren den Takt der Maschinen einstellen und die Disziplin der Arbeitskräfte erzwingen wollte. Oft wird auch die Durchsetzung des Schulwesens mit einer rigiden Zeitstruktur als Erfindung von Männern angesehen. Das lineare Zeitverständnis gilt daher als typisch männliches Zeitkonstrukt, während ein zyklisches Zeitverständnis eher Frauen zugeschrieben wird (oft unter Hinweis auf deren Menstruationszyklen). Auch wird der eher ganzheitliche Hintergrund des zyklischen Zeitverständnisses als typisch weiblich deklariert (vgl. u. a. Nowotny 1989).

Zeit ist in der Soziologie spätestens seit Durkheim (1912) eine zentrale soziale Kategorie, die Differenzierung, Klassifikation und Koordination ermöglicht, nicht aber im Sinne von Kant, der Raum und Zeit als dem menschlichen Leben vorrangehend betrachtete, als unabhängig von Gesellschaft und Kultur gedacht werden kann. Je nach Betrachtungsebene ergeben sich dabei unterschiedliche Formen von Zeit. Kollektive Zeit lässt sich von individueller Zeit abgrenzen. In der kollektiven Zeit sind gesellschaftliche Vorstellungen und Funktionen verankert, die religiös, ökonomisch, aber auch durch Herrschaftsinteressen oder Aspekte sozialer Ungleichheit fundiert sein können. Die kollektive Zeit wird daher oft mit der institutionellen Zeit gleichgesetzt. Werden kollektive Zeitmuster standardisiert und so von den meisten Gesellschaftsmitgliedern als relativ gleich erfahren, können die individuellen Zeitmuster recht unterschiedlich verstanden und erlebt werden. Die »innere Zeit«, wie zuerst von Bergson (1909) bemerkt, kann je nach subjektiver Befindlichkeit als unterschiedlich lang erfahren werden. Die Sekunden des Wartens auf eine andere Person können endlos lang wirken, im Orgasmus kann die Zeit gar ganz stillstehen, bei einer spannenden Tätigkeit können die Sekunden hingegen wie im Fluge vergehen. Im Gegensatz zur gleichförmigen physikalischen Zeit weist die innere Zeit Diskontinuitäten auf. Das innere Zeiterleben wird von einer Reihe objektivierbarer Faktoren (wie z. B. Lebensalter, Raum oder Lichtquellen) beeinflusst, hängt aber auch von der psychosomatischen Befindlichkeit, der sozialen Umgebung oder rituellen Momenten ab. So haben z. B. Versuchspersonen in der »camera silens«, in der sämtliche natürlichen Taktgeber (z. B. Lärm, Hell-Dunkel-Abwechslung) fehlten, schon nach wenigen Tagen ihren Herzschlag als lebensbedrohlich laut verspürt und das Gefühl für Zeit verloren. Im Gegensatz zur inneren Zeit organisiert die biographische Zeit den Lebensverlauf. Die »Zeit der Kindheit« oder die »Zeit des Alters« werden nicht nur unterschiedlich erlebt, sondern haben auch sozial unterschiedliche Wertigkeiten. In der biographischen Zeit organisieren die Individuen ihre jeweilige Identität, die wiederum in umfassendere Zeitvorstellungen eingebettet wird und somit personale und soziale Identität stiftet.

Zeit galt in der klassischen Philosophie und in den Naturwissenschaften seit der Zeit der Aufklärung als apriorisch vorgegeben. Zeit und Raum wurden als konstitutiv für jegliche Form menschlichen Lebens angesehen, wobei das Bestreben dahin ging, eine möglichst exakte Bestimmung der Zeit durch immer präzisere Messinstrumente zu ermöglichen. Vielleicht am prägnantesten formulierte Newton: »Die absolute, wahre und mathematische Zeit verfließt an sich und vermöge ihrer Natur gleichförmig und ohne Beziehung auf irgendeinen äußeren Gegenstand. Sie wird auch mit dem Namen >Dauer< belegt« (Newton 1687, zitiert nach Gendolla 1992: 61). Zweifel an der Vorgegebenheit der Zeit als naturaler Konstante menschlichen Lebens hat es im Laufe der Geschichte immer schon gegeben, erinnert sei an den Ausspruch von Augustinus (vgl. Kap.1).

Spätestens seit Durkheim, einem der Begründer der modernen Soziologie, muss allerdings akzeptiert werden, dass Zeit ebenso wie Raum eine soziale Kategorie ist. Kategorien sind für ihn nicht sui generis gegeben, sondern stets sozial ausgehandelt, weil sich nach seiner Grundannahme Soziales nur durch Soziales erklären lässt. Jede soziale Kategorie übersteigt die Erfahrungen und Bewusstseinsmöglichkeiten jedes einzelnen Individuums und lässt sich nur im Bezug zur Gesellschaft als Ganzheit begreifen. Zwar hat jedes Individuum seine eigene persönliche Zeit und sein eigenes Zeitempfinden, doch ist soziale Zeit nicht die Summe aller persönlichen Zeiten, weil »soziale Zeit« für Durkheim aus ihren Funktionen für die Gesellschaft begründet ist. In seinen religionssoziologischen Arbeiten stellte er fest, dass in »primitiven Gesellschaften« der Ablauf zyklischer Naturprozesse im Mittelpunkt des kollektiven Erlebens stand. Dieser naturale Ablauf wird in der Religion als Willen höherer Mächte gedeutet und mit Riten geordnet. Die Riten sind dann nicht mehr Spiegelbild der Naturabläufe sondern bilden gewissermaßen eine Schnittstelle zu den höheren Mächten. Mit Riten, Zeremonien, Festen und anderen sozialen Institutionen wird die Zeit sozial organisiert. Aus dem individuellen Erfahren von Zeit entsteht ein kollektives Bewusstsein. Die partikulare individuelle Alltags- und Lebenszeit wird von einer gesellschaftlichen »Totalzeit« umschlossen und geprägt. Nur so wird die Vorstellung von Vergangenheit, Gegenwart und Zukunft intersubjektiv fassbar und damit kommunizierbar. Dies gilt sowohl für ganze Gesellschaften, die durch Tage, Wochen, Monate, Jahre oder ähnliche Festlegungen die soziale Zeit gliedern, wie auch für kleine Gemeinschaften, die eigene Zeiten für sich vereinbaren können (z. B. wenn Liebespaare ihre gemeinsame Zeit rekonstruieren oder wenn Rekruten ihre Wehrpflichtzeit mit Strichen an der Wand bemessen). Erst mit der Verankerung der individuellen Zeit in der sozialen Zeit wird Erwartbarkeit gesichert und soziale Identität gestiftet.

Diese Vorstellung von sozialer Zeit wird von Sorokin und Merton (1937) auf die Erfordernisse der Koordination und Synchronisation in allen Gesellschaften bezogen, wobei diese beiden Funktionen mit dem Grad der Komplexität der jeweiligen Gesellschaften steigen. Zeit wird durch soziale Ereignisse strukturiert und in Relation zu diesen gemessen. Frühe Stammesgesellschaften legten ihre Zeitstrukturen mit Jagdzügen, Märkten, Kriegen, Festen oder Riten fest. Sie erlangten so ihren Rhythmus, den spätere Gesellschaftsformen mit abstrakten Merkmalen wie Kalendern oder Uhren strukturierten. Je disparater und komplexer die späteren Gesellschaften wurden, desto größer wurde das Erfordernis der Koordinierung bzw. Synchronisierung.

Luhmann hat die Zeit unter dem Aspekt der Knappheit in Verwaltung und Politik untersucht mit der Vorgabe: »Zeit an sich ist nicht knapp« (Luhmann 1971: 13). Systemtheoretisch sind Sozialordnung, Sachordnung und Zeitordnung in komplexen und funktional stark differenzierten Gesellschaften so zu verknüpfen, dass Befristungen und Vordringlichkeiten benannt werden können, um die verschiedenen Systeme und Subsysteme in Funktion zu halten. In bürokratischen Systemen z. B. werden Prioritäten und Fristen gesetzt, um die anfallenden Ereignisse und Entscheidungen so in eine Reihenfolge zu bringen, dass möglichst wenig Restzeiten anfallen. Die systemischen Imperative organisieren eine Zeitordnung, der sich in Teilen die Sozialordnung anzupassen hat. Bürokratische Entscheidungen beruhen auf Fristen und Prioritäten, um die stark ausdifferenzierten Teilsysteme miteinander zu koordinieren. Verwaltung und Justiz legen Termine fest, denen die Subsysteme Familie oder Wirtschaft nachzukommen haben. Zeitknappheit entsteht dann, wenn Zeithorizont und Erwartungshorizont nicht zur Deckung gebracht werden können. In hochkomplexen und funktional ausdifferenzierten Gesellschaften werden zu viele Ereignisse und Ansprüche aus den verschiedenen Teilsystemen an das Individuum herangetragen, das dann unter Zeitnot gerät und selbst eigene Prioritäten und Befristungen setzen muss. Die Synchronisation bzw. Koordinierung subjektiver Ansprüche und Handlungsoptionen mit der Sozialordnung und der Sachordnung erzeugt im Individuum Stress, der nur durch ein privates Zeitmanagement abgebaut werden kann.

Luhmann unterscheidet zwischen System und Umwelt, wobei aus dieser Unterscheidung Zeitlichkeit resultiert: »Ein System reproduziert in der Erinnerung seine eigene Selektionsgeschichte, die Geschichte der Selektivität seines eigenen umweltbezogenen Erlebens und Handelns. Es reproduziert darüber hinaus auch eine Weltgeschichte nicht mitvollzogener Selektivität, die es braucht, um die eigene Anschlußselektivität begreifen zu können« (Luhmann 1975: 107). Für moderne Gesellschaften folgt daraus die Notwendigkeit, »weitere, abstraktere und in sich differenziertere Zeithorizonte als einfachere Gesellschaften« auszubilden. Mit der Steigerung von Komplexität und der wachsenden funktionalen Ausdifferenzierung wird immer mehr Koordination erforderlich, die durch zeitliche Systeme gewährleistet werden. In der Gegenwart konstituiert sich eine Weltzeit, die global koordiniert und ein gemeinsames Verständnis von Zeit, Zeithorizonten und spezifischen Auslegungen von Zeit hat, wobei die Relevanz von Zeit globalisiert und zugleich standardisiert wird. Gleichzeitig steigern sich so die Selektionsleistungen in der Zeit, die den modernen Menschen immer mehr Entscheidungen in immer kürzerer Zeit abverlangen. Die ständig steigende Vielfalt an Optionen in der Freizeit erzeugt neue Formen von Komplexität, die dem Individuum dauernd Reduktionsleistungen aufzwingt. Technologische Strategien (z. B. die Übertragung des Fußballspieles mit dem Videorecorder aufzeichnen, weil zur gleichen Zeit ein Opernbesuch vereinbart war) oder jegliche Form von Beschleunigung (etwa via Internet) können die erforderlichen Entscheidungen nur dem Schein nach ersetzen. Das Individuum verspürt beständig die Notwendigkeit, Prioritäten in der vermeintlich von Zwängen befreiten Freizeit setzen zu müssen, was sich in Zeitnot bzw. Zeitstress ausdrückt.

Dem System eröffnet die Befristung und Prioritätensetzung indes Macht- und Herrschaftschancen, weil die Disposition über Zeit asymmetrisch verteilt ist, wie Schöps formulierte: »Aus der Chance, über Termine, Fristen und Zeitbudgets verfügen zu können und zeitliche Abstimmungen diktieren zu können, resultiert ein Instrument von Macht- und Herrschaftsbeziehungen« (Schöps 1980: 164). In dem Maße, in dem in die von J. Habermas analysierte Spannung zwischen System und Lebenswelt fortbesteht, können systemische Imperative immer stärker in den individuellen Zeithorizont hineingreifen. Mit der »Kolonialisierung von Lebenswelten« strukturieren die Systeme der Verwaltung, Justiz und Bildung immer stärker bewusst oder unbewusst die je individuellen Zeitstrukturen. Die ideologisch oft mißbrauchte Kategorie »Lebenswelt« bezeichnet dabei vorgängige Gewissheiten, die aus Tradition, Familie, Nachbarschaft, Arbeitserfahrungen, Lebenspraktiken oder Wohnumwelten gespeist werden und dem jeweiligen Individuum Vertrauen gewähren. Im Prozess der okzidentalen Rationalisierung, der mit der Expansion von Staat, Verwaltung und Justiz verbunden ist, greifen immer mehr systemische Imperative in die Lebenswelt hinein, etwa in Form von Steuerbescheiden, Meldepflichten, Abgaben u. dgl. m. Öffnungszeiten, Fristsetzungen, Überziehungsgebühren oder Meldefristen sind nur die oberflächlich sichtbarsten Erscheinungen solcher Systemanforderungen.

Aber auch unabhängig von Verwaltung und Justiz greift die Verzeitlichung der Lebenswelten um sich, wie Müller-Wichmann hervorhebt: »Zeit als knappe Zeit zwingt ständig zu Prioritätenentscheidungen, zu Selektion, zu Verzichten. Der unter Zeitdruck nötige >rationale Umgang< mit der gesellschaftlichen Komplexität führt langfristig zu Präferenzverschiebungen zugunsten des Terminierten und Befristeten, d.h. Die Selektion gemäß zeitlicher Prioritätensetzung verändert schließlich Sachordnung und Wertentscheidung« (Müller-Wichmann 1984: 165). Die Entscheidung über Prioritäten und Werte liegt indes nur dem Scheine nach im Belieben des jeweiligen Individuums. Zentral wird die Verfügung über die Mechanismen der Produktion, Konsumtion und Distribution festgelegt, aber auch Sozialisation, Familie, Lebensführung und Wohnumwelten sind entscheidend. Der Zugriff auf Zeit folgt nach Müller-Wichmann den gesellschaftlichen Mustern der Verteilung bzw. Vorenthaltung von Privilegien:

> »Zeitordnungen sind nachweislich Attribute von Sozialordnungen, und Dispositionsmacht über Zeit ist zugleich Voraussetzung, Medium wie Befestigung der durch Sozialstatus, Bildung, Einkommen etc. vermittelten sozialen Unterschiede (...) Der unterschiedliche Zugriff auf Zeit unterliegt somit den Gesetzmäßigkeiten sonstiger struktureller Ungleichheiten. Er resultiert in Ungleichheiten in der Zeitausstattung, genauer im gänzlich unterschiedlichen Zugriff auf Umfang und Qualität der bloß scheinbar neutral und an alle gleich verteilten Ressource Zeit. Der Zugriff auf Zeit wird über vielfältige Mechanismen vermittelt, die zum Teil Zeit produzieren, zum Teil Zeit vernichten« (Müller-Wichmann 1984:186).

Zeit ist also fundamental in den Kontext gesellschaftlicher Ungleichheiten eingebunden. Dies drückt sich beispielhaft darin aus, dass Zeit für Dienstleistungen gegen Geld gekauft werden kann und sich die finanziell besser Gestellten von lästigen Arbeiten freikaufen können, während die finanziell schlechter Gestellten diese Arbeiten (z. B. Putzen) verrichten. Allerdings hat dieser Substitutionsprozess dann Grenzen, wenn für derartige Arbeiten überhaupt kein Personal aufgetrieben werden kann (z. B. wenn für die Schwerstpflege in vielen Regionen kaum noch Personal gefunden wird). Die geschlechtstypische Komponente dieser Substitution ist gleichfalls evident, denn Putzen und Pflegen sind nach wie vor »weibliche Domänen« und in Haushalt und Familie halten sich viele Männer mit dem dezenten Hinweis auf ihren durch Erwerbsarbeit geleisteten (höheren?) finanziellen Beitrag zum Haushaltsbudget von manchen Hausarbeiten fern. Freizeitforschung hat sich also stets als Erforschung gesellschaftlicher Ungleichheiten und damit als ein Beitrag der Sozialstrukturanalyse zu verstehen.

Die Moderne, die durch gesteigerte Rationalität und Individualität, durch Differenzierung in Subsysteme und Enthierarchisierung im Sinne des Abbaus religiöser bzw. weltlicher Deutungs- und Herrschaftssysteme gekennzeichnet ist, verlangt nach Steuerungs- und Sinnstiftungsmethoden und hat diese insbesondere in der sozialen Kategorie Zeit gefunden. Mit Hilfe von Kalendern und Uhren lassen sich moderne Gesellschaften so effizient steuern, dass direkte Eingriffe von Instanzen des Herrschaftsapparates weitgehend entfallen können. War Pünktlichkeit am Anfang der Industrialisierung für die vom Lande gekommenen Arbeitskräfte nur mit erheblichen Disziplinarmitteln zu erreichen, so ist diese heute über Uhren und öffentliche Zeitangaben so tief verinnerlicht, dass nur noch geringe Unschärfen auftreten. Grundsätzlich bleibt aber Zeit auch weiterhin eine Quelle des Konfliktes. Die Zeitmessinstrumente haben sich universalisiert und sind in alle Lebensalter vorgedrungen. Kleinkinder müssen ihren Fernsehkonsum planen und Senioren ihr nachberufliches Studium. Mit dem Wandel von Zeit und Tempo ist nach Auffassung mancher Sozialphilosophen eine Schrumpfung der Gegenwart verbunden. Technische Innovationen, Kleidungsmoden oder Musikstile sind gute Beispiele dafür. Die Ausstattung eines Computers gilt selten länger als ein halbes Jahr als modern, schon bald sind viel schnellere und leistungsfähigere Modelle auf dem Markt, die der Nutzer »eigentlich« nicht benötigt, sich sozial aber rasch ins Abseits gestellt sieht, wenn er nicht »aktuell« ist. Wer Moden und Stile, die durch Medien in immer rascherer Abfolge präsentiert werden, nicht kennt und mitmacht, der wird schnell zum Außenseiter. Die gemeinsamen Zeiten von »Gegenwart« werden kleiner, die Vergangenheit wird größer, zumal vieles aus der Gegenwart (z. B. im Museum der Alltagsgegenstände) musealisiert wird . Im Informationszeitalter wird Zeit immer mehr zur »Punktzeit« (Gendolla 1989). Im Zeichen von Computern und moderner Militärtechnik löst sich die lineare Zeit der Gegenwart in unendlich viele Zeitpunkte auf, die für den Menschen weltweit zur gleichen Zeit erreichbar sind. Immer mehr Informationen können in immer kürzerer Zeit an immer mehr Adressaten weiter gegeben werden. So entsteht ein neuer Begriff von »Gleichzeitigkeit«. Dinge, die vormals räumlich und damit auch zeitlich weit voneinander entfernt waren, können in der »Netzgesellschaft« (Rost 1996) simultan wahrgenommen werden. So bestimmen sich die Positionen der Individuen weltweit ständig neu, woraus sich auch veränderte Vorstellungen von »Nähe« bzw. »Intimität« ergeben. Der Chat im Internet kann Liebesgestammel weltweit verbreiten, das Flüchtlingselend in Afghanistan kommt fast hautnah über den Bildschirm. Die Gegenwart wird immer deutlicher in simultane Zeitpunkte oder Punktzeiten aufgelöst, was mit erheblichen psychischen Koordinationsleistungen verbunden ist, denn die Gegenwart schrumpft nicht nur, sie wird zur gleichen Zeit auch aufgebläht, weil immer mehr gleichzeitig passiert oder als Option möglich erscheint. Die Kontingenzproblematik, nämlich die Entscheidung für eine Option und damit das Ausscheiden unzählig vieler anderer Möglichkeiten, vergrößert sich, was letztlich gemeinsame Erfahrungswelten einschränkt und im Zeichen der Individualisierungstendenzen die Vergesellschaftung erschwert. Die zunächst aus Militärtechnologien resultierende Absicht, Informationen punktgenau an den Adressaten zu bringen, verbreitet sich im Alltag z. B. durch e-mails oder SMS immer weiter und verändert die Einstellung zur Zeit. Zugleich breitet sich unter dem Diktat ökonomischer Zeitverwendung immer mehr die »infinitesimale Zeitlogik« (Rinderspacher 1989) aus, indem auch die kleinsten Zeitressourcen als infinite Zeit in ökonomisch optimale Verwendungszwecke eingebunden werden.

Zeitsparen und Temposteigerung haben in modernen Gesellschaften fast schon religiösen Charakter angenommen. Nahezu sämtliche Produkte und Dienstleistungen lassen sich mit dem Versprechen, Zeit zu sparen bzw. die Geschwindigkeit zu erhöhen, vermarkten. Besonders in komplexen Gesellschaften mit wachsenden Koordinierungserfordernissen greift der Slogan »Zeit ist Geld«, wobei »Geld« für alle positiv bewerteten Erlebnisse stehen kann. Nach den Gesetzen der Marktwirtschaft hat jedes knappe Gut einen hohen Preis und wenn Zeit knapp wird, dann steigt ihr Preis. Also versprechen Zeitsparmaßnahmen eine Verbilligung der Kosten. Bereits vor drei Jahrzehnten hat der schwedische Ökonom Linder dabei ein Paradox ausgemacht. Um sich z. B. zeitsparende Geräte leisten zu können, müssen die Menschen Geld investieren, das sie üblicherweise durch Erwerbsarbeit erlangen können. Wird sodann berechnet, wieviel Zeit Menschen z. B. durch einen programmierbaren Kochherd einsparen können, so erreicht die eingesparte Zeit nur in günstigen Fällen jenen Zeitwert, der für die zum Kauf erforderliche Erwerbsarbeit, Reparaturen, Informationsbeschaffung bei der Auswahl und beim Lesen der Anleitung usf. erforderlich ist. Das Linder-Paradox mag im Zeichen degressiver Kosten und gestiegener Realeinkünfte (bei allerdings verlängerten Arbeitslosigkeitsphasen) heute nicht mehr voll zutreffen, doch verweist es immer noch auf die Ideologiehaltigkeit des Zeitspar-Argumentes.

Mit dem »Geist des Kapitalismus« (Weber) haben sich nicht nur die Rationalisierung modernen Wirtschaftens sondern auch Beschleunigung und Rastlosigkeit durchgesetzt. Müßiggang und Zeitverschwendung wurden im Zeichen des Calvinismus verpönt. Zur Maxime der Lebensführung wurde seither, aus der zur Verfügung stehenden Zeit »etwas Sinnvolles« zu machen. Die Vergeudung von Zeit wurde zur ersten Sünde im aufkommenden Kapitalismus. Weil aber unbestimmt blieb, was »Sinnvolles« denn zu bedeuten habe, verbreiteten sich Rastlosigkeit und Tempo als zentrale Lebensprinzipien. Besonders das ausgehende 19. Jahrhundert und das gesamte 20. Jahrhundert wurden zur Phase der raschen Beschleunigung. Fast ein Dutzend Mal wurde in London 1880 die Post zugestellt, ein Rohrpostnetz verband in Paris alle großen Kaufhäuser und Behörden, um in weniger als 20 Minuten Pakete zustellen zu können und im Kampf um das blaue Band des Geschwindigkeitsrekordes lief 1912 die »Titanic« auf einen Eisberg. Wie der französische Dromologe[13] Paul Virilio beobachtet hat, wird Tempo zum zentralen Vergesellschaftungsmittel moderner Gesellschaften.

Zeit als Element der sozialen Ordnung dringt gewissermaßen in alle Poren der Menschheit ein und drückt damit zugleich auch ein Krisengefühl, aber auch einen Lebensstil aus: »Zunehmende Zeitsensibilität ist ein Symptom für das Fortschreiten unseres Zivilisationsprozesses. Vieles, vielleicht zu viel, dreht sich um die Zeit. In Phasen kulturellen Umbruchs und Übergangs wie derzeit mag Zeit zum thematischen Kern des Lebensstils werden« (Weis 1998a: 8). In der modernen Soziologie hat vor allem Giddens darauf hingewiesen, dass Zeit und Raum für jede Gesellschaftsform konstitutiv sind. Zeit ist nicht nur der Rahmen, in dem sich die gesellschaftliche Entwicklung vollzieht, sie ist Ausdruck gesellschaftlicher Objekte: »Entities do not only exist in time; time expresses the nature of what objects are« (Giddens 1987: 141). Er schlägt daher vor, soziale Handlungen als »settings of interaction« als Zeit-Raum-Beziehungen zu analysieren. Dadurch strukturiert sich Gesellschaft, weshalb Giddens seinen Ansatz als »Strukturationstheorie« bezeichnet. Die Routinen des »day-to-day life« werden als Zeit-Raum-Pfade oder als Zeit-Raum-Distanzierungen beschrieben. Soziologie bedient sich daher des »time-space zoning«. Dies könnte auch für die Freizeitsoziologie fortentwickelt werden, denn Menschen distanzieren sich im Urlaub gewissermaßen von ihren alltäglichen Zeit- und Raum-Vorstellungen. Ihre Zeit-Raum-Pfade verlaufen auf Reisen anders als im heimischen Umfeld. Auch historisch könnte eine solche Analyse fruchtbar gemacht werden. In jeder historischen Entwicklungsstufe hatten die Gesellschaften unterschiedliche Vorstellungen von Zeit und Raum ausgeprägt.

In der historischen Abfolge waren die Zeitregime zunächst stark mythisch (Stammesgesellschaften), kulturell bzw. politisch (Antike, Mittelalter), später dann ökonomisch geprägt (Industrie, Kapitalismus). Das industrielle Zeitregime war und ist auf Erwerbsarbeit und Produktion, Distribution und Konsum ausgerichtet, denen die übrigen Zeiten untergeordnet waren. Dabei verliefen die Aneignung von Zeit und Raum zwischen Männern und Frauen verschieden, wobei die dominanten Zeitregime vor allem von Männerinstitutionen (Kirche, Militär, Seefahrt, Fabrik) geprägt wurden. In der Moderne haben die herkömmlichen Zeitregime allerdings ihren monolithischen Charakter eingebüßt. Mit Tendenzen zur Globalisierung, Individualisierung, Informatisierung und Medialisierung haben sich neue Zeitregime etabliert, die pluraler als die traditionellen Muster sind und mehr Optionen bieten. In der Gesellschaft verschiebt sich das vorherrschende Zeitregime: Ökonomische Imperative sind zwar nicht zu leugnen und wirken über Verdichtung und Beschleunigung sehr stark auf jene, die noch an der bezahlten Erwerbsarbeit partizipiern können, jedoch rücken Zeitregime immer mehr in das Zentrum der Gesellschaft und damit weg von der bloßen Ökonomie. Über Zeit werden die Individuen vergesellschaftet, Zeitarrangements erhalten im Zeichen von Individualisierung und Multi-Optionen-Gesellschaft einen hohen Stellenwert. Zugleich wird den Individuen in der Ambivalenz zwischen Zeitbindung und Zeitautonomie der Eindruck vermittelt, selbst über Zeit verfügen und diese nach eigenen Optionen nutzen zu können. Hier könnte eine ideologiekritische Freizeitsoziologie ansetzen und die

---

13 Dromologie ist die Wissenschaft von der Bewegung bzw. Umdrehung.

bislang vorliegenden theoretische Ergebnisse der sich stark ausbreitenden Soziologie der Zeit integrieren.

9.2 Freizeit in der Erlebnisgesellschaft

Ein anderer theoretischer Zugang auf der makrosoziologischen Ebene besteht in der Typologisierung ganzer Gesellschaften nach ihrer dominanten Strukturqualität: Freizeit-, Erlebnis- oder Informationsgesellschaften sind derartige Typologien. Dabei muss jede Typenbildung wichtige Merkmale zwangsläufig überhöhen, um das jeweils Neuartige herauszuarbeiten. Im Typus der Freizeitgesellschaft hat Freizeit zwar an Bedeutung gewonnen, Arbeit aber nicht überflüssig gemacht. In der Informationsgesellschaft sind Informationen in den Mittelpunkt des Handelns bzw. Handels getreten, doch sind andere Elemente keineswegs überflüssig geworden. Solche Typisierungen erfreuen sich über längere Zeit großer Popularität, geraten aber dann wieder etwas in den Hintergrund, wenn ein neuer Typus medienwirksam am wissenschaftlichen Horizont auftaucht. Die Thesen von der heraufkommenden Freizeitgesellschaft erfreuten sich etwa zwischen 1965 und 1985 großer Beachtung, weil die jahrtausendelang dominierende Erwerbsarbeit zurückging und für große Bevölkerungsgruppen Freizeit in beachtlichem Umfange verfügbar wurde. Heute ist bekannt, dass Freizeit sich nicht linear vergrößert hat und auch nicht zum bestimmenden Merkmal moderner Gesellschaften geworden ist. In den neunziger Jahren ist ein anderer Typus populär geworden, nämlich die »Erlebnisgesellschaft«, wie sie der Soziologe Gerhard Schulze in seiner umfangreichen theoretischen und empirischen Studie (1992) beschrieben hat. An seine Konzepte und Befunde knüpfen seither zahlreiche Ansätze zur Analyse der Freizeit in der Erlebnisgesellschaft an.

Schulze beschreibt eine Veränderung, die man als Prioritätenwandel der »Lebensgrundsätze« bezeichnen kann. Die Freiheit des Menschen hat ihn zu der philosophischen Frage: »Was will ich eigentlich?« (33) und zu der folgenden pragmatischen Antwort geführt: Das Erlebnis und dessen Erlebniswert stehen im Vordergrund, das individuelle Alltagsleben wird über eine entsprechende Ästhetisierung dem neuen Bedürfnis nach Erlebnisbefriedigung angepasst. »Wie ein Kompaß gibt ein alltägliches Schema Orientierungshilfe auf dem Erlebnismarkt« (451). Schulze sieht die Ursachen für diesen Wandel in der Tatsache begründet, dass der Mensch es nicht mehr nötig hat, um seine Existenz, um sein Überleben zu kämpfen. »Bei allem KrisenBewusstsein ist das Leben doch garantiert. Jetzt kommt es darauf an, es so zu verbringen, dass man das Gefühl hat, es lohne sich« (60). Der Mensch sucht nach Erlebnissen, die ihn befriedigen und seinem Leben einen Sinn geben. Dies sind in erster Linie ästhetische, subjektiv als positiv empfundene »Begegnungen«. Schulze bringt es auf den Punk: »Der kleinste gemeinsame Nenner von Lebensauffassungen in unserer Gesellschaft ist die Gestaltungsidee eines schönen, interessanten, subjektiv als lohnend empfundenen Lebens« (37). Und noch kürzer: »Das Erleben des Lebens rückt ins Zentrum« (33). Die Erlebnisorientierung, die Wünsche und Erwartungen führen jedoch vielfach zu Unsicherheiten und Enttäuschungen. Unsicherheit darüber, was, wann und wie einem ästhetischen Genuss verschafft und Enttäuschung, wenn dieser nicht erfüllt wird.

Unterlagen frühere Gesellschaften weitgehend der materiellen Not und mussten ihre Lebensführung nach ökonomischen Zwängen ausrichten, so sind in modernen Wohlstands- oder gar Überflussgesellschaften andere Semantiken vordringlich: »Als zentrales regulatives Prinzip entsteht eine fundamentale psychophysische Semantik, die an die Stelle der früheren ökonomischen Semantik tritt« (Schulze 1992: 35). Damit ist ein Übergang vom ehedem außenorientierten Denken der Knappheit zu einem innenorientierten Denken des Erlebens verbunden. In Zeiten materiellen Wohlstands ist der Handelnde in der Lage, zwischen mehreren Möglichkeiten zu wählen. Das Kriterium der Wahl wird dabei immer mehr die Erlebnisqualität eines Produktes. Kleidung dient nicht mehr ausschließlich dem Schutz vor den Unbilden der Natur, sondern mit Kleidung werden auch ästhetische Bedürfnisse erfüllt und Erlebnisse hervorgerufen. Allerdings ist die Erlebnisrationalität zweischneidig, weil das verheißene Erlebnis nicht immer eintritt und auch nicht mit Geld erreicht werden kann. Nur scheinbar können die Individuen Erlebnisse frei wählen. Empirisch orientieren sie sich an bereits kollektiv schematisierten Erlebnismustern, die als Zeichen vom jeweiligen Individuum mit Bedeutungen belegt werden. Zeichen können als Objekte, Handlungen, Personen, Ereignisse nahezu jede Form der Manifestation annehmen, »sofern sie von Sendern als Zeichen gemeint und/oder von Empfängern als Zeichen interpretiert werden« (95). Die den Zeichen zugeordneten Bedeutungen liegen auf drei Ebenen: nämlich Genuss, Distinktion und Lebensphilosophie. Auf der Genussebene werden die sinnlich spürbaren Bedeutungen schöner Erlebnisse thematisiert; auf der Bedeutungsebene der gesellschaftlichen Distinktion verweisen die gewählten Zeichen auf gesellschaftliche Unterschiede; auf der Ebene der Lebensphilosophie verweisen die gewählten Zeichen auf grundlegende Wertorientierungen des Individuums.

Die gewählten Zeichenmengen verdichten sich zu standardisierten Bedeutungsmustern, die Schulze als alltagsästhetische Schemata charakterisiert, die auch als kollektive Erlebnisroutinen verstanden werden können. Dabei unterscheidet er zwischen dem Hochkulturschema, dem Trivialschema und dem Spannungsschema, die sich im Raum der Alltagsästhetik auffinden lassen. Zum Hochkulturschema gehören z. B. das Hören klassischer Musik, Theater- oder Museumsbesuche oder das Lesen »guter« Literatur. Zum Trivialschema zählen z. B. Arzt- oder Liebesromane, Volksmusik oder Quiz- und Werbesendungen privater Fernsehsender. Dagegen werden Thriller, Rockmusik oder Kino-, Disco- bzw. Kneipenbesuch zum Spannungsschema gezählt. Der individuelle Stiltyp lässt sich dann durch Nähe bzw. Ferne zu den drei Schemata bestimmen. In der Praxis ist die Vielfalt von Stiltypen nicht beliebig, sondern verdichtet sich zu milieuspezifischen Existenzformen. Derartige Milieus bilden Ähnlichkeiten aus, wodurch das jeweilige Individuum neben Alter und Bildung in der Gesellschaft verortet werden kann. Schulze konzentriert seine Analysen lediglich auf die Indikatoren Alter und Bildung, wodurch sich für ihn fünf Milieus ergeben:

* Selbstverwirklichungsmilieu: gehobene Bildung, jüngeres Alter: Typisch ist der Besuch des neuen Kulturmilieus (Konzerte, Kleinbühnen), Besuch verschiedener Kneipen, Individualtourismus, viel Sport in der Freizeit, großer Freundeskreis, guter körperlicher Zustand, meist ledig oder geschieden, viele Angehörige sozialer und pädagogischer Berufe.

- Unterhaltungsmilieu: geringere Bildung, jüngeres Alter: Man kleidet sich oft sportlich, aber mit billiger Massenware, geht zu Sportveranstaltungen, fährt gerne Auto, frequentiert Volksfeste, raucht viel, spricht häufig dialektgefärbt und interessiert sich wenig für öffentliche Angelegenheiten.
- Niveaumilieu: gehobene Bildung, etwas älter: Typisch sind u. a. akademische Berufe wie Ärzte, Anwälte oder Hochschullehrer, die z. B. Restaurants mit »gehobener« Bildung besuchen, sich konservativ oder elegant kleiden, überregionale Zeitungen lesen, Konzerte, Opern oder Theater besuchen und i. d. R. die Hochsprache benutzen.
- Integrationsmilieu: mittlere Bildung, etwas älter: Typisch sind mittlere Angestellte oder Beamte, man kleidet sich gediegen und unauffällig, fährt meistens einen Mittelklassewagen, ist überwiegend verheiratet, nimmt an Vereinsaktivitäten teil, pflegt nachbarschaftliche Kontakte, hat keine eindeutigen ästhetischen Präferenzen.
- Harmoniemilieu: geringere Bildung, etwas älter: Typisch sind ältere Arbeiter und Verkäuferinnen, viele Hausfrauen und Rentner. Man kleidet sich preiswert und unauffällig, sieht viel fern, kauft in Supermärkten, reist als Pauschaltourist, liest gern Illustrierte oder Bild-Zeitung, ist oft übergewichtig.

Solche Typisierungen lassen sich auch anders konstruieren. Erstaunlich ist aber, dass z. B. Opaschowski (1992) in einer Untersuchung über Freizeitstile zu recht ähnlichen Befunden gelangte.

Soziale Ungleichheit wird durch einen solchen Ansatz nicht geleugnet, die Analyse wird aber um eine horizontale Dimension erweitert. Die bisherige Ungleichheitsforschung orientierte sich vor allem an der vertikalen Achse von Knappheit bzw. Überfluss. Schulze führt in seiner Untersuchung die These von der gespaltenen Vertikalität ein, denn die beschriebenen Milieus sind eben nicht nur auf der vertikalen Achse Bildung sondern ebenfalls auf der horizontalen Achse des Alters angesiedelt. Auch andere Achsen ließen sich denken. Einkommen und Konsum sind für die Erlebnisgesellschaft nicht länger zentrale Determinanten, die Zugehörigkeit zu Milieus wird scheinbar individuell gewählt, zeichnet sich aber durch kollektive Ähnlichkeiten aus. Der soziale Konflikt zwischen hierarchisierten Klassen oder Schichten wird abgelöst durch den »sozialen Frieden gegenseitigen Nichtverstehens« (408) zwischen den Milieus: »Zwischen den Milieus herrscht ein Klima von Indifferenz oder achselzuckender Verächtlichkeit, nicht geregelt und hierarchisiert durch eine umfassende Semantik des Oben und Unten« (Schulze 1992: 405). Die Erlebnisgesellschaft verlagert also die sozialen Ungleichheiten in die horizontale Ebene des Nebeneinander von Milieus, weshalb sich auch in der Freizeit Gleichförmigkeiten ausbreiten, die nicht in Schicht- oder Klassenzugehörigkeiten zu verorten sind.

Für die Freizeit in der Erlebnisgesellschaft haben Hartmann/Haubl (1996) einige allgemeine gesellschaftliche Trends markiert, die allerdings empirisch noch geprüft und für die verschiedenen gesellschaftlichen Gruppen ausdifferenziert werden müssen:

> »– Die Erfüllung des Wunsches der Gesellschaftsmitglieder, viele und intensive Erlebnisse zu haben, wird zunehmend unaufschiebbar. Dies geschieht in dem Maße, in dem sie an Übersicht und Kontrolle über ihre eigene Lebensführung verlieren und damit diese Quellen der Selbstwertschöpfung einbüßen. Die Gestaltung der Gesell-

schaft wird durch Freizeitgestaltung ersetzt. Dem korrespondiert der Ausbau der Er-
lebnisindustrie, die in dieser Situation kompensatorisch wirkt.

- Steigender Erlebnishunger führt zu einem Rückzug in die Privatheit mit einer Neigung, sich bei Meinungsverschiedenheiten auf Evidenzen zu berufen, so daß alle
  Versuche, Fragen nach Wahrheit und Richtigkeit mittels rationaler Kriterien zu beantworten, überholt erscheinen.
- Indem Erlebnishunger zum herausragenden Bezugspunkt individueller Lebensführung wird, nimmt die gesellschaftliche Individualisierung zu: Da es einer immer
  entwickelteren empathischen Kompetenz bedarf, um die subjektive Bedeutung der
  Erlebnisse nachzuvollziehen, die andere Gesellschaftsmitglieder erleben, wird es
  immer schwieriger, sich untereinander zu verstehen.
- Die Unwillkürlichkeit von Erlebnissen erscheint als Ärgernis: Mit allen verfügbaren
  wissenschaftlich-technischen Mitteln sollen Bedingungen hergestellt werden, die
  bestimmte (lustvolle) Erlebnisse garantieren, um auf diese Weise Enttäuschungen zu
  vermeiden.
- Die Erlebnisjagd ist so schnell geworden, daß die einzelnen Erlebnisse kaum mehr
  psychosozial integriert werden können. Erlebnisreichtum geht in Erfahrungsarmut
  über« (Hartman/Haubl 1996: 13).

Das Konzept der Erlebnisgesellschaft war vor allem deshalb so einleuchtend, weil
(a) der Begriff Erlebnis wissenschaftlich kaum zu präzisieren ist und daher für fast
alle Aussagen passen kann, (b) die Konsumsphäre und der gesamte Freizeitbereich
immer massiver und ausgeklügelter Erlebnisse verheißt, wobei deren Einlösung
nicht überprüfbar ist, sondern den Hunger nach immer neuen Erlebnissen stimuliert. Mit den Erlebnisofferten wird zugleich eine neue Qualität von Glück ver-
sprochen. War Glück für frühere Generationen das Ausbleiben von Unglück und
das eher seltene Gefühl, zu sich gelangt zu sein oder Liebe zu erfahren oder neues
Leben in die Welt gebracht zu haben, so ist Glück heute dem Anschein nach her-
stellbar bzw. sogar käuflich. Das Böse lauert zwar immer und überall, um einen
vor Jahren populären Liedtext zu bemühen, doch mit der »richtigen« Lebensein-
stellung lässt sich Glück manipulieren, fast sogar erzwingen.

9.3 Tausch und Konflikt

Ein anderer theoretischer Zugang zum Thema Freizeit, der zwischen Gesellschaft
und Individuum vermittelt, also eher der mesosoziologischen Ebene zuzurechnen
ist (teilweise auch mikro-, aber auch makrosoziologische Zugänge berücksichtigt)
könnte Anleihen bei tauschtheoretischen Ansätzen machen. Jegliche menschliche
Gesellschaft beruht fundamental auf Tausch. Güter, Attraktivität, Zuneigung, Macht
oder Hilfsmöglichkeiten waren und sind in jeder bislang bekannten menschlichen
Gesellschaft ungleich vorhanden. Damit Menschen überleben können, haben sich
bereits früh Tauschbeziehungen angebahnt. Ein Mensch hatte z. B. einen Über-
schuss an Nahrungsmitteln, ein anderer an Brennholz, also organisierte man einen
Tausch, dessen Bedingungen von einer Vielzahl von Faktoren (Machtverhältnissen,
Fristen, Lagermöglichkeiten etc.) abhingen. Marx hat dabei auf den Unterschied
von Gebrauchswert und Tauschwert aufmerksam gemacht. Zeit kann für den über-
lasteten Manager einen hohen Gebrauchswert und vielleicht einen noch höheren

Tauschwert haben, für einen Todkranken hat die eigene Zeit vermutlich einen geringen Gebrauchswert, die Zeit anderer pflegender oder tröstender Personen hat für ihn indes einen hohen Tauschwert. In der Dimension Zeit können unterschiedliche Tauschbeziehungen eingegangen werden, ohne dass dies immer als Tausch angesehen wird. Auch ist zwischen verschiedenen Ebenen zu unterscheiden, die von der Individualebene über das Interaktionsgeflecht bis hin zur Sozialstruktur oder sogar bis zur Weltzeit reichen. Dabei ist festzuhalten, dass Zeit eben nicht gleich Zeit ist, sondern Zeitnormen und Zeitwerte tief in die möglichen Tauschrelationen hinein greifen. Für die eine Person kann Zeit notorisch knapp, für die andere Person endlos lang sein. Von der jeweiligen Zeitkultur hängt ab, ob Zeit z. B. als Geschenk Gottes oder als knappes und teures Gut angesehen wird. Die ökonomische Theorie spricht dagegen von der Allokation von Zeit und suggeriert damit, dass Zeit immer die gleiche Quantität habe. Soziologische und psychologische Interaktionstheorien verweisen dagegen darauf, dass durch die zwischen Partnern ausgehandelten Teilungslinien von Zeit qualitativ sehr unterschiedliche Zeitwerte, also gewissermaßen günstige und ungünstige Zeiten, entstehen. In der gesellschaftlichen Konstruiertheit von Zeit manifestieren sich zudem Aspekte von Macht und Herrschaft, die in Tausch und Konflikt mehr oder minder deutlich zum Ausdruck kommen.

Tausch ist stets mit Konflikt und Sanktionen verbunden, zumindest im Falle des antagonistischen Tausches, während der synagonistische Tausch (z. B. in der Mutter-Kind-Dyade oder in einer engen Liebesbeziehung, in der kein Sanktionentausch vorherrscht) eher selten stattfindet. Jede soziale Beziehung enthält in mehr oder minder großem Umfange Konflikte, in jedem Tausch ist auch das Ausüben bzw. Vermeiden von Sanktionen impliziert, wie Clausen (1978) herausstellt:

> »Antagonistisch soll wieder heißen, daß diese Klasse von Sanktionstauschen dergestalt einem 2-Personen-Nullsummen-Spiel ähnelt, daß der einzelne seine eigene Mühe, eine Tauschbeziehung zu erbringen, zu minimieren trachtet und seinem Tauschgegner dessen Mühe möglichst vergrößert (durch maximales Heraunötigen von dessen positiven und Erschwernis von dessen negativen Sanktionsangeboten) – und umgekehrt; so, daß der Gewinn des einen stets der Verlust des anderen ist. Die positiven Sanktionen unterscheiden sich dabei von den negativen in dem, daß der Erhalt der ersten, dagegen die Abwehr der zweiten eine Mühe wert scheint« (Clausen 1978: 101).

Auf die Dimension Zeit bezogen bedeutet dies, dass Menschen in sozialen Beziehungen möglichst viele positive Sanktionen erlangen und negative Sanktionen vermeiden wollen, wenn sie anderen Menschen einen Teil ihrer Zeit widmen. Sanktionen können dabei vielfältig sein: von Aufmerksamkeit und Gunst über Geld und Definitionsmacht bis hin zu Liebesentzug und Isolation. Die Formen des Tauschens von Zeit sind auf den unterschiedlichsten Ebenen auszumachen:

- Auf der Ebene des Individuums lässt sich Zeit in den temporalen Abläufen tauschen, wenn z. B. »die Nacht zum Tag« gemacht und der erforderliche Schlaf später nachgeholt wird oder wenn für wichtige Arbeiten (etwa bei der Abfassung eines Buches zur Soziologie der Freizeit) lange Arbeitsphasen ertragen und diese später mit längeren Erholungsphasen abgegolten werden. Solche Tauschvorgänge sind allerdings nur für wenige Menschen ins Belieben gestellt, die meisten Menschen sind strukturellen Zwängen unterworfen und müssen bei notorischer Missachtung solcher Zwänge mit zusätzlichen Kosten (z. B. Entlassung oder Erkrankung) rechnen.

● Auf der Ebene interpersonaler Beziehungen wird Zeit fast immer getauscht, um solche Beziehungen überhaupt zu ermöglichen. Die Person A widmet der Person B eine bestimmte Zeitmenge, um sich mit dieser z. B. in Form von Gesprächen, Liebesakten, gemeinsamen Unternehmungen und Erfahrungen austauschen zu können. Dabei überwiegen reziproke Erwartungen: B soll A ebenfalls eine bestimmte Zeitmenge widmen. Sind die Wertigkeiten der Zeitmengen für A und B gleich und eine Synchronisation wird erreicht, dann kann dies als egalitärer Tausch gelten. In der Realität lassen sich etliche Abweichungen ausmachen. B kann die von A erwartete Zeitmenge nur teilweise synchron beantworten und den Rest auf einen Anruf, Brief oder Chat vertrösten oder aber die synchrone Zeit besonders intensiv gestalten und den zeitlichen Rest als entbehrlich deklarieren. Substitute sind im Alltag nur zu bekannt: der Blumenstrauß als Entschädigung für die zu knappe gemeinsame Zeit. Zeit gewähren oder Zeit stehlen sind alltagssprachliche Hinweise auf die Schwierigkeit, Zeit angemessen tauschen zu können. Anderen Personen Zeit zu gewähren, gilt als Gunstbeweis, der mit Zeit, anderen Leistungen oder Geld zu honorieren ist. Anderen Personen Zeit zu stehlen, gilt gelinde als unhöflich, in schlimmeren Formen als Gewalt. Im Alltag werden zeitliche Tauschrelationen oft formalisiert oder ritualisiert: genau festgelegte Essens- oder Schlafenszeiten, penible Aufrechnungen, wer wann den Kindern vorzulesen oder den Hund auszuführen hat, oder der immer zur selben Zeit stattfindende Beischlaf sind hierfür Beispiele. Bisweilen federn auch Höflichkeitsregeln den ungleichen Zeittakt ab, wenn z. B. ein Partner sehr viel langsamer isst und der andere Partner Pausen einlegt. Verdichtung, Dehnung oder Vertagung sind gängige Strategien, um in dem Ringen um egalitären Zeittausch bestehen zu können. Der kurze intensive Flirt bezeugt Verdichtung, das lange ausgekostete Zigarillo nach dem Mahl soll hingegen Dehnung erzeugen, und der Hinweis, am Wochenende alle Probleme gründlich bereden zu wollen, signalisiert Vertagung.

● Zeit kann zwischen Personen auch asymmetrisch getauscht werden. Eine Form kann dabei durch Zwang und Macht erreicht werden, wenn z. B. Eltern die Zeit ihrer Kinder begrenzen und deren Zeitverwendung in eine bestimmte Richtung lenken. Umgekehrt verstehen Kinder sich gut darauf, durch Weinen und Quengeln den Eltern Zeit abzuverlangen. Dies kann die Freizeit der Eltern erheblich beeinträchtigen, weil Spannungsbögen in ihrem Freizeitverhalten immer wieder unterbrochen und neu aufgebaut werden müssen. Auch zwischen Erwachsenen bilden sich immer wieder asymmetrische Zeit-Tausch-Relationen aus, wenn z. B. ein Partner sich nicht hinreichend beachtet fühlt und durch Gereiztheit oder Schweigen dem anderen Partner zeitliche Zuwendung abverlangt. Umgekehrt lässt sich die Zeit des Partners zerstören, indem durch lautstarke Aktivitäten oder häufige Anrufe dessen Freizeit beeinträchtigt wird. Sind mehr als zwei Partner an der Interaktion beteiligt, kann es zu Koalitionsbildungen kommen. A und B vereinbaren für einen Zeitraum eine bestimmte Freizeitaktivität und setzen C mit der Entscheidung, mitzumachen oder ausgeschlossen zu werden, unter Druck. Am Arbeitsplatz möchte A gerne seine Arbeit ohne Unterbrechung fortsetzen, während alle übrigen Kollegen eine Pause einlegen möchten, was ihn zum Außenseiter macht und ihn mit psychischen oder legitimatorischen Kosten belastet. Und wer die informell eingeforderten Überstunden nicht mitmacht, muss mit Entlassung rechnen. So wird aus vermeintlicher Zeitautonomie sozial wieder Zeitbindung. Andere Formen des asymmetrischen Zeittausches werden aus Traditionen und (angeblichen oder tatsächlichen) Fähigkeiten hergeleitet, wie hinlänglich aus der Familiensoziologie oder der Haushaltsökonomie bekannt ist. Die häusliche Arbeitsteilung zwischen Mann und Frau wird mit Traditionen begründet, weil es die Vorgänger-Generationen ebenso getan haben, oder durch vermeintliche Fähigkeiten nach dem Motto, »die Frau kann eben besser kochen, der Mann besser die anfallenden Reparaturen durchführen, hat aber für Sauberkeit keinen Sinn, weshalb die Frau lieber alleine den Hausputz besorgt«, legitimiert. Und ganz ähnlich lauten dann die immer noch gängigen Begründungen für die geringere Beteiligung von Frauen an der Erwerbsarbeit.

● Für die in der Erwerbssphäre verbrachte (Arbeits)Zeit wird mit Geld, Naturalien oder Prestige gezahlt. Zeit wird also gegen andere Rechengrößen getauscht. Wenn Frauenerwerbsarbeit schlechter bezahlt wird als jene von Männern, zeigen sich unterschiedliche Zeitwerte. Auch auf der Zeitachse wird unterschiedlich entlohnt, wenn z. B. Nacht- bzw. Schichtarbeit mit zusätzlichen Prämien belegt werden. Und der reine Zeitaufwand für eine Tätigkeit gibt nur selten den Maßstab für die Entlohnung ab, denn ein ungelernter Arbeiter kann mit noch so großer körperlicher Anstrengung in acht Stunden nie das Gehalt erreichen, das ein Professor für acht Stunden Lektüre am Schreibtisch erhält. Umgekehrt kann der Professor mit dem Honorar für mehrjährige Arbeiten an einem wissenschaftlichen Buch kaum das Monatsgehalt eines ungelernten Arbeiters erreichen – aber für den wohlbestallten Professor wäre das ja auch ein Zubrot, während der Arbeiter von seinem Gehalt leben muss. Mit dem durch Erwerbsarbeit erzielten Einkommen lässt sich ebenso wie mit dem durch Erbschaft, Diebstahl, Lotto oder Geschenke erzielten Geld Zeit kaufen. Das kann verschiedene Formen annehmen. So kann z. B. ein Gerät angeschafft werden, mit dem bei der Hausarbeit Zeit eingespart werden kann, die dann für Freizeit eingesetzt werden kann. So können Dienstleistungen oder Personal eingeworben werden, die nötige oder erwünschte Tätigkeiten verrichten und so im privaten Zeitbudget Spielräume vergrößern, welche die Freizeit bereichern. So kann auch die Aufmerksamkeit und Gunst anderer Personen erkauft werden, was andersweitig vielleicht gar nicht erreichbar oder mit sehr viel Zeit und Liebesmühe verbunden wäre. Folgerichtig hat sich ein ganzer Markt von Zuhörenden und Beratenden etabliert (von allen Formen der Beratung in Lebensfragen, Therapien, bis hin zur Telefonseelsorge und Telefonsex). Anderen sein Ohr zu leihen verbraucht Zeit, bringt oft aber auch Ertrag und manchmal sogar Befriedigung.

● Vielfach wird Zeit gegen Ehre, Einfluss oder Macht getauscht. Das vor allem in der Freizeit wahrgenommene Ehrenamt beruht in den meisten Fällen auf einer derartigen Konstellation. Die Vorstandsmitglieder eines Vereins werden für die vielen Stunden ihrer Tätigkeit nicht bezahlt und müssen sogar Einschränkungen ihres Familienlebens hinnehmen, können eventuell auch ihre Freizeit nicht angemessen nutzen und verzichten sogar darauf, die für den Verein aufgebrachte Zeit andersweitig (z. B. für bezahlte Tätigkeiten oder für Bildung) einzusetzen. Als Entschädigung kann z. B. Ehre erlangt werden, wenn etwa die Medien über den Verein berichten, die Politik zu Empfängen einlädt oder politische Würdenträgern mit Danksagungen die Tätigkeit würdigen. Im Vereinsvorstand kann aber auch Einfluss und Macht ausgeübt werden, wenn bestimmte Ziele durchgesetzt oder die Strategien von Parteien oder politischen Entscheidungsträgern durchgesetzt werden. Als Vorsitzender eines örtlichen Sportvereins lässt sich vielleicht auch ein Sitz im Gemeinderat erringen usf. Die in den Gremien der akademischen Selbstverwaltung zugebrachten Zeiten gehören nicht unbedingt zu den honorierten Arbeitsleistungen, doch kann der dabei erlangte Einfluss auf Prüfungsordnungen oder Forschungsvorhaben für die verbrauchte Zeit entschädigen. Freilich ist ehrenamtliche Tätigkeit im Zeichen allgemeiner Kommerzialisierung bzw. Pekuniarisierung aller sozialen Beziehungen heute nicht immer leicht zu motivieren. So sind teilweise Geld oder geldwerte Leistungen an die Stelle von Ehre, Einfluss und Macht getreten, teilweise werden andere Formen der Entschädigung (z. B. Anrechenbarkeit auf Rente) überlegt.

- Der Tausch von Zeit kann sich über lange Zeiträume erstrecken. Eltern widmen ihren Kindern viel Zeit in der Hoffnung, zu späteren Zeitpunkten von diesen etwas Zeit zurück zu erlangen für Glücksempfindungen, gemeinsame Unternehmungen, Besuche oder – viel wichtiger – für Unterstützung, Betreuung, Pflege oder Beistand. Wenn die Kinder später das Haus der Eltern erben, erhalten sie auch den immensen Zeitaufwand, den die Eltern in den Bau und Unterhalt des Hauses gesteckt haben, indem sie dann selbst kein neues Haus bauen müssen. Im ungünstigen Falle erhalten sie freilich eine zeitfressende Erbschaft, wenn sie viel eigene Zeit in den Erhalt eines maroden Hauses stecken müssen. Und wenn dann auch noch die Erblasser, um selbst Zeit zu sparen, viel Abfall in den Garten geschüttet haben, benötigen die Erbenden viel Zeit, um diesen zu beseitigen. Zeitsparen und Zeitaufwand kommen intergenerationell nicht immer ins Gleichgewicht. Dies gilt global und für die Menschheitsgeschichte womöglich noch mehr. Denn viele Optionen und Anschaffungen, die den heute in Industrieländern lebenden Menschen Zeit einsparen helfen, beschert den nachfolgenden Generationen oder den weniger industrialisierten Ländern vermutlich hohen Zeitaufwand. Mit Autos oder Flugzeugen lässt sich viel Zeit sparen, doch sind die damit angerichteten Schäden von zukünftigen Generationen zu beseitigen. Und die heute verbrauchten nicht erneuerbaren Energien werden in der Zukunft den Menschen fehlen. Der heutige Zeitgewinn erzeugt zukünftigen Zeitaufwand.

- Die klassische Weisheit »time is money« ist nur eingeschränkt gültig. Denn oft haben Menschen zwar Zeit, aber keine Chance, Geld zu verdienen, weil es entweder keine bezahlte Arbeit gibt oder weil die verfügbare Zeit durch Lagerung, Stückelung oder Verdichtung so ungünstig liegt, dass keine bezahlte Arbeit möglich ist. Wenn keine Gelegenheit besteht, Geld zu verdienen oder wenn Geld nicht verfügbar ist, besteht die Möglichkeit, selbst Güter und Dienste zu erstellen und das ohnehin nicht vorhandene Geld zu sparen. Das gilt in vielen Fällen auch für ehrenamtliche Tätigkeit und die große Menge der Hausarbeit: Zeit spart Geld. Die umgekehrte Formel – Geld ist Zeit – kann oft ebenso viel Geltung erlangen, denn für Geld kann in vielen Fällen Zeit, nämlich die Zeit anderer, gekauft werden. In käuflichen Waren steckt bereits die Arbeitszeit anderer Menschen und wir müssen diese Ware nicht mehr selbst herstellen. In Form von Dienstleistungen ersparen wir uns selbst Arbeit und damit Zeitaufwand, wir können die Zeit so andersweitig nutzen. In vielen Fällen können wir für Geld auch Gunst und Aufmerksamkeit anderer erlangen: Prostitution, Telefonseelsorge oder der wachsende Beratungsmarkt sind Beispiele dafür. Ökonomisch gesehen ergeben sich daraus zwei Preise: Marktpreis und Zeitpreis. Wer nur einen niedrigen Marktpreis zahlen kann bzw. will, ist vielfach gezwungen, einen höheren Zeitpreis zu entrichten, wer nur in geringem Umfange zeitliche Ressourcen einsetzen kann, muss in vielen Fällen einen höheren Geldpreis zahlen.

Die Substituierbarkeit zwischen Geld und Zeit ist allerdings nur im Ideal gegeben, vielfach treten Restriktionen dazwischen. Wer viel Zeit hat, kann diese mangels Erwerbschancen oft nicht in Geld umwandeln; wer über viel Geld verfügt, hat oft nicht genug Zeit, um sich die Zeit anderer leisten zu können, oder er möchte aus anderen Motiven – um sich z. B. bei der Gartenarbeit zu entspannen – gar keine Zeit anderer kaufen. Und Zuwendung, Liebe oder Pflege lassen sich nur in veränderter Qualität gegen Geld tauschen, denn die Verstimmung über den vergessenen Geburtstag lässt sich im nachhinein mit einem üppigen Blumenstrauß nur selten überwinden. Zwar haben im Haushalt viele gegen Geld erworbene Geräte notwendige Arbeit eingespart oder zumindest leichter und schneller gemacht, doch war zu deren Erwerb der Einsatz von Zeit (Erwerbsarbeit, um das nötige Geld zu verdienen, Informationsaufwand, um das angemessene und preisgünstige Gerät herauszufinden und sich über das Funktionieren kundig zu machen, oftmals auch Wartezeit, wenn der Wartungsdienst nicht kommt oder das Gerät durch Defekt ausfällt) notwendig – bei penibler Berechnung stellt sich in vielen Fällen ein Nullsummenspiel ein, wenn die durch das Gerät erzielte Zeitersparnis durch die zu deren Erwerb, Wartung und Bedienung erforderliche Zeit aufgezehrt wird.

Eine andere Begrenzung der Substituierbarkeit ergibt sich, wenn auf dem Markt die benötigte oder gewünschte Zeit anderer nicht in hinreichendem Umfange, erforderlicher Qualität oder akzeptablem Preis zur Verfügung steht. Beispielsweise fehlt es im Bereich der Pflege seit langem an qualifiziertem und engagiertem Personal, so dass auch bei guter Bezahlung niemand verfügbar ist, der die pflegebedürftigen Eltern versorgen könnte. So bleibt in vielen Fällen den fünfzig bis sechzigjährigen Frauen nur die Möglichkeit, eigene Zeit für die Pflege der Eltern einzusetzen – der Zeitpreis kann nicht durch den Marktpreis substituiert werden. Bei der Hausarbeit kann oft die anfallende Tätigkeit nicht auf Personal übertragen werden, weil keine zuverlässigen Personen verfügbar sind oder deren Arbeitsleistung nicht den Qualitätsvorstellungen der Beschäftiger entsprechen. Der Einsatz von Handwerkern verbietet sich in manchen Fällen, weil deren Kosten als zu hoch angesehen werden oder schlicht nicht bezahlt werden können. So stellt sich die in der ökonomischen Theorie (vgl. Becker 1982) unterstellte Alternative zwischen Marktentnahme und Selbstversorgung in vielen Fällen nur als theoretische Möglichkeit, die in der Realität aus den genannten Gründen entfällt. Die Rückverlagerung von Dienstleistungen und Güterherstellung in den privaten Haushalt wird von Joerges (1981) als Konsumarbeit, von Opaschowski (1985) als Freizeitarbeit der Prosumenten und von Shettkat (1988) als Eigenarbeit bezeichnet. Hiermit ist nicht nur die expandierende Do-it-yourself-Bewegung gemeint, auch die selbst vorgenommenen Reparaturen an Wohnung, Haus oder Auto zählen ebenso dazu wie die Wiederbesinnung auf den Anbau und die Verarbeitung von Gemüse und Obst. Begleitet wird diese Entwicklung von einer breiten Palette der Informationsvermittlung, die von Ratgeberliteratur über VHS-Kursen bis hin zu Internetangeboten reicht. Die Informationskosten haben i. d. R. neben einem Marktpreis einen signifikanten Zeitpreis, weil tradierte Wissensbestände in Vergessenheit geraten sind und weil medial eine extreme Vielfalt von Möglichkeiten offeriert wird, deren Auswahl (z. B. vom Geheimwissen mittelalterlicher Klöster bis zu den Finessen asiatischer Kochkunst) die meisten Menschen überfordert.

Hier zeigt sich abermals die Ambivalenz des vermeintlichen Fortschritts in modernen Gesellschaften: Kühlschrank, Küchenmaschine und Mikrowelle haben die Nahrungszubereitung enorm erleichtert, Tiefkühlprodukte und Instantnahrung verkürzen den Arbeitsaufwand weiter, doch gehen damit Kenntnisse verloren, die später durch zusätzliche Mühe wieder neu erlernt und verbreitet werden müssen – zumal dann, wenn, wie in der Gegenwart, die Ernährungsindustrie in Misskredit geraten ist und die Konsumenten total verunsichert sind. Ähnliche Entwicklungen lassen sich in vielen Bereichen beobachten: Billigkleidung ist oft pflegeleicht, aber wegen des hohen Kunststoffanteils meist schwer zu entsorgen, umweltgerechte Kleidung ist nicht nur teurer, sondern bedarf auch spezieller zeitintensiver Pflege, hält aber vermutlich länger. Der Konsument muss sich zwischen verschiedenen Kostenarten und Zeitdimensionen entscheiden. Für sein privates Budget ist vermutlich Billigkleidung vorteilhaft, weil die Entsorgungskosten externalisiert und so Staat oder Kommunen aufgebürdet werden. In der Zeitdimension ist der Verschleiß vermutlich höher, was den kurzfristigen Kostenvorteil langfristig eventuell mindert. Entscheidet sich der Konsument für eine eher umweltgerechte Kleidung, so sind die Kosten kurzfristig höher, langfristig aber womöglich nicht höher als bei billiger Kleidung, weil sie länger genutzt und später womöglich umweltgerecht entsorgt werden kann. Weil aber Leinen, Alpaka oder Elchleder in der Pflege meistens mehr Zeit erfordern, muss der Konsument, der sich zur Umwelt und Gesamtwirtschaft angepasst verhält, am Ende einen höheren Zeitpreis bezahlen.

Wer wenig Geld hat, kann seine zeitlichen Ressourcen einsetzen, um z. B. seine Kleidung zu reparieren und zu pflegen oder Wohnung, Haus und Garten zu sanieren oder zu verschönern. So verfügen die materiell weniger potenten Gesellschaftsgruppen oft über zeitliche Ressourcen und know how, um ein Haus zu bauen oder im Garten geldwerte Leistungen zu erwirtschaften, während materiell potentere Gruppen sich solche Leistungen gegen Geld kaufen (können). Soziale Ungleichheiten lassen sich auch in der Geld-Zeit-Relation beschreiben. Allerdings sind dabei auch immer die strukturellen Barrieren herauszuarbeiten. So verfügen Arbeitslose über relativ viel Zeit, können diese aber selten in Geld umsetzen, weil ihnen gesetzlich Nebentätigkeiten untersagt sind oder weil ihnen das Stigma des »Arbeitsunwilligen« anhaftet, denen man keine geldwerte Arbeit zutraut. Am Beispiel der DDR wurde gezeigt, dass die Knappheit auf den Märkten zu Formen von Eigenproduktion (Konservieren von Lebensmitteln, Herstellen von Kleidung) zwang, was aber wiederum wegen der noch vorherrschenden traditionellen Arbeitsteilung zwischen Frauen und Männern überwiegend als Aufgabe der Frauen angesehen wurden und damit das Zeitbudget der Frauen belastete.

Die Nachfrage nach Freizeitaktivitäten wandelt sich mit den gesellschaftlichen Veränderungen immer deutlicher in Richtung Marktbeteiligung, weil mit steigendem Wohlstand die jeweiligen Marktpreise für immer mehr Menschen erschwinglich werden und vielfach durch Standardisierung, Industrialisierung und Diversifizierung in Relation zum verfügbaren Einkommen sogar billiger werden. In Bezug zu dem ständig wachsenden Angebot an Handlungsmöglichkeiten steigt hingegen der Zeitpreis. Um möglichst viele Erlebnisse in der Freizeit realisieren zu können, ist nicht nur mehr Koordination notwendig, auch Informationen und ggf. Speichermedien müssen beschafft werden. Konkurrieren z. B. Theaterbesuch und Fußballübertragung, bietet ein Videogerät Abhilfe und der Anrufbeantworter speichert eingehende Anrufversuche. Der zeitliche Wert des Besuches der Theaterdarbietung wird so gesteigert, zugleich steigt aber auch der materielle Wert der Fußballaufzeichnung, denn Anschaffung und Wartung des Videorecorders sind in die Berechnung einzubeziehen. Weil zu jedem Zeitpunkt eine Vielzahl von attraktiven und für das Individuum oft nutzbringenden Handlungen möglich sind – was am Arbeitsplatz, in der Schule oder in Institutionen weitgehend entfällt – stellt sich ständig die Notwendigkeit, sich für eine Handlung zu entscheiden und andere Möglichkeiten zu vernachlässigen oder zu einem späteren bzw. früheren Zeitpunkt auszuüben. So entsteht beständig das Gefühl von Zeitknappheit, das immer häufiger dazu führt, sich für schnelle, effiziente oder flexible Angebote zu entscheiden.

9.4 Lebensführung, Lebensstile, Freizeitstile

In der Soziologie wird gern auf den von Max Weber eingeführten Begriff der »Lebensführung« Bezug genommen und inzwischen auch auf die Freizeitforschung übertragen. Dieser Ansatz ist eher mikrosoziologisch angelegt, greift aber auch auf gesellschaftliche Makrostrukturen zurück. Jedes Individuum muss sein Leben selbst führen, wird dabei unterschiedlich stark in gesellschaftliche Erwartungen eingebunden. Mit Hilfe der Rollentheorie ist ein soziologisches Analyseinstrument entwickelt worden, das aber für die Zwecke der Freizeitforschung zu pauschal und zugleich zu stark individualisierend angelegt ist. Zwar wurde in der älteren Soziologie die Rolle des »Freizeitmenschen« konstruiert, der in seiner Freizeit andere Rollenerwartungen zu erfüllen habe als am Arbeitsplatz und als Reisender von den Bereisten mit ganz anderen Augen gesehen wird als er sich sieht. Doch greift das Konzept der Lebensführung deutlich über den isolierten Freizeitbereich hinaus, weil es den Zusammenhang von Arbeit, Freizeit und sozialer Position umfaßt. Von jedem Individuum wurde im Laufe der Geschichte eine angemessene Lebensführung erwartet. Besonders markant war das in der mittelalterlichen Ständegesellschaft, in der z. B. Adel und Klerus eine Fülle von Verhaltensvorschriften einzuhalten hatten. Vom Adel wurden neben Kleidung und Benehmen auch besondere Formen des Konsums erwartet. Viele Adelige haben sich bis in den Ruin verschuldet, um ein standesgemäßes Leben zu führen. Auch das Bürgertum des 19. Jahrhunderts sah sich in ein Korsett von gesellschaftlichen Zwängen eingebunden, das eine angemessene Lebensführung verlangte. Kaum weniger stark geregelt war die Lebensführung der unteren gesellschaftlichen Schichten, denen üppiges Essen oder elegante Kleidung als unbotmäßig angekreidet wurden. Solche Zwänge sind in der Gegenwart weitgehend aufgebrochen, wirken subtil aber vielfach und vielfältig fort. Kleidung, Autos oder Wohngegenden sind scheinbar beliebig wählbar, doch führen Missgriffe leicht zum Naserümpfen bei jenen, die »Stil« haben, was spätestens dann spürbar wird, wenn jemand im T-Shirt ein Nobelrestaurant aufsuchen will.

Seit den achtziger Jahren hat die Lebensstilforschung die arbeitsorientierten Ansätze weitgehend verdrängt. Freizeit ist zu einem Stilphänomen geworden. Als Folge der Modernisierung wurde festgestellt, dass immer mehr Menschen ein Interesse an Selbstentfaltung bzw. -verwirklichung entwickeln, weil sie nicht länger durch gesellschaftliche Großaggregate wie Stände, Klassen oder Schichten geformt werden. Diese oft als Individualisierungstendenz und Wertewandel bezeichneten Folgen struktureller Modernisierung wirken sich auf die gesamte Lebensführung (also auch auf die Sphären der Erwerbsarbeit, Hausarbeit und Familienaktivitäten) aus. Weil für die große Mehrheit der Bevölkerung seit einigen Jahrzehnten freie Zeit als disponible Masse in solchem Umfange zur Verfügung steht, dass deren Gestaltung zur lohnenden Aufgabe wird. Konnten in den ersten Nachkriegsjahren die meisten Menschen nach langer, harter Arbeit und dem Versorgungsstress nur kleine Zeitmengen zum Abschalten nutzen, so sind 5 Stunden an Werktagen und 8 Stunden an Wochenendtagen so erhebliche Freizeitmengen, dass in ihnen eigene Lebensstile entfaltet werden können. Freizeit wird zur Sphäre des Ausprobierens, Inszenierens oder Selbstdarstellens. In ihr werden Stile geprägt und ausgelebt. Freizeit als Zeit des Arrangierens eigener Lebensstile kann leicht zur Ideologie werden, denn eigene Stile zu entfalten, ist eine komplexe Aufgabe, die innen- oder außengeleitet bewältigt werden kann. Um seine eigenen Wünsche, Bedürfnisse, Phantasien oder Selbstbilder ausdrücken zu können, bedarf es erheblicher psychosozialer Leistungen. Daher ist es leichter, äußere Stilangebote in Form von Moden und Zeitgeist anzunehmen. Die eigene Stilisierung klinkt sich in externe Stilisierungsangebote ein, was insbesondere bei Jüngeren die Unsicherheiten beseitigen kann. So wird Lebensstil zu einer Verschränkung eigener individueller Entwürfe mit sozioökonomischen Stilangeboten, was in der Praxis trotz aller Individualisierungstendenzen zu einer relativen Gleichförmigkeit führt.

Mit dem wachsenden Druck, jeweils für neue Lebensstile offen zu sein und neue Erlebnisse auszuprobieren, wächst gerade in der Freizeit der Stress. Dieser Freizeitstress (Opaschowski 1995) zeigt sich in einer paradoxen Entwicklung: Um möglichst viele Freizeitangebote realisieren zu können, nimmt eben auch in der Freizeit der Zeitdruck zu und kann in Hektik umschlagen. Wie die empirische Forschung gezeigt hat, sind Freizeitaktivitäten von jeweils mehr als zwei Stunden rückläufig, weil »das Neue«, das Ausprobieren und neu Arrangieren Priorität erlangt haben. So überlagern sich viele Freizeittätigkeiten miteinander und sind durch hohe Erwartungen an Lust, Erlebnis oder Spannung gekennzeichnet. Solche Erwartungen sind nicht immer einzulösen, woraus dann wiederum Freizeitfrust und die Suche nach Neuem resultieren können. Das Konzept des Lebensstils gleicht so einem perpetuum mobile, das sich aus der Suche nach immer neuen Stilen speist. Die Formel »Sein oder Design«, die Guggenberger (2000) als Muster der Jugendkulturen vornehmlich bei Jüngeren ausgemacht hat, dürfte inzwischen auch für ältere Jahrgänge gelten.

Zwischen Individuum und Gesellschaft besteht ein komplexes Beziehungsgeflecht, in dem u. a. gesellschaftliche Leitbilder für das jeweilige Individuum eine stabilisierende Funktion haben. Neben je individuellen Wünschen, Motiven, Phantasien oder Idealen, die mehr oder minder autonom sein können, sich aber i. d. R. an Vorbildern (z. B. Eltern, Stars oder Medien) ausrichten, bietet jede Gesellschaft auch immer Leitbilder an, die sich im historischen Prozess – und in der Gegenwart wohl besonders rasch – wandeln. Spätestens mit dem Aufkommen der protestantischen Ethik und dem Geist des Kapitalismus hat sich ein Ideal der Erwerbsarbeit etabliert, das bis heute noch im mitteleuropäischen und nordamerikanischen Denken tief verwurzelt ist. Hatten Arbeit und Beruf eine dominante Leitbildfunktion, so verlagern sich seit etwa drei Jahrzehnten die Leitbilder immer deutlicher in den Bereich von Konsum und Freizeit. Bei empirischen Untersuchungen zeigte sich, dass weniger als die Hälfte der Befragten noch in Arbeit und Beruf einen zentralen Lebenssinn sehen. Die Mehrheit sucht Sinn eher in den Lebensbereichen jenseits der Erwerbsarbeit. Die einstmals dominierende Geldkultur hat zwar ihre prägende Kraft noch nicht eingebüßt – vielleicht in den letzten Jahren im Zuge der globalen Börsenmanie ein neues Gewand übergestreift –, doch setzt sich eben auch immer mehr eine neue Zeitkultur durch. Was in der Geschichte jeweils für kleine Gesellschaftsgruppen galt, nämlich über die eigene Zeit selbst bestimmen zu können, wird in der Gegenwart zu einem Massenphänomen. »Wiederaneignung der Zeit«, »Eigenzeit« oder »Wiedergewinnung der Zeitsouveränität« sind nur einige Stichworte der letzten beiden Jahrzehnte, die darauf verweisen, dass ein Schlüsselbegriff moderner Lebensstile darin besteht, zeitliche Optionen zu erlangen. Der Zeitwohlstand, den sich zuerst die »Zeitpioniere« gönnten, wird für immer mehr Menschen neben dem Geld zu einem Qualitätsmaß moderner Lebensführung. Da Zeitwohlstand vor allem in den Bereichen jenseits der Erwerbsarbeit zu realisieren ist, konzentriert sich Lebensstil immer stärker auf Freizeit. Daher wird in der neueren Freizeitforschung immer öfter von einer Koinzidenz von Lebensstilen und Freizeitstilen gesprochen (Opaschowski 1993). Individuelle Stile können zwar auch am Arbeitsplatz aufscheinen, doch können sie wegen vielfältiger Restriktionen dort meist nur kurz und unvollkommen zum Ausdruck gelangen. Stil haben setzt Freiräume voraus, die in der Freizeit eher gegeben sind als im Erwerbsleben.

Lebensstile sind aber nur im Ideal ganz individuell. In der gesellschaftlichen Realität verdichten sich die je individuellen Entwürfe zu Typisierungen, die Sicherheit und Zugehörigkeit verheißen. Jedes Individuum ist in Prozesse symbolischer Interaktionen eingebunden und muss daher auch sich selbst gegenüber seiner Mitwelt darstellen und die Sichtweisen der Anderen in seine Vorstellungen vom eigenen Ich integrieren. Die Interaktion erfolgt nur teilweise direkt, meistens aber symbolisch. Die Reaktion der Mitwelt ist durch Sprache, Gesten, Mimik, Zeichen oder Schweigen symbolisch vermittelt und bedarf daher der Interpretation. Weil jeder Mensch strukturell über andere Menschen immer zu wenig Informationen hat, bedienen sich alle Menschen der Typisierung, die mehr oder weniger grob ausfallen kann. Die Zuordnung zu Typen bzw. Stilen erleichtert und entlastet. In der mittelalterlichen Ständegesellschaft wurden Grußformen und Kleiderordnungen festgelegt, um das jeweilige Gegenüber gesellschaftlich verorten zu können. In späteren Klassengesellschaften waren die Mitglieder der jeweiligen Klassengesellschaft i. d. R. leicht an äußeren Merkmalen auszumachen: der Fabrikbesitzer am edlen Mantel und der dicken Zigarre, sein Prokurist am weißen Kragen und der Fabrikarbeiter am blauen Arbeitskittel. Solche äußerlichen Zuordnungen fanden Entsprechungen in vermuteten Lebensbedingungen: der Fabrikbesitzer in der Villa mit Dienstpersonal, der Fabrikarbeiter in der Mietskaserne mit überbelegten, engen und krankmachenden Räumen. Der Lebensstil war durch gesellschaftliche Großaggregate gewissermaßen vorprogrammiert. Derartige Festlegungen, die zen-

tral aus Besitz, Macht und Arbeit resultierten, sind in der Gegenwart nur noch selten anzutreffen. Lebensstile sind teilweise von materiellen Bedingungen entkop-
pelt und dadurch pluralisiert, sie gelten nicht mehr lebenslang und können immer
wieder variiert werden, um sich je aktuell neu in der Gesellschaft zu positionieren.

Lebensstil ist der nach außen sichtbare Aspekt der Lebensführung, die immer
mehr dem Individuum als eigene Aufgabe und Leistung aufgebürdet wird. Mit der
Enttraditionalisierung moderner Gesellschaften wird Lebensführung ein Stück weit
von kollektiven Orientierungen abgetrennt. Standes- oder Klassengesellschaften
gaben ihren Mitgliedern zumindest Muster vor, wie das Leben standes- oder klas-
sengemäß zu führen war: Zahl und Geschlecht der Kinder, deren Erziehung und
Ausbildung, Wahl der Ehepartner, Ausstattung der Wohnung oder Wechsel des
Wohnsitzes, Kleidung, Ernährung, Sexualität, Kommunikationsformen, Verkehrs-
kreise, Moralvorstellungen, berufliche Erfolgskriterien, Generationenverhältnisse
oder Ehrenhaftigkeit lagen weitgehend fest und waren durch eine entsprechende
Lebensführung– zumindest dem Ideal nach – auszufüllen oder zu interpretieren.
Mit der Entvertikalisierung moderner Gesellschaften verliert die vertikale Achse
der gesellschaftlichen Ungleichheiten, auf der Reichtum und Armut, Besitz und
Nichtbesitz, Oben und Unten die gesellschaftliche Platzierung vermerken, an Bedeutung. »Expressive Ungleichheiten« (Lüdtke 1989), die unterschiedliche Milieus und Lebensstile ausdrücken, ordnen sich eher horizontal an. In Bekleidung,
Wohnen, Mediennutzung, Sporttreiben oder Konsum bilden sich Muster aus, die
in den jeweiligen Milieus relativ gleichförmig sind, zwischen den Milieus zeigen
sich aber deutliche Unterschiede. Eine Teilmenge der Lebensstile sind die Freizeitstile, die sich aber weitgehend den allgemein vertretenen Lebensstilen angleichen. Wer sich im Lebensstil z. B. dem »hedonistischen Milieu« zurechnet, betont
i. d. R. auch in der Freizeit Muster von Lust, Selbstbestimmung, Genuss oder Kon-
templation.

9.5 Freizeit als Geschlechterfrage

Theoretische Zugänge zum Thema Freizeit können die Geschlechterfrage nicht
ausblenden. Bereits in der historischen Darstellung wurde darauf aufmerksam gemacht, dass die Entwicklung des linearen Zeitverstehens und der rationalen Zeitbewirtschaftung vor allem von den männerdominierten Institutionen Kloster, Seefahrt, Militär und Fabrik vorangetrieben und geprägt wurde. Die bis heute in den
meisten Industriegesellschaften dominierenden Zeitregime sind – so darf daher
vermutet werden – durch männliche Vorstellungen geprägt. Die lineare, zer-
stückelte, kalkulierte und disziplinierende Zeitstruktur kommt den Dominanzan-
sprüchen von Männern vermutlich entgegen, während Frauen partiell andere Zeitvorstellungen entwickeln. Die immer noch vorherrschende Arbeitsteilung in der
Erwerbs- wie in der Haushaltssphäre benachteiligt nach wie vor Frauen. Zwischen
den Geschlechtern werden grundsätzlich wie alltäglich Teilungsregeln für Zeit ausgehandelt, was z. B. deutlich wird, wenn über den Wunsch, Kinder zu haben, diskutiert wird. Die Frage, wer wann welche Aufgaben übernehmen wird, lässt sich in
der Theorie fast schon nach ökonomischem Kalkül aushandeln (Beblo 2001), die

in der nachfolgenden Praxis auftretende Freizeitlücke zwischen Mutter und Vater, Frau und Mann wirft jede Theorie über den Haufen.

In Verbindung mit Zeittheorien und Konzepten über Tausch und Konflikt, Lebensführung und -stile könnte die Soziologie der Freizeit angemessene theoretische Aussagen formulieren, wenn die Geschlechterfrage konsequent aufgenommen würde. Zwischen den Geschlechtern bilden sich spezifische Zeitarrangements aus, die neben der Erwerbs- und Hausarbeit durch Traditionen, Familienkonstellationen, Wohnverhältnisse, Bildungsgrade etc. geformt werden. Bereits in der historischen Darstellung (Kapitel 3) wurde am Beispiel der DDR deutlich, dass Zeitarrangements zwischen den Geschlechtern nur wenig verändert werden, wenn politische Regime sich grundlegend unterscheiden. Die Muster der Zeiteinteilung zwischen den Geschlechtern waren in der damaligen DDR, die ideologisch die Gleichstellung der Frau postulierte, und der damaligen BRD relativ ähnlich. Daher muss jeder theoretische Zugang zum Thema Freizeit immer auch die Geschlechtsspezifik der dominierenden Zeitregime einbeziehen (vgl. Benthaus-Apel 1995, ILS 1988, Müller-Wichmann 1984). Die Parallelen zwischen »doing time« und »doing gender« könnten nicht nur die »blinden Flecken« in der Freizeittheorie erhellen, sondern auch die Zeitpolitik für die Geschlechterfrage sensibilisieren.

9.6   Freizeitforschung als Ideologiekritik

Jede Freizeitsoziologie muss reflektieren, in welchem Umfange sie selber zur Bildung von Ideologien beiträgt und welche Aussagen ideologiehaltig sind. Mit der These von der aufkommenden Freizeitgesellschaft hat die Soziologie mit dazu beigetragen, dass sowohl die jeweils individuellen Erwartungen an die eigene Freizeit wie auch die kollektiven Bewertungen von Freizeit nachhaltig verändert wurden, ohne dass solche wissenschaftlichen Aussagen durch empirische Forschungen in jedem Falle gedeckt waren. Die subjektiven Vorstellungen von Freizeit sind nicht ausschließlich in der eigenen Psyche angelegt, sondern bilden sich in der Auseinandersetzung mit gesellschaftlichen Werthaltungen und den über Medien vermittelten Informationen aus. Wenn ein Individuum keine Kenntnis einer Extremsportart hat, wird es diese auch nicht in den Horizont möglicher Freizeitinhalte aufnehmen. Und umgekehrt gerät das Individuum unter Druck, wenn sämtliche Freunde und Bekannten einer solchen Sportart nachgehen, obwohl sich das angesprochene Individuum vor einer solchen Tätigkeit vielleicht fürchtet. Das eigene Bedürfnis muss sich beständig mit externen Reizen auseinandersetzen. Wenn also die Freizeitforschung neue Trends konstatiert, übt dies auch über Medien vermittelt Einfluss auf die Vorstellungswelt und Handlungsoptionen der Menschen aus. Normative Gehalte einer jeden Vorstellung und Benennung von Freizeit werden auch immer aus dem Fundus der Wissenschaften gespeist, weil zumindest in der säkularisierten westlichen Welt Wissenschaften immer noch eine hohe Legitimationskraft besitzen. Gerade in Zeiten wachsender Unsicherheit lässt sich ein Rückgriff auf tatsächliche oder vermeintliche wissenschaftliche Erkenntnisse für die Erhaltung der psychischen Balance nutzen.

Wissenschaft lebt vom Transfer ihrer Ergebnisse und Konzepte in die Öffentlichkeit. Dabei sind aber Vereinfachungen fast unumgänglich, Schlagworte erleichtern die Verbreitung. Dadurch werden solche Begriffe wie Risikogesellschaft,
Freizeitgesellschaft, Individualgesellschaft oder Erlebnisgesellschaft in der öffentlichen Meinung rasch populär.

10. Ausblicke

An dem Thema Freizeit kristallisiert sich zu Beginn des 21. Jahrhunderts die Rapidität, Radikalität und Komplexität gesellschaftlichen Wandels besonders deutlich heraus. Freizeit ist zu einem Mega-Thema geworden, seitdem der Arbeitsgesellschaft die (Erwerbs-)Arbeit auszugehen scheint und immer weniger Menschen weltweit lebenslang am Beschäftigungssystem teilhaben können und die herkömmlichen Normalarbeitsbiographien erodieren. Freizeit ist nicht mehr eindeutig gegenüber Arbeit zu bestimmen, wie es zu Zeiten der körperlich anstrengenden Industriearbeit möglich war, weil dort die von Arbeit freie Zeit als Restgröße verortet werden konnte. Der Slogan »Erst die Arbeit und dann ...« – wie der Debütfilm des Jungbauern Detlev Buck vor fast zwei Jahrzehnten betitelt war – ist nur noch für eine gesellschaftliche Minderheit gültig, weil inzwischen die Mehrheit der Bevölkerung außerhalb der unmittelbaren Erwerbssphäre lebt, erzwungen, erstrebt oder auch freiwillig. Vielmehr sind die über Jahrhunderte entwickelten und dominierenden gesellschaftlichen Zeitregime ins Wanken geraten. Arbeit – sei es Erwerbs-, Haushalts-, Familien- oder Pflegearbeit – steht zwar für die meisten Menschen nach wie vor im Mittelpunkt ihres Lebens, doch das selbstbestimmte Verfügen über Zeit gerät immer deutlicher ins Zentrum der Wünsche, in das Konzept der individuellen Lebensführung. Starre Zeitschemata werden gewissermaßen verflüssigt und durch flexible Handlungsmuster ersetzt bzw. ergänzt. Gewiss: Post und Ämter geizen immer noch mit ihren Öffnungszeiten, Kindergärten und Schulen kommen nur selten den Wünschen von Eltern nach, Betriebe halten oft stur am Arbeitsschema fest. Doch: Telearbeit lässt temporale Spielräume zu, Callcenter nehmen Tag und Nacht Aufträge und Fragen entgegen und in Zukunft werden wohl auch Finanzämter via Internet und E-mail außerhalb der Sprechzeiten erreichbar sein. Temporale Muster werden flexibilisiert, Zeit wird fast zu einer fluiden Größe. So geht es dann immer mehr darum, die Grenzen zwischen verschiedenen Zeitsegmenten – zwischen Tag und Nacht, Arbeit und Nichtarbeit, fixierten funktionalen Rollen und selbstbestimmten Aktivitäten – durchlässig zu machen, Zeitmengen zu entgrenzen. Zeit wird so zur zentralen Kategorie der Vergesellschaftung.

Die gesellschaftlichen, wirtschaftlichen und politischen Zeitregime unterliegen deutlichen Wandlungstendenzen. Auf der gesellschaftlichen Ebene haben z. B. die kalendarische wie die chronometrische Zeit an Bedeutung verloren, weil u. a. Feiertage nicht nur zahlenmäßig weniger geworden sind, sondern diese auch ihren ursprünglichen Sinn an Konsum- und Freizeitinteressen abgetreten haben. Mit der ubiquitären Verbreitung von Uhren haben Stunden ihre jeweilige Besonderheit – etwa die »Herrgottsfrühe« oder die einzuhaltende »Nachtruhe« – verloren. Die Stunden und Tage werden auf diese Weise zu kalkulatorischen Größen, wenn beispielsweise durch die Einbeziehung von Feiertagen mit ganz wenigen zusätzlichen

Urlaubstagen respektable Zeiten zum Verreisen entstehen oder wenn durch die
»Entheiligung der Nacht« ganz neue Konsumzeiten entdeckt werden. Auf der anderen Seite werden Stunden und Tage aufgewertet, wenn Eltern und Kinder darum
streiten, welche Zeiten mit wem wie genutzt werden sollen – und am Sonntagabend tritt die große Krise ein, weil wieder einmal viele der für das Wochenende
geplanten Vorhaben nicht in die Tat umgesetzt werden konnten. Die Profanisierung
der Zeit begünstigt das Aufkommen von psychosozialem Stress.

Wirtschaftliche Zeitregime verschieben in der jüngsten Gegenwart radikal ihren
Fokus. Bereits vor Jahrtausenden wurde der Zins für finanzielle Transaktionen an
deren Laufzeit – also z. B. vom Zeitpunkt der Auszahlung eines Kredites bis zu
dessen Rückzahlung – bemessen. Dies gilt zwar unverändert, ist für die Ökonomie
aber nicht mehr sonderlich zentral, weil automatisch zu messen. Im 18. und 19.
Jahrhundert entbrannten Konflikte vor allem um die Länge und Lagerung von Arbeitszeiten. Auch dieser Aspekt gilt heute fort. Viel zentraler geworden sind aber
die Zeiten für Kommunikation bzw. Informationsübermittlung, Transport bzw. Lagerhaltung, Distribution und Warenumschlag, Produktions- und Innovationszyklen.
Ein großer Teil der organisatorischen, technischen und wissenschaftlichen Neue-
rungen dient der Beschleunigung und Verdichtung in den genannten ökonomischen
Bereichen. Andere Kriterien – wie etwa Ressourcenschonung, Haltbarkeit oder
bessere Handhabbarkeit – müssen vielfach hinter Zeitersparnis und Tempo zurück-
stehen. Weil Lagerhaltung Kapital bindet, wird ein großer Teil der Waren auf die
Straßen und Meere verlagert. In kürzester Zeit sollen die Waren in den Handel, die
Produktteile in die Fabriken gelangen. Vor allem aber sollen die vermeintlichen
oder tatsächlichen Innovationen vorangetrieben werden, um mit immer neuen
Techniken den Umsatz und die eigenen Marktanteile zu vergrößern. Innovation ist
ubiquitär und die Produktlebenszyklen werden kürzer – dies gilt auch für Freizeit
und Sport, wenn z. B. Modeströmungen in der Musik oder Trendsportarten in immer kürzeren Abschnitten verändert werden. Besonders krass ist dies zur Zeit in
den Informations- und Kommunikationstechnologien erkennbar, wenn z. B. ein
erst vor zwei Jahren erworbener Computer als hoffnungslos veraltet gilt. Die von
W.F. Haugg bereits vor drei Jahrzehnten beobachtete »Produktvergreisung« wird
in nahezu allen ökonomischen Bereichen mit immer höherem Tempo betrieben,
nur in Nischen können sich die »guten alten Dinge« und die »original handwerkliche Produktion«, die Solidität und lange Haltbarkeit versprechen, behaupten (allerdings wohl wegen der allgemeinen Wohlstandsentwicklung und der gesellschaftlichen Differenzierung mit guten Chancen). Die alte Formel »Zeit ist Geld«
hat in der modernen Ökonomie einen völlig neuen Stellenwert erhalten. Beschleunigung und Verdichtung gelten als die zentralen Triebkräfte der zukünftigen Ökonomie.

Eine Soziologie der Freizeit kann sich daher nicht länger auf die subjektive Wertigkeit von Freizeit beschränken, sondern muss Freizeit als in die jeweiligen Zeitregime eingebunden sehen. In dem Maße, in dem Zeit nicht mehr als Naturereignis
oder als Gottesgeschenk betrachtet wird, sondern ein in gesellschaftlichen,
wirtschaftlichen, politischen, aber auch zwischenmenschlichen, familiären und
psychischen Aushandlungsvorgängen eingebundener Prozess ist, wird Zeit zum
Gegenstand der Human- und Kulturwissenschaften, speziell auch der Gesellschaftswissenschaften. Freizeit kann daher nicht länger als Gegensatz zur Arbeit,

also arbeitspolar, definiert werden. Freizeit ist in die jeweiligen Zeitregime einge-lagert und bezieht von diesen ihre Wertigkeit. Ein Rückgriff auf die bereits von H. Arend diskutierten Konzepte der »vita activa« vs. »vita contemplativa« oder der von E. Fromm diskutierten Spannung zwischen »Haben und Sein« kann die theoretische Behandlung des Freizeitthemas befruchten.

Eine andere wichtige Frage der zukünftigen Freizeitforschung wird es sein, zu untersuchen, ob und wie sich die Geschlechterfrage in Sachen Freizeit auswirken wird. Dabei kann es nicht nur darum gehen, mit Techniken der empirischen Sozialforschung Differenzen in Umfang und Arten der Freizeit bzw. Freizeitaktivitäten herauszufinden. Vielmehr ist zu untersuchen, ob es ein typisch männliches bzw. weibliches Verständnis von Zeit und i. e. S. von Freizeit gibt. Die Geschichtsschreibung der Zeit konnte nachweisen, dass die Präzisierung der Zeitmessung sowie die Disziplinierung durch Zeit allemal männlich dominierte Institutionen waren: Seefahrt, Militär, Kloster und Fabrik. In ihnen ist ein lineares und messbares Verständnis von Zeit entwickelt worden. Frauen hingegen haben durch Menstruation, Gebären, Nahrungsvorsorge oder Pflege vermutlich eher ein zyklisches Zeitverständnis. Männer bewegen sich eher auf einem Zeitstrahl, Frauen eher in einem Zirkel.

Die zukünftige Freizeitforschung muss sich stärker als bisher an demographischen Tendenzen ausrichten. Mit dem allmählichen Übergang zur »grauen Gesellschaft«, in der die Quote der über 60jährigen (statistisch als Altenquote definiert) historisch erstmals die Quote der unter 15-Jährigen (Jugendquote) überflügelt hat, verändert sich die Sozialstruktur nachhaltig. Waren alle früheren Gesellschaften »junge Gesellschaften«, in denen Kinder und Jugendliche weitaus zahlreicher als ältere und alte Menschen waren, so sind heutige und zukünftige Gesellschaften »alte Gesellschaften«, in denen Zahl und Anteil der Menschen jenseits der Berufsphase zumindest bis etwa 2040 kontinuierlich steigen werden. Kindheit und Jugend werden strukturell knapp, weil immer weniger Geburten zu verzeichnen sind. Bereits heute teilen sich in vielen Familien vier Großeltern ein einziges Enkelkind. Für die Freizeit der »kleinen Prinzen und Prinzessinnen« können sich weit reichende Folgen ergeben, wenn z. B. die Großeltern mit der Zuwendung von Zeit und Geld nicht geizen.

Mindestens die Hälfte der Bevölkerung, nämlich die Generationen etwa ab dem 40. Lebensjahr, sind noch ganz deutlich auf Arbeit hin sozialisiert worden, haben lange und belastende Arbeitsphasen erlebt und können sich allenthalben noch an Knappheitssituationen erinnern. Für diese Gruppen war Freizeit eher knapp und stand im Gegensatz zur Arbeit. Die nachwachsenden Generationen dagegen sind weniger deutlich mit Arbeit konfrontiert worden und haben bereits seit ihrer Kindheit Erfahrungen mit einer sich ausdehnenden und zumeist positiv besetzten Freizeit sammeln können. Ihr Verhältnis zur Freizeit dürfte sich von den älteren Generationen unterscheiden und eher losgelöst von Erwerbsarbeit erscheinen. Angesichts der beständig ansteigenden Zahl der Optionen und den damit verbundenen Entscheidungsmöglichkeiten dürften aber auch die Jüngeren so etwas wie »Zeitnot« empfinden.

Freizeitforschung muss in Zukunft insbesondere auch der Frage nachgehen, in welchen Formen Freizeit globalisiert wird und welche Formen von regionalen oder nationalen Faktoren geprägt werden. Mit der weltweiten »McDonaldisierung«

(Ritzer) werden möglicherweise die Formen der Freizeit einander global immer ähnlicher. Zumindest in Sachen Medien, Kleidung, Ernährung, Motorisierung oder Tourismus sind in vielen Teilen der Welt Ähnlichkeiten oder gar schon Gleichförmigkeiten auszumachen.

Für die zukünftige Freizeitsoziologie stellt sich die Frage, auf welchen Wegen und im welchem Maße sich die in den industrialisierten Gesellschaften vorherrschende Zeitkultur global ausbreiten wird. Jede Gesellschaft hat im Laufe der Geschichte eigene Zeitstrukturen entfaltet, die teilweise auch noch bis zur Gegenwart bewahrt worden sind. So orientiert sich auch heute noch in vielen Teilen Afrikas, Asiens und Südamerikas das menschliche Handeln an der Bewegung der Sonne und an den anfallenden Aufgaben, Kalender und Uhren haben wenig Bedeutung. Doch im Zuge der Globalisierung ragen die Taktgeber der Industriegesellschaften auch immer deutlicher in die ländlichen Regionen der Dritten Welt hinein. Der arme Fischer im brasilianischen Amazonasgebiet verbringt lange Zeit schweigend in seinem Boot auf dem Fluß und fängt Fische, doch beim Anbruch der Dunkelheit eilt er in seine Hütte zurück, weil dort das von der Lastwagenbatterie betriebene Fernsehgerät eine »soap opera« ausstrahlt. Einige Tage später rudert er in die nächste Ortschaft, um seine Batterie aufladen zu lassen. Das Fernsehen hat selbst im fernen Amazonasgebiet die Zeiten geändert, auch wenn Arbeit und Ökonomie seit Jahrhunderten fast gleich geblieben sind. Medien, Touristen und die staatliche Verwaltung bringen selbst den abgelegensten traditionellen Kulturen neue Zeitmuster, die oft neben den herkömmlichen Zeitmustern existieren. Ein Freizeitverständnis im westlichen Sinne ist in solchen traditionellen Gesellschaften kaum anzutreffen, weil seit fast ewigen Zeiten ein Arrangement von Tätigkeiten und Zeiten ausgeformt wurde, das mit unseren Kategorien nicht zu erfassen und zu verstehen ist, zumal eben auch Arbeit anders verstanden wird.

Aus anderen Regionen der Welt ist die Sitte bekannt, in der Mittagshitze den Schatten eines Baumes oder einer Hütte aufzusuchen, was landesunkundige Touristen vielleicht als »faul« bezeichnen würden. Umgekehrt würden Bewohner dieser Regionen vermutlich den Kopf schütteln, wenn sie Europäer beim Joggen um einen See oder beim Hanteln im Fitnessstudio beobachten würden. Zeitverständnis und -verwendung variieren interkulturell signifikant. Die zukünftige Freizeitforschung muss sich verstärkt der interkulturellen Perspektive öffnen, um auch dafür sensibel zu werden, in welchem Umfange ein neuer Imperialismus der Zeitkulturen im Zuge der Globalisierung traditionelle Zeitmuster verdrängt. Umgekehrt kann auch der »Blick der Anderen« zu einer kritischen Hinterfragung der in unserer Gesellschaft dominierenden Zeitmuster beitragen. Tempo und Zeitsparen könnten vielleicht ihre negativen Implikationen verlieren, wenn sich eine neue »Kultur des Zeithabens« formulieren ließe, die mit interkulturellen bzw. ethnologischen Sichtweisen angereichert würde.

Literatur

Adam, B. / Geißler, K. / Held, M. (Hg.), 1998: Die Nonstop-Gesellschaft und ihr Preis: Vom Zeitmißbrauch zur Zeitkultur. Stuttgart – Leipzig.

Adorno, Th.W., 1955: Veblens Angriff auf die Kultur, in: ders.: Prismen, 82-111. Frankfurt a.M.

Adorno, Th.W., 1969: Freizeit, in: ders.: Stichworte. Kritische Modelle 2, 57-68. Frankfurt a.M.

Albrecht, G. u.a. (Hg.), 1999: Handbuch soziale Probleme. Opladen.

Alt, Chr., 2001: Kindheit in Ost und West. Wandel der familialen Lebensformen aus Kindersicht. Opladen.

Altvater, E.,/ Mahnkopf, B., 1996: Grenzen der Globalisierung: Ökonomie, Ökologie und Politik in der Weltgesellschaft. Münster.

Ammer / U. / Proebstl, U., 1991: Freizeit und Natur: Probleme und Lösungsmöglichkeiten einer ökologisch verträglichen Freizeitnutzung. Hamburg.

André, J.M., 1994: Griechische Feste, Römische Spiele – Die Freizeitkultur der Antike. Stuttgart.

Andreae, C.A., 1970: Ökonomik der Freizeit. Zur Wirtschaftstheorie der modernen Arbeitswelt. Reinbek

Apter, M., 1994: Im Rausch der Gefahr. Warum immer mehr Menschen den Nervenkitzel suchen. München.

Arendt, H., 1983: Vita activa oder Vom tätigen Leben. München.

Ariès, Ph., 1975: Geschichte der Kindheit. München.

Armanski, G., 1986: Die kostbarsten Tage des Jahres. Bielefeld.

Atchley, R.C., 1976: The sociology of retirement. New York.

Augustinus, 1987: Bekenntnisse , S.628. Frankfurt a.M.

Aveni, A., 1991: Rhythmen des Lebens. Eine Kulturgeschichte der Zeit. Stuttgart.

B-A-T Freizeit-Forschungsinstitut,1989: Freizeitalltag von Frauen. Hamburg.

B.A.T.-Freizeit-Forschungsinstitut, 1990: Trendwende im Urlaubsverhalten? Hamburg.

B-A-T Freizeit-Forschungsinstitut, 1990: Herausforderung Freizeit. Perspektiven für die 90er Jahre. Hamburg.

B-A-T Freizeit-Forschungsinstitut, 1992: Freizeit 2001. Ein Blick in die Zukunft unserer Freizeitwelt. Hamburg.

B.A.T.-Freizeit-Forschungsinstitut, 1993: Tourismus im neuen Europa. Wie und wohin Europäer reisen. Hamburg.

B.A.T.-Freizeit-Forschungsinstitut, 1994: Tourismus und Lebensqualität. Hamburg.

B.A.T.-Freizeit-Forschungsinstitut, 1995: Tourismus mit Zukunft. Hamburg.

B.A.T.-Freizeit-Forschungsinstitut, 1996: Tourismus und Ökonomie. Hamburg.

B.A.T Freizeit-Forschungsinstitut, 1998: Umwelt, Mobilität und Torismus. Hamburg.

Baacke, D., 1993: Jugend und Jugendkulturen. Darstellung und Deutung. Weinheim – München.

Baacke, D., 1994: Die 13- bis 18jährigen. Einführung in die Probleme des Jugendalters. Weinheim.

Baacke, D., 1999: Die 0- bis 5jährigen.Weinheim.

Baacke, D. / Sander, O. / Vollbrecht, R., 1990: Lebenswelten sind Medienwelten. Opladen.

Bachleitner, R. / Kagelmann, H.J. / Keul, A.G. (Hg.), 1998: Der durchschaute Tourist. München – Wien.

Bachleitner, R. / Schimany, P. (Hg.), 1999: Grenzenlose Gesellschaft – grenzenloser Tourismus München – Wien.

Bade, K., 1996: Ausländer, Aussiedler, Asyl in der Bundesrepublik Deutschland. Dortmund.

Badstübner, E. (Hg.), 2000: Befremdlich anders. Leben in der DDR. Berlin.

Baethge, M. u.a., 1988: Jugend: Arbeit und Identität. Opladen.

Bamberg, E., 1986: Arbeit und Freizeit. Weinheim – Basel.

Band, H. / Müller, H. P., 1998: Lebensbedingungen, Lebensformen und Lebensstile. in: Schäfers, B. / Zapf, W.(Hg.): Handbuch zur Gesellschaft Deutschlands, 419-426. Opladen.

Bardmann, Th. M., 1986: Die mißverstandene Freizeit. Freizeit als soziales Zeitarrangement in der modernen Organisationsgesellschaft. Stuttgart.

Baudrillard, J., 1982: Der symbolische Tausch und der Tod. München.

Baudrillard, J., 1990: Die Illusion der Virtualität. Bern.

Bauer, F. / Groß, H. / Schilling, G., 1996: Arbeitszeit '95. Düsseldorf.

Bauer, F., 2000: Zeitbewirtschaftung in Familien: Konstitution und Konsolidierung familialer Lebenspraxis im Spannungsfeld von beruflichen und außerberuflichen Anforderungen. Opladen.

Baumann, Z., 1997: Flaneure, Spieler und Touristen. Hamburg.

Bausenwein, Ch., 1995: Geheimnis Fußball – Auf den Spuren eines Phänomens. Göttingen.

Bausinger, H. / Beyrer, K. / Korff, G. (Hg.), 1991: Reisekultur. Von der Pilgerfahrt zum modernen Tourismus. München.

Beblo, M., 2001: Die Freizeitlücke zwischen erwerbstätigen Müttern und Vätern – Ein ökonomischer Erklärungsversuch mit Daten der deutschen Zeitbudgeterhebung 1991/92, in: Ehling, M. / Merz, J. (Hg.): Zeitbudget in Deutschland, 103-116. Wiesbaden.

Becher, U., 1990: Geschichte des modernen Lebensstils. Essen – Wohnen – Freizeit – Reisen. München.

Beck, U., 1986: Risikogesellschaft. Auf dem Weg in eine andere Moderne. Frankfurt a.M.

Beck, U., 1997: Was ist Globalisierung? Frankfurt a.M.

Beck, U.(Hg.), 1998: Perspektiven der Weltgesellschaft. Frankfurt a.M.

Beck, U., 1999: Schöne neue Arbeitswelt. Vision: Weltbürgergesellschaft. Frankfurt a.M. – New York.

Beck, U. (Hg.), 2000: Die Zukunft von Arbeit und Demokratie. Frankfurt a.M.

Beck, U. / Beck-Gernsheim, E., 1990: Das ganz normale Chaos der Liebe. Frankfurt a.M.

Beck, U. / Giddens, A. / Lash, S., 1996: Reflexive Modernisierung. Frankfurt a.M.

Beck, U./Beck-Gernsheim, El.(Hg.), 1994: Riskante Freiheiten. Individualisierung in der modernen Gesellschaft. Frankfurt a.M.

Becker, Chr., 2000: Nationalatlas der BRD: Freizeit und Tourismus, Band 10. Heidelberg u. a.

Becker, Chr./ Steinecke, A. (Hrsg.), 1993: Kulturtourismus in Europa: Wachstum ohne Grenzen? Trier.

Becker, G.S., 1982: Der ökonomische Ansatz zur Erklärung menschlichen Handelns. Tübingen.

Becker, W., 1998: Konsum- und Freizeitverhalten im Alter. Theoretische Grundlagen für die Verbraucherpolitik Aachen.

Becker-.Schmidt, R. u.a., 1982: Nicht wir haben die Minuten, die Minuten haben uns. Zeitprobleme und Zeiterfahrungen von Arbeitermütternin Fabrik und Familie. Bonn.

Beneder, B., 1997: Männerort Gasthaus? Öffentlichkeit als sexualisierter Raum Frankfurt a.M. – New York.

Benthaus-Apel, Chr., 1995: Zwischen Zeitbindung und Zeitautonomie. Eine empirische Analyse der Zeitverwendung und Zeitstruktur der Werktags- und Wochenendfreizeit. Wiesbaden.

Berg, K./ Kiefer, M.-L. (Hrsg.), 1996: Massenkommunikation V. Eine Langzeitstudie zur Medien-Nutzung 1964- 1995. Baden Baden.

Bergedorfer Gesprächskreis, 1999: Welche gesellschaftliche Wertigkeit hat der Sport? Hamburg.

Berger, P. A. / Konietzka, D. (Hg.), 2001: Die Erwerbsgesellschaft. Neue Ungleichheiten und Unsicherheiten. Opladen.

Berger, P.A., 1996: Individualisierung, Statusunsicherheit und Erfahrungsvielfalt. Opladen.

Bergmann, W., 1980: Die Zeitstrukturen sozialer Systeme. Eine systemtheoretische Analyse. Berlin.

Berlin Tourismus-Marketing AG, 1999: Tourismus als Wirtschaftsfaktor. Zahlen und Fakten. Deutsches Seminar für Fremdenverkehr (Hg.): Mehr Wirtschaftskraft durch Tourismus und Freizeit, 97-101. Berlin.

Bertram, H. (Hg.), 1996: Sozialer und demographischer Wandel in den neuen Bundesländern. Opladen.

Best, H. (Hg.), 1993: Vereine in Deutschland. Vom Geheimbund zur freien gesellschaftlichen Organisation. Bonn.

Bertram, H.(Hg.), 1995: Das Individuum und seine Familie. Opladen.

Bette, K H. / Rütten, A. (Hg.), 1995: International Sociology of Sport: Contemporary Issues. Stuttgart.

Bien, W. (Hg.), 1996: Familie an der Schwelle zum neuen Jahrtausend. Wandel und Entwicklung familialer Lebensformen. Opladen.

Bispinck, R., 1996: Zeitfragen – Streitfragen. Zur Entwicklung der kollektiven Regulierung von Arbeitszeit. in: WSI-Mitteilungen 7, 1996, 414-422.

Bittman, M./ Pixley, J., 1997: The Double Life of the Family: Myth, Hope and Experience. Sydney.

Blaschke, D / Franke, J., 1982: Freizeitverhalten älterer Menschen. Stuttgart.

Blass, W., 1980: Zeitbudgetforschung. Eine kritische Einführung in Grundlagen und Methoden. Frankfurt a.M.

Blücher, V. Graf von, 1956: Freizeit in der industriellen Gesellschaft – dargestellt an der jüngeren Generation. Stuttgart.

Blücher, V. Graf von, 1966: Jugend, Bildung und Freizeit. Bielefeld – Hamburg.

Blücher, V. Graf, 1968: Das Freizeitproblem und seine praktische Bewältigung, in: Giesecke, H.: Freizeit und Konsumerziehung. Göttingen.

Blücher, V. Graf von, 1974: Theoretische und empirische Befunde zur Entwicklung der wachsenden Freizeit, in: Kölner Zeitschrift für Soziologie und Sozialpsychologie 1974, 29-53.

Boes, U., 1993: Freizeitverhalten in West- und Ostdeutschland – aktuelle Ergebnisse einer Meinungsbefragung, in: Politische Studien 44, Sonderheft 1, 18-30.

Bofinger, J./ Lutz, B. / Spanhel, D., 1999: Das Freizeit- und Medienverhalten von Hauptschülern: eine explorative Studie über Hintergründe und Zusammenhänge. München.

Bögenhold, D., 1996: Das Dienstleistungsjahrhundert. Kontinuitäten und Diskontinuitäten in Wirtschaft und Gesellschaft. Stuttgart.

Bois-Reymond, M. de / Büchner, P. / Krüger, H.H. u.a., 1994: Kinderleben. Modernisierung von Kindheit im interkulturellen Vergleich. Opladen.

Bonfadelli, H., 2000: Medienwirkungsforschung. Konstanz.

Bonfadelli, H. u.a., 1986: Jugend und Medien. Frankfurt a.M.

Böröcz, J., 1996: Leisure Migration. A Sociological Study of Tourism. Oxford.

Bourdieu, P., 1982: Die feinen Unterschiede. Kritik der gesellschaftlichen Urteilskraft. Frankfurt a.M.

Bourdieu, P., 1983: Ökonomisches Kapital, kulturelles Kapital, soziales Kapital, in: Kreckel, R. (Hg.): Soziale Ungleichheiten. Sonderband 2 Soziale Welt, 183-198. Göttingen

Bourdieu, P., 1985: Sozialer Raum und »Klassen«. Frankfurt a.M.

Bourdieu, P., 1998: On Television. New York.

Brand, St., 2000: Das Ticken des langen Jetzt. Zeit und Verantwortung am Beginn des neuen Jahrtausends. Frankfurt a.M.

Breckenkamp, J. / Laaser, U., 2001: Freizeitinteressen und subjektive Gesundheit. Materialien zur Bevölkerungswissenschaft 102b. Wiesbaden.

Brockhaus, 1988: Brockhaus Enzyklopädie, Band 7. Mannheim.

Brose, H.-G / Wohlrab-Sahr, M. / Corsten, M., 1993: Soziale Zeit und Biographie. Über die Gestaltung von Alltagszeit und Lebenszeit. Opladen.

Brose, H.-G., 1994: Dimensionen einer reflexiven Ökonomie der Zeit. in: Soziale Welt, Sonderband 9, 210-226 Göttingen.

Bücher, K., 1904: Arbeit und Rhythmus. Leipzig.

Buchmann, M./ Eisner, M., 1999: Freizeit als Element des Lebensstils und Mittel kultureller Distinktion, in: Verhandlungen, 29. Kongress der DGS, Teil 1. Opladen.

Büchner, P. / Fuhs, B. / Krüger, H.H. (Hg.), 1996: Vom Teddybär zum ersten Kuß. Wege aus der Kindheit in Ost- und Westdeutschland. Opladen.

Buck, D., 1997: »Die Sicht der Anderen« – Zum Problem der Freizeit im interkulturellen Kontext, in: Fromme, J. / Freericks, R. (Hg.): Freizeit zwischen Ethik und Ästhetik, 107-115. Neuwied.

Bundesamt für Naturschutz (Hg.), 1997: Biodiversität und Tourismus. Heidelberg.

Statistisches Bundesamt (Hg.), 1994: Wo bleibt die Zeit? Die Zeitverwendung der Bevölkerung in Deutschland. Wiesbaden.

Bundesministerium für Wirtschaft und Technologie, 2000: Tourismus. Wachstumsbranche von Format. Bonn.

BMFSFJ/ Bundesministerium für Familie, Senioren, Frauen und Jugend, 1994: Wo bleibt die Zeit? Wiesbaden.

BMFSFJ/ Bundesministerium für Familie, Senioren, Frauen und Jugend, 1996: Zeit im Blickfeld. Ergebnisse einer repräsentativen Zeitbudgeterhebung. Stuttgart.

Büttner, Chr. (Hg.), 1992: Kinderkulturen: neue Freizeit und alte Muster. Weinheim.

Cantauw, C. (Hg.), 1995: Arbeit, Freizeit, Reisen. Münster.

Casson, L., 1974: Reisen in der Alten Welt. München.

Castells, M., 2001: Das Informationszeitalter I: Die Netzwerkgesellschaft. Opladen.

Centralstelle für Arbeiter-Wohlfahrtseinrichtungen (Hg.), 1893: Die zweckmäßige Verwendung der Sonntags- und Feierzeit. Berlin.

Charlton, M. / Neumann-Braun, K., 1992: Medienkindheit – Medienjugend. Eine Einführung in die aktuelle kommunikationswissenschaftliche Forschung. München.

Chorherr, Th., 1980: Der Freizeitschock. Leben in der Urlaubsgesellschaft. Wien.

Cipolla, C. M., 1997: Gezählte Zeit. Wie die mechanische Uhr das Leben veränderte. Berlin.

Clausen, L., 1978: Tausch. Entwürfe zu einer soziologischen Theorie. München.

Clausen, L., 1988: Produktive Arbeit, destruktive Arbeit. Soziologische Grundlagen. Berlin – New York.

Cloerkes, G., 1997: Soziologie der Behinderten. Eine Einführung. Heidelberg.

Corbin, A., 1990: Meereslust. Das Abendland und die Entdeckung der Küste. Berlin.

Costa, D. L., 1997: Less of Luxury: The Rise of Recreation since 1888. Working Paper Series. National Bureau of Economic Research. Working Paper 6054. Cambridge, Mass.

Cross, G.A , 1990: Social History of Leisure Since 1600. Pennsylvania State College: Venture Publishing.

Cushmann, G. / Zuzanek, J. / Veal, A.J., 1996: World Leisure Participation. Free Time in the Gobal Village Cambridge.

Czikszentmihalyi, M., 1981: Leisure and socialisation, in: Social Forces 60, 2, 332-340.

Czikszentmihalyi, M., 1985: Das Flow-Erlebnis. Stuttgart.

Czikczentmihalyi, M., 1986: Jenseits von Langeweile und Angst. Stuttgart.

Dangschat, J. / Blasius, J. (Hg.), 1994: Lebensstile in den Städten. Konzepte und Methoden. Opladen.

Darschin, W. / Frank, B., 1996: Tendenzen im Zuschauerverhalten. Fernsehgewohnheiten und Programmbewertung 1995, in: Media Perspektiven 1996, 4, 174-185.

Das Parlament, 1998: Thema Tourismus. Das Parlament Nr. 18 vom 24. April 1998

Decker, W., 1995: Sport in der griechischen Antike. München.

DeGrazia, S., 1962: Of Time, Work and Leisure. New York.

Dehmel, R., 1893: Aber die Liebe. Berlin.

Deutsche Gesellschaft für Freizeit, 1986: Freizeitlexikon. Ostfildern.

Deutsche Gesellschaft für Freizeit (Hrsg.), 1996: Freizeit in Deutschland 1996. Erkrath.

Deutsche Gesellschaft für Freizeit (DGF), 1998: Freizeit in Deutschland. DGF-Jahrbuch 1998. Erkrath.

Deutsche Gesellschaft für Freizeit (DGF), 1999a: Unerledigt! DGF-Dokumentation zu 40 Jahren Freizeitpolitik in Bund, Ländern und Gemeinden. Erkrath.

Deutsche Gesellschaft für Freizeit (DGF), 1999b: Freizeit in Deutschland: Freizeittrends 2000 plus; DGF-Jahresgutachten. Erkrath.

Deutsche Shell (Hg.), 2000: Jugend 2000. Opladen.

Deutsches Jugendinstitut (Hg.), 1992: Was tun Kinder am Nachmittag? Ergebnisse einer empirischen Studie zur mittleren Kindheit. München.

Deutsches Jugendinstitut (Hg.), 1993: Was für Kinder. Aufwachsen in Deutschland. Ein Handbuch. München.

Deutsches Seminar für Fremdenverkehr (DSF), 1999: Mehr Wirtschaftskraft durch Tourismus und Freizeit. Berlin.

Dietrich, I., 2000: 'Ne Laube, n' Zaun und n' Beet. Kleingärten und Kleingärtner in der DDR, in: Badstübner, E. (Hg.): Befremdlich anders. Leben in der DDR, 374-414 Berlin.

Dietrich, K. / Heinemann, K. (Hg.), 1989: Der nicht-sportliche Sport. Schorndorf.

Dohrn-van Rossum. G., 1992: Die Geschichte der Stunde. Uhren und moderne Zeitordnungen. München.

Dollase, R., 1995: Temporale Muster in der Freizeitforschung, in: Spektrum Freizeit, 17, 1995, 2/3, 107-111.

Dollase, R., 2000: Was sind Temporale Muster? – Zur Phänomenologie, Forschungsgeschichte und Relevanz eines vertrauten Alltagsphänomens, in: Dollase, R. u.a. (Hg.): Temporale Muster. Die ideale Reihenfolge der Tätigkeiten, 13-33. Opladen.

Dollase, R. / Hammerich, K. / Tokarski, W. (Hg.), 2000: Temporale Muster. Die ideale Reihenfolge der Tätigkeiten. Opladen.

Donaldson, M., 1996: Taking our Time: Remaking the Temporal Order. Nedland: University of Western Australia Press

Dreyer, A. (Hg.), 1996: Kulturtourismus. München-Wien.

Dröge, F. / Krämer-Badoni, Th., 1987: Die Kneipe. Zur Soziologie einer Kulturform. Frankfurt a.M.

Dumazedier, J., 1967: Vers une civilisation du loisir? Paris.

Dumazedier, J., 1969: Sociology of Leisure. New York.

Dumazedier, J., 1988: Révolution culturelle du temps libre 1968-1988. Paris.

Dunning, E., 1994: »Volksfußball« und Fußballsport, in: Hopf, W. (Hg.): Fußball. Soziologie und Sozialgeschichte einer populären Sportart, 12-18. Münster – Hamburg.

Dworschak, H., 1994: Kulturdiskurse. Zum Verhältnis von Tourismus und indigener Kultur. Münster.

Eberling, M., 1996: Beschleunigung und Politik. Zur Wirkung steigender Geschwindigkeiten des ökonomischen, technischen und gesellschaftlichen Wandels auf den demokratischen Staat. Frankfurt a.M.

Ehling, M. / Merz, J.. 2001: Zeitbudget in Deutschland – Erfahrungsberichte der Wissenschaft. Wiesbaden.

Eichler, G., 1979: Spiel und Arbeit. Zur Theorie der Freizeit. Stuttgart.

Elias, N., 1984: Über die Zeit. Arbeiten zur Wissenssoziologie II. Frankfurt a.M.

Elias, N., 1992: Time: An Essay. Oxford.

Elias, N., 1993: Über den Prozeß des Zivilisation (1939). 2 Bde. Frankfurt a.M.

Elias, N. / Dunning, E., 1983: Sport im Zivilisationsprozeß – Studien zur Figurationssoziologie. Münster.

Ende, M., 1973: Momo oder die seltsame Geschichte von den Zeit-Dieben und von dem Kind, das den Menschen die Zeit zurückbrachte. Stuttgart.

Engelbert, A., 1986: Kinderalltag und Familienumwelt. Eine Studie über die Lebenssituation von Vorschulkindern. Frankfurt a.M. – New York.

Engelbert, A. / Herlth, A., 1993: Sozialökologie der Kindheit: Wohnung, Spielplatz und Straße, in: Markefka, M. / Nauck, B. /Hg.): Handbuch der Kindheitsforschung, S.202-317. Neuwied.

Engholm, B. (Hg.), 1987: Die Zukunft der Freizeit. Basel.

Enzensberger, H.M., 1962: Eine Theorie des Tourismus, in: Ders.: Einzelheiten I: Bewußtseins-Industrie, 179-205. Frankfurt a.M.

Enzensberger, H.M., 1970: Baukasten zu einer Theorie der Medien, in: Kursbuch 20, 1970, 160—173.

Esping-Anderson, G., 1990: The Three Worlds of Welfare Capitalism. Cambridge.

Etcoff, N., 1999: Survival of the Prettiest. New York.

Euler, M., 2001: Ausgaben privater Haushalte für Freizeitgüter, in: Wirtschaft und Statistik, 1990, 3, 219-227.

Faßler, M., 2001: Soviel Medien waren nie. Quo vadis Mediensoziologie und Kommunikationssoziologie?, in: Soziologie 4/2001, 48-72.

Feldmann, O. (Hg.), 1997: Tourismus – Chance für den Standort Deutschland. Baden-Baden.

Fend, H., 1988: Sozialgeschichte des Aufwachsens. Frankfurt a.M.

Ferchhoff, W., 1988: Wertewandel. Neuorientierung für Freizeit und Alltag, in: Fromme, J. / Stoffers, (Hg.): Freizeit im Lebenslauf. Bielefeld / Erkrath.

Ferchhoff, W., 1990: Jugendkulturen im 20. Jahrhundert. Von den sozialmilieuspezifischen Jugendsubkulturen zu den individualbezogenen Jugendkulturen. Frankfurt – Bern.

Ferchhoff, W., 1993: Jugend an der Wende des 20. Jahrhunderts. Lebensformen und Lebensstile. Weinheim.

Ferchhoff, W. / Dewe, B., 1994: Soziologie der Freizeit, in: Kerber, H. / Schmieder, Ad (Hg.): Spezielle Soziologie, 424-442. Reinbek.

Fiebiger, H., 1993: Ausgaben privater Haushalte für Freizeitgüter in ausgewählten privaten Haushalten im früheren Bundesgebiet sowie den neuen Ländern und Berlin-Ost, in: Wirtschaft und Statistik 1993, 2, 2, 126-131

Fiebiger, H., 1995: Zeitverwendung erwerbstätiger Ehepartner, in: Wirtschaft und Statistik 10/1995: 770—776.

Flade, A. / Limbourg, M. (Hg.), 1999: Frauen und Männer in der mobilen Gesellschaft. Opladen.

Fölling-Albers, M., 2000: Entscholarisierung von Schule und Scholarisierung von Freizeit?, in: Zeitschrift für Soziologie der Erziehung und Sozialisation 20, 2000, 2, S.118-130

Forschungsgemeinschaft Urlaub und Reisen (F.U.R.), 1999: Die Reiseanalyse – Urlaub + Reisen 99. Hamburg.

Fourastié, J., 1954: Die große Hoffnung des 20. Jahrhunderts. Köln.

Franck, J., 1995: Kathedralen der Freizeitgesellschaft: Kurzurlaub in Erlebniswelten. Bergisch-Gladbach.

Freericks, R., 1996: Zeitkompetenz. Ein Beitrag zur theoretischen Grundlegung der Freizeitpädagogik. Baltmannsweiler.

Freyer, W., 1990: Tourismus. München.

Freyer, W., 1998: Events – Wachstumsmarkt im Tourismus. Dresden.

Friedrichs, P. /Lukas, H. / Burchart, R., 1984: Die »Lücke«-Kinder. Zur Freizeit-Situation von 9-14jährigen. Weinheim.

Fromme, J. / Freericks, R. (Hg.), 1997: Freizeit zwischen Ethik und Ästhetik. Herausforderungen für die Pädagogik, Politik und Ökonomie. Neuwied.

Fromme, J. / Stoffers, M. (Hg.), 1988: Freizeit im Lebenslauf. Bielefeld – Erkrath.

Fuchs, W., 1983: Jugendliche Statuspassage oder individualisierte Jugendbiographie?, in: Soziale Welt 34, 1983, 3, 341-371

Fünfgeld, H. / Mast, Cl. (Hg.), 1997: Massenkommunikation. Ergebnisse und Perspektiven. Opladen.

Fürstenberg, F. / Herrmann-Stojanov, I. / Rinderspacher, J. P. (Hg.), 1999: Der Samstag. Über Entstehung und Wandel einer modernen Zeitinstitution. Berlin.

Fürstenberg, F. / Mörth, I. (Hg.), 1986: Zeit als Strukturelement von Lebenswelt und Gesellschaft. Linz.

Garhammer, M., 1994: Balanceakt Zeit. Auswirkungen von flexiblen Arbeitszeiten auf Alltag, Freizeit und Familie. Berlin.

Garhammer, M., 1996: Desiderata der Freizeitforschung, in: Spektrum Freizeit 18, 1996,2-3

Garhammer, M., 1997: Familiale und gesellschaftliche Arbeitsteilung, ein europäischer Vergleich, in: Zeitschrift für Familienforschung 9,1, S.28-70. Bamberg.

Garhammer, M., 1999: Wie Europäer ihre Zeit nutzen. Zeitstrukturen und Zeitkulturen im Zeichen der Globalisierung. Berlin.

Garvie, G. / Maguire, J., 1994: Sport and Leisure in Social Thought. London.

Gebauer, G. (Hg.), 1996: Olympische Spiele – die andere Utopie der Moderne. Frankfurt a.M.1996

Geissler, Kh., 1996: Zeit. Weinheim – Berlin.

Geißler, Kh., 1985: Zeit leben. Vom Hasten und Rasten, Arbeiten und Lernen, Leben und Sterben. Weinheim.

Geißler, R., 1996: Die Sozialstruktur Deutschlands. Opladen.

Gendolla, P., 1989: Punktzeit. Zur Zeiterfahrung in der Informationsgesellschaft, in: Wendorff, R. (Hg.): Im Netz der Zeit. Menschliches Zeiterleben interdisziplinär, 128-139. Stuttgart.

Gendolla, P., 1992: Zeit. Zur Geschichte der Zeiterfahrung. Vom Mythos zur Punktzeit. Köln.

Gershuny, J., 1978: Die Ökonomie der nachindustriellen Gesellschaft. Frankfurt a.M. – New York.

Gershuny, J., 1990: International Comparison of Time Budget Surveys. Methods and Opportunities, in: Schweitzer, R.v. u.a. (Hg.): Zeitbudgeterhebungen – Ziele, Methoden und neue Konzepte 23-53. Stuttgart.

Getz, D., 1991: Festivals, Special Events, and Tourism. New York.

Geulen, D., 1989: Kindheit: Neue Realitäten und Aspekte. Weinheim.

Giddens, A., 1987: Social theory and modern sociology. London.

Giddens, A., 1995: Konsequenzen der Moderne. Frankfurt a.M.

Giddens, A., 1997: Social Theory and Modern Sociology. Oxford.

Giddens, A., 1999: Der Dritte Weg. Frankfurt a.M.

Giegler, H., 1982: Dimensionen und Determinanten der Freizeit. Eine Bestandsaufnahme der sozialwissenschaftlichen Freizeitforschung. Opladen.

Giegler, H., 1985: Zur sozialwissenschaftlich relevanten Semantik von Freizeitaktivitäten. Eine Literaturstudie, in: Angewandte Sozialforschung 13, 1, 75-91

Giesecke, H., 1968: Freizeit und Konsumerziehung. Göttingen.

Gimmler, A. / Sandbothe, M. / Zimmerli, W. Ch. (Hg.), 1997: Die Wiederentdeckung der Zeit. Darmstadt.

Glaß, Ch., 1988: Zeit in der Unzeit »Arbeitslosigkeit«, in: Zoll, R. (Hg.): Zerstörung und Wiederaneignung von Zeit, 276-291. Frankfurt a.M.

Glatzer, W., 1998: Haushalte und Haushaltsproduktion in der Bundesrepublik Deutschland, in: Schäfers, B. / Zapf, W. (Hg.): Handbuch zur Gesellschaft Deutschlands, 288-299. Opladen.

Glatzer, W. / Noll, H.H. (Hg.), 1995: Getrennt vereint. Lebensverhältnisse in Deutschland seit der Wiedervereinigung. Frankfurt a.M. – New York.

Glatzer, W. / Ostner, I. (Hg.), 1999: Deutschland im Wandel. Opladen.

Gleichmann, P. R., 1980: Einige soziale Wandlungen des Schlafes, in: Zeitschrift für Soziologie 1980, 3, 236-250.

Glotz, P., 1999: Die beschleunigte Gesellschaft. Kulturkämpfe im digitalen Kapitalismus. München.

Gluchowski, P., 1988: Freizeit und Lebensstil. Plädoyer für eine integrierte Analyse von Freizeitverhalten. Erkrath.

Goldfinger, Ch., 1998: Travail et Hors-Travail. Vers une Société Fluide. Paris.

Gorz, A., 1999: Arbeit zwischen Elend und Utopie. Frankfurt a.M.

Gräbe, S. (Hg.), 1993: Der private Haushalt im wissenschaftlichen Diskurs. Frankfurt a.M. – New York.

Gräf, H.Th. / Pröve, R., 1997: Wege ins Ungewisse. Reisen in der Frühen Neuzeit 1500-1800. Frankfurt a.M.

Grazia, S. de, 1962: On Time, Work and Leisure. New York.

Groß, H. / Thoben, C. / Bauer, F., 1989: Arbeitszeit '89. Ergebnisse einer aktuellen Repräsentativbefragung zu den Arbeitszeitstrukturen und Arbeitszeitwünschen der abhängig Beschäftigten in der BRD. Düsseldorf.

Gross, P., 1994: Die Multioptionsgesellschaft. Frankfurt a.M.

Gross, P., 1999: Ich-Jagd. Frankfurt a.M.

Großklaus, G., 1995: Medien-Zeit/Medien-Raum. Zum Wandel der raumzeitlichen Wahrnehmung der Moderne. Frankfurt a.M.

Grundmann, S., 2000: Zur Sozialstruktur der DDR, in: Badstübner, E. (Hg.): Befremdlich anders. Leben in der DDR, 20-62. Berlin.

Guggenberger, B., 2000: Sein oder Design. Dialektik der Abklärung. Berlin

Habermas, J., 1958: Soziologische Notizen zum Verhältnis von Arbeit und Freizeit, in: Funke, G. (Hg.), Konkrete Vernunft. Festschrift für Erich Rothacker, 210-231. Bonn.

Habermas, J., 1962: Strukturwandel der Öffentlichkeit. Neuwied – Berlin.

Häder, M., 1996: Linear, zyklisch oder okkasional? Ein Indikator zur Ermittlung der individuell präferierten Form des Zeitbewußtseins, in: ZUMA-Nachrichten 20, 1996, 39, 17-41.

Hahn, H / Kagelmann, H.J. (Hg.), 1993: Tourismuspsychologie und Tourismussoziologie. Ein Handbuch zur Tourismuswissenschaft. München.

Hammerich, K., 1974: Skizzen zur Genese der Freizeit als ein soziales Problem, in: Kölner Zeitschrift für Soziologie und Sozialpsychologie 26, 1974, 269-286.

Hammerich, K. / Schaffrath, B., 1999: Freizeit – oder ein Beispiel für fast beliebige Problemzuschreibungen, in: Albrecht, G. u.a. (Hg.): Handbuch Soziale Probleme, S. 373ff. Opladen.

Hanesch, W. / Krause, P. / Bäcker, G., 2000: Armut und Ungleichheit in Deutschland. Reinbek.

Hanhart, D., 1964: Arbeiter in der Freizeit. Eine sozialpsychologische Untersuchung. Bern – Stuttgart.

Hanke, H., 1979: Freizeit in der DDR. Berlin/DDR.

Hans-Böckler-Stiftung (Hg.), 2000: FrauenDatenReport. Berlin.

Hartmann, H. A. / Haubl, R. (Hg.), 1996: Freizeit in der Erlebnisgesellschaft. Opladen.

Hartmann, P.H., 1999: Lebensstilforschung. Darstellung, Kritik und Weiterentwicklung. Opladen.

Hassard, J. (Hg.), 1990: The Sociology of Time. London.

Haugg, W.F., 1970: Kritik der Warenästhetik. Frankfurt a.M.

Häußermann, H. / Siebel, W., 1996: Soziologie des Wohnens. Weinheim.

Häußermann, H. / Siebel, W., 1998: Wohnen, in: Schäfers, B. / Zapf, W. (Hg.): Handbuch zur Gesellschaft Deutschlands, 732-741. Opladen.

Hawking, St., 1988: Eine kurze Geschichte der Zeit. Die Suche nach der Urkraft des Universums. Reinbek.

Heimken, N., 1989: Der Mythos von der Freizeitgesellschaft: »Im Entschwinden der Freizeitgesellschaft«. Soziologische Konzepte in der Kritik. Münster.

Heinemann, G. (Hg.), 1986: Zeitbegriffe. Freiburg – München.

Heinemann, K., 1995: Geld und Zeit in der Sportentwicklung, in: Schweizerische Zeitschrift für Soziologie, 21, 1995, 3, 613-631

Heinemann, K., 1995: Einführung in die Ökonomie des Sports. Schorndorf.

Heinemann, K. / Schubert, M., 1994: Der Sportverein. Schorndorf.

Heitmeyer, W. / Olk, Th. (Hg.), 1990: Individualisierung von Jugend. Gesellschaftliche Prozesse, subjektive Verarbeitungsformen, jugendpolitische Konsequenzen. München.

Held, M. / Geißler, Kh. (Hg.), 1993: Ökologie der Zeit. Vom Finden der rechten Zeitmaße. Stuttgart.

Helfrich, H., 1996: Time and Mind. Seattle u.a.

Henckel, D.(Hg.), 1988: Arbeitszeit, Betriebszeit, Freizeit. Auswirkungen auf die Raumentwicklung. Schriften des Deutschen Instituts für Urbanistik, Bd. 81. Berlin – Köln – Mainz.

Hennig, C., 1997: Reiselust. Touristen, Tourismus und Urlaubskultur. Frankfurt a.M. – Leipzig.

Henning, D. / Raasch, S. / Wuttke, Ch. (Hg.), 1998: Zeitbrüche. Neue Zeitmuster für Frauen und Männer. Hamburg.

Henscheid, E., 1993: Dummdeutsch. Stuttgart.

Hentig, H. von, 1972: Freizeit als Befreiungszeit, in: Opaschowski, H.W. (Hg.): Freizeitpädagogik in der Leistungsgesellschaft, 161-193. Bad Heilbrunn.

Hesse, J. / Zöpel, Chr. (Hg.), 1988: Neuorganisation der Zeit. Baden-Baden.

Heuser, U.J., 1992: Tausend Welten. Die Auflösung der Gesellschaft im digitalen Zeitalter. Berlin.

Hezel, D., 1992: Freizeitverhalten. Theorien und Modelle. Stuttgart.

Hielscher, V. / Hildebrandt, E., 1999: Zeit für Lebensqualität. Auswirkungen flexibler Arbeitszeit auf die Lebensführung. Berlin.

Hilgers, M., 1992: Total abgefahren. Psychoanalyse des Autofahrens. Freiburg – Basel – Wien.

Hillmann, K.-H., 1986: Wertewandel. Darmstadt.

Hlavin-Schulze, K., 1998: »Man reist ja nicht, um anzukommen«. Reisen als kulturelle Praxis. Frankfurt a.M.

Hochschild, A., 1989: The Second Shift. New York.

Hochschild, A., 1993: Der 48-Stunden-Tag: Wege aus dem Dilemma berufstätiger Eltern. München.

Hochschild, A., 1997: The Time Bind, When Work Becomes Home and Home Becomes Work. New York.

Hoff, E..H., 1992: Arbeit, Freizeit, Persönlichkeit: Wissenschaftliche und alltägliche Vorstellungsmuster. Heidelberg.

Hoffmann, K., 1990: Leben in einem fremden Land. Bielefeld.

Hoffmann, R. / Lapeyre, J. (Hg.), 1995: Arbeitszeit – Lebenszeit. Perspektiven einer europäischen Arbeitszeitpolitik. Münster.

Hohn, H.-W., 1984: Die Zerstörung der Zeit. Wie aus einem göttlichen Gut eine Handelsware wurde. Frankfurt a.M.

Holst, E. / Rinderspacher, J. P. / Schupp, J., 1994: Erwartungen an die Zukunft. Zeithorizonte und Wertewandel in der sozialwissenschaftlichen Diskussion. Frankfurt a.M. – New York.

Holz, E., 2000: Zeitverwendung in Deutschland – Beruf, Familie, Freizeit. Wiesbaden: Statistisches Bundesamt.

Holzer, H., 1973: Kommunikationssoziologie. Reinbek.

Honer, A., 1985: Bodybuilding als Sinnsystem-Elemente. Aspekte und Strukturen, in: Sportwissenschaft 15, 1985, 155-169.

Honer, A., 1985: Beschreibung einer Lebens-Welt. Zur Empirie des Bodybuilding, in: Zeitschrift für Soziologie 14, 1985 2, 131-139.

Honer, A., 1993: Lebensweltliche Ethnographie. Ein explorativ-interpretativer Forschungsansatz am Beispiel von Heimwerker-Wissen. Wiesbaden.

Hopf, W. (Hg..), 1994: Fußball. Soziologie und Sozialgeschichte einer populären Sportart. Münster – Hamburg.

Horkheimer, M. / Adorno, Th. W., 1947: Dialektik der Aufklärung. Amsterdam.

Hörning, K. H. / Ahrens, D. / Gerhard, A., 1997: Zeit-Praktiken. Experimentierfelder der Spätmoderne.Frankfurt a.M.

Hortleder, G. / Gebauer, G. (Hg.), 1986: Sport – Eros – Tod. Frankfurt a.M.

Hortleder, G., 1974: Die Faszination des Fußballs. Soziologische Anmerkungen zum Sport als Freizeit und Beruf. Frankfurt a.M.

Hradil, St., 1995: Die »Single-Gesellschaft«. München.

Hradil, St. / Immerfall, St. (Hg.), 1997: Die westeuropäischen Gesellschaften im Vergleich. Opladen.

Huck, G., 1980: Sozialgeschichte der Freizeit. Untersuchungen zum Wandel der Alltagskultur in Deutschland. Wuppertal.

Hunziker, P., 1996: Medien, Kommunikation und Gesellschaft. Einführung in die Soziologie der Massenkommunikation. Darmstadt.

Hurrelmann, K., 1990: Familienstreß, Schulstreß, Freizeitstreß. Gesundheitsförderung für Kinder und Jugendliche. Weinheim – Basel.

Hurrelmann, K., 1995: Lebensphase Jugend. Weinheim.

Inglehart, R., 1989: Kultureller Umbruch. Wertwandel in der westlichen Welt. Frankfurt a.M.

Institut für Landes- und Entwicklungsforschung (ILS), 1984: Handlungsfeld Freizeit. Duisburg.

Irmscher, G., 2000: Freizeitleben. Muße, Feierabend, Freizeit, in: Badstübner, E. (Hg.): Befremdlich anders. Leben in der DDR, 350-373. Berlin.

Jahoda, M. / Lazarsfeld, P.F. / Zeisel, H., 1933: Die Arbeitslosen von Marienthal. Ein soziographischer Versuch mit einem Anhang zur Geschichte der Soziographie. Allensbach, Bonn (2. Aufl. 1960).

Jarvie, G. / Maguire, J., 1994: Sport and Leisure in Social Thought. London – New York.

Joerges, B., 1981: Berufsarbeit, Konsumarbeit, Freizeit, in: Soziale Welt 32, 1981, 2, 169-195.

Jurczyk, K., 1998: Zeitordnungen als Ordnung der Geschlechter, in: Weis, K. (Hg.): Was treibt die Zeit? 159-193. München.

Jurczyk, K. / Rerrich, M.S., 1993: Die Arbeit des Alltags. München.

Jürgens, K. / Reinecke, K., 1998: Zwischen Volks- und Kinderwagen. Auswirkungen der 28,8-Stundenwoche in der VW AG auf die familiale Lebensführung von Industriearbeitern. Berlin.

Kagelmann, H.J. (Hg.), 1993: Tourismuswissenschaft. Soziologische, sozialpsychologische und anthropologische Untersuchungen. München.

Kamper, D. / Wulf, Ch. (Hg.), 1982: Die Wiederkehr des Körpers. Frankfurt a.M.

Kamper, D. u.a., 1987: Vom Ende der Zeit. München.

Kaplan, M., 1960: Leisure in America. New York.

Kasten, H., 2001: Wie die Zeit vergeht. Unser Zeitbewußtsein in Alltag und Lebenslauf. Darmstadt.

Kelly, J.R., 1983: Leisure Identities and Interactions. London.

Kemper, P. (Hg.), 1997: Am Anfang war das Rad.. Eine Geschichte der menschlichen Fortbewegung. Frankfurt a.M.

Kentler, H. u.a., 1965: Forschungsbericht Jugend im Urlaub. München.

Kerkhoff, W. (Hg.), 1982: Freizeitchancen und Freizeitlernen für behinderte Kinder und Jugendliche. Berlin.

Kessel, M. (Hg.), 1995: Zwischen Abwasch und Verlangen. Zeiterfahrungen von Frauen im 19. und 20.Jahrhundert. München.

Klages, H., 1998: Werte und Wertewandel, in: Schäfers, B. / Zapf, W. (Hg.): Handbuch zur Gesellschaft Deutschlands, 698-709. Opladen.

Klages, H. (Hg.), 1993: Traditionsbruch als Herausforderung. Perspektiven der Wertewandelgesellschaft. Frankfurt a.M. / New York.

Klages, H. / Kmieciak, P. (Hg.). 1979: Wertwandel und gesellschaftlicher Wandel. Frankfurt a.M.- New York.

Klatt, F., 1929: Freizeitgestaltung. Stuttgart.

Klein, H. J., 1998: Vereine, in: Schäfers, B. / Zapf, W. (Hg.): Handbuch zur Gesellschaft Deutschlands, 676-686. Opladen.

Klein, H. J., 1998: Kulturinstitutionen, in: Schäfers, B. / Zapf, W. (Hg.): Handbuch zur Gesellschaft Deutschlands, 393-405. Opladen.

Klingler, W., 1990: Kinder und Medien 1990. Eine Studie der ARD/ZDF-Medienkommission. Mainz.

Kloas, K., 2001: Zeitverwendung und Freizeitaktivitäten in Abhängigkeit vom Alter, in: Ehling, M. / Merz, J.: Zeitbudget in Deutschland, 91-102. Wiesbaden: Statistisches Bundesamt.

Klocke, A., 1993: Sozialer Wandel, Sozialstruktur und Lebensstile in der Bundesrepublik Deutschland. Frankfurt a.M.

Kloepfer, R./Landbeck, H.,1991: Ästhetik der Werbung. Frankfurt a.M.

Knebel, H.J., 1960: Soziologische Strukturwandlungen im modernen Tourismus. Stuttgart.

Kneer, G. / Nassehi, A. / Schroer, M. (Hg.), 1997: Soziologische Gesellschaftsbegriffe. Konzepte moderner Zeitdiagnosen. München.

Kocka, J. / Offe, C. (Hg.), 2000: Geschichte und Zukunft der Arbeit. Frankfurt a.M. – New York.

Kohl, H., 1980: Soziale Defizite im Freizeitbereich – Ursachen, Problemgruppen, Lösungsansätze, in: Herausgebergruppe Freizeit: Freizeit in der Kritik. Alternative Konzepte zur Freizeit- und Kulturpolitik, 156-171. Köln.

Köhn, J. (Hg.), 1997: Tourismus und Umwelt. Berlin.

Komarowsky, M. / Lundberg, G.A. / McInerny, M.A., 1934: Leisure. A Suburban Study. New York.

Kommission der Europäischen Gemeinschaften, 1999: Das Beschäftigungspotential der Tourismuswirtschaft. Brüssel.

Kommission Pädagogische Freizeitforschung, 1999: Leben, Zeit, Bildung. Lebenszeitbegleitung als Zukunftsthema der Erziehungswissenschaft, in: Spektrum Freizeit 21, 1999, 2, 7-10.

Konietzka, D., 1995: Lebensstile im sozialstrukturellen Kontext. Ein theoretischer und empirischer Beitrag zur Analyse soziokultureller Ungleichheiten. Opladen.

Korczak, D., 1995: Lebensqualität-Atlas. Opladen.

Kraeling, K., 1990: Freizeit geistig Behinderter. Handbuch. Marburg.

Kramer, C., 2001: Zeit und Raum – Zeit für Raum. Räumliche Disparitäten in der individuellen Zeitverwendung, in: Ehling, M. / Merz, J. (Hg.): Zeitbudget in Deutschland, 19-43 Wiesbaden: Statistisches Bundesamt.

Kramer, D., 1975: Freizeit und Reproduktion der Arbeitskraft. Köln.

Kramer, D. / Lutz, R. (Hg.), 1993: Kulturtourismus – Tourismuskultur. Münster.

Krippendorf J. /Kramer, D./Krebs, D. (Hg.), 1984: Arbeitsgesellschaft im Umbruch – Konsequenzen für Freizeit und Reisen. Bern.

Krippendorf, J., 1975: Die Landschaftsfresser. Bern – Stuttgart.

Krippendorf, J., 1984: Die Ferienmenschen. München.

Krüger, H.H. / Thole, W., 1993: Jugend, Freizeit und Medien, in: H.H. Krüger (Hg.): Handbuch der Jugendforschung, 447-472. Opladen

Kruppa, A., 1984: Erzwungene Freizeit. Osnabrücker Studien 7. Frankfurt a.M.

Kulinat, K. / Steinecke, A., 1984: Geographie der Freizeit- und Fremdenverkehrs. Darmstadt.

Külp, B., 1983: Freizeitökonomie. München.

Külp, B./Müller, R., 1973: Alternative Verwendungsmöglichkeiten wachsender Freizeit. Göttingen.

Kurz-Scherf / Breil, G. (Hg.), 1987: Wem gehört die Zeit. Ein LESEBUCH zum 6-Stunden-Tag. Hamburg.

Lafargue, P., 1887/1899: Das Recht auf Faulheit. Hottingen-Zürich.

Lalive dÈpinay, Ch., 1988: Die soziale Ambivalenz der Freizeit, in: Zoll, R. (Hg.): Zerstörung und Wiederaneignung von Zeit, 405-425. Frankfurt a.M.

Lamprecht, M. / Stamm, H., 1994: Die soziale Ordnung der Freizeit: Soziale Unterschiede im Freizeitverhalten der Schweizer Wohnbevölkerung. Zürich.

Lamprecht, M. / Stamm, H., 1998: Vom avantgardistischen Lebensstil zur Massenfreizeit. Eine Analyse des Entwicklungsmusters von Trendsportarten, in: Sportwissenschaft 28, 1998: 370-387.

Lange, E., 1997: Jugendkonsum im Wandel: Konsummuster; Freizeitverhalten; Lebensstile und Kaufsucht 1990 und 1996

Lange, R. / Didszuweit, J.R., 1997: Kinder, Werbung und Konsum. Offenbach.

Lawugger, C. / Rubchich, A. / Simsa, R., 1991: Flexible Arbeitszeiten – Flexible Familien? Auswirkungen flexibler Arbeitszeiten auf Freizeit, Familienleben, Alltagsorganisation und Gesundheit von männlichen und weiblichen Arbeitnehmern und deren Familien. Wien.

Leed, E., 1993: Die Erfahrung der Ferne: Reisen von Gilgamesch bis zum Tourismus unserer Tage. Frankfurt a.M.

Lenz-Romeiß, F., 1974: Freizeit und Alltag. Probleme der zunehmenden Freizeit. Göttingen.

Lerchenmüller-Hilse, H., 1990: Kriminalität für Freizeit. Freizeitwünsche und ihre illegale Verwirklichung. Erkrath.

Levine, R., 1998: Eine Landkarte der Zeit. Wie Kulturen mit Zeit umgehen. München.

Linder, St. B., 1971: Das Linder-Axiom oder: Warum wir keine Zeit mehr haben. Gütersloh.

Lisop, I., 1986: Sozio-kulturelle Entmündigung in der Freizeitgesellschaft. Frankfurt a.M.

Lofft-Haag, E., 1991: Hört ihr die Kinder lachen? Zur Kindheit im Spätmittelalter. Pfaffenweiler.

Lorenz, G., 1991: Lebensverhältnisse privater Haushalte in Europa. Sechs Länder im Zahlenvergleich. Frankfurt a.M.

Lübbe, H., 1995: Schrumpft die Zeit? Zivilisationsdynamik und Zeitumgangsmoral: Verkürzter Aufenthalt in der Gegenwart. in: Weis, K. (Hg.): Was ist Zeit? 53-80. München.

Ludes, P., 1996: Informationskontexte für Massenmedien. Theorien und Trends. Opladen.

Lüdtke, H., 1972: Jugendliche in organisierter Freizeit. Weinheim.

Lüdtke, H., 1975: Freizeit in der Industriegesellschaft. Opladen.

Lüdtke, H., 1984: Gleichförmigkeiten im alltäglichen Freizeitverhalten. Eine Analyse von Zeitbudgetdaten aus zwei norddeutschen Großstädten, in: Zeitschrift für Soziologie 13, 1984, 4, 346-362.

Lüdtke, H., 1989: Expressive Ungleichheit. Zur Soziologie der Lebensstile. Opladen.

Lüdtke, H., 1995: Zeitverwendung und Lebensstile. Empirische Analysen zu Freizeitverhalten, expressiver Ungleichheit und Lebensqualität in Westdeutschland. Marburg.

Lüdtke, H, 1997: Entgrenzung und Kontrollverlust in Freizeit und Konsum, in: W. Heitmeier (Hg.), Was treibt die Gesellschaft auseinander? Bundesrepublik Deutschland: Auf dem Weg von der Konsens- zur Konfliktgesellschaft. Bd. 1.Frankfurt a.M.1997

Luger, K., 1995: Sehnsucht Abenteuer. Entgrenzungsversuche und Fluchtpunkte der Erlebnisgesellschaft. Wien.

Luhmann, N., 1971: Die Knappheit der Zeit und die Vordringlichkeit des Befristeten. in: Ders.: Politische Planung 143-164. Opladen.

Luhmann, N., 1995: Die Realität der Massenmedien. Opladen.

Lukesch, H., 1993: Mediennutzung und Mediennutzen bei Kindern, in: Markefka, M. / Nauck, B. (Hg.): Handbuch der Kindheitsforschung, 481-490. Neuwied.

Lundberg, G. A. / Komarovsky, M., 1934: Leisure: a suburban study. New York.

Maase, K., 1989: Freizeit. in: Benz, W. (Hg.): Die Bundesrepublik Deutschland. Geschichte in 3 Bänden. Band 3: Gesellschaft. 345-381. Frankfurt a.M.

MacCannell. D., 1999: The Tourist. San Francisco.

Maeder, U., 1990: Frei-Zeit. Zürich.

Mainzer, K, 1995: Zeit. Von der Urzeit zur Computerzeit. München.

Markowetz, R. / Cloerkes, G. (Hg.), 2000: Freizeit im Leben behinderter Menschen. Heidelberg.

Marshall, G., 1998: Dictionary of Sociology. Oxford – New York.

Martin, E./ Middeke, J.-J. / Romeiß-Stracke, F., 1983: Freizeitverhalten. Märkte im Wandel. Hamburg.

Martin, R., 1996: Zeitraffer. Der geplünderte Mensch. Frankfurt a.M.

Maurer, A., 1992: Alles eine Frage der Zeit? Die Zweckrationalisierung von Arbeitszeit und Lebenszeit. Berlin.

Meinert, R., 1958: Die Entwicklung der Arbeitszeit in der deutschen Industrie 1820-1956. Münster. Diss.

Melbin, M., 1987: Night as frontier. Colonizing the World after Dark. New York – London.

Merz, J., 2001: Zeitbudget in Deutschland – Eine Einführung zur bisherigen Nutzung von Zeitverwendungsdaten, in: Ehling, M. / Merz, J.: Zeitbudget in Deutschland, 7-18. Wiesbaden: Statistisches Bundesamt.

Merz, J. / Ehling, M. (Hg.): Time Use – Research, Data and Policy. Baden-Baden: FFB-Schriftenreihe Bd.10/1999

Meulemann, H., 1996: Werte und Wertewandel. Zur Identität einer geteilten und wiedervereinigten Nation. Weinheim / München.

Mohrmann, U., 2000: Lust auf Feste. Zur Festkultur in der DDR, in: Badstübner, E. (Hg.): Befremdlich anders. Leben in der DDR, 415-431. Berlin.

Müller, H. / Kramer, B. / Krippendorf, J., 1993: Freizeit und Tourismus. Bern.

Müller, H.P., 1992: Sozialstruktur und Lebensstile: Der neuere theoretische Diskurs über soziale Ungleichheit. Frankfurt a.M.

Müller-Dohm, St. / Neumann-Braun, K., 1995: Kulturinszenierungen. Frankfurt a.M.

Müller-Schneider, Th., 1998: Freizeit und Erholung, in: Schäfers, B. / Zapf, W. (Hg.): Handwörterbuch zur Gesellschaft Deutschlands, 221-231.Opladen.

Müller-Wichmann, Chr., 1984: Zeitnot. Untersuchungen zum Freizeitproblem und seiner pädagogischen Zugänglichkeit. Weinheim – Basel.

Müller-Wichmann, Ch., 1988: Freizeitgesellschaft? Zur Demontage einer Legende, in: Przybylski, H. / Rinderspacher, J. (Hg.): Das Ende der gemeinsamen Zeit? Risiken neuer Arbeitszeitgestaltung und Öffnungszeiten. Bochum.

Münch, R., 1998: Globale Dynamik, lokale Lebenswelten. Der schwierige Weg in die Weltgesellschaft. Frankfurt a.M.

Mundt, J. W., 1998: Einführung in den Tourismus. München – Wien.

Nadolny, St., 1983: Die Entdeckung der Langsamkeit. München.

Nahrstedt, W., 1972: Die Entstehung der Freizeit. Göttingen.

Nahrstedt, W., 1974: Freizeitpädagogik in der nachindustriellen Gesellschaft. Neuwied – Darmstadt.

Nahrstedt, W., 1980: Über die Freizeitgesellschaft zu einer 'freien Gesellschaft'?, in: Herausgebergruppe Freizeit: Freizeit in der Kritik. Alternative Konzepte zur Freizeit- und Kulturpolitik, 21-54. Köln.

Nahrstedt, W., 1989: Die Wiederentdeckung der Muße. Freizeit und Bildung in der 35-Stunden-Gesellschaft. Baltmannsweiler.

Nahrstedt, W., 1990: Leben in freier Zeit. Voraussetzungen und Aufgaben der Freizeitpädagogik. Darmstadt.

Nahrstedt, W., 1993: Zur Freizeit berufen – Berufsperspektiven, Handlungsfelder, Ausbildungsgänge für Freizeit- und Kulturpädagogen im internationalen Vergleich. Bielefeld.

Nassehi, A., 1993: Die Zeit der Gesellschaft. Auf dem Wege zu einer soziologischen Theorie der Zeit. Opladen.

Nauck, B., 1983: Konkurrierende Freizeitdefinitionen und ihre Auswirkungen auf die Forschungspraxis der Freizeitsoziologie, in: Kölner Zeitschrift für Soziologie und Sozialpsychologie 35, 1983, 274-303.

Nave-Herz, R. / Nauck, B., 1978: Familie und Freizeit. Eine empirische Studie. München.

Neckermann, G., 1999: Kinobranche im Auf- und Umbruch, in: Media Perspektiven 1999, 9, 480-487.

Negt, O., 1984: Lebendige Arbeit, enteignete Zeit: politische und kulturelle Dimensionen des Kampfes um die Arbeitszeit. Frankfurt a.M. – New York.

Neumann, E., 1988: Arbeitslos – zeitlos, in: Zoll, R (Hg.).: Zerstörung und Wiederaneignung von Zeit, 267-275 Frankfurt a.M.

Neumann-Braun, K. / Müller-Dohm, St. (Hg.), 2000: Medien- und Kommunikationssoziologie. Eine Einführung in zentrale Begriffe und Theorien. Weinheim – München.

Noelle-Neumann, E., 1984: Macht Arbeit krank? Macht Arbeit glücklich? München.

Nolteernsting, E., 1998: Jugend, Freizeit, Geschlecht. Der Einfluß der Modernisierung. Opladen.

Nowotny, H., 1989: Eigenzeit. Entstehung und Strukturierung eines Zeitgefühls. Frankfurt a.M.

Nowotny:, H., 1994: Time: The Modern and the Postmodern Experience. Cambridge.

Oesterdieckhoff, G. W., Papcke, S., 1999: Jugend zwischen Kommerz und Verband. Eine empirische Untersuchung der Jugendfreizeit. Münster.

Oesterdiekhoff, G.W. / Jegelka, N. (Hg.), 2001: Werte und Wertewandel in westlichen Gesellschaften. Opladen.

Opaschowski, H.W., 1970: Freizeit. Eine wortgeschichtliche Studie, in: Zeitschrift f. deutsche Sprache 1970, 142-150

Opaschowski, H. W., 1976: Pädagogik der Freizeit. Bad Heilbrunn.

Opaschowski, H. W., 1979: Einführung in die freizeitkulturelle Breitenarbeit. Bad Heilbrunn.

Opaschowski, H. W., 1983: Arbeit. Freizeit. Lebenssinn? Orientierungen für eine Zukunft, die längst begonnen hat. Opladen.

Opaschowski, H. W., 1984: Freizeit im Ruhestand. Was Pensionäre erwarten und wie die Wirklichkeit aussieht. Hamburg.

Opaschowski, H. W., 1987: Konsum in der Freizeit. Zwischen Freisein und Anpassung. Hamburg.

Opaschowski, H. W., 1988: Psychologie und Soziologie der Freizeit. Opladen.

Opaschowski, H. W., 1992: Freizeit 2001. Ein Blick in die Zukunft unserer Freizeitwelt. Hamburg.

Opaschowski, H. W., 1993: Freizeitökonomie – Marketing von Erlebniswelten. Opladen.

Opaschowski, H. W., 1993: Freizeit und Lebensqualität. Perspektiven für Deutschland. Hamburg.

Opaschowski, H. W., 1994: Schöne, neue Freizeitwelt? Wege zur Neuorientierung. Hamburg.

Opaschowski, H. W,, 1994: Einführung in die Freizeitwissenschaft. Opladen.

Opaschowski, H. W., 1996: Die Zukunft des Sports. Zwischen Inszenierung und Vermarktung. Hamburg.

Opaschowski, H. W., 1997: Deutschland 2010. Wie wir morgen leben. Hamburg – Ostfildern.

Opaschowski, H. W. 1997: Konturen einer neuen Medien-Generation. Herausforderung an die Pädagogik, in: Fromme, J. / Freericks, R. (Hg.): Freizeit zwischen Ethik und Ästhetik, 68-78. Neuwied.

Opaschowski, H. W., 1998: Feierabend? Von der Zukunft ohne Arbeit zur Arbeit mit Zukunft. Opladen.

Opaschowski, H. W., 1998: Leben zwischen Muß und Muße. Die ältere Generation: Gestern. Heute. Morgen. Hamburg.

Opaschowski, H. W., 1999: Umwelt. Freizeit. Mobilität. Konflikte und Konzepte. Opladen.

Opaschowski, H. W., 1999: Generation @. Die Medienrevolution entläßt ihre Kinder: Leben im Informationszeitalter. Hamburg – Ostfildern.

Opaschowski, H. W., 2000: Kathedralen des 21. Jahrhunderts. Erlebniswelten im Zeitalter der E-ventkultur. Hamburg.

Opaschowski, H. W., 2000: Xtrem: Der kalkulierte Wahnsinn. Risikosport als Zeitphänomen. Hamburg.

Opaschowski, H. W., 2001: Das gekaufte Paradies. Tourismus im 21. Jahrhundert. Hamburg.

Opaschowski, H. W. / Raddatz, G., 1982: Freizeit im Wertewandel. Hamburg.

Pankoke, E., 1998: Verkehr, in: Schäfers, B. / Zapf, W. (Hg.): Handbuch zur Gesellschaft Deutschlands, S. 687-697. Opladen.

Parker, St.R., 1983: Leisure and Work. London.

Pelewin, V., 1999: Generation P. Berlin.

Peuckert, R., 1991: Familienformen im sozialen Wandel. Opladen.

Plessner, H., 1956: Die Funktion des Sports in der industriellen Gesellschaft, in: Wissenschaft und Weltbild 1956, 262ff.

Plessner, H. u.a. (Hg.), 1967: Sport und Leibeserziehung. München.

Popp, R., 2000: Freizeitbildung als mentale Altersvorsorge. »Jeder hat mit sich selbst zu tun«. in: Internet-Forum »Freizeit« 4/2000. Wien.

Postman, N., 1981: Das Verschwinden der Kindheit. Frankfurt a.M.

Postman, N., 1985: Wir amüsieren uns zu Tode. Urteilsbildung im Zeitalter der Unterhaltungsindustrie. Frankfurt a.M.

Prahl, H.-W., 1977: Freizeit-Soziologie. München.

Prahl, H.-W.,1980: Freizeitforschung zwischen Ideologie und Markt, in: Herausgebergruppe »Freizeit«: Freizeit in der Kritik, 197-202. Köln.

Prahl, H.-W., 1988: Freizeit im Lebensverlauf, in: Fromme, J. / Stoffers, (Hg.): Freizeit im Lebenslauf. Bielefeld / Erkrath.

Prahl, H.-W. / Schack, M., 1992: Meer und Gesellschaft. Kiel.

Prahl, H.-W., 1993: Nicht nur zum Schlafen da. Bemerkungen zu einer Soziologie der Nacht, in: Fechner, R. /Schlüter-Knauer, C. (Hg.): Existenz und Kooperation, 85-100. Berlin.

Prahl, H.-W. / Schroeter, K.R, 1996.: Soziologie des Alterns. Paderborn.

Prahl, H.-W. / Setzwein, M., 1999: Soziologie der Ernährung. Opladen.

Prahl, H.W. / Steinecke, A., 1979: Der Millionen-Urlaub. Von der Bildungsreise zur totalen Freizeit. Neuwied.

Prahl, H.W./Steinecke, A.(Hg.), 1981: Jugend und Freizeit. Stuttgart.

Preuss-Lausitz, U. u.a. (Hg.), 1983: Kriegskinder, Konsumkinder, Krisenkinder. Zur Sozialisationsgeschichte seit dem Zweiten Weltkrieg. Weinheim – Basel.

Pronovost, G., 1989: The Sociology of Time. London.

Rabe-Kleeberg, U. / Zeiher, H., 1984: Kindheit und Zeit, in: Zeitschrift für Sozialisationsforschung und Erziehungssoziologie 1984, 4, 29-43

Rammstedt, O., 1975: Alltagsbewußtsein von Zeit, in: Kölner Zeitschrift für Soziologie und Sozialpsychologie 27, 1975, 1, 47-63.

Reheis, F., 1996: Die Kreativität der Langsamkeit. Neuer Wohlstand durch Entschleunigung. Darmstadt.

Reigrotzki, E., 1956: Verflechtungen in der Bundesrepublik Deutschland. Tübingen.

Resch, M.G., 1991: Haushalt und Familie: Der zweite Arbeitsplatz. Bern – Göttingen – Toronto.

Rheingold, H., 1994: Virtuelle Gemeinschaft. Soziale Beziehungen im Zeitalter des Computers. Bonn – Paris – Reading/Mass.

Richards, G., 1998: Time for a Holiday. Social rights and international tourism consumption, in: Time&Society 7, 1998, 1, 145-160. London u.a.

Rieder, M. / Bachleitner, R./ Kagelmann, H. J. (Hg.), 1998: ErlebnisWelten. Zur Kommerzialisierung der Emotionen in touristischen Räumen und Landschaften. München – Wien.

Riesman, D., 1965: Die einsame Masse. Darmstadt – Neuwied – Berlin.

Rifkin, J., 1995: Das Ende der Arbeit und ihre Zukunft. Frankfurt a.M. – New York.

Rigauer, B., 1969: Sport und Arbeit. Frankfurt a.M.

Rinderspacher, J., 1985: Gesellschaft ohne Zeit. Individuelle Zeitverwendung und soziale Organisation der Arbeit. Frankfurt a.M. – New York.

Rinderspacher, J.P. u.a., 1987: Am Ende der Woche. Bonn.

Ritzer, G., 1995: Die McDonaldisierung der Gesellschaft. Frankfurt a.M.

Robertson, R., 1992: Globalization. Social Theory and Global Culture. London.

Robinson, J.P. / Godbey, J., 1997: Time for Life. The Surprising Ways Americans Use Their Time. Pennsylvania

Rojek, C., 1985: Capitalism and Leisure Theory. London u.a.

Rojek, Ch., 1995: Decentring Leisure: Rethinking leisure theory. London.

Rojek, C. / Urry, J. (Hg.), 1997: Touring Cultures: Transformations of Travel and Theory. London u.a.

Romeiß-Stracke, F., 1994: Die gewonnenen Jahre. Alter und Reisen in unserer modernen Gesellschaft, in: Forum Demographie und Politik 1994, 6, 199-219.

Romeiß-Stracke, F., 1998: Tourismus – Gegen den Strich gebürstet. Essays. München.

Rost, M., 1996: Die Netzrevolution. Auf dem Wege in die Weltgesellschaft. Frankfurt a.M.

Rötzer, F. (Hg.), 1995: Schöne, neue Welten? Auf dem Weg zu einer neuen Spielkultur? München.

Ryan, C., 1991: The Tourist Experience: A New Introduction. London.

Rybczynski, W., 1993: Am Freitag fängt das Leben an: Eine kleine Geschichte der Freizeit. Reinbek.

Saldern, A. von / Auffarth, S.(Hg.), 1991: Wochenend & Schöner Schein. Freizeit und modernes Leben in den Zwanziger Jahren. Das Beispiel Hannover. Berlin.

Sassen, S., 1991: The Global City. Princeton.

Schäfers, B. / Zapf, W. (Hg.): Handwörterbuch zur Gesellschaft Deutschlands. Opladen.

Scheuch, E. K., 1969: Soziologie der Freizeit, in: König, R. (Hg.): Handbuch der empirischen Sozialforschung Band 11, 1-114. Stuttgart (1975).

Scheuch, E. K./Meyersohn, R. (Hg.), 1972: Soziologie der Freizeit. Köln.

Schilling, J., 1977: Freizeitverhalten Jugendlicher. Basel.

Schivelbusch, W., 1977: Geschichte der Eisenbahnreise. Zur Industrialisierung von Raum und Zeit. München.

Schivelbusch, W., 1983: Lichtblicke. Zur Geschichte der künstlichen Helligkeit im 19. Jahrhundert. München u.a.

Schlör, J., 1991: Nachts in der großen Stadt: Paris, Berlin, London 1840-1930. Zürich.

Schmitz-Scherzer, R. (Hg.), 1974: Freizeit. Eine problemorientierte Textsammlung. Frankfurt a.M.

Schöps, M., 1980: Zeit und Gesellschaft. Stuttgart.

Schor, J. B., 1991: The Overworked American. The Unexpected Decline of Leisure. New York.

Schroeter, K.R. / Prahl, H.-W., 1999: Soziologie für Altenpflegeberufe. Weinheim.

Schulze, G, 1992: Die Erlebnisgesellschaft. Kultursoziologie der Gegenwart. Frankfurt a.M.

Schulze, G., 1993: Entgrenzung und Innenorientierung. Eine Einführung in die Theorie der Erlebnisgesellschaft, in: Gegenwartskunde 4, 1993, 405-419.

Schweitzer, R.v. / Ehling, M. / Schäfer, D. (Hg.) 1990: Zeitbudgeterhebungen. Ziele, Methoden und neue Konzepte. Stuttgart.

Schwenk, O. G. (Hg.), 1996: Lebensstil zwischen Sozialstrukturanalyse und Kulturwissenschaft. Opladen.

Seitz, W., 1997: Die Nacht. München.

Sennett, R., 1983: Verfall und Ende des öffentlichen Lebens. Die Tyrannei der Intimität. Frankfurt a.M.1983

Sennett, R., 1998: Der flexible Mensch – die Kultur des neuen Kapitalismus. Berlin.

Senning, P., 1996: Grenzenlos mobil. Münster.

Setzwein, M.,1997: Soziologie des Essens. Opladen.

Simsa, R., 1996: Wem gehört die Zeit? Hierarchie und Zeit in Gesellschaft und Organisationen. Frankfurt a.M.

Sombert, K. & Tokarski, W., 1996: Freizeitwissenschaft in Deutschland – Bestandsaufnahme und Perspektive, in: Tokarski, W. (Hg.), Freizeit in Europa: Wissenschaft, Politik, Praxis und Ausbildung im zusammenwachsenden Europa. Spektrum Freizeit, 1996, 2-3, 149-155. Baltmannsweiler.

Sorokin, P. / Merton, R. K., 1937: Social Time. A Methodological and Functional Analysis, in: American Journal of Sociology 42, 1937, S. 615-629.

Spellerberg, A., 1996: Soziale Differenzierung durch Lebensstile. Eine empirische Untersuchung zur Lebensqualität in West- und Ostdeutschland. Berlin.

Spellerberg, A. / Schulze-Buschoff, J., 1994: Freizeit, in: Statistisches Bundesamt (Hg.): Datenreport 1994. Zahlen und Fakten über die Bundesrepublik Deutschland. S. 530-539. Bonn.

Spode, H., 1995: »Reif für die Insel«. Prolegomena zu einer historischen Anthropologie des Tourismus, in: Cantauw, C. (Hg.): Arbeit, Freizeit, Reisen, 105-123. Münster – New York.

Stadlinger, J. (Hg.), 2001: Reichtum heute. Münster.

Stamm, H. / Lamprecht, M., 1996: Soziale Lage, Lebensstil und Freizeitaktivität von Erwerbstätigen in der Schweiz, in: Schweizerische Zeitschrift für Soziologie 22, 1996, 3, 509-535.

Stanko, L. / Ritsert, J., 1994: »Zeit« als Kategorie in den Sozialwissenschaften. Eine Einführung. Münster.

Statistisches Bundesamt (Hg.), 1997: Datenreport 1997. Zahlen und Fakten über die Bundesrepublik Deutschland. Bonn.

Statistisches Bundesamt, 1998a: Im Blickpunkt: Leben und Arbeiten in Deutschland. 40 Jahre Mikrozensus. Wiesbaden: Statistisches Bundesamt.

Statistisches Bundesamt, 1998b: Im Blickpunkt: Frauen in Deutschland. Wiesbaden: Statistisches Bundesamt.

Statistisches Bundesamt (II), 1995a: Die Zeitverwendung der Bevölkerung. Ergebnisse der Zeitbudgeterhebung 1991/92. Tabellenband II. Wiesbaden: Statistisches Bundesamt.

Statistisches Bundesamt IV, 1995b: Die Zeitverwendung der Bevölkerung. Ergebnisse der Zeitbudgeterhebung 1991/92. Tabellenband IV. Wiesbaden: Statistisches Bundesamt.

Statistisches Bundesamt, 2000: Im Blickpunkt: Jugend in Deutschland. Wiesbaden: Statistisches Bundesamt.

Statistisches Bundesamt, 2001: Tourismus in Zahlen 2000/2001.Wiesbaden: Statistisches Bundesamt.

Steinecke, A. (Hg.), 1992: Tourismus – Umwelt – Gesellschaft: Wege zu einem sozial- und umweltverträglichen Reisen. Bielefeld.

Steinecke, A. (Hg.), 2000: Erlebnis- und Konsumwelten. München-Wien.

Sternheim, A., 1932: Zum Problem der Freizeitgestaltung, in: Zeitschrift für Sozialforschung 1932, 336-355.

Stettler, J., 1997: Sport und Verkehr.

Stiehler, A., 1998: Die Entstehung des modernen Konsums. Darstellungen und Erklärungsversuche. Berlin: Diss.

Storbeck, D. (Hg.), 1988: Moderner Tourismus. Tendenzen und Aussichten. Trier.

Studienkreis für Tourismus e.V. (Hg.), 1989: Urlaubsreisen 1954-1988. Starnberg.

Szalai, A., 1972: The Use of Time. The Haag, Paris.

Timm, A., 1968: Verlust der Muße. Zur Geschichte der Freizeitgesellschaft. Hamburg.

Tofler, A., 1980: Die Dritte Welle. Perspektiven für die Gesellschaft des 21. Jahrhunderts. München.

Tokarski, W., 1989: Freizeit- und Lebensstile älterer Menschen. Kassel.

Tokarski, W., 1994: Freizeitökonomie: Von expandierenden Märkten, vom Kaufrausch und von neuen Wirtschaftszweigen, in: Freizeitpädagogik 16, 1994, 3.

Tokarski, W., 1996: Von der Passion zur Profession: Zur Entwicklung der Freizeitwissenschaft im »Europa der Bürger«. In Tokarski, W. (Hg.), Freizeit in Europa: Wissenschaft, Politik, Praxis und Ausbildung im zusammenwachsenden Europa. Spektrum Freizeit, 105-107. Baltmannsweiler

Tokarski, W., 1997a: »The taste of now« – vom Umgang mit der Zeit, in: Fromme, J. / Freericks, R. (Hg.): Freizeit zwischen Ethik und Ästhetik. Neuwied.

Tokarski, W., 1997b: Lebensstile: Ein brauchbarer Ansatz für die Analyse von Alter, Bildung und Freizeit?, in: Spektrum Freizeit 19 (1997) 1-2, 136-156.

Tokarski, W., 1998: Alterswandel und veränderte Lebensstile. In Clemens, W. & Backes, G.M. (Hrsg.), Altern und Gesellschaft. Gesellschaftliche Modernisierung durch Altersstrukturwandel, 109-119. Opladen.

Tokarski, W., 1999: Arbeit und Freizeit: Vom Freizeitverhalten der Deutschen, in: Mensen, B. (Hg.), Arbeit, 89-112. Nettetal.

Tokarski, W., 2000: Freizeit. in: NRW-Lexikon. Opladen.

Tokarski, W.(Hg.), 1996: Sport als Arbeitsmarkt. Akademieschriften der Europäischen Akademie des Sports 7. Rhede.

Tokarski, W./ Michels, H., 1996: Leisure participation in Germany, in: Cushman, G., Veal, A.J., Zuzanek, J. (eds.), World leisure participation: Free time in the global village, 107-112. Oxford.

Tokarski, W. / Michels, H., 2001: Leisure in Germany. A cross-national survey. In Cushman, G., Veal. A. J. & Zuzanek, J. (eds.): Free Time and Leisure Participation – International Perspectives. London.

Tokarski, W. / Schmitz-Scherzer, R., 1985: Freizeit. Stuttgart.

Tribe, J., 1995: The Economics of Leisure and Tourism. Environments, Markets and Impacts. Oxford.

UNESCO-Institut für Pädagogik, 1962: Evolution of the Forms and Needs of Leisure. Hamburg.

Urry, J., 1993: The Tourist Gaze: Leisure and Travel in Contempory Society. London.

Uttitz, P., 1985: Freizeit im Wandel. Erkrath.

Väth, H., 1994: Profifußball: Zur Soziologie der Bundesliga. Frankfurt a.M.

Veblen, Th.,1899/1959: Theorie der feinen Leute (1899). Köln – Berlin.

Vester, H. G., 1988: Zeitalter der Freizeit. Eine soziologische Bestandsaufnahme. Darmstadt.

Vester, H.-G., 1999: Tourismustheorie. Soziologische Wegweiser zum Verständnis touristischer Phänomene. München – Wien.

Vester, H.G., 1998: Soziologische Theorien und Tourismus – eine Tour d'horizon, in: Bachleitner, R. / Kagelmann, H.J. / Keul, A.G. (Hg.): Der durchschaute Tourist, 20-28. München – Wien.

Vinnai, G. (Hg.), 1972: Sport in der Klassengesellschaft. Frankfurt a.M.

Virilio, P., 1989: Die Sehmaschine. Berlin.

Virilio, P., 1992: Rasender Stillstand. München.

Vorlaufer, K., 1996: Tourismus in Entwicklungsländern. Möglichkeiten und Grenzen einer nachhaltigen Entwicklung durch Fremdenverkehr. Darmstadt.

Voß, G.G., 1991: Lebensführung als Arbeit. Über die Autonomie der Person im Alltag der Gesellschaft. Stuttgart.

Weber, M., 1973: Die protestantische Ethik und der Geist des Kapitalismus. Tübingen

Weber-Kellermann, I. (Hg.), 1985: Saure Wochen, frohe Feste. Fest und Alltag in der Sprache der Bräuche. München.

Weis, K. (Hg.), 1996: Was ist Zeit? Zeit und Verantwortung in Wissenschaft, Technik und Religion. München.

Weis, K., 1998a: Zeit als Treibsand oder Treibsatz., in: Weis, K. (Hg.): Was treibt die Zeit?, 7-26. München.

Weis, K., 1998b: Zeit als Maß für Reife und Strafe, in: Weis, K. (Hg.): Was treibt die Zeit?, 193-226. München.

Weis, K. (Hg.), 1998: Was treibt die Zeit? Entwicklung und Herrschaft der Zeit in Wissenschaft, Technik und Religion. München.

Weiß, O., 1999: Einführung in die Sportsoziologie. Wien.

Welsch, W., 1996: Grenzgänge der Ästhetik. Stuttgart.

Welsch, W., 1998: Medien – Welten – Wirklichkeiten. München.

Wendorff, R., 1980: Zeit und Kultur. Geschichte des Zeitbewußtseins in Europa. Wiesbaden.

Wendorff, R., 1988: Der Mensch und die Zeit. Ein Essay. Opladen.

Wendorff, R., 1993: Tag und Woche, Monat und Jahr. Eine Kulturgeschichte des Kalenders. Opladen.

Wendorff, R. (Hg.), 1989: Im Netz der Zeit. Menschliches Zeiterleben interdisziplinär. Stuttgart.

Wendt, H., 1992: Frauenalltag in der ehemaligen DDR, in: Schwarz, K. (Hg.): Frauenerwerbstätigkeit, 171-188. Wiesbaden: Bundesinstitut für Bevölkerungsforschung.

Wiens, B., 1995: Arbeitszeit – Wartezeit – Lebenszeit. Frankfurt a.M.

Wilensky, H., 1972: Die Umverteilung von Freizeit und Arbeit, in: Scheuch, E.K. / Meyersohn, R. (Hg.): Soziologie der Freizeit, 192-215. Köln.

Wilson, J., 1980: Sociology of Leisure, in: Annual Review of Sociology 6, 1980, 21-40.

Winkler, G. (Hg.), 1995: Sozialreport 1995: Daten und Fakten zur sozialen Lage in den neuen Bundesländern. Berlin.

Winkler, J. / Weis, K., 1995: Soziologie des Sports. Opladen.

Winter, R. / Eckert, R., 1990: Mediengeschichte und kulturelle Differenzierung. Zur Entstehung und Funktion von Wahlnachbarschaften. Opladen.

Wöhler, Kh, 1998: Tourismus ökonomisch analysiert. Ökonomie und Tourismustheorie. Lüneburg.

Wöhler, Kh. / Saretzki, A., 1998: Umweltverträglicher Tourismus. Grundlegung, Konzeption, Marketing. Limburgerhof.

Wolf, K / Jurczek, P., 1986: Geographie der Freizeit und des Tourismus. Stuttgart.

Wolf, K., 1991: Schwarzarbeit in der Bundesrepublik Deutschland- Eine mikroanalytische Untersuchung. Frankfurt a.M. – New York.

Wolf, K. / Scholz, C.M., 1999: Neue Zeitverwendungsstrukturen und ihre Konsequenzen für die Raumordnung. Hannover.

Wolff, J. / Diedrichsen, A., 2001: Zwischentöne. Musik-Geschichten aus dem 20. Jahrhundert. Kassel.

World Tourism Organization (WTO), 1998: Yearbook of Tourism Statistics (Vol. 1 and 2). Madrid.

Wörterbuch der Marxistisch-Leninistischen Soziologie, 1969. Köln.

Wotschak, Ph., 1997: Zeit und Klasse. Soziale Ungleichheit im Lichte moderner Zeitstrukturen. Hamburg.

Wotschak, Ph., 2001: Zeitreichtum und Zeitarmut. Aspekte sozialer Ungleichheit in der modernen Gesellschaft, in: Stadlinger, J. (Hg.): Reichtum heute, 238-257. Münster.

Zängler, Th.W., 2000: Mikroanalyse des Mobilitätsverhaltens in Alltag und Freizeit. Berlin.

Zapf, W. / Habich, R. (Hg.), 1996: Wohlfahrtsentwicklung im vereinten Deutschland. Sozialstruktur, sozialer Wandel und Lebensqualität. Berlin.

Zeiher, H. / Zeiher, H., 1994: Orte und Zeiten der Kinder. Soziales Leben im Alltag von Großstadtkindern. Weinheim.

Zeiher, H.. / Zeiher, H., 1993: Organisation von Raum und Zeit im Kinderalltag, in: Markefka, M. / Nauck, B. (Hg.): Handbuch der Kindheitsforschung, 389-402. Neuwied.

Zerubavel, E., 1979: Private Time and Public Time, in: Social Forces, 58, 1979, 38-58.

Zerubavel, E., 1981: Hidden Rhythms. Schedules and Calendars in Social Life. Chicago.

Zimmerli, W.Ch., 1997: Zeit als Zukunft, in: Gimmler, A. / Sandbothe, M. / Zimmerli, W.Ch. (Hg.): Die Wiederentdeckung der Zeit, 126-147. Darmstadt.

Zinnecker, J. / Silbereisen, R.K., 1996: Kindheit in Deutschland. Aktueller Survey über Kinder und ihre Eltern. Weinheim.

Zoll, R. (Hg.), 1988: Zerstörung und Wiederaneignung von Zeit. Frankfurt a.M.

Register